FORUM ERZIEHUNGSWISSENSCHAFTEN 5

Annette Franke

Aktuelle Konzeptionen der Ästhetischen Erziehung

m press »

Martin Meidenbauer Verlagsbuchhandlung

Die vorliegende Arbeit wurde 2004 an der Pädagogischen Hochschule in Freiburg als Dissertation angenommen.

Die Deutsche Bibliothek verzeichnet diese Publikation in der Deutschen Nationalbibliografie; detaillierte bibliografische Daten sind im Internet über http://dnb.ddb.de abrufbar.

© 2007 Martin Meidenbauer
Verlagsbuchhandlung, München

Alle Rechte vorbehalten. Dieses Werk einschließlich aller seiner Teile ist urheberrechtlich geschützt. Jede Verwertung außerhalb der Grenzen des Urhebergesetzes ohne schriftliche Zustimmung des Verlages ist unzulässig und strafbar. Das gilt insbesondere für Nachdruck, auch auszugsweise, Reproduktion, Vervielfältigung, Übersetzung, Mikroverfilmung sowie Digitalisierung oder Einspeicherung und Verarbeitung auf Tonträgern und in elektronischen Systemen aller Art.

Printed in Germany

Gedruckt auf
chlorfrei gebleichtem, säurefreiem und alterungsbeständigem Papier (ISO 9706)

m-press ist ein Imprint der
Martin Meidenbauer Verlagsbuchhandlung

ISBN: 978- 3-89975-620-3

Verlagsverzeichnis schickt gern:
Martin Meidenbauer Verlagsbuchhandlung
Erhardtstr. 8
D-80469 München

www.m-verlag.net

Vorwort

An der Entstehung dieser Arbeit waren viele Menschen beteiligt. Allen Freunden, meiner Familie, Kolleginnen und Kollegen, die mich während der Zeit, in der die vorliegende Untersuchung entstanden ist, unterstützt haben, gilt mein herzlicher Dank.

Ich danke Prof. Dr. Michael Klant für die ursprüngliche Ermutigung, mich an dieses Projekt zu begeben, und für seine wissenschaftliche Begleitung während der Entstehungszeit dieser Arbeit als Dissertation an der Pädagogischen Hochschule in Freiburg. Ebenso danke ich Prof. Eberhard Brügel für seine kritisch-konstruktiven Denkanstöße in inspirierenden Fachgesprächen und seine Bereitschaft, sich als Zweitkorrektor zur Verfügung zu stellen.

Dank gebührt auch Dr. Katja Böhme, deren hilfsbereite Aufmerksamkeit, engagierte Kenntnis und wertvolle Denkanstöße bei der kritischen Manuskriptdurchsicht wesentlich zur Systematisierung dieser Arbeit beitrugen. Danken möchte ich auch meiner Freiburger Kollegin und Freundin Ulrike Weiss, die mir zu allen Zeiten während und nach meiner Abordnung an die Pädagogische Hochschule eine unersetzbare, klar denkende Gesprächspartnerin war. Ihr Vertrauen in mich gaben mir oft Kraft, die Arbeit fortzusetzen.

Dank sagen möchte ich an dieser Stelle ebenfalls meinen beiden Freundinnen Ellen Günter und Barbara Hölschen, die Ferienzeiten opferten, um sich in mühevoller Kleinarbeit durch meine Textmanuskripte zu arbeiten und eine korrigierende Ordnung hineinzubringen.

Die Arbeit wäre nicht zustande gekommen ohne all die Kinder und Jugendlichen, die mich in Zeiten meiner Unterrichtstätigkeit in Grund- und Hauptschulen durch ihr Interesse und ihre Freude am Kunstunterricht veranlasst haben, über aktuelle Konzeptionen der Fachdidaktik nachzudenken und den wechselseitigen Bezug zwischen fachdidaktischer Theorie und alltäglicher Unterrichtspraxis zu reflektieren.

Ein ganz besonderer Dank gilt meinem Mann Jörg Feldmann, der mir großzügig alle Freiräume gewährte, die ich für diese Arbeit benötigte, mir über manche Krise ermunternd hinweghalf und mich auf meinem Weg täglich begleitet hat. Nicht nur seine immerwährende Geduld und Akzeptanz, sondern auch seine Zuverlässigkeit im Erledigen vieler kleiner Dinge, die das Entstehen einer wissenschaftlichen Arbeit begleiten, haben mir geholfen, dieses Projekt heute abschließen zu können.

Ein herzlicher Dank gilt meinen Eltern, die mich während der Arbeit an dieser Dissertation von Anfang an liebevoll unterstützt haben.

Heitersheim, im Dezember 2004
Annette Franke

Inhaltsverzeichnis

I. Einleitung 1
II. Theoretische Grundlagen 18
1. Zur Arbeitsmethode 18
2. Definitionen und terminologische Klärungen 23
- Kunstdidaktik
- Ästhetik
- Ästhetische Erziehung
- Ästhetische Bildung

3. Aktuelle Tendenzen und Hintergründe 27
3.1 Fachwissenschaftlicher Hintergrund: Kunst heute 27
3.2 Philosophische Implikationen und Hintergründe 55
   3.2.1 Notizen zur Postmoderne 55
   3.2.2 Konstruktivismus 64
   3.2.3 Annäherung an die Begriffe Poststrukturalismus und Dekonstruktivismus 73
3.3 Pädagogische Implikationen und Hintergründe 84
   3.3.1 Didaktik der Gegenwart 84
- Subjektive Didaktik
- Systemisch-konstruktivistische Didaktik

   3.3.2 Tendenzen der Schulentwicklung 97
- Öffnung der Schule
- Innere Differenzierung
- Vom wissenschaftsorientierten Lernen zum Offenen Unterricht
- Offene Lernformen in der Kunstdidaktik
- Die Rolle der Emotionen beim Lernen aus neurophysiologischer Perspektive

4. Historischer Überblick über die kunstdidaktischen Positionen seit 1945 106
4.1 Kunsterziehung – musische Bildung 106
4.2 Kunstunterricht 108
4.3 Visuelle Kommunikation 110
4.4 Ästhetische Erziehung 111
4.5 Ästhetische Bildung 116

III. Aktuelle Positionen zeitgenössischer Kunstdidaktik 122

1. Kunstpädagogik als kompensatorischer Kunstunterricht 125
Förderung, Erziehung und Therapie durch ästhetische Praxis
1.1 Einleitung 125
1.2 Zentrale Begriffe 130
- Kompensation
- Kreativität

1.3 Ziele und Intentionen 133
- Barbara Wichelhaus: Kompensatorischer Kunstunterricht
- Pierangelo Maset: Von der Kompensation zur Suspendierung?
- Schulprojekt: KidS

1.4 Inhalte 138
1.5 Methoden der Vermittlung 140
1.6 Bezüge zu Pädagogik und Bildungstheorie 146
- Zum Verhältnis von Pädagogik und Therapie
- Therapeutisch gestützter Kunstunterricht und Pädagogische Kunsttherapie

1.7 Resümee 151

2. Kunstpädagogik im „Medienzeitalter" 156
2.1 Einleitung 156
2.2 Zentrale Begriffe 159
- Medienzeitalter – Neue Medien - Multimedialität – Interaktivität –Virtuelle Realität

2.3 Inhalte 162
2.4 Ziele und Intentionen 164
- Henning Freiberg: Medien-Kunst-Pädagogik
- Martin Zülch: Medienkompetenz in der Multimediagesellschaft
- Johannes Kirschenmann und Georg Peez: Medienkompetenz kunstpädagogisch
- Bernhard Serexhe: Wer beherrscht wen?
- Birgit Richard: Interaktion und Immersion

2.5 Methoden der Vermittlung 178
2.6 Bezüge zu Pädagogik und Bildungstheorie 179
- Allgemeine Pädagogik: Wolfgang Klafki
- Medienpädagogik

2.7 Philosophische Implikationen 184
2.8 Resümee 196

3. Kunstpädagogik als „Ästhetische Forschung" 200
3.1 Einleitung 200
3.2 Zentrale Begriffe 203
- Forschung

- Ästhetische Forschung
- Ästhetisches Denken

3.3 Inhalte 204
3.4 Ziele und Intentionen 212
3.5 Methoden der Vermittlung 214
3.6 Bezüge zu Pädagogik und Bildungstheorie 217
- Vom philosophischen zum neurowissenschaftlichen Diskurs

3.7 Philosophische Implikationen 220
- Ästhetische Forschung und Erkenntnis – Das Andere der Vernunft
- Ästhetisches Denken

3.8 Resümee 226

4. Kunstpädagogik als „künstlerische Feldforschung" 231
4.1 Einleitung 231
4.2 Zentrale Begriffe 233
- Künstlerische Feldforschung
- Aktion, Performance und Installation

4.3 Inhalte und Methoden: Künstlerische Arbeit als „künstlerische Feldforschung" 234
4.4 Ziele, pädagogische und philosophische Implikationen 236
4.5 Resümee 237

5. „KunstPädagogik" und Ästhetische Operationen 240
5.1 Einleitung 240
5.2 Zentrale Begriffe 244
- Ästhetische Operation
- Praxis

5.3 Inhalte 248
- Bezug zur Kontextkunst
- Schwerpunkte kunstpädagogischer Arbeit

5.4 Ziele und Intentionen 255
5.5 Methoden der Vermittlung 257
5.6 Bezüge zu Pädagogik und Bildungstheorie 258
5.7 Philosophische Implikationen 259
5.8 Resümee 266

6. Prozessorientierte Kunstpädagogik 272
Ansätze in der kunstpädagogischen Theorie und Praxis auf der Grundlage der Performance Art

6.1 Einleitung 272
6.2 Zentrale Begriffe 276
- Performance
- Aktionskunst

- Grenzüberschreitung
6.3 Inhalte — 282
6.4 Ziele und Intentionen — 283
6.5 Methoden der Vermittlung — 287
- Performance als handlungsoffene, prozesshafte Lernsituation
- Vom Poiesis- zum Praxis-Paradigma
- Hubert Sowa
6.6 Bezüge zu Pädagogik und Bildungstheorie — 294
- Bildung im Spannungsfeld von Bestimmt- und Unbestimmtheit
- Tendenzen aktueller Jugendentwicklung
6.7 Philosophische Implikationen — 301
- Kunstdidaktik im Kontext komplexer Postmodernediskussion
6.8 Resümee — 304

7. Kunstpädagogik als „Künstlerische Bildung" — 310
7.1 Einleitung — 310
7.2 Zentrale Begriffe — 319
- Das Künstlerische
- Erweiterter Kunstbegriff: „Jeder Mensch ist ein Künstler"
- Lebenskunst
7.3 Inhalte — 326
7.4 Ziele und Intentionen — 328
7.5 Methoden der Vermittlung — 332
7.6 Bezüge zu Pädagogik und Bildungstheorie — 338
- Kettels Bezug zur Subjektiven Didaktik und zur Systemisch-konstruktivistischen Didaktik
7.7 Philosophische Implikationen — 343
- Philosophie der Lebenskunst
- Das Leben als Kunstwerk
- Hermeneutik der Existenz
- Das Selbstkonzept in der Philosophie der Lebenskunst
- Das kohärente Selbst
- Bedeutung der *Philosophie der Lebenskunst* im Konzept der *Künstlerischen Bildung*
- Kritisch gegenüber der Verknüpfung von Kunst und Leben: Heinrich Klotz
7.8 Resümee — 358

IV. Zusammenfassung — 364
Abbildungsverzeichnis — 367
Literaturverzeichnis — 370

I. Einleitung

Seit einiger Zeit fällt in verschiedenen Bereichen der Fachdidaktik für den Unterricht im Schulfach Bildende Kunst an allgemeinbildenden Schulen das Phänomen einer versuchten Neuverortung der Legitimationszusammenhänge für dieses Fach auf. Bis dahin geltende Begründungs- und Zielformulierungen der *Ästhetischen Erziehung*[1] werden zunehmend infrage gestellt und vor dem Hintergrund vielfältiger gesellschaftlicher, fachlicher und pädagogischer Neuorientierungen relativiert. Verschiedene neue Unterrichtsinhalte, Unterrichtsformen mit veränderten Zielen und Methoden sollen erprobt werden, um ältere Modelle abzulösen und neue Konzeptionen in der pädagogischen Praxis an ihre Stelle zu setzen. Rasante Entwicklungen im Bereich der Neuen Medien und aktuelle zeitgenössische Kunstformen werden dabei ebenso als Orientierungen ins Spiel gebracht wie Formulierungen gegenwärtiger Ästhetikdiskussionen, veränderte gesellschaftliche Ausgangsbedingungen, daraus abgeleitete bildungstheoretische Forderungen und neue schulpädagogische Konzepte.

Nach einer von Helmut G. Schütz diagnostizierten und vielfach zu bestimmenden Diskussionsmüdigkeit bis zum Beginn der 1990er Jahre ist durch die Beiträge jüngerer Wissenschaftlerinnen und Wissenschaftler wieder Bewegung in die Kunstdidaktik gekommen.[2] Die gegenwärtige Diskussion zeichnet sich durch eine steigende Vielfalt kunstpädagogischer Konzeptionen, Ansätze und Modelle ab. Tendenziell ist die Beobachtung zu machen, dass sich in der kunstpädagogischen Theoriebildung ein allgemein festzustellender Pluralismus abzeichnet. Allgemeinbildung und Fachdidaktik sind wieder verstärkt zum Gegenstand einer intensivierten und differenzierten Diskussion geworden. Schul- und allgemeindidaktische Theorien werden angesichts der Aufmerksamkeitsverschiebung von der Schulstruktur auf die

---

[1] Der Begriff *Ästhetische Erziehung* ist hier *nicht* programmatisch gemeint, sondern wird zunächst als Sammelbezeichnung für momentan zeitgleich und auch kontrovers diskutierte Konzepte der Fachdidaktik Kunst verwendet. Die Schreibweise mit Großbuchstaben deutet allerdings auf die immanente Verbindung zum Unterrichtsfach Bildende Kunst hin. Im weiteren Verlauf der Arbeit werden Definitionen der vielfältigen Begrifflichkeiten von heute – oft uneinheitlich – verwendeten Termini erarbeitet. Vgl. auch Kapitel 2.2 Definitionen und Begrifflichkeiten.

[2] Dazu bemerkt Helmut G. Schütz: „Heutige Kunstpädagogik, jene didaktisch begründete wissenschaftliche Disziplin, verdankt sich den Initiativen der sechziger und beginnenden siebziger Jahre: Die Einbeziehung der unmittelbaren Gegenwartskunst, das Instrumentarium der allgemeinen Didaktik und der kritischen Ästhetik haben dieser Fachrichtung eine breite und solide Basis geschaffen, an der sich Generationen von jungen Kunstlehrern und Wissenschaftlern (beiderlei Geschlechts, versteht sich) abarbeiten könnten." Helmut, G. Schütz: Die Kunstpädagogik öffnen. Erste Schritte zwischen Kunst und Medien, zwischen Sinnlichkeit und Unterricht. Hohengehren 1998, S. 186.

Einleitung

Schulqualität neu erörtert.[3] Vor dem Hintergrund dieser das gesamte Schulsystem betreffenden Diskussionsbewegungen werden auch die Ansprüche an die Fachdidaktiken neu konturiert. Der Reflexionsbedarf ist gestiegen, die Anzahl fachdidaktischer Publikationen dürfte sich daraufhin in den letzten Jahren vervielfacht haben. Zugleich verändert sich damit naturgemäß die Frage nach den Unterrichtsinhalten, die unter dem „Druck, der durch neue Themen, neue Intentionen, neue Funktionen der den Fächern korrespondierenden Kultursegmente entstehen"[4]. Außerdem ist die Situation des Faches Bildende Kunst aufgrund aktueller bildungspolitischer Bestrebungen heute durch vermehrten neuen Legitimationszwang gekennzeichnet. Obwohl sich nach stagnierender kunstpädagogischer Diskussion die Artikulation neuer Konzeptionsentwürfe, Theorie- und Praxismodelle abzeichnet, ist gleichzeitig die oft beklagte terminologische Unschärfe auch weiterhin festzustellen. „Die unterschiedlichen kunstpädagogischen Richtungen vor und nach Gunter Otto generierten die Ästhetische Erziehung als Sammeletikett für einen Erziehungspluralismus im Kunstunterricht, für den im Prinzip seit den 70er Jahren keine verbindliche Konzeption mehr entwickelt worden war. Der Streit der ‚Gladiatoren', der die Fachzeitschriften der 70er durchzog, war zu Ende. Unter dem Sammelbegriff Ästhetische Erziehung war ein Kompromiss gefunden worden, der nicht nur die Besinnung auf philosophische und pädagogische Traditionen von der Antike bis zur Gegenwart erlaubte und auf diese Weise den Begriff inhaltlich zu füllen gestattete, sondern auch die Annäherung völlig divergenter Vorstellungen ermöglichte."[5] Beim Versuch, aktuelle Ansätze zu polarisieren und zu systematisieren, stellt sich einerseits die Frage nach Fachinhalten, nach Begründungen und Methoden wie nach historisch gewachsenen Differenzen. Die vorliegende Arbeit folgt der zentralen Frage: Wie setzt sich die Suche nach zeitgemäßen und legitimierten Konzeptionen in der Gegenwart fort und welche fachdidaktischen Modelle werden in der von Komplexität, Heterogenität und Kontroversen gekennzeichneten kunstdidaktischen Debatte diskutiert?

Im Zentrum der Untersuchung steht das Erstellen einer Forschungsbilanz bezüglich der gegenwärtig in der Fachdidaktik diskutierten Ansätze und

---

[3] Zur Diskussion über Allgemeinbildung und Fachdidaktik siehe: Hans Werner Heymann (Hrsg.): Allgemeinbildung und Fachunterricht. Hamburg 1997. Zu Schultheorien: Klaus-Jürgen Tilmann (Hrsg.): Schultheorien. Hamburg 1987. Zu Schulstruktur und Schulqualität: Klaus-Jürgen Tilmann (Hrsg.): Was ist eine gute Schule? Hamburg 1989. Zu allgemeindidaktischen Theorien: Herbert Gudjons; Rainer Winkel (Hrsg.): Didaktische Theorien. Hamburg 1997^9.

[4] Gunter Otto: Unterricht: Kunst als Denkform und Handlungsraum der Erfahrung. In: Constanze Kirchner: Kinder und Kunst der Gegenwart. Seelze 1999, S. 16.

[5] Barbara Wichelhaus: Zur kompensatorischen Funktion ästhetischer Erziehung im Kunstunterricht. In: *Kunst und Unterricht* Heft 191, 1995, S. 16.

Einleitung

Konzeptionen. Die aktuelle Fachdiskussion steht mit den Fragen um Notwendigkeit, Inhalte und Gegenstandsfelder unter hohem Legitimationszwang. Sie lebt von der grenzüberschreitenden Betrachtung und Erschließung von Nachbardisziplinen und hat mittlerweile einen hohen Theoriestandard erreicht. Ähnlich wie in den neueren Erziehungswissenschaften spielen poststrukturalistische Differenztheorien, Diskurse um Konstruktivismus und pragmatische Sprachphilosophie, Überlegungen aus dem Bereich der Kultur- und Sozialwissenschaften sowie verschiedene Ästhetik-, Moderne- und Postmodernetheorien sowie neueste Erkenntnisse aus der Neurobiologie und Wahrnehmungstheorie eine erhebliche Rolle.

Ein zentrales Ziel ist es, derzeit diskutierte Konzeptionen *Ästhetischer Erziehung* im Rahmen einer Forschungsbilanz zu analysieren, sie miteinander zu vergleichen und in Bezug auf ihre Relevanz für Gegenwart und Zukunft zu bewerten. Dies beinhaltet notwendigerweise auch die Frage nach den gesellschaftlichen Bedingungen und den kunstpädagogischen Möglichkeiten und Notwendigkeiten in einer postmodernen und pluralen Kultur, vor deren Hintergrund sich die Fachdidaktik artikuliert. Ziel der Arbeit ist unter anderem auch die Suche nach einer Legitimation und Vermittlungsform im kunstpädagogischen Sinne trotz des historisch zu verfolgenden Widerspruchs von Kunst und Pädagogik. Es wird der Frage nachgegangen, wie sich eine an der autonomen Kunst *und* der Pädagogik orientierte Kunstdidaktik ausformulieren und artikulieren lässt. Wie kann die Kunst der Pädagogik nutzbar gemacht werden, ohne den Vorwurf des Missbrauchs hervorzurufen? Welche Chancen und Grenzen verbergen sich hinter den verschiedenen aktuellen kunstpädagogischen Diskussionsansätzen?

Dabei muss von vornherein einschränkend gesagt werden, dass ein solches Unterfangen angesichts der Komplexität der verschiedenen Bezugswissenschaften und umfangreichen Sekundärliteratur zu einzelnen Konzeptionen nicht den Anspruch einer erschöpfenden Bearbeitung stellen kann. Gleichwohl ergibt sich aber gerade aus dem gegenwärtigen Facettenreichtum der fachdidaktischen Diskussion die dringende Notwendigkeit einer Übersicht und Orientierung schaffenden Gesamtschau sowie die Notwendigkeit, einzelne Ansätze zu untersuchen. Unter Berücksichtigung neuer und neuerer Ergebnisse auch aus anderen Disziplinen soll eine Verknüpfung versucht werden, um hieraus neue Einsichten, Perspektiven und Chancen, aber auch Notwendigkeiten für die ästhetisch-künstlerische Bildung abzuleiten.

Sicherlich ergeben die in dieser Untersuchung enthaltenen Darstellungen kein vollständiges Bild der gegenwärtigen Innovationsbestrebungen in der Kunstdidaktik. Dennoch eröffnen die hier versammelten Ansätze gleichwohl Einblick in Versuche und Tendenzen, diese Fachdisziplin den heterogenen gesellschaftlichen und kulturellen Verhältnissen anzupassen. Dass die Ansätze keineswegs homogen sind, sondern im Gegenteil disparat und heterogen jeweils eigene Profile vorweisen, so also Anlass zu kontroverser Diskussion geben, ver-

Einleitung

langt umso mehr die Recherche im Feld gegenwärtiger kunstpädagogischer Konzeptionen und die Debatte um Ziele, Inhalte und Methoden zeitangemessener Arbeits- und Denkweisen in dieser Disziplin.

Anlass und Grundlage dieser Arbeit ist zum einen die langjährige pädagogische und kunstpädagogische Arbeit mit Kindern und Jugendlichen in Grund- und Hauptschulen und zum anderen die Lehrtätigkeit der Verfasserin im Bereich der Fachdidaktik am Institut der Künste der Pädagogischen Hochschule Freiburg. Ausgangspunkt der Untersuchung ist außerdem die aus dem eigenen Unterricht resultierende Annahme, dass sich die Auseinandersetzung mit Bildender Kunst in vielfältiger an künstlerischer Praxis und Theorie orientierter Weise in besonderem Maße für das Freisetzen persönlichkeitsbildender Momente eignet. Diese Vermutung wird ergänzt durch die Beobachtung, dass Kunst heute zu einem integralen Bestandteil unseres gesellschaftlichen Bewusstseins geworden ist und die Beschäftigung mit künstlerischen Phänomenen sowohl Einsicht in gesellschaftliche Zusammenhänge bieten kann als auch einen unverzichtbaren Beitrag zur fundamentalen Kulturaneignung darstellt. Die in einem *Kursbuch* aus dem Jahr 1995 zu findende Feststellung, „in der Öffentlichkeit ist (...) das Prestige der Kunst (...) zu einem historischen Höhepunkt gestiegen. Der Berufswunsch Künstler hat den des Arztes überflügelt"[6], steht in krassem Widerspruch zur Gefahr der bildungspolitischen Demontage des Faches im Fächerkanon der allgemeinbildenden Schulen und deutet auf die Brisanz und den bildungspolitischen Klärungsbedarf des Gegenstandsfeldes hin.[7]
So befürchtet beispielsweise Adelheid Staudte: „Eine Verlagerung aus dem Unterrichtsangebot in die ‚Betreuungszeit' oder in außerschulische Malschulen scheint nur noch eine Frage der Zeit. Die ersatzlose Streichung des Werk- und Handarbeitsunterrichts in einigen Bundesländern und die zunehmende Reduzierung in den Stundentafeln weisen schon diesen Weg."[8]
Betrachten wir den Stellenwert des Faches Kunst, wie er an den Stundenta-

---

[6] Vgl. Kursbuch 121/1995, S. 123 ff.

[7] Zur Bestandsaufnahme und derzeitigen Situation des Kunstunterrichts in der Bundesrepublik sei auf eine Veröffentlichung des BDK verwiesen: „Redbook" – Zur Situation des Unterrichts im Fach Bildende Kunst an den allgemeinbildenden Schulen in der Bundesrepublik Deutschland. Hannover 1998. Hier finden sich als eine Art Situationsbeschreibung des Faches Bildende Kunst aktuelle Zahlen und Fakten. Allerdings bleibt ein „Vorher" und „Nachher" ausgeblendet, sodass das Fach hier nicht in seiner Entwicklung dargestellt wird.

[8] Adelheid Staudte: Zwischen Kunst und Sinnlichkeit. Defizite und Perspektiven ästhetischer Erziehung in der Grundschule. In: Matthias Duderstadt (Hrsg.): Kunst in der Grundschule. Fachliche und fächerintegrierende ästhetische Erziehung. Arbeitskreis Grundschule. Frankfurt/M. 1996, S. 22
(Weitere Angaben zur Reduzierung des Faches in den Stundentafeln: Bericht der KMK zur Situation des Unterrichts im Fach Bildende Kunst an den Allgemeinbildenden Schulen in der BRD, 1995).

feln der einzelnen Bundesländer deutlich wird, so fällt besonders im Grundschulbereich auf, dass das Fach immer wieder um seine Existenz kämpfen muss. In Hessen wurden beispielsweise für die Einführung des Faches Frühenglisch in der Grundschule mit zwei Wochenstunden entsprechende Kürzungen bei den Fächern Kunst, Musik und Sport vorgenommen. Mit der Subsumtion des Faches in einen übergeordneten musischen Lernbereich ist seine fachliche Eigenständigkeit stark bedroht.[9] In einigen Bundesländern, wie derzeit im Zuge der Bildungsplanrevision in Baden-Württemberg, wo statt der Fachbezeichnung sog. Lernbereiche aufgeführt sind, wird auf konkrete Angaben von Stundenzahlen ganz verzichtet. Dies kann zwar als Aufforderung zur pädagogisch freien und eigenverantworteten Gestaltung interpretiert werden, beinhaltet aber stets die drohende Gefahr der latenten Kürzung. Auch wenn diese Ausweisungen keine offenkundigen Beschneidungen sind, verbirgt sich dahinter doch das Risiko des allmählichen Verschwindens der Spezifik des Unterrichtsfaches Bildende Kunst. Die Notwendigkeit, Bildung in Form von Fächern und Fachunterricht zu vermitteln, wird in der pädagogischen Diskussion schon länger auch unter dem Schlagwort des „Fächermythos" kontrovers diskutiert. So geht im Rahmen der Lehrplanrevision in Baden-Württemberg zum Schuljahr 2004/05 das Fach Kunst für die Grundschule in den Fächerverbund *Mensch, Natur und Kultur* ein und wird als separates Unterrichtsfach nicht mehr aufgeführt. Wenn mit der begründeten Integration einzelner Fächer in Fächerverbünde jedoch deren Existenz als solche gefährdet ist, ergibt sich daraus ein neu zu überdenkendes Problem.[10]

Angesichts der Tatsache, dass der Kunstunterricht in der PISA-Studie keine Berücksichtigung fand, mag es verwundern, dass diese hier Erwähnung findet. Lässt doch gerade deren Nichtbeachtung einen Rückschluss auf gegenwärtige Tendenzen der Bildungsdiskussion und Bildungsintentionen zu. Die Autoren der PISA-Studie erklären ausdrücklich, dass es ihnen um einen gewissen Pragmatismus hinsichtlich der Ausbildung von „basalen Kulturwerkzeugen" geht und nicht um die Überprüfung allgemein umfassender Bildungsleistungen.[11] Überprüft wurden hingegen „nur" Lesefähigkeit, mathematische und naturwissenschaftliche Grundbildung sowie Fähigkeiten zu selbstreguliertem Lernen, zu Kooperation und Kommunikation. Angesichts der mittlerweile allgemein anerkannten Tatsache, dass wir heute in

---

[9] Vgl. Klaus Mathies, Manfred Polzin, Rudolf Schmitt (Hrsg.): Ästhetische Erziehung in der Grundschule. Integration der Fächer Kunst/Musik/Sport. Frankfurt /M. 1987.
[10] Aus der Perspektive des Fachdidaktikers für das Fach Kunst erläutert Gunter Otto dies in seinem Artikel: Kunstpädagogik in der Schule der Zukunft. BDK Mitteilungen Heft 4/99, S. 38 ff.
[11] Vgl. Deutsches PISA-Konsortium (Hrsg.): PISA 2000. Basiskompetenzen für Schülerinnen und Schüler im internationalen Vergleich. Opladen 2001.

Einleitung

einer Gesellschaft und Kultur leben, in der Ästhetisierungsprozesse mannigfaltiger Art fundamentale Bedeutung erlangt haben, überrascht es, dass ästhetische Kompetenz offensichtlich nicht zu den basalen Kulturtechniken gehört. In seinem Buch *Ästhetisches Denken*[12] vertritt Wolfgang Welsch die These, dass angesichts der Ästhetisierung unserer Gesellschaft und der damit verbundenen Risiken einer Anästhetisierung, welche zu Orientierungsverlusten und Manipulationen führt, das „ästhetische Denken" das „eigentlich realistische" Denken sei, dieses Denken folglich im Hinblick auf Selbstbestimmung und Orientierung des Individuums besonders geschult werden müsse. Es ist Carl-Peter Buschkühle Recht zu geben, der angesichts dieses offensichtlichen Missverhältnisses konstatiert, dass „trotz vieler Debatten über die Einflüsse der Medien, über die Setzungen von Sinn und Bedeutung, von Wunsch- und Wunschvorstellungen durch Werbung und Unterhaltung, über Konsum, Design und Lifestyle" diese „Verschiebung gesellschaftlicher Kultur, die immerhin als Signum der Postmoderne ausgemacht ist, noch immer keinen ernsthaften Einfluss auf die Bildungsdiskussion und die Bildungsrealität gewonnen hat"[13]. Buschkühle stellt die provokante, aber durchaus berechtigte Frage, welche Bedeutungen – wenn es in der Schule wirklich um ein Lernen fürs Leben gehen soll – Mathematik und Naturwissenschaften, von PISA als grundlegende Kulturwerkzeuge betrachtet, für das Alltagsleben denn tatsächlich haben. Die von PISA untersuchten Grundkompetenzen folgen offensichtlich einem Bildungsideal, das weniger die Ausbildung und Bildung von Persönlichkeit und deren Fähigkeit für ein selbstbestimmtes Leben in einer postmodernen Gesellschaft zum Ziel hat, sondern sind an einem Pragmatismus orientiert, solche Fähigkeiten auszubilden, die für den internationalen Wettbewerb einer Volkswirtschaft bedeutungsvoll sind bzw. dafür gehalten werden. Die Anforderungen, die eine komplexe, plurale Gesellschaft an das Individuum stellt, sind offensichtlich sehr vielfältig geworden. Deshalb ist im Kontext dieser Untersuchung danach zu fragen, wie sich einzelne Konzepte zu diesem Problem verhalten, wie sie – jeweils als Modelle im Umfeld der Kunstdidaktik – sowohl zur Ausbildung von Persönlichkeiten beitragen, die zu selbstbestimmter Lebensführung fähig sind, als auch der vielfältigen Ästhetisierung der Alltagskultur gerecht werden können.

Alle diese Faktoren sind jeweils vor dem Hintergrund des Interesses an der fachdidaktischen Theorie zu verstehen, die sowohl wesentliche Substanz für die eigene schulpraktische Arbeit und den eigenen Standpunkt bereit-

---

[12] Wolfgang Welsch: Ästhetisches Denken. Stuttgart 1990.
[13] Carl-Peter Buschkühle: Bildung eines Generalisten. Kreative Existenz und künstlerische Bildung. In: Zur Künstlerischen Bildung. Pädagogische Hochschule Heidelberg, Institut für Weiterbildung (Hrsg.): Informationsschrift Nr. 64, Sommersemester 2003, S. 12.

hält als auch maßgeblich an der Formulierung von Leitvorschriften beteiligt ist, wie sie Lehrpläne und didaktisches Lehrmaterial enthalten.
Aus der Lehrtätigkeit der Autorin am Institut der Künste an der Pädagogischen Hochschule in Freiburg im Rahmen der Lehrerausbildung der ersten Phase ist zudem die Einsicht erwachsen, dass sich kunstpädagogisches Handeln ständig neu legitimieren muss. Dies setzt jedoch die fundierte Kenntnis diverser Positionen sowie der bildungstheoretischen und kulturellen Zusammenhänge voraus. Außerdem wird von einer erforderlichen reflexiven Verbindung zwischen Theorie und Praxis ausgegangen, ohne die eine verantwortliche pädagogische Tätigkeit unmöglich ist. Besonders in Zeiten des bildungspolitischen Notstandes ist die altbekannte Forderung nach der Rückbindung der Theorie an die Praxis einsichtig. Fachdidaktik ist wie Pädagogik eine Wissenschaft *für* die Praxis. Das bedeutet, dass auch die pädagogische Theorie unter derselben Verantwortung steht wie die Praxis. Selbst wenn sie den konkreten Einzelfall nicht vor sich hat, muss sie ihn als Möglichkeit mit einbeziehen. Die pädagogische Verantwortung ist als Leitkategorie ebenso für den Theoretiker der Pädagogik maßgeblich. „Denn so unterschiedliche wissenschaftliche Auffassungen auch vertreten werden, einig sind sie sich in der Vorstellung, dass Wirklichkeit zu erklären, zu verändern, d.h. zu verbessern sei. Alle pädagogische Theorie ist Theorie eines Handelns, sie ist für die Praxis, oder sie bleibt müßige Spielerei. So gesehen führt jedes Wissenschaftsverständnis zu beschreibbaren *Konsequenzen* einmal in der *Theoriebildung*, zum anderen in der *Praxis*."[14]

Forschungs- und Bezugsfelder
Die vorgelegte Schrift ist keine empirisch-analytische Studie, sondern versteht sich als hermeneutisch-konstruktiv, indem sie Positionen der zeitgenössischen fachdidaktischen Diskussion rekonstruiert und im aktualisierenden Zugriff deren zeitgenössische Geltung ermittelt. Die Vielzahl von Einzelansätzen zeigt das Phänomen der nebeneinander bestehenden und miteinander konkurrierenden Systeme. In der vorliegenden Darstellung soll keinem begründeten erziehungswissenschaftlichen Ansatz, aus dem heraus oder in dessen Umkreis sich eine jeweilige fachdidaktische Konzeption artikuliert, die Relevanz und Wissenschaftlichkeit streitig gemacht werden. Die Autorin geht vielmehr von der Voraussetzung aus, dass das vielgestaltete Phänomen der Erziehung bisher jedenfalls niemals monokausal zu erklären und aus einzelnen Perspektiven hinreichend zu beschreiben ist. Unterschiedliche wissenschaftliche Vorstellungen zeigen unterschiedliche Aspekte eines Lebensbereiches. Demzufolge geht es hier nicht „um das Recht eines bestimmten wissenschaftstheoretischen Ansatzes, sondern um das Recht der *Probleme*"[15].

---

[14] Rudolf Lassahn: Einführung in die Pädagogik. Heidelberg/Wiesbaden 1995^8, S. 13.
[15] Ebd., S. 19.

Einleitung

Soll ein allgemeines Verständnis aus der Sichtung des spezifisch kunstdidaktisch formulierten Materials hervorgehen, müssen aufgrund der Komplexität der Zusammenhänge inhaltlich facettenreiche Bezugsfelder und Bezugswissenschaften mit in das Blickfeld genommen werden. Hierbei finden neben der allgemeinen Pädagogik und Bildungstheorie sowohl die Kunst als primäres Bezugsfeld Berücksichtigung als auch Medienwissenschaften, Neurobiologie und Kognitionsforschung. Die zeitgenössische Philosophie muss insbesondere hinsichtlich der Diskurse um Postmoderne und Konstruktivismus kritisch mit einbezogen werden. Ein wesentliches Problem der Untersuchung ist, dass das vorliegende Forschungsfeld als äußerst diffus und umfassend bezeichnet werden muss, die sukzessive Entfaltung eines komplexen Bedingungsgefüges aber nur ausschnitthaft vorgehen kann. Da unterschiedliche Theoriesysteme und Praxisfelder den Blick auf vielfältige Bezugsfelder und Nachbarwissenschaften erzwingen, kann die vorliegende Darstellung keinen Anspruch auf Vollständigkeit erheben, welche aufgrund der Komplexität der Systemzusammenhänge nicht zu leisten ist. Auch aktuelle Tendenzen im Kontext zeitgemäßer Bildungstheorie sind durch einen Pluralismus gekennzeichnet, der eine Orientierung an nur einer Richtung unmöglich macht und den Fokus der Arbeit verengen würde.[16] Wird dennoch ein gewisser Anspruch auf Interdisziplinarität mit dem Blick auf jeweils andere Bedingungsgefüge gestellt, tun sich unweigerlich Lücken auf.

In methodischer Hinsicht besteht die Schwierigkeit, dass die untersuchten kunstpädagogischen Ansätze hinsichtlich ihrer Entstehungszusammenhänge sehr heterogen sind. Es werden sowohl reine Theoriemodelle als auch ein exemplarisches Praxismodell herangezogen. Aufgrund seiner Bedeutungsrelevanz findet dieses Praxismodell dennoch dieselbe Beachtung wie die theoretischen Modelle. Eine Beschränkung auf reine Theorie- oder Praxismodelle wäre zwar im Sinn einer wissenschaftsmethodischen Exaktheit denkbar gewesen, würde den Blick auf die vorfindbare Wirklichkeit aber insofern beschränken, als dass damit eine unweigerliche Verkürzung einhergehen würde, die dem Ergebnis der Untersuchung nicht zuträglich wäre. Da Wirklichkeit nicht wissenschaftsgerecht zurechtgestutzt werden kann, finden sowohl theoretische als auch direkt auf die Praxis bezogene Modelle Berücksichtigung.

Der Untersuchung liegt die Annahme zugrunde, dass sich in vielen für die Pädagogik relevanten Bereichen Paradigmenwechsel vollzogen haben, die zu untersuchen und zu benennen sind. Für die Fragestellung dieser Arbeit heißt das konkret: Wie sind neue und neuere Theorien der *Ästhetischen*

---

[16] Vgl. Hartmut von Hentig: Bildung. Ein Essay. Darmstadt 1996. Wolfgang Klafki: Bildungstheorie und „Ästhetische Bildung ist unverzichtbar". In: Deutsche Lehrerzeitung 1992, Heft 17.

Einleitung

Erziehung hinsichtlich ihrer pädagogischen Verantwortung in aktuellen Gegenwartsbezügen begründet?
Im Zusammenhang mit den Fragestellungen dieser Arbeit orientiert sich die begriffliche Verwendung von Paradigma an der von Thomas S. Kuhn. Dieser behauptet, dass die Entwicklung der Wissenschaften nicht gemäß den rationalen Normen der Wissenschaftstheorie verlaufe, sondern sich historisch nur durch die Vorherrschaft verschiedener, teils miteinander inkommensurabler Paradigmen der einzelnen Wissenschaften und Epochen erklären lasse. In seiner Abhandlung *Die Struktur wissenschaftlicher Revolutionen*[17] zeigt Kuhn, dass wissenschaftliche Arbeit, wissenschaftliches Argumentieren und Beweisen, eigentlich jede Form wissenschaftlicher Praxis nur *relative* Gültigkeit hat, nämlich in Bezug auf eine Verständigungsgemeinschaft, die sich um ein sogenanntes Paradigma gruppiert. Mit Paradigma meint er jene Komponenten in den verschiedenen Wissenschaftsdisziplinen, die für die Wahl spezifischer Fragestellungen und Problemlösungsstrategien bestimmend sind.[18] In der vorliegenden Arbeit wird der Begriff in diesem Sinne verwendet: Durch das Paradigma wird eine Summe möglicher Fragestellungen als relevant definiert; andere werden als irreal, nicht sinnvoll oder unwissenschaftlich ausgegrenzt. Das Paradigma spezifiziert insofern die Wissensmöglichkeiten, nach denen überhaupt gefragt werden kann. Wenn nach dem Paradigmenwechsel in *aktuellen Theorien der Ästhetischen Erziehung* gefragt wird, geschieht dies auch vor dem Hintergrund und im Hinblick auf diverse im Laufe der historischen fachdidaktischen Diskussion problematisierten und thematisierten Paradigmenwechsel.
Für einen Teil der hier näher zu untersuchenden Konzeptionen kann der Wechsel vom Werkparadigma zum Ereignisparadigma, vom Poiesisparadigma zum Praxisparadigma und vom „Bild-Paradigma" zum Handlungsparadigma angenommen werden. Dabei stehen Produkte von finalen Herstellungsprozessen dem prozessualen Tun selbst gegenüber. Dies sei hier nur angedeutet und wird an entsprechender Stelle in dieser Arbeit differenzierter ausgeführt.[19]

---

[17] Thomas S. Kuhn: Die Struktur wissenschaftlicher Revolutionen. Frankfurt/M. 1967 (Originalausgabe engl. 1962).

[18] Auf die wissenschaftstheoretisch geführte Diskussion bezüglich des Paradigmenbegriffs kann hier nur kurz hingewiesen werden: Aus der Konzeption einer paradigmageleiteten Wissenschaft leitet sich ein Zweiphasenmodell der Wissenschaftsentwicklung ab. In der ersten Phase der *normalen Wissenschaft* ist die Vorherrschaft eines Paradigmas – trotz Anomalien – unbestritten. Die zweite Phase ist die der w*issenschaftlichen Revolution*, in der eine Theorie sich in so viele Widersprüche verwickelt, die im Rahmen des bestehenden Paradigmas nicht zu erklären sind. Die Wissenschaft gerät in eine Krise, die erst durch den Sieg eines neuen Paradigmas, d.h. seine Akzeptierung durch eine Forschergemeinschaft, beendet wird.

[19] Vgl. Hubert Sowa: Performance – Szene – Lernsituation. Kunstpädagogik und Praxisparadigma. In: Bettina Uhlig, Frank Schulz (Hrsg.): Prozesshafte Kunst im Unterrichtspro-

Einleitung

Zum Verhältnis von Kunst und Pädagogik
Die historische Kunstphilosophie präsentiert sich beim Blick in die Vergangenheit mit widersprüchlichen, weniger bis stärker differierenden Auffassungen bezüglich des Spannungsverhältnisses zwischen Kunst und Pädagogik, welches immer wieder Gegenstand wissenschaftlicher Untersuchungen gewesen ist.[20] Insbesondere in zahlreichen Ansätzen der Fachdidaktik Kunst spiegelt sich der offensichtliche Widerspruch zwischen der autonomen Kunst und der dem Staat verpflichteten Pädagogik. Das alte Problem der Spaltung zwischen freier Kunstproduktion und der pädagogischen Vermittlung in der Kunstpädagogik, welches sich ideengeschichtlich bis zu Platon zurückverfolgen lässt, ist nach wie vor als spezifisches Kennzeichen dieser Fachdidaktik nachweisbar.[21]

Die Frage nach den Verbindungsmöglichkeiten von Kunst und Pädagogik, die sich auf den ersten Blick als scharfe Gegensätze artikulieren, ist unumgänglich, wenn über den Sinn von Kunstpädagogik und Ästhetischer Erziehung nachgedacht werden soll. Wird die Kunst – hier nur schlagwortartig umrissen – als das Neue, das Außergewöhnliche und Fremde, das Provozierende, das Unsichere und Unkontrollierbare verstanden, steht sie der Pädagogik als Hüterin der Vermittlungsformen, als Lernen, Aneignung und

---

zess. Tagungsmaterial des 1. Kunstpädagogischen Tags in Sachsen. Texte 5, Die Gelbe Reihe des Instituts für Kunstpädagogik der Universität Leipzig. Leipzig, März 2000.

[20] Zu diesem Problem vgl.
Dieter Lenzen (Hrsg.): Kunst und Pädagogik. Erziehungswissenschaft auf dem Weg zur Ästhetik? Darmstadt 1990.
Li Mollet: Vom Umgang der Pädagogik mit der Kunst. Band 16 der Reihe: Erziehung – Schule – Gesellschaft. Herausgegeben von Winfried Böhm u.a., Würzburg 1997.
Helmut Hartwig: Über die Kunst, ihren Begriff und was sie mit der Pädagogik zusammen kann und was nicht. In: BDK Mitteilungen, Heft 1/96, S. 4 f.
Georg Peez: Kunst an der Grenze zur Pädagogik. BDK Mitteilungen, Heft 3/99, S.12 ff.
Pierangelo Maset: Ästhetische Operationen in der kunstpädagogischen Praxis. In: Brigitte Wischnack: Tatort Kunsterziehung, Tagungsband des Symposiums. Weimar 2000, S. 82 ff.
Helga Kämpf-Jansen: Die Sprachen der Kunst und der Pädagogik. In: Helga Kämpf-Jansen: Ästhetische Forschung. Köln 2001, S. 15 f.

[21] Schon im zweiten Buch Platons *Politeia* wird bezüglich der Ausbildung der Krieger und Wächter der Diskurs über die Authentizität der von Dichtern ersonnenen Geschichten geführt. Für angehende, dem Staat verpflichtete Krieger könne es nicht gut sein, durch nicht authentische Geschichten erzogen zu werden. Platon listet deshalb die Erzählungen auf, die für die Kindererziehung nicht verwendet werden sollen, und kommt zu dem Schluss: „Wir müssen sämtliche Künstler und Handwerker beaufsichtigen und sie hindern, ihren Darstellungen lebender Wesen, ihren Bauwerken oder irgendwelchen anderen Werken ihrer Hände einen schlechten Charakter, etwas Zügelloses, Knechtisches, Unschickliches aufzuprägen. Können sie sich dem nicht fügen, so müssen wir die Ausübung ihrer Kunst in unserem Staate verbieten. Denn unsere Wächter sollen nicht mit Bildern verwerflicher Art großgezogen werden." Vgl.: Platon: Der Staat. Stuttgart 1973, S. 90 f.

Einleitung

Übermittlerin überkommener Gesellschaft erhaltender Werte und Normen konträr gegenüber.[22] Pierangelo Maset bemerkt diesbezüglich: „Die Kunst hat dabei das Nachsehen, denn ihr wird genau das vorgeworfen, was für sie konstitutiv ist: sich zwischen Sein und Schein zu bewegen und deshalb zwangsläufig nicht eindeutig auf der Seite des Authentischen zu stehen."[23] Helmut Hartwig ergänzt: „Die Kontroversen und das Verhältnis sind also im Eigensinn und der Logik der Bereiche angelegt und nicht an den Haaren herbeigezogen oder bloß Zeichen von Uneinsichtigkeit und Blindheit."[24] Die vorliegende Untersuchung erfolgt unter der Annahme, dass, obwohl die Abarbeitung dieser Frage notwendig und zugleich zum Scheitern verurteilt ist, ein Konsens gesucht werden muss, um den Sinn der kunstpädagogischen Disziplin zu ermitteln.

In der Fachdidaktik Kunst spiegelt sich insbesondere eine Grundantinomie, die im Gegensatz von Individual- und Gemeinschaftsansprüchen besteht: Soll ich die Schüler gesellschaftsfähig machen oder soll ich ihnen zu einer individuellen Selbstverwirklichung verhelfen? Bietet sich eine Synthese eventuell darin an, dass die Selbstverwirklichung des Einzelnen gerade dadurch möglich wird, dass der Mensch in freier Entscheidung Verantwortung für gesellschaftliche Aufgaben übernimmt? Die Lehrenden des Faches befinden sich in der ambivalenten Rolle, dem Individuum, der Gesellschaft und der Kunst gleichermaßen gerecht werden zu müssen. Dass die Gewichtung dieser Teilaspekte nie ausgeglichen war, zeigt der Blick in die Fachgeschichte.

In der allgemeinen Bildungstheorie und Schulpädagogik werden heute vermehrt Tendenzen zur Öffnung der Schule diskutiert. Das traditionell gesellschaftliche Bewusstsein vom Verständnis einer Pädagogik, die sich nur in den dafür vorgesehenen Institutionen repräsentiert, lässt sich nicht mehr unhinterfragt aufrechterhalten. Dies hat auch Auswirkungen auf die Fachdidaktik, in der zuweilen die Grenzen zwischen Kunst und Kunstpädagogik verschwimmen. Erweiterungen und Entgrenzungen der beiden gesellschaftlichen Teilsysteme Kunst und Pädagogik führen zwangsläufig zu Überlagerungen und Verschränkungen im Grenzbereich zwischen Bildender Kunst und pädagogischem System. Dass dadurch die Frage, was Kunstpädagogik heute leisten kann und soll, diffiziler wird, liegt auf der Hand. Vor diesem Hintergrund macht es nicht nur Sinn, sondern wird zur dringenden Notwendigkeit, die kunstpädagogische Identität zu klären.

---

[22] Vgl. dazu auch Pierangelo Maset: Philosophische Hypotheken der ästhetischen Erziehung. In: Jan Masschelein, Jörg Ruhloff, Alfred Schäfer (Hrsg.): Erziehungsphilosophie im Umbruch. Beiträge zur Neufassung des Erziehungsbegriffs. Weinheim 2000, S. 69 ff.
[23] Ebd., S. 72.
[24] Helmut Hartwig: Über die Kunst, ihren Begriff und was sie mit der Pädagogik zusammen kann und was nicht. In: BDK Mitteilungen, Heft 1/96, S. 4.

Einleitung

Ein zeitweiliges Verschwimmen der Grenzen zwischen Kunstpädagogik und Kunst wird zudem momentan auch dadurch wahrnehmbar, dass sich vermehrt aktuelle Strömungen gegenwärtiger kunstpädagogischer Konzeptionen nicht mehr nur hinsichtlich ihrer Inhalte, sondern auch bezüglich angewandter Methoden an der Gegenwartskunst zu orientieren beginnen und kunstdidaktische Konzeptionen entworfen werden, die sich am Begriff einer *Kunstdidaktik als Kunst* orientieren.[25]
Einen jüngeren Bestimmungsversuch für das Verhältnis zwischen Kunst und Pädagogik unternimmt Dieter Lenzen in dem von ihm 1990 herausgegebenen Sammelband *Kunst und Pädagogik*.[26] Ist „Erziehungswissenschaft auf dem Weg zur Ästhetik?", fragt Lenzen im Untertitel dieses Sammelbands, in dem sich die Heterogenität heutiger Sichtweisen zu diesem Thema zeigt.[27]
Für Pierangelo Maset verschränken sich bildungs- und kunsttheoretische Fragestellungen vor dem Hintergrund der Annahme, dass eine neue zeitgenössische Form ästhetischer Autonomie darin besteht, nach den „drei großen Autonomieentwicklungen"[28] nun dem Rezipienten Möglichkeiten von Autonomie eröffnen zu müssen. Diese Entwicklung müsse auch Auswirkungen auf die institutionelle *Ästhetische Erziehung* sowie das Verhältnis von Kunst und Pädagogik haben, da die Vermittlung von Kunst im besten Fall selbst kunsthaften Charakter annehmen kann.[29]

Zum Didaktikbegriff
In Anlehnung an die in der didaktischen Literatur übliche Formulierung geht die Verfasserin von einem Verständnis von Fachdidaktik als einem integrierten Bestandteil der Didaktik schlechthin aus, von einer „Didaktik im weiteren Sinne", die neben den Inhalten auch alle anderen, auf den Unterricht bezogenen Komponenten mit in den Blick nimmt. Fachdidaktik ist,

---

[25] Vgl. die Ansätze von Carl-Peter Buschkühle und Pierangelo Maset.
[26] Dieter Lenzen (Hrsg.): Kunst und Pädagogik. Erziehungswissenschaft auf dem Weg zur Ästhetik? Darmstadt, 1990.
[27] Geht es vor allem um die Frage, ob Erziehung auch als künstlerisches Projekt gedacht werden kann, sind hier folgende Positionen zu finden: Gert Mattenklott vertritt die Position einer Unauflöslichkeit von Ästhetik und Leben, die ebenso zu einer Unauflösbarkeit von Ästhetik und Bildung führt. Klaus Mollenhauer setzt sich dagegen für eine strenge Trennung von Kunst und Pädagogik ein, um einen Wechsel von einer *Pädagogik als Wissenschaft* zu einer *Erziehung als Kunst* zu vermeiden. Dieter Lenzen verficht eine vermittelnde Position, indem er die These ausführt, dass Erziehungswissenschaft immer schon in dem Maße Erziehungsästhetik ist, wie das lehrende, pädagogische Geschäft schöpferisch und damit künstlerisch sei. Dies gelte auch unabhängig davon, ob die Pädagogik als Disziplin diese Beziehung als eine ästhetische reflektiere oder nicht.
[28] Vgl. Michael Lingner: Gegenwartskunst nach der Postmoderne. In: Kulturamt der Stadt Jena (Hrsg.): Kunst – Raum – Perspektiven. Jena 1997.
[29] Pierangelo Maset: Philosophische Hypotheken der ästhetischen Erziehung. In: Jan Maschelein u.a. (Hrsg.) Erziehungsphilosophie im Umbruch. Weinheim 2000.

wie Peterßen fordert, in zweifacher Weise zu orientieren an der Fachwissenschaft und hier der Kulturpraxis Kunst sowie dem Schulfach, auf das sie sich bezieht.[30] Schulfächer, die sich historisch aus Fachwissenschaften und den Disziplinen der Universitäten entwickelt haben, sind nicht „nur die Kopie einer universitären Disziplin, wobei die Schüler gleichsam zwangsläufig (weil sie die Empfänger sind) dazugehören und in den Blick genommen werden müssen"[31]. Fachdidaktik ist über die Orientierung an der Fachwissenschaft hinaus an der leitenden Kategorie der Erziehungswissenschaft auszurichten und als Ergebnis wissenschaftsorganisatorischer Überlegungen und Vorgänge aufzufassen. Die untersuchten Konzepte zur aktuellen Diskussion in der Fachdidaktik Kunst sind Bestandteil der sich selbst konturierenden Theorie dieser Disziplin. Sie gehen damit in die Entwicklung und Ausformulierung neuer fachdidaktischer Theoriebildung ein, auch wenn sie heute selbst noch nicht als „Theorie" ausformuliert sind, sondern noch konzeptionellen Charakter haben. Für die Untersuchung ist unter anderem das Verhältnis zwischen *Allgemeiner Didaktik* und *Fachdidaktik* näher zu beleuchten.

Eine Hierarchie von Allgemeiner Didaktik zur Fachdidaktik wird heute im Allgemeinen abgelehnt. Als Konsens in der aktuellen Diskussion kann dagegen die gegenseitige Interdependenz beider Forschungsbereiche angenommen werden. Weder die Allgemeine Didaktik noch die Fachdidaktik können sich völlig unabhängig voneinander artikulieren. Sie sind in ihrem theoretischen und praktischen Bemühen aufeinander angewiesen.

Zum aktuellen Verhältnis zwischen Allgemeiner Didaktik und Fachdidaktik sei auf die Ausführungen von Wilfried Plöger und Wolfgang Klafki verwiesen.[32] Klafki fordert eine Differenzierung des gemeinhin gültigen Standpunktes, welcher Fachdidaktik als Bindeglied zwischen Allgemeiner Didaktik und Fachwissenschaft definiert. Fachdidaktiken müssten sich heute insbesondere gegenüber den sog. Fachwissenschaften als weitaus eigenständiger verstehen, als es jene Deutung tut, die Fachdidaktik als Vermittlungswissenschaft zwischen Allgemeiner Didaktik und Fachwissenschaft platziert.

Allgemeine Didaktik und Fachdidaktik stehen dabei nicht in einem hierarchischen Verhältnis zueinander, sondern fußen nach Klafki vielmehr gemeinsam auf der Untersuchung dreier Problemdimensionen. Demnach sind Didaktik und Fachdidaktik im Zusammenhang zu sehen mit:

---

[30] Wilhelm Peterßen: Lehrbuch Allgemeine Didaktik. München 1996[5], S. 47–51.
[31] Ebd.
[32] Wilfried Plöger: Allgemeine Didaktik und Fachdidaktik. München 1999.
Wolfgang Klafki: Zum Verhältnis von Allgemeiner Didaktik und Fachdidaktik – Fünf Thesen. In: M. Meyer; W. Plöger: Allgemeine Didaktik, Fachdidaktik und Fachunterricht. Weinheim, Basel 1994.

Einleitung

- Vorentscheidungen über Rahmenbedingungen für das Lehren und Lernen. Hier geht es um die Ermittlung historischer, politisch-gesellschaftlich-kultureller und der erzieherischen Voraussetzungen und Implikationen, ihrer Begründungen und immanenten Systeme.
- der Untersuchung des konkreten Lehrens und Lernens im Schulunterricht, der soziopsychischen Bedingungen.
- Analyse und Kritik von Konzepten und Prinzipien, die für das Lehren und Lernen im geschichtlichen Prozess vorgeschlagen worden sind oder gegenwärtig vorgeschlagen werden.

Die vorliegende Untersuchung versteht sich als allen drei Problemdimensionen zugewandt und folgt der Überzeugung, dass Fachdidaktiken nicht zulänglich allein aus sich selbst begründet und entwickelt werden können. Stattdessen stehen sie, wie Wolfgang Klafki nachweist, „als Disziplinen der Forschung, Theorie- und Konzeptbildung über Unterricht bzw. über Lehren und Lernen in bestimmten Dimensionen der gegenständlichen und der geschichtlich-gesellschaftlich-kulturellen Wirklichkeit und damit des menschlichen Welt- und Selbstverständnisses immer schon in übergreifenden Zusammenhängen, sind verwiesen auf andere Teilaspekte der lehrenden und lernenden Auseinandersetzung mit Wirklichkeit, sind Elemente umfassenderer Konzepte des Lehrens und Lernens, wie sie vor allem in Lehrplänen, Richtlinien, Gesamtcurricula für bestimmte Schulstufen oder Schulformen oder in inhaltlich entfalteten Bildungskonzepten formuliert werden. Sie operieren überdies immer mit allgemeinen Kategorien, die auch in anderen Unterrichtsfächern oder -bereichen verwendet werden. Sie müssen also im übergreifenden Zusammenhang der Frage begründet und entwickelt werden, unter welchen Leitvorstellungen junge Menschen ein mehrperspektivisches Welt- und Selbstverständnis gewinnen können, das sie schrittweise mehr zu eigenen Urteilen, eigenen Entscheidungen und selbstverantwortetem Handeln befähigt. Die damit angedeuteten generellen Voraussetzungen, Zusammenhänge und Probleme sind das zentrale Themenfeld der Allgemeinen Didaktik."[33]

Die vorliegende Untersuchung folgt der weiteren Überzeugung, dass Fachdidaktik nie losgelöst von bildungstheoretischen Zielvorgaben und Implikationen artikuliert werden kann, in entsprechenden Konzepten also stets bildungstheoretische Grundannahmen enthalten sind, der primäre Horizont der Fachdidaktiken, soweit sie sich auf den Unterricht in allgemeinbildenden Schulen beziehen, immer der Horizont der Grundbildung, der allgemeinen Bildung ist. Für Wolfgang Klafki stellt sich die Aufgabe der Fachdidaktik in folgender Grundfrage dar: „Welchen Beitrag können Fachwissenschaften zur Entwicklung des Welt- und Selbstverständnisses

---

[33] Ebd., S. 53 f.

junger Menschen als der Basis von kritischer Urteils- und Handlungsfähigkeit, Selbst- und Mitbestimmungsfähigkeit leisten, angesichts gegenwärtiger und – soweit voraussehbar – zukünftiger Probleme und Risiken, aber auch der positiven Möglichkeiten der modernen Welt, orientiert an den Prinzipien einer humanen und demokratischen Gesellschaft bzw. einer zu humanisierenden und weiter zu demokratisierenden Gesellschaft?" Er vertritt außerdem die Auffassung, dass die Fachdidaktiken die Entfaltung dieser Frageperspektive auf die Fachwissenschaften hin nur in Kooperation mit der Allgemeinen Didaktik und einer generellen pädagogischen Zieltheorie leisten können. Klafki bekennt sich zu der historisch und systematisch begründeten Überzeugung, dass eine solche pädagogische Zieltheorie weiterhin als Bildungstheorie verstanden werden kann.

Trotz der theoretischen Fragestellung dieser Arbeit versteht sich Didaktik als eine auf die Praxis bezogene und für die Praxis mitverantwortliche Disziplin. Die Untersuchung wird im Bewusstsein jenes Gesamtzusammenhangs geführt, in den jeder verantwortliche pädagogische Praktiker unausweichlich hineingestellt ist.

Die Arbeit gliedert sich in vier Teile. Nach der Explikation des Forschungsvorhabens in der Einleitung werden in Kapitel II die theoretischen Grundlagen ausgearbeitet, welche für das Verständnis der Konzeptionen der Fachdidaktik Kunst als notwendig angesehen werden. Dies ist neben einem kurzen historischen Überblick über die Entwicklung fachdidaktischer Positionen in Deutschland seit 1945 vor allem eine Darstellung aktueller Tendenzen aus den Bereichen der zeitgenössischen Kunst, der Philosophie und der Pädagogik. Diese Bereiche sind als Bezugsfelder der Fachdidaktik Kunst anzunehmen und müssen deshalb in ihren wesentlichen Grundzügen berücksichtigt werden. Da sich die genannten Bezugsfelder allerdings jeweils selbst als überaus komplex erweisen, kann die Darstellung im Rahmen dieser Arbeit nur Aspekte herausgreifen, deren Berücksichtigung sich für das Verständnis einzelner Ansätze als günstig erwiesen hat.

Im dritten Teil, dem Hauptteil, werden einzelne aktuelle fachdidaktische Konzeptionen vorgestellt, anhand eines modellhaften Untersuchungsrasters analysiert, verglichen und abschließend hinsichtlich ihrer Berechtigung, Relevanz und Umsetzbarkeit ausgewertet. Dieses Kapitel berücksichtigt sowohl Ansätze, die das kompensatorische Moment der Kunst fokussieren, als auch Ansätze, die besonderes Augenmerk auf die Neuen Medien als einem wesentlichen integralen Bestandteil des Kunstunterrichts legen. Darüber hinaus werden mehrere Konzeptionen untersucht, die *Ästhetische Bildung* aus der Kunst heraus begründen. Außerdem werden Ansätze vorgestellt, die die Kunst*vermittlung* selbst als Kunst verstehen, bis hin zu *prozessorientierten* Entwürfen. Außerdem findet ein Modell aus der Praxis Berück-

Einleitung

sichtigung, das unter dem Motto „KidS" – *Künstler in die Schule* ganz an den Notwendigkeiten des Schulalltags orientiert ist. Die Reihenfolge der in diesem Kapitel aufgeführten und untersuchten Konzeptionen beinhaltet keine Wertung, sondern folgt – soweit möglich – der chronologischen Genese. Der vierte Teil fasst kurz die Ergebnisse der Untersuchung zusammen.

Für die Untersuchung ergeben sich folgende Forschungsdesiderata:

Kontroverse Diskussion
Die Zeit der stagnierenden Diskussion in der Fachdidaktik für das Unterrichtsfach Bildende Kunst ist seit mehreren Jahren beendet. Seitdem artikulieren sich in der fachdidaktischen Theoriebildung nicht nur vor dem Hintergrund der vielfach bedrohten Existenz des Schulfachs wieder neue, unterschiedliche Legitimationsversuche zu seiner Begründung und umfassenden Reformierung. Angesichts kontroverser Diskussion sowie übergeordneter pädagogischer Ziele bedarf es einer Forschungsbilanz und einer wissenschaftlich fundierten Neuorientierung.

Interdependenz zwischen Fachdidaktik und Bezugswissenschaften
Die Fachdidaktik des Unterrichtsfachs Bildende Kunst steht wie jede andere Fachdidaktik in enger Interdependenz zu Allgemeiner Didaktik, Bildungs- und Wissenschaftstheorie. In der Pädagogik und Schulpädagogik entwickeln sich neue didaktische Konzepte und Modelle, die in direkter Beziehung zu den Innovationen der Fachdidaktik Bildende Kunst stehen. Diese – teilweise allerdings unbenannten und verdeckten – Beziehungen sind zu erhellen und aufzudecken. Dieser Arbeit liegt die Vermutung zugrunde, dass sich zeitgemäße Kunstdidaktik vor dem Hintergrund einer verstärkt interdisziplinären Debatte artikuliert. Der Zusammenhang zwischen der Fachdidaktik und den verschiedenen, diese Disziplin konstituierende Bezugswissenschaften muss deshalb analysiert, untersucht und bewertet werden, wenn die Fachdidaktik einem zeitgemäßen wissenschaftlichen Anspruch genügen will.

Bezugsfeld Kunst
Die Kunst als die genuine Bezugsdisziplin für das Schulfach reagiert sensibel und schnell auf Entwicklungen in Kultur und Gesellschaft. Die fachdidaktische Theoriebildung muss dieser Tatsache gerecht werden, sich stets neu öffnen und neu artikulieren. Es ist zu untersuchen, wie veränderte Inhalte in aktuelle Konzepte der Fachdidaktik integriert werden bzw. wie diese Beziehung aktualisiert wird.

Einleitung

Komplexe Gegenwartsgesellschaft
Die in den letzten Jahren nicht nur aufgrund der Einflüsse der Neuen Medien massiv gewandelten gesellschaftlichen Verhältnisse beeinflussen vermehrt die reale Lebenswelt von Schülern. Dies ist auch für das Schulfach Bildende Kunst von großer Relevanz und erfordert eine Evaluation der fachdidaktischen Konzepte sowie Modelle zu seiner Innovation. Diese – derzeit in der fachdidaktischen Diskussion kontrovers diskutiert – müssen bezüglich ihrer gesellschaftlichen Relevanz verglichen und bewertet werden, um dann eventuell erweitert, differenziert und neu legitimiert zu werden, wenn der Kunstunterricht den komplexen Anforderungen pluralistischer Verhältnisse gerecht werden soll.

Paradigmenwechsel
In den verschiedenen aktuellen Konzeptionen der Kunstdidaktik hat ein Paradigmenwechsel stattgefunden. Dieser kann sowohl hinsichtlich erkenntnistheoretischer Hintergründe als auch bezüglich der Ziele, Inhalte und Methoden verortet werden. Da er sich allerdings noch in *statu nascendi* befindet, sich in erst noch zu differenzierender Weise abzeichnet, bedarf es einer Untersuchung, die zur Systematisierung dieses Wandels beiträgt.

II. Theoretische Grundlagen

1. Zur Arbeitsmethode

Didaktische Forschung ist ein äußerst komplexes, mehrdimensionales und mehrperspektivisches Untersuchungsfeld, das nur im Blick auf die interdisziplinären Zusammenhänge erfolgreich sein kann. In der vorliegenden Arbeit ist die Entscheidung über die Methode am Prozess des hermeneutischen Verstehens orientiert. Das konkrete Vorgehen folgt den Regeln für die hermeneutische Textinterpretation, wie sie u.a. Wolfgang Klafki[34] und Helmut Danner[35] formuliert haben. In dialektischer Weise soll über die Darstellung hinausgehend eine Auseinandersetzung erreicht werden, die durch das reflektierende Moment der Dialektik die gewonnenen Erkenntnisse über ihre Ergebnisse hinausführen.

Um das Nachvollziehen der Analyse und die intersubjektive Nachprüfbarkeit zu gewährleisten, wurde mit Blick auf die ständige Wechselbeziehung zwischen Forschungsgegenstand, Untersuchungsfragen und Analyseinstrument ein Analyseraster entworfen. Dieses Raster ist methodisches Instrumentarium, um die Dimensionen und Aspekte des Untersuchungsfeldes genauer zu bestimmen sowie Vergleichbarkeit zu gewährleisten. Dazu wird eine pragmatische Vorgehensweise entwickelt, die einerseits durch hinreichende Reliabilität und Validität gesichert ist und bei der andererseits Aufwand und Ertrag in einem sinnvollen und vertretbaren Verhältnis stehen. Die Analysekriterien werden in einem Wechselverhältnis zwischen der Fragestellung und dem konkreten Material entwickelt und während der Analyse überarbeitet und rücküberprüft. Dabei bleibt immer die Anbindung an den konkreten Untersuchungsgegenstand, hier die herangezogenen Texte zu Konzepten der Ästhetischen Erziehung als erziehungswissenschaftliche Teildisziplin im Blick. Hinsichtlich des Rasters sei erwähnt, dass die theoretische Untersuchung nach Analysekriterien die implizite Annahme voraussetzt, dass es einen über die ausgewählten Aspekte hinausgehenden komplexen Zusammenhang gibt, der theoretisch allerdings nur unter bestimmten auszuwählenden Gesichtspunkten erfasst werden kann. Dies schließt zwangsweise ein, dass damit auch andere Aspekte ausgeblendet bleiben. Von daher kann eine Untersuchung mittels Analysekriterien nie den umfassenden Zusammenhang erfassen und somit auch keinen Anspruch auf Vollständigkeit erheben.

---

[34] Wolfgang Klafki: Hermeneutische Verfahren in der Erziehungswissenschaft. In: W. Klafki u.a.: Funk-Kolleg Erziehungswissenschaft Bd. 3. Frankfurt 1975⁹, S. 126-153. Mit geringfügigen Korrekturen des Verfassers erneut abgedruckt in: Christian Rittelmeyer/Michael Parmentier: Einführung in die Pädagogische Hermeneutik. Darmstadt 2001, S. 125 ff.

[35] Helmut Danner: Methoden geisteswissenschaftlicher Pädagogik. München, Basel 1998⁴, S. 93 ff.

Entsprechend der Tatsache, dass didaktische Modelle in der Gegenwart nicht mehr als „reine" Modelle auftreten, sich vielmehr integrativ als Mischtheorien darstellen, die ihre gegenseitige Ergänzungsbedürftigkeit und Ergänzbarkeit eingestehen, gehen auch in das Analyseraster unterschiedliche Dimensionen und Aspekte ein. So wie Wolfgang Klafki im Rahmen der kritisch-konstruktiven Didaktik die Ergänzungsbedürftigkeit einzelner Forschungsmethoden nachweist, wird auch hier im Sinne einer konstruktiven Synthese ein Raster zugrunde gelegt, dessen Frageperspektiven auf unterschiedliche didaktische Modelle zurückzuführen sind und deren einzelne Dimensionen sich inhaltlich bestimmen.

Die im Raster aufgezählten Dimensionen sind im Einzelnen wie folgt begründet: Sie leiten sich hauptsächlich aus drei allgemeindidaktischen Modellen ab, welche für die Konstituierung eines aktuellen integrativen Didaktikbegriffs als wesentlich angesehen werden können. Dies sind das Modell der bildungstheoretischen und der lerntheoretischen Didaktik sowie das Modell der kritisch-kommunikativen Didaktik. Alle drei Modelle haben Eingang gefunden in Wolfgang Klafkis Theorie einer kritisch-konstruktiven Didaktik und können als populärste didaktische Modelle betrachtet werden. Die Frage nach den Inhalten leitet sich vornehmlich aus der geisteswissenschaftlich orientierten und an einem praktischen Erkenntnisinteresse ausgerichteten bildungstheoretischen Didaktik ab. Die Berücksichtigung der gesellschaftspolitischen Bezogenheit mit ihrer kritischen Orientierung und ideologiekritischen Fragestellung folgt einem emanzipatorischen Erkenntnisinteresse, wie es für die kommunikative Didaktik bezeichnend war. Die bewusste Einbeziehung der die Schüler betreffenden Aspekte hat ihren Ursprung in der These der Interdependenz aller den Unterricht konstituierenden Momente, wie sie vor allem in der lerntheoretischen Didaktik mit einer empirischen Orientierung formuliert wurde.

Konkretes Vorgehen
Die Analyse der Konzeptionen beschränkt sich auf vorliegendes Textmaterial und gliedert sich jeweils in zwei Teile: In einer kurzen deskriptiven Einführung werden wesentliche Hauptgedanken und kennzeichnende Merkmale einer Konzeption zusammengefasst dargestellt. Darüber hinaus enthält dieser allgemeine Teil, soweit möglich und notwendig, Informationen über die Person des Autors, der Autorin und die Zielgruppe der vorgelegten Textmaterialien. Im zweiten ausführlichen Analyseteil wird der konzeptionelle Ansatz hermeneutisch-textanalytisch interpretierend untersucht. Dabei werden folgende Analysekriterien zur Untersuchung herangezogen:

- *Zentrale Begriffe*
Erläuterung der wesentlichen, das Profil des Konzepts bestimmenden zentralen Begriffe, ihrer Herkunft, Verwendung und spezifischen Bedeutung.

Zur Arbeitsmethode

- *Inhalte*
Untersuchung der Inhalte, welche in jeweiligen Vermittlungssituationen als wesentlich angesehen werden und im Kontext der Kunstdidaktik als bildungsrelevante Inhalte formuliert und thematisiert werden. Dies können neben fachpraktischen, kunstwissenschaftlichen und kunstgeschichtlichen Aspekten gesellschaftsbezogene, subjektorientierte oder andere Inhalte sein.

- *Ziele, Intentionen*
Klärung der kunstdidaktischen Ziele, die ein Konzept für sich beansprucht bzw. die der Autor oder die Autorin als explizit charakteristische Ziele für dieses Konzept ausformuliert. Es wird untersucht, welche Fähigkeiten die Schülerinnen und Schüler erwerben sollen. Ebenso muss ermittelt werden, ob darüber hinaus Ziele auszumachen sind, die nicht direkt benannt, aber implizit mitgedacht werden. Das Verhältnis zwischen fachlichen, spezifisch kunstdidaktischen Zielen zu allgemeinpädagogisch einzuordnenden Intentionen ist zu erhellen.

- *Methoden der Vermittlung*
Analyse des methodischen Vorgehens, das angewandt oder vorgeschlagen wird, um bestimmte Lern- oder Bildungsziele zu erreichen, sowie Untersuchung der Orientierung an Methoden aus der Kunst und Bestimmung von induktivem oder deduktivem Vorgehen. Darüber hinaus ist zu fragen, wie die Übertragbarkeit auf schulpädagogische Kontexte gewährleistet wird und ob relevante Probleme hinsichtlich schulpraktischer Gegebenheiten thematisiert und berücksichtigt werden.

- *Bezüge zu Bildungstheorie und Pädagogik*
Erörterung der Zusammenhänge zwischen kunstdidaktischem Konzept und bildungstheoretischen Paradigmen sowie Untersuchung der Berücksichtigung von Erkenntnissen aus den Bereichen der allgemeinen Didaktik und Bildungstheorie. Welche bildungstheoretischen Paradigmen werden für das Konzept als Leitebenen angenommen, werden diese als solche benannt und wie werden sie begründet?

- *Philosophische Implikationen*
Diskussion der philosophischen Hintergründe und Implikationen, die zur Profilierung und Legitimation des Konzepts von Bedeutung sind. Dabei wird in erster Linie Hinweisen nachgespürt, die aus direkten Indizien der Texte zu entnehmen sind. In zweiter Linie werden – wenn möglich – Versuche unternommen, Bezüge zur zeitgenössischen Philosophie aufzudecken, welche nicht explizit benannt wurden. Die Untersuchung kunstdidaktischer Konzeptionen unter der Perspektive philosophischer Implikationen ist nicht einfach, da sich dieses Bezugsfeld als überaus komplex und vielschichtig ausweist, deshalb

eine vertiefte Kenntnis im Bereich philosophischer Systeme voraussetzt, um solche Bezüge erkennen und benennen zu können. Dies ist aufgrund der sachimmanenten Komplexität der vorliegenden Arbeit nur bedingt leistbar. Wird aber Didaktik – insbesondere Fachdidaktik – als Wissenschaft von der Praxis und für die Praxis verstanden, besteht ihre zentrale Aufgabe darin, „mit wissenschaftlichen Methoden den Sinn didaktischer Entscheidungen, Entwicklungen, Diskussionen, Einrichtungen, die darin oft verborgenen historischen Momente, Zukunftsvorstellungen und philosophischen Implikationen (Hervorhebung A.F.) herauszuarbeiten, sie überprüfbar und diskutierbar zu machen und eben damit den didaktisch Handelnden und Entscheidenden (...) dabei zu helfen, sich bewusst zu machen, was sie eigentlich tun, worüber und unter welchen historischen Bedingungen sie entscheiden und handeln, was eigentlich in ihren und hinter ihren Entscheidungen, Überlegungen, Handlungen steckt"[36].

- *Resümee*
Zusammenfassende Darstellung der Analyseergebnisse.

---

[36] Wolfgang Klafki: Grundlinien kritisch-konstruktiver Didaktik. Dritte Studie. In: Neue Studien zur Bildungstheorie und Didaktik. Zeitgemäße Allgemeinbildung und kritisch-konstruktive Didaktik. Weinheim 1996⁵.

Zur Arbeitsmethode

Raster zur Analyse aktueller kunstdidaktischer Konzeptionen

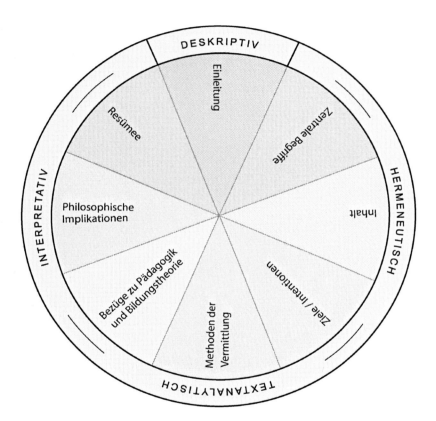

2. Definitionen und terminologische Klärungen

Kunstdidaktik
Der Begriff der Kunstdidaktik wird hier als Sammelbezeichnung verstanden, die alle Begründungs- und Legitimationsversuche für das Unterrichtsfach *Bildende Kunst*, so wie es in allgemeinbildenden Schulen unterrichtet wird, beinhaltet. Damit verbunden sind außerdem die Fragen nach Zielen, Inhalten und Methoden des Faches. Der Begriff der Kunstdidaktik ist hier stufen- und schulartübergreifend gemeint und beinhaltet alle Versuche, ästhetische, künstlerische und kulturelle Phänomene der visuellen Welt mit zum Teil sehr unterschiedlichen Zielsetzungen durch gestalterische, anschauliche und sprachliche Vorgehensweisen zu vermitteln. Kunstdidaktik fragt auch nach der historisch-geschichtlichen Entwicklung und der Veränderung der in diesem Bereich relevanten Fragestellungen. Der Begriff schließt ebenso Reflexionen über didaktische Theoriebildung wie auch über praktische Vermittlungsmöglichkeiten und -notwendigkeiten ein. Als wesentliche Bezugswissenschaften werden die Bildende Kunst, Kunstgeschichte, Kunstwissenschaft sowie die Pädagogik und Schulpädagogik, aus der sich der jeweilige Didaktikbegriff ableitet, angenommen.

Ästhetik
Da eine Vielzahl von Termini, die in der Fachdidaktik Kunst Verwendung finden, als Doppelbegriffe in Verbindung mit dem Begriff *ästhetisch* gebraucht werden, sei dieser Begriff hier kurz erläutert. Abgeleitet vom Begriff der *Aisthesis* (griech. Wahrnehmung) entstand der Begriff der Ästhetik auf dem Höhepunkt der Aufklärungsperiode des 18. Jahrhunderts, jener Periode des philosophischen Denkens, in der wissenschaftliche Erkenntnis nur als rationale, als klare und deutliche Erkenntnis denkbar war, die nach den Regeln der Mathematik und Geometrie aufgebaut war (Descartes). Durch den Rationalismus der Aufklärungsperiode blühten Wissenschaft, Technik und industrieller Fortschritt auf. Dichter und Philosophen (Leibniz, Baumgarten, Schiller) betonten dagegen die Bedeutung der Ausbildung des Empfindungsvermögens als Gegengewicht zum Intellekt als ein dringendes Bedürfnis der Zeit. Baumgarten stellt in seinen Ästhetikvorlesungen die *Wissenschaft von der sinnlichen Erkenntnis* der Logik zur Seite. Ergänzend zum Vernünftigen, dem Gegenstand der Logik, wird das Sinnliche in das System der Philosophie integriert, sodass die Logik und die auf sie gegründete Philosophie ihr Monopol verlieren. Schiller vertritt nach Auseinandersetzung mit Kants *Kritik der Urteilskraft* in seinen *Briefen über die ästhetische Erziehung des Menschen* die Ausbildung des Empfindungsvermögens und sieht im Spieltrieb Wege, die Polarisierung zwischen Sinnlichkeit und Vernunft produktiv zu überwinden. Auch die aktuelle Philosophie richtet mit ihrer Suche nach einem neuen Ver-

Definitionen

ständnis von Rationalität und Vernunft ihren Blick auf *ästhetisches Denken*[37] und ästhetische Erkentnis.

Ästhetische Erziehung
Der Begriff der *Ästhetischen Erziehung* ist mindestens doppelt besetzt: Erstens beinhaltet dieser Ausdruck historisch gesehen verschiedene kunstdidaktische Richtungen, wie sie in der Zeit nach der *Visuellen Kommunikation* artikuliert wurden, andererseits steht er für eine ganz bestimmte fachdidaktische Richtung innerhalb der Kunstdidaktik, wie sie von einer Reihe von Fachvertretern seit Anfang der 1980er Jahre verfochten wird. Ausgehend von Forderungen aus der allgemeinen Pädagogik, wie sie u.a. Hartmut von Hentig formulierte, wird die *ästhetische Erziehung* hier als „Ausrüstung und Übung des Menschen in der ‚Aisthesis' (griechisch) – in der Wahrnehmung" übersetzt. Hier kann *ästhetische Erziehung* – klein geschrieben – auch als Unterrichtsprinzip mit dem Anspruch, Erziehung überhaupt zu sein, beschrieben werden. Unter dem Schlagwort „Lernen mit allen Sinnen" wurden die sinnlich lustbetonten Aspekte herausgestellt. Hier stand die Wiedergewinnung von – vor allem durch die Medienrezeption – vernachlässigten leiblichen Erfahrungsmöglichkeiten im Mittelpunkt. Im alltäglichen Sprachgebrauch hat sich darüber hinaus zudem eine Verwendung dieses Terminus für eine grundschulspezifische kunstdidaktische Ausformung der Fachdidaktik gegenüber der Fachdidaktik der Sekundarstufen herausgebildet.

Dennoch ist die eindeutige Verwendung und terminologische Klärung dieses Begriffs in der Literatur bis heute nicht einheitlich. Klein geschrieben – *ästhetische Erziehung* – verbirgt sich hinter dem Begriff ein Unterrichtsprinzip. Groß geschrieben – *Ästhetische Erziehung* – steht er für das Fach *Bildende Kunst*. Der Terminus *Erziehung* in diesem Doppelbegriff deutet einerseits auf den intentionalen Akt, das planmäßige Einwirken durch Personen und Institutionen, hin. Andererseits verweist er auf eine angenommene Erziehungsbedürftigkeit und ist insbesondere von dem der *Bildung* zu unterscheiden. Es sei betont: Die Verwendung des Begriffs *Ästhetische Erziehung* in dieser Arbeit ist *nicht* programmatisch gemeint und subsumiert – wenn nicht eindeutig anders ausgewiesen – die aktuelle Vielfalt der kunstdidaktischen Ansätze der Gegenwart.

Ästhetische Bildung
Dieser Doppelbegriff wird in der Literatur meist in bewusster Abgrenzung zum Begriff der *Ästhetischen Erziehung* verwendet. Bildung als Entfaltung und Gesamtprozess geistiger Formung steht so dem intentional ausgerichteten Erziehungsbegriff gegenüber. Da der Bildungsbegriff als einer der schillerndsten Fachtermini der deutschen Pädagogik überhaupt bezeichnet

---

[37] Vgl. Wolfgang Welsch: Ästhetisches Denken. Stuttgart 1990.

werden muss, kann er hier nicht umfassend dargestellt oder hinreichend definiert werden. Hinsichtlich seiner Geschichte sei auf die bekannte Literatur verwiesen.[38] Gert Selle definiert Bildung „als weitgehend individuell mitgesteuerten Prozess eines Bewusstwerdens in und am Ästhetischen", der von „persönlichen Lernfähigkeiten, sozialen Situationen, kulturellen Kontexten und lebensgeschichtlichen Wendungen zugleich abhängt und befördert wird. Der Bildungsbegriff verweist entschiedener als der Erziehungsbegriff auf die psycho-physischen und biografischen Verankerungen ästhetischer Erfahrung und auf die Tatsache, dass ästhetische Arbeit (wie auch intellektuelle) immer Eigenarbeit des Subjekts ist"[39]. Wolfgang Legler versucht die Differenz zwischen *Ästhetischer Erziehung* und *Ästhetischer Bildung* zu entschärfen, indem er sie miteinander in Beziehung setzt und *Ästhetische Bildung* als eine zentrale Zielkategorie *Ästhetischer Erziehung* ansieht. Für ihn würde es gleichwohl „wenig Sinn machen, von einer ‚Didaktik der ästhetischen Bildung' zu sprechen, weil es dort, wo über didaktisches Handeln nachgedacht wird, zunächst immer nur um ästhetische Erziehung gehen kann"[40]. Während Erziehung eindeutig intentional planbar ist, kann Bildung allenfalls als vermittelnde Kategorie zwischen den Ansprüchen der objektiven Welt und dem Recht auf Selbstsein des Subjekts bestenfalls mittelbare „Wirkungen" erzieherischer Prozesse beschreiben, die nur dort möglich sind, wo die Würde und die Integrität des Subjekts geachtet werden.

Ergänzend zu den Begriffen *Ästhetische Erziehung* und *Ästhetische Bildung* finden in der kunstdidaktischen Diskussion seit geraumer Zeit auch die Begriffe *ästhetische Rationalität*[41], *ästhetische Intelligenz*[42] und *ästheti-*

---

[38] Vgl. u.a. Clemens Menze: Bildung. In: Josef Speck, Gerhard Wehle: Handbuch Pädagogischer Grundbegriffe. München 1970. Franzjörg Baumgart: Erziehungs- und Bildungstheorien. Bad Heibrunn 1997.

[39] Gert Selle: Experiment Ästhetische Bildung. Reinbek 1990, S. 21 f.

[40] Wolfgang Legler: Ästhetische Bildung zwischen Allgemeiner Erziehungswissenschaft und Fachdidaktik. In: Dietrich Grünewald (Hrsg.): Kunstdidaktischer Exkurs. Texte zur Ästhetischen Erziehung von 1984-1995. Sammelband *Theorie* der Zeitschrift *Kunst und Unterricht*, Velber 1996, S. 58-63.

[41] Der Begriff *Ästhetische Rationalität* kommt durch Gunter Otto in die fachdidaktische Diskussion. Otto benennt damit einen eigenständigen Modus von Rationalität, der neben den theoretischen, wissenschaftlichen und begrifflichen Modi von Rationalität steht. Angelegt war dies schon im Begriff des *bildnerischen Denkens*, wie er von Reinhard Pfennig in Anlehnung an Paul Klee verwendet wurde. Vgl. Otto Gunter: Ästhetische Rationalität. In: Wolfgang Zacharias: Schöne Aussichten? Ästhetische Bildung in einer technisch-medialen Welt. Essen 1991, S. 145-161. Vgl. Kapitel „Historischer Überblick über die fachdidaktischen Positionen in der Kunstdidaktik seit 1945"

[42] Gert Selle definiert den Begriff der *Ästhetischen Intelligenz* vor allem im Kontrast zu dem von Gunter Otto verwendeten Terminus der *Ästhetischen Rationalität*. Dabei kennzeichnet er die *Ästhetische Intelligenz* als einen *tastenden, fragenden, unfertigen, offenen Begriff, der einem ausgearbeiteten, in den didaktischen Diskurs eingeführten und diesen beherrschenden Begriff von ästhetischer Rationalität* gegenüber-

Definitionen

sches Denken[43] Verwendung. Da diese Termini aufgrund ihrer spezifischen Bedeutung allerdings weniger allgemeine Verwendung finden, ihre Bedeutung vielmehr an ganz bestimmte Konzepte geknüpft ist, werden sie an gegebener Stelle im Laufe dieser Untersuchung ausführlicher erläutert.

---

stehe. Im Unterschied zu Gunter Otto, der seinen Begriff in einer Traditionslinie des Denkens mit dichtgefügtem Quellenmaterial belegt, entwirft Gert Selle einen tendenziell vagen Begriff ohne gesichertes theoretisches Fundament. Vgl. auch Gert Selle: Soll man von ästhetischer Intelligenz reden? Ein ketzerischer Einwurf. In: BDK Mitteilungen, Heft 2/1994. Ders.: Baustelle für didaktische Begriffe. In: Gert Selle: Kunstpädagogik und ihr Subjekt. Oldenburg 1998, S. 103 ff.

[43] Der Begriff *ästhetisches Denken* wurde ausführlich von Wolfgang Welsch erläutert und für die kunstdidaktische Diskussion von Helga Kämpf-Jansen im Kontext ihres Konzepts *Ästhetische Forschung* aufgegriffen. Vgl. Wolfgang Welsch: Ästhetisches Denken. Stuttgart 1990. Vgl. Helga Kämpf-Jansen: Ästhetische Forschung. Wege durch Alltag, Kunst und Wissenschaft. Zu einem innovativen Konzept ästhetischer Bildung. Köln 2001. Vgl. auch Kapitel III.3 „Ästhetische Forschung" in dieser Arbeit.

3. Aktuelle Tendenzen und Hintergründe

3.1 Fachwissenschaftlicher Hintergrund: Kunst heute

Geht man von der ursprünglichen Beziehung zwischen der Fachdidaktik und ihrem genuinen Bezugsfeld der Bildenden Kunst aus, ist eine Beleuchtung der aktuellen Situation dieser Disziplin Voraussetzung für die Begriffsbestimmung der gegenwärtigen Fachdidaktik. Aufgrund der Tatsache, dass die schillernde Situation der Gegenwartskunst sich durch einen umfassenden Pluralismus auszeichnet, Bildende Kunst sich gegenwärtig häufig vielfältig und widersprüchlich als ein undurchdringliches Geflecht verschiedenster Auffassungen und Ismen darstellt, kann sie im Rahmen dieser Arbeit nicht umfassend erläutert werden. Vielmehr wird die Intention verfolgt, wesentliche Aspekte jüngerer Zeit herauszuarbeiten, welche die aktuelle Situation besonders kennzeichnen und von vergangenen – teils auch noch anhaltenden – Epochen unterscheidet, auf die wir aus heutiger Perspektive zurückblicken können. Die Kunst um die jüngste Jahrtausendwende präsentiert sich vor allem als ein gleichberechtigtes Nebeneinander verschiedenster Positionen und Kunstformen. Das künstlerische Betätigungsfeld hat sich auf Bereiche wie Medien, Design, Architektur, Film, Theater, Tanz und Musik ausgedehnt. So diagnostiziert der Kunsthistoriker Burkhard Riemschneider: „Im Zeitalter der Post-Postmoderne scheint alles möglich. Immer mehr greift die neue Künstlergeneration auch in Bereiche ein, die ursprünglich nicht zur sogenannten High Art gezählt wurden: Designer, Architekten und Filmemacher sind nur einige Beispiele für dieses Phänomen."[44] Einige Künstler verfolgen soziale Strategien, so dass der Künstler zum Kommunikationsvermittler oder Sozialarbeiter wird, während andere der Kunst jegliche soziale Funktion absprechen und sich auf den Standpunkt der künstlerischen Autonomie zurückziehen.

Besondere Fokussierung erfahren im folgenden Kapitel die Neuen Medien und das Problem des Individuums, wie es in der Kunst thematisiert wird, als eines der „zentralen Probleme zeitgenössischer Befindlichkeit"[45].

Moderne – Postmoderne – Zweite Moderne

Der Begriff Zweite Moderne wurde von Heinrich Klotz in die Diskussion eingebracht.[46] Ohne die endlosen bereits geführten Debatten über Moderne, Neo-Moderne, Zweite Moderne und Postmoderne hier wieder aufzunehmen, sollen im Folgenden einige Aspekte, die nach Klotz Peter

---

[44] Burkhard Riemschneider, Uta Grosenick: Art at the turn of the millenium. Köln 1999.
[45] Armin Zweite: Ich ist etwas Anderes. In: Armin Zweite, Doris Krystof, Reinhard Spieler (Hrsg.): Ich ist etwas Anderes – Kunst am Ende des 20. Jahrhunderts. Katalog zur Ausstellung. Kunstsammlung Nordrhein-Westfalen, Düsseldorf und Köln 2000.
[46] Heinrich Klotz (Hrsg.): Die Zweite Moderne. Eine Diagnose der Kunst der Gegenwart. München 1996.

Weibel formuliert hat, reflektiert und herangezogen werden.[47] Weibels Argumentation für eine Zweite Moderne ist scharf formuliert, die Verkürzung in der hier möglichen Darstellung kann Missverständnisse hervorrufen. Dennoch folgt die Reflexion dieser Gedanken der Überzeugung, auf diesem Weg zu einem Verständnis für die Situation der Gegenwart zu gelangen. Es ist zu fragen, welches die signifikanten Kennzeichen zeitgenössischer Kunst sind, die diese von den Formen der sogenannten Klassischen Moderne unterscheiden.

Als Moderne wird zumeist der gesamte Bereich der Kunst des 20. Jahrhunderts bezeichnet. Als Voraussetzung für die moderne Kunst ist ihr Bruch mit der Tradition des 19. Jahrhunderts anzunehmen, der im Kubismus den eigentlichen Übergang erfährt. Daraus entspringt die Hinwendung zu Formen der Abstraktion und reinen Ungegenständlichkeit, die im Suprematismus und in Piet Mondrians Kompositionen ihre absolutesten Formulierungen erhielten. Unter dem Einfluss der Psychoanalyse entwickelte Marcel Duchamp die Ready-mades als Konzepte einer Überwindung herkömmlicher Übereinkünfte über Kunst, die Surrealisten die *objets trouvés* als Auslöser von Assoziationen sinnlicher, optischer und psychologischer Vorstellungen. Die Zeit nach 1945 ist von einer neuen Individualität geprägt: Informell, Abstrakter Expressionismus, der mit Barnett Newman in die meditative Farbfeldmalerei mündet. In Ablehnung der traditionellen Bildgattungen suchen in Europa die Tachisten nach neuen künstlerischen Ausdrucksmöglichkeiten, die bald zu Grenzüberschreitungen der Kunstgattungen führen. In den 60er Jahren präsentiert sich die moderne Kunst auf breiter Basis als Environment, Konzeptkunst und Minimal art.

Peter Weibel will den Begriff der Moderne nicht nur als Epochenbezeichnung verstanden wissen und ermittelt als Haupttheoreme im Problembewusstsein der Moderne die Abstraktion und Ungegenständlichkeit sowie die Entgrenzung von Kunst und Leben. Für eine Bestimmung der Kunst in der Postmoderne stellt er unter Bezug auf Alfred H. Barr, den Begründer des Museum of Modern Art in New York, die Philosophen Bazon Brock und Michel Foucault außerdem die Frage nach einem Zusammenhang zwischen der Konstruktion der Moderne und den Diktaturen und totalitären Systemen des 20. Jahrhunderts: „Europa hat also im 19. Jahrhundert die Moderne hervorgebracht und im 20. Jahrhundert die totalitären Systeme. Gibt es hier einen Zusammenhang und worin könnte er bestehen? Europa konnte sich nicht aus eigener Kraft vom Faschismus befreien. Denn erstens waren die Kräfte der Moderne vernichtet und ihre Protagonisten vertrieben, zweitens vertrat eine Majorität in Europa selbst den Faschismus. Europa konnte sich also nicht selbst befreien. Dies mussten außereuropäische Nationen tun.

---

[47] Peter Weibel: Probleme der Moderne – Für eine Zweite Moderne. In: Heinrich Klotz: Die Zweite Moderne. Eine Diagnose der Kunst der Gegenwart. München 1996.

Die europäische Geschichte war 1945 am Ende. Zwar nicht die Geschichte selbst, aber – meiner Auffassung nach – die Moderne, weil ein partieller, verborgener Zusammenhang zwischen der Konstruktion der Moderne und den totalitären Systemen besteht."[48] Für Weibel kennzeichnet sich die an die Moderne anschließende Postmoderne durch verschiedene Formen der Kritik an der Moderne. So charakterisiert er diese Zeit als die erste Phase der Selbstbeobachtung der Moderne, da es schon immer eine Eigenschaft der Moderne war, sich selbst zu beobachten.
Ohne dezidiert eindeutige Definitionen zu entwerfen, unterscheidet Weibel zwischen der sogenannten Neo-Moderne, der Postmoderne und einer Zweiten Moderne, deren Hauptanliegen in der Analyse, Kritik und Reflexion der Moderne liegen. Als Beispiele für die Neo-Moderne führt Weibel Yves Klein und Lucio Fontana an und konstatiert hier: „Eine Selbstanalyse fand nicht statt, sondern man führte auf naive Weise die Formalismen und die Sprache der Moderne weiter. Die ideologische Kritik der Moderne wurde daher zu einer legitimen Aufgabe der Postmoderne, der sie sich dankbar gestellt und die sie gerne übernommen hat. Die Selbstanalyse der Moderne ist Aufgabe der Zweiten Moderne."[49] Erste und Zweite Moderne haben dennoch Gemeinsamkeiten, zum Beispiel die Abstraktion, die Derealisierung, die Entgegenständlichung, die Entmaterialisierung, die Maschinenästhetik und gleichzeitig auch immer deren Gegenteil, weil beide zusammen die Dialektik der Moderne ausmachen. Weibel diagnostiziert sowohl Kontinuitäten und Brüche zwischen Moderne und Zweiter Moderne: So wie Happenings und Events als Fortsetzungen des Dadaismus zu charakterisieren sind, bestimmt er die Medienkunst der Zweiten Moderne als eine Fortsetzung der Maschinenästhetik, die Op-Art als eine Fortsetzung der geometrischen Abstraktion der 30er Jahre. Die Neuen Wilden seien, wie der Name schon sage, eine Fortsetzung des Fauvismus, des Expressionismus und der geometrischen Abstraktion. Dem Surrealismus räumt Weibel allerdings eine Sonderstellung ein, da diese Stilrichtung bereits als erste Kritik am Projekt der Moderne interpretiert werden könne: „Denn wenn wir unter der Moderne den Anspruch der europäischen Rationalität auf Transparenz verstehen, dann erkennen wir, dass der Surrealismus eine Gegenposition eingenommen hat, dass dieser Anspruch auf Transparenz der Freud-Nachfolge nicht einzulösen ist, weil es das Opake, das Unbewusste gibt. So zeigt der Surrealismus bereits die Problematik eines naiven Begriffs der Moderne, weil er – im Schoß der Moderne geboren – gleichzeitig schon Kritik an der Moderne darstellt."[50]

---

[48] Ebd., S. 24. Weibel zitiert A. H. Barr: „Since the war, art has become an affair of immense and confusing variety, of obscurities and contradictions, (…)" Dieses Zitat nimmt er als Hinweis für einen der Moderne bereits eingeschriebenen Widerspruch, den die Postmoderne bestätigt.

[49] Ebd., S. 25.

[50] Ebd., S. 27.

In seiner Feststellung von einer Postmoderne als einer ersten Phase der Selbstbeobachtung der Moderne bezieht sich Peter Weibel auf Luhmanns *Beobachtungen der Moderne*.[51] „Von den Selbstportraits der Künstler bis zur Darstellung des Kunstbetriebs in der heutigen ‚Kontext-Kunst' (P. Weibel) ist der Anteil der Selbstbetrachtung in der Kunst nicht zu leugnen, weil Selbstbeobachtung einem Kern europäischer Rationalität entspricht, nämlich der Forderung nach Transparenz."[52] Mit dem Verweis auf Duchamps Pseudonym Richard Mutt erhebt er das Theorem der fiktiven Identität im Spiel mit variablen Positionen des Subjekts zu einer wesentlichen Eigenschaft eines modernen Künstlers, wie es Duchamp gewesen ist. Die multiplen Subjekte und variablen Konstruktionen des Subjekts der Postmoderne waren also schon eingeschriebene Bestandteile des *modernen Programms*. Obwohl viele Probleme der Moderne, Postmoderne und Zweiten Moderne eigentlich die gleichen geblieben sind, gibt es aber in ihrer Beurteilung erhebliche Unterschiede. „Was die Moderne ängstigte, darauf freut sich die Postmoderne. Was die Moderne als Bedrohung fühlte, das feiert die Postmoderne als Genuss. Früher hieß es: ‚Fürchte Dich vor Dir selbst!', heute heißt es: ‚Genieße Dein Symptom wie Dich selbst!' (Slavoj Zizek). Hieß es früher: ‚Erkenne Dich selbst!' oder *express yourself*!', so wissen wir heute, dass dies unmöglich ist und sagen daher: ‚Konstruiere dich selbst!'"[53] Diesen Standpunkt kann die Zweite Moderne – nach Weibel – nur deshalb einnehmen, weil sie sich ihrer Beobachterrolle, ihrer Stellung als eine Moderne zweiter Ordnung bewusst ist.

Aus dieser Beobachtungssituation heraus erklärt sich dann auch die bedeutsame Tatsache, dass Kunstwerke der Zweiten Moderne das Verhältnis des Betrachters zur Kunst und sein Auftreten in der Kunst in beobachterzentrierten Werken thematisieren. Die Medien, insbesondere ihre Eigenschaft der Interaktivität, deutet Peter Weibel als signifikante Schnittstelle an der Schwelle zur Zweiten Moderne, da hier der Beobachter in der heutigen Kunst eine zentrale Stellung einnimmt. Der Bruch mit der Moderne heißt „Interaktivität". Der Beobachter steht nämlich nicht mehr *vor* dem Bild wie in der klassischen Moderne, sondern er ist *im* Bild, genauer gesagt: die Bewegung des Beobachters vor dem Bild geht synchron mit der Bewegung im Bild selbst. Statt des distanzierenden Gegenübers von Gemälden, Objekten und Betrachter entstehen nun begehbare Bilder und virtuelle Realitäten, die auf Erlebnis und Veränderung aus sind. Zeitläufe und labyrinthische Effekte werden mit einbezogen, so dass zwischen Bild und Beobachter eine neue, dynamische Beziehung entsteht, die sich in der Reaktion des Outputs des Bildes auf den Input des Beobachters zu erkennen gibt. „Dies

---

[51] Niklas Luhmann: Beobachtungen der Moderne. Opladen 1992.
[52] Peter Weibel: Probleme der Moderne – Für eine Zweite Moderne. In: Heinrich Klotz: Die Zweite Moderne. Eine Diagnose der Kunst der Gegenwart. München 1996, S. 38.
[53] Ebd., S. 39.

ist jedoch kein Schnickschnack, wie konservative Kulturkritiker meinen, sondern diese Synchronisation von Bewegung im Bild und Bewegung des Beobachters ist eigentlich schon seit der Renaissance und der Erfindung der Perspektive vorbereitet. Insofern findet etwa die Illusionsarchitektur des Barock ihre Fortsetzung im virtuellen Raum des Cyberspace."[54]
Für den Bereich der Skulptur und Malerei prägte 1980 der italienische Kunsthistoriker und Ausstellungsorganisator Achille Bonito Oliva den Begriff der „Trans-Avantgarde"[55]. Übersetzt man „Avantgarde" mit ästhetischem Modernismus, kann „Trans-Avantgarde" als eine entsprechend postmoderne Position gedeutet werden, die sich nach Wolfgang Welsch durch ihr Hauptcharakteristikum, die Absage an den Sozialauftrag der Kunst, auszeichnet. „Die Kunst kann nicht Praxis der Versöhnung sein, da sie immer die Produktion von Differenzen ist"[56]. So erklärt Welsch, dass der Künstler heute nicht mehr „ästhetischer Handlanger oder Propagandist einer gesellschaftlichen Utopie" sein will. Hatte sich die Kunst seit Schillers „ästhetischem Staat", seit der surrealistischen Idee der Überführung von Kunst in Leben und seit Gropius' Projekt einer „optischen Kultur" einschließlich aller auf diese diversen Konzepte gerichteten Gegenoptionen immer wieder gesellschaftsbezogen verstanden, liegt der Kern ihrer Postmodernität heute in der radikalen Verwiesenheit auf Pluralität, ohne jegliches Einheitskonzept, diskontinuierlich und divergent.

Auch der Kunstkritiker Günter Metken beschreibt die Situation um die Jahrtausendwende als eine der gegenseitigen Öffnung und Erweiterung der Künste, möglicherweise sei die Kunst im Begriff, sich anders als bisher zu strukturieren. Kennzeichnend sind heute fließende Grenzen; „in den sogenannten bildenden Künsten selber werden, bei Benutzung unterschiedlicher Materialien und Techniken, spielerische Übergänge zwischen den geläufigen Gattungen, mehr noch, Interferenzen gesucht, was alles auf Dauer die gewohnte Kunstrezeption ebenso verändern könnte wie Internet und Bilderströme das Leben und die visuelle Kultur."[57] Eine kategoriale Zuordnung erscheint hinfällig, dagegen kommt es „zu einer ständigen Ausweitung der Vorstellung dessen, was Kunst ausmacht, kurz: zum ‚erweiterten Kunstbegriff'"[58].

---

[54] Ebd., S. 40.
[55] Vgl. Achille Bonito Oliva: Die italienische Trans-Avantgarde. In: Wolfgang Welsch: Wege aus der Moderne. Schlüsseltexte der Postmoderne-Diskussion. Weinheim 1988.
[56] Achille Bonito Oliva, 1988, zitiert in Wolfgang Welsch: Unsere postmoderne Moderne. Berlin, 1997, S. 24.
[57] Günter Metken: Die Sterne zählt man nicht – Panorama der Künste am Rhein. In: Armin Zweite, Doris Krystof, Reinhard Spieler (Hrsg.): Ich ist etwas Anderes. Kunst am Ende des 20. Jahrhunderts. Katalog zur Ausstellung. Düsseldorf und Köln 2000.
[58] Michael Klant: Grundkurs Kunst 4, Aktion, Kinetik, Neue Medien. Braunschweig 2004. S. 8.

Kunst heute

Erweiterter Kunstbegriff

Da Kunst stets auf die Zeit, in der sie entsteht und auch auf deren charakteristische Themen reagiert, gibt es keine zeitlose Kunst, vielmehr ist sie immer an die Zeit gebunden, in der sie entstanden ist. Um die bedeutsamen Aspekte der neueren Kunstproduktion herauszuarbeiten, müssen die künstlerischen Probleme der Jahrtausendwende von vielen Seiten beleuchtet werden.
Seit Jackson Pollocks „all-over" Bildern trat eine erweiternde Dimension in den ästhetischen Diskurs der Moderne, der bis heute anhält: die Aktion und der Prozess. Es entwickelten sich neue Kunstformen, die mit bis dahin ungewohnten Verfahren und Techniken der Bildherstellung einhergehen. Kunstformen wie Environment, Installation und Land Art dokumentieren die Eroberung von Räumen, die Prozessualität der Aktionskunst hebt insbesondere die zeitliche Komponente hervor, so dass Heinrich Klotz das Happening als ein „ins Geschehen umgesetztes abstraktes Kunstwerk" [59] bezeichnet. Die Konzeptkunst demonstriert die Reklamation geistiger Dimensionen, indem das Kunstwerk nur noch verbal oder schriftlich als Idee angekündigt wird, seine Möglichkeit in Worten dargestellt, die Realisierung dagegen nicht länger gewollt ist. Sie lässt den Künstler in den Hintergrund treten und fordert beim Rezipienten Fantasie und Vorstellungskraft ein. Die Entgrenzung der Kunst, die sich bereits ankündigte in der Auffassung von einer Malerei als Ereignis und dem Happening, das nicht mehr Zuschauer, sondern Teilnehmer forderte, ist heute immer noch im Gange, entwickelt sich beständig weiter und erweist sich als ein signifikantes Kennzeichen der Gegenwartskunst.
Die zuweilen neu definierte und veränderte Rolle des Künstlers sowie eine Nähe zu den Produktionsverhältnissen aus den Bereichen Musik und Theater zeigt sich außerdem in der Tatsache, dass zeitgenössische Künstler nicht mehr unbedingt selbst Hand anlegen, dagegen Regie führen, wie es beispielsweise Christo bei der Verhüllung des Berliner Reichtags vorführte. Verlagert sich die künstlerische Tätigkeit auf den geistigen Bereich, avanciert der Künstler zum Aufklärer. Joseph Beuys, politisch orientiert und ökologisch motiviert, legte 1982 einen wesentlichen Teil der Fertigstellung seines Kunstwerkes *7000 Eichen* in die Hand der Kasseler Bürger.

Neue Materialien

Bediente sich bereits Marcel Duchamp schon 1913 gewöhnlicher Alltagsdinge, die den Kanon herkömmlicher Werkmaterialien sprengten, ist die Bandbreite der in der Gegenwartskunst eingesetzten und vorzufindenden Materialien dadurch gekennzeichnet, dass es kaum ein Material gibt, das nicht zum Einsatz kommen könnte.

---

[59] Heinrich Klotz: Kunst im 20. Jahrhundert. Moderne – Postmoderne – Zweite Moderne. München 1999, S. 40.

Kunst heute

Joseph Beuys arbeitete u.a. mit Filz, Fett, Kupfer oder Säure, heutige Künstler beziehen nahezu alle Materialien von Acrylglas, Abfall über Blütenpollen und Pflanzen bis zu Marionetten, Speiseresten, Salz und Sauerstofftabletten in die künstlerische Gestaltungsarbeit mit ein. Mancher Künstler, wie z.B. Thomas Hirschhorn in *Monument für George Bataille*, begründet seine Materialwahl gelegentlich auch philosophisch. Im Umkreis der Konzeptkünstler, die nur noch ihre Ideen präsentieren, stellt sich die generelle Frage, ob sich das Kunstwerk letztlich durch den materialen Anlass oder aber durch die zugrunde liegende Idee begründet.

Abb. 1: **Thomas Hirschhorn: Monument für George Bataille**, Innenraum: Bücher-Topografie und Infotafeln. Documenta 11, Kassel, Friedrich-Wöhler-Siedlung, 2002 (heute abgebaut).

In der Aktionskunst avanciert sogar der menschliche Körper zum Gegenstand wie zum Medium von Gestaltung, wobei durch den Einsatz des eigenen Körpers – früher dem Theater und dem Tanz vorbehalten – sich dem Künstler die Möglichkeit bietet, in direktem Kontakt zu einem Publikum die physische Nähe zum Zuschauer herzustellen und die Wirkung der Persönlichkeit zu thematisieren. So kann er einen Kontext nicht nur zitieren, sondern sich direkt hineinbegeben.

Zeit und akustische Phänomene
Neben den neuen Materialien und dem Einbeziehen des eigenen Körpers werden auch akustische Phänomene wie Geräusche, Klang und Ton zu werkbildenden Konstituenten, wie beispielsweise die Arbeit von Thomas

Gerwin *KlangWeltKarte* im ZKM Karlsruhe dokumentiert. Hier hat der Künstler auf einem 24 Quadratmeter großen Wanddisplay 179 Klangporträts verschiedener Städte als akustische Umweltimpressionen von den Originalschauplätzen zusammengetragen, die vom Besucher in einer interaktiven Installation abgerufen und gemischt werden können. Durch die Eigenschaft der Akustik als einem Phänomen, das stets an die Zeit gebunden ist, da es nur in der Zeit existiert, verantwortet der Schall als unvermeidliche Begleiterscheinung von Bewegung die allgemeine Tendenz zur Prozessualität mit. Dies wird um ein interaktives Moment ergänzt, wenn der Rezipient – wie in den Klangskulpturen von Peter Vogel – seine eigene elektronische Musik erzeugt.

Abb. 2: **Thomas Gerwin: Klangweltkarte**, 1997, Interaktive Installation, ZKM Karlsruhe.

War das Phänomen Zeit – insbesondere ihr Verrinnen – in der Kunst früherer Jahrhunderte stets ein klassischer Gegenstand der Darstellung, zieht in die Gegenwartskunst auch die Realzeit als eine wesentliche Konstituente mit ein. Im Kontrast zur Permanenz eines Gemäldes oder einer Skulptur zeichnen sich viele neuere Kunstformen durch eine beabsichtigte Veränderung *in der Zeit* aus. Dies geht teilweise so weit, dass manche Werke überhaupt erst in der Zeit existent werden und so die Zeit zur Existenzbedingung eines Kunstwerks erheben. An Zeit gebundene Prozesshaftigkeit wird zu einem entscheidenden Merkmal der Bildenden Kunst der Gegenwart, was sich besonders an Kunstformen aus dem Bereich der Aktionskunst wie der Performance, der kinetischen Plastik oder dem Video bzw. der Medienkunst erkennen lässt.

So war beispielsweise die Performance *Nightsea Crossing* von Abramovic/Ulay auf neunzig Tage angelegt, mit Unterbrechungen in unterschiedlich langen Phasen, wobei die Dauer des Gesamtprojekts sowie die Dauer der täglichen Sitzungen wesentliche Bedeutung für den Inhalt hatten.

Abb. 3: **Marina Abramovic/Ulay: Nightsea Crossing – Durch das Nachtmeer**, Sydney, 1981-1987 (insgesamt 90 Tage).

So wie das Phänomen Zeit für den Künstler bei der Werkherstellung wesentlich wurde, wird sie es nun auch aus der Perspektive des Betrachters. Kunstwerke, die sich *in der Zeit* präsentieren, verlangen vom Rezipienten entsprechende Zeit, sich an die innerzeitliche Struktur des Werkes anzupassen. Viele zeitgenössische Kunstwerke sind nicht – wie Bilder – simultan zu erfassen. Der Betrachter kann die Abfolge der Wahrnehmungen nicht selbst bestimmen, da Kunstwerke, die dem Betrachter einen Zeitraum zur Betrachtung vorgeben, sukzessive erfasst werden. Erweiterungen akustischer und daran gebundener zeitlicher Dimensionen führen dazu, dass sich Bildende Kunst heute nicht mehr eindeutig von der Musik als einer Darstellungsform, für die naturgemäß das zeitliche Nacheinander bedeutungsvoll ist, trennen lässt. Vielmehr haben sich diese Unterschiede heute verwischt.

Kunst heute

Realer Raum
Ende der 70er Jahre äußerte Jochen Gerz, der Unterschied zwischen Theater und Performance liege darin, dass Theater im fingierten Raum stattfinde, ein Performance-Künstler hingegen immer auf den Raum reagiere, wie er real ist. So schreibt Elisabeth Jappe den Performancekünstlern neben der Entdeckung der Realzeit auch die Entdeckung des realen Raumes als Konstituenten der Kunst zu.[60] Die Erweiterung der Kunst rekurriert folglich auch auf die Einbeziehung des Raumes, bei der oft Aktion und Gestaltung Hand in Hand gehen. Bisweilen kann ein so installierter Raum auch im Nachhinein vom Publikum besucht werden, welches bei dieser Gelegenheit die vorangegangene Aktion selbst nachvollzieht. Manchmal wird auch der Prozess der Rauminstallation selbst zur eigentlichen Performance, wobei der Künstler die Besucher am Prozess der Vorbereitung mit teilnehmen lässt.

Abb. 4: **Lili Fischer: Milchmädchenrechnung,** Performance und Installation, Freiburg, E-Werk, Hallen für Kunst, Oktober 2001.

So bat beispielsweise Lili Fischer die Besucher ihrer Performance *Milchmädchenrechnung* vorab darum, alte Handtaschen mitzubringen, die im Verlauf der Aktion im Raum angeordnet und zum festen Bestandteil der Rauminstallation wurden.

Auch aktuelle Kunstformen, die Licht als primäres Gestaltungsmittel einsetzen, beziehen den Raum als Gestaltungselement mit ein. So präsentiert sich die dreidimensionale Videoskulptur dem Betrachter *im* Raum und ist insofern vom Videofilm zu unterscheiden, der sich auf dem flachen Monitor frontal zum Betrachter ausrichtet. Mit dem Einzug von Computer und

---

[60] Vgl. Elisabeth Jappe: Eine neue Sprache in der Kunst. In: Performance – Ritual – Prozess. Handbuch der Aktionskunst in Europa. München, New York 1993.

Kunst heute

Internet entstehen heute virtuelle Ausstellungsräume, die der materiellen Existenz traditioneller Kunst gegenüberstehen und völlig neue Dimensionen eröffnen.

Licht
Ähnlich wie beim Phänomen Zeit verhält es sich mit dem Licht: Wie die Zeit, wird auch das Licht nicht mehr als dargestelltes, gemaltes Licht thematisiert, wie es Rembrandt oder Monet variantenreich vorführten. Vielmehr basiert eine Mehrzahl der Kunstwerke der Gegenwart darauf, dass in der sog. *Lichtkunst* Künstler mit realem Licht arbeiten, also Licht direkt ausgestrahlt wird. So finden wir heute Laser-Kunst und Hologramme, Lichtskulpturen und flimmernde Videomonitore, in denen Licht als wesentliches Gestaltungselement fungiert und real eingesetzt wird.

Obwohl Licht schon früher als wesentliches Gestaltungsmittel eingesetzt wurde, entwickelt sich in der aktuellen Kunst eine neue Richtung, die Licht zu ihrem primären Gestaltungsmittel erhebt und vorrangig mit elektrischem oder natürlichem Licht arbeitet und experimentiert. In der ägyptischen Architektur kam dem Licht kultische Funktion zu, gotische Kirchenbauer waren bestrebt, mit farbigen Glasfenstern möglichst viel Helligkeit einzufangen, um eine überirdisch anmutende, strahlende Bilderwelt zu erzeugen. Sowohl die Architektur als auch die Malerei des Barock setzten Licht gezielt mit theatralischer Wirkung ein. Seit Beginn des 20. Jahrhunderts gilt Licht als ein fortschrittliches und innovatives Gestaltungsmittel, dessen Verwendung den technologischen Errungenschaften adäquat erscheint und oft in Verbindung mit Klang oder Musik eine zeitgemäße künstlerische Produktion ermöglicht. Heute verwenden Künstlerinnen und Künstler vorwiegend künstliches, etwa elektrisches oder mittels Laser erzeugtes Licht und entwickeln Lichtarbeiten als Rauminstallationen, welche die immateriellen Qualitäten gegenüber den Qualitäten haptischer Materialen ausspielen. Licht ist flüchtig und formbar und erzeugt je nach verwendeter Lichtquelle – Kerzenlicht, Glühbirne, Halogenscheinwerfer, Neonlicht, Schwarzlicht oder fluoreszierende Farbe – ganz bestimmte Atmosphären.

So zeigte beispielsweise die kubanische Künstlerin Tania Bruguera auf der Documenta 11 die Rauminstallation *Untiteld*, in der der Betrachter nicht nur durch das Geräusch militärischer Schritte und das Spannen eines Gewehres irritiert, sondern von gleißend hellen Scheinwerfern heftig geblendet wurde.

Kunst heute

Abb. 5: **Tania Bruguera: Untiteld**, Rauminstallation Documenta 11, Kassel 2002.

In der Lichtkunst wird das *Licht im Bild* abgelöst durch *Licht als Bild*.[61] Neben neueren Kunstformen, bei denen der Betrachter entweder über die Ausstrahlung eines Monitors direkt in die Lichtquelle sieht oder wie bei einer Projektion mit dem Lichtstrahl blickt, gibt es besonders in der Land Art wie in Walter de Marias *Lightning Field* erweiterte Verfahren, die den Betrachter an eine transzendente und mystische Funktion des Lichts denken lassen, ist doch der Gegensatz von Licht und Dunkelheit eine vertraute Denkfigur in Religion und Mythologie. Die Verarbeitung von Licht als Gestaltungsmittel hat direkte Auswirkung auf den Betrachter, der entweder die an den Apparat

Abb. 6: **Walter De Maria: Lightning Field**, 1977. 400 Stahlstäbe, Höhe: 470-830 cm, Durchmesser: 5,1 cm; Fläche: 1,6 x 1km. Quemado, New Mexico, USA.

---

[61] Vgl. Michael Klant: Grundkurs Kunst. Braunschweig 2004, S. 15.

gebundene Darstellung oder eine tendenziell reinere, ätherischere Form der Darstellung erlebt, wie dies bei Projektionen der Fall ist. Viele Lichtkunstwerke sind zudem an einen spezifischen Ort gebunden oder auf bestimmte Gebäude gerichtet, die dem Kunstwerk eine sinnstiftende Bedeutung verleihen. Dies verlangt oftmals die Rezeption des Originals und erschwert möglicherweise die Vermittlung mittels Reproduktion, bei der wesentliche, aus der Ortsgebundenheit abzuleitende Werkdimensionen verloren gehen würden. Insbesondere bei durch spezifische Lichtwirkung gestalteten Rauminstallationen verlangt der Rezeptionsprozess vom Betrachter, seinen reinen Zuschauerstatus zu verlassen, um aktiv am Geschehen teilzunehmen. Er muss sich darauf einlassen, Irritationen nachzuspüren, existenzielle Bedrohungen oder meditative Zustände zu erfahren. In diesem Rezeptionsprozess findet eine Verlagerung weg vom Artefakt hin zum Betrachter statt, die seine Eigenleistung und individuelle Erfahrung zu Konstituenten des Werkes erhebt.

Kunst mit Neuen Medien

Die *Neuen Bilder,* wie sie auf der Grundlage technologischer Entwicklungen entstehen, müssen in ihrer massenhaften Verbreitung vom Fernsehen bis zum Internet als eminent neue Errungenschaft in der Gegenwartskunst bezeichnet werden. Mit den *Neuen Bildern,* die das Licht entweder mittels Projektoren führen oder sich auf den Bildoberflächen der Monitore präsentieren, sind neue Kategorien wie Videofilm, Videoskulptur oder interaktive Installationen neben die klassischen Kunstgattungen getreten. Diese Bilder haben bekannte Darstellungsmöglichkeiten erheblich erweitert und begründen so einen vielfältigen neuen Gattungsreichtum. Einige Kunsthistoriker betrachten indes diese Veränderungen als so eminent, dass sie für diesen Stilwandel eigene Begriffsbezeichnungen einführen. So prägt beispielsweise Heinrich Klotz, Gründungsdirektor des Zentrums für Kunst und Medientechnologie (ZKM) in Karlsruhe, die Stilbezeichnung *Zweite Moderne* für eine Epoche, die sich wesentlich durch die Bilder der Medientechnologie auszeichnet.[62] Aus der *Medienkunst,* ein Begriff der seit den 60er Jahren vor allem die frühe Videokunst meinte, entwickelte sich durch den Einzug des Computers die *Kunst mit Neuen Medien,* eine Bezeichnung, die sich an ihrer Technik und nicht an den Inhalten orientiert und neue Technologien vornehmlich statt in ihrer ursprünglichen Informations- und Kommunikationsfunktion in künstlerischer Absicht einsetzt. So waren 1995 bei der Biennale in Venedig die herausragenden Ereignisse die bewegten Bilder. Mit Gary Hill, Bill Viola, Bruce Naumann, Stephan von Huene und Peter Fischli und David Weiss übernahmen die *Künste mit Neuen Medien* erstmals eine führende Rolle. Heinrich Klotz verweist auf die augenfällige Parallele zur Situation am Beginn des 20. Jahrhunderts, als die Künstler ebenfalls von neuen technischen Errungenschaften,

---

[62] Heinrich Klotz. Zweite Moderne In: Ders. (Hrsg.): Die zweite Moderne. Eine Diagnose der Kunst der Gegenwart. München 1996, S. 9.

dem *Pathos der Maschine* und der Funktionalität der industriellen Produktion, inspiriert waren.[63] Bezogen sich schon zu Anfang des Jahrhunderts die Künste auf neue maschinelle Produktionsmöglichkeiten, verbinden sie sich am Ende mit den digitalen Techniken und den neuen daraus zu entwickelnden Gestaltungsmöglichkeiten. Dass dies allerdings kein ausschließlich neuzeitliches Phänomen ist, weist u.a. der Kunstwissenschaftler Beat Wyss nach, bezeichnet er doch bereits die Errungenschaften aus der Zeit der Erfindung des Buchdrucks um 1500 als *Medienrevolution*, da sich in dieser Zeit gleichzeitig mit dem Buchdruck und der Erfindung des Kupferstichs auch die mediale Bildverarbeitung verbesserte.[64] Die These von Hans Dieter Huber, Professor für Kunstgeschichte in Leipzig, der zufolge neue Bildmedien weder von den Künstlern der jeweiligen Zeit erfunden, noch für einen speziellen künstlerischen Gebrauch entwickelt wurden, ist auch im Kontext medientechnologischer Errungenschaften der Gegenwart gültig.[65]

Videofilm, Videoskulptur und Videoinstallation
Video-Werke machen heute einen beachtlichen Teil der derzeitigen Kunstproduktion aus. Inhaltlich oder formal orientiert sind sie in der Lage, persönliche, allgemein kulturelle oder auch politische Themen aufzugreifen. Erfahrene Videokünstler erzielen durch Mehrfachprojektionen und optischen Schauplatzwechsel Strukturen, die den visuellen Fluss rhythmisieren und verräumlichen. Aufgrund der verhältnismäßig leichten Handhabung dieses Mediums kennzeichnet Günter Metken die Situation der Videokunst als nicht immer frei von auto-biografischer Bricolage und von Beliebigkeit, „schwierig, sich ganz von Unterhaltungs-industrie, Supermarkt und Werbeclips fernzuhalten, wenn man das überhaupt will. Denn Video hat kein Gedächtnis, ist eine fortlaufende Kunst ohne Anhaltspunkt, die momentan fesselt, einen Augenblick nach dem anderen erschafft und hinter sich selbst herzueilen scheint. Um den Betrachter bei der Stange zu halten, werden dem Bild ständig Variationen abgefordert, es spaltet, multipliziert, vierteilt sich, pendelt zwischen Präzision und Auflösung, tänzerisch-musikalischem Schweben, Hektik und extremer Verlangsamung"[66].

---

[63] Ebd.
[64] Vgl. Beat Wyss: Fragmente zu einer Kunstgeschichte der Medien. In: René Hirner (Hrsg.): Vom Holzschnitt zum Internet. Die Kunst und die Geschichte der Bildmedien von 1450 bis heute. Ostfildern-Ruit 1997, S. 10 ff.
[65] Vgl. Hans Dieter Huber: Kommunikation in Abwesenheit. Zur Mediengeschichte der künstlerischen Bildmedien. In: René Hirner (Hrsg.): Vom Holzschnitt zum Internet. Die Kunst und die Geschichte der Bildmedien von 1450 bis heute. Ostfildern-Ruit, 1997, S. 19 ff.
[66] Günter Metken: Die Sterne zählt man nicht – Panorama der Künste am Rhein. In: Armin Zweite, Doris Krystof, Reinhard Spieler (Hrsg.): Ich ist etwas Anderes. Kunst am Ende des 20. Jahrhunderts. Katalog zur Ausstellung in der Kunstsammlung Nordrhein-Westfalen. Düsseldorf, Köln 2000, S. 11.

Neben dem Video*film* entwickelte sich die Video*skulptur*, die sich im Unterschied zum auf flachem Monitor frontal zum Betrachter ausgerichteten Videofilm als dreidimensionale Kunstform präsentiert. Steht der Videofilm in der Tradition der Filmkunst, lässt sich die Videoskulptur mit ihrer dreidimensionalen Ausrichtung in die Tradition der Bildhauerei ansiedeln. Durch die Verbreitung der technischen Möglichkeiten von Beamern und Projektoren bildete sich aus der anfänglichen Videoskulptur seit Ende der 80er Jahre die Video*installation*, die sich als raumgreifende Mehrfachprojektion präsentiert und verschiedene Dimensionen wie Raum, Zeit und Betrachter in das Werk mit hinein nimmt. Entscheidender Umgangsmodus ist hier die Interaktion, die technische Weiterentwicklung in der Tradition von Aktionismus und Happening und die handlungsorientierte Erweiterung und Öffnung des Kunstwerks. Da sich die Präsentationen von Videoinstallationen außerdem wesentlich auf der Grundlage des heute vielfach autonom eingesetzten Gestaltungsmittels Licht konstituieren, gehen viele Museen neuerdings dazu über, diese Werke in einer „Black Box", einem völlig dunklen Raum, zu zeigen statt wie bisher im klassischen „White Cube", der Kunstwerke zwar unverfälscht zur Wirkung kommen lassen sollte, sie dem Publikum aber oftmals entfremdete.

Die iranische Künstlerin Shirin Neshat zeigte auf der Documenta 11 ihre Arbeit *Tooba*, eine Doppelprojektion auf zwei gegenüberliegenden Leinwänden. Die Werke der in New York lebenden Künstlerin spiegeln ihre Auseinandersetzung mit der eigenen persisch-islamischen Tradition und der Ästhetik der westlichen Bildsprache.

Abb. 7: **Shirin Neshat: Tooba**, Doppelprojektion auf zwei gegenüberliegenden Leinwänden, Documenta 11, Kassel 2002.

Auch die Videoinstallationen Eijaa-Liisa Ahtilas präsentieren sich auf mehreren Leinwänden, spielen mit Genres wie Spiel- und Dokumentarfilm, Musikvideo und Werbespot. Diese Künstlerin legt sich bei der Präsentation ihrer audiovisuellen Erzählungen nicht auf eine Form fest, sondern zeigt ihre Arbeiten sowohl als Mehrfachprojektionen im Kunstkontext als auch als autonome Kino- oder Fernsehfilme.

Abb.8: **Eijaa-Liisa Ahtila:** **The House**, DVD-Projektion auf drei Leinwänden, Documenta 11, Kassel 2002.

Interaktive Kunst
Eine Vielzahl zeitgenössischer Kunstwerke ist durch Interaktivität und virtuelle Realitäten gekennzeichnet. Durch die Entwicklung einer Schnittstelle, dem *Interface,* durch die der Betrachter zum aktiven Benutzer wird, kann dieser an der Gestaltung des Kunstwerkes mitwirken bzw. dieses beeinflussen und verändern. Da nicht alle Kunstwerke, die für sich den Anspruch der Interaktivität erheben, diesem Anspruch auch tatsächlich gerecht werden, unterscheidet Hans Dieter Huber zwischen drei verschiedenen Kategorien: reaktiv, interaktiv und partizipativ.[67] Reaktive Werke sind solche, bei denen der Benutzer sich nur durch Anklicken oder Scrollen durch das Projekt bewegen kann. Bei interaktiven Arbeiten veranlasst der *User* eine momentane Zustandsveränderung, die allerdings nur temporär ist, da das Werk danach wieder in seinen ursprünglichen Zustand zurückkehrt. In partizipativen Arbeiten – in der Literatur heute oft als die anspruchsvollsten und interessantesten Projekte interaktiver Kunst bezeichnet – kann der Benutzer zu einer dauerhaften Formveränderung des jeweiligen Kunstwerks beitragen bzw. dieses durch seine Aktivität erst erzeugen. Der Künstler schafft hier nur den Rahmen, der durch die Tätigkeit eines anderen ausgefüllt werden muss, damit ein Werk entsteht. So können beispielsweise Internet*user* in Ken Goldbergs *Telegarden-Projekt*[68] als Gäste oder Mitglieder an der Pflege eines robotergestuerten Gartens teilnehmen. Von überall

---

[67] Vgl. Hans Dieter Huber: Internet. In: René Hirner (Hrsg.): Vom Holzschnitt zum Internet. Ostfildern-Ruit 1997, S. 186 ff.
[68] http://telegarden.aec.at/ (Webpremiere: Juni 1995).

auf der Welt können sie mit einer Kamera den Zustand des Gartens einsehen, dort Unkraut jäten oder die Pflanzen gießen. Diese Arbeit stellt zudem ein Beispiel für die nur im Internet existierende Kunstform der *Netzkunst* oder *net-art* dar, die als jüngste Erscheinung interaktiver Kunst zu bezeichnen ist.

In Masaki Fujihatas interaktivem Environment *Beyond Pages* kann der Betrachter in einem virtuellen Buch blättern, das auf die Oberfläche eines Tisches projiziert wird. Berührt man mit einem Stift die Seiten, werden diese geräuschvoll umgeblättert. Außerdem erscheinen verschiedene Objekte, die bei Berührung ihre Form ändern oder Geräusche auslösen: Eine echte Tischlampe leuchtet auf, eine projizierte Tür schlägt zu etc.

Abb. 9: **Masaki Fujihata: Beyond Pages**, 1995, Interaktives Environment, ZKM Karlsruhe.

Abb. 10: **Luc Courchesne: Portrait no.1**, 1990, Interaktive Installation, ZKM Karlsruhe.

Die interaktive Installation von Luc Courchesne *Portrait no.1* lädt den Besucher zu einem virtuellen Gespräch ein, bei dem auf dem Monitor das Gesicht einer jungen Frau erscheint und der Besucher durch die Auswahl verschiedener Fragen und Themen mit der virtuellen Marie in Kontakt tritt. Obwohl die Gesprächsverläufe natürlich durch die Steuerung des dahinter verborgenen Computerprogramms begrenzt sind, zeigt diese Installation die Faszination, aber auch die Grenzen einer vermenschlichten Maschine.

In Jeffrey Shaws interaktiver Installation *The Legible City* fährt der Benutzer auf einem modifizierten Standfahrrad durch eine simulierte Stadt, deren Gebäude sich aus computergenerierten Buchstaben zu Wörtern und Sätzen zusammenfügen. Dabei verwendet Shaw Texte, die direkt mit der Geschichte der jeweiligen Stadt zusammenhängen, so dass bei diesem Kunstwerk reale und virtuelle Welt gewissermaßen aufeinanderstoßen: Der Benutzer sitzt auf einem realen Fahrrad und fährt durch einen virtuellen Raum, der allerdings Anleihen an realen Örtlichkeiten nimmt, die als solche auch wieder zu erkennen sind.

Abb. 11: **Jeffrey Shaw: The Legible City**, Interaktive Installation, 1988-91, ZKM Karlsruhe.

In diesem Klassiker der interaktiven Medienkunst löst Shaw den Anspruch nach der Beteiligung des Besuchers ein, indem der Radfahrer durch die Verbindung von Lenkstange und Pedalen mit dem Computer die Richtung und die Geschwindigkeit seiner Fahrt interaktiv steuern und mitbestimmen kann. Dazu äußert Shaw selbst: „Die körperliche Anstrengung des Radfahrens in der realen Welt wird so in die virtuelle Welt übertragen, in der sie eigentlich überflüssig ist, und die Verbindung mit dem aktiven Körper wird im Reich des Virtuellen bestätigt. (...) Einen bestimmten Weg einzuschlagen bedeutet, bestimmte Texte auszuwählen und spontane Kombinationen herzustellen. Die Identität dieser neuen Städte entsteht somit aus dem Zusammentreffen der Bedeutungen, die diese Wörter evozieren, während man sich frei durch den virtuellen Stadtraum bewegt."[69] Wer mit dieser Arbeit konfrontiert wird, kann nicht einfach vor ihr verharren, sondern es bedarf der körperlichen Anstrengung, um in den Bildraum hineinzugelangen. Was dann dort zur Erscheinung gelangt, hängt völlig vom Nutzer ab, je nachdem, welche Geschwindigkeit er wählt und ob er nach rechts oder links abbiegt. Der Künstler macht den User gewissermaßen zum fahrenden Flaneur, der sich im Rahmen der von ihm zu bestimmenden Konstituenten wie Geschwindigkeit und Richtung seine Route und die daran gekoppelte Geschichte selbst zusammensetzt.

Virtuelle Realität
Als besonderes Kennzeichen für diese neuen Kunstformen kann das Eintauchen des Betrachters in eine *Virtuelle Realität* bezeichnet werden, die

---

[69] Jeffrey Shaw zitiert in: Michael Klant: Grundkurs Kunst 4, Aktion, Kinetik, Neue Medien. Braunschweig 2004. S. 148.

sich von der traditionellen Kunst grundlegend unterscheidet. Während sich die traditionelle Kunst stets darum bemühte, die Wirklichkeit zu repräsentieren, entstehen mit den Techniken der Virtuellen Realität Ersatzwirklichkeiten, in die der Betrachter eintreten und die er erforschen kann. So wie sich einerseits dem Künstler hier vollkommen neuartige Ausdrucks- und Gestaltungsmöglichkeiten eröffnen, sieht sich andererseits auch der Betrachter bzw. Benutzer mit veränderten ästhetischen Erfahrungen konfrontiert, die sich – abgesehen von den technischen Raffinessen – vor allem durch die beabsichtigte aktive Teilnahme am Werk auszeichnen. Für den Medientheoretiker Florian Rötzer geht die *Darstellung* von Wirklichkeit über in *Erzeugung* von Wirklichkeit: „Jetzt gibt es im Cyberspace kollektive 3D-Umwelten, die man durchwandern, in denen man sich selbst durch einen Avatar, eine grafische Repräsentation seiner selbst, den anderen zeigen, mit diesen oder künstlichen Agenten interagieren und kommunizieren kann. Am Ende dieser Entwicklung steht die virtuelle Realität, eine konsequente digitale und ortlose Parallelwelt, in die man durch entsprechende Schnittstellen eintaucht und in der man ähnlich präsent ist wie mit seinem fleischlichen Körper in der materiellen Welt. Verbunden sind die Menschen mit ihr durch sensorische und motorische Schnittstellen, in Zukunft vielleicht auch durch neurotechnologische Implantate, so dass das Gehirn sich direkt ins Netz einloggen und mit neuen Modulen ausgestattet werden kann, die seine Kapazitäten erweitern. Andere sehen über diese Cyborgisierung hinaus bereits den Beginn eines postbiologischen Zeitalters."[70]

Interaktivität: Vom Betrachter zum Benutzer
Als entscheidender Umgangsmodus mit den Neuen Medien ist die Interaktivität zu nennen als eine technische Weiterentwicklung von Aktionismus, Happening und handlungsorientierter Erweiterung des offenen Kunstwerks. Statt des distanzierenden Gegenübers von Gemälden, Objekten und Zuschauer entstehen heute begehbare Bilder, die auf Erlebnis und Veränderung aus sind, so dass abschließend eine grundlegende Veränderung im Verhältnis zwischen Werk und Betrachter festgestellt werden kann. Im Rekurs auf die Vorarbeit der Literaturwissenschaft sieht nun auch die Kunstwissenschaft den Rezipienten bei der Entschlüsselung ikonografischer Botschaften heute als „aktiven Leser"[71]. In der neuen Rezeptionsästhetik vollzieht sich ein Wandel von der *Kontemplation* im Sinne einer *interesselosen Anschauung* eines Kunstwerkes, wie sie für den Philosophen Arthur Schopenhauer zur höchsten Erkenntnis führte, zu einer Rezeption, die den Betrachter zum

---

[70] Florian Rötzer: Digitale Weltentwürfe. Streifzüge durch die Netzkultur. München, Wien 1998, S. 44.
[71] Vgl. Wolfgang Iser: Der implizite Leser. München 1972².

Benutzer und aktiven Teilhaber werden lässt.[72] Damit wird eine kunstphilosophische Auffassung zum Verhältnis zwischen Betrachter und Werk weitergeführt, die, wie dies Friedrich Hegel tat, entgegen der Auffassung Schopenhauers den Betrachter schon bei der Entstehung des Kunstwerkes mitdachte. Auch Sartre kennzeichnet das Verhältnis zwischen Kunstwerk und Betrachter in seiner Aussage, dass es Kunst nur für und durch den anderen gibt. In dieser Haltung offenbart sich außerdem eine unübersehbare Nähe zum philosophischen Konstruktivismus der Gegenwart, der davon ausgeht, dass es keine vom Beobachter unabhängige objektive Wirklichkeit gibt, im Gegenteil, ein beobachtetes Objekt immer an das Subjekt gebunden ist. In diesem Sinne ist Kunstrezeption immer stets rückgebunden an den Betrachter als das wahrnehmende Subjekt zu verstehen. Da es in neuerer Zeit über die hier zunächst gemeinte visuell ausgelöste innere Teilhabe des Betrachters hinaus auch zur äußeren, aktiv handelnden Teilhabe kommt – wie die Darstellung interaktiver Kunstwerke vorführt –, schlägt beispielsweise der Medientheoretiker Roy Ascott vor, den Begriff *Betrachter* durch den Begriff *Benutzer* bzw. *User* zu ersetzen. An die Stelle der Rezeption tritt Produktion, die *teilnahmslose* Betrachtung wird in eine *aktive* Beteiligung an der Produktion des Werkes überführt. Diese Sichtweise, wie sie in jüngerer Zeit, jeweils zurückzuführen auf konstruktivistische Erkenntnistheorie, auch in anderen Disziplinen zu finden ist, stimmt mit der Einstellung der Pädagogik überein, die Lernen als *Erfindungsprozess* interpretiert, sinnliche Wahrnehmung dabei als einen interpretatorischen Akt deutet und als integrierten Bestandteil erfindenden Lernens charakterisiert. Die konstruktivistische Sicht betont den autopoietischen Prozess der Wirklichkeitskonstruktion und stellt damit das lernende Subjekt auch bei der Konstruktion seiner eigenen Bildungswirklichkeit ins Zentrum der Aufmerksamkeit. An die Stelle der klassischen Präsentation von Wirklichkeit im Sinne einer Vermittlung objektiver Wahrheit rückt der autopoietische Prozess subjektiver Wirklichkeitskonstruktion, wodurch das Verhältnis zwischen Werk und Betrachter in ein grundlegend anderes verwandelt wird.

Tatsächlich arbeiten viele Künstler heute an der Schnittstelle zwischen Mensch und Maschine und sind vor allem damit beschäftigt, neue Wege des Zugangs zu Bildern zu finden und virtuelle Welten zu erforschen. Daneben finden sich aber auch skeptische Stimmen, die einer medienkritischen Befürchtung Ausdruck verleihen, und hoffen, „dass das breitbandige, alle Sinnesorgane beteiligende Spektrum der Künste nicht einer Digitalisierung der Künste zum Opfer fal-

---

[72] Vgl. Wolfgang Kemp (Hrsg.): Der Betrachter ist im Bild. Kunstwissenschaft und Rezeptionsästhetik. Berlin 1992.

len"[73] werde. Tatsache ist, dass sich die jüngere und jüngste Kunstproduktion in erheblichem Maße von den technologischen Errungenschaften der Gegenwart beeinflussen lässt. Fraglich bleibt dagegen, welchen Weg diese Entwicklung in Zukunft gehen wird und wie sich die elektronischen Informations- und Kommunikationsmedien auf die herkömmliche Kunstproduktion auswirken werden. Dies schätzen Fachleute unterschiedlich ein. Manche sehen bereits das Medienkunstwerk an die Stelle des traditionellen Kunstwerks treten. Heinrich Klotz vertritt allerdings die Auffassung, dass die alten Künste niemals anachronistisch werden, wir nur über ein breiteres Spektrum an medialen Vermittlungen verfügen. Die Kunstgeschichte der letzten Jahrzehnte habe bewiesen, dass sich das Spektrum der Medien erweitert habe, ohne dass irgendein Medium obsolet geworden wäre.

Subjekt und Identität in der Kunst heute

Das Problem der Identität des Subjekts sowie das seiner Entgrenzung, Veränderung, Verdinglichung, Spaltung und Auflösung ist zweifellos kein neues Thema, sondern eines, das die europäische Geistesgeschichte seit der Renaissance in immer stärkerem Maße geprägt hat, dem sich auch Künstler stets zuwandten und das sie auch heute noch immer thematisieren. Vor dem Hintergrund neuzeitlicher Technologie sowie neurobiologischer Erkenntnisse und vor allem angesichts der rasanten Entwicklungen im Bereich der Informationsmedien wird dieses Problem zu einer zentralen Herausforderung unserer Gegenwart und Zukunft und hat sich auch in den Künsten manifestiert.

Was ist das Ich? Diese Frage hat in der Philosophie die unterschiedlichsten Antworten provoziert.[74] „Erkenne dich selbst!", stand bereits über dem Tempel von Delphi. Meinte Descartes noch „cogito, ergo sum", scheint diese Vorstellung heute angesichts neuerer naturwissenschaftlicher Erkenntnisse obsolet. „Ich ist etwas Anderes", mutmaßt dagegen beispielsweise eine Düsseldorfer Ausstellung an der Wende zum dritten Jahrtausend. Hinter dem ursprünglich aus literarischen Zusammenhängen entlehnten Ausstellungstitel verbirgt sich eine Fragestellung, die auch für die Bildende Kunst nichts an Brisanz verloren hat. Im Gegenteil, erscheint doch angesichts der für die Postmoderne typischen Auflösung aller Sicherheiten derzeit die Basis unseres Denkens und Handelns nicht greifbar und der Erkenntnis nicht zugäng-

---

[73] Christian Fricke: Neue Medien. Künstlerische Ausdrucksformen jenseits der traditionellen Gattungen. In: Ingo F. Walther (Hrsg.): Kunst des 20. Jahrhunderts. Köln, New York 2000, Teil II, S. 577-620.

[74] Vgl. Peter Bürger: Das Verschwinden des Subjekts. Eine Geschichte der Subjektivität von Montaigne bis Barthes. Frankfurt/M. 1998.
Eine kurze Zusammenfassung der Geschichte der Identitätsfrage aus philosophischer Perspektive formuliert Armin Zweite in: Armin Zweite u.a. (Hrsg.): Ich ist etwas Anderes – Kunst am Ende des 20. Jahrhunderts. Katalog zur Ausstellung. Düsseldorf, Köln 2000. Vorwort, S. 27 ff.

lich. Dies ist ein Phänomen, das auch in der zeitgenössischen Kunst vielfältige Ausdrucksformen findet. Mit einer Fülle von Zitaten ließe sich belegen, wie außerordentlich komplex sich das Feld der Subjektivität darstellt. „Alles in allem lässt sich sagen, dass der Mensch mit seiner Fähigkeit zur Selbsttranszendenz in der Lage ist, sich als etwas anderes zu denken. Insbesondere die neuesten Resultate der Gentechnologie, eine intensivierte Hirnforschung und vor allem die Möglichkeit, in den elektronischen Medien fiktive Existenzen zu kreieren, hat die Fragen nach dem Ich, seiner Identität und seinem Selbstverständnis zugespitzt und ihnen neue Aktualität verliehen."[75]

Der Appell nach Selbstreflexion als Anliegen derzeitiger künstlerischer Auseinandersetzung ist unübersehbar und präsentiert sich heute in pluralistischer Form, deren gebündelte Positionen, in Museen vorgestellt, eher eine Synopse denn eine Synthese ergeben. Dies dokumentiert beispielsweise die erwähnte Ausstellung *Ich ist etwas Anderes – Kunst am Ende des 20. Jahrhunderts,* wie sie im Jahr 2000 in Düsseldorf zu sehen war. Für Armin Zweite, Direktor der Kunstsammlung Nordrhein-Westfalen in Düsseldorf und Mitherausgeber des zur Ausstellung erschienenen Katalogs, haben die Entwicklungen der Gen- und Informationstechnologie und vor allem das Ausufern der Datennetze in jüngster Zeit zu einer „radikalen Verschärfung der Identitätsproblematik geführt, die sich im Bereich der Bildenden Künste in einer großen Vielfalt unterschiedlichster Äußerungsformen manifestiert. Der Bogen reicht von der Selbststilisierung und potentiellen Selbstzerstörung über das Rollenspiel, die Maskerade, die Transformation des individuellen Erscheinungsbildes bis hin zur Erfindung fiktiver Identitäten beziehungsweise zur Öffnung ganzer Arsenale des Obsoleten, die in ihrer Unpersönlichkeit den Betrachter erst recht zwingen, sich Rechenschaft über sich selbst zu geben. Reflektiert werden subjektive Befindlichkeit und objektives Sozialverhalten, mit einem Wort die eigene Identität und ihre Voraussetzungen, psychischen Dispositionen und prospektiven Phantasien"[76].
Ich ist etwas Anderes widmete sich dem Thema Identität, respektive der Frage, was Identität heute ausmacht, sowie den vielfältigen Ausdrucksformen zeitgenössischer Künstlerinnen und Künstler im Kontext dieser Thematik. Für die Ausstellung warb ein Plakat mit der Arbeit *Autoportrait* der 1962 in Sarajewo geborenen Künstlerin Danica Dakić. Vor dunklem Hintergrund zeigt das Bild die Büste einer jungen Frau, die fein gezeichnet, trotz harmonischer Proportionen, zarter Inkarnattöne und makelloser Übergänge bis zur Groteske entstellt ist. An die Stelle der Augen tritt ein zweiter Mund. Dieses figürliche Motiv entstammt einer auf zwei Ebenen – einer optischen und einer akustischen – operierenden Videoarbeit, in der beide Münder

---

[75] Armin Zweite: Ich ist etwas Anderes – Kunst am Ende des 20. Jahrhunderts. Katalog zur Ausstellung. Düsseldorf, Köln 2000. Vorwort, S. 23.
[76] Ebd.

gleichzeitig in verschiedenen Sprachen sprechen. In deutsch und bosnisch erklingt jeweils ein Märchen, in dem es um die Hintergründigkeit der Realität, um die Täuschung der Sinne, um Verwandlung von Individuen, ihren Rollenwechsel und die Auflösung ihrer Identität geht. Sind es zwei Menschen oder nur einer? Da die Augen fehlen, lässt sich das Gesicht nicht personalisieren, ebenso wenig verstehen wir die Worte aus den beiden gleichzeitig in verschiedenen Sprachen sprechenden Mündern.

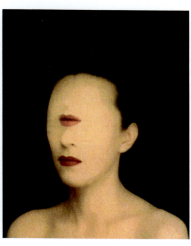

Abb. 12: **Danica Dakić, Autoportrait 1999**, Videoinstallation, Ton, Besitz der Künstlerin.

Mit dieser Arbeit stellt die in Bosnien-Herzogovina aufgewachsene Künstlerin, 1988 nach Deutschland gekommen, zur Zeit des Balkankrieges die Frage nach ihrer nationalen Identität, womit sie ein mittlerweile allgemeines Problem thematisiert. Zu dieser Arbeit bemerkt Armin Zweite: „Was uns vermittelt wird, spielt auf kulturelle Differenzen an und darauf, dass man nicht versteht, was man hört. So wird signalisiert, dass das Hören blind machen kann, beziehungsweise dass sinnlich vermittelte Botschaften nicht per se kompatibel sein müssen. Optisches und Akustisches treten auseinander. Das Bild konterkariert die Sprache. Die Erscheinung widerspricht dem, was die Stimme uns mitteilt, wie umgekehrt die Faszination der entstellten Gestalt das überlagert, was erzählt wird. Die Prinzipien von Ausblendung einerseits (keine Augen) und Verdopplung (zwei Münder) andererseits provozieren die Frage, was wir eigentlich vor uns haben, eine anthropomorphe Puppe, einen biomorphen Apparat oder eine Simulation, für die es keine Entsprechung in der Realität gibt beziehungsweise geben kann, d.h. ein Phantasiegebilde."[77]

---

[77] Ebd. S. 27.

Das Selbstbildnis der Künstlerin verweist exemplarisch auf das Problem der Identität und seiner Auflösung als ein zentrales Thema im Zeitalter elektronischer Spezialeffekte und Bildmanipulationen. Das nach aufwendiger Maske mit den Möglichkeiten digitaler Bildbearbeitung erstellte *Autoportrait* thematisiert darüber hinaus das Phänomen der Simulation als ein wesentliches Kennzeichen medialer Informationsvermittlung im Zeitalter virtueller Realitäten. „Dakić' Autoportrait stellt die Frage nach der Wirklichkeit der Wahrnehmung gleichzeitig als Frage nach der Identität und darüber hinaus auch als Frage nach dem Wesen des Schaffens von Kunst. Und so geht es in Autoportrait nicht nur im autobiografischen Sinne um die Künstlerin selbst, sondern ganz allgemein um die Existenz des Künstlers im Kontext von (Kunst-) Geschichte, Politik und Gesellschaft, von individueller und kollektiver Wahrnehmung."[78] Auch wenn die Reflexion über die Identität eine lange Vorgeschichte hat, ist die in der Ausstellung vorgeführte Zuspitzung zweifellos ein neuzeitliches Phänomen, was Armin Zweite im Katalog an markanten Wendepunkten verdeutlicht.

Die Frage nach dem Wesen der Identität, wie oben bereits erwähnt gleichsam ein ständiges Leitmotiv der Philosophie, spielt ebenso in der Literatur eine wesentliche Rolle. Auch in diesem Genre registrieren wir, dass es irgendeine Form von unmittelbarer Selbstgewissheit nicht mehr zu geben scheint, was in der bekannten Formel vom *Tod des Autors*[79] gipfelt. Im Rückblick erweist sich das 20. Jahrhundert als Ganzes – wurde ihm doch die Freudsche Psychoanalyse in die Wiege gelegt –, von Ich-Teilungen und -Verdoppelungen durchzogen. Ergebnisse der Hirnforschung und Neurobiologie bewirken Verunsicherungen des Individuums. Wie die Philosophie und die Literatur ist auch die Bildende Kunst gekennzeichnet durch die problematische Suche nach dem Selbst, von der schon 1922 André Breton im Hinblick auf Duchamp von einer „personnalité du choix"[80] sprach. War beispielsweise Max Beckmann bemüht, Identität festzuschreiben, wie er es 1938 in seiner Londoner Rede versuchte, schärfte hingegen der Surrealismus das Bewusstsein dafür, dass sich Identität verzweigt, viele verschiedene Ausprägungen haben kann und das Subjekt zahlreiche Facetten aufweist.

---

[78] Reinhard Spieler: Danica Dakić. Erspreche dich selbst. In: Armin Zweite u.a. (Hrsg.): Ich ist etwas Anderes – Kunst am Ende des 20. Jahrhunderts. Katalog zur Ausstellung. Düsseldorf, Köln 2000, S. 293.
[79] Vgl. Peter Bürger: Das Verschwinden des Subjekts. Eine Geschichte der Subjektivität von Montaigne bis Barthes. Frankfurt /M. 1998, S. 204.
[80] André Breton: Marcel Duchamp. Hier zitiert n. Armin Zweite: Ich ist etwas Anders. In: Ders. u.a. (Hrsg.): Ich ist etwas Anderes – Kunst am Ende des 20. Jahrhunderts. Katalog zur Ausstellung. Düsseldorf, Köln 2000, S. 33.

Bei allem Pluralismus herrscht dennoch Konsens über die Annahme, das Individuum verfüge heute nicht mehr über einen privilegierten Zugang zu den eigenen Bewusstseins- und Erkenntnisprozessen. Neuere philosophische Strömungen, wie beispielsweise der Strukturalismus, der seine intellektuelle Heimat im Paris der 50er und 60er Jahre des 20. Jahrhunderts hat, wollen nachweisen, dass es anonyme Prozesse sind, die den Schein eines handlungsmächtigen Subjekts erzeugen, wobei der Mensch die Regeln, nach denen sich diese Prozesse vollziehen, für gewöhnlich nicht durchschaut, geschweige denn, dass er sie verändern könnte. Den Glauben des modernen Subjekts, Herr seiner selbst zu sein, entlarvt der Strukturalismus so als Illusion, sei es mit den Mitteln der Ethnologie (Claude Lévi-Strauss), der Psychoanalyse (Jacques Lacan), des Marxismus (Louis Althusser) oder der Literaturtheorie (Roland Barthes). Ging es dem Strukturalismus um die Aufdeckung verborgener Tiefenstrukturen, will der Poststrukturalismus dagegen zeigen, dass es diese Tiefenstruktur gar nicht gibt. Die Bloßlegung der Fiktionalität des Subjekts wird dabei zum Akt der Befreiung. Eine Schlüsselstellung nimmt hier Michel Foucault ein, der die strukturalistische Ethnologie auf die Analyse moderner Gesellschaften überträgt.

Viele zeitgenössische Künstlerinnen und Künstler thematisieren den Prozess der Identitäts-vervielfachungen teilweise auf sehr subtile Weise und sprechen in ihren Kunstwerken die Wandelbarkeit von Individuen bis hin zur Metamorphosenhaftigkeit sowie die Heterogenität der multikulturellen Ästhetik an.

Cindy Shermann beispielsweise fotografierte sich selbst 15 Jahre lang in vielen verschiedenen Posen und Kostümen, ohne sich dabei im herkömmlichen Sinne porträtieren zu wollen. In all diesen Bildern schlüpft die Künstlerin in immer andere Rollen, worin das Spezifische dieser zuweilen als *indirekte Selbstporträts* bezeichneten Fotografien liegt. Shermann erklärt ihre Arbeiten so: „Ich mache keine Selbstporträts. Ich versuche immer, in den Bildern soweit wie möglich von mir selbst wegzugehen. Es könnte aber sein, dass ich mich dadurch selbst porträtiere, dass ich diese ganzen verrückten Sachen mit diesen Charakteren mache."[81]

---

[81] Cindy Sherman in einem Interview mit Andreas Kallfelz. Zitiert von Andreas Strobl in: Cindy Sherman, „Das andere Selbst der Einbildungskraft". In: Armin Zweite u.a. (Hrsg.): Ich ist etwas Anderes. Düsseldorf, Köln 2000, S. 216.

Kunst heute

Abb. 13:
Cindy Sherman, Ohne Titel, 1984,
Farbfotografie, 175,3 x 119,4 cm,
Fotosammlung Kunsthaus Zürich.

Abb. 14:
Cindy Sherman, Ohne Titel, 1984,
Farbfotografie, 181 x 120,7 cm,
Courtesy Monika Sprüth Galerie Köln.

Obwohl die Identitätsproblematik als ein zentrales Anliegen zeitgenössischer künstlerischer Auseinandersetzungen anzusehen ist, reagieren die meisten bildenden Künstlerinnen und Künstler – abgesehen von Ausnahmen – „nicht unmittelbar auf solche Fragen, wie sie Philosophie, Gentechnologie, Verhaltenspsychologie, Neurochirurgie usw. stellen. Bedeutsamer erscheinen ihnen jene Symptome, die die Wahrnehmung und alles Visuelle unmittelbar betreffen und die Lebenswirklichkeit stärker beeinflussen und umformen als die genannten Fächer. Was gemeint ist, mögen einige Schlagworte illustrieren. Es geht um virtuelle Realitäten, Simulation, Morphing, Internet, Cyberspace, Globalisierung und nicht zuletzt um die damit einhergehende Beschleunigung aller Lebens-, Produktions- und Konsumptionsvorgänge"[82]. Obwohl sich einige Künstlerinnen und Künstler, wie beispielsweise Francis Bacon und Maria Lassnig, in traditionell malerischer Form mit dem Problem der Selbstbefragung beschäftigen, sind es vor allem jedoch die neuen Medien Fotografie, Film, Video und Installation, die dieser Thematik eine neue Dimension verleihen.

---

[82] Armin Zweite u.a. (Hrsg.): Ich ist etwas Anderes. Katalog zur Ausstellung. Düsseldorf, Köln 2000. Vorwort, S. 24.

Kunst heute

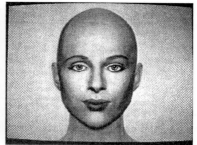

Abb. 15: **Stelarc: Virtual Body** Abb. 16: **Kirsten Geisler: Virtual Beauty** [83]

In den 90er Jahren des 20. Jahrhunderts erscheint der menschliche Körper zunehmend als „Bioapparat, der von Maschinen erweitert, erhalten und sogar konstruiert wird: Medien und Telekommunikation erweitern prothesenartig unsere Sinne, medizinische Technologien ersetzen lebenserhaltende Organe, und mit Hilfe der Gentechnik kann der Körper gänzlich neu erschaffen werden"[84]. Diesen Entwicklungen steht die Tatsache gegenüber, dass der virtuelle Körper den fleischlichen Körper gänzlich zurücklässt, indem er im Datennetz als reine Information *lebt*. Dieses Körperbild ist, da räumlich und zeitlich vom physischen Körper getrennt, geeignet für Montage, Vervielfältigungen und Manipulationen. Die Medienkunst der neunziger Jahre lässt einen Körper aufleben, „in dem überlappende Systeme zusammenarbeiten, er begegnet uns in Form selbsterzeugter Identitäten, aufgelöst in Pixel, Informationen und fragmentierte Selbstbilder"[85].

So richtet beispielsweise der australische Medienkünstler Stelarc sein Interesse auf das mögliche Schicksal des menschlichen Körpers in einem postmenschlichen Zeitalter, in dem die Grenzen zwischen Mensch und Maschine zunehmend verschwimmen. Er erprobt Schnittstellen zwischen Mensch und Maschine, indem er sich Sensoren auf die Haut klebt, Muskeln, Gehirnwellen und Blutkreislauf verkabelt. Über ein Interface lässt er von einem Publikum seine Muskeln durch elektronische Impulse stimulieren, wodurch seine Muskelreflexe quasi ferngesteuert und Bewegung von einem Körper zu einem anderen Körper verlagert wird.

Kirsten Geisler arbeitet mit virtuellen Kreationen, in denen sie die Möglichkeiten digitaler Technik nutzt, um künstliche Schönheiten zu schaffen. Mit den *Virtual Beauties* entwickelt sie am Computer Frauenköpfe, die

---

[83] Beide Abbildungen entnommen aus: Alexandra Wessels, Axel Wirths: Selbstverloren zwischen Kamera und Projektion. In: Armin Zweite u.a. (Hrsg.): Ich ist etwas Anderes. Düsseldorf, Köln 2000, S. 314-323.

[84] Alexandra Wessels, Axel Wirths: Selbstverloren zwischen Kamera und Projektion. In. Armin Zweite u.a. (Hrsg.): Ich ist etwas Anderes. Düsseldorf, Köln 2000, S. 321.

[85] Ebd., S. 322.

zwar an den Ergebnissen der Forschung über das menschliche Schönheitsempfinden ausgerichtet sind, deren völlige Ausdruckslosigkeit den Betrachter aber nachhaltig irritiert und kritische Stimmen provoziert: „Der perfekte Klon konfrontiert uns mit unserem Idealbild, ist aber auch unberechenbar: Die virtuellen ‚Beauties' äußern sich nur sparsam, zeigen weder Angst noch Gefühle, und ihre Kommunikationsbereitschaft – lachen, zwinkern, sprechen – liegt augenscheinlich außerhalb unserer Kontrolle. Während wir noch von Fortschritt und Technik die Zukunft erwarten, wirft uns der Klon auf die eigene Menschlichkeit zurück: Wir vermissen Gefühle, Wärme, Körperlichkeit."[86]

---

[86] Ebd., S. 323.

3.2 Philosophische Implikationen und Hintergründe

Wenn man, wie dies auch in vielen anderen Disziplinen, vor allem in philosophischen Zusammenhängen, der Fall ist, die These vertritt, dass sich wesentliche paradigmatische Veränderungen immer dann ereignen, nachdem es zu soziokulturellen Umbrüchen gekommen ist, dann stellt sich die Frage nach der kritischen Situation, auf die aktuelle Konzepte in der Fachdidaktik reagieren. Generell scheint es, als würde die Komplexität des gegenwärtigen gesellschaftlichen Lebens dazu zwingen, neue Wege des Denkens zu suchen, die sich bis in unterschiedliche pädagogische Bereiche hinein auswirken und auch in der Kunstdidaktik paradigmatische Veränderungen herbeiführen. Diese fachdidaktischen Umwandlungen sind – in statu nascendi befindlich – heute noch nicht dezidiert zu benennen. Einige essenzielle Aspekte dieser gesellschaftlichen Umwandlungsprozesse sind indessen unter dem Begriff *Postmoderne* oder *Zweite Moderne* zusammenzufassen und sollen aufgrund ihrer Relevanz für die Entwicklung neuer fachdidaktischer Konzeptionen hier kurz dargelegt werden.

3.2.1 Notizen zur Postmoderne
Definition und Hauptgedanken

Mit *Postmoderne* wurde ursprünglich die Architektur, wie sie sich im Stil der Zeit nach 1965 entwickelte, bezeichnet.[87] Danach verwendete man diesen Begriff bald auch in anderen Disziplinen zur Bezeichnung und Diskussion neuzeitlicher Veränderungen. Heinrich Klotz stellt diesen Zusammenhang kausal dar und erklärt, dass sich die gesamte Postmodernediskussion aus dem Stilwandel der Architektur seit 1965 entwickelt habe und die hier gewonnenen Kategorien bis in die Philosophie hinein übernommen und gedanklich erweitert worden seien.[88] Peter Weibel, der für die Situationsbestimmung aktueller Gegenwartskunst zwischen Moderne, Neo-Moderne, Postmoderne und Zweiter Moderne unterscheidet, definiert Postmoderne und Zweite Moderne als verschiedene Formen der Kritik an der Moderne: „Man könnte sagen, die Postmoderne sei die erste Phase der Selbstbetrach-

---

[87] Das, was in der Kunst heute mit dem Begriff *Postmoderne* bezeichnet wird, existierte als anschauliches Phänomen längst bevor dieser Terminus zu seiner Bezeichnung eingeführt wurde. Günter Regel, Frank Schulz, Johannes Kirschenmann und Harald Kunde definieren die moderne und postmoderne Architektur folgendermaßen: „Im Gegensatz zur primär rational bestimmten funktionalistischen Gestaltungsweise der modernen Architektur betont das postmoderne Bauen emotional anregende, sinnlich erfahr- und erlebbare, bildhafte, fiktive Qualitäten. Hier gilt, dass die Form nicht nur der Funktion, sondern auch der Fiktion folgt." Vgl. G. Regel, F. Schulz, J. Kirschenmann, H. Kunde: Moderne Kunst. Zugänge zu ihrem Verständnis. Stuttgart, München, Düsseldorf, Leipzig 1994, S. 182.

[88] Heinrich Klotz: Zweite Moderne. In: Ders. (Hrsg.): Die zweite Moderne. Eine Diagnose der Kunst der Gegenwart. München 1996, S. 16.

tung der Moderne gewesen, weil es schon immer eine Eigenschaft der Moderne war, sich selbst zu beobachten."[89] Für Weibel unterscheiden sich Zweite Moderne und Postmoderne weniger hinsichtlich der sie betreffenden Probleme als vielmehr bezüglich der diese Probleme betreffenden Beurteilung: „Die Probleme der Moderne, Postmoderne und Zweiten Moderne sind eigentlich dieselben geblieben, nämlich Identität, Nationalität usw., nur in ihrer Beurteilung gibt es Unterschiede. Was die Moderne ängstigte, darauf freut sich die Postmoderne. Was die Moderne als Bedrohung fühlte, das feiert die Postmoderne als Genuss. Früher hieß es: ‚Fürchte Dich vor Dir selbst!', heute heißt es: ‚Genieße Dein Symptom wie Dich selbst!' Hieß es früher: ‚Erkenne Dich selbst!' oder ‚Express yourself!', so wissen wir heute, dass dies unmöglich ist und sagen daher: ‚Konstruiere Dich selbst!'"[90]

Obwohl der mittlerweile bedeutungserweiterte Begriff *Postmoderne* – nach in vielerlei Zusammenhängen kontrovers geführten Diskussionen – vernachlässigt werden kann, haben dennoch ihre Anliegen und Inhalte weiterhin Anerkennung gefunden und sind, wie Wolfgang Welsch es anschaulich ausdrückt, „zu leitbildhaften Beschreibungsmustern der Gegenwart geworden"[91]. Welsch beschreibt den Begriff *Postmoderne* als umstritten hinsichtlich seiner Legitimität, seines Anwendungsbereichs, seiner zeitlichen Ansetzung und vor allem hinsichtlich seiner Inhalte. Dennoch stellt er die Kongruenz postmoderner Phänomene in Literatur, Architektur, in den Künsten sowie in gesellschaftlichen Phänomenen von der Ökonomie bis zur Politik und in wissenschaftlichen Theorien und philosophischen Reflexionen als eklatant heraus, die den Begriff als solchen rechtfertigen. Der Ausdruck wird sowohl zur Bezeichnung einer Epoche[92] als auch zur Bezeichnung einer Erkenntnistheorie verwendet und soll in umfassendem Sinn, hier als Theorie, die sich seit Beginn der 70er Jahre auch in der pädagogischen Diskussion und Reflexion auswirkt, Berücksichtigung finden.[93] Dabei bleibt im Blick, dass nach wie vor sowohl hinsichtlich seiner Legitimität, seines Gegenstandsfeldes, seiner zeitlichen Abgrenzung als auch

---

[89] Peter Weibel: Probleme der Moderne – Für eine Zweite Moderne. In: Heinrich Klotz (Hrsg.): Die Zweite Moderne. Eine Diagnose der Kunst der Gegenwart. München 1996, S. 38.
[90] Ebd., S. 39.
[91] Wolfgang Welsch: Unsere postmoderne Moderne. Berlin 1997^5.
[92] Hinsichtlich des Epochenbegriffs der „Postmoderne" nennt Christian Beck zwei unterschiedliche Akzentuierungen: die Gleichsetzung mit dem technologischen Zeitalter und die sozioökonomischen und soziokulturellen Momente, mit „starken Tendenzen zur Etablierung einer multikulturellen Weltindustriegesellschaft". (E. Walter-Busch: Menschen in Veränderung. Wertewandel im Zeitalter der Postmoderne. In: Berufsberatung und Berufsbildung 75, 1990), zitiert in Christian Beck, S. 27 f.
[93] Vgl. Christian Beck: Ästhetisierung des Denkens. Zur Postmoderne-Rezeption in der Pädagogik. Bad Heilbrunn 1993.

seiner inhaltlichen Aussage Uneinigkeit besteht. Ungeachtet der Unschärfe des Begriffs findet hier die Erläuterung einiger Grundgedanken Berücksichtigung. Dies hat folgende Gründe: Erstens beschreibt die *Postmoderne* die Kennzeichen der heutigen Gesellschaft, die als wesentliche Voraussetzungen für die Formulierung einer *Schule auf dem Weg ins 21. Jahrhundert* von Bedeutung sind. Sollen die Konzeptionen der Kunstdidaktik angemessene Legitimation erfahren, müssen sie sich an diesen Tatsachen und Maßstäben entwickeln. So formulieren beispielsweise Wilfrid Ferchhoff und Georg Neubauer unter dem Blickwinkel der Jugendforschung Folgendes: „Die Zeichen der Zeit stehen nach wie vor auf Globalisierung, Mediatisierung, Enttraditionalisierung, Pluralität und Flexibilisierung. Heterogene, ambivalente, viel- und mehrdeutige, uneinheitlich-fragmentierte, ambivalente, dezentrierte, paradoxale, ironisch-hedonistische und vor allem utopieskeptische Kulturen der Lebensführung und Weltbilder wurden vornehmlich in den 80er Jahren mit dem catch-all-term *(Post)Moderne* in Verbindung gebracht. In den späten 90er Jahren spricht man stattdessen nicht nur in den einschlägigen sozialwissenschaftlichen (Re)Konstruktionen nach dem Parforceritt durch die vielen modischen Postismen eher von *Reflexiver* oder *Zweiter Moderne* (Giddens 1997, Beck 1997)."[94]

Zweitens sind in pädagogischer Theorie und Praxis bereits vielfältige Aspekte wiederzufinden, die in direktem Zusammenhang mit der sog. Postmodernediskussion stehen. Dieser ursprüngliche Zusammenhang ist heute aber zuweilen nur bedingt erkennbar, wenn sich pädagogische Theorie auf normativer Ebene präsentiert, wie dies beispielsweise in der Diskussion um die Methoden des *Offenen Unterrichts*[95] oder Aspekten der *Subjektiven Didaktik*[96] der Fall ist. Man könnte hier den Eindruck bekommen, dass damit aktuelle schulpädagogische methodische Varianten kritisiert werden sollen. Dies ist keineswegs der Fall. Stattdessen soll versucht werden, den offensichtlichen Zusammenhang herauszuarbeiten, dessen Erhellung für die Begründung und für das Verständnis der Bildung und Schule der Zukunft unerlässlich ist. Dass dies besonders für das Fach Kunst von Bedeutung ist, ergibt sich aus dem Widerspruch zwischen bildungspolitischer Kürzungsgefahr einerseits und ansteigender ästhetischer Beanspruchung andererseits, ebenso wie aus der Vielzahl der aktuellen kunstdidaktischen Ansätze und Konzeptionsentwürfe.

---

[94] Wilfried Ferchhoff, Georg Neubauer: Patchwork-Jugend. Eine Einführung in postmoderne Sichtweisen. Opladen 1997.
[95] Wulff Wallrabenstein: Offener Unterricht – offene Schule. Reinbek 1991. Neuauflage 1997.
[96] Vgl. Edmund Kösel: Die Modellierung von Lernwelten. Ein Handbuch der Subjektiven Didaktik. Elztal-Dallau 1993.

Notizen zur Postmoderne

Philosophie
Die postmoderne Philosophie optiert für Differenzen, Brüche, Fragmentierungen, Diskontinuitäten, Zersplitterungen und Dezentrierung. Als Hauptvertreter werden neben Jean-François Lyotard, Michel Foucault, Gianni Vattimo, Gilles Deleuze, Jaques Derrida und Jean Baudrillard genannt. Ferner gehören Paul Feyerabend und Peter Sloterdijk mit seiner Theorie von der *zynischen Vernunft* in der Tradition der Aufklärung zum Umkreis des Postmodernismus und Poststrukturalismus.

In *Unsere postmoderne Moderne* fasst Wolfgang Welsch die Hauptthesen der Postmoderne zusammen. Danach hat sich in weitgehender Übereinstimmung *Postmoderne* als die heutige Situation einer radikal pluralistischen Gesellschaft herausgebildet und wird als Verfassung radikaler Pluralität verstanden, Postmodernismus als deren Konzeption verteidigt.[97] Als Grunderfahrung gibt Welsch die des „unüberschreitbaren Rechts hochgradig differenter Wissensformen, Lebensentwürfe, Handlungsmuster" an. Aufgrund einfacher Schlüsselerfahrungen, dass derselbe Sachverhalt aus unterschiedlichen Perspektiven völlig anders dargestellt werden kann, entspringt die Erfahrung, dass heute „Wahrheit, Gerechtigkeit, Menschlichkeit im Plural" stehen. Verunsicherung entsteht durch Wertrelativismus, Orientierungslosigkeit durch in Frage gestellte Formen des Lebens und Zusammenlebens, die parallel mit dem Infragestellen der Institution Schule einhergehen und unter Umständen bis in Auflösungstendenzen der Pädagogik münden können.

Welsch betont dabei den philosophischen Impetus als einen zugleich tief moralischen, da die Postmoderne der Einsicht folge, dass jeder Ausschließlichkeitsanspruch nur der illegitimen Erhebung eines in Wahrheit Partikularen zum vermeintlich Absoluten entspringen könne. Daher ergreife sie für das Viele Partei und wende sich gegen das Einzige. So widersprüchlich es klingen mag, der Pluralismus erweist sich in verschiedensten Bereichen als einheitlicher Fokus. Die interdisziplinäre Kongruenz als signifikantes Merkmal zeigt sich in einer positiven Vision radikaler Pluralität, in der „Anerkennung des unüberschreitbaren Rechts des hochgradig Differenten und in einer jeweils anti-totalitären Option"[98].

Besondere Berücksichtigung soll hier Wolfgang Welschs Hinweis finden, der den postmodernen *Freiheitsgewinn* auch mit einer Verschärfung von Problemlasten verbindet. „Die Probleme sind sowohl praktischer als auch theoretischer Natur. Die Postmoderne ist wesentlich ethisch grundiert. Sie erfordert eine neue Art des Umgangs mit Pluralität – und zwar mit einer ob ihrer Radikalität schwieriger gewordenen Pluralität. Sie verlangt eine neuar-

---

[97] Vgl. Wolfgang Welsch: Unsere postmoderne Moderne. Berlin 1997⁵.
[98] Christian Beck . Ästhetisierung des Denkens. Zur Postmoderne-Rezeption der Pädagogik. Bad Heilbrunn 1993, S. 61.

tige, eine genaue auf diesen radikalen und daher eo ipso konflikthaften Pluralismus zugeschnittene Ethik."[99]
Hinsichtlich der Pluralität von Rationalitätsformen – Gunter Otto plädierte in Bezug auf Martin Seel für eine *Ästhetische Rationalität* – stellt sich das Problem der Vernunft neu. Das Verhältnis der Realitätsformen kann nicht mehr durch „Rekurs auf eine einzige verbindliche Form von Rationalität, auf eine Hyper-Rationalität geregelt werden. Andererseits kann auch die Heterogenität der Rationalitäten nicht das letzte Wort sein. Und zwar schon deshalb nicht, weil das Dogma von der absoluten Heterogenität (wie es von einem ganz auf Differenz eingeschworenen Postmodernismus verfochten wird) näherer Prüfung nicht standhält"[100]. Welsch löst dieses Problem, indem er den Begriff einer spezifisch postmodernen *transversalen Vernunft* entwickelt. Damit meint er eine neuartige Konzeption von Vernunft, die „weder das Maß wirklicher Differenz ignoriert, noch Kommunikationsansprüche unnötig preisgibt, sondern sowohl die Grenzen der verschiedenen Rationalitätsformen aufzeigt und wahrt als auch Übergänge und Auseinandersetzungen zwischen ihnen ermöglicht und vollzieht"[101].
Aufgegeben wird auch der die neuzeitliche Wissenschaft auszeichnende Anspruch auf Objektivität und allgemein überprüfbare Erkenntnisse wie auch die Auffassung, dass der Mensch zu Erkenntnissen gelangen kann, die eine unabhängig von ihm existierende Wirklichkeit beschreiben. Die Autorin geht davon aus, dass sich diese Grundgedanken und daraus abzuleitende Forderungen auch bei der Untersuchung der vielfältigen kunstdidaktischen Konzeptionen als von Bedeutung erweisen. Es kann festgestellt werden, dass sowohl einzelne kunstpädagogische Konzepte per se dieser Pluralität gerecht zu werden versuchen als auch dass sich auf übergeordneter Ebene diese Pluralität in der schillernden Vielfalt der Ansätze selbst präsentiert. Zu untersuchen bleibt allerdings, wie sich diesbezüglich eine geforderte Ethik formulieren lässt.

Grundgedanken der Postmoderne nach Jean-François Lyotard
Der philosophische Postmoderne-Begriff[102] wurde vor allem von Jean-François Lyotard geprägt und ist sicher „differenzierter als die in den Feuilletons und den modischen Seminaren umlaufende Version"[103]. Als Grundzug des postmodernen Denkens bei Jean-François Lyotard kann die Kritik und die Destruktion der Rationalität, durch die die Moderne in ihrer Kultur

---
[99] Wolfgang Welsch: Unsere postmoderne Moderne. Berlin 1997⁵, S. 295.
[100] Ebd.
[101] Wolfgang Welsch: Transversale Vernunft. In: Ders.: Unsere postmoderne Moderne. Berlin 1997⁵, S. 295 ff.
[102] Jean-François Lyotard: Das postmoderne Wissen. Ein Bericht. Bremen 1982. Neuausgabe Wien, Graz 1986.
[103] Vgl. Peter Engelmann: Postmoderne und Dekonstruktion. Texte französischer Philosophen der Gegenwart. Stuttgart 1990, S. 6.

bestimmt war, angenommen werden. Das nach dem Modell der Mechanik immer wieder eingesetzte Modell der Erklärung war das des kausalen Begreifens. Lyotard negiert jenen Weltbezug, der zu einem allgemeinen Anspruch auf Wahrheit, auf eine allgemeine Gültigkeit, als wesentlich für das Leben der Menschen geführt hat und der auch eine Rechtfertigung dieses allgemeinen Anspruchs zu ermöglichen schien.

Lyotard kritisiert zudem einen Typus von Rationalität, der zwar von der in sich differenzierten Situation des Diskurses ausgehe, jedoch immer noch die Tendenz auf Einheit voraussetzt. Auch die Diskursrationalität, die ihr Ziel immer noch im Erreichen eines universellen Konsenses sieht, bleibt dem Vernunftbegriff der Tradition eng verbunden. Dementgegen kommt es nach Lyotard auf ein *Aushalten der Differenz* an. Grundsätzlich wird ebenso der Anspruch des Denkens der europäischen Rationalität auf Selbstlegitimierung abgelehnt, wobei auch diese Diversität, Legitimation als illegitim zu negieren und selbst diese Negation für sich zu legitimieren, als postmodernistisch anzusehen ist.

Infolge seiner Kritik an der Rationalität gilt es, „vor die Entmythologisierung durch den Logos zurückzukehren und ein neues Denken zu proklamieren, das keineswegs das Mythische zu tilgen sucht, sondern das an dem Positiven wieder anknüpft, das ihm eigen war"[104]. Lyotard führt seine Kritik gegen die Tendenz der traditionellen Philosophie, Einheit zu denken und Konsens herzustellen, auf drei Gebieten. Diese nennt er *Meta-Erzählungen* und meint damit Theorien, die große Bereiche menschlichen Lebens einheitlich erfassen und zu beherrschen suchen. Die Moderne erscheint ihm durch drei solcher *großen Erzählungen*[105] gekennzeichnet, die heute nicht mehr gelten: die Emanzipation über die Aufklärung durch Wissenschaft, die Vernünftigkeit und Zielgerichtetheit der Geschichte, wie sie vor allem im deutschen Idealismus gedacht wurde, sowie die Einheit der Sinnstiftung in den Epochen, wie diese durch den Historismus entworfen worden war.[106] Da mit dem philosophischen System, der *Meta-Erzählung*, auch die Legitimation, die jeweils durch sie gesucht und gegeben wurde, verloren ist, setzt im postmodernen Denken eine *Delegitimierung* ein.[107]

Lyotard plädiert dagegen nun für die *kleine Erzählung*, für eine Form der imaginativen Erfindung als offene Systematik, als *Antimethode*, die den Logozentrismus relativiert.

Lyotard weist die Postmoderne durch eine Wende von einem streng logisch vorgehenden zu einem sich an der Sprache und ihren strukturellen Möglichkeiten orientierenden Denken aus. Das postmoderne Denken negiert das

---

[104] Ebd.
[105] Vgl. auch Jean-François Lyotard: Randbemerkungen zu den Erzählungen. In: Peter Engelmann (Hrsg.): Postmoderne und Dekonstruktion. Stuttgart 1990.
[106] Vgl. Wolfgang Welsch: Unsere postmoderne Moderne. Berlin 1997, S. 32.
[107] Vgl. Jean-François Lyotard: Grabmal des Intellektuellen. Wien 1985, S.16.

Theorem von einer Eindeutigkeit des Verhältnisses von Denken und Sein, von Bewusstsein und Gegenstand und geht grundsätzlich von der Sprache aus, in der es keine eindeutige Zuordnung von Zeichen und Bezeichnetem gibt. Doppel- und Mehrfachkodierungen sind für Lyotard unumgehbar und eine Grundvoraussetzung des postmodernen, sog. narrativen Wissens. Für Lyotard ist die Sprache kein kognitives, sondern nur noch ein evokatives Medium, durch das nicht mehr erkannt, sondern nur ausgeführt wird.

In der Postmoderne wird das Denken von einem ersten Prinzip her grundsätzlich abgelehnt, so dass sie sich als dialektische Antwort auf den Grundzug unseres technologischen Zeitalters erweist, das die Einheit der Welt in Politik, Wirtschaft und Verkehr zum Ziel hatte. Es gilt dagegen, die Pluralität der Gesichtspunkte anzuerkennen. Für Lyotard folgt aus der Auflösung der Einheit ein Wissen, das immer nur partikulare Legitimationen, partikulare Begründungen und Rechtfertigungen bietet und dass diese nur aus der sprachlichen Praxis und ihrer kommunikativen Interaktion kommen können. Lyotard votiert dafür, nicht die Einheitlichkeit der Ansichten zu suchen, sondern die tatsächliche Pluralität der Lebensbereiche und Wertsetzungen anzuerkennen, der Vielzahl begrenzter Handlungsformen und Lebensweisen Raum zu geben und den Dissens auszuhalten.[108] Postmodernes Wissen zielt nicht auf Konsens, sondern auf Dissens ab, den es zu akzeptieren gilt, so dass auch die Konsens-Suche selbst radikal in Frage gestellt wird.

Im Zuge der Kritik am traditionellen Vernunftbegriff gerät all das in den Blick des Interesses, was nicht mehr in der Sprache zur Darstellung gebracht werden kann, was aber doch aller Darstellung zugrunde liegt. Es gilt, das Leben nicht in der Einseitigkeit der wissenschaftlich-technischen Zivilisation verkümmern zu lassen. Das Mythische und der Mythos gewinnen wieder an Bedeutung. Hier kommt der Kunst als Medium der Mitteilung des in die Vorsprachlichkeit verschobenen Fundamentalen neue Bedeutung zu. Man erwartet von ihr eine nicht mehr verbale Weltorientierung und Lebensdeutung. Versucht man in einem groben Überblick das zu erfassen, worum es postmoderner Lebenshaltung und Bewusstseinsbildung geht, dann lässt sich sagen: Es gilt, auf das Bestreben, sich alles total verfügbar machen zu wollen, zu verzichten und grundsätzlich ein Unverfügbares anzuerkennen.

Pädagogik
Auch in der Pädagogik hat sich postmodernes Denken etabliert. Hier stellt sich insbesondere die Frage: Wird mit dem postmodernen Denken die Person als vernunftbegabtes Individuum mit Entscheidungsfreiheit und Verantwortung für ihr Handeln in Frage gestellt? Verliert damit die Pädagogik ihr Subjekt der Erziehung? Seit längerem deutet sich in postmodernen Konzepten für die pädagogische Praxis eine radikale Subjektivierung und

---

[108] Ebd., S. 125.

Relativierung an. Postmoderne Unterrichtskonzepte versuchen dieser Pluralität durch eine stärkere Selbstbestimmung der Schüler Rechnung zu tragen. Die Lehrerrolle wird umdefiniert, der pädagogische Bezug zwischen Erwachsenem und Kind teilweise aufgelöst und die Fachautorität des Lehrers in Frage gestellt. Lehrer und Schüler werden beide als Lernende betrachtet, was durch die postmoderne Behauptung legitimiert wird, dass nichts objektiv und allgemeingültig sei, auch kein Wissen und keine Werte. Das *postmoderne Klassenzimmer* zeigt sich als Stätte immer neuer Erfindungen und Konstruktionen, wobei der Wissenskanon aus der europäischen Bildungstradition nur noch bedingt einen Maßstab darstellt. Bleibt die Frage, inwieweit die Grundwerte der europäischen Kultur durch postmoderne Bildungsauffassungen und pädagogische Praxis in Frage gestellt werden und wodurch sie gegebenenfalls ersetzbar werden. Unter der Perspektive der *Schule auf dem Weg ins 21. Jahrhundert* untersucht der norwegische Schulentwickler Per Dalin, was Schule heute leisten muss, damit Schüler als Erwachsene die Aufgaben meistern können, vor die sie das neue Jahrhundert stellen wird.[109] Dalin konstatiert einen Paradigmenwechsel, den er mit *zehn Revolutionen* als durchgreifende Veränderungen der Gesellschaft beschreibt. Bildungsplaner, dazu zählen auch die Kunstdidaktiker, stünden vor dem Dilemma, dass die Auswirkungen ihres Tuns erst nach längerer Zeit sichtbar werden, sie aber im Blick auf die grundlegenden Herausforderungen, die nach dem heutigen Kenntnisstand auf die Menschheit zukommen, *die* Gesellschaft entwerfen müssen, die sie für Ihre Kinder w*ünschen*. Zu einem solchen Entwurf gehören neben klaren Daten vor allem normative Grundlagen, klare Wertentscheidungen und eine Vision der künftigen Welt.

Per Dalin benennt *zehn Revolutionen*, die Teile eines umfassenden Wandlungsprozesses und fundamental und für die Zukunft von Erziehung und Bildung sind. Sie hängen alle miteinander zusammen und werden von Dalin nur zum Zwecke des besseren Verständnisses getrennt behandelt. Sie wirken in Kombination und ihr „Synergieeffekt" wird für die Zukunft der Menschheit und die Gestaltung der künftigen westlichen Gesellschaften entscheidende, wenn auch nicht genau bestimmbare Konsequenzen haben. Da Per Dalin diese Revolutionen knapp und prägnant formuliert, können sie hier wörtlich wiedergegeben werden:

---

[109] Per Dalin ist Professor für Pädagogik an der Universität Oslo. Als Begründer und Leiter der Stiftung IMTEC (The International Learning Cooperative) befasst er sich mit internationalen Fragen der Schulentwicklung. Im Rahmen des Projektes „Schule im Jahr 2020" initiierte IMTEC mittlerweile mehrere internationale Konferenzen u.a. in Finnland, Colorado, USA und Berlin und führte Einzelpersonen und Institutionen aus vielen Ländern in dem Bemühen um Zukunftsmodelle der Schule zusammen.

„1. Die Wissens- und Informationsrevolution
Diese Revolution resultiert aus einem neuen Grundverständnis von Wissenschaft, aus einer breiten Wissensindustrie auf zahlreichen Gebieten und aus der Entwicklung einer globalen elektronischen Infrastruktur, die zu einer sich immer mehr beschleunigenden Wissensvermehrung führt.
2. Die Bevölkerungsrevolution
Das Bevölkerungswachstum überzieht den ganzen Planeten mit exponentieller Geschwindigkeit.
3. Die globalisierende und regionalisierende Revolution
Es entsteht eine neues politisches Weltbild, mit neuen Allianzen, weltweitem Handel und großen Bevölkerungswanderungen, die von ethnischen und politischen Krisen begleitet sind. Dadurch wird die Kultur mancher Regionen stark verändert.
4. Die Revolution der gesellschaftlichen Verhältnisse
Minoritätsgruppen und Frauen besetzen neue Rollen, schaffen neue Lebensstile und neue Formen des Zusammenlebens in einer multikulturellen und pluralistischen Gesellschaft.
5. Die wirtschaftliche Revolution
Wirtschaftliches Wachstum breitet sich schnell in immer mehr Länder aus und initiiert neuen Wettbewerb. Es entwickelt sich eine weltweit verflochtene Wirtschaft, die durch riesige multinationale Gesellschaften und neue Waren und Dienstleistungen gekennzeichnet ist.
6. Die technologische Revolution
Neue Perspektiven und Möglichkeiten, neue Güter und Dienste versprechen eine Lösung mancher Problemkomplexe, aber schaffen auch unvorhergesehene Probleme.
7. Die ökologische Revolution
Sie bewirkte ein ganz neues Verständnis des Lebens auf der Erde und machte auf die Grenzen aufmerksam, die die Umwelt künftigen Entwicklungen setzt.
8. Die ästhetische Revolution
Ein komplexes neues Denken und Handeln in der Kunst belebt die Geschichte der Menschen und trägt wieder künstlerische und kreative Interessen in ihr Leben.
9. Die politische Revolution
Grundsätzliche Fragen der Demokratie und der Rechte von Minoritäten werden gestellt.
10. Die Revolution der Werte.
Die pluralistische, angeblich wertneutrale Gesellschaft wird grundsätzlich in Frage gestellt. Vielleicht führt die Diskussion zu einer Einigung auf bestimmte weltweit gültige Werte."[110]

---

[110] Per Dalin: Die zehn Revolutionen. In: Ders.: Schule auf dem Weg in das 21. Jahrhundert. Neuwied, Kriftel, Berlin 1997.

Konstruktivismus

3.2.2 Konstruktivismus

Nicht nur die Allgemeine Didaktik, auch die Fachdidaktiken benötigen einen Begriff von Lernen, als *einen* basalen Bestandteil ihrer Theorie. In zeitgenössischen Lernkonzepten zeichnet sich gegenwärtig ein Wandel ab, der „Lernen als selbständig zu vollziehenden Akt mit starker Situationsbindung"[111] begreift, in dessen Verlauf Wissen, Inhalte und Fähigkeiten nicht vom Individuum eingearbeitet oder absorbiert, sondern *konstruiert* werden. Neuere Lernkonzepte entwerfen ein Konzept von Lernen als *Wissenskonstruktion*, das ein Verständnis vom Lernen als *Informationsverarbeitung* ablöst. Demgemäß entwickelt sich auf der anderen Seite ein Begriff von „Lehren als Anregen zum Selbstlernen"[112]. In diesem Sinne ist „Lehren nicht die Vermittlung und Lernen nicht die Aneignung eines extern vorgegebenen ‚objektiven' Zielzustandes, sondern Lehren ist die Anregung des Subjekts, seine Konstruktionen von Wirklichkeit zu hinterfragen, zu überprüfen, weiterzuentwickeln (...)"[113]. Damit verbunden entwickelt sich derweil ferner ein Bild vom Lernenden, dessen individuelle Freiheitsgrade im Handeln und Entscheiden größer geworden sind. Da wesentliche Argumente für diesen Wandel in der Theorie des Konstruktivismus begründet sind, soll dieser hier in gebotener Kürze dargestellt werden.

Grundlagen

Die Kunstgeschichte bezeichnet als Konstruktivismus eine Kunstrichtung des 20. Jahrhunderts, deren Vertreter ihre Werke auf der Grundlage geometrisch-abstrakter Formen entwickeln. Der Konstruktivismus war offizielle Kunstform der russischen Revolution 1917-1921 und hatte auch starken Einfluss auf die Kunst und Theorie des Bauhaus und der Gruppe De Stijl. Heute wird der Begriff in philosophischen und erkenntnistheoretischen Zusammenhängen in erweiterter Bedeutung gebraucht. In diesem Sinne nahm er seinen Ausgang ursprünglich von drei Fachgebieten, der theoretischen Kybernetik (Heinz v. Foerster), der Entwicklungs-, Sprach- und Kommunikationspsychologie (Ernst v. Glasersfeld) und der biologischen Kognitionstheorie (Humberto Maturana, Francisco Varela). In Bezug auf Heinz v. Foerster lautet seine zentrale These: „Die Umwelt, so wie wir sie wahrnehmen, ist unsere Erfindung."[114] Damit verbinden sich die Hauptfragen: Warum und vor allem wie kommt es dazu, dass wir in unserer Erlebniswelt

---

[111] Ewald Terhart: Konstruktivismus und Unterricht. Eine Auseinandersetzung mit theoretischen Hintergründen, Ausprägungsformen und Problemen konstruktivistischer Didaktik. Hrsg.: Landesinstitut für Schule und Weiterbildung. 2002.

[112] Rolf Werning: Konstruktivismus. Eine Anregung für die Pädagogik? In: Pädagogik 7-8/1998, S. 39-41.

[113] Ebd.

[114] Heinz v. Foerster: Das Konstruieren einer Wirklichkeit. In: Paul Watzlawick (Hrsg.): Die erfundene Wirklichkeit. Wie wir wissen, was wir zu wissen glauben. Beiträge zum Konstruktivismus. München 1999[11]. S. 40.

eine Struktur suchen und auch finden können, die nicht eine Spiegelung der Wirklichkeit ist? Wie kommt es dazu, dass wir, obwohl uns die Erfahrung nichts über die Natur der Dinge an sich lehrt, dennoch eine stabile und verlässliche Welt erleben? Die Positionen des radikalen Konstruktivismus sind eng verbunden mit der konstruktivistisch orientierten Systemtheorie und den Theorien zur Selbstorganisation. Der Begriff der *Autopoiesis* verweist auf einen zentralen Aspekt des konstruktivistischen Bildungsbegriffs.

Geschichte
Die Vorgeschichte der konstruktivistischen Philosophie beginnt bereits bei den Skeptikern der Antike. Hatte Protagoras von Abdera[115] behauptet, die Dinge sind, wie sie jedem erscheinen, beschäftigte sich auch Demokrit mit der Frage, ob wir überhaupt erkennen können, wie in Wirklichkeit ein jedes Ding beschaffen oder nicht beschaffen ist. Woher wissen wir oder wie überprüfen wir, ob das von uns Erkannte mit dem Erkannten übereinstimmt? Wie überprüfen wir unser Erlebtes mit einer von dem Erleben unabhängigen Welt? Demokrit gelangte zu der Erkenntnis, dass sich dieses Problem nur ernsthaft lösen ließe, wenn es eine Untersuchung der Erkenntnis *vor* aller Erkenntnis oder parallel zu einer jeden Erkenntnis gäbe. Da diese Untersuchung aber wieder ein Erkenntnisvorgang wäre, stünde sie vor dem gleichen Problem. Ernst von Glasersfeld leitete einen seiner Aufsätze über den Konstruktivismus mit einem Zitat von Alkmaion ein: „Über das Unsichtbare wie über das Irdische haben Gewissheit die Götter, uns aber als Menschen ist nur das Erschließen gestattet."[116]

Im Jahre 1710, bereits ein halbes Jahrhundert vor Kants *Kritik*, entwickelte Giambattista Vico eine Erkenntnistheorie, in der er menschliches Wissen als Konstruktion betrachtet. Unter Verwendung des Operations-Begriffs, einem der Hauptausdrücke der Konstruktivisten unserer Zeit, bereitet Vico die Antwort auf die Hauptfrage, die der radikale Konstruktivismus zu beantworten sucht, vor: Wie kommt es dazu, „dass wir eine relativ stabile und verlässliche Welt erleben, obschon wir nicht im Stande sind, Stabilität, Regelmäßigkeit oder irgendeine wahrgenommene Eigenschaft, der objektiven Wirklichkeit mit Sicherheit zuzuschreiben"[117]. Vicos Kunstgriff liegt darin, dass er die Frage nicht beantwortet, sondern für überflüssig erklärt, indem er sie sinnlos macht. Dazu Ernst v. Glasersfeld: „Wenn, wie er (Vi-

---

[115] *Protagoras von Abdera*, griechischer Sophist, *um 480 v. Chr., †410 v. Chr.; erklärte den Menschen zum Maß aller Dinge und bereitete damit die radikale Erkenntniskritik vor. *Platon* widmete *Protagoras* einen Dialog und setzte sich im *Theaitetos* ausführlich mit seiner Erkenntnistheorie auseinander. Vgl. auch „Höhlengleichnis" in *Politeia*.

[116] Hermann Diels: Die Fragmente der Vorsokratiker. Hamburg 1957, S. 39.

[117] Ernst v. Glasersfeld: Einführung in den radikalen Konstruktivismus. In: Paul Watzlawick (Hrsg.): Die erfundene Wirklichkeit. Wie wissen wir, was wir zu wissen glauben? Beiträge zum Konstruktivismus. München 1999[11], S. 28.

co, Anmerkung A.F.) uns erklärt, die Welt, die wir erleben und erkennen, notwendigerweise von uns selber konstruiert wird, dann ist es kaum erstaunlich, dass sie uns relativ stabil erscheint."[118] Dies setzt natürlich eine Sichtweise von Welt als eine Welt des Erlebens, die aus Erlebtem besteht, voraus, die von daher keinerlei Anspruch auf Wahrheit im Sinne einer Übereinstimmung mit ontologischer Wahrheit erhebt.[119]
Auch Kant legte in der *Kritik der reinen Vernunft* dar, dass Einwirkungen von Seiten der Dinge die Sinne beeinflussen und dass dieser Stoff aktiv mit Hilfe von Instrumenten des Ver-standes, den *Kategorien,* durchdacht werden müsse. Es gebe keine intellektuelle Anschauung ohne Vermittlung der Sinne und unser Verstand sei nicht intuitiv. Deshalb sei der Mensch nicht in der Lage, die Sache selbst, das *Ding an sich,* zu erkennen, er werde stets nur der Erscheinung der Dinge gewahr.

Der Skandal der Philosophie – so kritisiert Heidegger in *Sein und Zeit* Kant – bestehe nicht darin, dass der Beweis der Realität der Außenwelt noch ausstehe, sondern dass solche Beweise immer wieder erwartet und versucht würden.

Ernst v. Glasersfeld bezeichnet die in Piagets Entwicklungspsychologie beschriebene Assimilationstheorie als wesentlich für das Verständnis des Konstruktivismus. Die vom Menschen wahrgenommene Realität ist eine phylo- und ontogenetisch zusammengefügte Wirklichkeit. Die Wirklichkeit wird aufgebaut und aufrechterhalten durch Regelmäßigkeit und Konstanz. Diese setzen ihrerseits wiederholtes Erleben voraus. Die Feststellung, dass es sich bei dem Erlebten bzw. Erlebnis um eine Wiederholung handelt, setzt wiederum einen Vergleich und damit auch Gleichheitskriterien voraus. Letztere Gleichheitskriterien werden aber ihrerseits erst vom erlebenden Subjekt geschaffen und gewählt. Demzufolge ist die Gleichheit als relativ zu bezeichnen.

Neurophysiologische Argumente
Aus neurophysiologischer Perspektive stellt Heinz v. Foerster fest: „Da wir nur über rund 100 Millionen Sinneszellen verfügen, unser Nervensystem aber an die 10.000 Milliarden Synapsen enthält, sind wir gegenüber Änderungen unserer inneren Umwelt 100.000 mal empfänglicher als gegenüber Änderungen in unserer äußeren Umwelt."[120] Dies bedeutet, dass sich hier eine schier unvorstellbar große Menge an inneren Kombinationsmöglichkeiten ergibt und jede Wahrnehmung, jeder Gedanke die Gewichte in den Verbindungen zwischen den Neuronen (Synapsen) verändert. Das Gehirn

---

[118] Ebd.
[119] Vgl. Vico Giambattista (1710): De Antiquissima Italorum Sapientia. Stamperia de' Classici Latini, Neapel 1858.
[120] Heinz v. Foerster: Das Konstruieren einer Wirklichkeit. In: Paul Watzlawick (Hrsg.): Die erfundene Wirklichkeit. Wie wir wissen, was wir zu wissen glauben. Beiträge zum Konstruktivismus. München 1999[11], S. 51.

kann aufgrund seiner Struktur autonom seine Karten verändern und sich selbst instruieren. Nur 0,1% der Verbindungsfasern im Gehirn dienen für „Input und Output" mit dem übrigen Körper. „Das Gehirn ist vor allem mit sich selbst beschäftigt."[121] Hinsichtlich eines Vergleichs zwischen neuronalen und computergesteuerten Systemen stellt Karl-Heinz Brodbeck, Professor an der Fachhochschule Würzburg-Schweinfurt-Aschaffenburg, Folgendes fest: „Die Verbindung zwischen neuronaler Struktur und ‚Wirklichkeit' ist also nicht eine Repräsentation, eine Abbildung. Das Gehirn baut vielmehr eine autonome, in sich geschlossene ‚Innenwelt' auf. Die Verbindung mit der Wirklichkeit, mit der ‚Außenwelt', sind die *Handlungen*: die körperlichen Bewegungen, das Sprechen usw. Der *Erfolg* dieser körperlichen Vorgänge ist das, was wir als ‚Realität' bezeichnen. Die klinischen Studien von Oliver Sacks zeigen sehr deutlich, wie stark sich ‚innere Realitäten' voneinander unterscheiden. Das ist auch für die *Wahrnehmung* wichtig. Sicherlich ist es so, dass ein Sinneseindruck einerseits in der Wahrnehmung in *direktem* Kontakt zum Gehirn steht und das Gehirn entsprechend aktiviert. Doch erst dann, wenn das so entstehende innere Muster auf *andere* neuronale Karten bezogen wird, erhält eine Wahrnehmung auch eine *Bedeutung*. Andererseits *verändert* jeder neue Sinneseindruck durch Schwächung oder Verstärkung der Synapsenverbindungen die Struktur des Gehirns. Das heißt: Es gibt keine Erinnerung, die *unverändert* bleiben würde. Dies entspricht der alltäglichen Erfahrung: Erinnerungen ‚verblassen' nicht nur, sie werden auch ‚verklärt'."[122] Ergänzend zu den neurowissenschaftlichen Erkenntnissen hat sich die Überzeugung herausgebildet, dass Denkprozesse stets emotional begleitet und als personale Prozesse zu bezeichnen sind.[123] Emotionen sind nicht nur *kein* Störfaktor, wie sie es für den Rationalismus sind, der das Denken auf bloße Logik reduziert. Das Gegenteil ist der Fall: Ohne die Bewertung kognitiver Karten durch Emotionen ist kein sinnvoller und kreativer Denkprozess möglich. Was immer ein Mensch denkt, die Bedeutung, die der Wahrnehmung zukommt, ist persönlich. Von diesem Ansatz her gesehen sind Wahrnehmung und Denken als „innere" Vorgänge ebenso subjektiv, wie auch die Bedeutungen der Wörter und Dinge zwischen Menschen erheblich variieren. Klaus Mollenhauer gibt zu bedenken: „Damit etwas in die Sinne kommt, überhaupt erst als bedeutsam wahrgenommen wird, muss zuvor oder mindestens zusammen mit der Sinneswahrnehmung etwas anderes geschehen."[124] Karl-Heinz Brodbeck folgert aus neurophysio-

---

[121] Vgl. Manfred Spitzer: Geist im Netz. Heidelberg, Berlin, Oxford 1996, S. 182.
[122] Karl-Heinz Brodbeck: Das Gehirn ist kein Computer. Neuere Erkenntnisse der Neurowis-senschaft. In: *praxis-perspektiven* Band 2, Jahrbuch des Vereins für betriebswirtschaftlichen Wissenstransfer am Fachbereich Betriebswirtschaft der Fachhochschule Würzburg-Schweinfurt-Aschaffenburg. Würzburg 1997.
[123] Vgl. Israel Rosenfield: Das Fremde, das Vertraute und das Vergessene. Frankfurt/M. 1992.
[124] Klaus Mollenhauer: Vergessene Zusammenhänge. Weinheim, München 1985², S. 59.

logischen Erkenntnissen: „Jedes Gehirn baut seine eigene Welt auf. Da es sich darin auf eine Umwelt bezieht, ist diese Welt keine bloße Halluzination."[125] An dieser Stelle lassen sich Verbindungen zu neueren Kreativitätstheorien anknüpfen wie der ebenfalls von Karl-Heinz Brodbeck ausgearbeiteten.[126] Das schon 1823 von Johannes Müller formulierte *Prinzip der undifferenzierten Codierung* wird als weiteres Argument der Konstruktivisten angeführt. Müller hatte seinerzeit beobachtet, dass bei verschiedenen Weisen der Reizung einer bestimmten Sinneszelle durch Druck, Elektrizität, Strahlung oder Schwingung immer nur die gleiche, eben die dieser Zelle eigene und mögliche Empfindung ausgelöst wird. Demnach besagt das Prinzip der undifferenzierten Codierung, dass Erregungszustände einer Nervenzelle nicht die physikalische Natur der Erregungsursache codieren, sondern lediglich ihre Reizstärke. Für die Qualität der Reize als solche sind die Sinneszellen, ob es sich um lichtempfindliche Sinneszellen in der Netzhaut, um Geschmacksknospen der Zunge, um Tastsinneszellen oder um andere Rezeptoren handelt, sozusagen *blind*. Heinz v. Foerster betrachtete die konstruktive Tätigkeit des kognitiven Systems weniger im Hinblick auf ordnende, schematisierende, sondern vielmehr im Hinblick auf schöpferische, kombinierende Aspekte. Aufgrund der großen Bedeutung der Neurowissenschaften für den Konstruktivismus gelangt er so zu einem neuen Verständnis von Wahrnehmung.

Im Zusammenhang mit seinen Versuchen zur Farbwahrnehmung weist der chilenische Neurobiologe Humberto Maturana experimentell nach, dass die Farbwahrnehmung des Menschen nicht durch die Korrelation physikalisch definierter Farben mit den Aktivitätsbereichen retinaler Ganglienzellen erzeugt werden kann, sondern „im Gegenteil, Farbe hängt stets von der räumlichen und zeitlichen Verteilung der ganzen Konstellation der im gesamten visuellen Feld auftretenden Lichtparameter ab"[127]. Farbe ist eine subjektabhängige Erfahrung und muss als „Repräsentation eines Aktivitätszustandes des betrachtenden Auges im Kontext einer spezifischen natürlichen Interaktion" bezeichnet werden. Wenn wir die retinale Kodierung visueller Information verstehen wollen, müssen wir nach Maturana in jedem Zeitpunkt alle, d.h. aktive und inaktive, Ganglienzellen als Komponenten eines Ensembles betrachten. Jede einzelne Farbwahrnehmung muss daher „als Repräsentation eines Aktivitätszustandes des betrachtenden Auges im Kontext einer spezifischen natürlichen Interaktion"[128] aufgefasst werden. Farbe kann demnach als subjektabhängige Realität, als Konstruktion und privates Phänomen betrachtet werden. Maturana weist nach, dass

---

[125] Karl-Heinz Brodbeck: ebd.
[126] Vgl. Karl-Heinz Brodbeck: Entscheidung zur Kreativität. Darmstadt 1999.
[127] Humberto Maturana: Erkennen. Die Organisation und Verkörperung von Wirklichkeit. Braunschweig 1985, S. 115.
[128] Ebd., S. 129.

Farben keine Eigenschaften der Dinge sind, sondern der Betrachter sie komponiert, konstruiert, erfindet.

Was dabei für die visuelle Wahrnehmung nachgewiesen wurde, gilt aus konstruktivistischer Sicht auch für andere Wahrnehmungsprozesse wie Tasten, Riechen, Schmecken, Hören. Für den Konstruktivismus ist entscheidend, dass nicht die Struktur des Mediums, der Umwelt, sondern die jeweilige Struktur des Nervensystems bzw. des Organismus die strukturellen Konfigurationen des Mediums bestimmt, die überhaupt als sensorische Störeinflüsse wirken können. Wahrnehmung ist dann letztlich Ausdruck der strukturellen Koppelung eines Organismus und seines Mediums. In der Folge wird Wissen im ursprünglichen Sinn unmöglich, da es nicht passiv aufgenommen, sondern vom denkenden Subjekt aktiv aufgebaut wird. Kognition dient der Organisation der Erfahrungswelt des Subjekts und nicht der *Erkenntnis* einer objektiven Realität. So schließt v. Foerster: „Objektivität ist die Wahnvorstellung eines Subjekts, dass es beobachten könnte, ohne Selbstbeteiligung."[129] Es erklärt sich von selbst, dass vor dem Hintergrund konstruktivistischer Philosophie der Bildungsbegriff neu überdacht werden muss.[130]

Autopoiese
Der Begriff der Autopoiese wurde von Humberto Maturana und Francisco Varela in die Diskussion gebracht und ist als Konzept der Selbstorganisation ein Versuch, die spontane Entstehung von Ordnung zu beschreiben. Das Modell der Autopoiese kennzeichnet speziell autonome Systeme, die besonders komplex sind, und wird inzwischen in unterschiedlichen Bereichen wie der Hydrodynamik zur Erklärung geometrischer Strukturen von Strömungen, der Meteorologie, der Biochemie und der Neurophysiologie sowie der Hirnphysiologie angewendet, um Ordnungsbildungsprozesse neuronaler Strukturen bzw. der Kognition zu untersuchen. In die deutsche Erziehungswissenschaft ist die Theorie der autopoietischen Systeme aufgrund der soziologischen Systemtheorie Niklas Luhmanns integriert worden.

Nach Maturana und Varela sind Lebewesen insofern autopoietisch bzw. selbstreferentiell, als sie ihre eigenen Komponenten durch solche Operationen herstellen, die selbst durch diese Komponenten definiert sind. Selbstreferentialität meint, dass die eigenen Zustände nur intern gesteuert werden. Im Gegensatz zu allopoietischen Systemen wie z.B. Maschinen, die durch Außentätigkeit hervorgebracht werden, sind autopoietische Systeme operational geschlossen. Das Gehirn nimmt nur eigene Zustandsveränderungen wahr, ein Reiz von außen kann nur eine Veränderung initiieren, die dann

---

[129] Heinz v. Forster: Einführung in den Konstruktivismus. München 1992, S. 31, Anmerkung 30.
[130] Vgl. zu dieser Thematik auch: Dieter Lenzen: Lösen die Begriffe Selbstorganisation, Autopoiesis und Emergenz den Bildungsbegriff ab? In: Zeitschrift für Pädagogik. Heft Nr. 6. 1997, S. 949 ff.

Konstruktivismus

vom Individuum wahrgenommen wird. „Jeder Bestandteil operiert dabei nur in seiner eigenen, eng begrenzten Umwelt, und es gibt keinerlei externe Einwirkung, die das System gleichsam um die eigene Achse drehen würde. Da das System ein Netzwerk ist, ‚emergiert', d.h. ergibt sich spontan ein übergreifendes Zusammenwirken, sobald die Zustände aller beteiligten ‚Neuronen' einen für alle befriedigenden Zustand erreichen."[131] Hier wird die Verwandtschaft zum radikalen Konstruktivismus deutlich. Danach ist die Repräsentation der Außenwelt nur eine bestimmte Form der Selbstrepräsentation eines bestimmten kognitiven Systems.

Auswirkungen auf die Pädagogik
Für die Pädagogik stellen sich anschließend die Fragen: Welche Vorstellung von Lernen ergibt sich daraus?[132] Wie nehmen Kinder und Jugendliche die Wirklichkeit jeweils wahr? Welche Konsequenzen ergeben sich aus dem Paradigma der individuellen Wirklichkeitskonstruktion für jegliche Formen schulischen Lernens, seiner Ziele, Inhalte und Methoden?
Michael Göhlich entwirft im Hinblick auf den erziehungswissenschaftlichen Diskurs Thesen, die hier in verkürzter Form wiedergegeben werden:

- Sinnliche Wahrnehmung ist Tun. Wahrnehmen ist *einen Unterschied machen*, interpretieren.
- Die Sinne bzw. die Sinnestätigkeiten bilden die Welt nicht ab, sondern errechnen sie aufgrund subjektiver Bewegung und Gedächtnis- bzw. Vorerfahrungsgeschichte. Damit ist die Frage nach objektiver Wahrnehmung sinnlos.
- Sinnliche Wahrnehmung ist ein subjektiver Vorgang, ein Teil des Lebens eines lebenden Systems. Zwischenmenschliche Wahrnehmungsversuche sind deshalb als kommunikatives Aushandeln zum Zwecke beiderseitigen Überlebens zu verstehen.
- Die Sinne bzw. die Sinnestätigkeit beziehen sich auf eine Umwelt (Medium), deren Grenzen sie selbst beeinflussen. Die Sinne des lebenden Systems koppeln sich strukturell mit den aus der Umwelt selektierten anderen Systemen.
- Das Gedächtnis ist der 6. Sinn, eine Art Meta-Sinn, insofern es unbewusst an der Vor- und Nachbereitung der Sinnestätigkeit beteiligt ist.
- Sinnestätigkeit wird subjektiv verantwortet und ist mit steigendem Grad ihrer Bewusstwerdung steuerbar.

---

[131] Francisco J. Varela: Kognitionswissenschaft – Kognitionstechnik. Frankfurt/M. 1990, S. 61.
[132] Vgl. Michael Göhlich: Konstruktivismus und SinnesWandel in der Pädagogik. In: Klaus Mollenhauer, Christoph Wulf (Hrsg.): Aisthesis/Ästhetik – zwischen Wahrnehmung und Bewußtsein. Weinheim 1996.

Folgerungen, Sinne und Sinnlichkeit in der Pädagogik der Gegenwart
Die im Vorangegangenen ausgeführten Gedanken haben signifikante Auswirkungen auf Lehr- und Lernzusammenhänge und werden in pädagogischen Gegenwartsdiskursen zwar kontrovers diskutiert, erlangen aber zunehmend mehr Berücksichtigung. Unter dieser veränderten Perspektive wird die Vermittlung objektiver Wahrheit hinterfagt. „Aus konstruktivistischer Sicht, die den autopoietischen Prozess der Wirklichkeitskonstruktion betont und damit das lernende Subjekt auch bei der Konstruktion seiner eigenen Bildungswirklichkeit ins Zentrum der Aufmerksamkeit rückt, liegt es eben gerade nicht im Vermögen einer erwachsenen, pädagogisch-professionellen Bildungswelt-Konstruktion, die kosmische Ordnung der Dinge ‚richtig' zu präsentieren."[133] Die konstruktivistische Position stärkt solche pädagogischen Konzepte, die die Sinne des Lernenden als wesentlichen Bestandteil des Lernprozesses betonen. Allerdings verlieren Konzepte, die die Sinne als isolierte Organe begreifen bzw. die Sinneswahrnehmung als isolierten Mechanismus unterrichtlich zu fördern suchen, aus konstruktivistischer Sicht an Bedeutung (z.B. Montessori-Pädagogik oder das sonderpädagogisch eingesetzte Frostig-Wahrnehmungstraining). Die konstruktivistischen Thesen schwächen auch jene pädagogischen Ansätze, für die es bei Wahrnehmung und Erkenntnis um bloße Entdeckung schon vorliegender Gegenstände und Strukturen geht. Dies bedeutet auch eine Kritik an neueren reformpädagogischen Ansätzen, wie z.B. an dem von Bruner formulierten und im Offenen Unterricht sowie in Lernwerkstätten verbreiteten Konzept des sog. *entdeckenden Lernens*. Konstruktivistisch orientierte Pädagogik dagegen sieht Lernen als *Erfindungsprozess* und die sinnliche Wahrnehmung als integrierten Bestandteil erfindenden Lernens. Sinnliche Wahrnehmung ist dabei ein interpretatorischer Akt, Sinnliches ist subjektiv.
Das Lernwerkstatt-Konzept beispielsweise soll die Lernenden durch unterschiedliche Materialien dazu anregen, eigene Fragen zu Phänomenen zu entwickeln, um ein Thema zu bearbeiten. Die Verantwortung des Einzelnen, Lehrer wie Schüler, für die eigene Sinnestätigkeit ist bei einem Verständnis des Menschen als Konstrukteur seiner Wirklichkeit, welcher seine Aktivitäten und Passivitäten bis hin zur Sinneswahrnehmung selbst steuert, als permanent gegeben anzusehen. Göhlich fordert der Pädagogik die Konsequenz ab, „wachsende Toleranz gegenüber der Pluralität von Wirklichkeiten, Wahrnehmungsweisen, Empfindungen und Sinnlichkeiten" zu entwickeln.[134]

---

[133] Humberto Maturana: Erkennen. Die Organisation und Verkörperung von Wirklichkeit. Braunschweig 1985, S. 248.
[134] Michael Göhlich: Konstruktivismus und SinnesWandel in der Pädagogik. In: Klaus Mollenhauer, Christoph Wulf (Hrsg.): Aisthesis/ Ästhetik – zwischen Wahrnehmung und Bewusstsein. Weinheim 1996, S. 252.

Der Begriff der Wahrheit wird in logischer Schlussfolgerung dieser Theorie relativiert und durch den Begriff der *Viabilität* (Passung) ersetzt. Daraus folgt, dass der konstruktivistische Bildungsbegriff von seiner Professionalisierungsfunktion sozusagen restlos absorbiert und damit um entscheidende philosophische Dimensionen verkürzt wird. Definiert man Bildung in einem strengen Sinne als Selbstbestimmung und Selbstformung, dann wird deutlich, dass Bildung der Grundbegriff des radikalen Konstruktivismus ist.

3.2.3 Annäherung an die Begriffe Poststrukturalismus und Dekonstruktivismus

Der *Poststrukturalismus* [135] steht nicht nur in einem zeitlichen, sondern vor allem in einem kritischen Verhältnis zum vorausgehenden Strukturalismus und ist insbesondere verbunden mit den Namen Roland Barthes, Jacques Lacan, Jacques Derrida und Michel Foucault. Der Strukturalismus und dessen Untersuchungshypothese, die strukturale Methode, reichen bis ins 19. Jahrhundert zurück und nahmen ihren Ausgang in der Sprachwissenschaft Ferdinand de Saussures.[136] Auch im *Poststrukturalismus* spielt der *Text*begriff eine wesentliche Rolle. Die Poststrukturalisten radikalisieren und kritisieren die strukturale Herangehensweise, indem sie die Trennung von Form und Bedeutung (Signifikant und Signifikat) literarischer Zeichen missachten, da aus ihrer Sicht diese feste Bedeutung nicht abzuleiten ist. Ging es in der strukturalen Textanalyse darum, die literarischen Codes zu entschlüsseln, verstehen die Poststrukturalisten ihre Tätigkeit als „subversiv", indem sie mit Hilfe der Texte selbst die in ihnen verwendeten Codes zerstören. Da sich verschiedene poststrukturalistische Ansätze jeweils mit unterschiedlichen Themen und Fragestellungen befassen, wird zuweilen eher von einem „theoretischen Feld" des Poststrukturalismus gesprochen, was sich als angemessener erweist, als „nach *dem* Begriff und *der* Theorie des Poststrukturalismus zu suchen"[137].

Der Begriff *Dekonstruktivismus* wird üblicherweise als Sammelbezeichnung für eine ganze Reihe von Strömungen in Philosophie, Architektur und Literatur verwendet. In der Architektur bezeichnet *Dekonstruktivismus* eine Richtung seit den 1990er Jahren, die mit dynamischen Schrägen und

---

[135] Die Begriffe Poststrukturalismus und Dekonstruktion/Dekonstruktivismus werden in der Literatur nicht immer definitorisch sauber getrennt, teilweise synonym verwendet, so dass Peter Engelmann konstatiert: „(...) neuerdings redet man, schon angemessener, von Dekonstruktion." Peter Engelmann: Postmoderne und Dekonstruktion. Stuttgart 1990.

[136] Der Genfer Sprachwissenschaftler Ferdinand de Saussure wird als Begründer der modernen Linguistik betrachtet. Von ihm stammt die Unterteilung des Zeichens in eine Beziehung von Signifikat (Bezeichnetes) und Signifikant (Bezeichnendes). In seinen *Grundfragen der allgemeinen Sprachwissenschaft* (1916, dt. 1967) entwarf er eine allgemeine Methode, Zeichensysteme zu analysieren. Ausgehend von der Sprachwissenschaft entwickelte sich dann der Strukturalismus zu einer interdisziplinären Forschungsrichtung zur Analyse von Sprache und anderen Bedeutungssystemen. Im Mittelpunkt der strukturalen Literaturwissenschaft stehen die einem Werk zugrunde liegenden Strukturen, die als regelhafte Zusammenhänge nicht sichtbar, sondern nur rekonstruierbar sind. Ziel einer Strukturanalyse ist es, die Einheiten eines Systems herauszuarbeiten und zu klassifizieren, sowie die Regeln ihrer Kombination zu beschreiben. So bezeichnet Struktur die Menge der Beziehungen zwischen den Elementen eins Systems.

[137] Yvonne Ehrenspeck: Erziehungswissenschaftliche Debatten unter poststrukturalistischen Perspektiven – eine Einleitung. In: Bettina Fritzsche, Jutta Hartmann, Andrea Schmidt, Anja Tervooren (Hrsg.): Dekonstruktive Pädagogik. Opladen 2001.

Raumdurchdringung arbeitet. Ab 1986 zeugen zudem mehrere Veröffentlichungen von der Zusammenarbeit Jacques Derridas, dem Protagonisten des *philosophischen Dekonstruktivismus* als einer neuzeitlichen philosophischen Denkrichtung, mit den beiden Architekten Bernard Tschumi und Peter Eisenmann.[138]

Als eine Wortneuschöpfung vereint der Begriff *Dekonstruktion* sowohl Sinnkonstruktion als auch Sinndestruktion. Wird *Dekonstruktion* im engeren Sinn als Kennzeichen für ein bestimmtes Lektüre- und Analyseverfahren von Texten gebraucht, als ein Verständnis, welches besonders in den USA gebräuchlich ist, wurde seine philosophische Richtung vor allem durch den Pariser Philosophen Jacques Derrida geprägt. So beschreibt *Dekonstruktion* in der Philosophie heute ein Verfahren, „das sich gewissermaßen als nachträgliche Fixierung erkennbarer Regeln von Derridas philosophischer Arbeit erweist. Diese besteht darin, Texte des überlieferten Corpus der Philosophie zu lesen"[139]. Von besonderer Bedeutung ist die grundlegende Haltung des sehr allgemein und weit gefassten Textbegriffs Derridas, mit dem quasi eine Allgemeinheit konstituiert wird. So scheint alles als Text aufzufassen die grundlegende Handlung zu sein, die die *Dekonstruktion* als Bedingung ihrer Möglichkeit verlangt.

Jacques Derrida
Unmittelbar verbunden mit der Philosophie des *Dekonstruktivismus* als einem philosophischen Vorgehen, das nach etwas sucht, was in der Totalität nicht mehr gedacht werden kann bzw. aus ihr ausgeschlossen wurde, ist der Name Jacques Derrida. Derrida suchte nach Möglichkeiten, die einer formalisierenden, totalisierenden Praxis „– sei es der Lektüre, des Sprechens und Schreibens oder einer solchen Praxis auf anderen Gebieten, zum Beispiel in der Architektur – entgegengesetzt oder besser danebengesetzt werden könnten"[140]. Der Ausdruck „danebengesetzt" verweist auf das Bewusstsein der grundsätzlichen Gefahr des dekonstruktivistischen Diskurses, dass die darin verwendete Sprache zugleich die Sprache ist, deren totalisierenden Charakter sie zu kritisieren angetreten ist. Während Entgegensetzung das Entgegengesetzte im System der Entgegensetzung festhält, also keine Alternative zur herrschenden totalisierenden Sprache und Logik ist, soll der Begriff „danebensetzen" auf die Gefahr aufmerksam machen, „in der ein kritischer Text immer steht, wenn der Impuls zur Kritik die Reflexion über die Kritik-Strategie verdrängt"[141].

---

[138] Vgl. Andreas Papadakis (Hrsg.): Dekonstruktivismus, eine Anthologie. Stuttgart 1989.
[139] Peter Engelmann: Postmoderne und Dekonstruktion. Texte französischer Philosophen der Gegenwart. Stuttgart 1990.
[140] Ebd., S. 18.
[141] Ebd., S. 19.

Derrida geht es um die grundsätzliche *Dekonstruktion* des Denkens in Oppositionen, die als strukturelle Grundlage das abendländische Begriffssystem bestimmen, wenn er gewohnte Grenzziehungen wie z.b. die zwischen Subjekt und Objekt, Geist und Körper etc. als kulturell gesetzt enthüllt. Darin verborgen ist eine fundamentale Kulturkritik, weil solche binären Oppositionen das Denken und die Wahrnehmung nicht nur als Vorstellung einer unüberbrückbaren Differenz zwischen beiden Einheiten prägen, sondern weil zumeist einer der beiden Begriffe eine höhere Geltung erlangt als der andere. Derrida geht es in seinem Verständnis von *Dekonstruktion* um das Nicht-Gedachte, das Verdrängte, das Unterdrückte.

Dekonstruktion wird in der Philosophie als Arbeitsprozess bezeichnet, durch den etwas aufgeteilt und in seine Bestandteile aufgelöst wird. Dies bedeutet beispielsweise, dass die *Dekonstruktion* der Metaphysik nicht die Abschaffung der Metaphysik ist, sondern das Gegenteil, nämlich die Aufdeckung derselben. *Dekonstruktion* kann gegensätzliche Strukturen aufzeigen und deutlich machen, dass die Ungleichheit von Begriffspaaren im Gegenstand der Opposition gegeben ist, also im Zwischenraum der Begriffe: einer der beiden Begriffe wird durch die Abhängigkeit des anderen kontrolliert. Daraus folgt, dass durch die *Dekonstruktion* der Opposition die Hierarchie zwischen den Begriffen ins Wanken gebracht werden kann.

Dekonstruktion ist zunächst eine Praxis der Textlektüre, wobei der *Text*begriff als sehr allgemein und weit gefasst verstanden werden muss.[142] Die *Dekonstruktion* „greift ‚in einer doppelten Geste' die den metaphysischen Gegensatzpaaren inhärente Hierarchie an. In einem ersten, nur vorläufigen Schritt wird die bisher unterdrückt gebliebene Seite des Gegensatzpaares hervorgehoben, explizit bedacht. Dadurch wird, ähnlich wie bei Foucault, die Etablierung eines Begriffes mit dem durch seine Konstruktion Ausge-

---

[142] Zum Textbegriff sagt Derrida: „Das was ich also Text nenne, ist alles, ist praktisch alles. Es ist alles, das heißt, es gibt einen Text, sobald es eine Spur gibt, eine differentielle Verweisung von einer Spur auf die andere. (...) Die Rede ist ein Text, die Geste ist ein Text, die Realität ist ein Text in diesem neuen Sinne. Es handelt sich also nicht darum, einen Graphozentrismus gegen einen Logozentrismus oder gegen einen Phonozentrismus wiederherzustellen, und auch keinen Textzentrismus. Der Text ist kein Zentrum. Der Text ist diese Offenheit ohne Grenzen der differentiellen Verweisung." Zitat von Jaques Derrida. In: Peter Engelmann: Postmoderne und Dekonstruktion. Stuttgart 1990, S. 21.
Auch die Schriften Roland Barthes führen vor, wie die *Welt als Text* gelesen werden kann. Die poststrukturalistische Herangehensweise an Texte ignoriert dabei die Existenz einer außersprachlichen Wirklichkeit, auf die im Text Bezug genommen wird. Daraus folgt die Weigerung, den Sinn von Texten als buchstäblichen festzustellen, Texte als geschlossene Werke zu betrachten und Definitionen zu geben. Vielmehr sind Selbst- und Fremdbild ebenso codiert wie Texte und damit nie genau fassbar. Die Grenze zwischen Literaturwissenschaft als Theorie und der Literatur als ihrem Objekt wird dabei nicht einfach nur überschritten, sondern grundsätzlich negiert.

schlossenen zusammengedacht"[143]. *Dekonstruktion* ist in diesem Sinne allerdings keine praxisorientierte Theorie, sondern ein Denkmodell, das es möglich macht, Zuschreibungen in ihrem symbolischen Bestand aufzuzeigen, ohne neue Zuschreibungen anbieten zu müssen. Es geht der *Dekonstruktion* um das Offenlegen des gesellschaftlich-kulturellen Gewordenseins von Zuschreibungen, Dingen und Begriffen.

Die *Dekonstruktion* grenzt sich dazu ganz bewusst ab von hermeneutischen Theorien und der daraus hervorgehenden Praxis der Interpretation. Derrida versteht sich vielmehr als „Anti-Hermeneut" und plädiert für ein „Lesen von Texten, das diesen möglichst wenig Gewalt antut. Möglichst wenig Gewalt in dem Sinne einer Zurichtung und Reduktion auf die eigenen Begriffe, die man für die Lektüre mitbringt und an den Text heranträgt. Aber auch möglichst wenig Gewalt im Sinne einer Ausrichtung der Lektüre auf ein Ziel"[144]. Während das Ziel unserer traditionell hermeneutischen Kultur darin besteht, in jedem Text einen letzten, zugrunde liegenden Sinn zu vermuten und diesen formulieren zu wollen, meint Derrida, anders als die herkömmliche hermeneutische Praxis, dass jeder Text in einem Kontext steht, er also vielfältigen Einflüssen ausgesetzt ist, die ihn zu einem vielschichtigen Gebilde machen. Derrida erklärt: „Ich glaube, dass die Dekonstruktion, die Dekonstruktionen, immer eine große Aufmerksamkeit für den Kontext voraussetzen, für alle Kontexte, für die geschichtlichen, wissenschaftlichen, soziologischen usw."[145]

Derrida setzt an die Stelle des transzendentalen Signifikats, der Inhaltsseite des sprachlichen Zeichens, die sich nicht als Begriff bestimmen lassende *différance*[146]. Entgegen einer klassisch hermeneutischen Sinnauslegung plädiert Derrida für eine „Lektüre" der Welt, die das Ausgegrenzte wieder ans Licht bringt. So kann man auch auf allen Gebieten, auf die der verallgemeinerte Textbegriff übertragbar ist, dekonstruktiv werden. Der Unterschied zwischen hermeneutischer und dekonstruktivistischer *Text*befragung ist der, dass die hermeneutische, von einem quasi dialogischen Verhältnis zwischen Text und Interpret ausgehend, auf ein zunehmend besseres Verständnis der im Text enthaltenen Botschaft zielt, wodurch eine letztlich rekonstruierbare Sinneinheit als gegeben unterstellt wird. Dekonstruktivistisch gesehen geht es um das Gegenteil, den Nachweis nämlich, dass

---

[143] Katharina Mai: Derrida, Jaques. In: Bernd Lutz (Hrsg.): Die großen Philosophen des 20. Jahrhunderts. München 1999.

[144] Peter Engelmann: Einführung. Postmoderne und Dekonstruktion. Zwei Stichwörter zur zeitgenössischen Philosophie. In: Ders. (Hrsg.): Postmoderne und Dekonstruktion. Texte französischer Philosophen der Gegenwart. Stuttgart 1990, S. 31.

[145] Jacques Derrida, zitiert in Peter Engelmann: Einführung. Postmoderne und Dekonstruktion. Zwei Stichwörter zur zeitgenössischen Philosophie. In: Ders. (Hrsg.): Postmoderne und Dekonstruktion. Texte französischer Philosophen der Gegenwart. Stuttgart 1990, Stuttgart 1990, S. 24, 25.

[146] Vgl. den Ansatz von Pierangelo Maset *KunstPädagogik* in dieser Arbeit.

und wie ein Text seine Bedeutung selbst hinterfragt, durchkreuzt und gerade mit solchen Paradoxien Sinn schafft. Aus dekonstruktivistischer Perspektive ist der Sinn nicht die letzte Schicht eines Textes. Dennoch will Derrida die *Dekonstruktion* nicht als eine *Methode* in gewohnter Weise verstanden wissen. Peter Engelmann umschreibt sie dagegen vielmehr als „ein bewegliches, sich jeweiligen Kontexten anpassendes Lesen (Handeln), das auf diese Art eine Alternative zum totalisierenden Zugriff allgemeingültiger Methoden entwickeln will. Was von der Dekonstruktion immer wieder gefordert wird, steht also im Widerspruch zu dem, was sie sein will und was sie letztlich nur ist, wenn sie sich der Zu- und Einordnung, die von ihr gefordert wird, verweigert"[147].

Derrida negiert zudem eine Auffassung von Verständigung im Sinne einer Suche nach Übereinstimmung, vielmehr erscheint Verständigung bei Derrida als Bemühen, sich die Unterschiede zu erarbeiten und vor Augen zu führen. Verständigung ist in diesem Sinne keine Einigung, sondern der Versuch, mit der Fremdheit oder den Widersprüchen umzugehen, ohne sie dem eigenen Denken anzuverwandeln. Derrida artikuliert dies als Appell, „Achtung für den anderen zu haben, das hieße, die Achtung, seines Rechtes auf Differenz in seinem Verhältnis zu den anderen, aber auch in seinem Verhältnis zu sich"[148]. So mündet Derridas Kritik der Zeichentheorie in ein Problem von Identität schlechthin. Identität erscheint nur in Bezugnahme auf das Ausgegrenzte möglich.

Dekonstruktivismus in der Pädagogik

Anders als konstruktivistische Theorien und Strömungen werden poststrukturalistische Theorien und Dekonstruktivismus in der deutschsprachigen erziehungswissenschaftlichen Debatte zwar stellenweise rezipiert, jedoch selten in Bezug auf Handlungskonzeptionen differenzierter ausgearbeitet. So scheint die gegenwärtige Situation dadurch gekennzeichnet zu sein, dass der französische Poststrukturalismus zwar als Bezugspunkt der deutschsprachigen Postmoderne-Rezeption angegeben wird, es „eine zusammenhängende, systematische Aufarbeitung des Feldes Poststrukturalismus und eine differenzierte Herausarbeitung der unterschiedlichen Positionen einzelner Vertreter poststrukturalistischen Denkens sowie der theoretischen und methodischen Implikationen für die Erziehungswissenschaft (...) jedoch nicht gegeben"[149] hat. Insbesondere für eine kritische Reformulierung des Bildungsbegriffs wurde erst in den späten 1980er und 1990er Jahren das poststrukturalistische Theorie- und Methodenangebot auch als Gewinn

---

[147] Peter Engelmann: Ebd., S. 27.
[148] Ebd., S. 28.
[149] Yvonne Ehrenspeck: Strukturalismus und Poststrukturalismus in der Erziehungswissenschaft. In: Bettina Fritzsche, Jutta Hartmann, Andrea Schmidt, Anja Tervooren (Hrsg.): Dekonstruktive Pädagogik. Opladen 2001, S. 27.

angesehen und trotz anfänglicher Kritik seit ca. Mitte der 90er Jahre als Theorieströmung rezipiert.[150]
Die Skepsis gegenüber der poststrukturalen Position sowie den daraus erwachsenen Methoden ist darauf zurückzuführen, „dass die poststrukturalistischen Theorien die Grundlagen der Erziehungswissenschaft insgesamt angreifen"[151]. In Provokation „eingespielter Aufklärungsgewohnheiten" unterzog poststrukturalistisches Denken sämtliche für die Pädagogik zentralen Kategorien und grundlegenden Denkmodelle der Moderne, wie Vernunft-, Subjekt-, Identitäts- und Rationalitätstheorien, einer radikalen Kritik, wobei „insbesondere das für die Pädagogik der Moderne so zentrale Konzept des autonomen Subjekts"[152] unter poststrukturalistischer Perspektive suspekt wird.

Obwohl die dekonstruktivistische Position innerhalb der Pädagogik eher eine kritische Rezeption erfuhr, wurde sie dann doch – vorzugsweise für die Diskussionen des Subjektbegriffs und der Geschlechterdifferenz – so rezipiert, dass sowohl in den Debatten um die Subjektkritik, Ästhetik und Ethik wie um Bildungstheorie und Geschlechterdifferenz aus dekonstruktivistischer Perspektive neue Akzente gesetzt wurden. Aus dieser Rezeption innerhalb der Erziehungswissenschaft ergeben sich begriffliche, theoretische und methodische Konsequenzen: Begriffe wie Differenz, Pluralität und Widerstreit werden populär, das Darstellungsmoment von Sprache wird mitreflektiert und Institutionen – auch die Schule - werden im Hinblick auf Dispositive der Macht analysiert.[153] Ebenso die Diskussion um die Integration von Behinderungen und Behinderten erfährt aus poststrukturalistischer Perspektive eine neue Akzentuierung.[154]
Methodische Konsequenzen ergeben sich, indem Verfahren der Dekonstruktion und der Diskursanalyse zur Anwendung kommen, Verfahren, die insbesondere im Kontext der Analyse klassischer pädagogischer Texte, in der Kindheitsforschung, der Biografieforschung, der Frauenforschung[155], sowie

---

[150] Vgl. Hans-Christoph Koller: Bildung und Widerstreit. München 1999.
[151] Yvonne Ehrenspeck: Strukturalismus und Poststrukturalismus in der Erziehungswissenschaft. In: Bettina Fritzsche, Jutta Hartmann, Andrea Schmidt, Anja Tervooren (Hrsg.): Dekonstruktive Pädagogik. Opladen 2001.
[152] Ebd., S. 29.
[153] Vgl. Ludwig Pongratz: Schule als Dispositiv der Macht – pädagogische Reflexion im Anschluss an Michel Foucault. In: Vierteljahrsschrift für wissenschaftliche Pädagogik. 66. Jg. 1990, S. 289-308.
[154] Vgl. Anja Tervooren: Pädagogik der Differenz oder differenzierte Pädagogik. Die Kategorie Behinderung als integraler Bestandteil von Bildung. In: Bettina Fritzsche u.a. (Hrsg.): Dekonstruktive Pädagogik. Opladen 2001.
[155] Im Feld der Frauenforschung und der feministisch orientierten Mädchenarbeit findet sich eine Vielzahl von Veröffentlichungen, die aus dekonstruktivistischer Perspektive entwickelt sind. Exemplarisch seien hier nur genannt: Judith Butler: Das Unbehagen der Geschlechter. Frankfurt/M. 1991. Diess.: Kontingente Grundlagen: Der Feminismus und die Frage nach der „Postmoderne". In: S. Benhabib, J. Butler, D. Cornell, N. Fraser (Hrsg.): Der Streit um Differenz. Frankfurt/M. 1993, S. 31-58. Helga Bilden:

der Schul- und Schulbuchforschung[156] genutzt werden. Im Zuge der Rehabilitierung des *Anderen der Vernunft*[157] wird auf die erfahrungsdiagnostische Kompetenz des Ästhetischen gesetzt und eine nachhaltige Diskussion über Phänomene wie ästhetische Erfahrung oder Aisthesis geführt.[158]
Da anfänglich unterstellt wurde, dass die dekonstruktivistische Sichtweise das Ende realer Subjekte und damit den Verlust des Adressaten pädagogischer Interventionen bedeuten würde, haben diese Vorschläge einer Interpretation und Rekonstruktion von Begriffen wie Subjekt, aber auch Vernunft und Identität in der Erziehungswissenschaft und in pädagogischen Feldern starke Aversionen hervorgerufen, die auch heute noch mit Begriffen wie *Tod des Subjekts* und *Ende der Erziehung*[159] kommentiert werden und längst nicht ausdiskutiert sind.

Verständlicherweise wurde und wird in der Pädagogik das Infragestellen der Leitkategorien des *Projekts der Moderne* als besonders brisant und riskant eingeschätzt, werden doch damit wesentliche, die traditionelle Pädagogik selbst begründende Kategorien in Frage gestellt. Dies mag der Grund sein, dass die Rezeption poststrukturalistischen Denkens bislang noch nicht zu einer grundsätzlichen Revision erziehungswissenschaftlicher Prinzipien geführt hat. Dagegen diagnostiziert Yvonne Ehrenspeck, „dass die Erziehungswissenschaft oftmals versucht ist, poststrukturalistische Theorien und Begriffe mit dem disziplinspezifischen Begriffsinventar der Pädagogik wie z. B. Bildung kompatibel zu machen"[160]. Dadurch habe sich zwar das pädagogische Denken ansatzweise verändert, das poststrukturalistische seinerseits sei aber gleichzeitig stark entradikalisiert oder in argumentative Kontexte gestellt worden, „die mit poststrukturalistischem Denken nicht

---

Die Grenzen von Geschlecht überschreiten. In: Bettina Fritzsche, Jutta Hartmann, Andrea Schmidt, Anja Tervooren (Hrsg.): Dekonstruktive Pädagogik. Opladen 2001, S. 137-147. Jenny Howald: Ein Mädchen ist ein Mädchen ist kein Mädchen? Mögliche Bedeutung von „Queer Theory" für die feministische Mädchenbildungsarbeit. In: Bettina Fritzsche u.a. (Hrsg.): Dekonstruktive Pädagogik. Opladen 2001.

[156] So erwägt beispielsweise Falk Pingel die dekonstruktivistsiche Methode – obwohl sich weder die dekonstruktivistische Position noch ihre Methode für die didaktische Debatte bisher als didaktisch relevant erwiesen hätten – als „Interpretationsmodell für unterschiedliche kulturelle Konzepte, die Gegenstand eines Schulbuchvergleiches sind (...). Ein solcher Zugang hat den Vorteil, dass kulturelle Dominanz erst einmal ausgeschlossen ist und absolute Wahrheiten nicht zugelassen sind. In dieser Hinsicht gehen dekonstruktivistische Sichtweisen bereits in die Debatte um die Darstellung von Minderheiten im Schulbuch ein." Vgl. Falk Pingel: Der internationale Schulbuchvergleich und die Arbeit des Georg-Eckert-Instituts für internationale Schulbuchforschung. Quelle: http://www.ahf-muenchen.de/Forschungsberichte/Bericht/Pingel.shtml 02.08.2004

[157] Vgl. Gernot Böhme und Hartmut Böhme: Das Andere der Vernunft. Frankfurt/M. 1985.

[158] Vgl. Yvonne Ehrenspeck: Versprechungen des Ästhetischen. Opladen 1998.

[159] Herrmann Giesecke: Das Ende der Erziehung. Stuttgart 1985.

[160] Yvonne Ehrenspeck: Strukturalismus und Poststrukturalismus in der Erziehungswissenschaft. In: Bettina Fritzsche u. a. (Hrsg.): Dekonstruktive Pädagogik. Opladen 2001, S. 30.

kompatibel sind, wie etwa eine in der Pädagogik nach wie vor aufzufindende Orientierung an einem bewusstseinsphilosophisch orientierten Subjektbegriff"[161]. Dennoch hat – folgt man Ehrenspecks Darstellungen - „die Rezeption poststrukturalistischer Ansätze im Hinblick auf Themen und Methoden der Erziehungswissenschaft durchaus einen Perspektivenwechsel initiiert, der es ermöglicht hat, das für die Pädagogik so zentrale Projekte der Aufklärung und der Moderne einer kritischen Überprüfung zu unterziehen"[162].

Bildung im Horizont des dezentrierten Subjekts
Bildung ist noch immer eine zentrale Kategorie der Pädagogik, der Erziehungswissenschaft und der Didaktik.[163] Der Bildungsbegriff ist traditionellerweise eng mit zwei Bestimmungen menschlicher Subjektivität verbunden, dem *Prinzip der Autonomie* oder Selbstbestimmungsfähigkeit im Sinne einer Emanzipation von Fremdbestimmung und dem *Prinzip der Einheit des Verschiedenen*. Diese Vorstellung vom Individuum setzt gleichsam voraus, dass der Mensch prinzipiell ein zu Selbstbestimmung fähiges Wesen ist, zu der es mittels Bildung gelangen kann.

Dabei gilt das *Autonomieprinzip* bzw. die Selbstbestimmungsfähigkeit nicht nur für das einzelne sich bildende Subjekt, sondern ebenso für die Menschheit als Ganzes. Denn Bildung – so Klafki – vollzieht sich nicht subjektivistisch, sondern „im Medium objektiv-allgemeiner Inhalte", so dass der Mensch Freiheit im Denken und Handeln erst in der Auseinandersetzung mit der Welt und dem Allgemeinen erlangt.

Auch die zweite Bestimmung menschlicher Subjektivität, das *Prinzip der Einheit des Verschiedenen*, kann sowohl in Bezug auf das Einzelsubjekt als auch auf die Menschheit als Ganzes geltend gemacht werden. „Sofern der Prozess, in dem Subjekte ihre Selbstbestimmung erlangen, in den klassischen Bildungstheorien als je individuelle Konkretisierung von Humanität verstanden wird, erscheint das sich bildende Subjekt einerseits als einzigartige Individualität, und stellt doch andererseits die Besonderheit eines Allgemeinen dar, in dem die Verschiedenheit der Individuen wie in einer höheren Einheit aufgehoben ist."[164] Bedeutsam ist hierbei die Tatsache, dass dieses Prinzip nicht nur für das Verhältnis der verschiedenen Individualitäten untereinander gilt, sondern auch für das Binnenverhältnis jedes Einzelsubjekts. Denn: „wie im Blick auf die Verschiedenheit der Subjekte der Bezug auf das Allgemeine eine übergreifende Einheit differenter Individua-

---

[161] Yvonne Ehrenspeck: Ebd.
[162] Ebd., S. 30, 31.
[163] Vgl. Wolfgang Klafki: Grundzüge eines neuen Allgemeinbildungskonzepts. In: Neue Studien zur Bildungstheorie und Didaktik. Zeitgemäße Allgemeinbildung und kritisch-konstruktive Didaktik. Weinheim, Basel 1996⁵.
[164] Hans-Christoph Koller: Bildung und Dezentrierung des Subjekts. In: Bettina Fritzsche u. a. (Hrsg.): Dekonstruktive Pädagogik. Opladen 2001, S. 36, 37.

litäten sicherstellt, findet auch im Inneren des Subjekts diese Vielfalt der Vermögen Halt in einer angenommenen Einheit der Person, die ähnlich wie die Autonomie zugleich als immer schon vorausgesetzter Ursprung und als erst noch herzustellendes Ziel von Bildung gedacht wird."[165] Koller fasst zusammen, „dass im klassischen Bildungsdenken der Bildungsbegriff mit einer Konzeption von Subjektivität verbunden ist, die sich um zwei Pole zentriert: um einen Begriff von Selbstbestimmung, die als Voraussetzung und Ziel sowohl der individuellen wie der Gattungsentwicklung gilt, sowie um die Vorstellung einer Einheit, die nicht nur den Bezug der individuellen verschiedenen Einzelsubjekte auf ein übergeordnetes Ganzes, sondern auch den inneren Zusammenhalt des Subjekts gewährleistet"[166].

Genau diese Vorstellung vom Subjekt als eine ihrer selbst bewussten souveränen Instanz ist ein Hauptanliegen poststrukturaler Subjektkritik. Während Jacques Lacan diesen traditionellen Subjektbegriff aus psychoanalytischer Sicht kritisiert,[167] Michel Foucault vor allem eine historisch begründete Kritik entwirft,[168] enthalten insbesondere die Schriften von Jean-François Lyotard weitere, für bildungstheoretische Überlegungen interessante Gedanken zur Diskussion klassischer Subjektvorstellungen.[169] Die Ansatzpunkte dieser drei Poststrukturalisten zusammenfassend stellt Hans-Christoph Koller präzise heraus, dass gegenüber der Darstellung Klafkis, wonach der klassische Bildungsbegriff an der Vorstellung eines selbstbestimmungsfähigen und letztlich einheitlichen Subjekts gebunden ist, sich eine gemeinsame Tendenz der poststrukturalistischen Kritik in der Konzeption eines *dezentrierten Subjekts* abzeichnet, „dessen Autonomie als Resultat unterschiedlicher Formen von Fremdbestimmung entlarvt wird und dessen Einheit sich in eine heterogene Vielfalt von Sprachspielen auflöst"[170]. Infolge dieser Feststellung geht es vor allem hinsichtlich der Ausarbeitung eines zeitgemäßen Bildungsbegriffs nun um die Frage, „ob mit dieser Kritik klassischer Subjektvorstellungen auch der Bildungsbegriff in seiner Funktion für Begründung und Kritik pädagogischen Handelns obsolet geworden ist, oder ob die (…) Auffassungen einer dezentrierten Subjektivität nicht auch Ansatzpunkte für eine Neubestimmung des Bildungsbegriffs liefern könnten, die dieser Kritik Rechnung trägt"[171]. Auf dieser Grundlage ergibt

---

[165] Ebd.
[166] Ebd., S. 37.
[167] Vgl. Jacques Lacan: Schriften I und II. Frankfurt/M. und Olten, Freiburg i. Br. 1975.
[168] Michel Foucault: Warum ich Macht untersuche. Die Frage des Subjekts. In: H. Dreyfus, P. Rabinow (Hrsg.): Michel Foucault. Jenseits von Strukturalismus und Hermeneutik. Weinheim 1994², S. 243-250.
[169] Jean-François Lyotard: Das postmoderne Wissen. Ein Bericht. Graz, Wien 1986.
[170] Hans-Christoph Koller: Bildung und Dezentrierung des Subjekts. In: Bettina Fritzsche u. a. (Hrsg.): Dekonstruktive Pädagogik. Opladen 2001, S. 42.
[171] Ebd.

sich die – für die Bildungstheorie essentielle – Frage, wie Bildung von der Diagnose eines *dezentrierten Subjekts* her gedacht werden könnte.

Konsequenzen der poststrukturalistischen Subjektkritik für die Bildungstheorie
Ansätze für die Reformulierung eines Bildungsbegriffs, der sich dem dezentrierten Subjekt verpflichtet sieht, entwirft Hans-Christoph Koller im Blick auf Lacan, Foucault und Lyotard. In Bezug auf Foucault umreißt Koller zunächst das Modell einer *Bildung als Ästhetik der Existenz:* Im Umkreis vieler Interpretationen von Foucaults Schriften diagnostiziert Koller zahlreiche, aus diesen Schriften abgeleitete normative und ethische Implikationen, als deren Kerngedanken für bildungstheoretische Überlegungen er den „Gedanken einer Selbstformung beziehungsweise -transformation des Subjekts" herausstellt, „das sich permanent selbst als Kunstwerk erschafft beziehungsweise umformt",[172] dessen Selbst(um)formung zudem eine große Nähe zur ästhetischen Erfahrung aufweist.[173]

Mit Blick auf Lyotard, insbesondere dessen Schrift vom *Widerstreit,* erörtert Koller *Bildung als Erfindung neuer Diskursarten*. Hier zeichne sich der Gedanke ab, dass unter bestimmten Bedingungen auch in ethischer und politischer Hinsicht dem Neuen und Unbekannten entscheidende Bedeutung zukommen könnte. Koller markiert als wichtigste Prämisse für den Umgang mit radikaler Pluralität der Diskursarten Lyotards Forderung, dem *Widerstreit gerecht zu werden*. Dabei sei zu bedenken, dass, sofern es sich beim Widerstreit um das Aufeinandertreffen zweier gleichermaßen artikulierter Diskursarten handelt, diese Forderung bedeute, den Widerstreit als solchen offen zu halten und zugleich seine Verwandlung in einen Rechtsstreit zu verhindern. Dieser hätte sonst zur Folge, dass der Konflikt, in den zwei Parteien verwickelt sind, in einer vermeintlich übergeordneten Diskursart ausgetragen würde, die die Position einer Meta-Diskursart usurpiert.

Lyotard zufolge könne ein Widerstreit allerdings auch dann vorliegen, wenn ein Konflikt von vornherein nur in einem einzigen Idiom ausgetragen wird, in dem aber das Anliegen einer der beiden Parteien nicht artikuliert werden kann. Der Widerstreit findet dann nur noch indirekt Ausdruck – zum Beispiel im Schweigen der unterlegenen Konfliktpartei. Dem *Widerstreit gerecht zu werden* bedeutet in diesem Fall, das Schweigen zu beenden, indem prinzipiell mögliche Sätze gefunden werden, um jenes *Etwas* zu artikulieren: „Für eine Literatur, eine Philosophie und vielleicht sogar eine Politik geht es darum, den Widerstreit auszudrücken, indem man ihm entsprechende Idiome verschafft."[174] So arbeitet Koller weiter heraus, dass,

---

[172] Ebd., S. 45.
[173] Vgl. den Ansatz der *künstlerischen Bildung* in dieser Arbeit.
[174] Jean-François Lyotard, zitiert in Hans-Christoph Koller: Bildung und Dezentrierung des Subjekts. In: Bettina Fritzsche u. a. (Hrsg.): Dekonstruktive Pädagogik. Opladen 2001, S. 47.

„gerade weil der Widerstreit darin bestehen kann, dass etwas *noch nicht* gesagt werden kann", es auch in ethisch-politischer Hinsicht des Neuen bedarf sowie „neuer Züge und Regeln des Sprachspiels, die jenes bisher Unsagbare zur Sprache bringen"[175].

Als Konsequenz dieser Reflexionen für die Bildungstheorie übernimmt Koller Lyotards Forderung, dem *Widerstreit gerecht zu werden* und diesen Appell auch als Anspruch an Bildungsprozesse zu begreifen. So würde Bildung dann einerseits die Aufgabe bedeuten, „die Pluralität und Heterogenität der Sprachspiele und Diskursarten anzuerkennen und zu bejahen, statt sie auf eine vermeintlich zugrunde liegende Einheit zurückzuführen beziehungsweise eine solche Einheit als Ziel anzustreben. ‚Gebildet' wäre demzufolge nicht das einheitliche Subjekt, sondern ein Subjekt, das seine eigene Gespaltenheit und Vielfältigkeit ebenso anerkennt wie die radikale Vielfalt anderer Subjekte und ihrer Artikulationsformen. Bildung bestünde zum anderen aber darüber hinaus auch im (Er)Finden neuer Sätze und Sprachspiele für das, was danach drängt, gesagt zu werden, aber mit den vorhandenen Möglichkeiten nicht artikuliert werden kann. ‚Gebildet' in dem Sinn wäre weniger das autonome als das kreative, paralogische[176] Subjekt, das durch gezielte Regelverletzungen Neues hervorbringt und dabei dem Widerstreit Geltung verschafft"[177]. In diesem Sinne wäre Bildung weder pädagogisch herzustellen noch läge sie in der alleinigen Verfügungsgewalt des sich bildenden Subjekts, sondern wäre vielmehr „als ‚Gabe' zu begreifen, deren paradoxale Logik eine eigene Reflexionsform erfordert"[178]. Den Ort des dezentrierten Subjekts im Bildungsgeschehen genauer zu bestimmen, wäre zudem auch erst im Zuge der Bestimmung der paradoxalen Struktur von Bildung möglich.

---

[175] Hans-Christoph Koller: Bildung und Dezentrierung des Subjekts. In: Bettina Fritzsche u. a. (Hrsg.): Dekonstruktive Pädagogik. Opladen 2001, S. 47.
[176] Paralogie [gr. -nlat.] die, Vernunftwidrigkeit.
[177] Hans-Christoph Koller: Bildung und Dezentrierung des Subjekts. In: Bettina Fritzsche u. a. (Hrsg.): Dekonstruktive Pädagogik. Opladen 2001, S. 47.
[178] Hans-Christoph Koller: Ebd., S. 48.

3.3 Pädagogische Implikationen und Hintergründe

3.3.1 Didaktik der Gegenwart

Nach den heftigen Diskussionen in der Allgemeinen Didaktik, die nach gegenseitiger Abschottung und Abgrenzung später vom Bemühen um innere Modifikation gekennzeichnet waren, zeigten sich die 90er Jahre des 20. Jahrhunderts diesbezüglich eher ruhig bis stumm. Diese Zeit war dagegen vielmehr durch eine Art Renaissance der *Reformpädagogischen Bewegung* gekennzeichnet, die zu einer Fülle von Praxisvorschlägen für freie Arbeit, Wochenplanarbeit, sog. Offenen Unterricht sowie der Forderung nach Handlungsorientierung im Regelunterricht führte. Allerdings erreichten all diese Ansätze nicht den theoretischen Anspruch eines allgemeinen Didaktikmodells, wie es die bekannten klassischen Modelle für sich beanspruchen konnten. Hinter der Forderung nach fächerverbindendem Unterricht, Projektarbeit etc. verbarg sich eine Reihe von Einzelkonzepten, die nicht die für eine allgemeine Didaktik notwendige Absicherung und theoretische Legitimation aufweisen konnten.

Darüber hinaus wird eine Reihe von Konzepten in die didaktische Diskussion aufgenommen, die eigentlich aus der Therapie stammen und nun in die Schule übernommen werden. Dies sind beispielsweise die Themenzentrierte Interaktion TZI oder der aus der Gestaltpsychologie stammende Gedanke des ganzheitlichen Lernens. Von solchen, eigentlich von außen in die Schule hineingetragenen Konzepten geht zeitweise eine große Faszination aus. Allerdings wird die Art, wie diese Ansätze diskutiert und präsentiert werden, in den wenigsten Fällen den Anforderungen an eine wissenschaftliche Theorieentwicklung gerecht. Dennoch sorgen diese Diskussionen dafür, dass die didaktische Szene durchaus in Bewegung ist.

Mit Blick auf die allgemeindidaktische Theoriebildung der 90er Jahre nennt Perterßen als Beispiele zwei Freiburger Konzepte: Das Konzept der *Neurodidaktik*, wie es von Gerhard Preiss[179] formuliert wurde, und Edmund Kösels Konzept einer *Subjektiven Didaktik*[180]. Geht es bei Preiss mehr um die Beachtung und Relevanz neurologisch erfasster Bedingungen für menschliches Lernen, stellt sich die *Subjektive Didaktik* unter Bezug auf die Systemtheorie und mit Blick auf viele unterschiedliche gegenwärtig kursierende Ansätze wie u.a. die Transaktionsanalyse, das Neurolinguistische Programmieren, die Themenzentrierte Interaktion etc. als ein Modell dar, das seine Grundlinien aus einer Vielzahl theoretischer Bezüge herleitet.

---

[179] Gerhard Preiss: Neurodidaktik – Ein notwendiger Beitrag zur Didaktik für das Jahr 2000. In: Lehren und Lernen, 1993, Heft 6.
[180] Edmund Kösel: Die Modellierung von Lernwelten. Ein Handbuch zur Subjektiven Didaktik. Elztal-Dallau 1993.

Didaktik der Gegenwart

Neben dem Modell der *Subjektiven Didaktik* ist in jüngerer Zeit vor allem durch Kersten Reich ein systemisch-konstruktivistischer Ansatz in die pädagogische Diskussion eingegangen, der – dem Ansatz Kösels ähnlich – seinen Ausgangspunkt in dem Paradigma nimmt, dass Menschen ihre jeweilige Wirklichkeit selbst konstruieren und so zu Erfindern ihrer Lern- und Lebensbedingungen werden. Ähnlich wie die *Subjektive Didaktik* betont auch die systemisch-konstruktivistische Didaktik die subjektive Perspektive der Konstruktion von Lebenswelten gegenüber der traditionellen Perspektive linearer Wissensvermittlung, bei der nicht die Vermittlung von Fachwissen im Vordergrund steht, sondern die Fähigkeit, Wissensnetze aufzubauen. Dabei unternahm Kersten Reich in seiner Schrift *Systemisch-konstruktivistische Pädagogik*[181] den Versuch, den Bruch zwischen den radikal konstruktivistischen und den klassischen geistes- und gesellschaftswissenschaftlichen Theorien zu überwinden. Er stellt sein Modell mit der Einschränkung dar, dass für die Pädagogik technische, biologische oder abstrakt systemtheoretische Perspektiven eher in den Hintergrund, dagegen beziehungsorientierte, kulturelle, konkret ereignisbezogene Blickrichtungen in den Vordergrund rücken.

Neben den gegenwärtigen Beiträgen, neue theoretische didaktische Modelle zu entwickeln, ist die aktuelle Situation auch vom Gedanken an die Öffnung der Didaktik für sog. interkulturelle Problemstellungen geprägt. Darüber hinaus verlagert sich die Diskussion durch ihre Hinwendung zu einer Theorie der Schule und der Frage nach guter Schule, Schulqualität und Schulentwicklung auf die Seite der Schulpädagogik.

Nach Perterßen scheint momentan immer noch der Ansatz der *kritisch-konstruktiven Didaktik*, wie Klafki ihn in immer wieder modifizierter Form ausgearbeitet hat, die umfassendste und auch allseits akzeptierte Formel zur Beschreibung für das gegenwärtige paradigmatische Verständnis von Didaktik zu sein. Klafkis *Perspektivenschema* ist mittlerweile lange bekannt und etabliert, weshalb hier auf seine Darstellung und Erläuterung verzichtet werden kann.[182] In welche Richtung die Überlegungen mit Perspektive ins 21. Jahrhundert weisen, wird im folgenden Kapitel kurz erläutert.

---

[181] Kersten Reich: Systemisch-konstruktivistische Pädagogik. Einführung in Grundlagen einer interaktionistisch konstruktivistischen Pädagogik. Neuwied, Kriftel 2002⁴.
[182] Wolfgang Klafki: Zur Unterrichtsplanung im Sinne kritisch-konstruktiver Didaktik. In: Wolfgang Klafki: Neue Studien zur Bildungstheorie und Didaktik. Zeitgemäße Allgemeinbildung und kritisch-konstruktive Didaktik. Weinheim, Basel 1996⁵, S. 251 ff.

1. Subjektive Didaktik

Nach der Herausgabe der Modellierung von Lernwelten, Handbuch zur Subjektiven Didaktik im Jahr 1993[183] erscheint knapp zehn Jahre später eine umgearbeitete und auf vier Bände erweiterte Auflage dieser didaktischen Theorie von Edmund Kösel.[184] Kösel formuliert mit seinem Modell eine Theorie über das Lehren und Lernen, die von dem konstruktivistischen Ansatz ausgeht, dass jeder Mensch seine eigene und einmalige Struktur entwickelt hat, die eine Folie für Lernprozesse bei Lernenden und für Lehrprozesse bei Lehrenden darstellt. Kösel will seine Subjektive Didaktik nicht als einseitig konstruktivistische Didaktik etikettiert wissen – die sie zwar unter epistemologischen Gesichtspunkten ist –, sondern vielmehr als ein integratives Konzept, welches er in die Reihe systemischer Ansätze eingliedert. Unter dem Blickwinkel Subjektiver Didaktik werden lehrende und lernende Subjekte im Sinne Maturanas und Varelas als sog. lebende Systeme verstanden, die autonom und selbstreferentiell, sind und jeweils eine subjektive Wirklichkeit für sich konstruieren. Für Kösel sind dabei die Prinzipien der Selbstorganisation und der Selbstdifferenzierung entscheidend.

Wesentliche Grundannahme für die Ausbildung Subjektiver Didaktik ist das Abrücken vom alten Denken, vom mechanistischen Weltbild, das nach den Gesetzen der Newtonschen Mechanik die Welt als eine Ansammlung isolierter und isolierbarer Objekte begreift. „Die Vorstellung, die objektiv-wissenschaftliche Methode sei der einzig gültige Zugang zu Wissen, die Annahme, Geist und Materie seien getrennte Wesenheiten, die Welt sei also gespalten, die Natur sei ein Mechanismus, der nach unwandelbaren, erkennbaren Gesetzen funktioniere, das Leben in der Gesellschaft sei bestimmt von Leistung und Konkurrenz, also von Kampf, und vor allem der Glaube an den Fortschritt, der materiell, wirtschaftlich und technisch vom Menschen machbar sei und ein glückliches und sinnvolles Leben ermögliche – alle diese Mythen haben sich als fragwürdig erwiesen."[185] Kösel distanziert sich von der Vorstellung, dass auch lebende Systeme nach kausal-linearen Gesetzmäßigkeiten von außen her determinierbar und steuerbar wären. Mit Rückbezug auf die Kognitionsforschung verpflichtet er sich einer Sicht, nach der lebende Systeme – seien dies Menschen, Tiere, soziale Systeme wie Organisationen, Institutionen etc. – nach anderen Regeln, Gesetzen und Denkweisen

---

[183] Edmund Kösel: Die Modellierung von Lernwelten. Ein Handbuch zur Subjektiven Didaktik. Elztal-Dallau 1993.
[184] Edmund Kösel: Die Modellierung von Lernwelten. Band I-IV. Bahlingen a.K. 2002.
Band I: Die Theorie der Subjektiven Didaktik. Wissenschaftliche Grundlagen.
Band II: Die Konstruktion von Wissen. Eine neue didaktische Epistemologie für die Wissensgesellschaft der Postmoderne.
Band III: Die Entwicklung postmoderner Lernkulturen. Schule als System.
Band IV: Subjektive Didaktik konkret.
[185] Ebd. Band I, S. 24.

funktionieren und sich auch entsprechend anders verhalten, als wir bisher angenommen haben. In sein komplexes Modell der *Subjektiven Didaktik* bezieht Kösel neue Erkenntnisse über die Vorbedingungen der Lernfähigkeit des Menschen aus anderen Forschungsgebieten mit ein. Dieses sind aus den anthropologischen Wissenschaften Einsichten aus der Neurobiologie, der Evolutionstheorie und der Hirnforschung, im Bereich der Sozialwissenschaften solche aus der Soziologie und der Kommunikationswissenschaft. Entsprechende theoretische Grundlagen leitet Kösel ab aus den neueren Systemtheorien nach Bateson, Maturana, Varela, Luhmann u.a., dem Radikalen Konstruktivismus nach H. v. Foerster, E. v. Glasersfeld, P. Watzlawick u.a. und der Habitustheorie nach P. Bourdieu. Kösel fordert ein sog. Neues Denken, das sich aus einem ganzheitlichen Weltbild definiert, in dem Naturwissenschaften und Mystik miteinander verbunden sind.[186]

Subjektive Didaktik ist an aktuellen Grundgedanken der Lernforschung orientiert, die in zunehmendem Maße ein komplexes und vernetztes Strukturkonzept fordert, in dem mehr Prozessforschung möglich ist, Lehrende und Lernende gleichermaßen als autonome, selbstreferentielle lebende Subjekte verstanden werden. Neben dem Beobachterstandpunkt, der Beschreibungen liefert, wird das Verstehen von Unterricht ebenso über die Binnensicht der Wahrnehmenden und handelnden Personen gesehen. Kösel führt sein Modell der *Subjektiven Didaktik* u.a. mit der Schilderung verschiedener Mythen ein, deren Überwindung er für längst überfällig erklärt. Vor allem der Mythos der Objektivität habe „verheerende Folgen für die Entwicklung der jungen Generation nach sich gezogen, weil der Pol der ‚Subjektivität' lediglich als ‚Restgröße' wahrgenommen wurde"[187]. Der Glaube an die Linearität verhindere eine angemessene Erfassung der Wirklichkeit, deren Komplexität nicht mehr nur nach dem Muster des Ursache-Wirkungs-Prinzips begriffen werden kann. „Dabei wurde bis heute im wesentlichen vergessen, dass alle lebenden Systeme sich nach ihrer eigentümlichen Struktur verhalten müssen, sie weisen Schleifen, Lücken, Rekursionen, Turbulenzen, Instabilitäten auf, so dass Vorhersagen und Prognosen für die Zukunft keine sicheren Aussagen sein können. Es gibt keine verlässlichen ‚Bausteine' für ein unverrückbares Weltbild."[188]

Subjektive Didaktik setzt die Pluralität von unterschiedlichen Denk-, Lebens-, Lern-, Lehr- und Wertformen als gegeben voraus, die neue Möglichkeiten zum Bewältigen weltweiter kultureller, gesellschaftlicher und geistiger Krisen erschließen helfen können und deshalb ernst zu nehmen sind. Im

---

[186] Vgl. Fritjof Capra: Das Neue Denken. Bern, München, Wien 1987. Und: Fritjof Capra: Wendezeit, Bausteine für ein neues Weltbild. Bern, München, Wien. 1987^7.

[187] Edmund Kösel: Die Modellierung von Lernwelten. Ein Handbuch zur Subjektiven Didaktik. Elztal-Dallau 1993, Band I: Die Theorie der Subjektiven Didaktik. Wissenschaftliche Grundlagen. S. 30.

[188] Ebd.

Subjektive Didaktik

Rückbezug auf Wolfgang Welsch bejaht sie den Übergang in die Pluralität und bewertet diese positiv, indem sie dem Aufgeben einer einheitlichen Weltsicht die Chance der Pluralität entgegensetzt. Für die Didaktik bedeutet dies eine „radikale Abkehr von dogmatischen Wissenshaltungen und von dem Verharren auf nur eine Sicht"[189]. Die persönlichkeitsbildende Komponente wird zu einem wesentlichen Kernpunkt didaktischer Anliegen, „das Reden und Reflektieren über sich selbst und das Einüben in die Vielheit in einer Gruppe mit ihren verschiedensten Werte-, Normen- und Wissenssystemen"[190] soll professionell möglich werden. Daraus ergibt sich ein offenes didaktisches Bezugssystem, in dem Unterrichtsplanung in eine zugleich offene und geschlossene Lernkultur eingebettet sein muss, wie wir es bereits aus den Formen der Freiarbeit, des Projektunterrichts etc. kennen. Kösel entwirft die *Subjektive Didaktik* auf der Grundlage einer wissenschaftstheoretischen Position, die sich aus dem als Erkenntnistheorie zu verstehenden Konstruktivismus herleitet und die er in Basis- und Referenztheorien ausdifferenziert. Kösel nimmt außerdem Bezug auf die Systemtheorie Niklas Luhmanns und definiert *Subjektive Didaktik* als ein System, das sich selbst als *Subjektive Didaktik* erzeugt. Dabei fokussiert *Subjektive Didaktik* vor allem die Beobachtung der Beobachtung, also eine Beobachtung zweiter Ordnung, in der sie ständig ihre eigenen Beobachtungen diagnostiziert.[191] Kösel entwirft dieses didaktische Modell als ein Konstrukt, das sich nicht auf die traditionellen Vorstellungen von Objektivität bezieht: „Subjektive Didaktik gibt nicht vor, ein ‚Abbild' der didaktischen Wirklichkeit anzustreben oder gar diese in ihrem Wesen zu erkennen. Sie will vielmehr spezifische Beiträge zur Erzeugung von neuen Realitätskonstruktionen liefern. Wir wollen Hinweise auf die innere Logik der Beteiligten und deren gegenseitige Abhängigkeit mit all den nach außen erscheinenden seltsamen Schleifen und komplizierten Verwicklungen gegenseitiger Wahrnehmung und Dynamik erarbeiten."[192] Die Verfechter *Subjektiver Didaktik* fühlen sich der *transversalen Vernunft*, einem von Wolfgang Welsch ausgeführten Begriff, verpflichtet, der die Pluralisierungen von Realitätstypen annimmt und humanistische Konzepte und neuro- und hirnphysiologische Erkenntnisse

---

[189] Ebd., S. 39.
[190] Ebd.
[191] Die „Beobachterrolle" als solche wird auch in anderen Disziplinen zu einem signifikanten Merkmal erhoben. So thematisiert beispielsweise Peter Weibel das Beobachterproblem in der Kunst, indem er die Kunst der „Zweiten Moderne" als eine Kunst definiert, die sich dieser Beobachterrolle bewusst geworden ist. Aus dieser Beobachtungssituation, in der sich die Wahrnehmung der Situation selbst verschärft, erklärt Weibel die Tatsache, dass Kunstwerke der Zweiten Moderne vermehrt das Verhältnis des Betrachters zur Kunst und sein Auftreten in der Kunst in beobachterzentrierten Werken thematisieren. Vgl. Peter Weibel: Probleme der Moderne – Für eine Zweite Moderne. In: Heinrich Klotz (Hrsg.): Die Zweite Moderne. Eine Diagnose der Kunst der Gegenwart. München 1996, S. 23–41.
[192] Edmund Kösel: Die Modellierung von Lernwelten. Band I. Die Theorie der subjektiven Didaktik. Wissenschaftliche Grundlagen. Bahlingen a.K. 2002, S. 46.

berücksichtigt. Die Angabe Kösels, *Subjektive Didaktik* ginge mit „Unsicherheit um", „notwendige Widersprüche" würden aus dieser Perspektive nicht negiert, sondern ausgehalten, erinnert an den Begriff des *kohärenten Selbst*, wie ihn Wilhelm Schmid in der *Philosophie der Lebenskunst* ausarbeitet.[193] Subjektive Didaktik versteht sich nicht als präskriptive Theorie, sondern entwickelt sich eher als ein Modell der Retrospektive auf schon vorliegende didaktische Ereignisse. Im Unterschied zu traditionell wissenschaftlichen Positionen wie z.B. den hermeneutischen und empirisch-analytischen Wissenschaften definiert Kösel sein Konzept als *systemischen Ansatz*, den er in Basis-Theorien und Referenz-Theorien aufteilt. „Es wird eine Ganzheit betrachtet, deren Elemente in einem Bedingungsgefüge miteinander in Wechselwirkung stehen, d.h. jedes Mitglied des Systems bestimmt die Bedingungen aller anderen mit. Es werden *Systeme* statt isolierter Objekte, *Beziehungen* statt Eigenschaften und *dynamische Bewegungen* statt statischer Dinglichkeit erfasst. Wissenschaftstheoretisch werden *rekursive und prozessorientierte Logiken* anstelle linear kausaler Logiken verwendet. Unterrichtliche Phänomene werden durch Beschreiben von *Wahrscheinlichkeiten, Driftbereichen* und *Situationskontexten* statt durch deterministische Aussagen erfasst."[194]

Im Bereich der Basis-Theorien führt Kösel als grundlegende anthropologische Fundierung von Lehr- und Lernprozessen die *Theorie lebender Systeme* bzw. die *Theorie der Autopoiese* nach Humberto Maturana und Francisco Varela aus.[195] Diese Theorie ist in Verbindung mit der *Theorie sozialer Systeme* nach Niklas Luhmann als *Theorie sozial-autopoietischer Systeme* auch für das Bildungssystem fruchtbar geworden. Im Rahmen einer didaktischen Epistemologie sowie in erkenntnistheoretischen Fragen erläutert Kösel hier seinen Bezug zum Radikalen Konstruktivismus.

Während die Basis-Theorien eher einen allgemeinen Rahmen abgeben, bezieht Kösel ergänzend verschiedene Referenz-Theorien in sein Modell mit ein wie die Transaktionsanalyse, das Psychodrama, das Neurolinguistische Programmieren, die Themenzentrierte Interaktion sowie einige mittlerweile sehr differenzierte Konzepte und Methoden der Kommunikationstheorie. Der vielfältige Zugriff auf unterschiedliche Konzepte und Theorien verdeutlicht seine Intention, nicht eine „Einheits-Theorie, sondern eine heuristische Theorie für Didaktisches Handeln" zu konstruieren.[196]

Die *Subjektive Didaktik* wird in der allgemeinpädagogischen Diskussion keineswegs durchgehend akzeptiert, sondern stark kontrovers diskutiert. So beurteilt beispielsweise Wilhelm Peterßen Kösels Modell als für die Praxis

---

[193] Wilhelm Schmid: Philosophie der Lebenskunst. Frankfurt/M. 1998 (vgl. Kapitel III.7 „Künstlerische Bildung").
[194] Edmund Kösel: Die Modellierung von Lernwelten. Bahlingen a.K. 2002, S. 49.
[195] Vgl. Kapitel „Notizen zur Postmoderne" und „Konstruktivismus" in dieser Arbeit.
[196] Edmund Kösel: Die Modellierung von Lernwelten. Bahlingen a.K. 2002, S. 51.

ungeeignet, da es zu viele einzelne Komponenten einbeziehe.[197] Peterßen diagnostiziert dieses ehemals im Sinne allgemeindidaktischer Theoriebildung verfasste Konzept als sehr artifiziell, da es mit vielen und schwer verständlichen Kategorien arbeite. Dennoch muss unbedingt eingestanden werden, dass sich in diesem didaktischen Verständnis einige wesentliche Aspekte finden lassen, die in einer zeitgemäßen Weltauffassung nicht mehr unberücksichtigt bleiben dürfen und schon seit einigen Jahren in naturwissenschaftlichen Kreisen vehement diskutiert werden. Gerade vor dem Hintergrund neuester weltpolitischer, militärischer und religiöser Konflikte muss der Annahme Beachtung geschenkt werden, dass der Dualismus des Denkens, die Trennung von Rationalität und Spiritualität, die Menschen in unausweichliche Rivalitäten und ein damit verbundenes grundsätzliches Konfliktdenken verstricken. „Das Anwenden von linearen Denkmustern erzeugt Katastrophen: Es baut sich eine unausweichliche Abfolge von Drohung, Gegendrohung, Ultimatum und schließlich Krieg auf. Mit unserem von Dualismus und von Reduktion bestimmten Denken – zu dem dann noch machtpolitische, wirtschaftliche, psychologische, sogar moralische Motive kommen – treiben wir uns selbst in die Falle der Gewalt und Zerstörung von Mensch und Welt. Das Verhängnisvolle dabei ist, dass wir mit diesem Denken bisher gigantische Fortschritte in Technologien und Naturwissenschaften gemacht haben, was jetzt als Rechtfertigung fürs Weitermachen angeführt wird."[198] Die Forderung nach einer neuen, ganzheitlichen Sichtweise, die die unweigerliche Verbundenheit und gegenseitige Abhängigkeit aller Erscheinungen erkennt, damit an ein übergreifendes Verantwortungsgefühl und ein anderes Bewusstsein appelliert, wird mittlerweile auch in Disziplinen erörtert, die mit Pädagogik oder Fachdidaktik *vermeintlich* gar nichts zu tun haben. In diesem Sinne ist Kösels Forderung nach der Anteilnahme der Fachdidaktiker stattzugeben, wenn er betont, dass die Pädagogik sich aus dem Nachdenken über die Struktur und Veränderung der Welt nicht heraushalten darf, sondern diese in den Fachdidaktiken thematisieren und ebenso im Unterrichtsgeschehen wirksam werden lassen muss.

2. Systemisch-Konstruktivistische Didaktik

Das Modell der *systemisch-konstruktivistischen Didaktik* wurde von Kersten Reich, Professor für Allgemeine Didaktik an der Universität zu Köln, veröffentlicht.[199] Diese neue Sichtweise auf Didaktik tritt in einer paradigmatisch verhältnismäßig stabilen Situation mit dem Anspruch auf den Plan, „einen neuen allgemeindidaktischen Ansatz zu formulieren"[200]. Jener neue

---

[197] Wilhelm Peterßen: Lehrbuch Allgemeine Didaktik. München 1996.
[198] Edmund Kösel: Die Modellierung von Lernwelten. Bahlingen a.K. 2002, S. 36.
[199] Kersten Reich: Systemisch-konstruktivistische Pädagogik. Neuwied, Kriftel, Berlin 1996.
[200] Ewald Terhart: Konstruktivismus und Unterricht. Eine Auseinandersetzung mit theoretischen Hintergründen, Ausprägungsformen und Problemen konstruktivistischer Didaktik. Hrsg.: Landesinstitut für Schule und Weiterbildung. Bönen 2002.

Denkzusammenhang – von den Protagonisten als konstruktivistische Didaktik bezeichnet – stützt sich auf die verschiedenen Spielarten des Konstruktivismus als Erkenntnistheorie, auf analoge systemtheoretische Argumentationen, auf gehirnphysiologische und kognitionswissenschaftliche Konzepte. Als bedeutsam sei auch vermerkt, dass ein konstruktivistisches Verständnis von Lehren, Lernen, Unterricht und Didaktik keineswegs eine Besonderheit des deutschsprachigen Raumes darstellt, sondern sich als breite internationale Entwicklung manifestiert.[201] Die paradigmatische Bedeutung dieses neuen Ansatzes wird in der Fachliteratur unterschiedlich bewertet und reicht von der vehementen Abwehr des Glaubens an ein neues Paradigma bis zu der Behauptung, dass der aus dieser Perspektive erwachsene Paradigmenwechsel schon längst vollzogen sei und das Paradigma des Konstruktivismus seinen Höhepunkt seit Langem überschritten habe.

Die systemisch-konstruktivistische Sichtweise auf Didaktik wird hier näher in den Blick genommen, da dieser Ansatz eine enge Verwandtschaft mit neueren schulpädagogischen Innovationsbemühungen und Gedanken der Schulentwicklung aufweist. Außerdem darf dieser jüngste Versuch wegen seiner Aktualität, Didaktik den gegebenen aktuellen Bedürfnissen anzupassen, nicht vernachlässigt werden.[202] Unübersehbar und offensichtlich ist – wie bei Kösel – auch Reichs genuine Beziehung zum Konstruktivismus und zur Systemtheorie. Dieser von Reich zuerst 1996 veröffentlichte, mittlerweile mehrmals neu überarbeitete Ansatz, stellt sich in bewusster Distanzierung von traditionellen didaktischen Modellen dar und trägt der Beobachterperspektive des Konstruktivismus Rechnung. Dabei sind drei Perspektiven von Bedeutung: Didaktik als Konstruktion, als Rekonstruktion und als Dekonstruktion.

Didaktik als ein konstruktiver Ort der eigenen Weltfindung
Aus systemisch-konstruktivistischer Sicht ist Didaktik nicht mehr „eine Theorie der Abbildung, der Erinnerung und der wichtigen Rekonstruktion von Wissen und Wahrheit, die nach vorher überlegten und klar geplanten Mustern zu überliefern, anzueignen, anzusozialisieren sind, sondern ein konstruktiver Ort der eigenen Weltfindung"[203]. Mit diesem Postulat bekennt sich diese Richtung zum Erkenntnisideal des Konstruktivismus, das davon ausgeht, dass die Wirklichkeit und die in ihr je behauptete Wahrheit eine bloße Konstruktion von Beobachtern ist. In die Behauptung der Konstruktion von Wirklichkeit ist eingeschlossen, dass solche Konstruktionen

---

[201] Vgl. Ebd.
[202] Vgl. Kersten Reich: Systemisch-konstruktivistische Didaktik. Eine allgemeine Zielbestimmung. In: Reinhard Voß (Hrsg.): Die Schule neu erfinden. Neuwied, Kriftel, Berlin 2002.[4]
[203] Ebd.

jeweils zeitgebunden sind und von den spezifischen Beobachtern und deren Verständigungsgemeinschaft abhängen, so also keine *ewigen Wahrheiten* festschreiben können. Didaktik in diesem Sinne bestreitet die *Macht wahrer Abbildungen*, wie sie traditionell in wissenschaftlichen Studien und Fachstudien vermittelt wurden. Demgegenüber stellt Kersten Reich den Aspekt der Beziehungswirklichkeit, in welchem Pädagogen sich in ihrem Berufsalltag bewegen, ins Zentrum seines Interesses.
Dabei ist sich Reich des konstruktivistischen Dilemmas bewusst: „Als Konstruktivisten wollen wir zwar Schülern wie Lehrern ermöglichen, je ihre Konstruktion von Wirklichkeit zu finden, und zwar in möglichst freien Perspektiven und auch aus ihren je unterschiedlichen Blickwinkeln, die eingewoben in unterschiedlichste Lebensformen und Weltbilder sind, aber wir können diese autonom erscheinende konstruktive Tätigkeit nicht verabsolutieren, weil wir immer auch gesellschaftlich vermittelte Rekonstruktionen von Wirklichkeit zu verantworten haben."[204] Es wird auch hier nicht übersehen, dass es Kulturgüter gibt, dass Sprache zu erlernen ist, dass Mathematik und wissenschaftliche Fächer nicht einfach ausgeblendet werden können. Eine konstruktivistische Didaktik verwehrt sich allerdings dagegen, hieraus den einseitigen Schluss zu ziehen, nur anerkannte wissenschaftliche Lehrmeinungen zum alleinigen Maßstab für ein Curriculum zu machen. Oberstes Ziel einer systemisch-konstruktivistischen Didaktik ist es dagegen, bei einem für notwendig erachteten Stand von Rekonstruktionen Beobachtervielfalt zu entwickeln und *neue Blicke zu riskieren*. Lehrerausbildung müsste dann durch die Möglichkeit der Entfaltung möglichst großer Kreativität und praxisnahe Ausbildung gekennzeichnet sein. Studierende müssten genügend Gelegenheiten haben, die Beobachterperspektive ihrer Schüler einnehmen zu können, um eine Entfaltung vielseitiger Perspektiven einzuüben.
Diese didaktische Konzeption stellt infrage, ob Wissenschaften als Garanten und Hoffnungsträger einer Einheitlichkeit der Bildung und einer propädeutischen Stufung allen Wissens genügen können. Zu sehr sind diese selbst in Unübersichtlichkeit und Widersprüche zerfallen, als dass sie einheitlich in ein sinnvolles Curriculum eingefügt werden könnten. So gesehen wird zur wichtigsten Aufgabe des Bildungssystems, Schüler und Lehrer zu einer konstruktiven Herangehensweise an mögliche widersprüchliche, singuläre und lokale, ethnozentrische Wissens- und Bildungsstoffe zu veranlassen, die sie befähigen, exemplarisch mit Methoden eigener Erarbeitung und Konstruktion umzugehen.

Didaktik als Beobachtertheorie
Didaktik wird aus dieser Sicht nicht mehr als eine sichere Theorie der Aufklärung und Emanzipation betrachtet, die zu verkünden weiß, wer wie und

---
[204] Ebd.

mit welchen Inhalten aufzuklären ist, sondern als eine Beobachtertheorie, die die konstruktiven Akte der Reflexion an die Schüler und Lehrer in möglichst hoher Selbsttätigkeit zurückgibt.
Vor dem Hintergrund der Kritik des in traditionellen Didaktiken jeweils überbewerteten Inhaltsaspekts und dem Ruf nach einer angemessenen höheren Praxisorientierung in der Lehrerbildung stellt Kersten Reich den Aspekt der kommunikativen Beziehungen zwischen Schülern und Lehrern ins Zentrum. Entscheidend sei die auf Gregory Bateson zurückgehende Unterscheidung von Inhaltsebene, auf der die herkömmlichen Didaktiken stets angesiedelt seien, und Beziehungsebene, mit der die psychologischen Beziehungen zwischen Lehrern und Schülern thematisiert werden könnten. Eine systemisch-konstruktivistische Didaktik nimmt eine klare Gegenposition zu ehemals sehr auf Inhalte konzentrierte Didaktiken ein: Neben der notwendigen inhaltlichen Orientierung müssten Lehramts- und Pädagogikstudenten vornehmlich kommunikative Kompetenzen erwerben.
Konstruktivistische Didaktik ist über drei Beobachterperspektiven zu definieren. Die Perspektive der Konstruktion, deren Grundmotto *Wir sind die Erfinder unserer Wirklichkeit* Methoden wie Selbsterfahren, Ausprobieren und Experimentieren in den Mittelpunkt stellt. Aus der Perspektive der Rekonstruktion, deren Motto als *Wir sind die Entdecker unser Wirklichkeit* formuliert wird, muss in der Schule vieles nachentdeckt werden, was bereits erfunden ist. Aus der dritten Perspektive, der Dekonstruktion, geht es Kersten Reich unter dem Motto *Es könnte auch alles ganz anders sein* um kritische Fragen und die Suche nach neuen Sichtweisen.

Didaktik als Konstruktion, die in Beziehungen ausgehandelt wird
Didaktik ist nicht mehr eine „erhoffte Selbstbestimmung, eine Mitbestimmung, die die Lehrer oder Didaktiker organisieren, planen und mit soziologischer Fantasie und organisatorischem Talent vorgeben können, sondern allenfalls eine Konstruktion, die in Beziehungen ausgehandelt, im Nach- und Nebeneinander verschiedener Beobachter betrachtet und analysiert werden kann, die sich jedoch ad absurdum führt, wenn sie dies mit klarem Auftrag vor jedem Prozess, mit bestimmtem Ziel vor jedem Weg, mit klar vorgeschriebener Hierarchie zwischen Lehrern und Schülern tun soll"[205].
Mit diesem Postulat wird das hierarchische System der Schule in den Blick genommen, in dem es schwerfällt, Gruppenprozesse demokratisch zu organisieren. Auch die kontrollierende Beurteilung von Teilnehmern lässt dieses System an seine Grenzen stoßen, da diese seinen Teilnehmern letztlich die eigene Kompetenz abspricht. Um dieses Problem zu umgehen, appelliert Reich an eine didaktische Fantasie, die das Paradoxe

---

[205] Kersten Reich: Systemisch-konstruktivistische Didaktik, Eine allgemeine Zielbestimmung. In: Reinhard Voß: Die Schule neu erfinden. Neuwied, Kriftel, Berlin 2002[4], S. 70, 71.

der Situation zu vermeiden hilft und alternative Möglichkeiten eröffnet. Mitbestimmung darf kein von außen an Gruppen und Individuen herangeführter Prozess sein, sondern ist demokratisch zu organisieren. Als Fazit stellt Reich heraus, dass jeder beliebige im Unterricht vermittelte Inhalt immer auch in einer Beziehung zu den Individuen im System Schule steht. Beziehungsreflexion bedeute auch, die inhaltliche Seite jeden Unterrichts (re)konstruktiv für die Schüler aufzuschließen und Selbsttätigkeit und Selbstbestimmung nicht nur gelegentlich in einzelne Stunden einzubauen.

Lehrer und Schüler als zirkuläres Beziehungssystem
Didaktik ist „nicht mehr bloß eine Theorie der Schülerorientierung, die schließlich die Lösung aller didaktischen Probleme darin findet, dass sie den Schüler als Welt- und Angelpunkt jeder Didaktik sich erfindet, weil Schülerorientierung in einem System mit Lehrern eine bloße Leerformel bleibt, in die konstruktive Ansprüche nicht nur inhaltlich, sondern immer auch über die wechselseitigen Beziehungen zwischen Lehrern und Schülern längst eingegangen sind"[206]. Die konstruktivistische Didaktik will die herkömmlichen Zuschreibungsmuster von Lehrer und Schüler systematisch auflösen. Beide bilden ein vielgestaltiges, differenziertes und lebendig zirkuläres Beziehungssystem, das aus dem herkömmlichen vertrauten Schema der Dualität von Lehrer und Schüler heraustritt. Auch der Lehrer muss selbsttätig und selbstbestimmt agieren können, denn nur ein Lehrer, der die Relevanz von Selbsttätigkeit für sich erfahren hat, wird sie auf Dauer und umfassend seinen Schülern zugestehen. Für Schulen fordert dieser Ansatz „Grundsätze einer sich selbst verwaltenden Schule, in der demokratische Prinzipien in direkter Wahl von zeitbegrenzten Gremien unter direkter Mitverwaltung von Schülern umgesetzt werden"[207]. Dies komme, das räumt Kersten Reich ein, für deutsche Schulen allerdings einer Revolution gleich.

Ausgangsthesen einer konstruktivistischen Didaktik
Ausgehend von den Postulaten und unter Berücksichtigung der drei Beobachterperspektiven kann dieses Modell in folgenden Thesen zusammengefasst werden:

1. Konstruktivistische Didaktik verlangt eine offene Herangehensweise an die Wirklichkeit mit einem hohen Anteil an Schülerselbsttätigkeit und Schülermitbestimmung sowie hohe Selbsttätigkeit und Selbstbestimmung der Lehrerinnen und Lehrer. Dies wird besonders in interdisziplinärem Arbeiten und in Projekten gewährleistet.
2. Konstruktivistische Didaktik ist interaktionistisch orientiert und vertritt das Primat des Beziehungsaspekts vor dem Inhaltsaspekt.

---
[206] Ebd., S. 70.
[207] Ebd.

3. Konstruktivistische Didaktik erfordert neue Techniken der inhaltlichen Vermittlung und der konstruktiven Bearbeitung der Beziehungen. Sie intendiert eine methodische Offenheit, in der alle Methoden und Techniken eingesetzt werden können, sofern sie den hier dargelegten Zielen entsprechen.
4. Konstruktivistische Didaktik verlangt eine grundlegend veränderte systemische Lehreraus- und -weiterbildung.
5. In konstruktivistischer Didaktik sollen systemische Arbeitstechniken das traditionelle Methodenreservoir gezielt erweitern.
6. Konstruktivistische Didaktik fördert Supervisionsgruppen für Lehrer und kollegialen Erfahrungsaustausch über die Probleme der Praxis.

Beim Vergleich dieses Ansatzes mit älteren didaktischen Modellen ist vor allem seine durchgängige Skepsis gegenüber apodiktischen Wahrheitsansprüchen und einer damit verbundenen Einsicht in die Offenheit von Theorien kennzeichnend. Neben der Betonung der Bedeutung von Kommunikation wird ein Verständnis von Unterricht als offenem Prozess vertreten. Es kann nicht übersehen werden, dass dieser Ansatz zwar Vorläufer in der Reformpädagogik hat, dennoch zu einer radikalen Neubesinnung aufruft. Hier geht es nicht darum, einige methodische Feinheiten der Unterrichtspraxis zu modifizieren, sondern um grundsätzlich innovative Möglichkeiten.

Bei der Bewertung des eigenen Ansatzes schwankt Reich zwischen der generellen Kritik der bisherigen neueren Didaktiken, die versagt hätten, da sie sich „zu sehr auf die Inhaltsseite konzentriert haben"[208], und der Einsicht, dass, wenn man vom Ende der großen Entwürfe (Habermas) sprechen müsse, es keine Metatheorie mehr geben könne. Die Zeit des nachmetaphysischen Denkens zeichne sich gerade nicht mehr durch ein Primat der Theorie aus. Konsequenterweise müsste man diese Sichtweise allerdings dann auch auf den Konstruktivismus, die neue Theorie der Sichtweisen, beziehen. Wie jede Theorie stellt auch dieses Modell eine Weiterentwicklung dar, die gewisse Gefahren in sich birgt, auf die Reich selbst hinweist.

- In politisch-gesellschaftlicher Hinsicht: Zirkularität als Unfähigkeit der systemüberschreitenden Verbindungen.

---

[208] Kersten Reich: Systemisch-konstruktivistische Didaktik – Eine allgemeine Zielbestimmung. In: Reinhard Voß (Hrsg.): Die Schule neu erfinden. Systemisch-konstruktivistische Annäherungen an Schule und Pädagogik. Neuwied 2002^4, S. 77. Die tendenziell pauschale Behauptung Kersten Reichs, alle traditionellen Didaktiken seien aufgrund ihrer starken Bezogenheit auf die Inhalte gescheitert, kann hier nicht im Einzelnen geprüft werden, muss aber in der Pauschalität der Behauptung angezweifelt werden. So war es gerade ein zentrales Anliegen Wolfgang Klafkis, in der Modifikation seiner ehemals bildungstheoretischen Didaktik in Richtung kritisch-konstruktiver Didaktik die Inhaltsebene als *alleinigen* Parameter zu verlassen.

- In philosophischer Hinsicht: Bloßer Skeptizismus macht handlungsunfähig, was besonders in der Pädagogik verhängnisvoll ist.
- In wissenschaftlicher Hinsicht: mangelnde Selbstkritik und damit keine Weiterentwicklung des eigenen Modells mit der Folge der Schaffung einer systemischen Kunsttheorie.
- In erkenntnistheoretischer Hinsicht: Rückfall in kausale Modelle, die durch systemische Terminologie nur sprachlich übertüncht wird.

„Lernen" in der systemisch-konstruktivistischen Pädagogik
Nach den Erkenntnissen der beiden chilenischen Neurobiologen Humberto Maturana und Francesco Varela ist Lernen die Organisation einer *strukturellen Kopplung* des Menschen mit seiner Umwelt, seinen Mitmenschen, mit dem ihn umgebenden Milieu. Der Mensch, hier als *autopoietisches System* empfunden, handelt stets operational geschlossen, und sein Lernen dient der Fortsetzung seiner Selbstorganisation. Das neuronale Operieren erfordert die andauernde Organisation von Lernprozessen, die durch eine selbst gesteuerte Zirkularität zwischen Lernen, Erfahren und Handeln gekennzeichnet ist, wobei vielfältige Interaktionen von Mensch zu Mensch von Bedeutung sind und *Wissen* und *Erkennen* stets einen handlungsbezogenen Sinn haben. Jedes Erkennen ist eine Aktivität des Systems, die – nach Gregory Bateson – durch ihre jeweilige *Rahmung* oder – nach Paul Watzlawick – durch ihre *Interpunktion des Kontextes* bestimmt wird. Da das Gehirn und das Nervensystem aber nicht im Sinne einer Telefondraht-Verbindung zur Außenwelt funktionierten, geben die Sinnesorgane auch nicht ein Bild der Außenwelt an das Gehirn weiter, sondern vielmehr selbst produzierte Eigenleistungen, die aber nicht als Abbild der einen vorhandenen Realität, sondern vielmehr als eine Konstruktion von Realität zu verstehen sind.
Demnach kann Lernen auch nicht als Phänomen betrachtet werden, das Verhaltensänderung aufgrund von *Aufnehmen* oder *Empfangen* suggeriert. Nach diesem Verständnis arbeitet das Nervensystem nicht mit Repräsentationen im Sinne von *Abbildern* der Außenwelt. Als autopoietisches System entwirft jeder Lerner für sich eine strukturelle Kopplung mit dessen Umwelt, das – im Sinne der Systemtheorie – wiederum auch als autopoietisches System gilt. Lernen heißt in diesem Sinne nicht passiv Informationen aufzunehmen, sondern selbst eine Welt hervorzubringen, wobei die Beziehung zur sozialen und natürlichen Umwelt des Lernenden von zentraler Bedeutung ist. Der Lernende wird als schöpferisch tätiges Subjekt verstanden, das sich aktiv-selbstreferenziell seine Welt, und damit auch sich selbst, erfindet.

3.3.2 Tendenzen der Schulentwicklung

Öffnung der Schule
Die Diskussion unter dem Stichwort „Institutionelle Öffnung der Schule" wird in der schulpädagogischen Diskussion bereits 1981 bei Dietrich Benner und Jörg Ramsegger geführt. Ihr Kerngedanke ist die Forderung, Schülerinnen und Schülern den Übergang in soziale Lebensvollzüge zu ermöglichen bzw. ihnen solche Übergänge zuzumuten. Hinter Bezeichnungen wie *community school, Gemeinwesenorientierung* und *Stadtteilschule* steht ein Verständnis von Schule als Partner bei der Gestaltung des sozialen Lebens und als Ort der Begegnung und Kooperation. Zugleich will Schule in diesem Sinn aber auch Schüler zum Zweck der Teilhabe am sozialen Leben in ein Netzwerk von außerschulischen Lernorten einbinden. Bei den Begründungen für Konzepte für die Öffnung von Schulen geht es zentral nicht um eine Ausweitung der Schule, sondern um ihr Verhältnis zu anderen Institutionen und Organisationen. Vor allem das Schulumfeld sowie die Beziehung zur Lebenswelt und Lebenspraxis sollen integrierter Bestandteil schulischen Lebens werden. Die Schule soll dabei einerseits in die Lage versetzt werden, im Rahmen der Lernprozesse Zusammenhänge der Lebenspraxis zu verdeutlichen, andererseits nicht nur auf die zukünftige, sondern auch auf die aktuelle Lebensbewältigung vorbereiten, indem sie sich stärker der Lebenswelt zuwendet.[209] Die Schulentwicklung ist im Wesentlichen von der Umstellung der Schule als einer *Einrichtung des Beibringens* zu einer *Einrichtung der Selbstaneignung* gekennzeichnet.[210]
Aktuelle Tendenzen der Schulentwicklung fordern eine Schule, deren Verständnis über das des Unterrichtens hinausgeht. Sie muss vielmehr der Arbeitsplatz des Kindes sein und vor allem Raum geben für Gespräche als wichtigste Form der zwischenmenschlichen Verständigung. Sie muss zudem Gelegenheiten bieten für Spiele und Begegnungen – auch zwischen den Generationen. Die Erfahrung zeigt, dass Hartmut von Hentig Recht hat, wenn er sagt, dass die Lebensprobleme heutiger Kinder und Jugendlicher deren Lernprobleme bei Weitem überlagern. Schule muss heute einen Lebensraum bieten, in dem sich Kinder und Jugendliche selbst finden und erproben können, wie Hentig es in seiner eindrucksvollen Vision von Schule als *polis* entwirft.[211]
Mit der institutionellen Öffnung von Schule, die der Forderung nach der *Schule als Lebens- und Erfahrungsraum* und *Schule als Haus des Ler-*

---

[209] Reiner Hildebrand-Stramann: Bewegte Schulkultur. Schulentwicklung in Bewegung. Butzbach-Griedel 1999, S. 17 f.
[210] Vgl. Jörg Ramsegger: Welterkundung statt Sachunterricht. Vorschläge zur Modernisierung der Grundschule. In: Grundlegung von Bildung in der Grundschule von heute. Konferenzbeiträge einer Tagung in Potsdam vom 05. – 07.06.1997. Hrsg.: Direktorium des Instituts für Grundschulpädagogik Potsdam.
[211] Hartmut von Hentig: Die Schule neu denken. München, Wien 1993, S. 215 ff.

nens[212] nachkommt, ist außerdem eine vielfältige Öffnung überkommener Unterrichtsmethoden verbunden. Die Ausweitung der Methodenvielfalt, die Freiräume lässt und Selbstständigkeit fördert und fordert, steht im Zentrum dieser Neuerungen. Freie Arbeit, Wochenplanunterricht und Projektarbeit sind in den Dienst von Differenzierung und Individualisierung gestellt. Alle diese Tendenzen versuchen sowohl der aktuellen Pluralität gerecht zu werden, indem konkrete örtliche Gegebenheiten des Schulumfeldes einbezogen werden, als auch den vielfältigen unterschiedlichen individuellen Voraussetzungen der Schülerinnen und Schüler Rechnung zu tragen.

Innere Differenzierung
Hinter der Forderung nach Innerer Differenzierung steht ein Unterrichtskonzept, das ausgeht von dem Recht jedes einzelnen Kindes und Jugendlichen auf Anerkennung seiner Individualität und von dem daraus resultierenden Recht auf eine angemessene pädagogische Behandlung im Unterricht entsprechend seinem Lerntyp, seinem Lernniveau, seinem Lerntempo und seinen Neigungen und Eignungen. Die Forderung nach binnendifferenziertem Unterricht lässt sich aus mehreren Richtungen herleiten.[213] Sie ist getragen von der Überzeugung, dass die Erziehungs- und Bildungsaufgabe der Schule umfassend bestimmt ist, nämlich als optimale Förderung der jungen Menschen in *allen* Persönlichkeitsdimensionen, „nicht nur der kognitiven, sondern auch der emotionalen und der praktisch-handlungsbezogenen Dimension, und zwar jeweils im Hinblick auf die Entfaltung von individueller Identität *und* sozialer Beziehungsfähigkeit"[214].

Aus anthropologischer Sicht fordert die Individualität jedes Kindes und Jugendlichen eine entsprechende pädagogische Behandlung im Unterricht. Aus entwicklungspsychologischer Sicht und unter Berücksichtigung neuerer wissenschaftlicher Forschungsergebnisse leitet sich die Erkenntnis ab, dass Entwicklungen bei verschiedenen Kindern und Jugendlichen weit unterschiedlicher verlaufen, als es im Rahmen von Stufentheorien ehemals angenommen wurde. Aus pädagogischer Sicht werden Bildungs- und Erziehungsprozesse nur dann ihrem Anspruch gerecht, wenn sie die individuelle Persönlichkeit und Verantwortungsbereitschaft des Kindes in den Mittelpunkt ihrer pädagogischen Bemühungen stellen. Schließlich kann binnendifferenzierter Unterricht auch aus gesellschaftspolitischer Sicht begründet werden, da in unserer Verfassung das Recht eines jeden Menschen auf freie Entfaltung der Persönlichkeit fest verankert ist. Ziel dieses Konzepts ist es,

---

[212] Vgl. Bildungskommission NRW: Zukunft der Bildung – Schule der Zukunft. Denkschrift der Kommission „Zukunft der Bildung – Schule der Zukunft" beim Ministerpräsidenten des Landes Nordrhein-Westfalen. Neuwied, Kriftel, Berlin 1995.
[213] Vgl. Wolfgang Klafki, Hermann Stöcker: Innere Differenzierung des Unterrichts. Sechste Studie. In: Wolfgang Klafki: Neue Studien zur Bildungstheorie und Didaktik. Weinheim, Basel 1996^5, S. 173 ff.
[214] Ebd., S. 180.

Kinder und Jugendliche zu einem möglichst hohen Grad von Selbsttätigkeit und Selbstständigkeit zu verhelfen, damit sie zu entscheidungsfähigen, verantwortungsbewussten und solidarischen Mitgliedern einer Gemeinschaft und demokratischen Gesellschaft werden können. Unter Berücksichtigung der Gefahr, dass die Verabsolutierung dieses Prinzips zu Egozentrik und Egoismus und letztlich zu Dissozialität führen würde, muss eine Balance hergestellt werden zwischen Individuation und Integration, zwischen dem Recht auf Gleichheit und dem Recht auf Differenz.

Vom wissenschaftsorientierten Lernen zum Offenen Unterricht
Bereits im Jahr 1973 hat sich der Deutsche Bildungsrat ausführlich mit dem Gedanken der Offenheit im Rahmen der Förderung praxisnaher Curriculum-Entwicklung auseinandergesetzt.[215] Hiermit wurde dem bisherigen „geschlossenen" Handlungskonzept erstmals eine Unterrichtspraxis gegenübergestellt, die zeitgemäßen pädagogischen Grundsätzen wie dem Prinzip politischer Bildung mit ihrer Erziehung zur Kritik- und Toleranzfähigkeit und dem Bildungsideal des mündigen Bürgers gerecht werden sollte. In der Unterrichtspraxis soll das Prinzip des Offenen Unterrichts Lebensbezug herstellen, Mitwirkung durch die Schüler gewährleisten und individuellen Unterschieden gerecht werden.[216] Die Veröffentlichungen zu diesem Thema in den 70er und 80er Jahren waren sehr zahlreich. Stellvertretend sei hier auf Jörg Ramseggers *Neun Argumente für die Öffnung der Grundschule*[217] verwiesen. Die Dimensionen eines Offenen Unterrichts beschreibt prägnant Angelika C. Wagner, indem sie fünf Dimensionen von Offenheit unterscheidet: Organisationsform, Inhalt, kognitiver Bereich, sozio-emotionaler Bereich und Umweltbezug.[218] Die Zieldimensionen Offenen Unterrichts stellt Hildegard Kasper in *Entwicklungsaufgaben innerhalb offener Lernsituationen* dar.[219]
Auf die Notwendigkeit der Begrenzung im Offenen Unterricht verweist Ariane Garlichs, indem sie die Notwendigkeit „haltender Strukturen" betont.[220] Damit meint sie ritualisierte Abläufe im Unterricht einerseits und „emotionale Sicherheit" als Voraussetzung für den produktiven Umgang der Kinder mit offenen Lernsituationen andererseits. Neben die Wissens-

---

[215] Deutscher Bildungsrat – Empfehlungen der Bildungskommission: Zur Förderung praxisnaher Curriculum-Entwicklung. Saarbrücken 1973, S. A 15 ff..
[216] Vgl. Manfred Bönsch, Klaus Schittko: Offener Unterricht. Hannover 1979.
[217] Jörg Ramsegger: Hintergründe und Auseinandersetzungen. In: Die Grundschulzeitschrift, Sonderheft 1989, S. 40 f.
[218] Angelika C. Wagner: Selbstgesteuertes Lernen im offenen Unterricht. Zit. nach M. Kleinschmidt-Bräutigam: Offener Unterricht – neue Lernwege. In: Unterstufe 37 (1990) 11, S. 213 ff.
[219] Hildegard Kasper: Offene Lernsituationen. In: Grundschule 2, 1992, S. 16 ff.
[220] Ariane Garlichs: Alltag im offenen Unterricht. Arbeitskreis Grundschule. Frankfurt/M. 1990.

vermittlung, deren zentraler Schwerpunkt im Offenen Unterricht relativiert wird, rückt die Forderung des *Lernen-lernens* ins Zentrum schulpädagogischer Aktivitäten.

Die Bewegung vom Offenen Unterricht kann u.a. als eine Antwort und Reaktion auf veränderte und erschwerte soziologische Bedingungen gesehen werden.[221] Aufgrund des sozialen Wandels, der aktuellen Schulkritik, des Nachsinnens über den schulischen Erziehungs- und Bildungsauftrag unter besonderer Beachtung der anthropologischen Grundbedürfnisse von Kindern stellt er das Anliegen ins Zentrum seiner Intentionen, Schule humaner und demokratischer zu machen. Sein Grundsatz ist die beabsichtigte Subjektivierung des Lernenden und die Individualisierung des Unterrichts. Damit wendet er sich gegen die vermeintliche Monokultur des Frontalunterrichts und kommt in praktischen Formen wie Wochenplan, Freiarbeit, Projektunterricht, Stationenlernen, Werkstattunterricht, Offener Anfang, Morgenkreis, Tages- oder Wochenabschlusskreis zur Anwendung. Außerdem soll so versucht werden, die Schul- und Alltagswelt der Schüler einander näher zu bringen.

Begründungszusammenhänge für diese innovative Form der Schulpraxis sind aus verschiedenen interdisziplinären Argumenten ableitbar. Aus anthropologischer Perspektive können in einem *geöffneten Unterricht* jedem Schüler, jeder Schülerin entsprechende Lernchancen zugestanden werden, indem jeder mit seiner/ihrer individuellen Lernbiografie respektiert, gefördert und gefordert werden kann. Aus soziologischer Perspektive bietet der *geöffnete Unterricht* die Möglichkeit, der vielfach diagnostizierten Heterogenität der individuellen Lebensverhältnisse der Schülerinnen und Schüler gerecht zu werden. Aus der Perspektive der humanistischen Psychologie und der Sozialpsychologie lässt sich hinsichtlich der Beziehungsstruktur zwischen Lehrendem und Lernenden feststellen, dass im *geöffneten Unterricht* Kommunikations- und Interaktionsprozesse möglich werden, die einerseits den Kommunikationsbedürfnissen und kommunikativen Verhaltensgewohnheiten der Lernenden entsprechen und andererseits zugleich sachbezogenes und soziales Lernen unterstützen. Aus kognitionspsychologischer und konstruktivistischer Perspektive und mit Bezug auf neurophysiologische Argumente geht der Ansatz von der Öffnung des Unterrichts von einem veränderten Lern- und Leistungsbegriff aus. Danach ist Lernen ein individueller, selbst gesteuerter und eigenaktiver Prozess der Konstruktion von Wissen. Unter Berücksichtigung konkreter Lernsituationen erhält jede Schülerin und jeder Schüler die Chance, einen Entwicklungsprozess selbstständig zu vollziehen, den die Lehrperson und die Gruppe unterstützen. „Fehler werden in diesem Zusammenhang als Entwicklungsschritte, als Konstruktionsversuche auf der Grundlage vorhandener kognitiver Strukturen und Schemata gedeutet und interpre-

---

[221] Vgl. Wulf Wallrabenstein: Offene Schule – Offener Unterricht. Reinbek 1994.

tiert, wodurch der Lernprozess als solcher für die Lern- und Leistungsentwicklung der Lernenden eine maßgebliche Bedeutung erlangt."²²² In diesem Sinne stellt das Konzept von der Öffnung des Unterrichts auch eine Reaktion auf ein grundlegend verändertes Bild von Bildung und Lernen dar. Dass die allgemeinen Tendenzen zur Differenzierung und Individualisierung vor allem vor dem Hintergrund der veränderten Voraussetzungen notwendig und sinnvoll erscheinen, liegt auf der Hand. Dennoch zeigt die Schulrealität immer wieder, dass die innere Differenzierung vielerorts nur in Ansätzen durchgeführt wird oder durchgeführt werden kann.²²³ Sowohl zu hohe Klassenfrequenzen, zu heterogene Schülerpopulation mit vor allem wegen der unterschiedlichen ethnischen Herkunft stark voneinander abweichenden Lernvoraussetzungen als auch eine ungewöhnlich hohe Belastung der Lehrenden durch die aufwendigen differenzierenden Unterrichtsvorbereitungen zur Berücksichtigung verschiedener Lernniveaus werden häufig als manchmal unüberwindbare Probleme bei der Durchführung des Offenen Unterrichts aufgeführt. Die Gegenargumente und Kritiken beruhen meist entweder auf der Struktur der multikulturellen Gesellschaft, der die Innovationen eigentlich gerecht werden wollen, oder auf materiellen Bedingungen im Bildungsbereich. Auch werden als Hindernisse Probleme angegeben, die aus dem Umstand erwachsen, dass die Schüler nicht von Schulbeginn an konsequent an selbstständige Arbeit herangeführt wurden.

Offene Lernformen in der Kunstdidaktik: Kunstunterricht in Werkstattsituationen
Obwohl differenzierende Unterrichtsformen im Kontext der Kunstdidaktik nicht von einer derart heftigen Diskussion begleitet sind, wie dies in der Schulpädagogik und allgemeinen Didaktik der Fall ist, gibt es auch hier vermehrt Tendenzen, mittels methodischer Varianten Individualisierungsmöglichkeiten für Kinder im Bereich der ästhetischen Bildungsarbeit zu schaffen. Verlage entwickeln ergänzend zu kunstdidaktischen Themenheften Materialpakete.²²⁴ Mittels Arbeits- und Karteikarten²²⁵ mit

---

[222] Petra Hanke: Öffnung des Unterrichts. In: Wolfgang Einsiedler u.a. (Hrsg.): Handbuch Grundschulpädagogik und Grundschuldidaktik. Bad Heilbrunn 2001, S. 379.
[223] Vgl. die Studie von P.M. Roeder, die aufgrund von Befragungen von Gesamtschullehrern in Berlin darlegt, welche Hindernisse der inneren Differenzierung entgegenstehen. P.M. Roeder: Binnendifferenzierung im Urteil von Gesamtschullehrern. In: Zeitschrift für Pädagogik, Heft 43, 1997, S. 241–259.
[224] Vgl. *Grundschule Kunst,* Friedrich Verlag Velber. Zu dieser verhältnismäßig jungen Fachzeitschrift, die explizit für den Kunstunterricht der Grundschule konzipiert wurde, erscheint zu jedem Themenheft ein umfangreiches Materialpaket, in dem vor allem fachfremd unterrichtende Lehrende neben klassischen Materialien wie z.B. Folien von Kunstwerken auch Anregungen für freie Arbeitsformen finden.
[225] Alle Kataloge der gängigen bekannten pädagogischen Verlage, die Lehr- und Lernmaterialien herausgeben, enthalten heute Angebote an auch für den Kunstunterricht entwickelten Materialien, die im Sinne einer *freien Arbeit* einsetzbar sind. Exemplarisch sei hier lediglich genannt: Marianne Merz: *Freiarbeitskarten Bildende Kunst.*

unterschiedlichen – bestenfalls selbstständig zu lösenden – Arbeitsaufträgen sollen die Schüler auch im Bereich der ästhetischen Erziehung und künstlerischen Bildungsarbeit Gelegenheit bekommen, eigene, individuelle Lernsituationen zu gestalten. Aufgrund des gegenüber anderen Unterrichtsfächern immer noch verhältnismäßig hohen Anteils praktischer[226] Arbeitsformen und seinen genuinen Anteilen des bildnerischen Tuns im Kunstunterricht, entspricht dieser Tendenz in der Fachdidaktik am ehesten das sog. *Werkstattprinzip*, das Constanze Kirchner und Georg Peez für die Kunstdidaktik differenziert ausgearbeitet haben.[227] Für die Kunstdidaktik leitet sich der Werkstattgedanke aus fachlicher Perspektive aus dem Akademieprinzip ab. Als didaktischen Kernpunkt aller Auffassungen von Werkstatt sehen die beiden Herausgeber den Moment der Selbststeuerung des bildnerisch-ästhetischen Handelns wie die allgemeine Tendenz zur Öffnung des Unterrichts und der Schule. Sie gehen von der Überzeugung aus, dass das Werkstattprinzip besonders geeignet sei, individuelle ästhetische Erfahrungen zu ermöglichen und den Kindern Gelegenheit zu geben, diesen Erfahrungen Ausdruck zu verleihen. So geht es dem Werkstattgedanken im Wesentlichen „vorrangig um die Förderung der individuellen Persönlichkeitsentwicklung der Schülerinnen und Schüler durch selbst organisiertes Lernen in ästhetischen Bereichen, und zwar nicht indem allein vielerlei handwerklich-technische Angebote vorhanden sind, sondern es geht um ganzheitliches Lernen, das starre Fächergrenzen überwindet"[228].

Für die Klärung des Werkstattgedankens differenzieren Kirchner und Peez zwischen vier voneinander zu unterscheidenden Werkstattbegriffen: So meint Werkstatt erstens einen *Ort*, an dem etwas hergestellt bzw. repariert wird; Werkstatt wird dann konkret verstanden als Raum, „der Merkmale dessen enthält, was wir im Alltag als Werkstatt bezeichnen"[229]. Zweitens ist Werkstatt ein *Unterrichtsprinzip*, das prozessorientiert und experimentell

---

Erhältlich für die Bereiche: Grafik, Farbe, Druck. Als-Verlag Dietzenbach. Natürlich reagieren viele Verlage auf Ergebnisse didaktisch-methodischer Diskurse auch aus wirtschaftlichen Interessen. Dies zeigt allerdings, dass sie auf eine vorhandene Nachfrage der Kunden reagieren. Hier geht es also zunächst um die Tatsache, dass diese Materialien heute prinzipiell überall erhältlich sind, nicht um die Beantwortung der wesentlichen Frage, ob sie tatsächlich immer den Anforderungen didaktischer Prinzipien genügen, wie sie dies vorgeben.

[226] Wie sich im Verlauf der Untersuchung zeigte, ist der *Praxis*-Begriff in der Fachdidaktik Kunst keineswegs immer einheitlich definiert. Differenzierende Ausführungen dazu finden sich in den Kapiteln III.5 „KunstPädagogik und Ästhetische Operationen" und III.6 „Prozessorientierte Kunstpädagogik" in dieser Arbeit.

[227] Constanze Kirchner, Georg Peez (Hrsg.): *Werkstatt: Kunst*. Anregungen zu ästhetischen Erfahrungs- und Lernprozessen im Werkstattunterricht. Hannover 2001. Vgl. auch Adelheid Sievert: *Kunstwerkstatt*. In: *Die Grundschulzeitschrift*, Heft 118, 1998, S. 6–11.

[228] Ebd., S. 13.

[229] Ebd., S. 11.

die selbst gesteuerte Planung und Entwicklung von Vorhaben zum Ziel hat. Diese ästhetische Werkstatt im Sinne der inneren Schulentwicklung, „fördert durch die Vielfalt ästhetischer Materialien und Techniken entdeckendes, handlungsorientiertes, experimentelles und selbst organisiertes Lernen; sie regt zu aktiver Wahrnehmung und handelnder Aneignung von Wirklichkeit an"[230]. In Bezug auf Gert Selles Modell vom ästhetischen Projekt ergänzen die Autoren den Werkstattbegriff um ein drittes Verständnis: Werkstatt als ein subjektbezogenes Verständnis eines *geistigen Prozesses*, immateriell nach innen verlegt, als „ganzheitliches Involviertsein in das ästhetisch-praktische Tun – ohne Anbindung an operationalisierte Lernschritte, an räumliche Voraussetzungen, sondern das Einlassen auf individuell gesteuerte ästhetische Prozesse"[231]. In der letzten, vierten, Auffassung von Werkstatt tritt dann der *Kunst*bezug in den Vordergrund. Eine Werkstattsituation wird hier „konzeptionell als Kunstwerk interpretierbar"[232] verstanden. Das Werk selbst wird zur *substanziellen Werkstatt*, zur Werksituation, in der gearbeitet wird, zum künstlerischen Ort als begehbar, benutzbar, interaktiv kommunizierbares Kunstwerk.

Auch der – allerdings vom Werkstattunterricht definitorisch zu unterscheidende – *Projektunterricht* als eine alternative, vom traditionellen Frontalunterricht zu unterscheidende Unterrichtsmethode wurde von Fachdidaktikern für den Kunstunterricht ausgearbeitet.[233]

Die Rolle der Emotionen beim Lernen aus neurophysiologischer Perspektive
Aktuelle Ergebnisse aus der Neurobiologie fasst der Leiter der Ulmer Universitätsklinik für Psychiatrie und Gründer des *Instituts für Gehirnforschung und lebenslanges Lernen,* Manfred Spitzer, in mehreren Veröffentlichungen zusammen. Neuzeitliche Gehirnforschung betont gegenüber älteren, klassischen Lernmodellen besonders die Rolle der Emotionen beim Lernen, die als solche zwar seit Langem bekannt ist, sich aber erst seit den letzten Jahren genauer charakterisieren lässt. Obwohl das Studium der Emotionen mit neurowissenschaftlichen Methoden verhältnismäßig kompliziert ist – die Ergebnisse aus diesem Bereich sind noch weniger einheitlich als in anderen Bereichen höherer geistiger Leistungen –, wurde dennoch experimentell die Abhängigkeit der Gedächtnisleistung von emotionaler Beteiligung nachgewiesen: Akute emotionale Erregung kann dazu führen, dass

---

[230] Ebd.
[231] Ebd.
[232] Ebd., S. 12.
[233] Vgl. z.B. Gunter Otto: Projekte in der Fächerschule. Plädoyer für eine vernachlässigte Lernweise. In: *Kunst und Unterricht,* Heft 181, 1994, S. 35–37. Vgl. Gert Selle: Das ästhetische Projekt. Plädoyer für eine kunstnahe Praxis in Weiterbildung und Schule. Unna 1992. Vgl. Angelika Gerlach, Christina Willert (Hrsg.): Projekte zum Kunstunterricht. Berlin 1998.

bestimmte Dinge besser oder schlechter behalten werden.[234] Mit diesen Erkenntnissen wird aus Meinungen und subjektiven Erfahrungen gesichertes Wissen, das folgerichtiges Handeln für das Lernen in der Schule herausfordert. Die nachgewiesene Erkenntnis, dass emotionale Beteiligung das Lernen erheblich verbessert, macht nachhaltige Veränderungen zeitgemäßer schulischer Lernformen notwendig. Manfred Spitzer stellt außerdem die strikte Trennung einzelner Naturwissenschaften für das schulische Lernen infrage, da sie dem Schüler systematisch das nimmt, was er zum Lernen braucht, nämlich die Verbindung des Stoffes zu seiner eigenen Welt. Neueste Erkenntnisse aus der Neurobiologie machen auf mögliche Schwachstellen im herkömmlichen Schulsystem aufmerksam, indem sie beispielsweise die Überbetonung abfragbaren Wissens infrage stellen. Nach neuem Erkenntnisstand werden Emotionen nicht mehr als Widersacher des Verstandes gedeutet, vielmehr hat die Neurobiologie das Verständnis von Gefühlen als Gegenspieler vernünftigen Erlebens und Verhaltens umgewendet und praktisch auf den Kopf gestellt.[235] Spitzer stellt fest: „Während akuter Stress – wahrscheinlich über den Sympathikus vermittelt – zu verbessertem Lernen führen kann, haben extrem starker und insbesondere chronischer Stress negative Auswirkungen auf das Gedächtnis. (...) Es folgt, dass Lernen mit positiven Emotionen arbeiten sollte. Angst und Furcht können zwar kurzfristig das Einspeichern von neuen Inhalten fördern, führen jedoch langfristig zu negativen Effekten von chronischem Stress."[236] Spitzer hat in einer Untersuchung nachgewiesen, dass der emotionale Zustand, in dem neutrale Fakten gelernt werden, darüber entscheidet, in welchem Bereich des Gehirns diese abgespeichert werden: Fakten in einem positiven emotionalen Kontext werden im Hippocampus gespeichert, sind sie dagegen von negativen Emotionen begleitet, landen sie im Mandelkern. Warum es für das Lernen durchaus bedeutsam ist, in welcher Hirnregion bestimmte Dinge gespeichert werden, erklärt Manfred Spitzer so: „Der Hippocampus bewirkt das langfristige Speichern von Informationen in der Gehirnrinde. Die Funktion des Mandelkerns ist es hingegen, bei Abruf von assoziativ in ihm gespeichertem Material den Körper und den Geist auf Kampf und Flucht vorzubereiten. Wird der Mandelkern aktiv, steigen Puls und Blutdruck, und die Muskeln spannen sich an: Wir haben Angst und sind auf Kampf oder Flucht vorbereitet, eine in Anbetracht von Gefahr sinnvolle Reaktion. Die Auswirkungen betreffen jedoch nicht nur den Körper, sondern auch den Geist. Kommt ein Löwe von links, läuft man nach rechts. Wer in dieser Situation lange fackelt und kreative Problemlö-

---

[234] Vgl. Manfred Spitzer: Lernen. Gehirnforschung und die Schule des Lebens. Heidelberg, Berlin 2002. Darin: Kapitel 9: Emotionen. S. 157–173.
[235] Vgl. Antonio Damasio: Decartes' error. Emotion, reason and the human brain. Putnam, New York 1994.
[236] Manfred Spitzer: ebd., S. 172.

sungsstrategien entwirft, lebt nicht lange. Angst produziert daher einen kognitiven Stil, der das rasche Ausführen einfacher gelernter Routinen erleichtert und das lockere Assoziieren erschwert. Dies war vor 100 000 Jahren sinnvoll, führt heute jedoch zu Problemen, wenn mit Angst und Druck gelernt wird. Nicht, dass dann nichts hängen bliebe. Das Problem ist vielmehr, dass beim Abruf eben die Angst mit abgerufen wird. Daraus folgt: Landet gelerntes Material im Mandelkern, ist eines genau nicht möglich: der kreative Umgang mit diesem Material. Wenn wir aber wollen, dass unsere Kinder und Jugendlichen in der Schule für das Leben lernen, dann muss eines stimmen: die emotionale Atmosphäre beim Lernen. Wir wissen damit nicht nur, dass Lernen bei guter Laune am besten funktioniert, sondern sogar, warum Lernen nur bei guter Laune erfolgen sollte. Nur dann nämlich kann das Gelernte später zum kreativen Problemlösen überhaupt verwendet werden!"[237] Viele Forschungsergebnisse verdeutlichen die wesentliche Bedeutung der Gehirnforschung als Grundlagenwissenschaft für das Verständnis von Lernen. Für die Pädagogik fordert Spitzer, die mittels Hirnforschung erkannten Grundlagen der Lernprozesse zu berücksichtigen und daraus entsprechende Schlussfolgerungen auf ihre Anwendbarkeit in der Schule zu ziehen.[238]

---

[237] Manfred Spitzer: Medizin für die Pädagogik. In: DIE ZEIT 39, 2003.
[238] Angesichts der Zusammenhänge zwischen Neurowissenschaft und Bildungsforschung wird an der Universitätsklinik in Ulm die Gründung eines *Transferzentrums für Neurowissenschaften und Lernen* geplant, das die immer noch am Anfang stehende Integration von Gehirn- und Bildungsforschung vorantreiben soll. Dazu sagte Ministerin Dr. Annette Schavan in einer Regierungerklärung: „Der Bildungskongress im vergangenen Jahr in Ulm hat uns deutlich gemacht, wie wichtig die Ergebnisse der Hirnforschung für die Weiterentwicklung unseres Bildungswesens sind, hier ist Kooperation zwischen den medizinischen Fakultäten und den Pädagogen notwendig. Deshalb prüfen wir derzeit auf Vorschlag von Prof. Spitzer in Ulm die Einrichtung eines Instituts an der medizinischen Fakultät der Universität Ulm, das sich mit speziellen Fragen des Lernens und der Entwicklung von Lernstrategien aus der Perspektive der Hirnforschung beschäftigt." (Abschnitt 3, S. 14, Regierungserklärung, Verantwortung fördern, Qualität entwickeln, Bildung und Erziehung stärken. 27.03.2003).

4. Historischer Überblick über die kunstdidaktischen Positionen seit 1945

Eine Aussage Gunter Ottos zur Geschichte der Konzeptionen für den Kunstunterricht charakterisiert gut die Relativität und zeitgeschichtliche Gebundenheit dieses Phänomens: „Man muss sich darüber im Klaren sein, dass man seine eigenen Konzeptionen in aller Regel zu einem bestimmten historischen Zeitpunkt in Abgrenzung von anderen entwickelt. Damit ist jedes Konzept eine historisch notwendige Überakzentuierung dessen, was zuvor vernachlässigt war."[239]
Erst die Auseinandersetzung mit der geschichtlichen Entwicklung und Entstehung der einzelnen Konzepte macht es möglich, eine klare Sicht auf die vorliegende Problematik zu bekommen, einen eigenen Standpunkt zu beziehen, zu begründen und im vergleichenden Blick zu legitimieren. Hinsichtlich der sehr unterschiedlichen und miteinander konkurrierenden Positionen soll eine Grundlage geschaffen werden, um neuere Theorien vergleichend einordnen und bewerten zu können. Wie in den meisten historisch forschenden und vergleichenden Sozialforschungen kann die Kenntnis der geschichtlichen und politischen Entstehungszusammenhänge auch hier als eine wesentliche Voraussetzung für das Verständnis der gegenwärtigen Situation angenommen werden.

4.1 Kunsterziehung – musische Bildung

Ausgehend von einem ideologisch geprägten Menschenbild entwickelt sich in der deutschen Nachkriegszeit eine Kunstdidaktik, die sich stark gegen die Verkopfung der Schule wehrt. Es entsteht der allgemeine pädagogische Auftrag der *Menschenbildung*, welcher im Dienste der Förderung und Entwicklung aller sog. *schöpferischen Kräfte* gesehen wurde. Die damalige Hypothese vom Sinn der Kunst*erziehung* lautet: Das Schaffen im künstlerischen Sinn würde den Menschen zu einer harmonischen Persönlichkeit bilden. „Bilden und Werken sind wie Musik, Tanz und Spiel nicht Ziel im letzten Begriff, sondern Mittel zur Erreichung des eigentlichen Ziels, Bildung des ganzen, einigen und frohen und darum tüchtigen Menschen."[240]
Damit werden dem Schulfach vorwiegend allgemeine pädagogische Erziehungsaufgaben und keine Fachziele zugesprochen. Ziel ist die Ausbildung des musischen, ganzheitlich gebildeten Menschen, was nicht durch die *Verkopfung* der Schule erreicht werden könne, sondern einzig durch die *Besinnung, Muße und Pflege der schöpferischen Kräfte*. Die Kunst*erziehung* war ausgesprochen antiintellektuell und zivilisationsfeindlich eingestellt. Otto Haase sah in der Unrast der „modernen" Zivilisation eine Art

---

[239] Gunter Otto: Kind und Kunst. Zur Geschichte des Zeichen- und Kunstunterrichts. Band 1 und 2. Berlin 1977.
[240] Hans Meyers zitiert in Helmut G. Schütz: Kunstdidaktische Theorie. München 1975, S. 14.

Krankheit, gegen die das Musische als Therapie eingesetzt werden sollte.[241] Damit schloss sich das in den Jahren 1949 bis 1960 ausgereifte Konzept dem in der Nachkriegszeit entstandenen allgemeinen pädagogischen Auftrag der *Menschenbildung* der musischen Bewegung an. In Bezug auf die musische Bildung versteht sich die Kunsterziehung als fächerübergreifend. Otto Haase fasst Bildende Kunst, Sport, Spiel und Gymnastik, Musik und Jugendmusikbewegung, Sprache und Dichtung zum musischen Quadrivum zusammen. Gustav Hartlaub hatte 1930 sein Buch *Der Genius im Kinde* veröffentlicht, ein Titel, der vom unreflektierten Glauben an eine kindliche Schöpferkraft zeugt und auf den Glauben an die Wesensgleichheit von Kind und Künstler hinweist.[242]

Die *Kunsterziehung* war eine Konzeption, welche die Grundgedanken der *musischen Bildung* adaptiert hatte, die schon zu Beginn des 20. Jahrhunderts im Zusammenhang mit der Kunsterziehungsbewegung postuliert worden waren. Bereits im Jahre 1901 wurden auf dem Kunsterziehertag in Dresden die Bestrebungen dieser Bewegung zum ersten Mal offiziell diskutiert. Die Forderungen ihrer Vertreter waren nicht im Sinne der Ausbildung künstlerischer Fertigkeiten gemeint, sondern im Sinne der *Befähigung zum künstlerischen Gefühl*, einem Prinzip, das die gesamte Erziehung durchdringen sollte. Als allgemeine Definition der musischen Erziehung kann die von Fritz Seidenfaden formulierte Erklärung gelten: „Die musische Erziehung ist kein Sonderfach, sondern ein Prinzip. Sie erschöpft sich nicht in sogenannten musischen Fächern: Musik, Zeichnen, rhythmische Erziehung und Spracherziehung, wenngleich sie hier ihre Hauptwirkungen entfaltet. In der musischen Erziehung geht es um die Erhaltung der bildenden Kraft der Schule überhaupt."[243]

Das Ziel war die Förderung der Entwicklung schöpferischer Kräfte und die Bildung zum mündigen Menschen. Obwohl die verschiedenen Vertreter der *Kunsterziehung* jeweils unterschiedliche Akzente setzen, lautet die gemeinsame Hypothese, dass das Schaffen im künstlerischen Sinne den Menschen zu einer harmonischen Persönlichkeit bilden könne, woraus sich die Dominanz der *Eigentätigkeit* in diesem Konzept erklärt. Indem die Kunst in den Dienst der Erziehung gestellt wurde, sprach man dem Schulfach vorwiegend allgemein-pädagogische Erziehungsaufgaben zu, welche eng mit der Zielvorstellung eines musisch, ganzheitlich gebildeten Menschen verknüpft waren. In ihrer kulturkritischen Haltung, mit der sich die *musische Erziehung* gegen die Verkopfung der Schule, gegen Intellektualismus und Rationalismus wandte, wollte sie Raum schaffen für Besinnung, Muße und Pflege der schöpferischen Kräfte. Emotionalität wurde stark gegen Rationalität abgegrenzt und in ihrer pädagogischen Bedeutung gegenüber dem

---

[241] Vgl. Otto Haase: Musisches Leben. Hannover 1951.
[242] Gustav Hartlaub: Der Genius im Kinde. Breslau 1930.
[243] Fritz Seidenfaden zitiert in Helmut G. Schütz: Kunstpädagogische Theorie. München 1975.

Verstandesmäßigen aufgewertet, so dass die irrationalen Komponenten bei weitem überwiegen. Diskursives Denken wird von den Vertretern der *Kunsterziehung* so weit wie möglich vermieden. Die *Erziehung zur Kunst* in dieser Zeit sollte eine „Lebenshilfe zur Überwindung der als Krankheit bezeichneten Erscheinung der technisierten, industrialisierten Welt"[244] leisten. Die Rolle des Kunstwerks im Sinne der Kunsterziehung beschränkte sich im Wesentlichen darauf, auf den Menschen einzuwirken und in ihm *tiefere Gehalte* und *geistige Auseinandersetzungen* auszulösen. Um der Gefahr des formalistischen Analysierens zu begegnen, soll der Betrachter das Kunstwerk stimmungsmäßig erfassen und dabei jede distanzierende Haltung vermeiden. Dieses Konzept ist durch eine ideologische Verherrlichung von *Innerlichkeit* und *Subjektivität* gekennzeichnet.

4.2 Kunstunterricht

Seit dem Ende des Zweiten Weltkriegs brachten die 60er Jahre mit der Entwicklung des Konzepts des Kunst*unterrichts* tiefgreifende Umbrüche und Neuorientierungen. Dieses Konzept entsteht auf der Grundlage der Bauhauspädagogik, angeregt durch die pädagogischen Bemühungen einzelner Bauhauskünstler, insbesondere Johannes Itten[245] sowie unter dem Einfluss der Lernpsychologie. Entsprechend der Feststellung von Paul Klee: „Kunst ist nicht lehrbar, die Wege zur Kunst sind lehrbar", ist das Ziel des Kunst*unterrichts* die Erziehung *zur* Kunst, zum Verstehen gegenwärtiger Kunstrichtungen und -äußerungen.

Amerikanischen Entwicklungen folgend zogen neue Strömungen vor allem auch in das Bildungswesen ein. Das Schulfach Bildende Kunst wird vergleichbar allen anderen Schulfächern als ein Fach betrachtet, welches nun unter anderem die Kontrollierbarkeit des Lernprozesses und die Lehrbarkeit der Inhalte in den Vordergrund stellt. Wegweisende Vorstellungen eines plan- und analysierbaren Unterrichts beruhen auf den didaktischen Überlegungen von Heimann, Otto und Schulz, dem sog. Berliner Modell, ohne das auch der Kunstunterricht der folgenden Jahrzehnte nicht denkbar gewesen wäre. Dabei steht die neue Rationalität (die deutsche Bildungskatastrophe) der Emotionalität der Kunst*erziehung* extrem entgegen und öffnet grundlegend anderen Tendenzen in der Fachdidaktik den Weg. Während in der Kunst*erziehung* die emotionalen Komponenten vorherrschend waren, die Kunst zur Ausbildung einer harmonischen Persönlichkeit funktionalisiert wurde, setzten an diesem Aspekt die Hauptkritikpunkte der Begründer des Kunst*unterrichts* an. Angesichts der intellektualisierten technischen Sachwelt scheinen „nur" pädagogisch begründete Ziele unzeitgemäß. So vollzieht sich in den 60er Jahren ein Wandel von der Erziehung *durch*

---

[244] Ebd.
[245] Johannes Itten: Gestaltungs- und Formenlehre. Vorkurs am Bauhaus und später. Ravensburg 1975.

Kunst zur Erziehung *zur* Kunst, wobei sich die Rationalität sowohl im Sinne der Kontrollierbarkeit von Lernzielen als auch durch Planbarkeit von Lernschritten und Unterricht auszeichnet. Insbesondere Reinhard Pfennig formuliert nun das Ziel einer Erziehung zum *Bildnerischen Denken,* von seinem Schüler Johann Denker als die Fähigkeit des Menschen definiert, „für Dinge und Erscheinungen Zeichen zu setzen, aber auch Zeichen und Zeichensysteme zu erfinden, mit deren Hilfe Vorstellungen sichtbar gemacht werden können"[246].

Mit dem Erscheinen seiner Didaktik 1958 hat Reinhard Pfennig wesentlichen Anteil an der Überwindung der Kunsterziehung.[247] Pfennig formuliert die Einheit aus *Machen, Sehen und Sagen* als entscheidende Komponenten eines Kunstunterrichts, der sich in der Beschränkung auf objektive Komponenten auszeichnet. Durch praktisches Einarbeiten und theoretische Erörterung bildnerischer Gegenwartsprobleme sollen die Schüler zur aktiven Teilnahme am Kunstleben der Gegenwart befähigt werden. Kurt Schwertfeger und Ernst Röttger gehen in diesem Konzept von der Lehrbarkeit der Bildsprache als Komponenten des Künstlerischen aus, während Reinhard Pfennig und Gunter Otto der Ansicht sind, dass nur Lehrbares zum Gegenstand von Unterricht werden soll. Objektiv rationale Aspekte im Kontrast zur emotional überladenen Kunst*erziehung* bilden das wichtigste Kriterium des Kunst*unterrichts*. Insbesondere Gunter Otto geht davon aus, dass auch in der Kunst wie in allen anderen Schulfächern Lehre möglich ist. „Man kann musische Erziehung und mein damaliges Konzept Kunstunterricht wirklich in einem produktiven Gegensatzverhältnis sehen: Diffuse Ziel- und Inhaltsvorstellungen contra rationale Planung, bezogen auf einen Lernbereich, den nur dieses Fach vertreten konnte."[248] Didaktisch äußert sich diese Auffassung in der Spannung zwischen „Produktion und Reflexion", zwischen „rationaler Durchdringung und experimentellem Vollzug"[249]. Es kommt zu einer starken Interdependenz von Theorie und Praxis. Auf der Grundlage der Analyse der Gestaltungsprinzipien der Gegenwartskunst bekommt das Kunstwerk im Unterricht eine besondere didaktische Funktion. In der Auffassung Reinhard Pfennigs ist nur die „Analyse der Weg zum Bild"[250]. Durch die Orientierung an der Gegenwartskunst sollen den Schülern formale Gestaltungsprinzipien deutlich werden. Bildnerische Problemstellungen werden als pädagogisierte künstlerische Problemstellungen, wie sie auch Paul Klee exemplarisch vorgenommen hat, aus der Komplexität eines Werkes einzeln herausgelöst und

---

[246] Johann Denker: Kunstunterricht in der Grundschule. Oldenburg 1972, S. 51.
[247] Reinhard Pfennig: Gegenwart der bildenden Kunst. Erziehung zum bildnerischen Denken (1959). Oldenburg 1970⁴.
[248] Gunter Otto: Kind und Kunst. Zur Geschichte des Zeichen- und Kunstunterrichts. Berlin 1977.
[249] Gunter Otto: Kunst als Prozess im Unterricht. Braunschweig 1969, S. 201 ff.
[250] Reinhard Pfennig: Gegenwart der Bildenden Kunst – Erziehung zum Bildnerischen Denken. Oldenburg 1970.

als bildnerische Probleme dargestellt. Aus der Forderung nach dem Gleichgewicht zwischen Produktion und Reflexion ergibt sich die Tatsache, dass die Kunstbetrachtung als wesentlicher Sektor innerhalb des Fachunterrichts immer in Ergänzung und im Zusammenhang mit der praktischen bildnerischen Tätigkeit der Schüler eingesetzt wird. Günter Wienecke leitet aus den Ergebnissen der Transferforschung den Schluss ab, dass Bildnerisches Denken durch das Lösen ähnlicher Probleme in analog strukturierten Aufgaben, Prinzipien, Gesetzmäßigkeiten und Methoden gelehrt und gelernt werden kann.[251] Das Konzept des Kunst*unterrichts* kann als stark kunstwissenschaftlich ausgerichtet und an der Lernpsychologie orientiert bezeichnet werden.

4.3 Visuelle Kommunikation
In Anlehnung an entscheidende Gedanken in den philosophischen, gesellschafts- und kulturkritischen Schriften verschiedener Vertreter der Frankfurter Schule wie Theodor W. Adorno, Jürgen Habermas, Max Horkheimer und Herbert Marcuse entstand innerhalb der kunstdidaktischen Diskussion gegen Ende der 60er Jahre das Konzept der *Visuellen Kommunikation*. Eingeleitet wurde diese Diskussion unter anderem durch die Schrift Robinsohns *Bildungsreform als Revision des Curriculums*, in der besonders eine Revision der Inhalte des Bildungswesens gefordert wurde. Dabei wurde vor allem die pädagogische Relevanz des gesamten Bildungskanons überprüft. Die Kunstdidaktik, getragen von der Überzeugung einer gesellschaftlichen Konditionierung der Kunst, formulierte Kritikfähigkeit und Emanzipation zu wesentlichen Zielvorstellungen des Unterrichts. Es wurde scharf kritisiert, dass die Kunst, wie sie bisher in der Schule gelehrt wurde, in der Gesellschaft ein Randphänomen, ein Privileg einer nur sehr kleinen Schicht sei und deshalb keine bewusstseinskonstituierende Bedeutung mehr habe. Demzufolge hatte der Kunst*unterricht* einen Gegenstand ins Zentrum gestellt, der in der Lebensumwelt der meisten Schüler gar nicht relevant war. Damit wurde besonders die Zuwendung zur Gegenwartskunst kritisiert. Demgegenüber sollte der Blick nun auf die reale, die Schüler konkret und direkt umgebende Umwelt gelenkt werden. Auf dem theoretischen Gebiet der Fachdidaktik entstand eine lebhafte Diskussion über die neuen Inhalte und Intentionen der Bildung und des Kunstunterrichts. Die Verfechter der *Visuellen Kommunikation* propagierten die Aufnahme neuer Gegenstandsbereiche und Inhalte in den Unterricht. So wandte man sich jetzt besonders den „neuen" Medien, Film, Fernsehen, Illustrierten, Comics und Werbeanzeigen zu, deren manipulative Wirkung vorausgesetzt wurde. Auch der Bereich von Spiel und Aktion wird hier erstmals fachdidaktisch relevant.[252]
1970 veröffentlichte Heino Möller das ausgesprochen radikal formulierte Buch *Gegen den Kunstunterricht*, in dem er die bis dahin anerkannten

---
[251] Vgl. Helmut G. Schütz: Kunstpädagogische Theorie. München 1975, S. 48.
[252] Herbert Klettke: Spiele und Aktionen. Ravensburg 1970.

Intentionen scharf angreift und die veränderten Ziele und Inhalte der Fachdidaktik der *Visuellen Kommunikation* darlegt.[253] Unter völlig veränderten Vorzeichen zogen nun neue Inhalte in den Kunstunterricht ein. Anstatt isoliertes Schulwissen zu vermitteln, sollte jetzt von der aktuellen Bewusstseinslage und von den Bedürfnissen der Schüler ausgegangen werden. Wesentliche Zielsetzungen der angestrebten Bildung wurden die *Emanzipation* und die *Befähigung zu mündigem Verhalten*.[254]
Nachdem die Austauschbarkeit der Inhalte des formalen Kunstunterrichts diskutiert und kritisiert worden war, verlagerten sich die Schwerpunkte nun von den formalen Problemen der Kunst auf die soziologischen Bestandteile visueller Phänomene und richteten sich so an soziokulturellen Inhalten statt an formalen Gestaltungsproblemen aus. Dabei wurden die Vermittlung von Sachwissen über visuelle Medien sowie die Erarbeitung und Vermittlung von Methoden zum selbständigen Erwerb von Informationen und zum selbständigen Gebrauch der Medien angestrebt. Eine große Rolle spielte die Medienkritik. Durch die Analyse bestehender Kommunikationsformen, insbesondere der Massenmedien, sollten die Schüler deren Manipulationsmöglichkeiten erkennen. Im Sinne der Emanzipation war es Ziel, Sinn, Funktion und gesellschaftliche Relevanz des Phänomens Kunst, Geschichte und Gegenwart aufzuzeigen und deren Besonderheit im Gesamtbereich der *Visuellen Kommunikation* mit Hilfe ideologiekritischer Analyse einsichtig zu machen. Theorieorientierte Unterrichtsformen wie Analysen und Interpretationen traten gegenüber der praktisch bildnerischen Eigentätigkeit der Schüler stark in den Vordergrund, wobei das angestrebte Bewusstsein der Schüler sich auf soziokulturelle Systeme bezog. Dieses Konzept muss als stark soziologisch, politisch, philosophisch und gesellschaftskritisch orientiert bezeichnet werden. Vor dem Hintergrund der umfassenden Gesellschaftskritik kann festgestellt werden, dass der Streit zwischen den Vertretern des formalen *Kunstunterrichts* und den Verfechtern der *Visuellen Kommunikation* eigentlich stärker auf ideologisch erziehungswissenschaftlicher als auf fachdidaktischer Ebene ausgetragen wurde.

4.4 Ästhetische Erziehung

Bereits 1795 hatte Friedrich Schiller in seinen bekannten *Briefen über die ästhetische Erziehung des Menschen*[255] den Begriff der ästhetischen Erziehung geprägt und im Spieltrieb Wege gesehen, die Polarisierung zwischen Sinnlichkeit und Vernunft zu überwinden.[256] Ausgehend von neueren For-

---

[253] Heino Möller: Gegen den Kunstunterricht. Ravensburg 1970.
[254] Vgl. Herman Ehmer: Visuelle Kommunikation. Köln 1971.
[255] Friedrich Schiller: Über die ästhetische Erziehung des Menschen in einer Reihe von Briefen. (1793/1795). Stuttgart 1965.
[256] Eine aufschlussreiche präzise und kurze Erläuterung über Entstehungszusammenhänge und Zielvorstellungen von Schillers Philosophie bezüglich der ästhetischen

derungen der allgemeinen Pädagogik, die vor allem Hartmut von Hentig formuliert hatte, entwickelte sich Mitte bis Ende der 70er Jahre des 20. Jahrhunderts die *Ästhetische Erziehung*, eine Sammelbezeichnung für Konzepte, die sich nach den hitzigen Diskussionen um die *Visuelle Kommunikation* neu formierten. Für Hartmut von Hentig heißt *ästhetische Erziehung* vor allem Ausrüstung und Übung des Menschen in der ‚Aisthesis' (altgriechisch) – in der Wahrnehmung. Aisthesis ist durch den Doppelcharakter von sowohl sinnlicher und erkenntnisgeleiteter Wahrnehmung als auch lustbezogener, gefühlshafter Empfindung gekennzeichnet. In seinem Aufsatz *Das Leben mit der Aisthesis* (1969) vertritt Hartmut von Hentig einen Kunstbegriff, der über den Begriff von Kunst als Summe der etablierten anerkannten Kunstwerke hinausgeht.[257] Für ihn stellt die Kunst generell die *Exploration des Möglichen* dar, die wir als Gegengewicht zur Wirklichkeit dringend brauchen. *Ästhetische Erziehung* ist die systematische Ausbildung und Sensibilisierung der gesamten Wahrnehmungsmöglichkeiten, die Befähigung zur Erfahrung der Gestaltbarkeit der Welt sowie das Experimentieren mit der Mächtigkeit der ästhetischen Wirkungen. Im Sinne der Wahrnehmungsschulung und Sensibilisierung der Wahrnehmung wurde der inhaltliche Bereich des Unterrichts geöffnet. So wurden nicht mehr nur die Erscheinungen der *Kunst*, im Sinne der etablierten Kunst, der Formgebung und der *Visuellen Kommunikation* in die kunstpädagogischen Fragestellungen einbezogen, sondern auch die Schönheit von Landschaften, Menschen und Naturobjekten. Sowohl Kulturobjekte wie Kunstwerke als auch andere ästhetische Objekte bis hin zu Trivialobjekten werden nun zu Inhalten des Unterrichts. Zur Ausbildung aller menschlichen Sinne wird die Kunst als Mittel zur unmittelbaren ästhetischen Erfahrung gesehen und eingesetzt, wobei die *Erfahrung von Kunst* nicht durch die *Erklärung von Kunst* beeinträchtigt werden soll. Darüber hinaus werden auch Raum- und Materialerfahrungen angestrebt und die ästhetische Wahrnehmung wird als solche thematisiert.[258] Hentig erklärt: „Wenn man Kunst nicht als die Summe der anerkannten Kunstwerke, als die Objektivationen der durch die Ästhetik bestätigten Gestaltungsgattungen und -prinzipien auffasst, wenn man sie vielmehr schon mit den Wahrnehmungsprozessen beginnen und bis in die elementaren Ausdrucksmöglichkeiten bis hin zur Mode, zur Reklame, zur politischen Symbolik, zur Stilisierung oder Variation der sozialen Verhaltensnormen reichen lässt, dann wird deutlich, welche großen und wichtigen Bereiche unseres Lebens wir dem Zufall oder der Gewohnheit oder der Manipulation oder der Verödung überlassen: dass unsere ästheti-

---

Erziehung findet sich u.a. bei Adelheid Staudte (Hrsg.): Ästhetisches Lernen auf neuen Wegen. Weinheim, Basel 1993, S. 8 ff.
[257] Vgl. Hartmut von Hentig: Das Leben mit der Aisthesis. (1969). In: Gunter Otto (Hrsg.): Texte. Braunschweig 1975.
[258] Vgl. Maike Aissen-Crewett: Musisch-Ästhetische Erziehung in der Grundschule. In: Grundschule 7+8/1987. S. 29 ff.

sche Erziehung in einem grotesken Missverhältnis zu unserer ästhetischen Beanspruchung steht – und erst recht zu unserer wissenschaftlichen, beruflichen und politischen Erziehung."[259]

Eine besondere Position innerhalb der *Ästhetischen Erziehung* nimmt Rudolf Seitz ein. Vor allem in Bezug auf die Vor- und Grundschulpädagogik liegt sein Schwerpunkt auf einer gezielten Kreativitätsförderung: „Wenn vieles, was wir beklagen und bejammern verändert werden soll, muss eine neue Generation auch lernen, Veränderbares zu denken."[260] Dazu nennt Seitz insbesondere die Fähigkeiten: Sensibilität, Flexibilität und die Fähigkeit, neu zu definieren.

Unter dem Schlagwort *Lernen mit allen Sinnen* wurden zu Beginn der 80er Jahre die sinnlichen, lustbetonten Aspekte hervorgehoben. Dabei stand die Wiedergewinnung von – vor allem durch Medienrezeption – vernachlässigten leiblichen Erfahrungsmöglichkeiten im Mittelpunkt. Mit dem Versuch der Begründung für die Doppelung des Begriffs musisch-ästhetisch bildet sich etwa zu Beginn der 80er Jahre in Berlin die als Fachbezeichnung großgeschriebene *Musisch-Ästhetische Erziehung (MÄERZ)*[261] heraus. Die alleinige Verwendung des Adjektivs *musisch* wurde hier bewusst vermieden, stattdessen sollte der Begriff durch die Zufügung der Ausdrücke *ästhetisch/kulturell* entschärft werden. So wollte man der berechtigten Kritik gegen die *musische Bildung* gerecht werden, welche aus pädagogisch, gesellschaftlich, politisch und ästhetisch begründeten Richtungen kam. In Baden-Württemberg wurde Anfang der 80er Jahre der sogenannte *Musisch-Ästhetische Gegen-standsbereich* (MÄG) formuliert, der die Fächer Kunst, Musik und Sport umfasste. Den Versuch einer Begründung für eine *musisch-ästhetische Erziehung* unternahm seinerzeit das *Institut für Fernstudien* der Universität Tübingen.[262]

Im Kontrast zur *musisch-ästhetischen Erziehung* formuliert Maike Aissen-Crewett ihr Konzept der *ästhetisch-aisthetischen Erziehung*.[263] Dabei liegt die Betonung auf dem Aspekt des Aisthetischen als einer Alternative zur *musisch-ästhetischen Erziehung*. Die *ästhetisch-aisthetische Erziehung* definiert Aissen-Crewett als aus zwei Teilen bestehend: einem Bestandteil, der sich auf die schönen Künste bezieht sowie einem, der sich den Sinnen bzw. der Ausbildung der sinnlichen Wahrnehmung und Erkenntnis zuwendet.[264] Grundsätzlich kann auf die *Ästhetische Erziehung* – großgeschrieben – als ein Konzept verwiesen werden, das für das Fach Kunst steht. Hinter der klein

---

[259] Hartmut von Hentig: ebd., S. 25.
[260] Rudolf Seitz: Kunst in der Kniebeuge. München 1997, 9. Auflage.
[261] Vgl. Gundel Mattenklott: Grundschule der Künste. Vorschläge zur Musisch-Ästhetischen Erziehung. Hohengehren 1998.
[262] Deutsches Institut für Fernstudien (Hrsg.): Musisch-Ästhetische Erziehung in der Grundschule. 6 Hefte. Tübingen 1987-89.
[263] Maike Aissen-Crewett: Grundriss einer ästhetisch-aisthetischen Erziehung. Potsdam 1998
[264] Vgl. ebd. S. 25 ff.

geschriebenen *ästhetischen Erziehung* verbirgt sich das Ästhetische als Erziehungs- und Bildungsprinzip im klassischen Sinne.

Gunter Otto
Bei der Konzeption der *Ästhetischen Erziehung* nach dem Verständnis von Gunter Otto handelt es sich um ein insgesamt der Erkenntnis und einem *Auslegungsverständnis von Kunst* verpflichteten Modell.[265] Gunter Otto gilt als Protagonist einer rational orientierten Kunstdidaktik, die vor allem durch die Theorie und Praxis des *Auslegens* von Kunst bestimmt ist. Mit Ottos fachdidaktischer Position des Bilder-Auslegens und der Perceptbildung als kennzeichnende Determinanten seines Konzepts legt er ein Modell des Kunst-Verstehens vor, das aus der Kritik an einem Antiintellektualismus als einseitiger Akzentuierung in der Geschichte der Ästhetischen Erziehung erwächst. Das *Denken in Bildern* verfolgt das Ziel des Verstehens von Kunst. So formulierte er das Konzept des *Auslegens* als ein Modell rationaler Orientierung im Umgang mit Kunstwerken und stellt das Auslegen von Bildern und Auslegen in Bildern als Erkenntnisprozesse eigener Art vor.[266] Dieser fachdidaktische Ansatz steht sowohl in Beziehung zu Ansätzen der Ästhetikdiskussion des ausgehenden 20. Jahrhunderts im Sinne der Frage nach der ästhetischen Rationalität, wie sie von Martin Seel[267] thematisiert wurde, als auch zur Diskussion über Interpretationstheorien hinsichtlich der Leistungsfähigkeit unterschiedlicher Methodenkonzepte.[268] Hinsichtlich des methodischen Vorgehens betont Otto das Gleichgewicht von *Machen und Sagen*, was an die Gleichwertigkeit von *Machen*, *Sehen* und *Sagen*, wie sie Reinhardt Pfennig betonte, erinnert.
Durch Gunter Otto gelangte der Begriff der *ästhetischen Rationalität* in die kunstpädagogische Diskussion.[269] Otto bezieht sich bei seinen Überlegungen zur *ästhetischen Rationalität* und ihrer Bildungsrelevanz vor allem auf Martin Seel[270] und auf andere Autoren der aktuellen Ästhetikdiskussion

---

[265] Gunter und Maria Otto: Auslegen. Ästhetische Erziehung als Praxis des Auslegens in Bildern und des Auslegens von Bildern. Seelze 1987.
[266] Vgl. Gunter und Maria Otto: Auslegen. Ästhetische Erziehung als Praxis des Auslegens in Bildern und des Auslegens von Bildern. Seelze 1987, S. 16.
[267] Martin Seel: Kunst der Entzweiung. Zur Begründung der ästhetischen Rationalität. Frankfurt 1985.
[268] Otto nimmt außerdem Bezug zum Problem der Ergiebigkeit strukturalistischer Ansätze (Mukarowsky 1970), zur Diskussion über Spezialhermeneutiken im Sinne des Problems einer kunsthistorischen Hermeneutik (z.B. Bätschmann 1984), zur rezeptionstheoretischen Frage nach dem „Anteil des Beschauers" (Gombrich 1978), zum Problem des Vorverständnisses (Jauss, Gadamer) und zur Wahrnehmungsproblematik, wie sie bei den amerikanischen Transaktionalisten thematisiert wird (Ittelson/Cantril 1954).
[269] Otto Gunter: Ästhetische Rationalität. In: Wolfgang Zacharias: Schöne Aussichten? Ästhetische Bildung in einer technisch-medialen Welt. Essen 1991, S. 145-161.
[270] Martin Seel: Die Kunst der Entzweiung. Zum Begriff der ästhetischen Rationalität. Frankfurt/M. 1985.

wie Wolfgang Welsch und Dieter Heinrich. In der Beschreibung und Definition dieses Begriffs geht es ihm um das Verhältnis von Ästhetik und Rationalität. Mit der Formulierung der *ästhetischen Rationalität* benennt Otto einen eigenständigen Modus von Rationalität, der neben den theoretischen, wissenschaftlichen und begrifflichen Modi von Rationalität steht. Angelegt war dies schon im Begriff des *bildnerischen Denkens*, wie er von Reinhard Pfennig in Anlehnung an Paul Klee verwendet wurde.

Ästhetische Rationalität muss in Objekten und Prozessen der Produktion realisiert werden und kann sich vielgestaltig äußern. Otto konstatiert: „Der Diskurs über ästhetische Rationalität schlägt ein härteres Verständnis dessen vor, was Kunst im Gegenüber zur Wissenschaft und zur Alltagspraxis ausmacht – nicht Beliebigkeit, nicht Mystik, nicht Dekoration, nicht Luxus, sondern eine spezifische Erscheinungsform von Vernunft. Das nimmt der Kunst nichts, sondern gibt ihr einen anderen Status."[271] Gunter Otto plädiert dafür, das Schulfach Kunst gleichwertig zu anderen Fächern zu etablieren und setzt sich uneingeschränkt für eine Didaktisierung der Kunst ein.[272] Mit der Entwicklung des kognitiven Modells von Perzeption und Konzeption von Kunstwerken plädiert er für das plurale Zusammenspiel verschiedener Rationalitätstypen und legt ein Schema zur kognitiven Bildanalyse vor. In diesem Modell wird das Kunstwerk quasi als Objekt hingestellt, dessen Botschaft sich gleichsam rückstandslos auslegen, erschließen und interpretieren – und damit auch didaktisieren – lässt. Kritisch zu bewerten ist diese Tatsache insbesondere im Vergleich zu Differenzen im Kunstverständnis Adornos, der Kunstwerke als *Rätsel* beschreibt und Übersetzungen in Begriffe kritisch gegenübersteht.[273]

Ottos Konzept wurde in der Folgezeit insbesondere von Gert Selle kritisiert. Im *Otto-Selle-Disput* zeichnet sich eine – immer noch andauernde – Polarisierung zwischen der Forderung nach Aneignung von Wissen durch operationalisierte Vermittlung und der nach Selbstbildung des Individuums ab. So kritisiert auch Joachim Kettel Ottos Ansatz: „Tendenziell erfahrungsfremd soll der Schüler durch Auslegungsprozeduren zu operationalen Anschlussleistungen geführt werden, die zwar seine intellektuelle Dimen-

---

[271] Gunter Otto: Lehren und Lernen zwischen Didaktik und Ästhetik. Bd. 1. Ästhetische Erfahrung und Lernen. Seelze 1998, S. 76.

[272] Vgl. auch Maike Aissen-Crewett: Grundriss einer ästhetisch-aisthetischen Erziehung. Potsdam 1998, S. 96 und S. 236.

[273] Vgl. zu dieser Frage auch Maike Aissen-Crewett, die unter dem Motto „Wider die Didaktifizierung des Ästhetisch-Aisthetischen" Ottos und Adornos Konzepte einander gegenüberstellt und miteinander vergleicht: Das Kunstwerk als Objekt des „Auslegens" (G. Otto) oder als Rätsel (Th. W. Adorno). In: Aissen-Crewett: Grundriss einer ästhetisch-aisthetischen Erziehung. Potsdam 1998, S. 96 ff.

sion ansprechen würden, gleichzeitig aber umfassende künstlerische Denk- und Handlungsprozesse didaktisch zergliederten."[274]

4.5 Ästhetische Bildung

Seit den späten 1980er Jahren ist in der Diskussion um das Fach Kunst ein Widerstreit um die Begrifflichkeit von *Ästhetischer Erziehung* und *Ästhetischer Bildung* entbrannt.[275] Ziel der *Ästhetischen Erziehung* war die Entwicklung eines umfassenden aktiven Wahrnehmungsverhaltens und anwendbaren praktisch-ästhetischen Handlungswissens zur Erfahrung und Veränderung der Umwelt. Dabei wurden konkrete und lebensgeschichtliche Situationen und Erfahrungen der Kinder und Jugendlichen zum Gegenstand ästhetischer Aktivität und Reflexivität gemacht. Das mit seinen je eigenen individuellen Erfahrungen akzeptierte Subjekt stand nun im Mittelpunkt des ästhetischen Lernens. Orte der Aktivität und des Lernens erweiterten sich über die Schule hinaus, freiere Arbeitsformen und die Projektlernstrategie wurden zum didaktischen Mittel. Zugespitzte soziokulturelle Bedingungen, die konstruktivistische und poststrukturalistische Theoriedebatte und der diffuse lebensweltliche Ästhetisierungsprozess führten zu einer Skepsis gegenüber dem *Erziehungs*begriff, der angeblich zu direkt auf ein beschreibbares, fremdbestimmtes und für alle gültiges Lernergebnis zielte. Dagegen schien nun einigen Fachvertretern der Begriff der *Bildung* geeigneter. Obwohl auch der *Bildungs*begriff immer noch den Beigeschmack des klassischen Bildungskanons trägt, der die Ausstattung mit einem stabilen Wissenskern, unabhängig vom Erfahrungsbereich des sich bildenden Subjekts, vortäuscht, wird er doch von einer Reihe von Fachvertretern bevorzugt.[276]

Gert Selle
Insbesondere Gert Selle verweist entschieden auf den *Bildungs*begriff und beschreibt *Ästhetische Bildung* als „weitgehend individuell mitgesteuerten Prozess eines Bewusstwerdens in und am Ästhetischen, der von persönlichen Lernfähigkeiten, sozialen Lernsituationen, kulturellen Kontexten und lebensgeschichtlichen Wendungen zugleich abhängt und befördert wird"[277]. Hier werden im Vergleich zum *Erziehungsbegriff* die biografischen Verankerungen der ästhetischen Erfahrung und die Gegebenheit, dass ästhetische

---

[274] Joachim Kettel: Künstlerische Bildung und die Schule der Zukunft. Bericht über ein Symposium in Heidelberg und Schloss Rotenfels. In: BDK-Mitteilungen, Heft 1/2002, S. 9.

[275] Vgl. Adelheid Staudte: Ästhetische Bildung oder Ästhetische Erziehung? In: Wolfgang Zacharias: Schöne Aussichten? Ästhetische Bildung in einer technischmedialen Welt. Essen 1991, S. 245-255.

[276] Vgl. Gert Selle: Experiment Ästhetische Bildung. Reinbek 1990. Klaus Mollenhauer: Grundfragen ästhetischer Bildung. Weinheim und München 1996. Pierangelo Maset: Ästhetische Bildung der Differenz. Stuttgart 1995. Axel v. Criegern: Vom Text zum Bild. Wege ästhetischer Bildung. Weinheim 1996.

[277] Gert Selle: Experiment Ästhetische Bildung. Reinbek 1990, S. 21.

wie intellektuelle Arbeit immer eine Eigenarbeit des Subjekts ist, integriert. *Ästhetische Bildung* ist Teil der gesamten menschlichen Bildung und nimmt Erfahrungen des *ästhetischen Augenblicks* mit all seinen biografischen, kognitiven, emotionalen und zufälligen Aspekten und seiner Undurchschaubarkeit und Komplexität in sich mit auf.
Ausgangspunkt für Gert Selles Überlegungen ist unter anderem ein in den 80er Jahren des 20. Jahrhunderts entstandenes anthropologisches Interesse an der Entfaltung von Sinnlichkeit, besonders der Nahsinne und der ganzheitlichen Wahrnehmung. In seinen kunstpädagogischen Ausführungen lehnt Selle das insbesondere von Gunter Otto formulierte Konzept der *ästhetischen Rationalität* ebenso entschieden ab wie das des *ästhetischen Denkens* nach Wolfgang Welsch. Diese Ablehnung beruht auf der von ihm vertretenen Konzeption von ästhetischer Handlungsfähigkeit, die sich seiner Meinung nach weder auf *Denken* noch auf *Verhaltenskonditionierung* oder *Sinnenspiel* reduzieren lasse. Dagegen geht Selle von der Bedeutsamkeit einer Erfahrung der eigenen ästhetisch-künstlerischen Produktion aus. Dies steht in krassem Gegensatz zu Ottos Konzept von ästhetischer Rationalität, welches sich entschieden vom Rezeptionsaspekt her definiert. Gekennzeichnet sind Selles Überlegungen im Wesentlichen durch eine scharfe Kritik insbesondere an schulischen Bildungs- und Erziehungsmaßnahmen.[278] So äußert er heftige Kritik sowohl am Erziehungs- wie auch am Bildungsbegriff. Der *Ästhetischen Erziehung* spricht er aufgrund der Rat- und Folgenlosigkeit in der Praxis sowie ihrer Problemunangemessenheit nur noch legitimatorische Funktion zu und steht einem Verständnis von Ästhetischer Erziehung als Interventionen Dritter, die den Lernprozess beeinflussen, sehr kritisch gegenüber. Der Erziehungsbegriff zielt für Selle zu direkt auf ein fremdvorgestelltes Lernergebnis, welches zudem auch noch beschreibbar sein müsse, damit die erzieherische Maßnahme plan- und kontrollierbar würde.
Auch gegen den Begriff der *ästhetischen Bildung* äußert er Vorbehalte, „als damit selten der gefährdete Ausgleich selbst- und fremdbestimmter Erfahrungsarbeit des sich bildenden Subjekts gemeint sein dürfte, sondern eine Ausstattung, die dem individuellen Bestand an fixem Bildungskapital hinzugeschlagen werden kann"[279]. Da Selle entsprechend der traditionellen Bedeutung des *Bildungs*begriffs jedoch den individuell mitgesteuerten Prozess der Bewusstseinsbildung bedenkt, zieht er dennoch den Bildungs- dem Erziehungsbegriff vor.
Unter dem bewussten Verzicht auf Lernziele definiert Selle seine kunstpädagogische Arbeit eher als den *Versuch zur Anstiftung* oder der *Beihilfe zum ästhetischen Handeln und Selbstverstehen*. Darüber hinaus sieht er sich

---

[278] Vgl. Gert Selle: Das Ästhetische: Sinntäuschung oder Lebensmittel? Ästhetische Erziehung oder ästhetische Bildung? In: Gert Selle (Hrsg.): Experiment Ästhetische Bildung. Aktuelle Beispiele für Handeln und Verstehen. Reinbek 1990.
[279] Ebd., S. 21.

eher einer *Undurchschaubarkeit, dem Eigensinn und der anarchischen Dynamik* verpflichtet als der *ordentlichen Strukturierung*, die – so Selle – lange als einziger Nachweis pädagogischer Rationalität gegolten habe.
Gert Selle versteht *ästhetische Bildung* als Selbstbildung, die sich durch gleichwertige Interaktionen von Lehrenden und Lernenden herausbilde. Hier finde ein Austausch verschiedener Erfahrungsebenen, eine Mischung ästhetischer, interkultureller, moralischer, sozialer, politischer und praktischer Erfahrungen des Lebens statt. Für Selle ist „das Andere am Ästhetischen als ein Mittel zu verstehen, die Starrheit rationaler Formen und moralischer Standpunkte zugunsten von Bewegung des Mitgehens, Öffnens und Verwandelns zu lockern. Ziel könnte eine Kultur der Erfahrung und des Austauschs sein, in der sich die stumme Gewissheit ästhetischen Verstehens mit der Schärfe logisch-begrifflichen Denkens und den erklärten Haltungen gegenüber Wert und Sinn des Lebens zu einer (vielleicht widerspruchsvollen) Figuration neuer ‚Rationalität' produktiv zusammenfänden"[280].
Konkret artikuliert sich die *ästhetische Bildung* nach Gert Selle vor allem in der Neuentwicklung des tradierten Werkstattgedankens.[281] So ist für Selle die „Projektwerkstatt (...) ein überall denkbarer Ort, an dem die Aufnahme ästhetischer Arbeit vorstellbar ist und Erfahrungsroutine aufgebrochen werden kann"[282]. Selle versteht Werkstatt als einen „Ort der Selbstbestimmung des autonomen Wahrnehmungssubjekts"[283], womit Werkstatt für ihn zum „Paradigma für produktives Leben"[284] wird.
In der Artikulation des *Ästhetischen Projekts* ist Selles kunstpädagogisches Konzept grenzüberschreitend, intermedial und entfunktionalisierend, da er in der ästhetischen Arbeit die traditionellen Materialien und Techniken der bildenden Kunst mit ehemals kunstfremden Verfahren verbindet. Für das Ästhetische Projekt unterscheidet Selle zwischen dem Künstlerprojekt und dem kunstpädagogischen Projekt. Organisatorisch ist das Ästhetische Projekt statt durch zeitdimensionierte Stundenbegrenzung durch offene Zeiträume und offene Lernsituationen gekennzeichnet. Es erlaubt individuelle wie kollektive Arbeitsrhythmen, in denen der Selbstbildungsprozess fokussiert wird, und artikuliert sich als alternatives ästhetisches Lernen, fernab von didaktischen „Minimierungsstrategien".
Selles Forderung, die Arbeitsweisen von Künstlern und Künstlerinnen für eine Arbeit am Bewusstsein zu nutzen, steht ganz im Dienste von Selbstbildungsprozessen der Beteiligten im Hinblick auf Selbsterkenntnis, Selbstbestimmung und Selbstveränderung. Das Ziel ist die Reflexion und Transfor-

---

[280] Ebd., S. 18.
[281] Zum Werkstattbegriff vgl. auch Kapitel II.3.3.2 „Grundschule heute" in dieser Arbeit.
[282] Gert Selle: Das Ästhetische Projekt. Plädoyer für eine kunstnahe Praxis in Weiterbildung und Schule. Unna 1992, S. 42.
[283] Ebd., S. 46.
[284] Ebd., S. 47.

mation der im Werkprozess sich vollziehenden und ausdrückenden Erfahrung. Selle setzt auf ein hohes Freilassungspotenzial produktiver Kräfte in der Kunst. Das handelnd-reflektierende Subjekt soll in der symbolischen Konstruktion des Ästhetischen Projekts exemplarische Möglichkeiten für einen kreativen Umgang mit dem eigenen Leben bekommen.

Auch den von Selle eingebrachten Begriff der *ästhetischen Intelligenz*[285] definiert er vor allem im Kontrast zu Gunter Otto. Im Unterschied zu Gunter Otto, der seinen Begriff der ästhetischen Rationalität[286] in einer Traditionslinie des Denkens mit dichtgefügtem Quellenmaterial belegt, entbehren Selles Begrifflichkeiten ein gesichertes theoretisches Fundament. Selle kennzeichnet die ästhetische Intelligenz als einen „tastenden, eher fragenden, unfertigen, offenen Begriff"[287], der einem „ausgearbeiteten, in den didaktischen Diskurs eingeführten und diesen beherrschenden Begriff von ästhetischer Rationalität"[288] gegenüberstehe. Ästhetische Intelligenz will eher der Fragilität des künstlerischen Aktes gerecht werden, indem sie auf *Daseinsfärbungen, halluzinatorischeBewusstseinszustände, Visionen, Atmosphären*[289] und *Befindlichkeiten* achte und im ästhetisch-künstlerischen Akt dem *Zustand trance-artiger Wachheit, einer Geistes- und Sinnengegenwart, -entrückung oder -störung* gerecht zu werden versuche. Ästhetische Intelligenz könnte nach Selle „jene Potenz genannt werden, die das Subjekt entwickelt, um konstruktiv vorstellend und handelnd den Druck positiv zu machen, der von der (Selbst-) Erkenntnis ausgeht, die Wirklichkeit dieses einen uns geschenkten Lebens als eine individuelle immer neu (zu) erfinden und sich in dieser Aktivität gegenüber dem Anderen der Welt behaupten zu müssen. Es ist die Fähigkeit, die ich selbst aufbauen kann, um mit vollem Bewusstsein in dieser Welt Ich zu sein, sei es im Scheitern, sei es im Glück"[290]. Als Begründung für die bewusste Offenheit dieses Begriffs verweist er auf die Analogie zu künstlerischen Verfahren, in denen die Tendenz zur Schließung erkenntnishaltiger Begriffe umgangen werden müsse.

---

[285] Vgl. auch Gert Selle: Soll man von ästhetischer Intelligenz reden? Ein ketzerischer Einwurf. In: BDK Mitteilungen, Heft 2/1994 und Gert Selle: Baustelle für didaktische Begriffe. In: Gert Selle: Kunstpädagogik und ihr Subjekt. Oldenburg 1998, S. 103 ff.
[286] Vgl. Gunter Otto: Ästhetische Rationalität. In: Wolfgang Zacharias (Hrsg.): Schöne Aussichten? Ästhetische Bildung in einer technisch-medialen Welt. Essen 1991.
[287] Gert Selle: Kunstpädagogik und ihr Subjekt. Oldenburg 1998, S. 104.
[288] Ebd.
[289] Vgl. Gernot Böhme: Atmosphäre, Essay zur neuen Ästhetik. Frankfurt/M. 1995. „Atmosphäre" bezeichnet für Böhme eine Grundkategorie einer neuen Ästhetik wie auch ihren zentralen Erkenntnisgegenstand. Das primäre Thema von Sinnlichkeit ist bei Böhme nicht das Ding, das wahrgenommen wird, sondern das, was man empfindet. „Die Atmosphäre ist die gemeinsame Wirklichkeit des Wahrnehmenden und des Wahrgenommenen. Sie ist die Wirklichkeit des Wahrgenommenen als Sphäre seiner Anwesenheit und die Wirklichkeit des Wahrnehmenden, insofern er, die Atmosphäre spürend, in bestimmter Weise leiblich anwesend ist." Ebd., S. 34.
[290] Gert Selle: Kunstpädagogik und ihr Subjekt. Oldenburg 1998, S. 107.

In direktem Bezug auf die sog. subjektive Didaktik[291] argumentiert Gert Selle auf der Grundlage kognitionswissenschaftlicher Erkenntnisse und des Radikalen Konstruktivismus als erkenntnistheoretischem Paradigma. Dass er dabei extreme Standpunktdifferenzen innerhalb des gegenwärtigen Denkens im Bildungsbereich ausdrückt, wird in vielerlei Hinsicht deutlich: Ästhetische Intelligenz führt entgegen der ästhetischen Rationalität *transrationale Komponenten* in den Erfahrungsprozess ein, welche auf eine Ausdehnung der persönlichen und *subjektiven* Erfahrungsgrenzen im Sinne eines Wunsches nach Erweiterung des Existenzbewusstseins ausgerichtet sind. Wesentlich für seine Begriffsdefinition ist außerdem die der ästhetischen Intelligenz eigene Kompetenz, mit der sich das Subjekt aus dem Raum der *Verpflichtungen der Rationalität* entfernen könne und *in Wahrnehmen, Handeln* und *wildem Denken* seine eigenen Wege gehe.

Selle äußert eine durchgängige Skepsis gegenüber schulischen Bildungsabsichten: Ästhetische Intelligenz ist entgegen herkömmlichen Zugriffsweisen „integraler Bestandteil der Arbeit an der inneren Biographie. Sie ist eine durch ästhetische Eigenarbeit produzierbare, dem Subjekt zu Bewußtsein kommende Fähigkeit zur Orientierung des Lebens: Für die Schule erscheint sie nutzlos, den meisten Pädagogen suspekt. Aber eben das macht sie für das Subjekt, das selbständig lernen und leben will, unverzichtbar"[292]. Mit der Verwendung des Terminus der *Transrationalität* verweist Selle auf Momente, die von der ästhetischen Rationalität und dem ästhetischen Denken angeblich nicht abgedeckt werden können, da das Ästhetische die Grenzen der Rationalität überschreite. Im Hinblick auf eine Kunst, die sich der Prozedur des *Auslegens* entziehe und dennoch den Grund für wiedererkennbare, ästhetisch verschlüsselte Seinsbefindlichkeiten des Betrachtersubjekts bilden kann, bedürfe es der Transrationalität, um sowohl der Kunst als auch dem ihr begegnenden Subjekt gerecht zu werden.

Die der Kunst per se innewohnenden Grenzüberschreitungen machten es unmöglich, sie mittels ästhetischer Rationalität zu erschließen oder zu erklären. Statt einer unterrichtsfähigen Kunstbegegnung und Kunstübung geht es Selle um eine *befreite Intelligenz des Wahrnehmungsgenusses*, eine *persönliche Sinninterpretation* und *ästhetische Handlungsgelüste*. In diesem Sinne sei das Transrationale an der Kunst nicht in der Form des herkömmlichen, an ästhetischer Rationalität orientierten Kunstunterrichts zu vermitteln, da es nicht unterrichtlich zu normieren sei.

Durch die Unterscheidung zwischen der Kunsterfahrung als Quelle ästhetisch-rationalen Erkenntnisgewinns und einer biografie-erschließenden, Lebenssinn verändernden Instanz benennt Selle zwei grundsätzlich verschiedene Interpretationen von Kunstpädagogik.

---

[291] Vgl. Edmund Kösel: Die Modellierung von Lernwelten. Ein Handbuch zur Subjektiven Didaktik. Elztal-Dallau 1995.
[292] Ebd.

Seinen deutlichen Appell, die Kunstpädagogik wieder in eine ihr gebotene Kunstnähe zu rücken, begründet Selle mit dem Fehlen spiritueller und religiöser Erleuchtungen, die als Sinngebungsanlässe selten geworden seien. Selle vertritt die Überzeugung, dass in der Kunst – wie in der künstlerischen Erfahrung – eine produktive Form möglicher Selbstentwürfe liege. Er zieht die Konsequenz, dass, solange Sinnkonzepte für das Leben im pädagogischen Denken eine Rolle spielten, die Implementationen des Transrationalen in jeder Art ästhetischer Erziehungs- und Bildungspraxis unvermeidlich seien. Selles Ziel ist die ästhetische Erfahrungsarbeit des sich selbst organisierenden Subjekts, die in der werkstattähnlichen, kunstnahen ästhetischen Projektarbeit stattfindet.

Die Folgen des auf Gert Selle zurückgehenden Wandels in der aktuellen Kunstpädagogik sind sehr weitreichend und werden in der gegenwärtigen Situation kontrovers diskutiert. Erscheint den einen sein Modell konstruktiv zukunftsweisend, kritisieren andere gerade seine Ignoranz gegenüber konkret schulpädagogischen Gegebenheiten. So konstatiert Carl-Peter Buschkühle: „Das Wechselspiel zwischen Übungen der Versenkung und die davon ausgehenden gestalterischen Transformationen vermag es offenbar, in entsprechender Dehnung der Zeit ‚die Trennung von Geist und Körper, Gemüt und Verstand, Anschauung und Denken, Gestalt und Begriff' durchlässig und deren Polarität produktiv zu machen."[293] Constanze Kirchner dagegen kritisiert: „So sehr Selle die spezifischen identitätsstiftenden Erfahrungen an der Kunst und vor allem im aktiven Umgang mit Kunst betont, so wenig konkretisiert er seine Vorstellungen im didaktischen Interesse. Besonders für unterrichtliche Zusammenhänge in der Schule ignoriert Selle jegliche methodischen Überlegungen. Seine Erläuterungen basieren auf Erfahrungen mit Studierenden, also Erwachsenen. Der Transfer zu Schulklassen unterschiedlicher Altersgruppen wird nicht thematisiert."[294]

---

[293] Carl-Peter Buschkühle: Wärmezeit. Zur Kunst als Kunstpädagogik bei Joseph Beuys. Frankfurt/M., S. 386.
[294] Constanze Kirchner: Kinder und Kunst der Gegenwart. Zur Erfahrung mit zeitgenössischer Kunst in der Grundschule. Seelze 1999, S. 56.

III. Aktuelle Positionen zeitgenössischer Kunstdidaktik

Stand der Forschung
Eine ausführliche kommentierende Darstellung aktueller Konzeptionen, besonders solcher aus der Zeit um und nach 2000 liegt bisher nicht vor. In der 2003 erschienenen *Geschichte der Ästhetischen Erziehung* von Hans-Günther Richter finden aktuelle Ansätze nur rudimentäre Erwähnung.[295] Ältere fachdidaktische Modelle sind – ebenfalls von Hans-Günther Richter[296] sowie von Helmut G. Schütz[297] – hinreichend dargestellt worden. Unter der Überschrift *Kunstdidaktischer Diskurs, Texte zur Ästhetischen Erziehung von 1984 bis 1995* liegt ein von Dietrich Grünewald für die Zeitschrift *Kunst und Unterricht* herausgegebener Sammelband vor, der mit wichtigen Positionen fachdidaktischer Texte aus der Zeit zwischen 1984 und 1995 eine Übersicht für diesen Zeitraum bietet.[298]

Unter dem Titel *Konzeptionen der Kunstdidaktik – Dokumente eines komplexen Gefüges* legten Cornelia und Kunibert Bering mit ausgewählten epochaltypischen Textausschnitten 1999 einen kurzen Theorieband vor, der wichtige Positionen des historisch determinierten kunstdidaktischen Gegenwartsdiskurses präsentiert.[299] Kennzeichnend für diese jüngere Darstellung ist die Berücksichtigung komplexer gesellschaftlicher Gefüge als einem fundamentalen Problem der Pädagogik mit sich herauskristallisierenden Zweifeln an übergreifenden Lernzielen und allgemein zu setzenden Voraussetzungen. Dieser Theorieband folgt einem neuzeitlichen Paradigma, das Pluralität und Komplexität als Herausforderung annimmt und Theorieentwürfen verpflichtet ist, die Wahrnehmung im Sinne der Konstruktion von Wirklichkeit verstehen. Die Herausgeber berücksichtigen die Bezugswissenschaften Kunstwissenschaft und -geschichte, Philosophie und Kommunikationswissenschaft, verzichten aber auf die Dokumentation einiger wichtiger Positionen, wie z.B. der *Ästhetischen Bildung* Gert Selles, die eine wegweisende Funktion in der Didaktikdiskussion der 90er Jahre hatte.

Kürzere Übersichtsdarstellungen finden sich – allerdings jeweils eingebettet in Untersuchungen mit anderen Schwerpunkten – bei Carl-Peter Buschkühle, Maike Aissen-Crewett und Marie-Luise Lange. Carl-Peter Buschkühle gibt in seiner Untersuchung zur Kunst als Kunstpädagogik bei Joseph Beuys *Wärmezeit* eine knappe Übersicht über aktuelle theoretische Tendenzen, indem er Ansätze von Gunter Otto, Gert Selle, Raimar Stielow, Martin Zülch

---

[295] Hans-Günther Richter: Eine Geschichte der Ästhetischen Erziehung. Niebüll 2003.
[296] Hans-Günther Richter: Geschichte der Kunstdidaktik. Düsseldorf 1981.
[297] Helmut G. Schütz: Kunstpädagogische Theorie. München 1973.
[298] Dietrich Grünewald (Hrsg.): Kunstdidaktischer Diskurs. Texte zur Ästhetischen Erziehung von 1984 bis 1995. Sammelband der Zeitschrift *Kunst und Unterricht*. Friedrich Verlag, Velber 1996.
[299] Cornelia und Kunibert Bering: Konzeptionen der Kunstdidaktik. Dokument eines komplexen Gefüges. Oberhausen 1999.

und Wolfgang Zacharias erläutert.[300] Wesentliches Kennzeichen dieser Untersuchung ist allerdings seine interessegeleitete Perspektive vor dem Hintergrund kunstpädagogischer Gedanken Joseph Beuys' und weniger das Anliegen einer allgemeinen Übersicht über aktuelle Ansätze. Außerdem bleiben bei Buschkühle aus unerklärlichen Gründen wesentliche neue Ansätze, wie z.b. von Helga Kämpf-Jansen, Marie-Luise Lange und anderen sich an der Theoriedebatte beteiligenden Frauen, unberücksichtigt.

Eine gute Gesamtdarstellung aktueller Konzepte findet sich in Maike Aissen-Crewetts *Grundriss einer ästhetisch-aisthetischen Erziehung* aus dem Jahr 1998.[301] Aissen-Crewett gibt eine Gesamtdarstellung über aktuelle Konzepte besonders vor dem Hintergrund der aktuellen Theoriediskussion in der Philosophie der Ästhetik.

Unter der Perspektive *grenzüberschreitender performativer Aspekte* in der kunstdidaktischen Theorie und Praxis nimmt auch Marie-Luise Lange in ihrer Habilitationsschrift *Grenzüberschreitungen, Wege zur Performance*[302] neuzeitliche Konzepte der Kunstpädagogik in den Blick. Sie erläutert Gert Selles Modell vom *Ästhetischen Projekt*, die *Perceptbildung* Gunter Ottos, Wolfgang Zacharias' Projekte *Minimünchen* und *Pädagogische Aktion Spielkultur* sowie den Ansatz der *künstlerischen Feldforschung* Lili Fischers. Lange nimmt ebenso Bezug auf die Diskussion zwischen Barbara Wichelhaus und Pierangelo Maset bezüglich der kompensatorischen Funktion des Kunstunterrichts Ende der 90er Jahre.[303] Besondere Beachtung finden bei Marie-Luise Lange die drei FrauenKunstPädagogik-Tagungen aus den Jahren 1990, 1995 und 1997. Ausgehend von Problemen geschlechterdifferenzierten Herangehens im kunstpädagogischen Arbeiten in der ersten Tagung, wendet sich anschließend die geschlechterdifferenzierende Sicht thematisch mehr in eine grundsätzliche Positionierung zu allgemein kunstpädagogischen Fragestellungen. Besonders nach der Erfurter Tagung 1997

---

[300] Carl-Peter Buschkühle: Wärmezeit. Zur Kunst als Kunstpädagogik bei Joseph Beuys. Frankfurt 1997.

[301] Maike Aissen-Crewett: Grundriss einer ästhetisch-aisthetischen Erziehung. Potsdamer Studien zur Grundschulforschung Nr. 19, Potsdam 1998.

[302] Marie-Luise Lange: Grenzüberschreitungen. Wege zur Performance. Königstein 2002.

[303] Die Diskussion dieser Streitfrage ist 1995 in der Fachzeitschrift *Kunst und Unterricht* abgedruckt unter dem Titel: Barbara Wichelhaus: Zur kompensatorischen Funktion ästhetischer Erziehung im Kunstunterricht. In: *Kunst und Unterricht*, Heft 191/1995 und Pierangelo Maset: Von der Kompensation zur Suspendierung. In: *Kunst und Unterricht*, Heft 191/1995b. Wichelhaus rückt darin die problematische Schülerschaft, die mittels des Ästhetischen sinnliche, soziale, emotionale und Sinn-Defizite kompensieren, rehabilitieren und therapieren soll, in den Blick, wohingegen sich Pierangelo Maset als Protagonist einer systemtheoretisch-konstruktivistischen und differenztheoretischen Position in der Kunstpädagogik dagegen wendet, da „kompensatorisch orientierter Kunstunterricht die gesellschaftlichen Defizite, deren Wirkung er im Individuum ausgleichen und mildern soll, weder abschwächen noch verändern noch ihnen etwas entgegensetzen kann, sondern sie im Gegenteil auf Dauer stellt".

Aktuelle Positionen zeitgenössischer Kunstdidaktik

bildete sich das theoretische Paradigma poststrukturalistischer, konstruktivistischer und dekonstruktivistischer Thesen zum Verhältnis von Differenzwahrnehmung in ästhetischer wie pädagogischer Praxis, Gesellschaft und Kunst. Als zwei Themenschwerpunkte werden hier sowohl die innovativen Bezüge von Interaktivität und Multimedialität bedacht als auch Beispiele aus Kunst und kunstpädagogischer Praxis gezeigt, die verdeutlichen, wie sich Differenz im ästhetischen Produktions- oder Rezeptionsprozess als „unübersetzbares, ‚zwischen' den symbolischen Repräsentationen Bild-Ton-Sprache-Bewegung befindliches Phänomen entwickelt und einschreibt"[304]. Hinsichtlich der Vermittlung von Kommunikationskompetenz im Umgang mit Bildern verweist Marie-Luise Lange auf Axel von Criegern[305] und Henning Freiberg, womit sie die explosionsartige Entwicklung der Bildkommunikation auf der Basis der neuen Informations- und Kommunikationstechniken berücksichtigt.[306]

Der folgende Hauptteil der Untersuchung stellt gegenwärtig diskutierte Positionen der Kunstdidaktik dar, analysiert und vergleicht sie miteinander. In den meisten Konzeptionen finden mehrere Autoren Berücksichtigung. Die Untersuchungsmethode soll sowohl den Vergleich der Inhalte, Ziele und Methoden einzelner Vertreter innerhalb eines Modells ermöglichen als auch den Vergleich der Konzepte untereinander gewährleisten. Ohne den Anspruch auf eine gänzlich vollständige Übersicht, aber in der Überzeugung, dass es sich bei den ausgewählten Konzeptionen um für die Fachdidaktik bedeutsame Diskussionsbeiträge handelt, wurden ausgewählte kunstpädagogische Ansätze zur Analyse herausgegriffen. Die Reihenfolge der untersuchten Konzeptionen setzt keine Priorität und beinhaltet keinerlei Wertung, sondern folgt – soweit möglich – der chronologischen Reihenfolge und dem Lesefluss.

Die Themen kunstdidaktischer Debatten haben sich im Laufe der Geschichte immer stark gewandelt. Zu allen Zeiten wurden verschiedene Intentionen verfolgt, die jeweils andere, meist unmittelbar vorausgehende Zielformulierungen zurückdrängten. Je nach Situation kreist die – unbedingt als historisch determiniert zu verstehende – didaktische Diskussion um einige zentrale Begriffe, die jeweils verschieden gewichtet werden. Als spezifisches Kennzeichen zeitgemäßer Kunstdidaktikdiskussion muss das synchrone Auftreten miteinander konkurrierender Konzepte angenommen werden. Dies macht die Analyse konkurrierender Modelle zum notwendigen Bestandteil kunstdidaktischer Theoriebildung.

---

[304] Marie-Luise Lange: Grenzüberschreitungen. Wege zur Performance. Königstein 2002, S. 305
[305] Axel von Criegern: Vom Text zum Bild. Wege ästhetischer Bildung. Weinheim 1996.
[306] Vgl. Henning Freiberg: Thesen zur Bilderziehung. Plädoyer für ein neues Fachverständnis in der Bild-Medien-Gesellschaft. BDK Mitteilungen, Heft 2/1995.

1. Kunstpädagogik als kompensatorischer Kunstunterricht
Förderung, Erziehung und Therapie durch ästhetische Praxis

1.1 Einleitung und Ausgangssituation
Eine markante Tendenz fachlicher Legitimationen lässt sich mit dem Begriff *Kompensation* zusammenfassen. Das nachfolgend untersuchte Konzept beruft sich auf die gegenwärtige Beobachtung, dass Lernschwierigkeiten, Verhaltensauffälligkeiten und Erziehungsresistenzen schon lange nicht mehr nur an Sonderschulen, sondern zunehmend stärker auch an Regelschulen beobachtet werden. Diese kunstdidaktische Richtung beruht insbesondere auf der These, dass durch künstlerisches Gestalten eine Vielzahl gesellschaftlich erzeugter Defizite ausgeglichen werden könnte. Hinsichtlich des problematischen Schülerverhaltens konstatiert beispielsweise der Präsident des Oberschulamts Karlsruhe Werner Schnatterbeck: „Die dominierenden Alltagsprobleme (...) liegen eindeutig in den Bereichen auffälligen Schülerverhaltens und den damit zusammenhängenden Störungen, Konzentrationsschwächen und Motivationsproblemen."[307] Dementsprechend fordert der Kieler Erziehungswissenschaftler Waldemar Pallasch neben der pädagogischen auch eine therapeutische Handlungskompetenz für die alltägliche Schulpraxis des Lehrers, da es heute nicht mehr möglich sei, alle situativen Schwierigkeiten, Probleme und Konflikte in der Schule an Therapeuten abzugeben.[308] Immer häufiger zu diagnostizierendes problematisches Schülerverhalten regt auch unter Didaktikern des Faches Kunst dazu an, die Möglichkeiten, Chancen und Grenzen einer kompensatorischen Funktion von Kunstunterricht zu erwägen, so dass als Reaktion auf alltägliche schulpraktische Erfahrungen das *kunsttherapeutische Moment* des Kunstunterrichts in das Blickfeld der theoretischen Diskussion gerät und einige kunstpädagogische Ansätze sich unter dieser Perspektive zunehmend in einem Grenzgebiet zwischen pädagogischem und therapeutischem Handeln ansiedeln. Vor aktuellem Hintergrund ist zu fragen, ob die Kompensations-Diskussion zu einem eigenständigen Konzept oder eher zu Horizonterweiterungen eines zeitgemäßen Verständnisses von Ästhetischer Erziehung führt. Hiermit lebt ein kunstdidaktisches Problemfeld wieder auf, dessen Systematisierung sich in den 80er Jahren des 20. Jahrhunderts vor allem Hans-Günther Richter zugewandt hatte.[309] Richter unterscheidet in seiner Untersuchung zur *pädagogischen Kunsttherapie* verschiedene kunstdidaktische Modelle hinsichtlich ihrer Kombination der drei Konstituenten *Stoff, Inhalt-Ziel-Verbindungen* und *vor-ästhetisches Verhalten*, um diesen drei

---
[307] Werner Schnatterbeck: Lehrerfortbildung und erziehender Unterricht. Bruchsal 1992, S. 209.
[308] Vgl. Waldemar Pallasch: Pädagogisches Gesprächstraining. Weinheim/München 1995⁴.
[309] Vgl. Hans-Günther Richter: Pädagogische Kunsttherapie. Düsseldorf 1984; ders.: Zur Grundlegung pädagogisch-therapeutischer Arbeitsformen in der Ästhetischen Erziehung. Düsseldorf 1977.

miteinander konkurrierenden fachdidaktischen Ansätzen, die er auch als gegenstandsorientiert, themenzentriert und subjektorientiert ausweist, ein viertes Modell gegenüberzustellen, das sich durch eine „therapeutische Funktion des Ästhetischen"[310] auszeichnet. Hans-Günther Richter wie später auch Karin-Sophie Richter-Reichenbach geben als Zielformulierung dabei vor allem ein pädagogisches Ziel, die *Selbstidentifikation mit Mitteln der Kunst*, an und interpretieren die „pädagogisch-ästhetischen Maßnahmen mit ästhetischen Mitteln (...) als Teil einer generellen Umstrukturierung von Unterricht (...), einer Umstrukturierung, die auf die gestörte Lernbasis der Heranwachsenden reagiert und die von dem Grundsatz ausgeht, den Lerninhalt, die Aktivität vorrangig als Mittel (der Rehabilitation) einzusetzen"[311]. Richter veranschaulicht seinen Ansatz, der Sachlogik folgend, an Beispielen aus der Sonderpädagogik, schließt seine Abhandlung allerdings mit dem Appell, die Ausbildung aller Kunsterzieher künftig so zu gestalten, dass auch Lehrende an Regelschulen über Kompetenzen verfügen, um im Kunstunterricht die Planung und Durchführung kunsttherapeutisch ausgerichteter Aktivitäten realisieren zu können.

Als Richter 1977 seine Konzeption des *Therapeutischen Kunstunterrichts* und 1984 die *Pädagogische Kunsttherapie* vorlegte, löste dies bei Pädagogen wie Therapeuten gleichermaßen Widerspruch aus. So argwöhnten die Therapeuten plötzlich eine Pädagogisierung von Kunsttherapie, die Pädagogen dagegen eine Therapeutisierung von Kunstpädagogik. Vorbehalte in diese Richtung entschärfte Karin-Sophie Richter-Reichenbach mit dem Argument, dass Bildungseinrichtungen nicht schon zu therapeutischen Anstalten umfunktioniert würden, „wenn ihnen angesichts der Auswirkungen heutiger Lebensbedingungen auf die Identitätsbildung und die Persönlichkeitsentfaltung präventive Aufgaben im Sinne ‚gegenwirkender' Maßnahmen (Schleiermacher) abverlangt werden"[312], womit Richter-Reichenbach eindeutig eine Therapie und Pädagogik vermittelnde Position bezieht.

Dass die prinzipielle Frage nach den therapeutischen Momenten in der Kunstdidaktik immer wieder auftaucht, ist auf ihre historische Bedingtheit zurückzuführen. Beklagten schon die Vertreter des musischen Kunstunterrichts gesellschaftliche Defizite, so sind es auch heute erneut als soziokulturell diagnostizierte Befindlichkeiten, die diese pädagogische Diskussion anfachen und die Kunst nach ihrem Potenzial befragen, diese Mängel auszugleichen. Dabei ergibt sich heute aber die zwingende und unerlässliche

---

[310] Vgl. Hans-Günther Richter: Pädagogische Kunsttherapie. Düsseldorf 1984, S. 82 ff.
[311] Ebd., S. 18.
[312] Karin-Sophie Richter-Reichenbach: Pädagogisierung von Therapie oder Therapeutisierung von Pädagogik? In: Barbara Wichelhaus (Hrsg.): *Kunst*theorie, *Kunst*psychologie, *Kunst*therapie. Berlin 1993, S. 95-110, hier S. 95.

Forderung, aktuelle Probleme unter Abzug ehemals ideologischer Glaubenssätze zu fokussieren.

Als Ursachen für zahlreiche Verhaltensauffälligkeiten geben die Vertreter eines aktuellen Verständnisses des *kompensatorischen Kunstunterrichts* vornehmlich sozial und medial bedingte Veränderungen gesellschaftlicher Strukturen an, welche besonders auch Kinder und Jugendliche beeinflussen. Fehlende Freiräume, leistungsorientierte Erziehungsmuster und soziale Vernachlässigungen werden u.a. als Auslöser für Verhaltensauffälligkeiten, Konzentrations- und Lernschwächen oder geringe Schulmotivation angenommen. Zeitintensiver Mediengebrauch führt zu eingeschränkter Wahrnehmungsfähigkeit, Vereinzelung in der Gesellschaft zu fehlender Selbstwahrnehmung und eingeschränkter Integrations- und Kooperationsfähigkeit. Mangelnde Akzeptanz und Integration, insbesondere bei ausländischen Schülern können diese Probleme verstärken. Die hierbei entstehenden fließenden Übergänge zwischen Pädagogik und Therapie werden durch Untersuchungen gestützt, die seit längerem die Veränderungen des Lern- und Erziehungsortes Schule begleiten.

Das Konzept des *kompensatorischen Kunstunterrichts* lenkt wiederholt den Blick auf die unverminderte Bildungsbedeutsamkeit des Ästhetischen für die Persönlichkeitsbildung gerade unter den heutigen gesellschaftlichen Vorzeichen und fordert für den Bereich der ästhetischen Erziehung praktische wie bildungspolitische Geltung ein. Die Kunstpädagogik als eine Disziplin, die sich anteilig mit der Pädagogik, der normativen Erziehungstheorie und ihrem Bezugsfeld Kunst verknüpft sieht, ist hier in zweifacher Hinsicht eingebunden und durch eine – wie zu zeigen ist – problematische Doppelbindung gekennzeichnet.

Prinzipiell ist die Hypothese von der kompensatorischen Funktion künstlerischen Gestaltens auch in kunstdidaktischen Zusammenhängen nicht neu und kann historisch gesehen auf zwei Wurzeln zurückgeführt werden. Die erste Spur führt bis in die Zeit vor 1945 und in die frühe Nachkriegszeit zurück. Im Kontext der *musischen Erziehung* stand das Aktivieren der schöpferischen und emotionalen Kräfte des Menschen im Zentrum kunstpädagogischer Intentionen. Mit dem Ziel einer ganzheitlichen Menschenbildung sollten Kinder durch freies Zeichnen und Malen ihre Sinne und ihre bildnerischen Möglichkeiten ungehindert entfalten können. Die kompensatorische Funktion bestand dabei im schöpferischen Tun, das als Ausgleich zu den Lernfächern und Alltagsproblemen fungierte.[313] Die zweite Wurzel ist bedeutend jünger, entwickelte sich in den 80er Jahren des 20. Jahrhunderts und ging mit einer Kritik am formalen Kunstunterricht einher, bei dem das Einüben bildnerischer Techniken, Mittel und formaler Gestaltungsproble-

---

[313] Vgl. Gustav Kolb: Bildhaftes Gestalten als Aufgabe der Volkserziehung. Erster Teil Stuttgart 1926, zweiter Teil, Stuttgart 1927. Otto Haase: Musisches Leben. Hannover 1951. Hans Meyers: Die Welt der kindlichen Bildnereien. Witten 1957.

me im Zentrum standen. Die dazu etwas zeitversetzt verkündeten Zielformulierungen in Bezug auf einen emanzipierten Mediengebrauch im Kontext der *Visuellen Kommunikation* der 70er Jahre ließen anderorts die Forderung nach einer Besinnung auf die dadurch vernachlässigten Ausdrucksbedürfnisse von Kindern und Jugendlichen laut werden. So entwickelte sich in den 80er Jahren der Trend zum *Lernen mit allen Sinnen*, der mannigfaltige Sinnesübungen und Wahrnehmungsspiele im Kunstunterricht versammelte.[314]
Grundsätzlich muss zwischen genuin kunsttherapeutischen Konzepten und solchen Ansätzen unterschieden werden, die therapeutische Aspekte oder Intentionen als Momente in kunstpädagogischen Theorien annehmen, einer Variante, die hier beleuchtet werden soll.

Als wichtigste Vertreterin dieses kunstdidaktischen Ansatzes sei Barbara Wichelhaus genannt. Wichelhaus erläutert ihr Konzept vor dem Hintergrund gesellschaftlich bedingter Defizite und betont die kompensatorische Funktion ästhetischer Erziehung im Kunstunterricht als eine heute vorrangige Intention zeitgemäßer Kunstpädagogik, die zur Bewusstseins- und Verhaltensänderung von Schülern beitragen soll. Wichelhaus ist überzeugt, dass sich einerseits – wie jeder Unterricht – auch der Kunstunterricht vor den aktuellen Gegebenheiten nicht verschließen kann, anderseits gerade der Gegenstand und der spezifische Erziehungsauftrag dieses Faches besonders geeignet zu sein scheinen, diesen Defiziten zu begegnen und „Erziehungshilfen gegen gesellschaftlich bedingte Mängel anzubieten"[315]. Dabei geht es Wichelhaus nicht darum, das „Ästhetische auf diese Funktion zu reduzieren, sondern aufzuzeigen, dass vor dem Hintergrund spezifischer gesellschaftlicher Bedingungen menschliches, auch pädagogisches Handeln heute vorrangig in Verbindung mit der kompensatorischen Funktion ästhetischer Erziehung steht". Hier soll nicht das Missverständnis entstehen, dass es um „Erholung oder Entspannung von den Anforderungen des Mathematikunterrichts oder anderer schulischer Anstrengungen" geht, „sondern um Kompensation gesellschaftlich erzeugter Defizite und Mängel, die auf das Individuum einwirken und seine psychische und soziale Situation beeinflussen und nachhaltig negativ verändern können".[316] Heftigen Protest gegen dieses Konzept äußerte Pierangelo Maset, der – wie später erläutert wird – mit der Analyse des Kompensationsbegriffs einen inneren Widerspruch in diesem fachdidaktischen Ansatz konstatiert.

---

[314] Vgl. Adelheid Staudte: „Mit allen Sinnen lernen..." In: *Kunst und Unterricht,* Heft 87/1984. Ebenso: Gert Selle: Gebrauch der Sinne. Eine kunstpädagogische Praxis. Reinbek, 1988.

[315] Barbara Wichelhaus: Zur kompensatorischen Funktion ästhetischer Erziehung im Kunstunterricht. In: *Kunst und Unterricht,* Heft 191/1995, S. 16-17; diess.: (Hrsg.): *Kunst*theorie – *Kunst*psychologie – *Kunst*therapie. Festschrift für Hans-Günther Richter zum 60. Geburtstag, Berlin 1993.

[316] Barbara Wichelhaus: Kompensatorischer Kunstunterricht. In: *Kunst und Unterricht,* Heft 191/1995, S. 35-39, hier S. 35.

Zusätzlich folgt dieses Kapitel, sozusagen exkursiv, parallel einer weiteren, zweiten Spur, die der Tendenz nachspürt, wie schulpraktische Modelle unter dem Schlagwort *Künstler an die Schule* die kompensatorische Funktion von Kunst gewissermaßen institutionalisieren. Dies wird an einem Modell aus der Praxis untersucht, dem von Hildburg Kagerer entwickelten *KidS-Modell*. Unter dem Motto *KidS – Kreativität in die Schule* – konzipiert Kagerer, Kinder- und Jugendlichenpsychotherapeutin und Schulleiterin einer Berliner Hauptschule, eine Version kunst- und kulturpädagogischen Handelns, welche künstlerisches Arbeiten unter regelmäßiger Einbeziehung und Anleitung von Künstlern unterschiedlicher Genres zum festen Bestandteil schulischen Alltags erhebt. Dieses Schulprojekt stellt die erziehungswissenschaftliche Aktualität des Ästhetischen unter dem Motto *Erziehung und Bildung durch Ästhetik und Kunst* zur Diskussion.[317] Dieter Lenzen, erziehungswissenschaftlicher Begleiter dieses Projekts, integriert es in einen gesamtgesellschaftlichen Kontext, wenn er ausführt: „Angesichts des enormen öffentlichen Drucks vor dem Hintergrund des desaströsen Zustandes eines großen Teils der Jugend ist es nur zu verständlich, wenn Politiker und Praktiker nicht länger warten wollen, sondern ästhetische Projekte vom Schultheater bis zum Kreuzberger ‚Kids'- Projekt initiieren. In diesem wohl radikalsten Versuch, ästhetische Erfahrung zum Bestandteil des Bildungsprozesses zu machen, werden in einer Staatsschule alle bekannten Schemata durchbrochen: Hier wird nicht durch Kunstlehrer oder Kunstpädagogen Kunstunterricht gemacht, sondern teilweise höchst renommierte Künstler und Künstlerinnen arbeiten in einer Hauptschule (und nicht in einem Gymnasium), deren Schülerschaft zu 80% aus Ausländern besteht. Sie wirken an Projekten, die alle ästhetischen Genres übergreifen, Musik, Tanz, Akrobatik, bildende Kunst und mehr."[318]

Dass diesem Berliner Beispiel mittlerweile bundesweit eine Vielzahl von Schulen folgen, indem sie sich beispielsweise ein künstlerisches Profil geben, zeigt die nachhaltige Relevanz dieses fachdidaktischen Aspekts. Dabei wenden sich Schulen sowohl der kompensatorischen Funktion des Kunstunterrichts zu als auch einer institutionellen *Öffnung* der Schule, indem sie regelmäßigen Kontakt mit außerschulischen Personen und Institutionen pflegen und die Zusammenarbeit mit Künstlern in Schule und Unterricht integrieren. Kennzeichen aller dieser Modelle ist die praktische Verbindung von verschiedenen Forderungen sowohl aus der schulpädagogischen als auch aus der fachdidaktischen Theoriediskussion, ohne diese jedoch immer theoretisch zu reflektieren. Dies erschwert einerseits zuweilen die Untersu-

---

[317] Vgl. Dieter Lenzen: Die erziehungswissenschaftliche Aktualität des Ästhetischen. In: Gert Selle: Anstöße zum Ästhetischen Projekt. Eine neue Aktionsform kunst- und kulturpädagogischer Praxis. Loccum 1994, S. 17 ff.
[318] Dieter Lenzen: Ebd. S. 24.

chung der theoretischen Begründungen, führt anderseits jedoch anschaulich vor Augen, wie vieldimensional sich zeitgemäße Schul- und Kunstpädagogik insbesondere vor dem pluralistischen Hintergrund einer gesamtgesellschaftlichen Umbruchsituation artikuliert.

1.2 Zentrale Begriffe

Kompensation
Geht man dem Begriff *Kompensation* etymologisch nach, bedeutet er *Ausgleich, Entschädigung* und/oder *Entlastung*. Das Verb *kompensieren* wurde im 16. Jahrhundert als juristischer Terminus aus dem lateinischen *compensare* „(zwei oder mehr Dinge) miteinander auswiegen, abwägen" entlehnt, das Substantiv *Kompensation* im 17. Jahrhundert aus dem lateinischen *compensatio*, „Ausgleich[ung], Entschädigung, Aufrechnung"[319] übernommen. Im Begriff Kompensation verbirgt sich außerdem das Fremdwort *Pensum* für „zugeteilte Aufgabe, Arbeit, Abschnitt, ‚Lehrstoff'"[320].
Der Gedanke, die kompensatorischen, ausgleichenden und entlastenden Momente der Kunst in den Blick zu nehmen, lässt sich bereits bei Aristoteles im Zusammenhang mit dem Begriff der *Katharsis* (ethym. Reinigung, Läuterung; im psychologischen Sprachgebrauch verwendet im Sinn von Sich-Befreien von seelischen Konflikten und inneren Spannungen durch eine emotionale Abreaktion) nachweisen und findet sich bis zu Arnold Gehlens kunstsoziologischer These von der Entlastungsfunktion der Kunst im gesellschaftlichen Handeln, in den verschiedensten Ausformungen. Sigmund Freud formuliert in seiner Kunsttheorie die These vom künstlerischen Schaffen als einer Form der Sublimierung von Triebimpulsen, eine Theorie, die sich als produktives Gegenstück zu den philosophischen Ansätzen zur Katharsis auffassen lässt.
Dem Ansatz, dass die entlastende Funktion vom Kunstwerk selbst ausgeht, steht ein anderer Ansatz gegenüber, der die therapeutische Funktion in der „schöpferisch-ausdruckshaften Aktivität" der Heranwachsenden sieht. Hier wird das „Schöpferische" als regeneratives Moment sui generis angesehen und genutzt, ohne dass unbedingt eine Beziehung zu Kunstwerken hergestellt würde. Die Vorstellung von der Kreativität als *selbstaktivierendes Element* war seinerzeit auch eine bezeichnende Maxime für die *musische Erziehung*. Auch populäre Alltagserklärungen wie *die Kunst kommt eher aus den Unzulänglichkeiten des Lebens denn aus heiteren Himmeln* oder *der künstlerische Prozess kann als Quelle existenzieller Energie wirken*, weisen auf ähnliche Vorstellungen hin.
Ebenso heben manche Künstler selbst die therapeutischen Aspekte künstlerischer Arbeit hervor. So fertigte beispielsweise die mexikanische Malerin

---

[319] Vgl. Duden, Herkunftswörterbuch. Mannheim, Wien, Zürich 1989.
[320] Ebd.

Frieda Kahlo nach einem schweren Unfall, der starke Schmerzen, viele Operationen und lange Krankheitszeiten nach sich zog, eine Reihe von Selbstporträts an, die das eigene Leid anschaulich machten und der Künstlerin halfen, damit leben zu können.

Abb. 17: **Frieda Kahlo**
„Die gebrochene Säule", 1944,
Öl auf Leinwand, 40 x 30,7cm.
Mexiko City, Museo Frieda Kahlo.

In diesem Sinne wird beispielsweise auch der – gleichwohl nicht wissenschaftlich gemeinte – Satz von Joseph Beuys *Kunst ist Therapie, das ist das Wichtigste an ihr* im Kontext der Diskussion um die therapeutische Komponente der Kunstpädagogik des Öfteren zitiert, wobei zum Verständnis dieses Zitates allerdings unbedingt das gesamtkünstlerische Werk von Beuys im Blick bleiben muss. Beuys vertritt hier einen radikalen Therapiebegriff, indem er nicht Entspannung oder Katharsis, sondern Erregung, Chaos und Kreativität als erkenntnistherapeutische Wirkungen von Kunst identifiziert.[321] Hierzu greift er auf den Grundsatz der Homöopathie zurück: *Similia similibus curantur – Gleiches mit Gleichem heilen.*[322] Bezüglich der

---

[321] Siehe auch Carl-Peter Buschkühle: „Heilung durch Kunst". In: Ders.: Wärmezeit. Zur Kunst als Kunstpädagogik bei Joseph Beuys. Frankfurt 1997, S. 127 ff.

[322] Grundsatz der von Samuel Hahnemann begründeten Homöopathie ist die Behandlung von Krankheiten durch den Einsatz hochverdünnter Substanzen, die in größerer Menge beim gesunden Menschen das gleiche Krankheitsbild hervorrufen würden. Durch eine hohe Potenzierung wird der Wirkstoff nahezu völlig aufgelöst und ist nur noch als „energetische" Wirkung vorhanden. Als solche löst er im kranken Organismus eine Krise aus, welche die Leidenssymptome in Form der sog. Erstverschlimmerung zunächst verstärkt, danach jedoch die Selbstheilung des Körpers mobilisiert und so den Heilungsprozess in Bewegung setzt. Hinzu kommt die Beachtung der Einheit von Körper und Seele, der psychophysischen Einheit. Die Homöopathie sieht einen Zusammenhang zwischen seelischem Leiden und körperlicher

therapeutischen Komponente interpretiert Carl-Peter Buschkühle Beuys' Arbeiten als Werke, die „keine Behandlung nach dem Prinzip der Gegenanzeige" sind, „kein reizvolles Gegenmittel gegen psychischen Stress und ruinierte Umwelt. Im Gegenteil verstärkt ihre rätselhafte und bisweilen abstoßende Wirkung anscheinend das Leiden durch den Entzug des Schönen und Erbaulichen, durch eine Ästhetik des Hässlichen, Provozierenden"[323]. Buschkühle verweist darauf, dass in Beuys' Werken gesellschaftliche Krisen- und Leidensaspekte nicht direkt ansichtig, sondern in der Herkunft und Wirkung sowie im offen rudimentären Charakter der Objekte allenfalls „verdünnt" oder „energetisch" anwesend seien. Unter Berücksichtigung der Aktionszusammenhänge der meisten Arbeiten von Beuys erklärt Buschkühle ihre medizinische Wirkung – wie Beuys selbst betont habe – als eine Therapie des Denkens, die veränderte Formen des Handelns bewirken soll. „Der Ursprung der Veränderung geht plastisch – homöopathisch, vom Chaos, vom provozierten Leiden aus."[324] Buschkühle zitiert die Äußerung von Joseph Beuys selbst: „Aber mir lag gar nicht daran, die Logik weiterhin einseitig anzusprechen; mir lag daran, dass alle im Unterbewussten vorhandenen Residuen aufgebrochen und in Form eines chaotisch lösenden Vorgangs regelrecht in Turbulenz versetzt werden, denn der Anfang des neuen findet stets im Chaos statt."[325]

Kreativität
Der Kreativitätsbegriff spielt eine besondere Rolle vor allem bei der Projektbezeichnung des Berliner Schulmodells *KidS – Kreativität in die Schule*. Kreativität wird gängigerweise als Problemlösungsverfahren und -fähigkeit definiert, als ein *Aspekt des produktiven Denkens*, der maßgeblich daran beteiligt ist, dass ein Individuum bei Problemlösungsversuchen relativ flüssig und flexibel neuartige Einfälle und originelle Lösungen findet. Hildburg Kagerer, Leiterin des Projekts *KidS – Kreativität in die Schule*, bemüht eine sehr weit gefasste Definition von Kreativität und begründet ihre Entscheidung für den Kreativitätsbegriff mit Bezug auf den Experimentalphysiker und Nobelpreisträger Gert Binnig, der sagt: „Kreativität ist die Fähigkeit zur Evolution. (...) Damit etwas Neues entstehen kann, muss ausprobiert werden können. Hierfür jedoch steht in der Schule und sonst zu wenig Raum zur Verfügung und dadurch verkümmert diese dem Menschen immanente Möglichkeit und Notwendigkeit. (...) Zur Evolution gehört das Wagnis, gehört die Bereitschaft zur Veränderung. Wenn die Bereitschaft und die Fähigkeit, dieses Wagnis einzugehen, aufhört, dann ist dies

---

Krankheit, so dass eine Therapie des Denkens und der Lebenshaltung mit dem organischen Heilprozess einhergehen muss.
[323] Carl-Peter Buschkühle: Wärmezeit. Zur Kunst als Kunstpädagogik bei Joseph Beuys. Frankfurt 1997, S. 128.
[324] Ebd.
[325] Joseph Beuys zitiert in Carl-Peter Buschkühle: Wärmezeit. Zur Kunst als Kunstpädagogik bei Joseph Beuys. Frankfurt 1997, S. 130.

eine Einbuße an Lebendigkeit."[326] Kagerer ist überzeugt davon, dass als Gegenstand menschlicher Kreativität die gesamte menschliche Existenz, der Selbst-Ausdruck und die persönliche Entfaltung des Menschen bezeichnet werden können. So konstatiert sie: „Kreativität zielt auf ein Grundvermögen des Menschen und vielleicht auf das Humanum par exellence."[327] Auch Vilém Flusser bemüht den Kreativitätsbegriff, wenn er feststellt: „Der Vertriebene muss kreativ sein, will er nicht verkommen."[328]

1.3 Ziele und Intentionen

Barbara Wichelhaus: Kompensatorischer Kunstunterricht
Die Ziele des Kunstunterrichts unter der Perspektive seiner kompensatorischen Funktion sind an gesellschaftlichen Defiziten orientiert und lassen sich zunächst mit Begriffen wie Förderung der Identitäts- und Persönlichkeitsentwicklung, Ich-Stärkung und Selbstreflexion sowie mit Kreativität und Kommunikation verbinden. Dies sind vornehmlich Begriffe, die auf allgemeine pädagogische bzw. anthropologische Ziele hindeuten. Barbara Wichelhaus geht von einer gesellschaftlichen Umbruchsituation aus, die in alle Bereiche des menschlichen Lebens verändernd eingreift, Lebenssituation und Lebensgestaltung bestimmt und vielfach besonders von Kindern und Jugendlichen als Missstand krisenhaft erlebt und erfahren wird. Obwohl Schule, da traditionsverpflichtet, eher dem konservierenden als dem erneuernden Moment verpflichtet ist, gehen gesamtgesellschaftliche Entwicklungen, wie wir sie heute in Arbeitswelt und Technologie erfahren, keineswegs spurlos an der Schule vorbei. Gesellschaftlich erzeugte Defizite und Mängel wirken auf das Individuum ein und beeinflussen seine psychische und soziale Situation nachhaltig und/oder verändern sie negativ.
Wichelhaus erläutert den aktuellen Ist-Zustand der Gesellschaft als eine vornehmlich durch Störungen in den Beziehungen des Menschen gekennzeichnete Situation. Selbstentfremdung und Depersonalisation charakterisieren die Bezugnahmen des Menschen sowohl zu sich selbst wie auch zu anderen Menschen, zu Partnern, Gruppen, Gemeinschaften und Gesellschaften, was zum Verlust an sozialer Integration und Interaktion führt. Der Verlust von Werten und eine negativ erlebte Pluralität bestimmen häufig sowohl die soziokulturellen Lebensumstände als auch die psychische Situation des Einzelnen. Orientierungslosigkeit in widersprüchlichen oder gar

---

[326] Gert Binng: Von der Natur der Schöpfung. In: „du": Das sog. Kreative. Zürich 1992, S. 27-28. Vgl. auch: Gert Binnig: Aus dem Nichts: Über die Kreativität von Natur und Mensch. München 1989.
[327] Hildburg Kagerer: Leben zündet sich nur an Leben an. Schule im gesellschaftlichen Verbund. In: Erwin Beck (Hrsg.): Lernkultur im Wandel. Tagungsband der Schweizerischen Gesellschaft für Lehrerinnen- und Lehrerbildung und der Schweizerischen Gesellschaft für Bildungsforschung. St. Gallen 1997, S. 70.
[328] Vilém Flusser: Von der Freiheit des Migranten. Mannheim 1994, S. 103.

paradox empfundenen Systemen lassen viele Menschen Gefährdungen, Bedrohungen und Ungewissheiten in beinahe allen Lebensbereichen spüren. Wichelhaus beschreibt ein facettenreiches Bild verschiedener Mängel, in denen Gesellschaftsanalytiker unterschiedlicher Provenienz vor allem zwei Auswirkungen auf das Individuum sehen: Eine *Entindividualisierung* einerseits, die durch die prinzipielle Ersetzbarkeit des Individuums begründet ist, und eine *Aufwertung des Individuellen* andererseits, um die dadurch entstehenden Verluste zu kompensieren. Unter Bezug auf die Systemtheorie erläutert sie folgenden Zusammenhang: Es ist davon auszugehen, „dass die Gesellschaft, wie jedes System, Schwächungen zu vermeiden sucht. Die von ihr hervorgerufenen Mängel werden kompensiert, um die scheinbar unvereinbaren Anforderungen von technologischem Fortschritt mit den dazugehörigen Konsequenzen für Berufs-, Konsum- und Medienwelt einerseits, mit individuellen, sozialen und ökologischen Bedürfnissen andererseits in Einklang zu bringen. Die gut funktionierenden Mechanismen kurzfristiger Ersatzbefriedigungen durch massenhaft produzierte Konsumgüter reichen jedoch dafür nicht aus, da eine sinnstiftende Komponente fehlt, die zu grundlegender anhaltender Befriedigung des Individuums führen könnte"[329]. Als beobachtbare Symptome konstatiert sie besonders bei Kindern und Jugendlichen vermehrt Verhaltensauffälligkeiten, übermäßige Angst, verstärkte Aggressionen bis hin zu Erkrankungen psychosomatischer, psychischer und physischer Art, die als Reaktionen auf lebens- und menschenfeindlich erlebte Umwelt zu deuten seien.

Mit der Einschränkung, den Kunstunterricht zwar keinesfalls auf die kompensatorische Funktion zu beschränken, verweist Wichelhaus aber auf sein ausgleichendes Potenzial, diesen bezeichneten Symptomen entgegenzuwirken, und vertritt die Überzeugung, dass das Fach offenbar mehr als andere Fächer geeignet sei, Erziehungshilfen gegen gesellschaftlich bedingte Mängel anzubieten. Der hohe gesellschaftliche Stellenwert des Ästhetischen rücke zudem die ästhetische Erziehung als Instrument zur Kompensation in den Blick. Durch den immer problematischer werdenden Umgang mit einer Schülerklientel, die sich durch Lern- und Erziehungsresistenz auszeichnet, haben sich Veränderungen durchgesetzt, die die Bedingungen des Schulalltags prägen und die es zu berücksichtigen gilt. Fehlgeleitete Sozialisation, mangelnde soziale Orientierung, geringe Sachkompetenz und Desinteresse werfen die Frage auf: „Nutzt eine Utopie, deren entfernter Sollwert aufgrund des Istwerts als unerreichbar angesehen werden muss? Pädagogische und soziale Realitäten prägen das Lernen, die Kommunikations- und andere Verhaltensweisen der Schüler und Schülerinnen stehen der unmittelbaren Durchsetzung von emanzipatorischem Unterricht entge-

---

[329] Barbara Wichelhaus: Zur kompensatorischen Funktion ästhetischer Erziehung im Kunstunterricht. In: *Kunst und Unterricht,* Heft 191/1995, S. 16-17.

gen."[330] Das Konzept des *kompensatorischen Kunstunterrichts* nach Barbara Wichelhaus wird aus zwei Quellen gespeist:
„1. Die Gesellschaft benutzt ein Schulfach zur Bereitstellung von ‚Nischen', die Ersatzbefriedigungen von gesellschaftlich nicht mehr zu befriedigenden Bedürfnissen ermöglicht.
2. Der Lehrer ist aus pragmatischer Einsicht gezwungen, der kompensatorischen Funktion innerhalb der ästhetischen Erziehung eine Vorrangstellung einzuräumen. (...) Selbst der Lehrer, der sich einem kompensatorischen Kunstunterricht verweigert, kann letztlich im abhängigen System Schule kaum anders verfahren, als kompensatorisch zu wirken. Schließlich ist er auch zur eigenen Saturierung auf Kompensation von Defiziten angewiesen."[331]
Dabei steht das Fach Kunst vor dem Problem der Bindung an eine normative Erziehungstheorie einerseits und an einen schwer fassbaren Gegenstandsbereich Kunst mit divergierendem Kunst- und Ästhetikbegriff andererseits. In seiner „dienenden Funktion" würde ein derart ausgerichteter Kunstunterricht dem Anspruch der Ästhetischen Erziehung im Sinne eines kritisch-rationalen Selbst- und Weltverstehens nach Gunter Ottos Begriff von *ästhetischer Rationalität* zwar nicht gerecht, sei aber vor allem hinsichtlich der Intentionen, an denen sich Inhalte und Methoden selbstverständlich zu orientieren haben, heute maßgeblich durch seine kompensatorische Funktion bestimmt. Außerdem lässt Wichelhaus die Frage offen, ob sich nicht auch ein Kunstunterricht durchführen lässt, der kompensatorische Funktion hat, zugleich aber auch wesentlich dazu beiträgt, kritische Potenziale zu wecken, deren „erste Aufgabe es wäre, (kompensatorische) Kunst zu analysieren und damit die gesellschaftlichen Bedingungen ihres Entstehens aufzuzeigen"[332]. Wichelhaus' Feststellung, dass Verhaltensauffälligkeiten, Lernstörungen und Erziehungsresistenzen der „unmittelbaren Durchsetzung eines emanzipatorisch ausgerichteten Unterrichts"[333] entgegenstehen, deutet auf einen allgemein emanzipatorischen Bildungsauftrag und auf prinzipiell am Emanzipationsbegriff ausgerichtete Unterrichtsziele hin.

Pierangelo Maset: Von der Kompensation zur Suspendierung?
Heftigen Widerspruch gegen das von Wichelhaus artikulierte Konzept formuliert Pierangelo Maset. Mittels der Analyse des Kompensationsbegriffs konstatiert Maset einen Widerspruch des *kompensatorischen Kunstunterrichts*, da er ein Andauern von Problemen voraussetze, die er gleichzeitig auszugleichen oder aufzuheben beabsichtige. „Mit jedem kompensatorisch orientierten Kunstunterricht sollen *gesellschaftliche* Mängel und Defizite,

---
[330] Ebd.
[331] Ebd.
[332] Barbara Wichelhaus: Kompensatorischer Kunstunterricht. In *Kunst und Unterricht,* Heft 191/1995, S. 39.
[333] Barbara Wichelhaus: Zur kompensatorischen Funktion ästhetischer Erziehung im Kunstunterricht. In: *Kunst und Unterricht,* Heft 191/1995, S. 16-17, hier S. 16.

Fehlentwicklungen und Enttäuschungen abgeschwächt, gemildert oder gar aufgehoben werden. Das setzt voraus, dass eine gesellschaftliche Einrichtung wie der Kunstunterricht von sich aus dazu in der Lage sein könnte, bleibende Probleme zu vergänglichen zu machen. Dies wird jedoch gerade dann erschwert, wenn die wesentliche Ausrichtung dieses Unterrichts eine kompensatorische sein soll, denn damit werden die bleibenden Probleme im vorhinein als *dauernd* gedacht. Der kompensatorische Kunstunterricht setzt somit in jedem Fall ein Andauern derjenigen Probleme voraus, die auszugleichen oder aufzuheben er angetreten ist, und zwar sowohl in der intentionalen Form als auch in der gesellschaftlich zugewiesenen, denn die Legitimation für diese Zuweisung besteht in der Permanenz der Probleme, die mit ‚kreativen Methoden und Handlungen' ausgeglichen werden sollen."[334]
Neben allgemeiner Skepsis vor planbaren weltverändernden Wirkungen von Kunstunterricht warnt Maset insbesondere deshalb vor einem *kompensatorischen Kunstunterricht*, weil in dieser Variante der Kunstunterricht sich selbst aufheben würde. Wenn die Potenziale der Ästhetischen Erziehung zu großen Teilen zugunsten therapeutischer Absichten zurückgestellt werden, indem das *Sinnenhafte*, das *Kompensatorische* und das *Therapeutische* zu großen Themen und Intentionen des Kunstunterrichts werden, wird die produktive Auseinandersetzung mit jetzt lediglich als Beförderungsmittel für Kompensation genutzten ästhetischen Objekten aufgegeben. Jede intentional kompensatorische Orientierung behindert den Kunstunterricht in zweifacher Hinsicht: Sowohl der Wissenschaftsbezug als auch der Kunstbezug würden aufs Spiel gesetzt.
Maset stellt grundsätzlich in Frage, ob es in der Kunstpädagogik tatsächlich ausschließlich um das *Sammeln ästhetischer Erfahrungen* gehen könne und nicht auch wesentlich darum gehen müsse, Grundlagen und Möglichkeiten ästhetischer Praxen durch die Erarbeitung differenzieller Wissensformationen und -techniken zu entwickeln und zu erproben. Mit der Aufgabe des Wissenschaftsbezugs einerseits gingen die wissenschaftspropädeutischen Verarbeitungen verloren, die aber wichtig seien, um Zugänge zu ästhetischen Phänomen der Welt zu ermöglichen. Die Preisgabe des Kunstbezugs andererseits ließe der wissenschaftlich und verfahrensorientiert arbeitenden Gegenwartskunst keinen Platz mehr. Zeitgenössische Kunst sei zudem keineswegs kompensatorisch, sondern habe ihr eigenes Subsystem entwickelt. Dies existiere allerdings nicht in einem vermeintlichen Freiraum, sondern nur in einem Gebiet, in dem sich die Kunst zwar ausdifferenziert hat, welches aber *innerhalb* der bestehenden Machtstrukturen und funktionalen Zusammenhängen liege. Der unauslösbare Widerspruch von Kunst als die Gegebenheiten gleichzeitig transzendierend und kompensierend könne auch in dieser Konstruktion nicht gelöst werden. Maset formuliert überzeu-

---

[334] Pierangelo Maset: Von der Kompensation zur Suspendierung. Zur Kritik des kompensatorischen Kunstunterrichts. In: *Kunst und Unterricht,* Heft 191/1995, S. 18.

gend, dass es nicht darum gehen kann, einen Mangel zu verwalten und zum Ausgleich dieses Mangels ästhetische Handlungen zu konstruieren, so dass er schließt: „Die Alternative lautet nicht entweder Legitimation an hohen Bildungszielen oder Kompensation, sondern entweder Entwicklung und Erarbeitung einer zeitgenössischen Ästhetischen Bildung für das nächste Jahrtausend oder die Beibehaltung des niemand befriedigenden Bestehenden."[335]

Schulprojekt: KidS
Die Ziele der Schulprojekte wie beispielsweise des KidS-Modells sind vornehmlich dadurch gekennzeichnet, dass sie sich aus den für die einzelnen Schulen jeweils typischen konkreten Problemen oder Möglichkeiten ergeben. Zentral sind hier anthropologische Ziele wie Ich-Stärkung, Motivierung und Integration der Schüler in das schulische und gesellschaftliche Gefüge, um über eine gezielte Identifikation mit der Schule dem symptomatischen Gefühl von Bedeutungslosigkeit entgegenzuwirken. Diese Ziele sind maßgeblich aus konkreten, pragmatischen Gegebenheiten vor Ort entstanden, war doch die Situation an der Schule zu Beginn des Projekts durch hohe Gewaltbereitschaft, Aggressionen und Zerstörungswut der Schüler gekennzeichnet. Kagerer erklärt die zu beobachtenden Symptome überwiegend aus psychotherapeutischer Perspektive. Die Idee, Künstler in den Unterricht und das Schulleben zu integrieren, wurde quasi aus einer zufälligen Beobachtung geboren und begründet sich in einem Verständnis von Kreativität als einer wesentlichen Fähigkeit, Schüler gestaltend am gesellschaftlichen und schulischen Leben zu beteiligen.
Darüber hinaus entwickelt Kagerer die interessante Hypothese, dass die Ferdinand-Freiligrath-Schule, die Gründungsstätte von KidS, nur *ein* Ort unserer Gesellschaft ist, an dem sich deren Wunden und insbesondere die Unzulänglichkeiten des heutigen Schulsystems offenbaren. Mit dieser Hypothese verbindet sich die Suche nach generell schulpädagogischen Innovationen, die sich im Projekt, Künstler in die Schule zu integrieren, konkretisieren. Zudem stellt dieses Modell die klassische Lehrerrolle – nicht nur die des Kunsterziehers – radikal in Frage. Neben den konkreten Zielen, die schulischen Gegebenheiten direkt vor Ort zu verbessern, leistet dieses Modell in seinen Fragestellungen und Lösungsversuchen einen beachtenswerten Beitrag zur allgemeinen Schulentwicklung, indem es das System Schule im Sinne der *Belehrungsschule* gänzlich in Frage stellt und neue Wege und sinnvolle Alternativen sucht.

---

[335] Ebd., S. 20

Kunstpädagogik als kompensatorischer Kunstunterricht

1.4 Inhalte

Während „traditionell" ausgerichteter, am Erkenntnisgewinn im ästhetischen Feld orientierter Kunstunterricht seine Inhalte aus dem Bezugsfeld Kunst herleitet, bezieht *kompensatorischer Kunstunterricht* diese vornehmlich aus den subjektiv bedingten Situationszusammenhängen seiner Adressaten. Hans-Günther Richter beschreibt als elementar den „Rückgriff auf individuell ‚motivierte', lebensgeschichtlich bedeutsame Inhalte in den ästhetischen Angeboten an die Heranwachsenden – auch deshalb, weil solche Inhalte in dem problemlösenden, kunstorientierten Unterricht nicht im Vordergrund stehen können, damit die didaktische Rationalität nicht in Gefahr gerät"[336]. Die Wahl der Inhalte ist durch eine radikale Umstrukturierung von der Sache hin zum Individuum gekennzeichnet. Ausgangspunkte im kompensatorisch ausgerichteten Kunstunterricht sind nicht Inhalte, wie sie Bildungsplan oder Curriculum vorschreiben, sondern diagnostizierte symptomatische Störungen, psychische Grundkonflikte, emotionale und/oder intellektuelle Entwicklungsstörungen konkreter Schülergruppen. Mittels sog. *regressiver Verfahren* sollen Kinder und Jugendliche die Möglichkeit bekommen, „spezifische Erfahrungen im triebdynamischen, emotionalen und sinnlichen (optischen und haptischen) Bereich zu machen, die eine Basisfunktion für den Aufbau von höher strukturierten Wahrnehmungs- und Erkenntnisprozessen im Sinne der genetischen Erkenntnistheorie (Piaget, 1973) darstellen und in der Regel als besonders lustvoll erlebt werden"[337].

Abb. 18:
Rhythmische Beidhandzeichnungen, zweifarbig nach Musik,
4. Klasse. (Regressives Entladen und ganzheitliches Erleben)

Bei den *regressiven Verfahren* handelt es sich um Arbeitsformen wie z.B. Matschen, Kritzeln, Fingerpainting etc., die zum bildnerischen Ausdruck des Kindes auf früherer ontogenetischer Stufe zählen. Sensomotorische Er-

---

[336] Hans-Günther Richter: Vom Ästhetischen in Bildung und Erziehung, Förderung und Therapie. In: *Kunst und Unterricht*, Sammelband 2000. Lernchancen im Kunstunterricht, S. 18.

[337] Barbara Wichelhaus: Kompensatorischer Kunstunterricht. In: *Kunst und Unterricht*, Heft 191/1995, S. 35.

fahrungen und sinnliche Wahrnehmung sollen den Verlust ästhetischer Primärerfahrungen ausgleichen, der vielfach auch auf häufigen Mediengebrauch von Kindern und Jugendlichen zurückgeführt wird.[338] Barbara Wichelhaus verknüpft mit diesen Verfahren vor allem solche kompensatorischen Funktionen, die sowohl Entwicklungsdefizite kognitiver Art aus ontogenetischen früheren Phasen ausgleichen als auch positive Regression ermöglichen, um „emotionale Befindlichkeiten zu erzeugen und an verschüttete, verdrängte psychische Erfahrungen (Konflikte) anzuknüpfen"[339]. Außerdem versprechen diese Methoden ein ganzheitliches Erleben, um einseitigen Erfahrungen vorzubeugen. Der unmittelbarere Materialbezug – welcher auch bei Naturerfahrungen konstitutiv ist – soll einem vielfach diagnostizierten Wirklichkeitsverlust entgegenwirken und über intensiven ästhetischen Kontakt spezifische Realitätserfahrungen ermöglichen.

Darüber hinaus fokussiert Barbara Wichelhaus auch Themen, welche den Schülerinnen und Schülern Selbstwahrnehmung und Selbstdarstellung ermöglichen. Insbesondere vor dem Hintergrund gesellschaftlich erzeugter Entindividualisierung sei für Kinder und Jugendliche der Blick vorzugsweise auf Möglichkeiten der Selbstthematisierung zu richten. „Über die ästhetische Darstellung (im naturalistischen, psychologischen oder utopischen Selbstportrait, A.F.) soll eine spezifische Form des ‚Ich-Erlebens' vermittelt, ein Selbstkonzept aufgebaut werden, das zur Identitätsfindung und -entwicklung führt. Dabei geht es weniger um die Frage ‚wie sehe ich aus?', als um die Frage ‚wer bin ich?'"[340] Wichelhaus geht davon aus, dass mit den Verlusten der Beziehung zur eigenen Existenz und zur sozialen Umgebung auch ein Verlust an Modellen verbunden ist, die zur Interpretation von Welt geeignet sind, wodurch das Zurechtfinden in der Lebenswirklichkeit erheblich erschwert sei. Durch Symbolisierung in Bildern werde dagegen identitätsstiftende Kommunikation ermöglicht. Da bildhafter Ausdruck zudem an symbolisches Material oder narrative Elemente gebunden ist, gewinnen auch Mythen, Märchen und die eigene Fantasie besondere Bedeutung. Hierin verberge sich ein großes Potenzial, da „auch die Wurzeln der mythischen Inhalte im Psychischen liegen, deren Existenz im Symbolischen"[341].

Dass die Überzeugung von einer derart kompensatorischen Funktion auch von manchem Schulpraktiker geteilt wird, zeigt beispielsweise die Stellungnahme eines Lehrers, der ein biografisch orientiertes Unterrichtspro-

---

[338] Regression (lat.): Hier in seiner psychologischen Bedeutung im Sinne eines Zurückfallens auf eine frühere, kindliche Stufe der Triebvorgänge gemeint (Reaktivierung entwicklungsgeschichtlich älterer Verhaltensweisen bei Abbau oder Verlust des höheren Niveaus).
[339] Barbara Wichelhaus: Kompensatorischer Kunstunterricht. In: *Kunst und Unterricht*, Heft 191/195, S. 36.
[340] Ebd.
[341] Ebd., S. 39.

jekt mit Heranwachsenden aus sozialen Randgruppen dokumentiert: „So gesehen, könnten ästhetische Projekte für benachteiligte Jugendliche – wenn es darin um sie selbst geht – die Bedeutung kompensatorischer Bausteine bekommen, die das Selbstbewusstsein stärken, Verwirrungen lösen, Verluste ausgleichen, und Auswirkungen von Unterprivilegiertheit und geringer gesellschaftlicher Anerkennung mildern, möglicherweise zu deren Überwindung beitragen."[342]

1.5 Methoden der Vermittlung

Während Barbara Wichelhaus neben den speziellen Aufgaben, welche die eigene Person thematisieren, vor allem sog. regressive Verfahren beschreibt, sind die Schulmodelle weniger explizit an speziellen Methoden orientiert, die sich direkt aus einer primär kompensatorischen Funktion spezieller Verfahren oder Techniken ableiten. Hier wird vielmehr das künstlerische Gestalten generell funktionalisiert, um strukturverändernde Momente zu entwickeln, die wiederum in den schulpädagogischen Kontext um die allgemeine Diskussion der Schulentwicklung eingegliedert werden müssen.

„Künstler an die Schule"
Die mittlerweile immer häufiger zu findende Integration von Künstlerinnen und Künstlern in die Schule begründet sich nicht nur aus der kompensatorischen Funktion. Ein anderes Argument artikuliert sich vor dem Hintergrund der allgemeinen Schulentwicklung und der dort verankerten pädagogischen Forderung nach „Öffnung der Schule" und einer veränderten Lernkultur.[343]
Das Motto *Künstler an die Schule* verweist auf praktische Modelle, die sich durch die Zusammenarbeit zwischen Künstlern, Lehrern und Schülern auszeichnen, wobei derartige konzeptionelle schulpädagogische Varianten allerdings (noch) nicht theoretisch abgesichert sind. Ist es im KidS-Projekt vor allem die Hoffnung in die kompensatorische, identitätsfördernde und gewaltpräventive Funktion, begründen andere Schulen diese methodische Variante aus der allgemeinen Forderung nach einer *Öffnung der Schule*.
Die Diskussion um die „institutionelle Öffnung der Schule" wird in der schulpädagogischen Diskussion bereits seit den 80er Jahren geführt. Kerngedanke ist die Forderung, den Schülerinnen und Schülern den Übergang in soziale Lebensvollzüge zu ermöglichen bzw. ihnen solche Übergänge

---

[342] Peter Barth: „Mein Leben ist wie ein Baukasten" – Biografisch orientiertes Unterrichtsprojekt mit benachteiligten Jugendlichen. In: *Kunst und Unterricht,* Heft 223/224, 1998, S. 63.

[343] Unter dem Motto *KidS - Künstler an die Schule* führt auch beispielsweise das Augustinergymnasium in Friedberg/Hessen seit mehreren Jahren Projekte durch, die auf der Zusammenarbeit zwischen Lehrern und Künstlern beruhen. Hier begleiten Künstler zeitweise den Unterricht und/oder geben den Schülern Gelegenheit zu Atelierbesuchen.

zuzumuten. Hinter Bezeichnungen wie *community school*, *Gemeinwesenorientierung* oder *Stadtteilschule* steht ein Verständnis von Schule, das Schule als integrativen Partner bei der Gestaltung des sozialen Lebens sieht, als Ort der Begegnung und Kooperation versteht und zugleich auch Schüler zum Zwecke der Teilhabe am sozialen Leben in ein Netzwerk von außerschulischen Lernorten einbindet. Bei den Begründungen für die Öffnung von Schulen geht es um ihr Verhältnis zu anderen Institutionen und Organisationen, vor allem des Schulumfeldes, sowie ihre Beziehung zur Lebenswelt und Lebenspraxis. Ziel ist es, die Schule einerseits in die Lage zu versetzen, im Rahmen von Lernprozessen, Zusammenhänge der Lebenspraxis zu verdeutlichen, andererseits die Schüler nicht nur auf die zukünftige, sondern auch auf die aktuelle Lebensbewältigung vorzubereiten, indem Schule sich stärker der Lebenswelt zuwendet und sich aus dem geschlossenen Raum schulischer Subrealität heraus begibt.[344]

Allein in Berlin finden sich neben dem KidS-Projekt mehrere Schulen aller Schulstufen – meist allerdings mit einem künstlerischen oder kulturell-künstlerischen Schwerpunkt –, welche die Zusammenarbeit mit Künstlern praktizieren.[345]

Natürlich wird auch dieses Modell in der Öffentlichkeit und der fachdidaktischen Disziplin kontrovers diskutiert. Warnende Stimmen artikulieren meist die angesichts immer neuer Sparbestrebungen nicht ganz unbegründete Angst vor der Verdrängung des Kunsterziehers durch den „billiger" zu habenden Künstler, wogegen allerdings die Tatsache spricht, dass KidS beispielsweise nur mittels außerordentlicher finanzieller Unterstützung aus Industrie und Wirtschaft (BMW, Robert-Bosch-Stiftung) realisierbar war.

Unübersehbar wird mit diesem strukturverändernden Modell nicht nur das System Schule allgemein in Frage gestellt, sondern insbesondere die Leh-

---

[344] Vgl. Reiner Hildebrand-Stramann: Bewegte Schulkultur. Schulentwicklung in Bewegung. Butzbach-Griedel 1999, S. 17-18.

[345] Die Kurt-Schwitters-Oberschule (Gesamtschule mit gymnasialer Oberstufe) bezieht wie die Regenbogenschule Künstler im Teamteaching bzw. in Abstimmung mit den Lehrern in den Unterricht mit ein. Die Bettina-von-Arnim-Oberschule kooperiert mit der Jugendkunstschule am benachbarten ATRIUM und fördert auf diese Weise Schülerinnen und Schüler, die im Unterricht als interessiert und/oder begabt aufgefallen sind. Darüber hinaus findet in Berlin seit 1988 ein „Kunst-Werkstatt-Experiment" statt, bei dem jährlich etwa 40-45 einwöchige künstlerische Werkstätten an sechs Werkstattzentren angeboten werden. Für diese Werkstattprojekte können sich Jugendliche vom Regelunterricht an ihren Schulen freistellen lassen, um am Unterricht an anderen Orten und in anderer Weise teilnehmen zu können. Diese Werkstattprojekte werden durch eine Ausstellung bzw. Dokumentation abgeschlossen und sind nur in enger Kooperation mit Künstlerinnen und Künstlern durchführbar. Vgl. Berliner Landesinstitut für Schule und Medien, LISUM: Kurzfassung des Antragsschreibens auf Aufnahme in den Modellversuch der BLK (Bund Länder Kommission) „Zeitgenössische Kunst in die Schule" im Programm: Kulturelle Bildung im Medienzeitalter (Laufzeit 01.08.2001 bis 31.01.2005).

rerrolle, hier speziell die des Kunsterziehers. Durch die Integration eines Künstlers, also einer in der Regel nicht pädagogisch und didaktisch ausgebildeten Person, der eine wesentliche Vermittlungsfunktion im Rahmen der künstlerischen Ausbildung übertragen wird, stellt sich die brisante und dringende Frage nach einer neuen Rollendefinition des Kunsterziehers.[346] In jedem Fall wird die Authentizität einer Künstlerpersönlichkeit als wesentliches didaktisches Moment bewertet.

Ferdinand-Freiligrath-Schule: KidS – Kreativität in die Schule
KidS – Kreativität in die Schule – ist ein kunst- und kulturpädagogisches Schulprojekt im sozialen Problembezirk Berlin-Kreuzberg, welches die Forderung nach der kompensatorischen Funktion ästhetischer Prozesse einlöst, indem es Künstler und Künstlerinnen in den Unterricht einer Hauptschule mit einbezieht und kreativ-künstlerische Arbeitsformen zu einem festen Bestandteil des Schullebens erhebt. Dieser Schulversuch läuft an der Ferdinand-Freiligrath-Oberschule seit 1990 unter der Leitung von Hildburg Kagerer, einer analytischen Kinder- und Jugendlichen-Psychotherapeutin, heute Schulleiterin dieser Hauptschule. *KidS* hat mehrfach überregional und international Aufmerksamkeit erregt und nachgewiesen, dass die Präsenz und Authentizität der in den Unterricht und Schulalltag einbezogenen Künstler nachhaltig zur Verbesserung vieler Faktoren beiträgt, die Schule zu konstituieren.[347]

Die staatliche Ferdinand-Freiligrath-Hauptschule ist mit einem Anteil von 80% ausländischen Kindern und Jugendlichen geprägt von der multinationalen Zusammensetzung der Schülerschaft. Da in Berlin nur insgesamt 6% der Schüler Hauptschulen besuchen, gilt diese Schulform dort besonders als „Restschule", in der sich schwierige und lernschwache Kinder versammeln, die an den Gesamtschulen oft nicht aufgenommen werden. Viele Aussagen der Kinder zeugten von einem Lebensgefühl, das vorrangig von Hoffnungslosigkeit, Existenz- und Zukunftsangst beherrscht war.
Allen diesen Jugendlichen ist die Erfahrung der Entwurzelung gemeinsam. Kagerer sieht deutliche Zusammenhänge zwischen dem durch Unsicherheit und Misstrauen gekennzeichneten Lebensgefühl vieler Jugendlicher und den Erfahrungen der Vertriebenheit, die zudem oft noch von Schuld- und Schamgefühlen begleitet sind. Hinzu kommt das Gefühl von persönlicher Bedeutungslosigkeit, das mit der Abwesenheit von Entscheidungsbefugnis

---

[346] Genau dieses Problem trug seinerzeit dazu bei, dass nach offiziellem Beginn des KidS-Projekts ein Großteil des Kollegiums der Ferdinand-Freiligrath-Schule diese Schule verlassen hat.

[347] Leider liegt zum gegenwärtigen Zeitpunkt noch keine wissenschaftliche Auswertung des Projekts vor.

und Verantwortungsbereichen einhergeht. Potenziert wird dieses Gefühl durch den oft katastrophalen Zustand der Gebäude dieser Schulen, der wie ein chronisch wirksamer, subtiler Angriff auf Seele und Körper des Menschen wirkt. Dies provoziert Gleichgültigkeit und Indolenz bei denen, die sich resigniert zurückziehen, und Wut bei jenen, die die Hoffnung auf positive Veränderung noch nicht ganz aufgegeben haben. Eine „Krise der Wahrnehmung" zum eigenen Schutz ist die Folge.

In vielen Fällen litten die Kinder und Jugendlichen an einer oft zutiefst verletzten Kindheit, fühlten sich abgeschnitten sowohl von ihren persönlichen Stärken und Möglichkeiten als auch von konstruktiver gesellschaftlicher Beteiligung. Die Konflikte, die seit der Öffnung der Berliner Mauer unter den Jugendlichen verstärkt ausgetragen werden, spiegeln eine gesellschaftliche Situation wieder, die derzeit in hohem Maße geprägt ist von Misstrauen, Vorurteilen und Ängsten gegenüber Fremden und Fremdem.

Das KidS-Projekt entstand 1990 vor dem Hintergrund konkreter Bedingungen, den Problemen und Schwierigkeiten an dieser Hauptschule. Dennoch geht Kagerer davon aus, dass die in der Ferdinand-Freiligrath-Oberschule vorgefundenen Konflikte zwar diejenigen einer konkreten Einzelschule sind, diese Schule jedoch zu einem Ort geworden ist, an dem sich die Konflikte der heutigen Gesellschaft wie im Nukleus konzentrieren. Eine Schule also, die vorführt, wie die Institution Schule selbst an ihre Grenzen geraten ist, und neue Wege geradezu herausfordert. Kagerer ist geleitet von der Annahme, dass sich in dieser Schule allgemeine Symptome des herkömmlichen Schulwesens offenbaren, die zwar hier aufgrund konkreter Gegebenheiten besonders augenfällig und deutlich hervortreten, im Grunde genommen jedoch das Bildungssystem generell betreffen. Daher zieht sie das Fazit, dass konventionelle schulische Mittel oft nicht mehr geeignet sind, Jugendliche zu erreichen, und kritisiert das herkömmliche Schulsystem als „nekrophile Veranstaltung"[348], wenn sie feststellt: „Schule wird von vielen Kindern und Jugendlichen immer weniger als Ort erlebt, der sie im Sinne der Aufklärung wirklich frei macht, das heißt, der sie befähigt, den eigenen Verstand und die eigenen Sinne zu gebrauchen. Schule erscheint Jugendlichen immer weniger als Ort, der sie vorbereitet auf die Welt des Erwachsenenlebens und ihnen eine Vorstellung von aktiver Beteiligung an gesellschaftlichen Aufgaben vermittelt. In einer Zeit, die sich auseinander zu setzen hat mit dem Verschwinden von Grenzen, mit der Gefährdung der natürlichen Lebensgrundlagen, mit der Zunahme von Entfremdung und als Folge davon mit der Zunahme von Angst und Aggressivität und dem Ver-

---

[348] Hildburg Kagerer zitiert nach Reinhard Kahl: Akrobaten in der Schularena. Wirtschaft und Schule werden Partner. Ein Automobilkonzern hilft einer Berliner Hauptschule auf die Beine. In: DIE ZEIT, 4. Nov. 1999. (Nekrophilie, gr., lat., in psychologisch und medizinischem Sprachgebrauch verwendete Bezeichnung für abartiges, auf Leichen gerichtetes sexuelles Triebverlangen, den Tod suchend. Vgl. Duden Fremdwörterbuch, Mannheim 1974.)

lust von Kultur, ist es gefährlich, wenn Schule als künstlicher Raum erlebt wird, der immer weniger mit der Wirklichkeit der Welt zu tun hat. Hier zeigt sich, wie ernst eine Gesellschaft jenen ursprünglichen Auftrag nimmt, nach dem Schule Instrument zur Befreiung des Menschen sein soll."[349] Insbesondere die multinationale Zusammensetzung stellt für Hildburg Kagerer mehr dar als nur ein Nebeneinander verschiedener Kulturen und Traditionen. Hier sei etwas entstanden, „wofür wir (noch) keinen Begriff zur Verfügung haben. Die Ahnung ist jedoch präsent, dass das Ganze mehr ist als die Summe seiner Teile, und dass wir uns in einer Zeit befinden des Nicht-mehr-und-noch-nicht. Gerade an Orten wie diesen Schulen zeigt sich, dass in der Gemeinschaft von Fremden und Fremdem etwas Neues entsteht"[350].

Hildburg Kagerer interpretiert ihre Beobachtungen auf psychoanalytischer Basis. Die Überzeugung, in ihrer Gesellschaft nicht gebraucht zu werden, zwingt die Jugendlichen in Angst und Aggressivität, in den masochistischen Triumph, sich mit der Verliererrolle abzufinden und nur noch in der destruktiven Tat eine Möglichkeit zu sehen, auf die eigene Existenz aufmerksam zu machen. Kagerer interpretiert: „Es bestätigt sich, was man in der psychotherapeutischen Arbeit mit Jugendlichen immer wieder erfährt, dass die oft ungeheure Zerstörungswut und auch Zerstörungslust sich letztlich als der verzweifelte Versuch erweist, Realität zu erzwingen und zumindest auf diesem höchst paradoxen und verzerrten Wege auf sich aufmerksam zu machen und sich der eigenen Existenz zu vergewissern bzw. auf dem Weg der Destruktion Konstruktives zu erreichen. (...) Junge Menschen, die für sich keine konstruktive Möglichkeit der gesellschaftlichen Beteiligung sehen, können für eine Gesellschaft gefährlich werden."[351]

Die Dritten *kommen – Neuorientierung der Lehrerrolle*
Als vermutlich wichtigstes Strukturelement im Kontext der folgenden Innovationen entwickelte sich die kontinuierliche Zusammenarbeit von Schülern und Lehrern mit Künstlern und die Möglichkeit, Erfahrungen mit diesen sog. *Dritten* zu machen, was zu dem radikalen Versuch führte, die „pädagogischen Trampelpfade zu durchkreuzen"[352]. Aufgrund von Beobachtungen bei mehr oder weniger zufälligen Kontakten zwischen einer durch permanente Unruhe und Aggressionsbereitschaft gekennzeichneten Ausländerklasse und einem türkischen Bildhauer entstand 1989 erstmals die Idee und das Konzept für das KidS-Projekt. Hildburg Kagerer erinnert

---
[349] Hildburg Kagerer: „KIDS-Kreativität in die Schule". In: *Pädagogik,* Heft 4/1995, S. 10.
[350] Ebd.
[351] Hildburg Kagerer: Das Fremde hört nicht auf. Schule, ein Ort der gesellschaftlichen Weichenstellung. In: *Neue Sammlung,* Heft 4/1991, S. 576-596, hier S. 582.
[352] Vera Gaserow: Pädagogischer Salto. In: DIE ZEIT, 2. April 1993.

sich: „Während des Besuchs (einer Klasse bei diesem Bildhauer, A.F.) jedoch entdeckte ich in den Gesichtern dieser Jugendlichen zunehmend wache, aufmerksame, ja neugierige Augen. Ich sah Hände, die selbstvergessen, forschend über eine Plastik strichen, und ich hörte, wie diesen scheinbar völlig desinteressierten Jugendlichen echte Fragen entschlüpften wie diese: ‚Und wenn Sie Probleme haben können Sie die dann darstellen?'"[353]
So entstand der Plan, Begegnungen wie diese in Zukunft nicht mehr dem Zufall zu überlassen, sondern strukturelle Bedingungen zu schaffen, in denen Kontakte zwischen Schülern und authentischen Erwachsenen zur Regelmäßigkeit werden konnten. So wurden Künstler verschiedener Nationalitäten aus unterschiedlichen Bereichen in den Schulalltag integriert. In Form einer kontinuierlichen wöchentlichen Zusammenarbeit zwischen Künstlern, Schülern und Lehrern wurden strukturverändernde Prozesse initiiert. Zunächst im Rahmen von Wahlpflichtkursen konnten Künstler für die Bereiche Bildhauerei, Malerei, Fotografie, Film, Theater, Musik, Akrobatik u.ä. engagiert werden. Die kontinuierliche Präsenz von Künstlern erwies sich als konstruktiver „Störfaktor", der die traditionelle Lehrerrolle radikal in Frage stellte. Als Grundannahme und Hypothese in einem Antragstext an die Bund-Länder-Kommission für Bildungsplanung und Forschungsförderung (Berlin 1995) formuliert Hildburg Kagerer: „Durch die kontinuierliche und zugleich flexible Integration von ‚Dritten' im Schulalltag soll die traditionelle Schulstruktur, die geprägt ist von der ‚Dualität' zwischen Lehrer und Schüler, in ihren eingefahrenen Ritualen aufgebrochen werden mit dem Ziel, bei Schülern und Lehrern konstruktive Veränderungsprozesse auszulösen und zu sichern."[354] Indem Kommunikationsstrukturen zwischen Lehrern und Schülern durch qualifizierte „dritte" Personen von außen erweitert wurden, leistete diese Innovation einen Beitrag zur Neuorientierung der Lehrerrolle und ist so in den Kontext der allgemeinen Schulentwicklung einzugliedern.

Das KidS-Modell setzt auf die Authentizität von außerschulischen, in den Unterricht einbezogenen Künstlern als wesentliches didaktisches Element, um bei Schülern vorzugsweise anthropologische Ziele wie Ich-Stärkung, Motivation und Identifikation mit ihrer Schule zu bewirken. Diese Ziele sollen langfristig nicht nur zur einer Stabilisierung, sondern zu gravierenden Verbesserungen der Schulsituation führen und die Erfolgschancen und Zukunftsaussichten der Schülerinnen und Schüler verbessern.

---

[353] Hildburg Kagerer: „Leben zündet sich nur an Leben an." Schule im gesellschaftlichen Verbund. In: Erwin Beck (Hrsg.): Lernkultur im Wandel: Tagungsband der Schweizerischen Gesellschaft für Lehrerinnen- und Lehrerbildung und der Schweizerischen Gesellschaft für Bildungsforschung. St Gallen 1997, S. 60-90. Hier S. 67.
[354] Ebd. S. 86.

Entsprechend dem der Aufklärung verpflichteten Erziehungsbegriff, dem Menschen seine eigenen Fähigkeiten erschließen zu helfen, wird Schule in diesem Sinn nicht als *Belehrungsschule* verstanden, sondern soll „jungen Menschen Fähigkeiten vermitteln, die es ihnen ermöglichen, als freie, mündige Bürger, ihren Beitrag zum Gemeinwohl zu leisten und an den Entscheidungen, die alle ‚angehen' kompetent und verantwortlich teilzunehmen"[355]. In aufklärerischer Absicht versucht KidS den Gedanken zu verankern, dass die Schulqualität mit ihrer Fähigkeit korreliert, die Stärke des Individuums, seine kreativen Möglichkeiten zu entdecken und zu entwickeln. Schule müsse heute auf das Leben in der multikulturellen Gesellschaft vorbereiten und einem Gefühl von Bedeutungslosigkeit vorbeugen, wie es Kagerer als *das* symptomatische Grundgefühl vieler Schüler an ihrer Schule beschrieben hat. So könne Schule der Hoffnung auf ein Lebensgefühl eine Chance geben, das nicht beherrscht ist von Ausweglosigkeit, Sinnlosigkeit und einem die „Kräfte übersteigenden Kampf ums Dasein"[356].

1.6 Bezüge zu Pädagogik und Bildungstheorie

Zum Verhältnis von Pädagogik und Therapie
Zum Verhältnis von Therapie und Pädagogik gibt es verständlicherweise eine Fülle von Materialien und die Beziehungen zwischen Pädagogik, Didaktik und Therapie sind keinesfalls eindeutig definiert. Es ist hier der schwierigen Frage nachzugehen, welchem Verständnis von Therapie die Vertreter des kompensatorisch orientierten Kunstunterrichts folgen. Dies kann im Kontext dieser Untersuchung nur unter Berücksichtigung der diese Begriffe jeweils stark verkürzenden Verwendung geschehen. Dennoch können tendenzielle Entwicklungen verfolgt werden.
Therapie und Pädagogik sind etymologisch und formal wesentlich voneinander zu unterscheidende Begriffe. Dem Pädagogikbegriff liegt *pais* (griech.): Kind, Knabe zugrunde. In den Begriff Pädagogik ist *paideia* (griech.): Übung, Erziehung eingegangen. Der Begriff Therapie leitet sich aus dem griechischen *therapeia* (dienen, Dienst, Pflege) ab, das im 18. Jahrhundert als medizinischer Terminus entlehnt wurde und sowohl die Lehre von der Behandlung von Krankheiten als auch die Behandlung selbst meint. Seine ursprünglich auf *Krankheit* gerichtete Bedeutung ist also wesentlich zu bedenken, wenn Kunstdidaktiker von Therapie und Kompensation sprechen. Welchem Verständnis von Therapie folgen sie, wenn nicht Ärzte, sondern Lehrer zuständig sind?
Die kompensatorische Funktion von Kunstunterricht und die Verwendung des Begriffs Therapie markiert also einen Zwischenraum zwischen *Heilen*

---

[355] Ebd.
[356] Hildburg Kagerer: Das Fremde hört nicht auf. Schule, ein Ort der gesellschaftlichen Weichenstellung. In: *Neue Sammlung*, Heft 4/1991, S. 576-596, hier S. 587.

und *Unterrichten*, leitet den Blick auf den Zusammenhang des zu Unterscheidenden und verweist möglicherweise auf eine Doppelbindung pädagogischer Praxis und pädagogischen Handelns.

In Gunter Ottos Abhandlung über die Problematik des Therapiebegriffs in der (Kunst-) Pädagogik hebt er als wesentliches Unterscheidungsmerkmal zwischen *Therapie* und *Didaktik* die Tatsache hervor, dass Schule, Unterricht und Lernumwelt immer intentional ausgerichtet seien. Der „Lehrer – könnte man verkürzen – weiß, wohin der Schüler soll, der Therapeut begleitet den Klienten auf seinem Weg"[357]. In diesem Verständnis bietet sich der Therapeut dem Patienten als Gefährte seines eigenen Erkennens an, der Lehrer wird als „intentionale Umwelt" verstanden. Hinter dieser wesenhaften Unterscheidung verbirgt sich die Annahme, dass Lehrende (abgesehen davon, dass sie die beruflich-fachliche Kompetenz nicht besitzen) therapeutische Aufgaben nicht wahrnehmen können. Gegen eine therapeutische Ausrichtung von Unterricht spricht vor allem ein schulpädagogisches Verständnis, demzufolge der Schüler und die Schülerin selbst nicht das alleinige Problem des Unterrichts sind, sondern das Thema, die Sache und vor allem die Auseinandersetzung mit einem Thema. Wie sich diese Konstellation für das Fach Kunst gestaltet und welche Risiken sich im auch schon tendenziellen Aufgeben der fachlichen Inhalte verbergen, hat beispielsweise Pierangelo Maset ausformuliert.

Dennoch bezweifelt Gunter Otto die Ansicht vom strikt diametralen Gegensatz zwischen Didaktik und Therapie. Er spricht sich für eine didaktische Aufmerksamkeit aus, die Momente im Lernprozess nicht ausschließt, welche mit therapeutischen Positionen korrespondieren. Seine Perspektive wird dadurch gestützt, dass mit der gegenwärtigen Hinwendung zu Formen des *Offenen Unterrichts* eine Individualisierung auch in schulischen Kontexten beabsichtigt ist. In einem neueren, zeitgemäßen Verständnis von Unterricht als Begleitung individueller Prozesse, die mehr die *eigene Sicht* als die *Übernahme der Sichtweisen anderer* fördern will, nähern sich therapeutische und didaktische als vormals unterschiedene Momente einander an. Es muss gefragt werden, ob die seit längerem geführte schulpädagogische Diskussion mit ihrer Aufmerksamkeit für das lernende Subjekt und die Subjektposition des Lernenden als Indiz für solch eine Annäherung verstanden werden darf.

In seinem Versuch, das therapeutische Moment als ein auch für die Didaktik bedeutsames zu bestimmen, kommt Gunter Otto letztlich zu folgendem Schluss: „Die Aufnahme therapeutischer Momente in die Didaktik der ästhetischen Erziehung führt zu einer Erweiterung der Praxis und zu erweiterten Möglichkeiten, den subjektiven Dispositionen der Lernenden in der ästhetischen Erziehung gerecht zu werden. (...) Die Diskussion therapeutischer

---

[357] Vgl. Gunter Otto: Therapie als Problem der (Kunst-) Pädagogik. In: Barbara Wichelhaus (Hrsg.): *Kunst*theorie, *Kunst*psychologie, *Kunst*therapie. Berlin 1993, S. 87.

Absichten hat Folgen im erweiterten Bereich, in der allgemeinen Pädagogik als kritisch-diagnostisches Instrument, in der allgemeinen Didaktik und Schulpädagogik als Impuls für eine grundlegende Veränderung des Lernens, in der ästhetischen Erziehung als Dynamisierung bestehender Praxis im Blick auf lernende Subjekte. Ist das ein Nachteil?"[358]
Im Kontext der Defizit-Analyse, welche als Grundlage für die Notwendigkeit kompensatorischer Funktion des Kunstunterrichts angenommen wird, leben hier Positionen aus der musischen Erziehung wieder auf. Galten diese Auffassungen, die nach noch zu bestimmenden Funktionen der Kunst fragten, bislang meist als Beleg für kulturkritisch-ideologische Gehalte und bis ins Religiöse reichende Verbrämungen und antiintellektuelle Affekte der musischen Erziehung, versucht Otto hier eine neue vermittelnde Perspektive einzunehmen.

Während der Ansatz von Barbara Wichelhaus tendenziell kunsttherapeutischen Konzepten verbunden ist, erweisen sich die praktischen Schulmodelle und -projekte im Rahmen der Diskussion um die *Öffnung von Schule* als wichtige Beiträge zur allgemeinen Schulentwicklung und Erprobung generell veränderter Lernkulturen. Somit dürfen diese Modelle keinesfalls nur aus der Perspektive einer spezifisch kunstdidaktischen Fachdiskussion betrachtet werden, sondern sind in einen allgemein pädagogischen und schulpädagogischen Kontext einzubetten.

Therapeutisch gestützter Kunstunterricht und Pädagogische Kunsttherapie
Hans-Günther Richter und Karin-Sophie Richter-Reichenbach
Zur Bestimmung von *pädagogischer Kunsttherapie* unterscheidet Hans-Günther Richter zwischen therapeutisch gestütztem Kunstunterricht, pädagogischer Kunsttherapie und klinischer Kunsttherapie. Unter *therapeutisch gestütztem Kunstunterricht* ist eine inhomogene Gruppe von Auffassungen über die Gestaltung von Kunstunterricht zu fassen, die durch besondere didaktische Varianten vom „Idealfall" einer kunstorientierten Unterrichtsplanung abweichen und die zur Begegnung von Lernschwierigkeiten und Lebensproblemen von Heranwachsenden in der Regelschule gedacht sind. Von einem auf die Erkenntnis kultureller Ereignisse ausgerichteten Kunstunterricht unterscheidet sich dieser therapeutisch gestützte Unterricht nach Richter durch die Ausweitung der Realisationsprozesse und Realisationsmittel (z.B. Aufnahme von Spiel- und Aktionsformen, einleitende Animationen, polyästhetische Aktivitäten etc.), durch Formen der Individualisierung (z.B. biografisch angelegte, auf situative Gegebenheiten eingehende Thematisierungen) sowie durch Komplexitätsreduktion und Instruktionserhöhung.
Die Entwicklung der *pädagogischen Kunsttherapie* beruht nach Richter auf der Erkenntnis, dass die „bisher skizzierten Arbeitsformen nicht ausreichten, um schwerer gestörte, behinderte und benachteiligte Heranwachsende

---
[358] Ebd., S. 92.

im Kunstunterricht zu fördern oder gar zu ihrer Rehabilitation beizutragen"[359]. Dies ist z.B. dann der Fall, wenn Heranwachsende sich durch herkömmliche Unterrichtsmethoden und -inhalte nicht angesprochen fühlen, weil psychische Grundkonflikte und/oder emotionale und intellektuelle Entwicklungsverzögerungen alters- bzw. sachadäquate Problemlösungsversuche nicht zulassen und eine Lernbasis erst aufgebaut werden muss. Diese vollständige Umstrukturierung von der Sachorientierung hin zur Subjektorientierung kann im ästhetischen Bereich besonders leicht und wirkungsvoll erreicht werden, weil die ästhetische Sache ein hohes Maß an Offenheit aufweist und weniger begrifflich-logisch oder gar hierarchisch strukturiert ist. Solche stark veränderten Intentionen haben allerdings tiefgreifende Konsequenzen für den Aufbau und die Organisation des Lehr-Lernprozesses, da sie von einer pädagogischen Diagnostik ausgehend am lebensgeschichtlichen Status des Einzelnen anknüpfen müssen.

Als dritte Form nennt Richter die *klinische Kunsttherapie,* die ihre Hauptwurzel in einer klinisch psychiatrisch ausgerichteten Beschäftigungstherapie hat. Dieser Begriff umfasst entgegen den beiden vorherigen alle Formen außerschulischer Arbeit „mit ästhetischen Mitteln bei psychisch gestörten oder erkrankten Menschen (Heranwachsenden und Erwachsenen), die Teil einer umfassenden psychologisch-psychiatrischen Behandlung sind"[360].

Der Ansatz der *pädagogischen Kunsttherapie* ist einem allgemein emanzipatorischen Bildungsauftrag verpflichtet, dessen Gefährdung die Pädagogik insgesamt dazu zwingt, initiativ zu werden, um seine Realisierung weiterhin zu gewährleisten. Der emanzipatorische Bildungsauftrag gründet nach Kant in der anthropologischen Prämisse, dass der Mensch als „Selbstzweck" und „Selbstbestimmung", niemals aber als Zweck oder Mittel anderer zu verstehen sei.[361]

Richter-Reichenbach vertritt – wie Gunter Otto – im Rahmen der *pädagogischen Kunsttherapie* entgegen einfacher Antithesenbildung zwischen Pädagogik und Therapie einen weiten Therapiebegriff und postuliert eine gegenseitige Perspektivierung und Verbindung von Pädagogik und Therapie. Dabei sei grundsätzlich zwischen präventiven und rehabilitativen Zielsetzungen zu unterscheiden. Ausgangspunkt sind auch für Richter-Reichbach Symptome wie Initiativ- und Interesselosigkeit, Motivationsschwächen und Langeweile, vielfach verbunden mit Aggressivität und/oder Lernverweigerung, die auf „Ich-Schwächen, Fehlentwicklungen und Identitätsstörun-

---

[359] Hans-Günther Richter: Vom Ästhetischen in Bildung und Erziehung, Förderung und Therapie. In: *Kunst und Unterricht,* Sammelband 2000. Lernchancen im Kunstunterricht. S. 17.
[360] Ebd., S. 19.
[361] Vgl. Imanuel Kant: Grundlegung zur Metaphysik der Sitten. Darmstadt 1968. Bd. 6, S. 61-63.

gen"³⁶² verweisen. Ausprägung und Ausmaß dieser Problementwicklungen lassen einen Zusammenhang zwischen eingeschränkten Erfahrungs- und Handlungsmöglichkeiten im inner- und außerpädagogischen Raum einerseits und den Symptomen andererseits evident erscheinen, die als solche als Symptome auf dem Weg in die Fehlentwicklung oder Krankheit zu werten seien. Aufgrund der Tatsache, dass diese Erscheinungen inzwischen den Alltag von Bildungsstätten prägen, können sie nicht mehr als vereinzelte Ausfallserscheinungen oder individuelle Verhaltensdefizite verharmlost werden, sondern machen im Gegenteil den anstehenden präventiven und rehabilitierenden Handlungsbedarf in seinem ganzen Ausmaß sichtbar.

Pädagogische Kunsttherapie setzt genau an dem festgestellten – außerpädagogisch bedingten und innerpädagogisch zugelassenen – Erfahrungs- und Handlungsverlust an, indem sie diesen Defiziten ästhetisch-ganzheitliche Erfahrungen und Handlungsprozesse entgegensetzt. Besonders unter den heutigen Lebensbedingungen komme den produktiven Handlungsprozessen bei der Herstellung bzw. Wiederherstellung der personalen Handlungs- und Entwicklungsbasis weitreichende präventive und rehabilitative Bedeutung zu, „weil sie genau das anbieten und kompensieren, was sozio-ökonomische Entwicklungen und hierauf basierende funktionale (Aus)Bildung persönlichkeitsbildenden Prozessen zunehmend nehmen: Chancen zum Selbstdialog, zu unverkürzten Primärerfahrungen durch produktive Eigentätigkeit nämlich, durch das das Ich zu sich selbst kommt, sich eigene und fremde Wirklichkeit erschließt wie kommunikative Fähigkeiten entfaltet"³⁶³.

Prinzipiell steht *pädagogische Kunsttherapie* ganz im Dienste anthropologischer Individualbildung, wobei Subjektzentrierung als Planungs-, Durchführungs- und Interaktionsmaxime gilt. Ästhetische Prozesse werden in diesem Modell als persönlichkeitsbildend angenommen, da sich in ästhetischen Handlungsprozessen fortlaufend Selbstklärungs-, Ausdrucks- und problemlösende Gestaltungsaktivitäten mit sinnlichen, geistigen, emotionalen Persönlichkeitsebenen verschränken. Ziel der kunsttherapeutischen Bemühungen ist ein Höchstmaß an produktiver ästhetischer Eigentätigkeit, weshalb sich konzeptionell besonders die Projektmethode anbietet, da sie ein Maximum an Selbsttätigkeit bereits methodisch vorsieht.

---

[362] Karin Sophie Richter-Reichenbach: Pädagogische Kunsttherapie: Pädagogisierung von Therapie oder Therapeutisierung von Pädagogik? In: Barbara Wichelhaus (Hrsg.): *Kunst*theorie, *Kunst*psychologie, *Kunst*therapie. Berlin 1993, S. 97.
[363] Ebd., S. 98.

1.7 Resümee

In einer abschließenden Reflexion müssen grundsätzlich zwei Tendenzen unterschieden werden, die in der Untersuchung dieser kunstdidaktischen Richtung verbunden dargestellt wurden. Dies ist erstens die – in eine allgemeinpädagogische Diskussion um die Veränderung von Schul- und Unterrichtsqualität einzugliedernde – Tendenz einer umfassenden Veränderung der am Modell der „Belehrungsschule" orientierten Schul- und Lernkultur. Diese Tendenz ist aus der Einsicht begründet, dass vielfältige gesellschaftliche Umwandlungsprozesse eine den daraus resultierenden Phänomenen angepasste und veränderte Schulstruktur benötigen. Zweitens ist eine Richtung festzustellen, die sich aus spezifisch an kunsttherapeutisch orientierten Vorlagen entwickelt. Dieses Konzept geht von der Hypothese aus, dass kunsttherapeutische und kompensatorische Funktionen ästhetischer Prozesse auch im Kunstunterricht der Regelschule notwendig und zu verwirklichen seien, wobei diese Funktion die herkömmliche „Unterweisungsfunktion" des Kunstunterrichts zwar nicht gänzlich an den Rand drängen soll, dieser jedoch insofern vorangestellt wird, als zunehmend häufiger zu beobachtende Symptome einen *Fach*unterricht mehr und mehr erschweren, ihn sogar zuweilen unmöglich machen.

Beide Richtungen beruhen also auf beobachtbaren und teils sogar empirisch belegten Grundlagen, sind aus der Schulpraxis generiert und wiederum konkret auf diese bezogen. Dies lässt beide Tendenzen dieses Konzepts sehr reizvoll erscheinen, sind sie doch jeweils durch den konkreten Schul- und Praxisbezug gekennzeichnet. Verbunden sind beide, zwar generell zu unterscheidende Varianten, außerdem in der Hypothese, ästhetische Prozesse könnten prinzipiell kompensatorisch wirken und so gesellschaftlich bedingte Defizite ausgleichen. So bedient sich der *kompensatorische Kunstunterricht* besonderer Verfahren im Medium ästhetisch-künstlerischen Gestaltens, die hier untersuchten Schulmodelle wählen ein sog. *künstlerisches Profil* oder die Integration der *Dritten* als strukturbildendes Element, über welches das künstlerische Gestalten (im weitesten Sinne, da außer den Bildhauern, Malern und Fotografen auch Akrobaten und Schriftsteller als Künstler, als *Dritte* bezeichnet werden) zu einem wesentlichen Bestandteil des Schulalltags wird. Der hier zugrunde gelegte stark erweiterte Kunstbegriff gründet sich in einem verbindenden Begriff von Kreativität, definiert als ein ebenso weit gefasstes Verständnis von einer Fähigkeit, sein Leben, seine gesamte eigene Existenz selbstverantwortet zu gestalten, was exemplarisch an einzelnen künstlerischen, gestaltenden Arbeiten einzuüben sei.

Als Schwachstelle erweist sich in diesem Konzept allerdings der bis jetzt immer noch ausstehende empirische Nachweis über die kompensatorische Wirkung ästhetischer Prozesse und künstlerischer Arbeit. Wo ist die Wirksamkeit ästhetischer Prozesse, in der Art wie Richter, Wichelhaus und Richter-Reichenbach sie angeben, empirisch nachgewiesen? Sollte sich herausstellen, dass es diesen Nachweis (noch) nicht gibt, muss gefragt werden, wie und ob nicht auch andere Fächer kompensatorisch wirken könnten, was die Begründung für die Wahl eines künstlerischen Profils relativieren würde. So sind beispielsweise auch Schulen, die sich ein Sport-Profil geben, prinzipiell daran orientiert, ausgleichend zu wirken. Auch Theater- und Schauspiel können bekanntlich tendenziell kompensatorisch wirken. Es bleibt die Frage: Was ist die spezifische, *nur* der Kunst und dem künstlerisch-ästhetischen Gestalten eigene Wirksamkeit, die die Annahme einer kompensatorischen Funktion speziell im Medium des Künstlerischen rechtfertigt? Diese Frage kann im Kontext dieser Arbeit nur aufgeworfen, nicht aber hinreichend beantwortet werden. Dennoch ist davon auszugehen, dass pädagogisch-therapeutische Intentionen keineswegs auf Kunstpädagogik begrenzbar sind, auch wenn die hier untersuchten Schulmodelle Pionierfunktion haben könnten.

Bei der Frage nach dem hier zugrunde liegenden Verständnis von Unterricht sind im Vergleich zwischen dem *kompensatorischen Kunstunterricht* und den untersuchten Schulmodellen grundsätzliche Differenzen festzustellen. Dieser Überlegung liegt die Frage zugrunde, welchem Paradigma *kompensatorischer Kunstunterricht* nicht nur in seiner Definition von Unterrichtsstörung und Verhaltensauffälligkeit verpflichtet ist. Werden diese als *Störungen* identifiziert, die einen Fachunterricht unmöglich machen, setzt dies ein ganz bestimmtes Verständnis von Unterricht voraus. Werden gleiche Unterrichtsstörungen allerdings als *Symptome* verstanden und als Anzeichen interpretiert, dass ein herkömmliches Verständnis von Unterricht veränderten Anforderungen heute nicht mehr gerecht werden kann, entwickelt sich daraus eine völlig veränderte Perspektive. Hierin liegt m.E. – bei aller Vergleichbarkeit der beiden dieser Konzeption zugeordneten Varianten – ein wesentlicher Unterschied. Wichelhaus bleibt in ihrer Defizitanalyse einem konventionellen Verständnis von Schule im Allgemeinen und Kunstunterricht im Besonderen verpflichtet, welches z.B. von Hildburg Kagerer prinzipiell in Frage gestellt wird. Insbesondere im KidS-Modell als einem der hier exemplarisch untersuchten Schulmodelle werden strukturelle Veränderungen geschaffen, die einer veränderten Schul-, Unterrichts- und Lernkultur Raum geben.
Interessant und zu bedenken bleibt die Tatsache, dass als wesentliches didaktisches Moment über die angenommene fachliche Kompetenz der Künstlerpersönlichkeiten hinaus, die allerdings auch einem individualistischen Kunstbegriff Vorschub leisten kann, vor allem deren Authentizität bewertet wird, eine Eigenschaft, die von den Schülern bei ihren Lehrern offensichtlich nicht mehr in genügendem Ausmaß wahrgenommen wird. Beide Varianten stellen zudem die dem klassischen Verständnis vom Kunsterzieher als Vermittler von am genuinen Bezugsfeld der Bildenden Kunst orientierten Fachinhalten verhaftete Lehrerrolle radikal in Frage.

Nach dem Verständnis vom *kompensatorischen Kunstunterricht* fungiert der Kunstlehrer zugleich als Diagnostiker und Therapeut, was nicht nur eine wesentlich veränderte Ausbildungsstruktur voraussetzen würde, sondern auch veränderte Organisationsstrukturen erfordert. Im KidS-Modell hingegen avanciert der Kunsterzieher zum Organisator pädagogischer Prozesse, deren eigentliche Gestaltung im Wesentlichen den Künstlern, also schulfremden Personen, überlassen wird. Da die *Dritten* in der Regel nicht kunst*didaktisch* ausgebildet sind, obliegt dem Lehrer allerdings weiterhin die pädagogische Verantwortung, die Vermittlung vorgeschriebener Bildungsinhalte zu gewährleisten, sowie Lehr-Lernprozesse der Gruppe wie auch einzelner Schüler zu beobachten. Das KidS-Schulmodell modifiziert die Lehrerrolle im Sinne eines „Vermittlers", eine Rolle, die im Moment des Zweifels an objektiv vermittelbarer Wahrheit generell in Frage steht. Dagegen bekommt der Kunsterzieher hier die ungewöhnliche Bestimmung zugewiesen, einerseits den Überblick über staatliche Vorgaben zu haben, wie sie in Bildungsplänen vorliegen, und andererseits konkrete Möglichkeiten zu erwägen, diese unter Einbezug von *Dritten* schulintern zu organisieren, sollen kunstdidaktische Prozesse nicht gänzlich dem Zufall anheim fallen.

Sowohl der *kompensatorische Kunstunterricht* mit seiner aus der Defizitanalyse begründeten therapeutischen Intention als auch die Schulmodelle versuchen einer auch anderorts zunehmend mehr beachteten Individualisierung in Bildungs- und Unterrichtsprozessen gerecht zu werden. Nicht nur neuere kunstdidaktische Bestrebungen betonen die Notwendigkeit, individuell bedeutsame Inhalte zu thematisieren, sondern auch innovative schulpädagogische Lehr- und Lernkonzepte versuchen den vielfältigen Individualitäten von Schülern gerecht zu werden.

In beiden Varianten dieser hier untersuchten Konzeption wird die alte Kluft zwischen der primären Orientierung am Sachgegenstand oder am Subjekt von Unterricht und Erziehung, den Schülern, ganz besonders deutlich. Beide ordnen tendenziell den Sachbezug im Sinne eines Erkenntniszugewinns zugunsten einer stärkeren Berücksichtigung pädagogisch-anthropolo-gischer Ziele diesen unter bzw. stellen die fachlichen Inhalte in den Dienst therapeutischer Intentionen. Wichelhaus' Feststellung, dass Verhaltensauffälligkeiten, Lernstörungen und Erziehungsresistenzen der unmittelbaren Durchsetzung eines emanzipatorisch ausgerichteten Unterrichts entgegenstehen, deutet auf einen *allgemein emanzipatorisch ausgerichteten* Bildungsauftrag und auf prinzipiell am Emanzipationsbegriff ausgerichtete Unterrichtsziele.

Auch Kagerer nennt pädagogische und anthropologische Ziele wie Ich-Stärkung, Motivierung und Integration der Schüler in das schulische und gesellschaftliche Gefüge als maßgeblich, um über eine gezielte Identifikation mit der Schule dem symptomatischen Gefühl von Bedeutungslosigkeit entgegenzuwirken. So enthalten auch Kagerers Zielformulierungen emanzipatorisch orientierte Motive: die Schüler sollen fähig werden, sich von Gewaltbereitschaft, Aggressionen und Zerstörungswut zu distanzieren.

Bleibt abschließend die immer noch unbeantwortete Frage: Wie ist dieses elementare Ziel Emanzipation zu erreichen? Durch einen *kompensatorischen Kunstunterricht*, der mittels spezieller Verfahren, Techniken und Themen einen fachorientierten Kunstunterricht überhaupt erst ermöglicht, oder durch einen wissenschaftspropädeutischen Unterricht, der gegenstandsbezogen fachspezifische Inhalte thematisiert, um „Schülerinnen und Schülern Zugänge zu ästhetischen Phänomenen der Welt zu ermöglichen"[364] und über eine angemessene Vermittlung von Sachwissen emanzipatorisch wirken zu können. Diese Streitfrage, als solche im kunstdidaktischen Disput bereits zwischen Barbara Wichelhaus und Pierangelo Maset ausgetragen, ist bis heute unbeantwortet geblieben und hat nichts von ihrer ursprünglichen Brisanz verloren. Ist Emanzipation über den Zugewinn an Erkenntnis oder über die Ausbildung der Persönlichkeit zu fördern? Obwohl beides in der Praxis nicht so scharf zu trennen ist, wie die Theorie dies vorgibt, ist diese strittige Frage bis heute offen. Auch wenn die konkreten Gegebenheiten eine therapeutische Handlungskompetenz zunehmend erforderlich machen, muss dabei immer das Risiko erwogen werden, das mir der Preisgabe der ursprünglichen Bestimmung der Ästhetischen Erziehung einhergeht. Es muss vor offensichtlich veränderten gesellschaftlichen Ausgangsbedingungen, die den Anschein einer steigenden Notwendigkeit einer kompensatorischen Funktion nahe legen, geprüft werden, ob Kunst „in diesem Prozess verwässert und mit Leben kurzgeschlossen, indem sie zum Exempel existentieller Kreativität schlechthin wird,"[365] oder ob nicht gerade vor genau diesem veränderten Hintergrund ein Erkenntniszugewinn in Sachen Kunst ausschlaggebend ist. Eine diese beiden konträren Standpunkte vermittelnde Position nimmt Wolfgang Legler ein, der realistisch anmerkt: „Wichtig ist nur, dass punktuelle Regression und Entlastungsphasen als Möglichkeiten der *Stabilisierung* und des *Kräftesammelns* genutzt werden und der Kunstunterricht nicht zu einem dauerhaften ‚Rückzugsgebiet' verkommt."[366] So betont Legler im Rekurs auf Pierangelo Masets *Bildung der Differenz*[367], dass gerade ein „anspruchsvoller, auf die ‚wissenschaftlich und verfahrensorientiert arbeitende Gegenwartskunst' bezogener Kunstunterricht (…) als Beitrag zu einer ‚Bildung mit und durch

---

[364] Pierangelo Maset: Von der Kompensation zur Suspendierung. In *Kunst und Unterricht,* Heft 191/1995, S. 18.

[365] Ralph Driever: Ästhetische Erziehung zwischen Therapie und Kunst. In: *Kunst und Unterricht,* Sammelband 2000. Lernchancen im Kunstunterricht. S. 13.

[366] Wolfgang Legler: Kunsterziehung nach dem Ende der Kunst? In: BDK Mitteilungen, Heft 4/1998, S. 6.

[367] Vgl. Pierangelo Maset: Ästhetische Bildung der Differenz. Kunst und Pädagogik im technischen Zeitalter. Stuttgart 1995.

Differenz'", gerade wenn diese Kunst selber „keinesfalls kompensatorisch" sei, „auf periodische Phasen der ‚Entlastung' besonders angewiesen"[368] sein könnte. Legler hält es nicht zwangsläufig für einen Makel, wenn ein Kunstunterricht, welcher die „Lerngeschichten" und „Bedürfnisse der Lernenden" ernst nimmt, zugesteht, dass „der Aufbruch ins Unbekannte und die Konfrontation mit dem Fremden oft leichter fällt, wenn man sich zwischendurch auch des Vertrauten wieder versichern darf"[369].

Begreift man allerdings – wie dies John Dewey tat – Kunst als „Poiesis" und „Techne", als eine erlernbare Tätigkeit auf der Basis von Wissen und Erfahrung, wird es problematisch, diese Anteile einer kompensatorischen Funktion zu opfern. Auch im Hinblick auf eine Theorie der Ästhetischen Erziehung dürfte es nicht unerheblich sein, dass eben auch eine ganze Reihe von bildenden Künstlern selbst es waren, die die klare Betonung des Handwerklichen und eine Art *Ästhetik der Arbeit und Übung* herausstellten. Damit werden Faktoren wie Talent, Begabung sowie ein überkommener Genialitätspathos fraglich. Stattdessen wird hier ein Verständnis von Kunst transparent, „das diese als eine menschliche Praxisform unter anderen und in signifikanter Verbindung mit diesen zu fassen gestattet"[370]. Aus einer Sichtweise, die Kunst als eine anhand von intersubjektiv verstehbaren Erfahrungen betriebene Produktivität versteht, lässt sich auch ein kunstpädagogisch relevantes Theorieinstrumentarium ableiten. Zwar haben die bisherigen Ausführungen eine prinzipielle Verbindung von Kunst mit therapeutischen Intentionen vorgeführt, dennoch ist grundsätzlich zu prüfen, ob sich „Kunst produktiv wie rezeptiv ohne entscheidende Abstriche an ihren kritischen Potentialen"[371] eignet, den dann an sie gerichteten Heils- und Erlösungserwartungen gerecht zu werden. Dennoch empfiehlt Wolfgang Legler, „sich in der Bewertung der didaktischen Valenz kompensatorischer Elemente eher an (…) (bedürfnisbezogenen) Variablen zu orientieren als sie im Vorwege ex cathedra für unzulässig zu erklären"[372].

Abschließend sei zu bedenken gegeben, dass eine Diagnose und Defizit-Analyse vorfindbarer gesellschaftlich bedingter Konstellationen und deren Therapie streng getrennt analysiert werden müssen.

---

[368] Wolfgang Legler: Kunsterziehung nach dem Ende der Kunst? In: BDK Mitteilungen, Heft 4/1998, S. 6.
[369] Ebd.
[370] Ralph Driever: Ästhetische Erziehung zwischen Therapie und Kunst. In: *Kunst und Unterricht,* Sammelband 2000. Lernchancen im Kunstunterricht. S. 13.
[371] Ebd.
[372] Wolfgang Legler: Kunsterziehung nach dem Ende der Kunst? In: BDK Mitteilungen, Heft 4/1998, S. 6.

2. Kunstpädagogik im „Medienzeitalter"

2.1 Einleitung

Computerspiele, Game-Boys, Videos, Filme, Fernsehen und mittlerweile auch das Internet sind heute fester Bestandteil des Freizeitverhaltens von Kindern und Jugendlichen. Damit sind auch sie den neuen Verfahren der Bildherstellung, die auf umfassender Digitalisierung beruhen und sich zunehmend die Möglichkeiten globaler Vernetzung zunutze machen, ausgesetzt. Die grundlegende Veränderung medialer Bilderfahrung reicht von der Simulation hyperkontextueller Spielwelten – inklusive ihrer Merchandising-Produkte – im Kinderzimmer bis zur wissenschaftlichen Bildgeneration und ihrer auf breiter Basis medialisierten Anwendungen. Auch viele bedeutende zeitgenössische Kunstwerke beruhen auf den Errungenschaften neuer Technologien. Die Medienrezeption beeinflusst die kindlichen Wahrnehmungsweisen wie auch die Inhalte und Themen, mit denen Kinder und Jugendliche sich auseinander setzen. In vielen Kinder- und Jugendzeichnungen werden Medienerlebnisse mitgeteilt und verarbeitet. Man kann davon ausgehen, dass vor diesem Hintergrund auch jüngere Schüler mit ihren oftmals bereits ausgeprägten Medienerfahrungen nicht nur ein verändertes Rezeptionsverhalten mit in die Schule bringen, sondern sich vielmehr auch ihre Lernvoraussetzungen grundsätzlich ändern. Die Bedeutung der Medien im Leben von Kindern und Jugendlichen ist mittlerweile umfangreich empirisch untersucht worden, wie beispielsweise ein Forschungsbericht von Sabine Feierabend und Walter Klingler belegt.[373] In einer umfassenden Studie legt auch Jürgen Bofinger die Ergebnisse einer Untersuchung zu Freizeitprioritäten von Kindern und Jugendlichen durch das Staatsinstitut für Schulpädagogik und Bildungsforschung in München vor. Dabei waren Fernseh- und Videokonsum wie Computerumgang ebenso Gegenstand der Untersuchung wie Musikvorlieben und Lesegewohnheiten.[374] Viele Kinder verfügen außerdem mittlerweile über Erfahrungen mit digitalen Gestaltungsmöglichkeiten, die sie sich durch den Umgang mit inzwischen zahlreich vorliegender Malsoftware aneignen konnten.[375] Diesbezüglich ist anzunehmen, dass der Gebrauch von Mal- und Zeichenprogrammen nicht nur das Freizeitverhalten von Kindern und Jugendlichen beeinflusst, son-

---

[373] Sabine Feierabend, Walter Klingler: Jugendliche und Multimedia. Forschungsbericht. Medienpädagogischer Forschungsverbund Südwest. Baden-Baden 1997.
[374] Vgl. Jürgen Bofinger: Schüler – Freizeit – Medien. Eine empirische Studie zum Freizeitverhalten 10- bis 17- jähriger Schülerinnen und Schüler. München 2001.
[375] Vgl. Constanze Kirchner: Digitale Kinderzeichnung. Annotationen zum derzeitigen Forschungsstand. In: Constanze Kirchner: Kinder- und Jugendzeichnung. Sammelband der Zeitschrift *Kunst und Unterricht* 2003, S. 36- 49. Erstmals in *Kunst und Unterricht*, Heft 246/247, 2000, S. 32-45.

dem es darüber hinaus auch zu verändertem produktiven und ästhetischen Verhalten führt.[376]
Zwar haben neue Technologien das Lernen und die Pädagogik schon immer unmittelbar beeinflusst – Johann Amos Comenius (1592-1670) versah im 17. Jahrhundert sein „Orbis sensualium pictus" mit Holzschnitten, das jedes lateinische Wort mit Bildern illustrierte, was eine Innovation war, die in ihrer Zeit einer *Lehrmittelrevolution* gleichkam. Die Herausforderung zur Auseinandersetzung mit neuen Technologien ist also auch in didaktischen Kontexten keine unbekannte Aufgabe. Dennoch stellen spezifische Entwicklungen diejenigen, die das Lernen der neuen Generation im Sinne einer didaktischen Weiterentwicklung mitverantworten, immer wieder vor neue Herausforderungen.
Dieses Kapitel befasst sich mit Ansätzen der Kunstdidaktik, die ihre Begründung primär aus der Existenz und Entwicklung der Neuen Medien und allen sich daraus ergebenden Veränderungen ableiten. Am geschlossensten ausgearbeitet ist innerhalb dieser Konzeptionen der Entwurf der *Medien-Kunst-Pädagogik,* die, insbesondere vertreten von Henning Freiberg (Jg. 1937), em. Professor für Kunstpädagogik an der HBK in Braunschweig, das Verhältnis von Kunst- und Medienerziehung neu definiert. Daneben finden aber auch einige andere Diskussionsansätze, wie u.a. der von Birgit Richard und Bernhard Serexhe, Berücksichtigung.
Aufgrund der explosionsartigen Entwicklung der Massen- und Individualmedien, deren Grenzen sich zunehmend verwischen, plädiert Freiberg für eine *Medien-Kunst-Pädagogik* als eine spezifisch kunstdidaktische Richtung, die Schlüsselqualifikationen im Umgang mit allen Möglichkeiten der Informationsgesellschaft vermitteln soll. „Der Begriff der Medienkompetenz aus der Medienpädagogik bedeutet im Konzept Medien-Kunst-Pädagogik die Fähigkeit des produktiven und bewussten Umgangs mit vornehmlich elektronischen Medien auf dem Hintergrund von Medienkunst."[377] Henning Freiberg geht davon aus, dass jede Bildschirmoberfläche aufgrund ihrer grafischen Gestaltung ein wie auch immer gestaltetes Bild ist, sie also auch unter den Aspekten der Bildgestaltung betrachtet werden sollte. So fordert er ein neues integratives Konzept kunstpädagogischer Theorie und Praxis in Bezug zur – von ihm leider nicht hinreichend definierten, da nur an Namen festgemachten – Medienkunst. Sein Ziel ist die Entfaltung einer künstlerisch erweiterten, auf das Bild bezogenen Medienkompetenz als dem wesentlichen Beitrag des Faches Kunst zur fächerübergreifenden Medienpädagogik. Er nimmt Bezug auf eine Vielzahl von

---

[376] Bekannt sind Programme wie Paintbrush (bereits in Windows enthalten), Fine Artist und Dabbler. Vgl. Anja Mohr: Kindgerechte Malsoftware? In: Johannes Kirschenmann, Georg Peez: Chancen und Grenzen der Neuen Medien im Kunstunterricht. Hannover 1998, S. 125-129.
[377] Henning Freiberg: Medien-Kunst-Pädagogik. Anstöße zum Umgang mit Neuen Medien im Fach Kunst. http://www.kunstunterricht.de/material/fachd1.htm.

wesentlichen Werken der Medienkunst, die in großen Ausstellungen der letzten Jahre gezeigt wurden und Modell sein können für den Umgang mit Medien in der Kunstpädagogik. Die documenta 10 präsentierte erstmals Kunstwerke, die nur im Internet existieren. Auf der Biennale in Venedig 1995 wurden für die zeitgenössische Kunst wegweisende Medienarbeiten von Bill Viola, Peter Fischli und David Weiss, Nam June Paik, Bruce Naumann und Garry Hill gezeigt. 1997 eröffnete in Karlsruhe das ZKM, Zentrum für Kunst und Medientechnologie. Mit diesen Fakten und Daten verweist Freiberg auf ein neues Kunstverständnis, das die Medienkunst als Kunst unserer Zeit zwischen Malerei, Skulptur, Fotografie, Video und Rauminstallation ansiedelt und fordert von der Ästhetischen Erziehung einen spezifischen Beitrag, da die „Qualität der Medienprodukte im Kontext der Überflutung mit Medienschrott immer wichtiger werden wird"[378]. Johannes Kirschenmann und Georg Peez konstatieren, „dass es kaum einen künstlerisch und kunstpädagogisch relevanten Bereich mehr gibt, der nicht vom Umbruch durch die Neuen Medien betroffen ist. Auch jenseits des unmittelbar Pädagogischen von Schule gibt es kaum eine Nische mehr ohne Medien"[379].

Im Rahmen der Analyse der auf Neue Medien und neue Technologien bezogenen kunstdidaktischen Konzeption zeichnet sich eine Polarisierung ab: Einem sich auf die Mediatisierung eher kompensatorisch beziehenden kritischen Ansatz (Mario Urlaß, Constanze Kirchner) steht ein progressiver medienorientierter Ansatz gegenüber (Birgit Richard, bedingt auch Henning Freiberg). Manche Fachdidaktiker sehen das gesamte Phänomen der Mediatisierung eher kritisch und richten ihr Augenmerk besonders auf Kompensationsmöglichkeiten mit sinnlich real erfahrbaren Materialien und meist herkömmlichen Techniken und Verfahren, um den Realitätsverlust mittels authentischer Materialerfahrung auszugleichen. Andere gehen von der Kommunikationspotenz des Bildes aus, die die Notwendigkeit einer *Bild-erziehung*[380] als Kern des ästhetischen Bildungsprozesses nach sich zieht. Die Vertreter dieser Richtung sehen sich eher vor die herausfordernde Aufgabe gestellt, im Kunstunterricht der aktuellen Situation offensiv zu begegnen und Schlüsselkompetenzen hinsichtlich einer emanzipatorischen Medienkompetenz zu vermitteln. Da mit steigendem Mediengebrauch zum einen die „Zeit für die nichtmediale handelnde Eigenaktivität als Grundlage von Entwicklung" eingeschränkt wird, es zum anderen als gesichert gilt, „dass die alltägliche Präsenz von Bildern – bzw. vor allem von simulierter Wirklichkeit – negativen Einfluss auf die Erinnerungsfähigkeit geschichtli-

---

[378] Ebd.
[379] Johannes Kirschenmann, Georg Peez: Kunstpädagogik mit der Maus? In: dies.: Chancen und Grenzen der Neuen Medien im Kunstunterricht. Hannover 1998, S. 5.
[380] Henning Freiberg: Thesen zur Bilderziehung im Fach Kunst. Plädoyer für ein neues Fachverständnis in der Bild-Mediengesellschaft. In: Johannes Kirschenmann und Georg Peez (Hrsg.): Chancen und Grenzen der Neuen Medien im Kunstunterricht. Hannover 1998, S. 12- 17.

cher Ereignisse nimmt, da sich Simulation und Wirklichkeit vermischen"[381], wird die Forderung laut, die Kunstpädagogik neu zu definieren: Sie muss zwischen der zunehmenden Ästhetisierung unserer Lebenswelt und einem gleichzeitigen Verlust an Wahrnehmung, die, wie Constanze Kirchner formuliert, „das Überwältigende gar nicht mehr fassen kann"[382] neu verortet werden. Dies drückt sich insbesondere durch die vermehrte Forderung nach Medienkompetenz aus, einem in diesem Kontext häufig auftauchenden und uneinheitlich gebrauchten Begriff.

2.2 Zentrale Begriffe

Medienzeitalter – Neue Medien – Multimedialität – Interaktivität – Virtuelle Realität
Dass wir heute im *Medienzeitalter* leben, ist ein Allgemeinplatz. Dabei könnte der Eindruck entstehen, dass das Medienzeitalter sich aus der Existenz der Neuen Medien und des Computers begründet. Dies muss relativiert werden, denn nicht erst unsere Zeit ist ein Zeitalter der Medien. Mediengebrauch ist vielmehr eine anthropologisch beschreibbare Eigenart.[383] Jedoch verändern sich die Formen der Medien und die Art und Weise des Mediengebrauchs ständig und mit ihnen notwendigerweise die Strukturen individuellen und gesellschaftlichen Lebens.
Angesichts des Facettenreichtums in dem der Medienbegriff zur Anwendung kommt, ist eine klare Definition kaum möglich. Dennoch soll eine Eingrenzung vorgenommen werden, die den hier zugrunde liegenden Begriff der *Neuen Medien* annähernd umschreibt. In Anlehnung an ein Klassifikationsmodell von Johannes Kirschenmann und Georg Peez[384] sind es insbesondere vier Ebenen, auf denen sich Medien darstellen: Als Medien werden zum einen Systeme von Zeichen und Symbolen und symbolischen Ordnungen verstanden, wie dies z.B. bei der Schrift der Fall ist. Zum anderen werden als Medien Geräte und Techniken zur Kommunikation bezeichnet wie z.B. der Computer und das Telefon. Darüber hinaus sind auch Medien*angebote,* die als Resultate aus der Anwendung der zur Verfügung stehenden Techniken und Kommunikationsmittel hervorgehen, als Medien zu verstehen: Filme, Bilder, Texte, Videoclips oder Fernsehsendungen. Der Begriff Medien*verbund* schließlich verweist auf die Tatsache, dass mittlerweile viele Medien in Verbundform vorliegen. Schrift, Bilder und Töne sind digitalisierbar und können als digitale Daten auf einem Speichermedi-

---

[381] Constanze Kirchner, Vorsitzende des BDK Hessen, bei der Eröffnung des Kunstpädagogischen Tages in Gießen 1998.
[382] Ebd.
[383] Vgl. Wolfgang Müller-Funk: Überlegungen zu einer historischen Anthropologie der Medien. In: Karl-Josef Pazzini: (Hrsg.): Medien im Prozess der Bildung. Wien 2000.
[384] Vgl. Johannes Kirschenmann, Georg Peez: Chancen und Grenzen der Neuen Medien im Kunstunterricht. Hannover 1998.

um abgelegt und gemeinsam abgerufen werden.[385] Die technischen und mikroelektronischen Möglichkeiten haben dazu geführt, dass zunehmend mehr Weltaspekte in einer Digitalversion vorliegen und jede kleinste Einheit digitaler Daten veränderbar ist.[386] Das Operieren, Produzieren und Kommunizieren im Netzwerk *world wide web* (www) ist zu einer festen Einrichtung als weltumspannendes Kommunikationsnetz geworden und prägt unsere Vorstellung von Wirklichkeit mit. Als Kennzeichen und Charakteristika der neuen Kommunikationstechnologie lassen sich mehrere Faktoren festhalten: Mit *Multimedialität* wird eine immer komplexer werdende digitale Integration von Text, Bild und Ton sowie die Vernetzung zwischen den traditionellen Medien Fernsehen, Video, Radio, Telefon, Fax, Zeitung etc. bezeichnet. Mit neuen Techniken der Visualisierung werden Informationen so stark verdichtet, wie dies mit Sprache allein nicht möglich wäre. Ein anderes Charakteristikum ist die *Simultanpräsenz*, die auf einer Benutzeroberfläche verschiedene Informationen gleichzeitig erscheinen lässt. Das zentrale Schlagwort *Interaktivität* stammt ursprünglich aus den Sozialwissenschaften und bezeichnet im Gegensatz zur Kommunikation, bei der eine Information lediglich übermittelt wird, den beiderseitigen Austausch zwischen kommunizierenden Personen (bzw. zwischen Mensch und Maschine). Hinsichtlich der Interaktivität lassen sich in der Mediendiskussion verschiedene Positionen ausmachen: Während der Soziologe Peter Glaser die Meinung vertritt, es sei „nicht interaktiv, ein Feld auf einem Bildschirm anzuklicken"[387], da hier sicherlich kein beiderseitiger Austausch stattfinde, betont eine dieser Auffassung konträre Position, dass mit dem zur Verfügung stehenden Multimedia-Angebot das Ende des passiven Medienkonsums durchaus erreicht sei. Hier wird Interaktivität zur „Steuerbarkeit des Systems durch die Benutzer, die sowohl Sender (Gestalter/Produzent) als auch Empfänger der Information sein können"[388]. In der interaktiven Computergrafik bzw. digitalen Bildproduktion können Gestaltungsprozesse dialogisch in Wechselbeziehung zwischen Gestalter und Bildprogramm durchgeführt werden. Verbunden ist damit die Möglichkeit

---

[385] Auch im Internet finden sich immer mehr Medienverbünde. So werden z.B. Zeitschriften wie „Telepolis" oder „Wired" sowohl im *world wide web* wie auch im Buchhandel angeboten. Auch immer mehr Galerien und Museen bieten Informationen über ihre Künstler im Internet an. So bieten z.B. die Städtische Galerie im Lenbachhaus München (http://www.lenbachhaus.de) oder die Staatliche Kunstsammlung Dresden (http://www.staatl-kunstsammlung-dresden.de) zahlreiche Informationen zu Künstlern, Sammlungen und Ausstellungen, die über das Internet abrufbar sind.

[386] Vgl. Johannes Kirschenmann, Georg Peez: Kunstpädagogik mit der Maus? In: Dies.: (Hrsg.): Chancen und Grenzen der Neuen Medien im Kunstunterricht. Hannover 1998, S. 5-11.

[387] Peter Glaser und padeluun: Spiegelungen im Glanz des Neuen. In: Zacharias, Wolfgang (Hrsg.): Interaktiv – Im Labyrinth der Möglichkeiten. Die Multimedia-Herausforderung, kulturpädagogisch, Remscheid 1997, S. 79-82.

[388] Forum Info 2000, S. 6, zitiert bei Kirschenmann/Peez, 1998, S. 7.

des experimentierenden Aufnehmens und Verwerfens neuer Gestaltungsideen ohne das Risiko der Zerstörung der Arbeit. Als Interaktivität wird hier die angepasste und differenzierte Reaktion des digitalen Systems auf seinen Benutzer bezeichnet.

Schwer einzuschätzen ist das Phänomen der *Virtuellen Realität,* ein spezifisches Kennzeichen der Neuen Medien, das perfekte „Illusion" anstrebt.[389] Diese neue Technologie steht noch am Anfang ihrer Entwicklung, dennoch gibt es im Internet bereits virtuelle Städte, Geschäfte, virtuelle Museen mit Räumlichkeitseffekten bei Verwendung stereoskopischer Sichtgeräte. Der Reiz vieler Computerspiele beruht auf perfektem Illusionismus. In der Wissenschaft haben Simulationsprozesse bereits eine große Bedeutung für die Modellbildung erlangt. Bei aller Simulationsraffinesse fehlt den virtuellen Realitäten allerdings noch der Tastsinn, was eine Körperlichkeit im virtuellen Szenario vermissen lässt. Aber auch hier ist die Entwicklung der Technik auf dem Vormarsch. Die digitale Bearbeitung erlaubt die Gestaltung virtueller Welten, die hochgradig perfekte Simulation von Wirklichkeiten und den Aufbau von neuartigen Erlebnis-, Traum- und Fantasiewelten. Die fehlende Körperlichkeit wird durch eine Art digitale Vergeistigung ersetzt, die Sinnlichkeit der elektronischen Bilder- und Klangwelten löst das reale physische Erleben ab (oder aus?). Die Kunst, die seit jeher wesentlich vom Illusionismus, der Stilisierung und Abstrahierung lebt, macht sich auch heute – wie oben gezeigt wurde – diese Technik zunutze. Könnte man doch im virtuellen Computerbild ein nachmodernes „Trompe-l'oeil" (franz. „Augentäuschung") entdecken.[390] Schon immer hatten Künstler Spaß daran, in der Kunst Realität vorzutäuschen, wie dies die Anekdote von Zeuxsis, der die Vögel mit seinen gemalten Trauben anlockte, anschaulich vor-

---

[389] Im Duden wird *Virtuelle Realität* mit „vom Computer simulierte Wirklichkeit" übersetzt, „simulieren" mit „vorgeben, sich vorstellen oder nachahmen", „Simulation" erklärt der Duden mit „Vortäuschung bzw. Nachahmung". Wendet man diese Worterklärungen auf *Virtuelle Realität* an, ergäbe sich daraus die mögliche Übersetzung: *vorgetäuschte Wirklichkeit.* Damit wäre der Begriff genau genommen ein Oxymoron bzw. eine Contradictio in adjecto, kann etwas doch entweder nur real oder aber vorgetäuscht sein. Oder ist der Begriff ein Paradoxon, eine „scheinbar falsche Aussage", die auf eine höhere Wahrheit hinweist? Sind die *virtuellen Realitäten* vielleicht gar keine Simulationen, sondern doch in irgendeiner Weise echt, wie wir denken müssen, wenn wir Vilém Flusser Glauben schenken? Dieses hier – als zunächst belanglos anmutendes Gedankenspiel – begonnene Experiment zeigt sich im weiteren Verlauf dieser Untersuchung als weitaus bedeutsamerer Aspekt, da sich genau aus dieser Unvereinbarkeit für die Kunstdidaktik zwei sich theoretisch gegenseitig ausschließende Paradigmen ergeben.

[390] Trompe-l'oeil: „Bezeichnung für besonders reflektierte Formen von Bildillusionismus. Das Auge des Betrachters soll über den Malvorgang hinweggetäuscht werden und den Bildgegenstand aufgrund der äußerst naturalistischen Darstellung als einen wirklichen Gegenstand erkennen. Die synonyme Bezeichnung ‚bedriegertje' (Betrügerchen) wurde im 17. Jh. in Holland verwendet." Aus: Wolf Stadler, Peter Wiench: Lexikon der Kunst. Bd. 12. Erlangen 1994.

führt. Hier offenbart sich der Künstler als ein Gaukler, der seine Zaubertricks kennt, dem Betrachter etwas Vergnügliches bietet und zugleich Entlarvendes präsentiert. Dass auch gegenwärtig die Medien und die heute mittels digitaler Technik hergestellten Bilder neue Wirklichkeiten hervorbringen, ist ein im Zuge der Mediendiskussion viel erwähnter Aspekt. So formuliert Karl-Josef Pazzini: „Medien konstruieren jeweils andere Wirklichkeiten, machen Unsichtbares sichtbar, Abstraktes anschaulich, ermöglichen Simulationen jenseits des ‚real' Erlebbaren und schaffen so eine Vielzahl neuer Lernchancen."[391] Dass dieses Phänomen nicht neu ist, verdeutlicht ein Blick in die Kunstgeschichte. Wie Kunst neue Wirklichkeiten schafft, schilderte beispielsweise Willi Baumeister in Bezug auf die Künstler des Impressionismus: „Niemand erlebte vor den Impressionisten das orangefarbene Licht der Sonnenflecken auf einem Parkweg oder das Flimmern der Farbe einer Sommerlandschaft. Das Kribbeln einer wogenden Menge in einer belebten Straße, den optischen Effekt der Bewegung eines Pferderennens, das durch die Strich-Technik unterstützt im Bild zum lebhaften Ausdruck kam. Vor allem tritt eine gesteigerte Farbe auf, die farbigen Schatten. Alles dies Empfindungen und Entdeckungen, die durch die impressionistischen Bilder erstmalig geschaffen wurden. Die Wirkung blieb nicht aus, und die Menschen sahen in der Folge in der umgebenden Natur, was ihnen die Maler durch ihre Bilder gezeigt hatten."[392] Man darf gespannt sein, was die Zukunft zu bieten hat.

2.3 Inhalte

Kunst mit Neue Medien
Im Zentrum der Auseinandersetzungen dieser kunstdidaktischen Richtung stehen, wie die ursprünglich von Henning Freiberg eingeführte Bezeichnung *Medien-Kunst-Pädagogik* andeutet, die Medien und die Medienkunst. Dabei wird eine diesen Begriffen innewohnende Unschärfe ignoriert, denn gemeint sind nicht die Medien im Allgemeinen, sondern spezifisch die sich an den neuen Technologien ausrichtenden *Neuen Medien* sowie insbesondere zeitgenössische Kunstformen, die sich der elektronischen Errungenschaften und digitalen Möglichkeiten bedienen und diese für ihre Gestaltungen bewusst einsetzen.
Macht Freiberg den Begriff *Medienkunst* vor allem an Namen fest, wird in der wissenschaftlichen Fachliteratur heute unterschieden zwischen dem seit den 60er Jahren gebräuchlichen Begriff *Medienkunst*, der vor allem die frühe Videokunst meint, und der neueren Bezeichnung *Kunst mit Neuen Medien,* die den vermehrten Einzug des Computers berücksichtigt.

---

[391] Karl-Josef Pazzini: Kulturelle Bildung im Medienzeitalter. Gutachten zum Programm der BLK, Bonn 1999, S. 38.
[392] Willi Baumeister: Das Unbekannte in der Kunst. Köln 1966², S. 31.

An dieser Stelle kann keine Mediengeschichte der künstlerischen Bildmedien ausgebreitet werden.[393] Hinsichtlich der *Neuen Medien*, die für den künstlerischen Gebrauch eingesetzt werden, sei aber Folgendes festgestellt: Alle Bildmedien, angefangen beim Holzschnitt über den Kupferstich bis hin zum Video und Internet, wurden weder von den Künstlern zur jeweiligen Zeit erfunden noch für einen speziellen künstlerischen Gebrauch entwickelt. Es waren jeweils die Gedanken an schnelle, billige und höhere (meist Druck-) Auflagen, die die Erfinder in der Entwicklung der technischen Voraussetzungen antrieb. Bei allen neu entstehenden Bildmedien diktierte die mediale Ökonomie der Mittel die Bedingungen und Möglichkeiten. Der künstlerische Gebrauch kam jeweils als ein abgeleiteter, nachträglicher Gebrauch hinzu und ist durch eine prinzipielle Gebundenheit der Kunst an die Technik gekennzeichnet. Es kann angenommen werden, dass das Interesse der Künstler an den Bildmedien mit dem in der Renaissance entstandenen und gewachsenen Begriff und Selbstbewusstsein des Künstlers zusammenfällt, welches Arnold Hauser in seiner Sozialgeschichte der Kunst und Literatur anschaulich erläutert.[394] Außerdem muss in einem medienorientierten Ansatz zwischen zwei verschiedenen sozialen Funktionen von Bildmedien unterschieden werden. Es gibt im Allgemeinen einen recht umfassenden, nicht künstlerischen Einsatz und einen eher als Spezialgebrauch zu bezeichnenden künstlerischen Gebrauch der Bildmedien, der auch nur in einem kleineren spezifischen gesellschaftlichen Kunstsystem von Bedeutung ist.

Im Zentrum der medien-kunstdidaktischen Debatte steht die *Kunst mit Neuen Medien* und die *Medienkunst*, oft als unscharfe Sammelbezeichnung für all diejenige Kunst verwendet, die sich vornehmlich elektronischer und heute auch digitaler Möglichkeiten bedient und neue Technologien, wie sie vor allem der Computer bereithält, für unterschiedliche Kunstformen wie Videofilm, Videoskulptur und Videoinstallation, Netzkunst, CD-ROM-Kunst usw. einsetzt. Die Entwicklung auf diesem Gebiet ist in den letzten Jahren in rasantem Tempo vorangeschritten. Für die gegenwärtige Situation ist allerdings davon auszugehen, dass zwar spätestens seit der Eröffnung des ZKM 1997 die neuen Kunstformen verstärkt ins allgemeine Bewusstsein gerückt sind, in pädagogischen, schulpädagogischen und kunstdidaktischen Zusammenhängen sich ihren Platz aber noch erkämpfen müssen. Von Seiten der Kunstpädagogik forderten Johannes Kirschenmann und Georg Peez bereits ein Jahr nach der ZKM-Eröffnung – auch hinsichtlich der documenta X im Jahr 1997, bei der erstmals interaktive Kunst im Netz zu sehen war – die Neuen Medien zum integralen Bestandteil des Kunstun-

---

[393] Hier sei auf eine Veröffentlichung von Beat Wyss verwiesen. Vgl. Beat Wyss: Die Welt als T-Shirt. Zur Ästhetik und Geschichte der Medien. Köln 1997.

[394] Vgl. Arnold Hauser: Sozialgeschichte der Kunst und Literatur. München 1990, S. 338-341.

terrichts zu machen, da sich Kunstunterricht neben den traditionellen immer auch zeitgenössischen Erscheinungsformen zuzuwenden habe.[395] Damit leben Forderungen wieder auf, wie sie bereits in den 70er Jahren von den Vertretern der *Visuellen Kommunikation* erhoben wurden, ohne allerdings – wie später ausgeführt wird – den damals radikal gesellschaftskritischen Aspekt wieder aufzunehmen. Inhaltliche Schwerpunkte sind Kunstwerke, die sich durch die Kriterien Interaktivität, Intermedialität, Synästhetik (*nicht* Synästhesie) und Prozessualität auszeichnen, sowie alle produktiven Arbeitsformen – insbesondere digitale Bildproduktion –, mit denen diese Gestaltungsprinzipien erprobt werden können.[396]

2.4 Ziele und Intentionen

Henning Freiberg: Medien-Kunst-Pädagogik
Hinsichtlich der allgemeinen Bedeutung der Neuen Medien im pädagogischen Umfeld bemerkt Norbert Bolz: „Es ist deshalb eine Illusion, zu glauben - und es ist unverantwortlich, zu suggerieren - wir hätten die Wahl. (...) Es gibt deshalb für uns nicht die Option, moderne Techniken und Neue Medien nicht zu wollen. Die entscheidende Frage ist vielmehr, ob wir Opfer oder Souveräne der Informationsgesellschaft sein werden. Die Medien-Muffel werden bald merken: Wer seine Kinder vor Computern durch Prohibition schützen will, macht sie zu Opfern. Das Gespenst der Technokratie lässt sich nicht durch Medien-Askese, sondern nur durch Medienkompetenz bannen."[397] In der kunstdidaktischen Diskussion kommt deshalb der von Henning Freiberg eingeführte Begriff der *Medien-Kunst-Pädagogik* auf, ein Modell, mit dem Freiberg plädiert für ein „integratives Konzept kunstpädagogischer Theorie und Praxis in Bezug zur Medienkunst mit dem Ziel der Entfaltung einer künstlerisch erweiterten auf das Bild bezogenen Medienkompetenz als dem wesentlichen Beitrag des Faches Kunst zur fächerübergreifenden Medienpädagogik"[398]. Er artikuliert diesen Begriff jedoch in bewusster Abgrenzung zur allgemeinen Medienpädagogik, die sich in erster Linie mit nicht-künstlerischen und negativen Anteilen der Massenmedien befasst. *Medien-Kunst-Pädagogik* bezeichnet eine Konzeption der Kunstpädagogik, die sich vorrangig mit den „spezifisch künstlerischen

---

[395] Vgl. Johannes Kirschenmann, Georg Peez: Chancen und Grenzen der Neuen Medien im Kunstunterricht. Hannover 1998.
[396] Vgl. Henning Freiberg: Ästhetische Bildung in einer von neuen Technologien und neuen Medien geprägten Zeit. In: Dietrich Grünewald (Hrsg.): Kunstdidaktischer Diskurs. Texte zur Ästhetischen Erziehung von 1984–1995. Sammelband der Zeitschrift *Kunst und Unterricht*. Velber 1996, S. 40-50.
[397] Norbert Bolz: Wer hat Angst vor Neuen Medien? In: UNICUM 12/1994, S. 12.
[398] Henning Freiberg: Medien-Kunst-Pädagogik. In: http://www.kunstunterricht.de/material/fachd1.htm ins Netz gestellt: 2. Februar 1999.

Möglichkeiten im Umgang mit neuen bewegten Bildern"[399] auseinander setzt und den Zielen der allgemeinen Kunstpädagogik unter besonderer Berücksichtigung der Gegenwartskunst entspricht. Freiberg setzt die Auswirkungen der weitgehend auf digitaler Technik basierenden audiovisuellen Medien für „Wahrnehmung, Wirklichkeitskonstruktion, Fantasie und Kreativität, d.h. für die gesamte Bildung der Persönlichkeit in der Medien- und Informationsgesellschaft"[400] voraus. Damit geht er im Wesentlichen konform mit Vertretern aus Pädagogik und Philosophie.

Medienkompetenz
In dieser Konzeption spielt der – leider uneinheitlich verwendete – Begriff der Medienkompetenz eine wesentliche Rolle. Für Freiberg bedeutet Medienkompetenz die „Fähigkeit des produktiven und bewussten Umgangs mit vornehmlich elektronischen Medien auf dem Hintergrund der Medienkunst"[401]. Dabei sollen die Schüler nicht nur befähigt werden, mit digitalisierten Bildern umzugehen und ein auf sie gerichtetes angemessenes ästhetisches Verhalten zu entwickeln, sondern sie sollen ebenso in die Lage versetzt werden, solche Bilder selbst herzustellen und zu beurteilen. Das schließt den Umgang mit massenmedialen Produkten wie Werbefilm, Videoclip, Computerspiel und Präsentationen im Internet mit ein, wobei Freiberg jedoch die didaktische Konfrontation mit entsprechenden künstlerischen Produkten betont. „Im Fach Kunst sollten die Schülerinnen und Schüler gezielt künstlerische Methoden und Artefakte in den Neuen Medien kennen lernen, als Voraussetzung einer kompetenteren ästhetischen Differenzierung und Urteilsfähigkeit im produktiven und rezeptiven Umgang mit Medien."[402]
Was nun die Arbeit am Bildschirm mit Bildender Kunst zu tun hat, erläutert Freiberg in einem gleichlautenden Aufsatz, in dem er dieser Beziehung nachgeht und die Feststellung von Paul Watzlawick „*Man kann nicht nicht kommunizieren*" auf die alltägliche Arbeit am Bildschirm in die Formel „*Man kann nicht nicht gestalten*" überführt.[403] Freiberg bezieht sich auf die Geschichte des „Fensterbildes", des rechteckig gerahmten Bildes als einem Ausschnitt von Welt, eine ursprüngliche Errungenschaft der Renaissance. Waren Bilder und Malereien ehemals eingebunden in religiöse Kontexte, öffnete sich mit der Renaissance der Blick für das Alltägliche, „dessen Oberfläche den Blick auf die geistige Welt für denjenigen eröffnet, der die Sprache der Bilder, die Ikonografie, die Metaphern, Symbole und die Komposition versteht. Der Blick in die Welt eröffnet den Blick hinter die Welt"[404].

---

[399] Ebd.
[400] Ebd.
[401] Ebd.
[402] Ebd.
[403] Henning Freiberg: Was hat die Arbeit am Bildschirm mit bildender Kunst zu tun? In: BDK Mitteilungen, Heft 2/1999, S. 12-16.
[404] Ebd., S. 13.

Sein Vergleich zwischen dem Grundmuster des „Fensterbildes" mit dem Fernseh- und Computerbild leuchtet ein. Wesentlich zu konstatieren ist allerdings der signifikante Unterschied des Computerbildes als gleichzeitige Benutzeroberfläche, die außer dem *Blick in die Welt* den *Klick in die Welt* mit dem Ziel der Veränderung bereithält. Dass sich eine Bearbeitung der grafischen Oberfläche nicht nur in kleinen Auswirkungen bemerkbar macht, wie etwa dem Ausdrucken eines aktuell erstellten Textobjektes, sondern die Veränderung des Bildes auch weitreichende Folgen haben kann wie etwa die Bedienung komplizierter medizinischer Geräte und gar Waffen, zeigt das Ausmaß dieses Aspektes. In der interaktiven Nutzung des Computerbildes offenbart sich eine besondere Spezifik des Monitorbildes. Entspricht das Monitorbild zwar im Wesentlichen immer noch dem tradierten Bildbegriff der Renaissance, hat es diesen jedoch insofern bedeutend erweitert, als dass es selbst zu einer Metapher für das Leben wird und wirkliches Leben simulativ ersetzen kann. Dabei lässt die Analogie des Computerbildes zur lebendigen Wirklichkeit das Bildhafte am Bildschirm vergessen. Das Bildhafte wird selbst – nun Schnittstelle zwischen Betrachter bzw. *Nutzer* und Wirklichkeit – nur selten wahrgenommen. Dieses setzt vielmehr einen bewussten, reflektierenden Blick voraus, der – analog zur Spracherziehung – geschult werden muss, da er in der immer visueller werdenden Kultur eine wachsende Bedeutung erfährt. Als wesentliches Argument für die Berücksichtigung der Medien*kunst* im Zusammenhang mit den didaktischen Ambitionen der *Medien-Kunst-Pädagogik* sieht Freiberg die Tatsache, dass Medienkunst als eine Form der zeitgenössischen Kunst mit anderen Mitteln, fremden Verfahren etc. arbeitet, die zu gezielter Bewusstmachung von Wahrnehmungsstrukturen, zu alternativem Denken und zu einer Irritation verfestigter Schemata beitragen kann. „Der andere Blick des Künstlers auf den Gegenstand kann das alltägliche Produkt, beispielsweise durch Ironie, in einen neuen Kontext der Reflexion stellen, es disfunktionalisieren, es subversiv gegen seinen konventionellen Gebrauch und Wahrnehmungszusammenhang wenden oder auch konventionelle Mittel gebrauchen, um den Blick des Betrachters auf das Unsichtbare der Dinge oder das Medium selbst zu richten."[405]

Bilderziehung
Als Plädoyer für ein neues kunstdidaktisches Fachverständnis in der Bild-Mediengesellschaft formuliert Hennig Freiberg unter spezifischer Beachtung der Neuen Medien sieben *Thesen zur Bilderziehung im Fach Kunst.*[406]

---

[405] Ebd. S. 16.
[406] Henning Freiberg: Thesen zur Bilderziehung im Fach Kunst. Plädoyer für ein neues Fachverständnis in der Mediengesellschaft. In: Johannes Kirschenmann, Georg Peez (Hrsg.): Chancen und Grenzen der Neuen Medien im Kunstunterricht. Hannover 1998, S. 12–17. Diese hier veröffentlichten Thesen sind eine stark überarbeitete Fas-

Aufgrund der Prägnanz dieser Thesen und ihrer wesentlichen Bedeutung für dieses Konzept werden sie im Folgenden wörtlich zitiert wiedergegeben.

1. These

„Ausgangspunkt der Überlegungen ist der offenkundige Widerspruch zwischen der wachsenden Notwendigkeit einer allgemeinen Bilderziehung in der Mediengesellschaft, in der die Bilder nicht nur relativ zum Wort, sondern auch absolut an Bedeutung gewinnen – und der geringen Beachtung des Problems als Herausforderung für die ästhetische Bildung."

2. These

„Der Beitrag des Faches Kunst zur Lösung ‚epochaltypischer Schlüsselprobleme' ist weitgehend unklar geworden. Dies ist eine der Ursachen für das gesellschaftliche Desinteresse am Fach."

3. These

„Die Bedeutung der Kunstpädagogik für die allgemeine Bildung in einer durch Bild-Kommunikations-Medien bestimmten Kultur erhöht sich, wenn sie den Anspruch auf eine allgemeingültige Bilderziehung – analog zur Spracherziehung – erhebt und somit einen zentralen Stellenwert im Bildungssystem erlangen kann und erhalten muss."

4. These

„Kunstpädagoginnen und Kunstpädagogen sind in der Schule die Experten für das Bild und die damit verbundenen Ästhetisierungsprozesse. Sie müssten als Bildexperten den Anspruch auf eine immer notwendiger werdende generelle Bilderziehung offensiv vertreten. Das Fach Kunst (oder wie immer es genannt wird) ist das einzige Fach, in dem das Bild selbst Gegenstand des Unterrichts ist."

5. These

„Das Doppelverhältnis von Gewinnen und Verlusten durch Mediatisierung kann zur leitenden Thematik für den Umgang mit Bildern werden."

6. These

„In einer *Doppelstrategie* sollte eine allgemeine Bilderziehung in der Ästhetischen Bildung die widersprüchlichen Folgen der Entwicklung der elektronischen Medien berücksichtigen."

7. These

„Zur Allgemeinbildung in der Informationsgesellschaft gehört die Fähigkeit, den Computer als Universalmaschine im multimedialen Kontext zu gebrauchen."

Ausgangspunkt für Freibergs Thesen ist die Grundannahme vom Wandel der Buch- und Wortkultur zur Bildkultur (vgl. Kapitel 2.7 „Philosophische Implikationen"). Freiberg übt Kritik an einem Kunstunterricht, welcher den Herausforderungen der sich daraus entwickelnden epochaltypischen Schlüssel-

---

sung seiner in den BDK Mitteilungen, Heft 2/95 erschienen ‚Thesen zur Bilderziehung'.

probleme[407] und Gefahren nicht begegnet, deshalb in eine Legitimationskrise gerät und im Bildungssystem immer mehr Gewicht verliert. Um im allgemeinen Bildungssystem weiterhin bestehen zu können, muss der Kunstunterricht diesem Wandel Rechnung tragen.
Freiberg kritisiert ein Verständnis von Kunstunterricht als „Spielwiese für das unverbindlich Kreative", welches eigentlich mehr in den Freizeitbereich gehöre als in die Schule. Zudem erscheine das Fach Kunst vor dem Hintergrund der Kunst der Gegenwart, die in der Öffentlichkeit als postmodernes „anything goes", als Religionsersatz, prinzipiell Unerklärbares und damit auch nicht Lehrbares verstanden würde, als ein Fach ohne klaren Lerninhalt. Fachgeschichtlich gesehen begründet Freiberg die Aufwertung des Faches in den 70er Jahren im Zusammenhang mit der Oberstufenreform, die sich in der Wählbarkeit des Faches als Hauptfach bis zum Abitur niederschlug, mit der damaligen Öffnung für die Massenmedien. Diese Öffnung sei im Zuge restaurativer Züge in den 80er Jahren wieder zurückgegangen. Im Gegensatz zu einem an „Basisdifferenzen orientierten Begriff der Pluralität" (Welsch, 1986) konnte sich ein „postmoderner Oberflächenpluralismus" ausbreiten, der zwar zu einer relativen Stabilität im Fach führte, aufgrund von „Gleichgültigkeit, Indifferenz und Beliebigkeit" das Profil des Faches aber bis zur Existenzbedrohung verwässerte.
Freiberg nimmt Bezug auf Heino Möller, der seinerzeit mit der Forderung nach dem Unterrichtsfach *Visuelle Kommunikation* auf den Einfluss durch die Massenmedien und auf den Umschlag von „Quantität in Qualität" aufmerksam machte. Im Blick auf die gegenwärtige Situation sei dieses Argument aktueller denn je, hat sich doch das Medienangebot heute um ein Vielfaches erhöht. Die kulturelle Entwicklung seit den 70er Jahren ist gekennzeichnet durch eine explosionsartige Entwicklung der Bildkommunikation und der damit verbundenen Ästhetisierungsprozesse auf der Basis neuer Informations- und Kommunikationstechniken. Die Kommunikation der Zukunft stellt sich als *Bild*kommunikation dar, in der neue Bildsorten die Alltagsästhetik ständig verändern und die weitreichende Folgen für die ästhetische Entwicklung, für das Empfinden, Wahrnehmen, Vorstellen und Denken besonders der Kinder und Jugendlichen hat. Bilderwelten werden zu „neuen Fluchtwelten", deren technische Grundlage kaum mehr erkennbar ist. Freiberg folgert: Das Fach Kunst kann eine Schlüsselfunktion innerhalb der allgemeinen Bildung erlangen, wenn es die notwendigen Aufgaben der Bilderziehung in der Bild-Medien-Gesellschaft übernimmt.
Für Freiberg ist Kunsterziehung ein integraler Teilaspekt einer generellen Bilderziehung. Da Bilder wie Texte Zeichensysteme sind, die sich nicht

---

[407] Vgl. Wolfgang Klafki: Grundzüge eines neuen Allgemeinbildungskonzepts. Im Zentrum: Epochaltypische Schlüsselprobleme. In: Wolfgang Klafki: Neue Studien zur Bildungstheorie und Didaktik. Zeitgemäße Allgemeinbildung und kritisch-konstruktive Didaktik. Weinheim, Basel 1996⁵. Zweite Studie, S. 43-81.

selbst erklären und deshalb entschlüsselt werden müssen, bedarf es qualifizierter „Bildexperten", die über die nötige Bild- und Medienkompetenz verfügen. Freiberg verweist auf Parallelen zwischen den Mustern der aktuellen Medien und historisch entstandenen Bildbedeutungen, deren Wurzeln in der Geschichte der Bilder – respektive der Geschichte der Bildenden Kunst – liegen. Geschichtliches Bewusstsein als Voraussetzung für das Verständnis aktueller Bildwelten sei durch das Aufdecken von Zusammenhängen in Unterrichtsprojekten zu entwickeln. Als Experten für Bilderziehung müssen qualifizierte Kunstpädagogen sowohl künstlerisch unter Einschluss der Medienkunst als auch kunsthistorisch gebildet sein, sich in relevanten Fragen der Entwicklung von ästhetischer Kompetenz auskennen und über ausreichende Kenntnis im Umgang mit elektronischen Medien verfügen.

Als didaktischen Angelpunkt bezieht sich Freiberg außerdem auf die viel beschriebene Widersprüchlichkeit infolge der entwickelten Bildkommunikation: Dem Zugewinn an Ästhetik steht zugleich der Verlust im Sinne der Anästhetik, dem Verschwinden der Wahrnehmung gegenüber.[408] Da aus konstruktivistischer Sicht der Zuschauer aber nicht nur Opfer, sondern auch Täter und selbstbestimmter Konstrukteur seiner Bildwelten ist, kann die Wirkung demnach nicht als eine allgemeine angenommen werden, sondern wird erst im Subjekt konstruiert, das die Reize zu qualitativen Wirkungen verarbeitet. Will Schule wirksam werden, muss sie sich auf die Gattungen der Bildmedien, denen Schüler in Familie und Jugendszene ausgesetzt sind, einlassen. Zum Thematisieren existenzieller Grundfragen stelle Kunst – auch in den *Neuen Medien* – Exemplarisches zur Verfügung.

Freiberg schlägt eine Doppelstrategie vor: Ästhetische Bildung muss medial bedingte Defizite in der ästhetischen Sozialisation aufgreifen *und* eine Medienkompetenz entwickeln, die weder aus blindem Medienoptimismus noch aus einer „Bewahrpädagogik" begründet ist. Ästhetische Bildung muss Lernsituationen schaffen, die ästhetische Grunderfahrungen und Wahrnehmungsprozesse gewährleisten. Als Ausgleich gegen die Immaterialität der Medien soll sich Ästhetische Bildung auch auf die Sinne beziehen, indem sie den Umgang mit elementaren Rohstoffen (Holz, Stein, Lehm, Wasser, etc.) einbezieht. Eine unmittelbare Begegnung in der Betrachtung von Originalen dient zudem als Ausgleich gegen die Verkürzung medial vermittelter Wirklichkeit, die eigene Produktion und aktive Rezeption gleicht den passiven Konsum aus.

Aus der Tatsache, dass Multimedia zur Regel, das stehende Bild dagegen zur Ausnahme wird, ergibt sich die Notwendigkeit für einen kompetenten Umgang mit Multimedia, der am wirkungsvollsten in der eigenen Produktion zu erlernen ist. Im synästhetischen Zusammenhang von Bild, Ton und Text verbinden sich Kunst, Musik und Literatur. Projektorientierte Arbeit und die Auflösung von Fächergrenzen dienen der Integration der Ästheti-

---

[408] Vgl. Wolfgang Welsch: Ästhetisches Denken, Stuttgart 1990.

Kunstpädagogik im „Medienzeitalter"

schen Bildung in den Gesamtzusammenhang von Bildung. Der Tendenz, die Technik *vor* die inhaltliche Auseinandersetzung zu stellen, kann durch die konzeptionelle Arbeit an einer Sache im Rahmen einer komplexen Thematik begegnet werden. Über die individuelle Erfahrung digitaler Manipulation – wie beispielsweise der digitalen Fotoretusche – in der eigenen Praxis ist ein naives Bildverständnis zu überwinden. Ästhetische Bildung sollte – so Freiberg – in allen Fächern der Schule durchdringendes Prinzip sein, der produktive gestaltende Umgang mit Bildern und Bildmedien ist jedoch Inhalt des Faches Kunst.

Medien-Kunst-Pädagogik: Neuauflage der Visuellen Kommunikation?
In vielen Punkten Henning Freibergs Argumentation fällt die Nähe zu ehemals radikalen Forderungen aus der Zeit der *Visuellen Kommunikation* auf. Auch Heino Möller hatte seinerzeit *Sieben Arbeitsthesen zur Konzeption eines neuen Unterrichtsfaches* vorgelegt und eine Umbenennung des Schulfaches gefordert.[409] Wie Möller stellt Freiberg seine Konzeption in den Kontext der Frage nach der gesellschaftlichen Relevanz des Faches Kunst. Die damalige Curriculumrevision kann mit der Gefahr der aktuellen Stundenkürzungen verglichen werden, welche als Folge des gesellschaftlichen Desinteresses des Faches interpretiert werden kann. Die Bedeutung der Medien aufgrund ihrer radikalen Entwicklung einerseits und deren Auswirkungen auf die Wahrnehmungsgewohnheiten und -weisen von Kindern und Jugendlichen als ernst zu nehmende Teilnehmer der Informationsgesellschaft andererseits führt Freiberg als wesentliche Begründung des Schulfaches an. Dazu nimmt er Anleihen an dem alten Argument, dass *Quantität* zu *Qualität* wird. Wie ehemals Möller konstatiert auch Freiberg heute einen Widerspruch zwischen der ästhetischen Beanspruchung vieler Mediennutzer und deren Fähigkeit, diese bewusst und kritisch zu reflektieren. Auch der erneute Verweis auf die Analogie zwischen Bilderziehung und Spracherziehung bzw. einem neu orientierten Deutschunterricht fällt ins Auge. Die *Visuelle Kommunikation* berücksichtigte die Bildende Kunst nur als „historisches Fossil", als Randphänomen, dem im Sinne der gesellschaftlichen Wirklichkeit nur geringe Aufmerksamkeit zuteil wurde.[410] Freiberg gliedert die Kunsterziehung im Sinne einer *Medien-Kunst-Pädagogik* als integralen Bestandteil in eine übergeordnete Bilderziehung ein, wenngleich er sich wesentlich weniger radikal äußert.
Dennoch lassen sich erhebliche Differenzen feststellen: Als wesentlicher Unterschied zwischen Freibergs Plädoyer und Möllers damaliger Kritik muss vorrangig der Stellenwert und die Bewertung der Kunst als solche

---

[409] Vgl. Heino R. Möller: Kunstunterricht und visuelle Kommunikation. Zur Konzeption eines neuen Unterrichtsfaches. Sieben Arbeitsthesen. In: Ästhetik und Kommunikation, Heft 1, 1970.
[410] Vgl. Heino Möller: Gegen den Kunstunterricht. Ravensburg 1970, S. 21.

innerhalb beider Konzepte genannt werden. Die *Visuelle Kommunikation* entstand im Rückgriff auf die ideologiekritischen Gedanken der Frankfurter Schule bewusst aus der Kritik am bestehenden Gesellschaftssystem und zielte auch auf die Entlarvung der Kunst als „bürgerliches Herrschaftsinstrument". Im Zentrum der Visuellen Kommunikation stand zwar die Aufklärung über die Manipulationsmechanismen durch die Massenmedien, aber auch die traditionelle Kunst stand unter dem Grundverdacht der ideologischen Einflussnahme.[411] So galt für die Vertreter der *Visuellen Kommunikation* neben den Massenmedien auch die Kunst als insgesamt kritisch zu hinterfragen, deren ideologische
Dimensionen aufgedeckt werden sollten.[412] Ganz anders Freiberg, der der Kunst traditionell verpflichtet bleibt, sich sogar ganz bewusst auf die Medien*kunst* als einen Teilbereich zeitgenössischer Kunstformen bezieht. Freiberg setzt die Medien einerseits als weltbildend voraus, andererseits bewusst didaktisch ein, um Schülern Medienkompetenz zu vermitteln. Die ehemals für Möller aufgrund der Nähe zur Frankfurter Schule signifikante gesellschaftskritische und allgemein systemkritische Komponente wird von Freiberg insofern nicht wieder aufgenommen oder gar weiterentwickelt. Überwog im Konzept der *Visuellen Kommunikation* eindeutig der theoretische Zugriff auf Themen und Inhalte des Kunstunterrichts, bleibt Freiberg dem didaktischen Anspruch nach dem Gleichgewicht zwischen Produktion und Reflexion verpflichtet.

Mit dem von Freiberg vorgeschlagenen Modell einer Doppelstrategie verfolgt er die Überwindung der Polarisierung in der Fachdidaktik, indem er einen sich auf die Mediatisierung eher kompensatorisch beziehenden An-

---

[411] Vgl. Herrmann Ehmer: Visuelle Kommunikation. Beiträge zur Kritik der Bewusstseins-Industrie. Köln 1971. Sowie Heino Möller: Gegen den Kunstunterricht. Ravensburg 1971.

[412] So entwirft Möller beispielsweise eine Unterrichtseinheit zum Thema *Urlaubsbilder*, um an Landschaftsbildern des französischen Impressionismus verwandte Bildstrukturen in der Malerei des 19. Jahrhunderts und Bildern kommerzieller Urlaubswerbung nachzuweisen. Die Problematisierung der Landschaftsmalerei dient in diesem Entwurf weder der formalästhetischen Analyse bildnerischer Probleme noch zur Einführung in einen kunsthistorischen Zusammenhang. Vielmehr geht es darum, soziokulturelle Phänomene und soziale Missstände bewusst zu machen, indem Parallelen zwischen Werbeprospekten und Landschaftsgemälden des franz. Impressionismus behauptet werden. Ziel ist nachzuweisen, dass schon die Malerei des 19. Jahrhunderts in ihrer Darstellung von unbekümmerten Freizeitsituationen als klassenspezifisch und herrschaftsbejahend zu bewerten sei. Möller kritisiert die Bildwirklichkeit als eine Realität beschönigende Malerei und ignoriert in seiner Analyse die Bedeutung gerade dieser Epoche hinsichtlich der Entwicklung der Autonomie künstlerischer Mittel. Durch die Entwicklung der Fotografie wurde die Malerei aus ihrer Abbildungsfunktion entlassen und Farbe somit frei für die Funktion des Ausdrucksträgers. Von Möller wird Kunst hier als ideologisch zu entlarvendes Kommunikationsmittel dargestellt (Möller: Gegen den Kunstunterricht. Ravensburg 1971).

Kunstpädagogik im „Medienzeitalter"

satz mit einem progressiv medienorientierten Ansatz verbindet und zu einem integrativen Konzept der Bilderziehung zusammenführt.
In Freibergs Konzept bleibt unklar: Welche Rolle spielt die praktische Vermittlung klassischer Kunsttechniken? Welchen Stellenwert hat Kunstrezeption außerhalb von Medienkunst? Wird originäre Materialerfahrung nur im Sinne ihrer kompensatorischen Funktion gesehen? Aus der Perspektive eines Schulpraktikers wird nicht zuletzt die berechtigte Frage nach der Ausbildung der Kunsterzieher hinsichtlich Kompetenz und Sachverständigkeit in allgemeinen *Fragen des Bildes* gestellt: Wie steht es wirklich mit der Bildkompetenz der Kunsterzieher? Wie sehen die individuellen Möglichkeiten der Film- und Videoanalyse, der Produktion von Videoclips, der Homepage-Programmierung etc. aus, die sich nicht nur aus den technischen Problemen der Hard- und Software ergeben? Dazu die Stimme eines Schulpraktikers: „Oft ist die behauptete ‚Bildkompetenz' der Kunsterzieher schlichtweg Verstiegenheit, die glaubt, aus der Erfahrung des Produzenten von Staffeleibildern heraus schon wesentliches auch zum Erscheinungsbild technischer und elektronischer Bilder sagen zu können."[413]
Hinsichtlich der Ausstattung mit Neuen Medien an allgemeinbildenden Schulen ist trotz der Absicht der damaligen Bundesregierung 1998, die bundesweit 44000 *Schulen ans Netz* anschließen wollte, die Voraussetzung in den Einzelschulen sehr heterogen. Bezüglich der Forderung nach Chancengleichheit müsste diese Absicht nicht nur deshalb eingelöst werden, weil da die beruflichen Chancen der Jugendlichen mit Medienkompetenz korrelieren. Vielmehr ist der *private* Zugang zudem immer noch nur denjenigen Nutzern möglich, die die Kosten dafür aufbringen können. Diese Absicht begründet sich vor allem aus der Intention, den individuellen, von Kindern und Jugendlichen oft unreflektierten Mediengebrauch pädagogisch verantwortet begleiten zu können. Die Frage bleibt, ob die *Medien-Kunst-Pädagogik* unter gezielter Berücksichtigung medien-künstlerischer Methoden und Artefakte im Unterricht die Voraussetzung für eine kompetente ästhetische Differenzierung und Urteilsfähigkeit im produktiven und rezeptiven Umgang mit *Neuen Medien* vermittelt, wie sie es zu tun vorgibt. Dies müsste erst in der Praxis empirisch evaluiert werden.

---

[413] Vgl. Ulrich Schuster, Luitpoldgymnasium München, Zu den Thesen von Freiberg. In: http//www.kunstunterricht.de/material/fachd1-1htm.

Martin Zülch: Medienkompetenz in der Multimediagesellschaft
Ähnlich wie Freiberg argumentiert Martin Zülch. Unter dem Titel *Die Welt der Bilder – ein konstitutiver Teil der Allgemeinbildung – Zehn Begründungen zur Notwendigkeit des Schulfaches Kunst in der gymnasialen Oberstufe* formuliert auch Zülch Thesen, die den unverzichtbaren Blick auf die *Neuen Medien* in den Kontext einer Legitimation, Begründung und Stärkung des Schulfaches Kunst einbetten. Zülch fokussiert vornehmlich die negativen Veränderungen der Sehgewohnheiten von Kindern und Jugendlichen und formuliert als dringliche Bildungsaufgabe der Kunstpädagogik „das Einbringen eines fundierten Wissens über das Verhältnis von Abbild und faktisch oder nur scheinbar Abgebildetem, durch die Förderung einer medienkritischen Sensibilität auf der Grundlage sinnlicher Primärerfahrungen und entschleunigter Wahrnehmungsvorgänge sowie durch die Entwicklung eines reflektierten und kreativen Umgangs mit den Neuen Medien"[414]. Sein Begriff von Medienkompetenz ist an der Bewusstmachung von Sein und Schein orientiert wie an den aus übermäßigem Medienkonsum hervorgehenden veränderten Wahrnehmungsweisen.
Zülch fokussiert kritisch die *Allgegenwärtigkeit technisch erzeugter Bildwelten*. Mit Bildern werde ein Wissen konstruiert, das viel komplexere, differenziertere und zielgenauere Zugänge zur Wirklichkeit eröffne, wenn mit ihnen beispielsweise unsichtbare Phänomene sichtbar gemacht werden (Mikro- und Makrokosmos, simulierte Prozessabläufe oder Zukunftsprognosen). Auch Zülch bemüht das Argument, dass diese Bildwirklichkeiten zunehmend Bildungserfahrungen „aus erster Hand" verdrängen und beschreibt die ambivalenten Wirkungen: dem Anstieg des visuellen, räumlichen Vorstellungsvermögens steht eine verringerte Fähigkeit des abstrakten Denkens und des sprachlichen Artikulationsvermögens gegenüber. Die körperliche Kondition der Jugendlichen verschlechtere sich fortwährend. Im Zuge divergierender Mediennutzung polarisiert sich die Gesellschaft immer stärker in Informierte und Unwissende. Die Online-Generation sei zudem kaum noch imstande, zwischen der Vielzahl ungefilterter Informationen komplexe Zusammenhänge herzustellen, was eine verschärfte Tendenz zur „Dekontextualisierung" von Informationen mit sich bringt. Zülch kontrastiert kontroverse Überlegungen bezüglich eines neuen Wirklichkeitsverständnisses: Der optimistischen These, mit medialen Wirklichkeiten sei ein Verständnis für den fiktionalen Charakter der Realität gewachsen, stehe die medienkritische Annahme gegenüber, „dass die neuen Dimensionen medialer Versinnlichung eher Risiken der Blendung, des Distanzverlustes und der Unmündigkeit erzeugten"[415]. Bestrebt, in die faszinierende Welt virtueller Bilder einzutauchen, entwickeln Kinder und Jugendli-

---

[414] Martin Zülch: Die Welt der Bilder – Ein konstitutiver Teil der Allgemeinbildung. 10 Begründungen zur Notwendigkeit des Schulfaches Kunst. Hannover 2001, S. 13.
[415] Ebd., S. 15.

che eine beschleunigte Vielbildwahrnehmung, bekommen andere Sehgewohnheiten und verlieren das Gespür und Bewusstsein für das Vergängliche – etwa die Gefährdung und Hinfälligkeit lebendiger Daseinsformen –, für das Naturgegebene, die Differenz zwischen Bio- und Technotopen sowie für das ethisch Notwendige, was über den persönlich „konstruierten", kulturellen und lebensgeschichtlichen Horizont hinausweist. Da durch die Bilderfluten die feineren, sublimeren Tätigkeiten des Sehens ständig unterfordert werden, entstehen Schwierigkeiten bei der Einzelbildwahrnehmung. Aufgrund der Tatsache, dass die Bilderfluten sich im Gedächtnis auf wenige dauerhafte Bildeindrücke reduzieren, zeichnet sich eine Tendenz von der „Bilderflut" zum „Nullbild" ab, zum genauen Gegenteil dessen, was das Medium Bild eigentlich ausmacht. Hier zeigt sich eine Korrespondenz mit einer zentralen Feststellung zeitgenössischer Ästhetikdiskussion, wonach die Ästhetisierung der Lebenswelt und das Überhandnehmen artifizieller Wahrnehmungsangebote eine Anästhetisierung und einen Desensibilisierungsprozess bis hin zu Zuständen der Empfindungslosigkeit auslöst. Zülch gliedert den Begriff der Medienkompetenz in fünf Teilkompetenzen auf.

1. Fähigkeit mit Medien*inhalten* umzugehen
2. Fähigkeit, die Medien*codes* zu verstehen
3. Fähigkeit, Medien*gattungen* als eigenständige Umweltfaktoren zu erschließen
4. Fähigkeit, die informativen und zweckrationalen Funktionen von den symbolischen und sozialen Funktionen zu unterscheiden
5. Fähigkeit, ein Medium problemorientiert und sozial verantwortlich einzusetzen

Johannes Kirschenmann und Georg Peez: Medienkompetenz kunstpädagogisch
Johannes Kirschenmann und Georg Peez formulieren in Anlehnung an eine Stellungnahme des Deutschen Kulturrates[416] sieben Dimensionen bzw. Aufgaben von Medienkompetenz bei Lehrenden und Lernenden und differenzieren den Begriff Medienkompetenz in sieben Teilbereiche, welche gezielt auszubilden sind. Hinter *Wahrnehmungskompetenz* verbirgt sich eine klassische Aufgabe der Kunstpädagogik, die im Kontext der Medienkompetenz die Förderung der Fähigkeit meint, Medienbotschaften zu entschlüsseln. Dies ist als Voraussetzung für eine kreative und selbstbestimmte Mediennutzung anzusehen. Mit *selektiver Kompetenz* ist die Fähigkeit des Auswählens unter den zur Verfügung stehenden Medien in Bezug auf Bedarf und Ziel gemeint. *Evaluative Kompetenz* umschreibt die Entwicklung der Fähigkeit, Wirkungen und Einflüsse der Medien zu erkennen, kritisch zu

---

[416] Deutscher Kulturrat: Zusammenschluss von mehr als 200 Kunst-, Kultur- und Medienverbänden, dem auch der BDK angehört.

reflektieren und auszuwerten. Die Ausbildung von *sozialer Kompetenz* stellt die sozial verantwortete Nutzung der Medien ins Zentrum. Da prinzipiell jedes Medium auch manipulativ eingesetzt werden kann, ist über die Möglichkeit des Missbrauchs aufzuklären. *Instrumentelle Kompetenz* bezeichnet den traditionell formalen, handwerklich technischen Aspekt und kann weitgehend als Voraussetzung für alle anderen Kompetenzen angesehen werden. *Kreative Kompetenz* lässt sich durch die aktive und interaktive Mediennutzung ausbilden und wird von Johannes Kirschenmann und Georg Peez als zentraler Punkt kunstpädagogischer Arbeit der Zukunft bewertet. *Didaktische Kompetenz* ist eine letztlich an die „kunstpädagogische Profession" gerichtete Variante von Medienkompetenz, die sich vor allem auf Bildungsinstitutionen wie Schulen und Hochschulen bezieht. Diese müssten verstärkt didaktische Kriterien erarbeiten, welche an die Anbieter multimedialer Produkte weitergegeben werden müssten.

Bernhard Serexhe: Wer beherrscht wen?
Bernhard Serexhe, Soziologe, Kunstwissenschaftler und Leiter der Abteilung Museumskommunikation des ZKM in Karlsruhe fordert im Zuge umfassender Veränderungen neue fächerübergreifende Curricula und interdisziplinär vernetzte Lehr- und Lernformen, die den rasanten Entwicklungen des industriell-medialen Komplexes gerecht werden können. Dabei stehen für Serexhe keineswegs die Aneignung konkreter Fertigkeiten im Zentrum didaktischer Zielformulierungen. Stattdessen geht es ihm um ein ständig zu erweiterndes Verständnis für grundlegende Prozesse und Funktionszusammenhänge, welches sich nicht in der Beherrschung einzelner Programme erschöpft, „sondern die allgemeine Fähigkeit meint, alle Programme jeweils gezielt als Werkzeug zu nutzen und ihre Wirkungsweise in technischen, aber auch im gesellschaftlichen Sinne zu verstehen"[417]. In seinen Forderungen ist eine kritische Stimme zu vernehmen, die die wirtschaftlich orientierten Dimensionen der Medienindustrie einbezieht, wenn er überlegt, „ob sich die Kunst ganz in den Dienst der Entertainmentkultur stellen lassen will, oder ob sie die neuen Gestaltungs- und Kommunikationsinstrumente für ihre eigenen Ziele nutzbar machen kann"[418]. In seinen Ausführungen klingt sowohl die Tatsache an, dass die Medienindustrie großes Interesse an effektiver Hilfe aus den künstlerischen Berufsfeldern habe, sowie die Skepsis vor den dort gleichzeitig verborgenen Kommerzialisierungsinteressen. Er stellt die eindringliche Frage, ob sich die künstlerischen Berufsfelder, eingedenk der den gesamten kulturellen Bereich umfassenden Neuerungen, als „Erfüllungsgehilfen der Medienindustrie in den Nischen

---

[417] Bernhard Serexhe: Neue Technologien verlangen neue Curricula. In: C.P. Buschkühle (Hrsg.): Perspektiven künstlerischer Bildung. Köln 2003, S.113-118, hier S. 117.
[418] Ebd., S. 114.

virtueller Realität verlieren werden" oder ob sie dagegen als kritische Beobachter einer rasant fortschreitenden globalen Unterhaltungsindustrie „ihre Stimme erheben und somit ihre ursprüngliche gesellschaftliche Bedeutung im wirklichen Leben zurückgewinnen"[419]. Serexhe stellt die These auf, dass noch immer nur die wenigsten Künstler, Kunsterzieher und Designer über die notwenigen Kenntnisse verfügen, die den Zugang zu Analyse, Produktion und Kommunikation künstlerischer Schöpfungen in einer global vernetzten Gesellschaft gewährleisten. Serexhes Forderung nach einer entsprechenden Curriculumentwicklung ist im Sinne einer emanzipatorisch orientierten Legitimation gemeint, die über die Forderungen Freibergs und Zülchs hinausgeht. Durch seine Fokussierung wirtschaftlicher Interessen will er der latenten Gefahr vorbeugen, dass Bildungsinstitutionen ihre Legitimation an eine marktorientierte Privatwirtschaft verlieren und fordert deshalb eine Bildung, die mittels umfassender und ebenso kritischer Reflexionen gewährleistet, einem „kapitalmarktgetriebenen Wahn" entgegentreten zu können.

Birgit Richard: Interaktion und Immersion

Die Medienwissenschaftlerin Birgit Richard geht – ähnlich wie Serexhe – davon aus, dass die Neuen Medien die „Repräsentationsmechanismen der Programmierelite der Kommunikations- und Informationsgesellschaft" darstellen, von daher dominante Bildsprachen vor allem in den kommerziellen Bereichen entstehen, die allerdings „zur Produktdifferenzierung immer mehr von künstlerischer Innovation abhängig werden"[420]. Während die „moderne künstlerische Selbstreflexion" noch durch die Auslieferung an den Reiz der neuen Technik verhindert sei, gehe es in den kommerziellen Anwendungen längst darum, „die künstlichen Bilder so gut wie möglich zu integrieren (z.B. im Spielfilm Titanic)"[421].
Im weiten Umfeld der medien-kunstdidaktischen Diskussion vertritt Birgit Richard eine sehr progressive Position und diagnostiziert eine pädagogische Skepsis gegenüber den Neuen Medien als vornehmlich aus dem Kontrollverlust der Erwachsenen geboren, die durch die mediale Selbstorganisation von Kindern und Jugendlichen verunsichert sind. Richard warnt vor einer rein mechanistischen und zweckrationalen Lehre der Technik und der Übernahme traditioneller bildnerischer Herstellungsmethoden in die digitalen Medien: „Eine Aufgabenstellung, die Kinder ihre Kopffüßler statt auf dem Papier im Computer zeichnen und dann ausdrucken lässt, zeugt von einem tiefen Unverständnis der zugrunde liegenden Strukturen."[422] Digitale

---

[419] Ebd., S. 113.
[420] Birgit Richard: Indifferenz, Interaktion und Immersion. In: Johannes Kirschenmann, Georg Peez (Hrsg.): Chancen und Grenzen der Neuen Medien im Kunstunterricht. Hannover 1998, S. 32.
[421] Ebd., S. 32, 33.
[422] Ebd., S. 34.

Medien sollten vielmehr in ihrer spezifischen Ausprägung genutzt werden, um im Kunstunterricht eine Erweiterung der traditionellen Gestaltungsmöglichkeiten zu forcieren. Medienpädagogik müsse sich deshalb von der unterschwelligen Vorstellung einer „Kunstpädagogik als Heilsbringer" verabschieden, die die „verwirrten Kinder und Jugendlichen zurück auf den rechten ästhetischen Weg bringen will".

Didaktische Kriterien leitet Richard vor allem aus den für die Neuen Medien wesentlichen Dimensionen Interaktion und Immersion her. Das Prinzip der Interaktion erlaubt unterschiedliche Stufen der Immersion des Betrachters, des Sich-Einlassens auf das Erleben eines interaktiven Mediums – oft bei video-spielenden Kindern zu beobachten. Immersion tritt in verschiedenen Stufen auf und wird von Richard im Kontext der Neuen Medien durchaus positiv bewertet: „Am spektakulärsten ist die totale Immersion im Cyberspace, der Eintritt in das Medium. Die bewusste punktuelle Aufgabe der Distanz ist dabei wesentlich für das sinnliche Erleben eines interaktiven Mediums. Ein Spiel ist dann wirkungsvoll, wenn der ästhetische Schein mächtig genug ist, um die SpielerInnen in imaginäre Welten zu entführen."[423] Richard bezieht im Gegensatz zur verbreiteten skeptischen Haltung gegenüber diesem Phänomen eine andere Position. Sie hält es für pädagogisch fehlinterpretiert, das Versunken-sein-im-Videospiel auf den Zustand der Leere und des Selbstverlusts zu reduzieren und behauptet: „Das Gegenteil ist der Fall: Ganz im Sinne von Schillers Begriff vom Spiel, geben sie (die Kinder, A.F.) sich dem ästhetischen Schein hin und kehren unbeschadet wieder in die Realität zurück."[424] Wenn diese „Rückkehr" nicht möglich sei, dann liege das nicht am Medium, sondern an dem sozialen Umfeld, das die Differenzierungsfähigkeit von Kindern und Jugendlichen ausgebildet hat.

Richard appelliert an den kreativen, experimentellen und zweckentfremdenden Umgang mit den Neuen Medien, der zu einem selbstbestimmten Umgang führe. Technische Manipulation im vorbehaltlosen Experiment und respektlosen Spiel öffne nicht nur für Künstler, sondern auch für
Pädagogen „symbolisch die Deckelhaube des technischen Geräts"[425]. Erst der subversive Missbrauch von Technologien lasse aus der Simulation, Fiktion und damit Raum für Imagination entstehen, ein Gedanke, der Verwandtschaft zur Kreativitätspsychologie offenbart, obwohl die Behauptung von der Unbedenklichkeit der kindlichen Immersion beim Umgang mit Videospielen m.E. noch der Überprüfung bedarf: Es bleibt zu fragen, ob die durch Videospiele ausgelöste Immersion mit dem „eintauchenden Vorstellen", wie es beispielsweise in literarischen Kontexten oder im Kinderspiel entsteht, vergleichbar ist oder ob hier nicht gänzlich andere Qualitäten vorliegen.

---

[423] Ebd.
[424] Ebd., S. 33.
[425] Ebd., S. 34.

Medienkompetenz zu vermitteln bedeutet für Richard nicht das Einführen in das technische Know-how, das Kinder sowieso bereits besitzen. Ausgebildet und um ästhetische Kriterien erweitert werden müsse dagegen eine Medienkritik, um zu beurteilen, ob ein Medium die eigenen Fähigkeiten einschränkt bzw. nur aus kurzlebigen Effekten besteht. Schüler sollten dazu angeregt werden, eigene individuelle Arbeitsprozesse zu reflektieren, um so zu einer realistischen Einschätzung der Neuen Medien zu kommen. Richard beschreibt die Navigation in der digitalen Datenwelt, das Verlassen des normalen Raum-Zeitkontinuums, wodurch Kinder und Jugendliche immaterielle, fiktionale Welten betreten, als Einladung „zum Experimentieren, Träumen und Fliegen". Auch dieser Gedanke scheint im Sinne der Kreativitätsförderung einleuchtend, muss m.E. jedoch mit den vielen Videospielen potenziell innewohnenden Gewalttendenzen abgeglichen werden. Ist Immersion zwar grundsätzlich als wertvoll zu bezeichnen, so ist im Sinne einer sozialen und pädagogischen Verantwortung dennoch die Semantik der Fantasiewelten zu berücksichtigen, aus der sich eine unvermeidliche Skepsis rechtfertigt. Leider ist der von Richard eingebrachte didaktische Leitbegriff der „guided tour"[426] nicht hinreichend definiert, als dass sich daraus eine Klärung dieses Aspektes herleiten ließe. Auch die Begriffe zur Beschreibung neuer übergeordneter Lernziele in Bildungsprozessen, die Richard mit „Zugang, Selektion, Filter und Verknüpfung"[427] beschreibt, mit dem Ziel, „Kindern und Jugendlichen die selbstbestimmte selektive Navigation in den Datenwelten der Neuen Medien zu ermöglichen"[428], lassen manche Fragen offen.

2.5 Methoden der Vermittlung

Die Methoden der Vermittlung im Zusammenhang dieses kunstdidaktischen Konzepts begründen sich vornehmlich aus den jeweils unterschiedlich bewerteten Komponenten der Medienkompetenz. Die *Kunst mit Neuen Medien* stellt Schüler und Lehrende aufgrund ihrer neuzeitlichen Technologien und den daraus erwachsenden Gestaltungsmitteln vor spezifische technische Probleme. Deshalb fordern Vertreter dieser Konzeption produktive wie reflexive Verfahren, um über die Ausbildung handlungsorientierter, technischer Fertigkeiten und Vertrautheit mit den Umgangsmodalitäten Einblick in Herstellungsverfahren und daran gebundene Zusammenhänge zu vermitteln. Mittels geeigneter Arbeitsformen – insbesondere der digitalen Bildproduktion – können entsprechende Gestaltungsprinzipien experimentell erprobt werden.[429] Insbesondere Freiberg betont die Notwendigkeit

---

[426] Ebd., S. 35.
[427] Ebd.
[428] Ebd.
[429] Vgl. Henning Freiberg: Ästhetische Bildung in einer von neuen Technologien und neuen Medien geprägten Zeit. In: Dietrich Grünewald (Hrsg.): Kunstdidaktischer Diskurs. Texte zur Ästhetischen Erziehung von 1984–1995. Sammelband der Zeitschrift *Kunst und Unterricht*. Velber 1996, S. 40-50.

des produktiven *und* rezeptiven Umgangs mit Multimedia in der Ästhetischen Bildung, der am wirkungsvollsten in der eigenen Produktion zu erlernen sei. Der aktuelle Stellenwert der Gegenwartskunst erfordert reflexive Auseinandersetzung mit Kunstwerken aus den Bereichen *Medienkunst* und *Kunst mit Neuen Medien,* die analytische Fähigkeiten fördern und zur Thematisierung existenzieller Grundfragen Exemplarisches zur Verfügung stellen.
Aufgrund der diagnostizierten widersprüchlichen Folgen der rasanten Entwicklung der elektronischen Medien halten die meisten Medien-Kunst-Pädagogen eine *Doppelstrategie* für unvermeidlich, die sowohl die Berücksichtigung eines auf die Sinne bezogenen Umgangs mit elementaren Rohstoffen (Stein, Holz, Erde, Wasser etc.) einbezieht als auch die Entwicklung von Medienkompetenz im praktischen Umgang mit elektronischen Bildern und allen daran gebundenen Dimensionen schult.
Der synästhetische Zusammenhang von Bild, Ton und Text bzw. Literatur steht im Dienste der Bearbeitung eines thematischen Ausschnittes von gesellschaftlicher Wirklichkeit, wobei die notwendige Verknüpfung von Informationen das Denken und Recherchieren in komplexen und vernetzten Zusammenhängen fördert. Der damit verbundenen Dynamik ist am besten durch Arbeiten in Projekten, fächerübergreifend bzw. interdisziplinär gerecht zu werden. Die konzeptionelle Arbeit an einer komplexen inhaltlichen Thematik soll der Tendenz vorbeugen, die Technik *vor* die inhaltliche Auseinandersetzung zu stellen, wovor besonders Birgit Richard warnt. Darstellungsinteresse und Interesse am Medium sollten sich verbinden, was den experimentellen Umgang mit den Möglichkeiten der neuen digitalen Gestaltungsmittel einschließt.

2.6 Bezüge zu Pädagogik und Bildungstheorie

Allgemeine Pädagogik: Wolfgang Klafki
Explizite Beziehungen zu aktuellen allgemeinpädagogischen oder bildungstheoretischen Konzepten finden sich in diesem Ansatz nur wenige. Verwandtschaften zu Grundlagen und Positionen aus der allgemeinen Medienpädagogik liegen auf der Hand und lassen sich besonders aus der vielfältigen Verwendung des Begriffs der Medienkompetenz ableiten. Einen direkten Hinweis liefert Henning Freiberg allerdings mit der Verwendung des Begriffs *Schlüsselqualifikation*, den auch Wolfgang Klafki in seinem Allgemeinbildungskonzept verwendet.[430] Als klassischer Vertreter einer bildungstheoretischen Didaktik diagnostiziert Klafki mehrere sogenannte „epochaltypische Schlüsselprobleme". Dabei legt er einen Bildungsbegriff

---

[430] Wolfgang Klafki: Grundzüge eines neuen Allgemeinbildungskonzepts. Im Zentrum: Epochaltypische Schlüsselprobleme. In: Wolfgang Klafki: Neue Studien zur Bildungstheorie und Didaktik. Zeitgemäße Allgemeinbildung und kritisch-konstruktive Didaktik. Weinheim, Basel 1996^5. Zweite Studie, S. 43-81.

als einen umfassenden, zugleich pädagogischen und politischen Entwurf zugrunde, der den Blick richtet auf „Notwendigkeiten, Probleme, Gefahren und Möglichkeiten unserer Gegenwart und der voraussehbaren Zukunft"[431]. Klafki vertritt einen Begriff von „Bildung als Zusammenhang von drei Grundfähigkeiten", der *Fähigkeit zur Selbstbestimmung*, der *Mitbestimmungsfähigkeit* und der *Solidaritätsfähigkeit*, und definiert Allgemeinbildung über die Bedeutungsmomente von Bildung als *Bildung für alle*, *Bildung im Medium des Allgemeinen* und als *Bildung in allen Grunddimensionen menschlicher Interessen und Fähigkeiten*.

Den historischen Hintergrund für seine Systematik bildet das sogenannte Kanonproblem, das früher nach einem verbindlichen Kreis von Kulturinhalten fragte, die im historischen Entwicklungsprozess den Rang klassischer Leistungen menschlicher Produktivität hatten und als substanzieller Kern einer Allgemeinbildung gesehen wurden. Heute, auf dem Stand eines kritischen, historisch-gesellschaftlich-politischen und zugleich pädagogischen Bewusstseins sei diese Frage neu zu stellen. So formuliert Klafki folgende Kernthese: „Allgemeinbildung bedeutet (...) ein geschichtlich vermitteltes Bewusstsein von zentralen Problemen der Gegenwart und – soweit voraussehbar – der Zukunft zu gewinnen, Einsicht in die Mitverantwortlichkeit aller angesichts solcher Probleme und Bereitschaft, an ihrer Bewältigung mitzuwirken. Abkürzend kann man von der Konzentration auf *epochaltypische Schlüsselprobleme* unserer Gegenwart und Zukunft sprechen."[432] Klafki bestimmt die Gefahren und Möglichkeiten der neuen technischen Steuerungs-, Informations- und Kommunikationsmedien als eines von insgesamt fünf Schlüsselproblemen. Bezüglich der Gefahren und Möglichkeiten, die sich aus den neuen Informations- und Kommunikationssystemen ergeben, erläutert er: „Wir brauchen in einem zukunftsorientierten Bildungssystem auf allen Schulstufen und in allen Schulformen eine gestufte, kritische informations- und kommunikationstechnologische Grundbildung als Moment einer neuen Allgemeinbildung; ‚kritisch', das heißt so, dass die Einführung in die Nutzung und in ein elementarisiertes Verständnis der modernen, elektronisch arbeitenden Kommunikations-, Informations- und Steuerungsmedien immer mit der Reflexion über ihre Wirkungen auf die sie benutzenden Menschen, über die möglichen sozialen Folgen des Einsatzes solcher Medien und über den möglichen Missbrauch verbunden werden."[433] Die Auswahl und Formulierung der Schlüsselprobleme begründet Klafki selbst aus dem Kriterium, dass es sich um *epochaltypische Strukturprobleme* handelt, die sich durch gesamtgesellschaftliche, meistens sogar übernationale Bedeutung auszeichnen. Mit dem Stichwort *epochaltypisch* verweist er auf die historische Bedingtheit eines in

---

[431] Ebd., S. 53.
[432] Ebd., S. 56.
[433] Ebd., S. 60.

die Zukunft hinein wandelbaren Problemkanons. Sollen diese Schlüsselprobleme im beschriebenen Sinne das *Zentrum eines Allgemeinbildungskonzepts* bilden, setzt dies allerdings einen weitgehenden Konsens über ihre gravierende Bedeutung voraus. Gerade dieser Konsensgedanke spielt im Umkreis der *Medien-Kunst-Pädagogik* eine wesentliche Rolle, vertritt sie doch ein Fach, das entgegen der allgemein bekannten ästhetischen Beanspruchung stets unter neuem Legitimationszwang um seine Existenz fürchten muss, also genau dieser von Klafki benannte Konsens (noch) nicht erreicht ist.

Klafki selbst nimmt den Gedanken vorweg, dass dieses von ihm umrissene Bildungskonzept den Einwand provozieren wird, es sei unrealistisch, wohl gar illusionär, behandele Zielvorstellungen, die niemand in optimaler Form realisieren könne. Dagegen argumentiert er: „Aber dieser Charakter der Zielbestimmungen, dass sie nämlich idealisierte Vorentwürfe darstellen, entwertet sie nicht in ihrer Bedeutung als Orientierungen für konkrete Anfänge hier und jetzt. Wir sind der nachwachsenden Generation das konsequente Bemühen um eine kind- und jugendgerechte, humane und demokratische Schule schuldig, die Kinder und Jugendliche als einen sinnvollen Erfahrungsraum erleben und mitgestalten können und die ihnen hilft, die notwendigen Einstellungen, Einsichten und Fähigkeiten zur Bewältigung ihrer Zukunftsaufgaben, Zukunftsrisiken und Zukunftschancen zu entwickeln."[434] Die von Freiberg formulierte Forderung nach einem Kunstunterricht im Sinne einer *Medien-Kunst-Pädagogik* verfügt somit über eine allgemein *bildungstheoretische* Legitimation, auch wenn der von Klafki betonte Konsens über die Bedeutung des zugrunde liegenden Schlüsselproblems als nicht gegeben bezeichnet werden muss, da das gesellschaftliche Desinteresse des Faches – so Freiberg – genau darauf zurückzuführen sei, dass „der Beitrag des Faches Kunst zur Lösung ‚epochaltypischer Schlüsselprobleme'"[435] weitgehend unklar geworden ist.

Medienpädagogik
Der Begriff Medienkompetenz spielt nicht nur in der Kunstdidaktik eine wesentliche Rolle, sondern ist heute zu einem schillernden In-Begriff der Medienpädagogik geworden. Medienkompetenz bezeichnet hier gemeinhin viele Fähigkeiten und Fertigkeiten, die erforderlich sind, um sich in einer von Medien bestimmten Gesellschaft zurechtzufinden. Dennoch ist der Begriff auch hier nicht eindeutig definiert, und es finden sich auch in wissenschaftlichen Zusammenhängen vielerlei Positionen, die in einer Zusammenschau nicht unbedingt *einen* Begriff von Medienkompetenz ergeben.

---

[434] Ebd., S. 78.
[435] Henning Freiberg: Thesen zur Bilderziehung im Fach Kunst. Plädoyer für ein neues Fachverständnis in der Mediengesellschaft. In: Johannes Kirschenmann, Georg Peez (Hrsg.): Chancen und Grenzen der Neuen Medien im Kunstunterricht. BDK-Verlag Hannover 1998, S. 12-17, hier S. 12.

Kunstpädagogik im „Medienzeitalter"

Für Dieter Baacke, Jugendforscher und Medienwissenschaftler, ist Medienkompetenz – ein Globalbegriff, der konzeptionell und praktisch auszuarbeiten ist – „eine moderne Ausfaltung der kommunikativen Kompetenz, über die wir alle schon verfügen"[436]. Dazu gehört für ihn an erster Stelle die Dimension der *Medienkritik* sowie die *Medienkunde*, die sich auf das Wissen über die Medien bezieht, der handlungsorientierte Umgang bei der *Mediennutzung* und die *Mediengestaltung*, die über die zuvor genannten Dimensionen insofern hinausgeht, als dass sich hier technisch und inhaltlich neue Inhalte ermöglichen lassen.

Definitionsversuche dieses vieldeutigen Terminus werden in unterschiedlichen Kontexten vorgenommen. Dabei sind sowohl Fragen nach allgemeiner Kommunikationsdemokratie als auch informationstechnische Qualifikationen von Belang sowie die unterschiedliche Bestimmung von Medienkompetenz im Spannungsverhältnis zwischen Bildung und Wissensmanagement. Der Blick in die medienpädagogische Fachliteratur zeigt jedenfalls deutlich, dass sich Medienkompetenz nicht ohne eine hinreichend begründete und empirisch verortete Idee von Kommunikationsdemokratie als einem übergeordneten Begriff definieren lässt, da ihre Substanz und Reichweite davon abhängt, „welche Chancen die jeweilige kommunikative Verfassung einer Gesellschaft dem subjektiven kommunikativen Handeln einräumt, wie sie es ermutigt oder gar braucht – auch wenn deren Bestimmungen und Normen nicht ausreichend dingfest gemacht werden können. Denn mit dem gesellschaftlichen und technologischen Wandel ändern sie sich ebenfalls"[437].

Medienkompetenz im Spannungsfeld von „Wissensexplosion" und „virtuellen Wirklichkeiten"
Der Begriff Medienkompetenz ist im Spannungsfeld von gegenwärtig zwei Tendenzen angesiedelt: Erstens dem enormen Wachstum digitaler Daten und Informationen in allen möglichen medialen Formen sowie der rasanten Zunahme ihrer Distributions- und Verbreitungsmechanismen. Wenn diese Datenmengen nicht von vornherein als positiv gewertet werden, sondern zugleich die massive Anhäufung von unnützen, abwegigen Erzeugnissen als „Daten- und Informationsmüll" mitbedacht wird, lässt sich erahnen, welchen Anforderungen oder gar Belastungen Menschen künftig ausgesetzt sind, um sich orientieren zu können. Vorstellbar wird damit auch, wie sehr sich überkommene Gepflogenheiten, Normen und Werte über Informatio-

---
[436] Dieter Baacke: Was ist Medienkompetenz? Fünf Statements zu einem facettenreichen Begriff. In: Fred Schell, Elke Stolzenburg, Helga Theunert (Hrsg.): Medienkompetenz: Grundlagen und pädagogisches Handeln. München 1999. Reihe Medienpädagogik, Bd. 11, herausgegeben vom Institut Jugend Film Fernsehen.
[437] Hans Dieter Kübler: Medienkompetenz – Dimensionen eines Schlagwortes. In: Fred Schell, Elke Stolzenburg, Helga Theunert (Hrsg.): Medienkompetenz: Grundlagen und pädagogisches Handeln. München 1999, S. 25-47.

nen und Wissen verändern werden, womöglich deformieren und wie weit ehemals anerkanntes Wissen künftig diffundiert oder zerfällt.
Als zweite Tendenz ist die voranschreitende Mediatisierung oder Immaterialisierung von Wirklichkeitsbereichen, gekennzeichnet als *virtuelle Realitäten,* festzumachen. Das sog. „Leben aus zweiter Hand" reduziert immer mehr Erfahrungs- und Handlungsfelder, beraubt sie damit ihrer sinnlichen Dimension und gibt technisch gleichzeitig die vermeintliche Überwindung ihrer Unvollkommenheit und Unwägbarkeit vor. Dadurch steigern sich Bedürfnisse nach immer stärkerem Nervenkitzel, nach Grenzerfahrungen und fiktiven Abenteuern.
Beiden Tendenzen begegnet die Pädagogik immer noch unschlüssig, kontrovers und daher oft wenig konstruktiv. Bewahrende und konservative Abschottung steht auch hier technologisch offensiv orientierten Ansätzen gegenüber, die – überspitzt formuliert – am liebsten fast alle Lehr- und Lernaufgaben den technischen Systemen und den Edukanden selbst übereignen wollen, dabei institutionelle Lernformen nur noch als Übergänge ansehen, bis sich die virtuellen und privaten Versionen durchgesetzt haben. Dadurch würde sich Lernen, so Hans Dieter Kübler, „weitgehend auf kognitives Erfassen symbolischer Lernobjekte reduzieren, soziale und erfahrungsorientierte Momente werden zurückgedrängt, nicht mehr als Lernaufgaben erachtet und möglichst eliminiert"[438].
Obwohl beide pädagogischen Richtungen hier extrem polarisiert dargestellt sind, beinhalten sie gleichermaßen die Forderung nach Medienkompetenz, was die inhaltliche Ambivalenz des Begriffes deutlich macht. Im einen Fall bedeutet Medienkompetenz eher Stärkung und Entfaltung kommunikativer Kompetenz möglichst ohne Medien; im anderen wird sie als informationstechnische, wissenorganisierende und fast ausschließlich mit Medien arbeitende Lernkompetenz aufgefasst, bei der sich soziale, erfahrungsorientierte und letztlich zwischenmenschliche Kommunikationskompetenz naturwüchsig außerhalb des technischen Lernarrangements entwickeln müsste.
Welches Verständnis von Medienkompetenz sich zukünftig entwickeln wird, dürfte wohl kaum ausschließlich von pädagogischen Bestrebungen beeinflusst werden. Aber Pädagogik und mit ihr die Fachdidaktiken müssen – vorrangig im Interesse der Individuen – immer wieder ihr Anliegen um diesen Terminus reklamieren, was allerdings kaum ohne politische und – wie gezeigt wurde komplizierte – inhaltliche Bestimmung von Medienkompetenz und deren gesellschaftlicher Durchsetzung möglich sein wird.
Trotz der tendenziellen Unterschiede hat sich im Laufe der Zeit eine vage Übereinstimmung dessen herausgebildet, was aus medienpädagogischer Perspektive hinsichtlich einer Zieldimension mit Medienkompetenz gemeint ist. Dies sind:

---

[438] Ebd., S. 45.

- Kognitive Fähigkeiten: Kenntnisse über die Strukturen, Organisationsformen und Funktionsweisen sowie über Programme, Dramaturgien und Inhalte der Medien.
- Analytische und evaluative Fähigkeiten: Medien bzw. ihre Inhalte auf vielfältige Kriterien hin einzuschätzen und zu beurteilen (Ideologiehaftigkeit, Angemessenheit, professionelle Machart etc.).
- Sozial reflexive Fähigkeiten: Bewusstmachen und Korrigieren von individuellen Nutzungsweisen, Gewohnheiten, Verlockungen und Kompensationen unter Einbeziehung von emotionalen und moralischen Aspekten.
- Handlungsorientierte Fähigkeiten: technisch angemessene und erfolgreiche Handhabung der Geräte.

2.7 Philosophische Implikationen

Medientheorie/Medienphilosophie
Angesichts der Brisanz, die sich aus der Existenz, der blitzartigen Entwicklung und der Bedeutung der Neuen Medien begründet, ist die Vielfalt der Diskussionsansätze nicht nur aus kunstdidaktischer und medienpädagogischer Sicht, sondern auch aus kommunikationstheoretischer wie aus pädagogisch-anthropologischer und philosophischer Sicht beinahe unübersehbar.[439] Die Mediendiskussion, die auch im erziehungs- und kulturpädagogischen Kontext der 90er Jahre geführt wurde, kann an dieser Stelle nicht vollständig dargestellt werden, zumal von der Medientheorie angesichts sich abzeichnender Komplexität nicht die Rede sein kann. Gleichwohl sollen hier einige theoretische Positionen in den Blick genommen werden, die zum Verständnis kunstdidaktischer Konsequenzen beitragen oder nötig sein könnten. Die Zusammenhänge von Medien und Kultur werden von verschiedenen Vertretern der Medientheorie unterschiedlich gedacht. Auch Terminologie und Methoden sind heterogen. Dennoch lassen sich zwei verschiedene Medienbegriffe herausarbeiten: Auf der einen Seite lassen sich Medien – vom Alphabet über den Buchdruck bis zum Computer – als Vermittler von Kommunikation definieren. Im Rahmen dieser Definition bewegen sich Vilém Flusser und Niel Postman. Auf der anderen Seite kristallisiert sich ein Beg-

---

[439] Die steigende Bedeutung der Medien in unserer Gesellschaft rekurriert auf die Tatsache, dass Medien längst nicht mehr als bloße Übermittler von kommunizierbaren Inhalten gesehen und genutzt werden, sondern als bedeutende Konstituenten in Politik und Ökonomie eingegangen sind. „Mit der Rede von ‚datenhighways' und ‚Informationsgesellschaft' geraten sie (die Medien, A.F.) zum Inhalt politischer Konzepte; ihre technischen Potentiale, im Kontext von ‚Internet' oder ‚Cyberspace', motivieren zahlreiche Zukunftsentwürfe und -visionen. Ökonomisch gehört der Bereich, der Kommunikationstechnik entwickelt und produziert, zur größten Umsatzbranche unserer Gesellschaft." Aus: Daniela Kloock, Angela Spahr: Medientheorien. Eine Einführung. München 2000, Einleitung.

riff heraus, der Technik generell als Medium fasst und ins Verhältnis zum menschlichen Körper setzt. Diese anthropologische Bestimmung begreift Medien als Ersatz oder Erweiterung von einzelnen Körperteilen und -funktionen, welche ihrerseits auf den Körper zurückwirken. In diese Richtung gehören Marshall McLuhan und Paul Virillio. Beide Auffassungen von Medien kommen allerdings darin überein, Medien als technische Artefakte zu sehen, die „Wirklichkeit" auf bestimmte Weise erfahrbar machen. Indem Medien die Strukturen der Weltwahrnehmung prägen, geben sie auch den Spielraum und die Grenzen einer Kultur vor.

Zentraler Gedanke bei J. F. Lyotard ist der von der „Hegemonie der Informatik" als einem signifikanten Kennzeichen der neuen Kommunikationstechnologien. Als Erkenntnis gelte nur noch das, was in digitale Informationsquanten übertragen werden kann. Im Postmodernen Wissen schreibt er: „In dieser Transformation bleibt die Natur des Wissens nicht unbehelligt. Es kann nur dann in die neuen Kanäle eintreten und einsatzfähig werden, wenn seine Erkenntnis in Informationsquantitäten übertragen werden kann. Daher kann man vorhersagen, dass all das, was an vorhandenem Wissen nicht in dieser Weise übersetzbar ist, aufgegeben werden wird und dass die Ausrichtung der neuen Untersuchungen sich der Bedingung der Übersetzbarkeit etwaiger Ergebnisse in die Maschinensprache unterordnen wird"[440]. Wolfgang Welsch folgert daraus, dass die Informatik das Wissen nach den ihr eigenen Kriterien filtert und ihre spezifischen Kriterien zu den effektiven Wahrheitskriterien der Gesellschaft macht.[441]

Marshall McLuhan, der prominenteste unter den Pionieren der Medientheorie, stellt die „Gutenberg-Galaxis", die Epoche des Buches, dem Zeitalter der Elektrizität gegenüber. Für ihn organisieren Medien die menschliche Wahrnehmung und geben somit die Sicht der Welt vor. Als im Kern wahrnehmungstheoretisch sind McLuhans Reflexionen über Medien im gegenwärtigen Kontext der Diskussion um systemtheoretische und konstruktivistische Theorien aktueller denn je. McLuhan erklärt das Wesen medialer Botschaften mit Hilfe physiologischer und wahrnehmungstheoretischer Thesen. Wahrnehmung funktioniert für ihn als Zusammenspiel der verschiedenen Sinne.

Jede Technik ist für ihn eine Ausweitung des menschlichen Körpers. Dabei ist zu berücksichtigen, dass die Denkform, Technik in Bezug zum Körper zu erklären, nicht neu ist, sondern durchaus geisteswissenschaftliche Tradition hat. So verglich bereits Ernst Kapp 1877 die Vorstellung von der technischen Erfindung mit Nachahmung, da Technik immer aus der Imitation des menschlichen Körpers resultiere.[442] Der Mensch projiziert Funktionen,

---

[440] J.-F. Lyotard: Postmodernes Wissen. Ein Bericht. Bremen 1982, Neuausgabe Graz, Wien 1986, S. 13.
[441] Vgl. Wolfgang Welsch: Unsere postmoderne Moderne. Berlin 1997.
[442] Vgl. Ernst Kapp: Grundlinien einer Philosophie der Technik. Braunschweig 1877.

Organe und Glieder seines Körpers in die Außenwelt, wenn eines seiner Körperteile überlastet ist und dieser Ergänzung bedarf. So stellt das Rad die „Verlängerung" des Fußes dar, der durch die Expansion von Handel und Verkehr überfordert wurde, Axt und Hammer können als Nachbildungen der Hand und des Armes verstanden werden. Jede neue Technik stellt als eine Ausweitung des menschlichen Körpers die überlebensnotwendige Kompensation eines physischen Mangels dar. Für McLuhan sind „Körperausweitungen" nun allerdings nicht Ergebnis bloßer Projektion oder Entlastung bestimmter Organe, sondern Resultat einer „Amputation". Diese ist dadurch gekennzeichnet, dass sie unbewusst bleibt und dem Menschen die in der „Erfindung" verborgene Selbsterkenntnis vorenthalten bleibt. Der Mensch erkennt sich in seiner Technik nicht wieder, sieht in ihr eine fremde Erscheinung und ist dann ihren Wirkungen ausgeliefert. „Das Sehen, Verwenden oder Wahrnehmen irgendeiner Erweiterung unserer selbst in technischer Form heißt notwendigerweise auch, sie einbeziehen. Radiohören oder eine bedruckte Seite lesen heißt, diese Ausweitungen unserer selbst in unser persönliches System aufzunehmen und die ‚Schließung' oder die Veränderung der Wahrnehmung, die darauf automatisch folgt, mitmachen. Gerade die dauernde Aufnahme unserer eigenen Technik in den Alltag versetzt uns in die narzißtische Rolle unterschwelligen Bewusstseins oder der Betäubung in Bezug auf diese Abbilder von uns selbst."[443]

Das Zusammenspiel der Sinne besteht nach McLuhan nicht konstant, sondern kann unterschiedlichen Mustern folgen. Jede neue Technik erzeugt ein anderes Wechselspiel der Sinne und ein neues Wahrnehmungsmuster. Wahrnehmung geschieht demnach nie unmittelbar, sondern immer schon technisch strukturiert und präformiert. Eine unübersehbare Schwäche von McLuhans Theorien ist die fehlende Binnendifferenzierung seines unklaren Medienbegriffs, da McLuhan die Begriffe Technik und Medium wiederholt synonym verwendet. So wird auch die bekannte Formel McLuhans: „The medium is the message"[444] vieldeutig, da sowohl der Code, die Struktur des Kommunikationssystems als auch die Materialität des technischen Geräts die Botschaften ausmachen könnten.

---

[443] Marshall McLuhan: Die magischen Kanäle. „Understanding media". Düsseldorf, Wien 1992, S. 62. Erste Auflage 1968.

[444] Marshall McLuhan, Fiore Quentin, Agel Jerome: Das Medium ist Message. Frankfurt/M., Berlin; Wien. 1969 und 1984 (1967). Diese populäre Kurzfassung einer der zentralen Ideen McLuhans ist gleichzeitig das Experiment einer der Aussage entsprechenden Repräsentation. Es handelt sich hier um ein experimentell gestaltetes, von McLuhan u.a. herausgegebenes Buch, das versucht, typische Bucheigenschaften aufzugeben, indem es sich als Collage mit Zitatensammlungen, Fotos, Karikaturen und Textpassagen etc. präsentiert und übliche Lesegewohnheiten der Leser aufbrechen will. Fehlende Seitenzahlen, Spiegelschrift und ständig wechselndes Layout unterstützen diese Absicht.

Durch McLuhans Werk zieht sich die methodische Grundidee, Linearität aufzugeben und durch die Figur des offenen Denkens, das mosaikartig angelegt ist, zu ersetzen. Nach dem Ende der Gutenberg-Galaxis können nun auch die an das Leitmedium Buch gebundenen wissenschaftlichen Methoden keine Gültigkeit mehr beanspruchen, wozu auch die Beschreibung der Wirklichkeit durch isolierte Kausalprozesse und das lineare Denken im Rahmen von einheitlichen Wissensschemata oder -systemen gehört. Dem neuen Leitmedium Elektrizität müsse heute eine neue Form des Denkens folgen. Dies zeigt sich selbst in seinen Veröffentlichungen und seinem eklektizistischen Umgang mit wissenschaftlichem Material. Auch wenn die Beurteilung seiner Bücher von frühen Kritikern als „irrationales Konglomerat skurriler Einfälle" heute als übertrieben gilt, stellt sein Werk doch eine „einigermaßen unorthodoxe Art von ‚Theorie'" dar.[445] Für McLuhan ist Denken nicht mehr auf Beweisführung angelegt, vielmehr gehe es um geistige Offenheit und Ideenreichtum, der mosaikartig zu entfalten sei, und darum, der „Möglichkeit" Vorrang vor der „Wirklichkeit" einzuräumen. Aussagen wissenschaftlicher Reflexion von einem „festen Standpunkt" aus hält er für ebenso überholt wie die Zentralperspektive in der Malerei als ein Produkt des Buchdrucks ausgedient habe.

Die These von der Ablösung der Gutenberg-Galaxis besagt, dass das Buch als Leitmedium in der Gegenwart durch den Computer abgelöst wird und stellt die spezifischen Merkmale neuer Medientechnologien dem alten Medium Buch gegenüber.[446] McLuhan teilt die Geschichte in vier Epochen ein: die orale Stammeskultur, die literale Manuskript-Kultur, die Gutenberg-Galaxis und das elektronische Zeitalter. Mit dem Buchdruck entstand ein Wissenstyp, der durch Alphabetisierung und Schrift auf der Übertragung nicht-visueller Erscheinungen in visuelle Kategorien basierte und dessen reduktionistische Logik die Begriffe vom Leben und der Vielfalt der Wahrnehmungen trennte. Die Gutenberg-Galaxis endet mit der historischen Zäsur, dem Aufkommen der Elektrizität, die eine qualitativ neue Stufe der Körperausweitung anzeigt. Gemäß dieser Theorie wäre das Medium Computer dann als Ausweitung des menschlichen Gehirns zu verstehen. Das elektrische Netz stellt nach McLuhan ein „naturgetreues Modell" des Zentralnervensystems dar, mit dem der Mensch die seine Sinne koordinierende Instanz nach außen verlegt. Diese Ausweitung ist gegenüber den vorherigen, die als beschränkte und anatomisch-mechanische Techniken aus der Zerlegung des Bewegungsapparates hervorgingen, umfassend und total. Sie er-

---

[445] Vgl. Magische Kanäle. Marshall McLuhan. Zitiert in: Daniela Kloock, Angela Spahr: Medientheorien. Eine Einführung. München 2000, S. 41.

[446] Insbesondere in seinem Buch „The Gutenberg-Galaxy" vertritt Flusser einen fächerübergreifenden, transdisziplinären Ansatz, indem er unterschiedlichste Fachrichtungen auftreten lässt. Das angestrebte Denken soll nicht nur kulturelle, sondern auch wissenschaftliche Grenzen überwinden.

zeugt eine „organische Einheit von ineinandergreifenden Abläufen"[447], einen organischen Funktionszusammenhang, die dem Menschen erstmals ermöglicht, seine eigene Lage zu erkennen, was weniger die Chance meint, die Medienwirkungen zu überwinden, als vielmehr die des bewussten Umgangs mit ihnen. McLuhan beschreibt diese Grenze am Übergang zwischen zwei Kulturen als durch Angst vor Neuem und ein „Rückspiegeldenken" gekennzeichnet, das versucht, die „Aufgaben von heute mit den Werkzeugen von gestern und den Vorstellungen von gestern zu lösen"[448]. Aus diesem Blickwinkel sind kultur- und medienkritische Theorien, die weiterhin auf dem höheren Wert der Buchkultur beharren, noch der Gutenberg-Galaxis verpflichtet, nutzlos und anachronistisch. Das „Rückspiegeldenken" steht im Widerspruch zur durch Elektrizität umstrukturierten Lebenswelt. McLuhan gibt zwar keine eindeutige Zukunftsprognose ab; wie eine bessere zukünftige Welt aussehen könnte, formuliert jedoch: „Denn es ist jetzt möglich, die Verhältnisse der Sinne untereinander so zu programmieren, dass sie dem Zustand des Bewusstseins nahekommen (...). Wenn wir einmal unser Zentralnervensystem zur elektromagnetischen Technik ausgeweitet haben, ist es nur mehr ein Schritt zur Übertragung unseres Bewusstseins auch auf die Welt der Computer."[449]

Dass der Vergleich zwischen den Funktionsweisen des menschlichen Gehirns und dem Computer sich keineswegs so problemlos denken lässt, darauf weist hingegen Karl-Heinz Brodbeck hin. Unter Einbezug aktueller Erkenntnisse der Gehirnforschung kennzeichnet er wesentliche Differenzen zwischen den elektronischen Funktionsweisen des Computers und den neurophysiologischen Vermögen des menschlichen Zentralnervensystems und zeigt, „dass die Gleichsetzung von Gehirn und Computer ein *Irrtum* ist"[450]. Insbesondere die Wahrnehmung und Bewertung von Situationen, die Kreativität und Entscheidungsfindung sind zentrale Qualitäten des *menschlichen* Denkens. Als wesentlichen Unterschied stellt Brodbeck den Prozess der Informations*verarbeitung* heraus, den das menschliche Gehirn in *parallelen* Prozessen, der Computer dagegen *seriell* bewältigt. Außerdem weist er nachdrücklich auf Erkenntnisse bezüglich des Zusammenhangs von Kognition und Emotion hin. Brodbecks These von der wesentlichen Differenz

---

[447] Marshall McLuhan: Die magischen Kanäle. (1969) Düsseldorf, Wien 1992, S. 395.
[448] Marshall McLuhan: Das Medium ist Message. Frankfurt /M., Berlin, Wien 1969, S. 9.
[449] Marshall McLuhan: Die magischen Kanäle. (1969) Düsseldorf, Wien 1992, S. 79.
[450] Karl-Heinz Brodbeck: Das Gehirn ist kein Computer. In: Ders. (Hrsg.): praxis perspektiven Band 2. Jahrbuch des Vereins für betriebswirtschaftlichen Wissenstransfer am Fachbereich Betriebswirtschaft der Fachhochschule Würzburg-Schweinfurt-Aschaffenburg. Würzburg 1997.

zwischen Gehirn und Computer rekurriert auf der Erkenntnis, dass die „emotionale Intelligenz" tiefe neurologische Wurzeln hat.[451]

Der Medien- und Kommunikationstheoretiker Norbert Bolz übernimmt McLuhans These vom Ende der Gutenberg-Galaxis, macht den Einschnitt allerdings nicht an der Elektrizität als solcher fest, sondern an der Entwicklung neuer Speicher- und Übertragungskapazitäten. Der Funktion des Buchmediums folgt die Rechenfunktion als die wesentlich innovative und spezifische Leistung des Computers. „Hier kommt es zu einem großen Bruch, der die eigentliche Zäsur der Mediengeschichte darstellt: auf der einen Seite Medien, die nur speichern und übertragen können, auf der anderen Seite die neuen Medien, die das Rechnen beherrschen."[452] Als Leitmedium der Gegenwart implementieren die neuen Medientechnologien darüber hinaus eine Kommunikationsfunktion des Menschen. Hinsichtlich der für das Buch typischen Methode der linear kausal vorgehenden Erklärung, welche die „Welt der Gutenberg-Galaxis in linearen Sequenzen und Abfolgen darstellt", verweist Bolz auf neue Erklärungsfiguren, die in „Schleifenform" angelegt eine Art Rekursivität schaffen: An die Stelle der Linearität tritt die Darstellungsform der Konfiguration oder Konstellation.
Für eine politische Konsequenz nimmt Bolz in Bezug auf Jürgen Habermas die Tatsache in den Blick, dass mit der Medienwirklichkeit „das Modell einer aufgeklärten literarischen Öffentlichkeit" endgültig aufgelöst und zerstört zu sein scheint. Für Bolz ist die „bürgerliche Öffentlichkeit keine Option mehr. An ihre Stelle tritt das, was Marshall McLuhan schon in den 50er Jahren (damals vielbelächelt) Global Village genannt hat. Das elektronische Weltdorf ist mittlerweile nicht mehr Science fiction oder die Vision eines Professors, sondern Glasfaserkabelwirklichkeit"[453]. Durch die schon bei McLuhan thematisierte Nichtlinearität entwickelt sich eine überhöhte neue Komplexität und Unübersichtlichkeit als ein Grundproblem der Gegenwart. Auch das Medium Buch versucht sich des Komplexitätsmanagements anzunehmen und auf die erhöhte Komplexität zu reagieren, indem es die ursprüngliche Prämisse der vermeintlichen Linearität aufbricht und alternative Lesarten vorschlägt. Techniken wie Fußnoten, Glossar, Index sowie spezielle Formen des Layouts erlauben es, innerhalb des linearen Mediums Buch Nichtlinearität zu produzieren.[454] Desgleichen verweist der Begriff

---

[451] Vgl. Oliver Sacks: Der Mann, der seine Frau mit einem Hut verwechselte. Hamburg 1990. Sowie Israel Rosenfield: Das Fremde, das Vertraute und das Vergessene. Frankfurt/M. 1992.
[452] Norbert Bolz: Am Ende der Gutenberg-Galaxis. Vgl: http://www.spoe.or.at:80/zuk/modernti/gutenber.htm.
[453] Ebd.
[454] Dass Autoren wie z.B. Hans-Peter Dürr schon vor vielen Jahren in Büchern wie „Traumzeit" mit Fußnoten und Anmerkungen spielen, kann als ironische Reaktion auf die Unmöglichkeit linearer Darstellung verstanden werden.

Multimedia mit der Möglichkeit der Verknüpfung aller Medieninformationen auf Wort-, Bild- und Tonebene auf hohe Komplexität von Wissen und Wirklichkeit. „In Daten navigieren heißt, man liest nicht von vorne nach hinten, sondern bewegt sich im dreidimensionalen Raum."[455] Dass das Problem der Sicherheitssuggestion bei Bild-Medien ein anderes als bei Buchmedien ist, hängt mit der Gefahr des Orientierungsverlusts im dreidimensionalen Raum zusammen: „Windowing suggeriert dieses Eintreten in die Tiefe bloß, da keineswegs tatsächlich dreidimensionaler Raum betreten wird."[456]

Aus einer sehr umfassenden Fülle von Bezügen, die Querverbindungen sowohl zu Kunst und Literatur, aber auch zu Naturwissenschaften und Technik herstellen, entwickelt Vilém Flusser seine „ganzheitliche" Welt-, Menschen- und Gesellschaftssicht. Seine Analyse der Informationstechniken und Kommunikationsstrukturen flottiert frei zwischen Natur- und Geisteswissenschaften. Ausgehend von seinen Diagnosen entwickelt er Szenarien, die mögliche Tendenzen einer künftigen Entwicklung menschlicher Zivilisation umreißen. Die *technischen Bilder*[457] als signifikantes Merkmal der vorläufig letzten Stufe in dem von ihm entwickelten – und stark vereinfachenden – Stufenmodell der Kulturgeschichte der Medien sind für ihn im Gegensatz zur Auffassung vieler „klassischer" Kultur- und Medienkritiker nicht bedrohlich. Mit diesem Stufenmodell versucht er vor allem die „Entfremdung" des Menschen vom Konkreten zum Abstrakten zu erfassen. Im Laufe der Geschichte entfernte sich der Mensch immer mehr aus der ihn direkt umgebenden Lebenswelt. Nach der Phase des konkreten Erlebens und einer Phase des Interesses an dreidimensionalen Gegenständen gelangte der Mensch auf die Stufe der „traditionellen Bilder", die ihm, wie z.B. in der Höhlenmalerei, die Welt anschaulich und „imaginär" machten. Diese Bilder schoben sich als erste mediale Vermittlung zwischen den Menschen und seine Lebenswelt. Die Erfindung der Schrift brachte das begrifflich abstrakte Denken gegenüber dem bildlich imaginativen mit sich. Mit der Entstehung von Texten schuf sich der Mensch eine Vermittlungstechnik, die bis in die Gegenwart seine gesamte Kultur prägt. Da die Schriftkultur allerdings heute aufgrund ihrer Unanschaulichkeit an ihre Grenzen gekommen ist,

---

[455] Norbert Bolz: Am Ende der Gutenberg-Galaxis. Vgl:
http://www.spoe.or.at:80/zuk/modernti/gutenber.htm.
[456] Ebd.
[457] Vgl. Vilém Flusser: Ins Universum der technischen Bilder. Göttingen 1989². Im Medienzeitalter unterscheiden sich die technischen Bilder nach Flusser grundsätzlich und nicht nur graduell von den traditionellen Bildern. Das grundsätzliche Muster der traditionellen Bilder ist das Bild, das die Hand eines Malers hergestellt hat. Technische Bilder, Fernseh-, Video- und Computerbilder werden nicht mehr mit manueller Hilfe, sondern von Maschinen produziert. Das technische Bild verweist nur scheinbar auf die reale Lebenswelt. In Wirklichkeit schieben sich die technischen Bilder zwischen Mensch und Welt, verdrängen die Lebenswelt und werden selber zu Botschaften.

erreicht der Mensch die Stufe der *technischen Bilder,* die im Begriff sind, „(...) in Form von Fotos, Filmen, Videos, Fernsehschirmen und Computerterminals eine Funktion zu übernehmen, welche bislang von linearen Texten eingenommen wurde. (...) nämlich, die für die Gesellschaft und den einzelnen lebenswichtige Informationen zu tragen"[458].

Flussers Vorstellung liegt die Auffassung eines dialektischen Kampfs zwischen Bildern und Texten zugrunde. Begriffliches Denken und „Texte bedeuten nicht die Welt, sondern die Bilder, die sie zerreißen. Texte zu entziffern heißt folglich, die von ihnen bedeuteten Bilder zu entdecken. Die Absicht der Texte ist, Bilder zu erklären, die der Begriffe, Vorstellungen begreifbar zu machen. Texte sind demnach ein Metacode der Bilder"[459].

Damit stellt sich die Frage nach dem Verhältnis zwischen Texten und Bildern, das Flusser so erklärt: „Die Texte erklären zwar die Bilder, um sie wegzuerklären, aber die Bilder illustrieren auch die Texte, um sie vorstellbar zu machen. Das begriffliche Denken analysiert zwar das magische, um es aus dem Weg zu räumen, aber das magische Denken schiebt sich ins begriffliche, um ihm Bedeutung zu verleihen. Bei diesem dialektischen Prozess verstärken begriffliches und imaginatives Denken einander gegenseitig – das heißt: Die Bilder werden immer begrifflicher, die Texte immer imaginativer. Gegenwärtig ist die höchste Begrifflichkeit in konzeptuellen Bildern (zum Beispiel in Computerbildern), die höchste Imagination in wissenschaftlichen Texten zu finden. So wird, hinterrücks die Hierarchie der Codes umgeworfen. Die Texte, ursprünglich ein Metacode der Bilder, können selbst Bilder zum Metacode haben."[460]

Auch die Schrift als Vermittlung zwischen den Menschen und seinen Bildern kann die Bilder verstellen, anstatt sie darzustellen und sich zwischen den Menschen und seine Bilder schieben. „Geschieht dies, dann wird der Mensch unfähig, seine Texte zu entziffern und die in ihnen bedeuteten Bilder zu rekonstruieren. Werden aber die Texte unvorstellbar, bildlich unfassbar, dann lebt der Mensch in Funktion seiner Texte."[461] Die *technischen Bilder* entstanden in der „Krise der Texte", um Texte wieder vorstellbar zu machen und „magisch" aufzuladen.

Aufgrund ihrer Synthetisierung in technischen Apparaten entstehen die *technischen Bilder* allerdings nicht infolge sinnlicher Wahrnehmung, sondern auf der Grundlage begrifflicher Abstraktion, sozusagen als „Nachkömmlinge" der abstrakten Begriffe des „Schriftuniversums". Die eigentlichen Erzeuger der *technischen Bilder* – von Flusser „Einbildner" genannt – sind die Menschen, die diese Apparate bedienen. Sie wissen nicht, wie diese Geräte im Einzelnen funktionieren, können sie aber in Gang setzen,

---

[458] Vilém Flusser: Ins Universum der technischen Bilder. Göttingen 1989², S. 9.
[459] Ebd.
[460] Vilém Flusser: Das Bild. Aus: http://www.servus.at/ILIAS/flusser.htm.
[461] Ebd.

"auslösen", um an einer gewünschten Stelle den automatischen Prozess zu unterbrechen und zu manipulieren, so dass Informationen in Gestalt der "technischen Bilder" entstehen. Anstatt dem Zerbrechen und Verschwinden der alten Schriftkultur nachzutrauern, plädiert Flusser dafür, sich engagiert auf diese gravierenden Veränderungen einzulassen: "Vor unseren ungläubigen Augen beginnen alternative Welten aus den Computern aufzutauchen: aus Punktelementen zusammengesetzte Linien, Flächen, bald auch Körper und bewegte Körper. Diese Welten sind farbig und können tönen, wahrscheinlich können sie in naher Zukunft auch betastet, gerochen und geschmeckt werden. Aber das ist noch nicht alles, denn die bald technisch realisierbaren bewegten Körper, wie sie aus den Komputationen emporzutauchen beginnen, können mit künstlichen Intelligenzen vom Typ *Turing's man* ausgestattet werden, so dass wir mit ihnen in dialogische Beziehungen treten können."[462] Wenn ein lebbares Leben in Zukunft möglich sein soll – was für Flusser vor allem die Erhaltung der menschlichen Freiheit und Würde beinhaltet – muss sich der Mensch engagiert auf diese gravierenden Veränderungen einlassen, um die Zukunft gestalten zu können. Eine wesentliche Rolle bekommt in diesem Prozess der "Einbildner" als "unspektakulärer Revolutionär", der nicht mehr, wie bisher die revolutionären Denker, austauschbaren "großen Ideen" folgt, sondern seine ganze "Einbildungskraft" der Hervorbringung echter "Information" in Form der *technischen Bilder* widmet.[463]

Flusser gründet seine Zukunftsvision auf eine illusionslose, kritische Konstatierung des gegenwärtigen Zustandes menschlicher Kommunikation und benutzt dafür einen kulturanthropologischen Ansatz. Seiner Ansicht nach befindet sich die – für den aktuellen Zustand der Zivilisation wichtigste menschliche Verhaltensweise – "Geste des Suchens" in der Krise. Diese "Geste des Suchens" ergreift nämlich gegenwärtig nicht mehr nur die unbelebten, sondern mittlerweile auch die belebten Objekte. Mittels ursprünglich reiner Forschung produziert ein erkennendes Subjekt "objektive" Erkenntnis, um diese ökonomisch zu verwerten. Durch die Verbindung von Wissenschaft und Technik und der daraus abgeleiteten erfolgreichen Technologien entwickelte sich ein neuer Gesellschaftszustand, der als "Technokratie" allerdings mittlerweile an seine Grenzen gestoßen ist. Diese Krise offenbart sich an den "Rückkoppelungen" moderner, auf primär wissenschaftlicher Grundlage entstandener Großtechnologien wie der Nuklear- und Gentechnologie, der Telekommunikation und elektronischen Informationsverarbeitungen. Ehemals wertfrei und vorurteilslos aus der *Geste des*

---

[462] Vilém Flusser: Digitaler Schein. In: Ders.: Medienkultur. Herausgegeben von Stefan Bollmann, Frankfurt 1999², S. 202.

[463] Flusser verwendet einen spezifischen Informationsbegriff: *Informieren* heißt für ihn zunächst einfach *Form in etwas bringen*. Informieren kann gleichgesetzt werden mit Arbeiten, Herstellen, Ordnung in amorphes Material bringen und es so in ein brauchbares Ding umzuformen, es verfügbar zu machen.

Suchens entstanden, haben sie weitreichende Folgen für existenzielle Bereiche des Menschseins. Flusser erläutert die Gefahr der Technokratie für die Gesellschaft folgenderweise: „Die Technokratie ist eine Gefahr, denn sie funktioniert. Die Gesellschaft wird in der Tat gegenständlich, wenn man sich ihr mit einer ethisch neutralen Einstellung nähert. Sie wird ein objektiv erkennbarer und manipulierbarer Apparat, der Mensch ein objektiv erkennbarer und manipulierbarer Funktionär. (...) Aber das ist Wahnsinn. So eine Gesellschaft ist nicht jene Gesellschaft, die uns interessiert, und so ein Mensch ist nicht jener Mensch, der mit uns in der Welt lebt (...). Die Geste des Suchens selber zeigt gegenwärtig, dass die Objektivität verbrecherisch ist. Sie ist preiszugeben. Aber das allein kann die Struktur der Geste nicht ändern. Denn sie ist ihrem Wesen nach Angleichung des Subjekts an ein Objekt."[464] Flusser identifiziert modernes „aufklärerisches" Verhalten als die methodologische Grundlage der oben benannten Krise, da die Annahme autonomer Subjekte wie autonomer Objekte zur Reduktion und Isolation von Wirklichkeitsverhältnissen führt und damit zu linearen Zweck-Ziel-Relationen, die komplexe, nicht objektiv vollständig erfassbare Situationen übersehen. Subjekt und Objekt sind für Flusser Extrapolationen einer prinzipiell unauflösbaren Beziehung.

Flusser votiert deshalb dafür, den Anspruch auf „absolutes Wissen" aufzugeben, für den Übergang zu sog. „epistemischen" antirealistischen Wahrheitstheorien, welche „Wahrheit" durch Evidenz, Kohärenz und Konsens ersetzen. Um die Unschärfe der Methode wissend, bevorzugt Flusser, ähnlich wie vor ihm McLuhan, ein schweifendes, nomadisches Denken, ein Denken der Abweichung und der Differenz, und liegt damit im Trend der postmodernen Philosophie.

In seiner hypothetischen Theorie von der *telematischen Gesellschaft* entwirft Flusser einen Gesellschaftstyp, der durch das Vorhandensein der *technischen Bilder* möglich und charakterisiert ist. Obwohl der Entwurf einer telematischen Gesellschaft empirisch rückgekoppelt unwahrscheinlich erscheint, geht von dieser utopischen Vorstellung dennoch eine gewisse Faszination aus. „Telematik", ein Begriff, der Telekommunikation und Informatik miteinander verbindet, bezeichnet eine neuartige kommunikative Komplexität, die auf dem Prinzip des Apparates und der Automation von Medien beruht. Das Auftauchen der vielfältigen neuen elektronischen Medien mit ihrer sich darin entfaltenden Synthetisierung völlig neu strukturierter *technischer Bilder* stellt für Flusser keine essenzielle Gefahr dar. Die Gefahr liege vielmehr darin, die Chancen neuartiger Technologien zu verpassen. Die rasende Entwicklung macht es notwendig, unmittelbar und angstfrei „einbildend" und „informierend" einzugreifen. Mit diesem Ansatz

---

[464] Vilém Flusser: Gesten. Versuch einer Phänomenologie. Düsseldorf 1991, S. 261-262.

entwickelt Flusser einen neuen spezifischen Freiheitsbegriff, der den Computer aufgrund des exakt kalkulatorischen Funktionierens als Apparat zum Verwirklichen verschiedenster Möglichkeiten erhebt. Flusser setzt Freiheit mit der Suche im utopischen Sinn gleich. „Was machen diejenigen, eigentlich, die vor den Computern sitzen, auf Tasten drücken und Linien, Flächen und Körper erzeugen? Sie verwirklichen Möglichkeiten. Sie raffen Punkte nach exakt formulierten Programmen. Was sie dabei verwirklichen, ist sowohl ein Außen als auch ein Innen: sie verwirklichen alternative Welten und damit sich selber. Sie ‚entwerfen' aus Möglichkeiten Wirklichkeiten, die desto effektiver sind, je dichter sie gerafft werden."[465]
Hinsichtlich des allgemeinen Misstrauens, das gemeinhin den virtuellen Welten entgegengebracht wird, setzt Flusser dem alten, subjektiv linear und geschichtlich bewussten Denken einen Kunstbegriff gegenüber, der durch Digitalisierung zur exakten wissenschaftlichen Disziplin wird und die Differenz zwischen Kunst und Wissenschaften aufhebt. „Die Wissenschaftler sind Computerkünstler (...) und das Ergebnis der Wissenschaft besteht nicht in irgendeiner ‚objektiven' Erkenntnis, sondern in Modellen zum Behandeln des Komputierten. Wenn man erkennt, dass die Wissenschaft eine Art Kunst ist, dann hat man sie damit nicht entwürdigt, denn sie ist dadurch ganz im Gegenteil zu einem Paradigma für alle übrigen Künste geworden. (...) Alle Kunstformen werden durch die Digitalisierung zu exakten wissenschaftlichen Disziplinen und können von der Wissenschaft nicht mehr unterschieden werden."[466] Flusser betrachtet Kunst und Wissenschaft nicht länger als getrennte Systeme, sondern sieht sie infolge der Digitalisierung auf eine neue Einheit zustreben. Die anzustrebende „künstlerische" Fähigkeit besteht im schöpferischen Umgang mit den Möglichkeiten der „künstlichen Gedächtnisse" und den darin gelagerten Informationen.
Für Flusser erübrigt sich nicht nur die Unterscheidung zwischen Wissenschaft und Kunst, sondern auch die zwischen Wahrheit und Schein. Er überführt die Vorstellung vom „Subjekt" in die Vorstellung vom „Projekt": „Wir sind nicht mehr Subjekte einer gegebenen objektiven Welt, sondern Projekte von alternativen Welten. Aus der unterwürfigen subjektiven Stellung haben wir uns ins Projizieren aufgerichtet. (...) Wir wissen, dass wir träumen."[467] Diese Veränderung ist für Flusser allerdings nicht die Folge einer freien Entscheidung. In einer ähnlichen Gedankenfigur wie der von McLuhans „Ausweitung des menschlichen Körpers" beurteilt Flusser diese Entwicklung als eine zwangsläufig gegebene. „Wir hingegen müssen jetzt die Gegenstände um uns herum, aber auch unser eigenes Selbst, das früher Geist, Seele oder einfach Identität genannt wurde, als Punktkomputationen

---

[465] Vilém Flusser: Digitaler Schein. In: Ders.: Medienkultur. Herausgegeben von Stefan Bollmann. Frankfurt 1999^2, S. 213.
[466] Ebd.
[467] Ebd.

durchschauen. Wir können keine Subjekte mehr sein, weil es keine Objekte mehr gibt, deren Subjekte wir sein könnten, und keinen harten Kern, der Subjekt irgendeines Objektes sein könnte."[468] Nach Flussers Utopie bezieht das Subjekt seine persönliche Identität aus einer neuen Form von Kommunikation, indem es als „Schnittstelle" oder „Knotenpunkt" in einem Netz von Beziehungen existiert. Mit dieser Maxime sind für Flusser die subjektive Einstellung und subjektive Erkenntnis unhaltbar geworden. „Das zeigt sich am deutlichsten daran, dass wir keinen Unterschied mehr zwischen Wahrheit und Schein oder zwischen Wissenschaft und Kunst machen können. Nichts ist uns ‚gegeben' außer zu verwirklichende Möglichkeiten, die eben ‚noch nichts' sind."[469] Mit dieser radikalen Vorstellung führt Flusser das bekannte Misstrauen gegenüber auftauchenden alternativen Welten ad absurdum. Dieses Misstrauen ist aus dem alten linear denkenden Bewusstsein generiert, das an den Kategorien „objektiv wirklich" versus „Simulation" orientiert ist. Indem Flusser die Gleichsetzung von *schön* und *real* annimmt, gibt er diesen Dualismus auf: „Insofern die alternativen Welten als schön empfunden werden, insofern sind sie auch Realitäten, innerhalb derer wir leben. Der ‚digitale Schein' ist das Licht, das für uns die Nacht der gähnenden Leere um uns herum erleuchtet. Wir selbst sind dann die Scheinwerfer, die die alternativen Welten gegen das Nichts und in das Nichts hinein entwerfen."[470] Flussers Position ist radikal. Die neue Kulturkompetenz und die damit verbundene Aufgabe künftiger Erziehung besteht für Flusser in der Vermittlung der Fähigkeit, diese Möglichkeiten wahrnehmen und „Computergedächtnisse" manipulieren zu können. Er fordert ein völlig neues Erziehungsideal, eine „Paideia", die nicht mehr dazu befähigt, „Informationen ins eigene Gedächtnis zu lagern", sondern in künstlichen Gedächtnissen gelagerte Informationen zu manipulieren. Die Schule ist dann nicht mehr als „Ort der Systemanalyse und Systemsynthese zu sehen", sondern bekommt die neue Aufgabe, „Generalisten in einem radikal neuen Sinn" zu erziehen: „Uomi universali"[471].

Seiner Vorstellung Glauben zu schenken, dass wir vielleicht daran sind, „auf dem seltsamen Umweg über die Telematik zum *eigentlichen* Menschsein, das heißt zum feierlichen Dasein für den anderen, zum zwecklosen Spiel mit anderen für andere zurückzufinden"[472], mag verlockend klingen, verbirgt sich doch dahinter ein großer ethisch moralischer Impetus. Dennoch ist sie vor dem aktuellen Hintergrund von einer so großen Utopie belastet, dass ihre Bedeutung für aktuelle pädagogische und kunstdidakti-

---

[468] Ebd., S. 213, 214.
[469] Ebd., S. 214.
[470] Ebd., S. 215.
[471] Vilém Flusser: Ästhetische Erziehung. In: Zacharias, Wolfgang: Schöne Aussichten? Ästhetische Bildung in einer technisch-medialen Welt. Essen 1991, S. 121-127.
[472] Vilém Flusser: Ins Universum der technischen Bilder. Göttingen 1989², S. 132.

sche Legitimationen (noch) fraglich ist. Flussers Medientheorie steht in krassem Kontrast zu „medien-kunstdidaktischen Modellen", die noch dem „alten Denken" verpflichtet sind, indem sie den Unterschied von Schein und Sein kritisch thematisieren. Dieses Gedankenmodell aufzugeben würde in der Fachdidaktik einen Paradigmenwechsel bedeuteten, so dass sich Kunstdidaktik völlig anders artikulieren müsste. Wie sich diese Entwicklung in Zukunft gestalten wird, kann heute noch nicht bestimmt werden. Als unübersehbar offenbart sich allerdings die ganz klar ersichtliche Tatsache, dass die Existenz der Neuen Medien und die mit ihnen zu diskutierenden Theorien ein so hohes Diskussions- und Konfliktpotenzial beherbergen, dass sich die Pädagogik allgemein und die Kunstdidaktik insbesondere in Zukunft noch stärker damit auseinander setzen werden müssen, als es gegenwärtig der Fall ist.

2.8 Resümee

Die Untersuchung der kunstdidaktischen Konzeption(en) in diesem Kapitel hat Folgendes gezeigt: Es geht offensichtlich nicht mehr um die kritische Frage, ob mit der Entwicklung der Neuen Medien eine neue Kulturtechnik entstanden ist bzw. entsteht. Es geht auch nicht um die Frage, ob der Computer nur ein weiteres Glied in der technologischen Entwicklung ist, das neue Formen des Lehrens und Lernens erfordert. Diese beiden Fragen sind längst positiv beantwortet. Die Untersuchung hat ebenfalls gezeigt, dass der Computer uns vor eine höhere Stufe der Verarbeitung von Bildinformationen stellt: Nach dem Tafelbild, der Fotografie, des bewegten Fernseh- und Videobildes folgen digitale Bilder, deren Bildqualität sich durch Interaktion und Virtualität auszeichnen. Zeitgenössische Medienkünstler führen dies besonders eindrucksvoll vor.

Der Konsens der hier untersuchten Ansätze ist die Einsicht in die Notwendigkeit, im Kunstunterricht produktiv *und* reflexiv mit digitalisierten Bildern umgehen zu müssen, ein auf sie gerichtetes ästhetisches Verhalten zu entwickeln, solche Bilder herzustellen und beurteilen zu lernen. Auch die Bedeutung der zeitgenössischen Kunst als einer Kunstform, die diese innovativen Gestaltungsmöglichkeiten für sich in Anspruch nimmt und vorführt, wird durchgehend anerkannt. Konsens besteht ebenso über die Forderung, im Umgang mit Neuen Medien emanzipatorische Qualifikationen vermitteln zu müssen: Lernende sollen genügend Möglichkeiten zur kritischen selbstbestimmten Bildkommunikation bekommen, um nicht den reichhaltigen Manipulationsmöglichkeiten digitaler Techniken zu erliegen. Für den Umgang mit digitaler Technik notwendiges technisches Knowhow bereitzustellen ist entweder selbstverständlich oder sowieso überflüssig. Auch scheint vor dem Hintergrund der schulpädagogischen Forderung, individuelle Schülerinteressen stärker zu berücksichtigen, die Anbindung an inhaltlich thematische Kontexte sinnvoll, nicht nur um der Tendenz vorzubeugen, die Technik *vor* die Inhalte zu stellen, sondern auch um existen-

zielle Grundfragen zu thematisieren, wofür die Kunst Exemplarisches zur Verfügung stellt.
Eine anthropologische Perspektive, die sich aus der konkreten Handlungsweise mit digitalen Medien, Computer und Netzanschluss ergibt, zeichnet sich vor allem in dreierlei Hinsicht ab:

- Neuartige Interaktionsformen zwischen Mensch und Maschine
- Neue Formen der Simulation durch die sog. Virtuellen Realitäten
- Neue Kommunikationsformen aufgrund der globalen Vernetzung

Dennoch muss abschließend festgestellt werden, dass in kunstdidaktischen Kontexten die Diskussion um den Einsatz des Computers noch längst nicht abgeschlossen ist. So konstatiert Constanze Kirchner: „Zahlreiche Fragen, die den gestalterischen Umgang mit dem Computer betreffen, sind noch nicht beantwortet – wie z.B. ob am Computer überhaupt gestaltet werden kann, wenn grundlegende Kenntnisse zu Komposition, Farbe, Perspektive usf. noch nicht gelernt sind. Oder ob durch den Verlust des Materialwiderstands das Gefühl, etwas hervorzubringen, etwas entstehen zu lassen, verloren geht. Oder ob der Computer vielmehr ein Mittel zur Umgestaltung und Bearbeitung von bereits Vorhandenem ist und Bilder hauptsächlich digital manipuliert statt entwickelt werden. Oder ob durch das digitale Medium vielleicht völlig neue Ausdrucksformen gegeben sind usw."[473]
Obwohl bis jetzt noch kein einheitlicher Konsens über den Stellenwert des digitalen Gestaltens im Kunstunterricht herrscht, ist die Arbeit mit dem Computer in den Lehrplänen der Schulen wie in den Studienordnungen der Universitäten und Pädagogischen Hochschulen für das Fach Kunstpädagogik bereits fest verankert. Es muss davon ausgegangen werden, dass die vermehrte Bedeutung der Computertechnik und die daran gebundenen Ausdrucksmöglichkeiten als sich zunehmend etablierende Gestaltungsmittel im Kunstunterricht zukünftig wachsende Berücksichtigung finden müssen.
Einige Risiken, die sich indessen aus der Existenz der Neuen Medien ergeben, die auch der Kunstunterricht nicht ignorieren darf und wie sie prägnant Johannes Kirschenmann und Georg Peez formulieren, seien hier abschließend kurz dargestellt: Die Tatsache, dass prinzipiell überall alle Informationen blitzschnell aus dem Internet zu beschaffen sind, birgt die Gefahr, dass Allgemeinbildung an Bedeutung verliert und so große Zusammenhänge und Einsicht in historische Linearitäten sowie Verzweigungen verloren gehen. Dies verbindet sich zusätzlich mit dem latenten Risiko der Überlastung und Verwirrung durch nicht einzuordnende Informationen. Dadurch geht „Bildungsgut" verloren.

---

[473] Constanze Kirchner: Pluralität und Kontroversen in der Kunstpädagogik. In: BDK-Mitteilungen, Heft 2/2004, S. 41- 45.

Aufgrund der technischen Strukturen der Neuen Medien wird face-to-face-Kommunikation, der direkte persönliche Dialog, Kooperation und Leiblichkeit vernachlässigt. Ebenso besteht das Risiko, dass sich durch die Existenz neuartiger Technologien gesellschaftliche Machtverhältnisse manifestieren, die aus unterschiedlichen materiellen Voraussetzungen resultieren. Aus genderspezifischer Perspektive ist zu konstatieren, dass Computertechnik (noch) männlich dominiert ist.

Dennoch erweisen sich „digitale Werkzeuge" als vielfältige nützliche Hilfsmittel, um Gestaltungsformen, wie sie sowohl in der zeitgenössischen Kunst als auch in kommerziell populärer Mediengestaltung verwendet werden, nachvollziehen zu können. Gestaltungsarbeit mit Digitalkamera und Scanner, Textverarbeitung mit speziellem Layout und Erfahrungen mit digitalem Videoschnitt legen z.b. wesentliche Bedingungen des Videoclips als dem manipulierten, animierten Bild in seiner für Jugendliche faszinierendsten Form offen. Diesbezüglich formulieren Kirschenmann/Peez: „Die Faszination aus der Ästhetik solcher Produkte korrespondiert mit dem Schrecken aus Aufklärung über den notwendigen Verlust an Bildvertrauen im Zeichen des Digitalen. Simulierende Produktion schärft die rezeptiven Vermögen."[474]

Dennoch: Trotz vieler Übereinstimmungen der verschiedenen Ansätze innerhalb dieser Konzeption bleibt abschließend noch eine wesentliche Unschärfe, der im Folgenden genauer nachgegangen werden soll. Flackert hier die alte Kluft zwischen Kunst und Pädagogik wieder auf? Präsentiert sich die Kunstpädagogik im Umkreis der Neuen Medien als *Contradictio in adjecto*? Versuchen kunstdidaktische Entwürfe im Umkreis der Neuen Medien die „Aufgaben von heute mit den Werkzeugen von gestern und den Vorstellungen von gestern zu lösen"[475]? Diese komplexe Fragestellung kann im Rahmen dieser Arbeit nicht abschließend beantwortet werden, dennoch seien einige Gedanken hierzu ausgeführt.

Alle diese *Risiken* – vor allem, dass sie als solche definiert werden – verweisen auf ein Paradigma, das der „alten" Subjekt-Objekt-Spaltung weiterhin verbunden bleibt. Das Festhalten am Primat des „Bildungsguts" als einer übergeordneten und deshalb zu schützenden Instanz offenbart den Glauben an die Vermittelbarkeit einer objektiven Wahrheit, die erstens überhaupt als vermittelbar angenommen wird und zweitens als Bildungsgut anzusammeln ist. Außerdem ist die überwiegend kritische Einstellung gegenüber der Differenz von Sein und Schein, die an den Formen der Simulation und *virtueller Realität* festgemacht wird, an Maßstäben orientiert, die genau aus diesem Genre heraus – nach Flusser – prinzipiell in Frage gestellt werden.

---

[474] Johannes Kirschenmann, Georg Peez: Kunstpädagogik mit der Maus? In: Dies. (Hrsg.): Chancen und Grenzen der Neuen Medien im Kunstunterricht. Hannover 1998, S. 10.
[475] Marshall McLuhan: Das Medium ist Message. Frankfurt /M., Berlin, Wien 1969, S. 9.

Kunstpädagogik im „Medienzeitalter"

In Flussers Vision der *telematischen Gesellschaft* definiert sich persönliche Identität u.a. nicht mehr ausschließlich über face-to-face-Kommunikation, sondern vielmehr als Schnittstelle, als Knotenpunkt in einem digitalen Netz von Beziehungen. Wie sind vor dem Hintergrund dieses veränderten Paradigmas *virtuelle Realitäten* zu bewerten? Die diesbezügliche Einschätzung schwankt zwischen den Polen der kritischen Intention im Sinne der Sensibilisierung für die Differenz zwischen Sein und Schein und der Vision vom Computerkünstler als „Einbildner", der mittels digitaler Technik „neue Wirklichkeiten" schafft. Aus dieser völlig anderen Perspektive erweist sich auch Freibergs progressiv erscheinende *Doppelstrategie* als dem alten Paradigma verpflichtet, da auch er einem Begriff von Medienkompetenz verbunden ist, welche sich vor allem auf die kritische Reflexion von Wahrnehmungsprozessen bezieht, medial bedingte Defizite als solche definiert und auszugleichen beabsichtigt. Es kann abschließend festgestellt werden, dass die Mehrzahl fachdidaktischer medienkritischer Ansätze um die Dialektik von *Virtualität* und *Realität* kreist sowie in logischer Konsequenz um sich daraus ableitende Wahrnehmungsweisen. Die Notwendigkeit, aus der Existenz und den veränderten Bildstrukturen der Neuen Medien – insbesondere hinsichtlich Virtualität und Interaktivität – spezifisch umgewandelte, d.h. angepasste didaktische Konsequenzen und Kriterien abzuleiten, ist allgemein offensichtlich. Ein schlüssiges didaktisches Konzept in diesem Bereich liegt allerdings noch nicht vor. Dies begründet sich vermutlich aus der Tatsache, dass dazu *vorab* ein Konsens über die Bedeutung der *technischen Bilder* und die sog. *virtuellen Realitäten* gefunden und formuliert werden müsste. Der entscheidende Wendepunkt liegt m.E. darin verborgen, ob das Aufscheinen von *virtuellen Realitäten* tendenziell als Chance oder Risiko wahrgenommen wird. Dies hat in der Folge zwangsläufig auch Auswirkungen auf fachdidaktische und künstlerische Qualifikationen Lehrender, da nur qualifiziert ausgebildete Lehrende diese Chancen und Risiken gegeneinander abwägen können. Bevor in solch fundamentalen Bestimmungen keine Übereinstimmung hergestellt ist, wird auch der hier so oft bemühte Begriff der Medienkompetenz sowie die daran gebundene emanzipatorische Komponente nicht eindeutig zu definieren sein. Aufgrund der immanent philosophischen Perspektive hinsichtlich einer primär erkenntnistheoretischen Dimension, die diesem Problem zweifelsfrei anhaftet, dürfte diese Fragen zu beantworten der Fachwelt noch einige Diskussionen abverlangen. Dass diese grundsätzlichen Probleme aus pädagogischer Sicht allerdings einer dringenden Klärung bedürfen, begründet sich aus der – vielleicht ihrerseits wieder zu hinterfragenden – Notwendigkeit eines Konsens und dem anfänglich hinreichend ausgeführten Argument um die Brisanz der kunstdidaktischen Konzeption(en) im Medienzeitalter. Flussers Theorie erscheint aus philosophischer Perspektive interessant. Ob sie sich allerdings für die Kunstpädagogik, eine Disziplin, die nicht nur ihrem genuinen Gegenstandsfeld verpflichtet ist, sondern in erster Linie Verantwortung hat für Kinder und Jugendliche mit deren spezifischem Vermögen, die Welt wahrzunehmen, als sinnvoll erweist, muss erst noch geprüft werden.

3. Kunstpädagogik als „Ästhetische Forschung"

3.1 Einleitung

Das innovative Konzept der *Ästhetischen Forschung* stammt von Helga Kämpf-Jansen, die Professorin für Kunstdidaktik an der Universität Paderborn ist und viele Jahre Mitherausgeberin der Fachzeitschrift *Kunst und Unterricht* war. Kämpf-Jansen unternimmt mit ihrem Konzept den Versuch, eine Vielzahl virulenter Diskurse, die für den Bereich des Ästhetischen heute wesentlich sind, in kunstdidaktische Zusammenhänge zu integrieren. Für die didaktischen Strategien dieses Entwurfes, der unter dem Titel *Ästhetische Forschung, Wege durch Alltag, Kunst und Wissenschaft* 2001[476] veröffentlicht wurde, bewegt sich die Autorin im Bezugsrahmen zwischen Aspekten der aktuellen Ästhetikdiskussion, Tendenzen neuerer künstlerischer Entwicklung und alltäglich vorzufindenden Rahmenbedingungen. Mit kontinuierlichem Blick auf die Rezeption künstlerischer Strategien und Kunstkonzepte im Bereich aktueller Kunst vernetzt *Ästhetische Forschung* vorwissenschaftliche, künstlerische und wissenschaftliche Methoden und Verfahren. Selbstreflexion, Ich-Erfahrung und Bewusstseinsprozesse stehen neben den künstlerischen Strategien im Zentrum dieses Ansatzes, die alle als Vorgehensweisen subjektiv bedacht, emotional begleitet und auf vielfache Weise fixiert und kommentiert werden. Im Kontext von kulturellen, gesellschaftlichen, politischen und psychologischen Fragen entwirft sie Bausteine und Elemente einer vernetzten Komplexität, in die philosophische, kognitionspsychologische und neurowissenschaftliche Erkenntnisse einfließen.

Methodisch orientiert sich Kämpf-Jansen sowohl an vorwissenschaftlichen Erfahrungen, wissenschaftlichem Denken wie auch an künstlerischem bzw. ästhetischem Handeln und beschreibt *Ästhetische Forschung* als einen Prozess, in dem sich unterschiedliche Formen der Herangehensweise und Bearbeitung in ästhetischen Bereichen miteinander verknüpfen: „Vor dem Hintergrund einer breit angelegten Diskussion zum ‚Anderen der Vernunft', zu ‚ästhetischem Denken' und ‚ästhetischer Rationalität' sowie einer ‚ästhetischen, kreativen und emotionalen Intelligenz' des Menschen geht es darum, lineare Strukturen, hierarchisch angelegte Denkmuster, polare Systeme und veraltete Ästhetikvorstellungen zu verlassen."[477] Im Spannungsfeld von aktuellen künstlerischen Strategien, Alltagserfahrungen, wissenschaftlichen Methoden und Selbstreflexion arbeitet Kämpf-Jansen *Ästhetische Forschung* als eine Methode des kunstpädagogischen

---

[476] Helga Kämpf-Jansen: Ästhetische Forschung. Wege durch Alltag, Kunst und Wissenschaft. Zu einem innovativen Konzept ästhetischer Bildung. Köln 2001.

[477] Helga Kämpf-Jansen: Ästhetische Forschung, Aspekte eines innovativen Konzepts ästhetischer Bildung. In: Manfred Blohm (Hrsg.): Leerstellen. Perspektiven für ästhetisches Lernen in Schule und Hochschule. Köln 2000, S. 83-114.

Handelns aus, für deren didaktischen Rahmen sie drei große Bezugssysteme entwickelt: Kunst, Alltag und Wissenschaft.

Künstlerische Strategien und Kunstkonzepte im Bereich aktueller Kunst
In diesem Bezugssystem geht es Kämpf-Jansen um eine Orientierung an künstlerischen Strategien einzelner Künstlerinnen und Künstler, die als solche im Rahmen der Kunstdidaktik inzwischen als konsensfähig angesehen werden kann. Der irritierende und unorthodoxe Umgang mit Alltagsdingen, die zu Objekten der Kunst werden, weist vielfältige Analogien zu Dingen, Praktiken und ästhetischem Verhalten von Kindern und Jugendlichen auf. Im Kontext dieser Annäherungsform zeigt Kämpf-Jansen, wie Künstlerinnen und Künstler Alltagsgegenstände in unterschiedlicher Weise für ihre Kunstwerke nutzen, verweist auf Unterschiede zwischen alltäglicher und künstlicher, also artifizieller Wirklichkeit. Verschiedene künstlerische Strategien wie Sammeln, Erinnern, Rekonstruieren finden ausführliche Berücksichtigung. Sprechen, Schreiben, Erinnern, Übertragen, Reflektieren und Forschen sind selbstverständliche Bestandteile *Ästhetischer Forschung*.
Die umfassende Rezeption aktueller Kunst beurteilt Kämpf-Jansen als wesentliche Komponente im Prozess der *Ästhetischen Forschung*, um Einblick in die Vielfalt künstlerischer Verfahren und Strategien zu bekommen und diese für die eigene künstlerisch-ästhetische Praxis produktiv nutzen zu können. Kämpf-Jansen räumt der Kenntnis aktueller Kunst als *großes Reservoir ästhetischer Möglichkeiten* mit allen dazugehörigen klassischen und neueren Verfahren einen hohen Stellenwert ein.

Orientierung an Alltagserfahrungen
Hier geht es um den Umgang mit alltäglichen Dingen, um Dimensionen alltäglicher und alltagsästhetischer Erfahrungen, um die Wahrnehmung alltäglicher Dinge, den Alltagsgebrauch von ästhetischen Objekten sowie den handelnden Umgang mit ihnen. Als Annäherungsformen nennt die Autorin: Erkundungen und Sammlungen, Sammeln und Ordnen, Arrangieren und Präsentieren.

Wissenschaftliche Methoden
In diesem Bezugsfeld berücksichtigt Kämpf-Jansen die Erarbeitung der engeren Kontexte eines Vorhabens, wie sie im Rahmen *Ästhetischer Forschung* stattfinden. Dazu werden beispielsweise kunstgeschichtliche, kunstwissenschaftliche oder kulturgeschichtliche Aspekte, welche die Arbeit wesentlich fundieren, untersucht. Bezüge zu ausgewählten Werken der Kunst wie auch zu übergreifenden Kunsttheorien sind immer Teil dieser Zugangsform. Ebenso werden, je nach thematischem Schwerpunkt, Auseinandersetzungen mit philosophischen, psychoanalytischen, anthropologischen oder religiösen Fragen in das Vorhaben integriert. Hier finden wissenschaftliche Methoden wie Recherchieren, Analysieren, Kategorisieren etc. Verwendung. Zudem wird die Auseinandersetzung mit den gewählten Methoden als solche kritisch reflektiert.

Kunstpädagogik als „Ästhetische Forschung"

Kämpf-Jansens Veröffentlichung wendet sich an Leserinnen und Leser, die an kunstdidaktischen Fragen sowie an der umfangreichen theoretischen Diskussion in angrenzenden Bezugswissenschaften interessiert sind. In leserfreundlicher Sprache und klar strukturierter, übersichtlicher Gliederung bietet ihre neueste Schrift Hintergrundinformationen zu ausgewählten Aspekten aktueller Kunst- und Ästhetikdiskussion. Mittels zahlreicher Beispiele aus ihrer Arbeit an der Hochschule mit Studierenden zum Themenkomplex der Ästhetischen Biografie und konkreten Beispielen aus schulischen Projekten mit Kindern und Jugendlichen – auch von anderen Autorinnen und Autoren – wird dem Leser die kunstpädagogische Arbeit im Sinne Ästhetischer Forschung konkret veranschaulicht und der theoretische Rahmen praktisch erweitert. Im Schlussteil des Buches fasst die Autorin das Konzept in Thesen zusammen und bezieht Stellung zu „sechs bekannten Einwänden gegen ein Konzept Ästhetischer Forschung", in denen sie mögliche negative Implikationen zusammenfasst und erläutert.[478] Hier setzt sich die Autorin ergänzend und kritisch mit aktuellen vorgegebenen bzw. vorzufindenden schulischen Rahmenbedingungen auseinander und stellt konkrete Forderungen zu deren Veränderung vor. Auch hinsichtlich einer Übertragung dieses Konzepts auf die Grundschulpädagogik findet der Leser „Zehn Thesen von der Komplexität ästhetischer Bildung in der Grundschule"[479].

Die Ausführungen der Autorin beruhen auf der – hier allerdings nicht zu prüfenden – Annahme, dass der heute praktizierte Kunstunterricht auf „althergebrachten" Methoden, Zielen und Inhalten basiert. Sieht man davon ab, dass die diesbezüglich aufgeführten Beispiele sicher nicht die volle Breite der gegenwärtigen kunstpädagogischen Praxis erfassen, sind in Kämpf-Jansens Aufruf jedoch im Wesentlichen ernst zu nehmende Kritikpunkte enthalten. Die Autorin wendet sich gegen einen Kunstunterricht, der an formalen Inhalten festhält, die aktuellen Interessen der Schülerinnen und Schüler ignoriert und eine Öffnung in vielerlei Hinsicht verweigert. Mit Blick auf die sich verändernden ästhetischen Welten von Jugendlichen einerseits und einem genauen Spürsinn für aktuelle Prozesse in Kunst und Gesellschaft andererseits artikuliert dieses Konzept die Forderung an die Kunstpädagogik, Jugendliche über deren biografische Anbindungen und spezifischen Interessenfelder zu ästhetisch Forschenden und „Spurensicherern" in Sachen ästhetischer Differenzerfahrung zu machen.

---

[478] Helga Kämpf-Jansen: Ästhetische Forschung. Wege durch Alltag, Kunst und Wissenschaft. Zu einem innovativen Konzept ästhetischer Bildung. Köln 2001, S. 263 ff.
[479] Ebd., S. 252 f.

3.2 Zentrale Begriffe

Forschung
Helga Kämpf-Jansen verwendet einen sehr offenen Forschungsbegriff, in den sie sowohl Methoden des wissenschaftlichen Forschens wie auch pragmatische Verfahren der Alltagserkundung integriert. Wie die Praxis-Beispiele sehr anschaulich zeigen, geht den Forschungsvorhaben stets eine individuell gesetzte Frage voraus, aus der sich eine entsprechende „Versuchsanordnung" ergibt. Die Forschenden selber bringen eine persönlich bestimmte Haltung in das Vorhaben ein: ein besonderes Interesse, einen deutlichen Willen, ein bestimmtes Wissen als Voraussetzung, die Fähigkeit zu organisieren, Gegebenheiten zu strukturieren, Ausgangshypothesen zu entwerfen etc. Kämpf-Jansen orientiert ihren Forschungsbegriff dabei weder an ausschließlich natur- noch geisteswissenschaftlichen Methoden (vgl. Kapitel „Philosophische Implikationen/Hintergründe").

Ästhetische Forschung
Der Begriff der *Ästhetischen Forschung* ist in der Literatur nicht eindeutig erklärt oder gar signifikant definiert. Er wird gelegentlich für *entdeckendes Handeln* und *Lernen* benutzt oder synonym für Prozesse im Zusammenhang mit dem *Ästhetischen Projekt*, wie Gert Selle sie initiiert und publiziert hat. Dies sind aber nur Annäherungen an den Begriff, den die Autorin in ihrer gleichlautenden Veröffentlichung zu bezeichnen und zu fassen versucht. Erst durch ihre aktuelle Veröffentlichung definiert sich dieser Terminus für die fachdidaktische Diskussion genauer. Der Ausdruck *Ästhetische Forschung* leitet sich hauptsächlich vom spezifischen Erkenntnisbegriff der Autorin ab, der durch die Differenz zu einem kantischen Erkenntnisbegriffs gekennzeichnet ist und sich einem psychologisch verstandenen zuwendet. Dabei steht im Wesentlichen die Integration der subjektiven Anteile im Prozess der Forschung, welche eine jeweils individuelle Fragestellung hervorrufen und begründen, im Kontrast zu einem Forschungsbegriff, der durch die Distanz des Subjekts zum Objekt, wie von Kant im „transzendentalen Subjekt" gefordert, gekennzeichnet ist. Ausdruck findet die *Ästhetische Forschung* in entsprechend vielfältiger Weise in ästhetischen, sprachlichen, musikalischen und/oder anderen Äußerungen.

Ästhetisches Denken
Der Begriff des *ästhetischen Denkens* nimmt in diesem Konzept eine zentrale Stellung ein. Er wird in der Postmoderne-Diskussion vor allem in dem weiten Sinn von *aisthesis* verstanden und vornehmlich von Wolfgang Welsch in seiner gleichlautenden Textsammlung erläutert und ausgeführt.[480] Von zentraler Bedeutung ist Welschs Leitgedanke, dass aufgrund

---

[480] Wolfgang Welsch: Ästhetisches Denken. Stuttgart 1993.

extremer ästhetischer Beanspruchung *ästhetisches Denken* heute in besonderer Weise zum Begreifen der Wirklichkeit fähig ist.
„Ästhetisch" bedeutet im eröffneten Kontext nicht „den Regeln der Schönheit" entsprechend, sondern orientiert sich an seinem etymologischen Ursprung, dem griechischen Wort „aisthesis" (= Wahrnehmung). Das ästhetische Denken erweist sich als ein in besonderer Weise mit der Wahrnehmung verbundenes Denken, wobei Wahrnehmung hier im fundamentalen und weitreichenden Sinn von *Gewahrwerden* durchaus wörtlich als „Wahrnehmung" zu verstehen ist. In der Unterscheidung von *Sinneswahrnehmung* und *Sinnwahrnehmung* hat das *ästhetische Denken* den Charakter von Einsicht. Im Modell des *ästhetischen Denkens* ist die Gegenüberstellung von Wahrnehmung als reiner Sinnesleistung und Denken als einer davon losgelösten intellektuellen Leistung aufgehoben. Im *ästhetischen Denken* kommt es darauf an, die inneren Wahrnehmungspotenzen des Denkens zu mobilisieren und die Reflexionsanstöße der Wahrnehmung zu entfalten. *Ästhetisches Denken* überwindet den traditionellen Dualismus von Empfindung, Gefühl und Affektion einerseits und Denken und Reflexion andererseits, indem es diese beiden Bereiche des menschlichen Erkenntnisvermögens in einen Erkenntnisprozess zusammenführt. Damit steht es in einer Tradition, die sich bis in die Vorsokratik zurückverfolgen lässt und der es immer um die Einheit von sinnlicher Wahrnehmung und rationalem Welterkennen ging (vgl. Kapitel „Philosophische Implikationen").

War das *bildnerische Denken*, wie es ehemals Reinhard Pfennig[481] in Bezug auf Paul Klee verstand, noch wesentlich ein Denken im *Medium des Bildnerischen*, so zielt der Begriff des *ästhetischen Denkens* auch auf die Übernahme künstlerischer Haltungen und Verfahrensweisen auf außerkünstlerische Bereiche, so dass neben dem Philosophieren und dem wissenschaftlichen Arbeiten auch eine Orientierung an Alltagserfahrungen bedeutsam wird.[482]

3.3 Inhalte

Aufgrund der sehr offenen und weit gefassten Konzeption im Modell der *Ästhetischen Forschung* kann sich diese sozusagen auf alle real gegebenen wie fiktiv entworfenen Dinge, Objekte, Menschen und Situationen beziehen. Wesentlich sind dabei die persönlichen Interessen und individuellen Fragestellungen einer Person, die sich einem Themengebiet zuwendet und es von ganz unterschiedlichen Seiten, aus verschiedenen Perspektiven und mittels vielfältiger, künstlerischer, alltagsästhetischer und wissenschaftli-

---

[481] Vgl. Reinhard Pfennig: Erziehung zum Bildnerischen Denken. In: Ders.: Gegenwart der Bildenden Kunst – Erziehung zum Bildnerischen Denken. Oldenburg 1970^4, S. 117-200.

[482] Vgl. Wolfgang Legler: Kunsterziehung nach dem Ende der Kunst? In: BDK Mitteilungen, Heft 4/1998, S. 2-10.

cher Methoden thematisiert und präsentiert. Dabei spielen der persönliche Lebenskreis, die aktuelle Lebenssituation, die eigene Biografie sowie das Geschlecht und Lebensalter des Forschenden eine wesentliche Rolle, wobei die Autorin der individuellen Akzentuierung im Prozess der Ausarbeitung ein erhebliches Gewicht beimisst. Kämpf-Jansen selbst erläutert den Begriff folgendermaßen: „Am Anfang steht eine Frage, ein Gedanke, eine Befindlichkeit, ein Gegenstand, eine Pflanze, ein Tier; ein Phänomen, ein Werk, eine Person (fiktiv oder authentisch), eine Gegebenheit oder Situation; ein literarisches Thema, ein Begriff, ein komplexer Inhalt oder etwas anderes."[483] Damit ist angedeutet, in welch weit gefassten Rahmen die inhaltliche Bestimmung *Ästhetischer Forschung* zu integrieren ist.

Aspekte der aktuellen Kunst
Wesentlich ist allerdings die Tatsache, dass sich die Auseinandersetzung mit einer inhaltlich gesetzten Thematik immer im Blick auf Kunst konturiert. Der Blick auf Kunst kann und muss hier für die Perspektiven ästhetischer Bildung als relevant bezeichnet werden. Dabei wird vorausgesetzt, dass die Kunst unzweifelhaft immer auch einen Spiegel der Zeit, geistiger, ästhetischer und ethischer Verfasstheit, darstellt. Sie ist stets bezogen auf Menschen in einer bestimmten Kultur. Dass die kunstpädagogische Praxis den Blick auf aktuelle Tendenzen künstlerischer Praxis deshalb stets im Blick haben muss, versteht sich von selbst. In Analogie zum aktuellen Kunstkontext, auf den die Autorin sich ausdrücklich bezieht, formuliert sie vier Aspekte, in die ihre Gedanken zur *Ästhetischen Forschung* eingebettet sind: der Körper, die Dinge, die Archive, die Sprache.

Körper
Spätestens durch die gedankliche Figur der Abspaltung von Körper und Geist als einer typisch abendländischen Prägung konnte der Körper losgelöst vom Geist als isolierte Einheit thematisiert werden. Dies zeigt sich heute in nahezu allen Bereichen des menschlichen Lebens sowie in geradezu unzähligen Abhandlungen unterschiedlichster Zugehörigkeit. In Literatur und Medien begegnen uns Begriffe wie „neue Körperlichkeit" und „Körperboom". Wir leben in einer Zeit der „Konjunktur des Körpers". Zahlreiche Autoren beschäftigen sich unter ganz unterschiedlichen Erkenntnisinteressen mit dem Versuch, dieses Thema zu systematisieren.[484]

---

[483] Helga Kämpf-Jansen: Ästhetische Forschung. Wege durch Alltag, Kunst und Wissenschaft. Zu einem innovativen Konzept ästhetischer Bildung. Köln 2001, S. 19.

[484] Es ist dies hier nicht der Ort, näher auf diesen Diskurs einzugehen. Deshalb seien stellvertretend nur zwei Literaturangaben gemacht:
Dietmar Kamper, Christoph Wulf (Hrsg.): Die Wiederkehr des Körpers. Frankfurt/M. 1982.
Karl-H. Bette: Körperspuren. Zur Semantik und Paradoxie moderner Körperlichkeit. Berlin, New York 1989.

Kunstpädagogik als „Ästhetische Forschung"

Das Schüler-Jahresheft des Friedrich-Verlags steht im Jahr 2002 unter dem Motto *Körper* und thematisiert unter pädagogischer Perspektive, wie sich der heutige Körperkult auf Kinder und Jugendliche auswirkt.[485] Auch in unzähligen Kunstzusammenhängen ist der menschliche Körper Thema künstlerischer Auseinandersetzung und die vielen Varianten der Körperkunst legen zivilisatorisch überlagerte Bedeutungshorizonte frei. Auch eine Reihe zeitgenössischer Künstlerinnen und Künstler machen den Körper zum Thema künstlerischer Auseinandersetzung: z.b. Marina Abramovic, Cindy Sherman, Louise Bourgeois, Anette Messager, Pippilotti Rist, Damien Hirst und. v.a. Zahlreiche große Ausstellungen der letzen Jahre widmeten sich dieser Thematik: *Fotoarbeiten* von Cindy Sherman im Kölner Ludwig-Museum (1997), *Puppen, Körper, Automaten* (1998) sowie *Ich ist etwas anderes* (1999) jeweils in der Staatlichen Kunstsammlung NRW in Düsseldorf. Die Ausstellung *Körperwelten* zog seinerzeit Tausende von Besuchern in ihren Bann. Für die Fotografie war und ist der menschliche Körper immer wieder ein wichtiges Thema. 1998 erscheint in Leipzig die deutsche Ausgabe des englischsprachigen Fotobandes von William A. Ewing „Faszination Körper, Meisterfotografien der menschlichen Gestalt"[486]. Alle diese Angaben sind nur Anmerkungen, die die Aktualität dieses Aspekts veranschaulichen sollen, ohne diese Thematik näher ausführen zu können.

Am Beispiel einiger Künstlerinnen und Künstler erläutert Helga Kämpf-Jansen die Rolle des menschlichen Körpers in der zeitgenössischen Kunst.[487] Sie führt dazu folgende Künstlerinnen und Künstler auf: *Stelarc* zeigt Körperentwürfe, die eine andere Wirklichkeit wie eine andere Virtualität sichtbar machen. Seine Performances führen vor, wie die Handlungs-, Erkenntnis- und Kommunikationsmöglichkeiten des Menschen in bisher unvorstellbaren Dimensionen zu erweitern sind, und zeigen Umrüstungen von Existenzformen, die in die Frage münden, ob eines Tages der Tod überwunden sein wird. *Inez van Lamsweerde* thematisiert den Kontrast und Konflikt in den Entwürfen menschlicher Existenz zwischen *„trockener Künstlichkeit und feuchter Leiblichkeit"*.

---

[485] Friedrich Verlag (Hrsg.): Schüler 2002 Körper. Seelze 2002.
[486] William A. Ewing: Faszination Körper. Meisterfotografien der menschlichen Gestalt. Leipzig 1998. Titel der englischen Originalausgabe: The Body – Photoworks of the Human Form. London 1994.
[487] z.B. Stelarc, Australien; Inez van Lamsweerde, Holland; Cindy Sherman, USA; Yasumasa Morimura, Japan.

Kunstpädagogik als „Ästhetische Forschung"

Cindy Sherman und *Yasumasa Morimura* machen Verfasstheiten des Körpers, Konstruktionen und Identitätskonzepte sichtbar. Mit ihren Arbeiten ist die Vorstellung einer multiplen bzw. pluralen weiblichen Identität, das Sichtbarmachen des ganzen Identitätsfächers einer Person verbunden.[488]

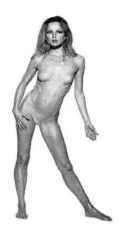

Abb. 19: **Inez van Lamsweerde**
"Thank you, Tighmaster Kim" 1993

Dinge
Als zweiten wichtigen Bezugsrahmen zur *Ästhetischen Forschung* bestimmt Kämpf-Jansen die Transformationen von Alltagsdingen zu Kunstwerken, wodurch sich wesentliche Strategien und Kunstkonzepte eröffnen.[489] Als Beispiel führt sie Ulrich Meisters Knopf-Epos an. Hier erweitert sich das „Knopf-Ding" zum Text: „Beschreibungstexte, Annäherungstexte, Beziehungstexte, in denen Zustand, Lage, Materialität, Form und Farbe mit sub-

---

[488] Vgl. Wolfgang Welsch: Identität im Übergang. In: Ders.: Ästhetisches Denken. Stuttgart 1993.
[489] So fand beispielsweise im Kunst Haus Dresden 1997 eine Ausstellung zum Thema „Von den Dingen. Gegen-stände in der zeitgenössischen Kunst" statt. Zu dieser Ausstellung schreibt Tina Grütter: „Die Dinge, wie sie in den für diese Ausstellung ausgewählten Werken vermittelt werden, bewahren etwas vom Charakter eines solchen Merkzeichens in Zeit und Raum. Es sind widerständige Dinge, die sich einer Aneignung entziehen, sich in ihrem Ding-Charakter aufdrängen, Zuwendung fordern, Dinge, die zum Reflexionsmedium werden oder Fetischcharakter haben. Sie sind Artefakte, in welchen sich unsere Gegenwart durch die Sicht des Künstlers spiegelt, sie sind Ausgangsdinge zu Reflexionen über Zeit und Künstlichkeit, über Lebendiges und Totes, Echtes und Falsches. In ihnen spitzt sich das Hauptthema der Kunst unseres Jahrhunderts, das Alltägliche und Banale zu." Tina Grütter: Widerständige Dinge. http://www.kunst-haus-dresden.de/deutsch/texte/dingetx.htm, 15.07.04.

jektiven Befindlichkeiten, philosophischen Grundfragen, moralischen Implikationen in Beziehung gesetzt werden."[490]

Archive
Am Beispiel der Archive als Thema der aktuellen Kunstdiskussion bringt Helga Kämpf-Jansen das Erinnern, Vergessen und Sammeln als Konstituenten in den Begriff der *Ästhetischen Forschung* ein. Sie nennt hier exemplarisch die Künstler Christian Boltanski und Sigrid Sirgudsson. Christian Boltanski arbeitet mit unzähligen fotografischen Portraits wie auch mit Alltagsdingen, die eine unmittelbare Nähe zu gelebtem menschlichen Leben evozieren (Spurensicherung der 70er Jahre und Reduktion). Sigrid Sigurdsson installierte u.a. in Hagen ein ständiges Archiv, welches auf fortwährende Erweiterung angelegt ist. Dort sind individuelle Erinnerungsstücke vieler Menschen vor allem aus der Zeit des Nationalsozialismus aufbewahrt, die dieses Archiv zum kollektiven Gedächtnis modifizieren.

Abb. 20: **Sigrid Sigurdsson**
„Vor der Stille", Zustand 1990,
Teil einer Installation von 1988
bis 1994. Hagen,
Karl-Ernst-Osthaus-Museum.

Auch Anna Oppermanns Ensembles sind dem Konzept der *Ästhetischen Forschung* sehr nahe. Die Künstlerin thematisiert in ihren Arbeiten das Sichtbarwerden eines langen Prozesses. Mit einer Vielzahl von Mitteln fixierte Anna Oppermann (1940-1993) ihre Suchspuren und macht vorläufige Stationen über Fotos wahrnehmbar. In diese Prozesse des Suchens geht ihr Wissen, gehen ihre Recherchen zu den Fragen, zu den Themen sowie ihr philosophisches Denken, ihre literarischen Texte, teils gefundene, teils selbst verfasste, ihre Assoziationen und Gedanken mit ein. Sie verschriftlichte dies alles auf unzählbaren kleinen Zetteln, die wiederum zu einem wesentlichen Bestandteil ihrer künstlerischen Arbeit wurden.

Bezug nehmend auf die Transformationen einzelner Dinge des Alltags zu Objekten der Kunst, als Dingverfremdungen, Assemblagen und Montagen, wie wir sie seit Duchamp kennen, kennzeichnet Helga Kämpf-Jansen diese als Grundlagen des Konzepts der *Ästhetischen Forschung*. Mit jedem dieser

---

[490] Helga Kämpf-Jansen: Ästhetische Forschung. In: Manfred Blohm: Leerstellen. Köln 2000, S. 90.

einzelnen Akte ist eine spezifische Arbeitsweise verbunden, ein Konzept, das für die besondere, unverwechselbare Handlung eines Künstlers steht. Im immer neuen, anderen Blick auf die Gegenstände von Kunst und Alltag, der andere geistige Dimensionen eröffnet, sowie in all den Arbeitsweisen wie Erarbeiten, Forschen, Recherchieren, Experimentieren und Präsentieren sieht Kämpf-Jansen wesentliche Aspekte, die sie in ihr Konzept integriert.

Sprache
Daneben kommt der Sprache im Kontext dieses Konzepts eine wichtige Bedeutung zu, wobei Kämpf-Jansen auf die vielfältigen Ebenen und Systeme, in denen Sprache jeweils ganz unterschiedlich gebraucht wird – und entsprechend zu verstehen ist –, hinweist.

- *Sprache als symbolisches System*
  Hier wird Sprache verstanden als System zur Beschreibung der Wirklichkeit, die das Sehen definiert. Mit der bekannten Formel von Gertrude Stein „Eine Rose, ist eine Rose, ist eine Rose" und René Magrittes „Ceci n'est pas une pipe" verweist Kämpf-Jansen auf das Auseinanderfallen in diesem Sprachsystem, da Wort und Bild nicht imstande sind, sich gegenseitig zu repräsentieren, weil sie sich auf unterschiedlichen „Schauplätzen" befinden, von denen jeder seinen eigenen Gesetzen gehorcht. Kämpf-Jansen verweist auf die Kompliziertheit der Sachverhalte im symbolischen System der Sprache, die Grenzen im Vermögen der Sprache, die wahrnehmbaren Dinge zu benennen, und die Funktion der Sprache, das Sehen selber zu definieren.
- *Performative Sprachakte*
  Im Aspekt der performativen Sprach- bzw. Sprechakte nimmt Kämpf-Jansen Bezug auf Prinzipien des Performativen als geistigem Prinzip der Sprach- und Sprechakte. Diese sind dadurch gekennzeichnet, dass hier gerade nichts definiert, nichts festgelegt ist, scheinbar gegebene Gewissheiten sich immer wieder auflösen.[491]
- *Sprache der Kunst und Sprache der Pädagogik*
  Unter der Grundannahme, dass die *Sprache der Kunst* und die *Sprache der Pädagogik* sich weitgehend auszuschließen scheinen, verweist Kämpf-Jansen auf die schwierige Aufgabe in der Kunstpädagogik, verschiedene Systeme mit unterschiedlichen Sprach- und Denkstrukturen miteinander in Beziehung setzen und vereinbaren zu müssen. Obwohl beide Sprachsysteme unvereinbar scheinen, sind sie als kunstpädagogische Realität dennoch der Versuch, beide Systeme produktiv miteinander zu verbinden.

---

[491] Vgl. Helga Kämpf-Jansen: Performative Sprachakte. In: Dies.: Ästhetische Forschung. Wege durch Alltag, Kunst und Wissenschaft. Zu einem innovativen Konzept ästhetischer Bildung. Köln 2001, S. 15.

Kämpf-Jansen betont, dass ihre Überlegungen zur Sprache nur kleine Aspekte einer umfangreichen und folgenreichen Auseinandersetzung präsentieren, und will nur den Kern einer weitreichenden Gedankenkette fixieren. Sprache bekommt im vorliegenden Konzept entgegen der Auffassung, dass es in der Kunst primär um das „Kunstmachen" geht, einen wesentlichen und bedeutenden Stellenwert.

Spurensicherung
Unübersehbare Verwandtschaft dieses kunstpädagogischen Ansatzes besteht zum Konzept der Spurensicherung.[492] Die Spurensicherung war ursprünglich ein künstlerisches Konzept der frühen 70er Jahre des 20. Jahrhunderts, das in seinen Strategien dem Vorgehen der Ethnologie bzw. Archäologie verwandt war. Mit teilweise an naturwissenschaftliche Forschung erinnernden Methoden decken die Künstler der Spurensicherung verborgene Bezüge der Umwelt und historische Gegebenheiten auf. Die Spurensicherung erfasst sowohl äußere, zeitlich konkrete Ablagerungen wie innere Tiefenschichten. Im Kontext dieser Kunstrichtung entstehen charakteristisch systematische, scheinbar wissenschaftliche Dokumentationen wie Archive und Inventare, die als Klassifikationssysteme das gefundene Material aufbereiten, in ähnlicher Art, wie man es aus Museen kennt. Da die Dokumentationen gleichzeitig planmäßig und intuitiv sind, ist ihre „Wissenschaftlichkeit" jedoch nicht objektiv. Die Künstlerinnen und Künstler der Spurensicherung sind nicht an objektiver Wiedergabe interessiert, sondern halten Spuren fest, die zur Rekonstruktion eines Zusammenhangs führen können, und akzentuieren einen je individuellen Ansatz. Die Künstler ziehen sich dazu hinter der Anonymität des „Forschers" zurück, um ihren persönlichen Ansatz und ihre Sicht der Dinge ungestört herauszuarbeiten und die Erinnerung, wie in der Wissenschaft, durch Dokumente, Bilder und Gegenstände zu systematisieren. Für Kämpf-Jansen liegt ein wesentlicher Aspekt im Bezug auf diese Kunstrichtung im Spiel zwischen Authentizität und Fiktion. Das, was im Archivieren und Kategorisieren wissenschaftlich erscheint, ist es in Wirklichkeit nicht. Damit werden Wahrnehmungsweisen thematisiert, die heute in allen Bereichen ästhetischer Erfahrung eine wesentliche Rolle spielen.
Der Schwerpunkt dieser Kunstrichtung liegt im Archivieren und Präsentieren. Dabei finden unterschiedlichste Mittel Verwendung: viele Fundobjekte, Fundstücke, Fotografien, Filme, Videos etc., die oftmals durch autobiografische und beschreibende Texte, wie z.B. Tagebuchaufzeichnungen, ergänzt und selbst zum Bestandteil des Kunstwerkes werden. Bekannte Künstler, die zum frühen Konzept der Spurensicherung gehören, sind u.a.

---

[492] Günter Metken: Spurensicherung. Kunst als Anthropologie und Selbsterforschung. Köln 1977. Ders.: Spurensicherung – Eine Revision. Texte 1977-1995. Amsterdam 1996.

Christian Boltanski, Nikolaus Lang, Anne und Patrick Poirier und Jochen Gerz. Auch die Künstlerinnen Lili Fischer, Anna Oppermann und Dorothee von Windheim stehen diesem Konzept nahe.

Abb. 21: **Nikolaus Lang**
„Farbfeld – Sand und Ocker",
1987, bunter Ton und Sand auf Papier,
600 x6 x504 cm, Flinders Ranges,
Maslin beach and Sand Quarry.

Objektkunst und Installation
Verwandtschaft besteht außerdem zur Objektkunst und zum Prinzip Installation als wichtigen Formen der Plastik des 20. Jahrhunderts, die sich völlig anderer Herstellungsverfahren als der bis dahin bekannten und üblichen bedienen.[493] In der Objektkunst werden Formen nicht neu geschaffen, sondern aus der Bearbeitung und der Kombination von Gegenständen gewonnen. Die verwendeten Gegenstände werden aus einem an sich kunstfremden Zusammenhang genommen und zu einem Kunstwerk umgewandelt bzw. in ein solches eingebracht. Dabei kann zwischen dem „objet trouvé" (franz. Fundstück), das bereits Gebrauchsspuren aufweist und dem sog. „Ready made" (engl. Fertigteil), einem fabrikneuen und eigens zu Kunstzwecken erworben Gegenstand, unterschieden werden. In der Objektkunst wird der sich seit der Malerei des Impressionismus anbahnende Prozess einer Autonomie von Kunst und Künstler besonders deutlich.

Ebenso findet sich eine konzeptionelle Verwandtschaft zum Prinzip der *Installation*, bei der Gegenstände und Objekte zu raumbezogenen Montagen zusammengefügt werden, die – meist zeitlich befristet – teilweise auch durch Licht und Geräusche ergänzt werden. Die Installation ist neben dem Environment eine Kunstpraktik, die den vorgefundenen Raum in ihre Gestaltungen bewusst mit integriert. Dies ist in Arbeiten nach dem Konzept der *Ästhetischen Forschung* vor allem bei solchen von Bedeutung, deren Herstellung und Ausstellung in eigens dafür gesuchten, sonst eher kunstfremden Räumen wie Kellergewölben oder Fabrikhallen erfolgt. Hier wird einem Kunstbegriff stattgegeben, der nicht nur einzelne Bilder, Dinge oder Medien zum Gegenstand hat, sondern den Raum, in dem all diese Komponenten miteinander interagieren, in ein breites Spektrum der Möglichkeiten einbeziehet, da auch die Räume selbst Bedeutungen vorgeben.

---

[493] Vgl. Karin Thomas: Bis heute. Köln 1988, S. 127 ff. Michael Klant; Josef Walch: Grundkurs Kunst, Bd. 2, Hannover 1990, S. 160 ff. Gerhard Birkhofer; Michael Klant: Praxis Kunst, Plastik, Hannover 1997.

Kunstpädagogik als „Ästhetische Forschung"

Abb. 22: **Rebecca Horn**
„Raum der Liebenden", 1992.
Teil der Installation „El rio de la luna
(Der Fluss des Mondes)" Hotel Peninsular,
Barcelona, Zimmer 412. Neun Violinen,
Metallkonstruktion, Elektromotoren.

3.4 Ziele und Intentionen

Die Ziele und die sich über die *Ästhetische Forschung* auszubildenden Fähigkeiten, Erkenntnis- und Verhaltensmöglichkeiten sind ausgesprochen vielfältig. Entsprechend der Methodenvielfalt sowie der ergänzenden Selbstverantwortung und Selbstreflexion sind die Ziele in unterschiedlichen Bereichen angesiedelt. Neben dem Erwerb künstlerischer Techniken und der Vermittlung bzw. der Erarbeitung theoretischer Kenntnisse, welche beide allerdings nie losgelöst von einer konkreten und komplexen inhaltlichen Fragestellung fokussiert werden, liegen Kämpf-Jansens Intentionen primär im Gebiet der personalen Kompetenzen und in anthropologischen Bereichen. Da die Mehrzahl ihrer aufgeführten Beispiele *Ästhetische Forschungen* von Studierenden schildern, sind primär Ziele auszumachen, die sich auf das kunstdidaktische Bewusstsein zukünftiger Lehrerinnen und Lehrer beziehen. Kämpf-Jansen geht allerdings von der Grundannahme aus, dass dieses Konzept auch auf schulische Zusammenhänge zu übertragen ist und eigene Erfahrungen aus dem Kontext umfangreicher *Ästhetischer Forschung* in schulischen Kontexten an Schülerinnen und Schüler weitergegeben werden könnten. Dies bezieht sie ausdrücklich auch auf kunstdidaktische Aktivitäten im Grundschulbereich.
Ein wesentliches Ziel liegt in der Ausbildung des ästhetischen Denkens, das im Sinne des von Wolfgang Welsch ausformulierten Begriffs zu verstehen ist. In der damit verbundenen Ausbildung der *aisthesis* geht es um die Entwicklung einer Wahrnehmung, die durch das ästhetische Denken über die bloße Sinneswahrnehmung hinausgeht und so den Charakter von Einsicht bekommt. Das Einüben in das ästhetische Denken geschieht vornehmlich durch die Kunsterfahrung, wobei die Kunst als exemplarische Sphäre von Heterogenität und radikal Verschiedenem angenommen wird.

Wesentliches Ziel ist es, am Beispiel der Kunsterfahrung das Aushalten von Differenzerfahrungen zu üben und mit pluraler Wirklichkeit vertraut zu werden. Kämpf-Jansen geht davon aus, dass sich darüber hinaus Handlungskompetenz ausbildet, die dazu verhilft, sich unter den Geboten der radikalen Pluralität unserer Gesellschaft angemessen zu bewegen. Die Ausbildung des ästhetischen Denkens stellt in diesem Konzept ein probates Orientierungsmittel für die Gegenwart dar.

Darüber hinaus soll über eine *Ästhetische Forschung* eine für den „Forschenden" transparente Bewusstseinsveränderung erreicht werden. Die komplexen Prozesse des Denkens und Arbeitens, des Handelns und Fühlens werden entgegen der sonst üblichen Ansicht, man könne entweder nur wissenschaftlich oder nur künstlerisch arbeiten, als sich gegenseitig ergänzend verstanden. Da die Arbeit im weitesten Sinn selbstbestimmt organisiert ist, entwickelt sich oft eine extreme Identifikation mit der Fragestellung. Die starke Intensität der Arbeit ist außerdem von extrem hoher Motivation begleitet. So schildert Kämpf-Jansen, dass die ästhetisch Forschenden nicht selten Erfahrungen machen, die die Grenzen zwischen Arbeit und Freizeit, zwischen „Kunst und Leben" verschwimmen lassen. Dass hier Selbsttätigkeit und Selbstbestimmung wie Methoden*kompetenz* gleichermaßen Verfahren *und* Ziel sind, sei hier vorerst nur angemerkt.
Außerdem können im Rahmen einer *Ästhetischen Forschung* vielfältige Bewusstseinsprozesse erfahren werden. Dies sind beispielsweise das Entdecken und Erfahren der Freiheit im Denken und Handeln als reichhaltige Facetten individueller Handlungsmöglichkeiten, die in das Bewusstsein des Einzelnen rücken. Kämpf-Jansen geht davon aus, dass eine Vielzahl von Grenzerfahrungen, die im Kontext *Ästhetischer Forschung* gemacht werden, dazu befähigen, Offenheiten und Unsicherheiten auszuhalten, eine Fähigkeit, über die in der aktuellen, durch Pluralität ausgezeichneten Gegenwart nicht hinweggesehen werden darf. Durch Grenzerfahrungen sollen alte Denkgewohnheiten und Handlungsmuster verändert werden, soll sich das Repertoire der Zugänge ins teilweise vorher Unvorstellbare vergrößern. „Sie (die Grenzerfahrungen, A.F.) führen zu Erfahrungen und Erkenntnisformen, die in der Tat auch das Andere der Vernunft neben die Vernunft stellen, die ästhetisches Denken als eine Fähigkeit des Menschen ausbilden sich der Welt in ästhetisch-künstlerischen Akten zu nähern. Wem diese Möglichkeiten gegeben sind, wird sein Leben anders leben – vielfältiger interessierter, mit größerem persönlichem Gewinn und er/sie wird – in kunstpädagogischer Verantwortung – Kindern und Jugendlichen vom ersten Tag an ganz andere Erfahrungsräume erschließen."[494]

---

[494] Helga Kämpf-Jansen: Ästhetische Forschung. Wege durch Alltag, Kunst und Wissenschaft. Zu einem innovativen Konzept ästhetischer Bildung. Köln 2001, S. 22.

Im vorliegenden Konzept ist pädagogische Kompetenz durch eine Persönlichkeitsentwicklung und Klarheit über die eigenen Bewusstseinsprozesse ausgezeichnet. Diese werden wiederum als notwendige Voraussetzung angenommen, um eigene Erfahrungen weiterzugeben und Schülerinnen und Schülern ähnliche Erfahrungsräume zu eröffnen. Nur so können diese auch die Vielfalt der Dinge und Sachverhalte wie die vielfältigen Weisen des Erlebens und Handelns begreifen. Pädagogisches Handeln bedeutet hier, Kinder und Jugendliche anzuleiten, *eigene* Wege des Fragens, des Erkundens und letztlich des Erkennens selbständig zu gehen.

3.5 Methoden der Vermittlung

Methodisch ist dieses Konzept durch die generelle Verbindung von wissenschaftlich-theoretischer Arbeit, Alltagserkundung und künstlerischer Arbeit gekennzeichnet. Entsprechend neuerer Erkenntnisse der Neurowissenschaften, die Verstand und Emotionen als aufeinander bezogen verstehen, ist auch das methodische Vorgehen durch die Zusammengehörigkeit von Emotion, Kognition und Handeln geprägt. Die *Ästhetische Forschung* bedient sich aller zur Verfügung stehenden Verfahren, Handlungsweisen und Erkenntnismöglichkeiten aus den Bereichen der Alltagserfahrung, der Kunst und der Wissenschaft. Dabei wird die Vorgehensweise im konkreten Fall weitgehend individuell bestimmt, Organisations- und Prozessabläufe werden in hohem Maße selbst verantwortet. *Ästhetische Forschung* ist stark prozessorientiert und führt zu Erkenntnisformen, die „sowohl rational sind als auch vorrational, sowohl subjektiv als auch allgemein, sowohl über ästhetisch-künstlerische Sichtweisen als auch über den dokumentarisch-fotografischen Blick geprägt, sowohl über nachvollziehbare verbal-diskursive Akte strukturiert als auch von diffusen Formen des Denkens begleitet"[495]. Alle diese – teilweise sehr unterschiedlichen – Zugangsweisen werden prozessbegleitend protokolliert; Sacherfahrungen, ästhetische Erfahrungen, Ich-Erfahrungen und soziale Erfahrungen in Tagebüchern fixiert.

Ästhetische Forschung ermöglicht vielfältige Handlungs- und Erkenntnisformen kultureller Bildung heute und „nimmt eine Vielzahl der virulenten Diskurse auf, die für den Bereich des Ästhetischen heute wichtig sind, wie die Diskussion des ‚Anderen der Vernunft'[496] des ‚ästhetischen Denkens', der ‚ästhetischen Intelligenz', der ‚ästhetischen Rationalität' sowie der ‚emotionalen und kreativen' Intelligenz"[497]. In den Handlungsabläufen der *Ästhetischen Forschung* lassen sich die Einzelnen auf einen stark vernetzten Prozess ein. Dennoch betont die Autorin die Abgrenzung vom Konzept

---

[495] Ebd.
[496] H. Böhme; G. Böhme: Das Andere der Vernunft. Frankfurt 1985.
[497] Vgl. Howard Gardner: Kreative Intelligenz. Was wir mit Mozart, Freud, Wolf und Gandhi gemeinsam haben. Frankfurt/M. 1999. Daniel Goleman: Emotionale Intelligenz. Wien 1996.

des Ästhetischen Projekts, wie Gert Selle es für die Fachdidaktik ausgearbeitet hat. Die Ausgangssituation *Ästhetischer Forschung* kennzeichnet Kämpf-Jansen folgendermaßen: „Am Anfang steht eine Frage, ein Gedanke, eine Befindlichkeit, ein Gegenstand, eine Pflanze, ein Tier, ein Phänomen, ein Werk, eine Person – fiktiv oder authentisch, eine Gegebenheit oder Situation, ein literarischer Text, ein Begriff, ein Sprichwort oder anderes." Das Verfahren ist dabei immer von einer Frage geleitet, die subjektbezogen ist, die *Ästhetische Forschung* wird selbst verantwortet und eigenständig organisiert. Entsprechend der die Forschung leitenden unterschiedlichen inhaltlichen Fragen können auch die Orte der Erarbeitung sehr verschieden sein und weit über den klassischen Atelier- oder Werkstattbegriff hinausgehen. *Ästhetische Forschung* kann sowohl in traditionellen Galerieräumen wie in Fabrikräumen, ungewöhnlichen Orten wie z.B. einem Kloster, einem Bahnhof, einem Katasteramt oder im labyrinthischen Keller eines alten Mietshauses stattfinden.[498]

Vorwissenschaftliche, an Alltagserfahrungen orientierte Verfahren
Im Bereich der an Alltagserfahrungen orientierten Verfahren nennt Kämpf-Jansen drei Formen des Umgangs mit den Inhalten der *Ästhetischen Forschung*: Dies sind sowohl fragender, entdeckender Umgang mit den Dingen wie Hinterfragen vorgefundener Wirklichkeiten. Dazu kommen der handelnde Umgang mit den Dingen, der sich im Sammeln, Ordnen, Dekorieren, Arrangieren und Präsentieren ausdrückt, sowie alle ästhetischen Praktiken, welche Kinder und Erwachsene selbstverständlich nutzen. Dazu zählen jegliche handwerklichen, technischen Verfahren, wie etwas kleben, collagieren, montieren, ausschneiden, malen, skizzieren, basteln, nähen etc.

Künstlerische Strategien und Kunstkonzepte im Bereich aktueller Kunst
Während die Orientierung an den Strategien aktueller Kunst in der Kunstdidaktik als weitgehend konsensfähig bezeichnet werden kann, ist die künstlerische Arbeit in Bezug auf die aktuellen Kunstkonzepte und künstlerischen Strategien der Gegenwartskunst auch für die *Ästhetische Forschung* von wesentlicher Bedeutung. Die Rezeption aktueller Kunst spielt eine zentrale Rolle, um die Vielfalt künstlerischer Strategien und Verfahren kennen zu lernen und die mannigfaltigen ästhetischen Sprachen produktiv nutzen zu können. Die eigene künstlerisch-ästhetische Praxis ist dann nicht Nachvollzug. Vielmehr steht die Kenntnis der vielfältigen Möglichkeiten als großes Reservoir ästhetischer Möglichkeiten zur Verfügung, aus dem

---

[498] Die Orte der Erarbeitung sind insofern von großer Bedeutung, da sie wesentlich mit inhaltlichen Fragen zusammenhängen, die „manchmal nur in bestimmter Weise und in bestimmten Räumlichkeiten zur An-Schauung kommen können". Helga Kämpf-Jansen. In: Ästhetische Forschung. Köln 2000, S. 19. Vgl. auch die Beispiele zum Thema „Ästhetische Biografie". Ebd., S. 169 ff.

jeweils eine Methode ausgewählt, variiert oder modifiziert wird, welche den eigenen Intentionen entspricht oder diesen am nächsten kommt. Traditionelle ästhetische Verfahren stehen hier gleichwertig neben dem Entwickeln visueller Konzepte und Modelle wie dem Erarbeiten aufwendiger Video-Tapes oder computergenerierter Bilder. Am Ende entstehen oft multimediale Installationen, wobei des Öfteren auch Klangelemente und Sprache in den Prozess integriert werden.

Die wissenschaftlichen Methoden
Im Bereich der wissenschaftlichen Methoden nennt Kämpf-Jansen eine breite Palette: Befragen, Erforschen, Recherchieren, Analysieren, Kategorisieren, Dokumentieren, Archivieren, Konservieren, Präsentieren und Kommentieren. Ebenso werden Einordnen, Vergleichen, In-Beziehung-setzen sowohl von Gegebenheiten und Erfahrungen der Alltagswelt als auch den Phänomenen und Erfahrungen von Kunst, ihren Kontexten und den gegebenen Theorien genannt. Mit der Methodenentscheidung wird der engere Kontext des jeweiligen Vorhabens genauer abgesteckt. Dabei bezieht die Arbeit zugleich oft kunstgeschichtliche, kunstwissenschaftliche, kulturgeschichtliche oder design-theoretische Exkurse mit ein. Außerdem finden meist auch Auseinandersetzungen mit philosophischen, psychoanalytischen, anthropologischen oder religiösen Fragen sowie Subjekts- und Identitätstheorien Berücksichtigung. Die Problematisierung der gewählten Methoden, wie z. B. die Reflexion der Differenz von künstlerischen und wissenschaftlichen Herangehensweisen, ist ihrerseits fester Bestandteil einer *Ästhetischen Forschung*.

Außerdem: Selbstreflexion und Ich-Erfahrung
Hatte schon Gert Selle mit dem Begriff von der „Werkstatt im Kopf" die Forderung nach Reflexion bzw. Introspektion gestellt, stellt die Selbstreflexion auch im hier vorliegenden Konzept einen bedeutsamen Aspekt dar. Um die sich parallel zur Arbeit entwickelnden Bewusstseinsprozesse zu beobachten, wird quasi auf Meta-Ebene eine Selbstreflexion unternommen, wobei eigenverantwortlich entwickelte individuelle Organisationsstrukturen verschiedener Methoden, künstlerische Verfahrensweisen und wissenschaftliche Methoden mit selbstreflexiven Prozessen verbunden und in regelmäßigen schriftlichen Aufzeichnungen festgehalten werden. Günstige Form, um diese Erfahrungen zu dokumentieren, sei das Anlegen eines Tagebuches, in dem alle Prozesse in begleitender Weise festgehalten, kommentiert und subjektiv bedacht werden.
Wie die Beispiele zeigen, entwickelt jeder „ästhetisch Forschende" im Verlaufe der Arbeit ein eigenes System für seine individuellen Vorgehensweisen sowie eine damit verbundene Zeiteinteilung. Diese Prozesse und Entscheidungen werden in der Selbstreflexion gebündelt, subjektiv bedacht, emotional begleitet und fixiert. Dies kann in vielfältiger Weise – von verbalen und

visuellen Skizzen über Bilder, Collagen, Gedichte und literarische Texte geschehen. In der Selbstreflexion geht es vor allem um das Ausloten eigener Zugänge und Positionierungen, die das Vorgehen nach künstlerischen und wissenschaftlichen Methoden bestimmen. Da der Prozess der *Ästhetischen Forschung* zudem häufig umfangreiche Selbstversuche enthält, misst Kämpf-Jansen dieser Form der Selbstbeobachtung und Reflexion über die damit verbundenen Grenzerfahrungen besondere Bedeutung bei. Hierbei erfährt das Medium Sprache eine Aufwertung und wird nicht mehr nur sekundär den künstlerischen Aktivitäten nachgeordnet.

Offene Denkprozesse
Kämpf-Jansen vertritt einen offenen, am Individuum orientierten Methodenansatz. Die Methoden und Strukturen entwickeln sich jeweils aus den individuell gestellten Fragen, den inhaltlichen Bereichen und gewählten Gegenständen sowie den damit verbundenen Zielvorstellungen, Interessen und Bedürfnissen. Dieses Konzept ist durch die konsequente Forderung nach offenen Denkprozessen gekennzeichnet. Es werden alle zur Verfügung stehenden Verfahren, Handlungsweisen und Erkenntnismöglichkeiten aus Alltagserfahrung, Kunst und Wissenschaft berücksichtigt. Wege und Denkstile wie Wissensbereiche und Vorgehensweisen stellen sich als vielfältig zu verknüpfende dar, die in offenen Denkprozessen verbunden und erschlossen werden. Umfassende Erkenntnisformen wie rationale und vorrationale, subjektive und allgemeine, ästhetisch-künstlerische Sichtweisen, wie ein dokumentarisch-fotografischer Blick, werden ebenso in den Dienst der sich daraus ergebenden Fähigkeiten, Erkenntnis- und Verhaltensmöglichkeiten gestellt wie nachvollziehbare verbal-diskursive Akte und diffuse Formen des Denkens. Durch Erkenntnisformen, die das *„Andere der Vernunft"* neben die Vernunft stellen, und das Aushalten von Grenzerfahrungen, Offenheit und Unsicherheit soll die Veränderung alter Denkgewohnheiten und Handlungsmuster angebahnt werden.

3.6 Bezüge zu Pädagogik und Bildungstheorie

Vom philosophischen zum neurowissenschaftlichen Diskurs
Erweiterung des Intelligenzbegriffs – multiple Intelligenzen
Helga Kämpf-Jansen plädiert beispielhaft für die Bezugnahme zwischen fachdidaktischer Theoriebildung und Erkenntnissen aus angrenzenden Bezugswissenschaften sowie für Grenzüberschreitungen in andere Wissenschaftsdisziplinen. Nur so seien die im Denken der Zeit virulenten Theorien und Themen zu prüfen, für fachliche kunstdidaktische Fundierungen aufzugreifen und produktiv zu machen. Es ist ihrer Feststellung zuzustimmen, dass die Fachgeschichte der letzten Jahrzehnte auf eine Vielfalt an Bezugs-

theorien zurückblicken kann, der „fachdidaktische Eklektizismus ist sprichwörtlich und war zu jeder Zeit positiv"[499].
Im Kontext ihrer Überlegungen bezüglich eines vorausgesetzten Erkenntnisbegriffs nimmt Kämpf-Jansen Bezug zu aktuellen Diskursen hinsichtlich des Intelligenzbegriffs, der in jüngerer Zeit von verschiedenen Autoren unter dem Terminus „multiple Intelligenzen" eine Begriffserweiterung erfahren hat. Dabei bezieht sie sich insbesondere auf Daniel Goleman und Howard Gardner, die mit den Begriffen der emotionalen (Goleman) und kreativen Intelligenz (Gardner) Intelligenz als Fähigkeit des menschlichen Gehirns bezeichnen, die nicht primär auf Kognition ausgerichtet ist, sondern auf eine Vielzahl wesentlicher Verknüpfungen im Bereich der Intelligenz. Intelligenz wird hier nicht mehr ausschließlich auf Kognition bezogen, sondern als Fähigkeit definiert, „Probleme zu lösen oder Produkte zu erzeugen, denen wenigstens in einem kulturellen Umfeld oder einer Gemeinschaft Wert zugemessen wird"[500]. In ihren Publikationen unternehmen beide Autoren eine deutliche Aufwertung all der menschlichen Fähigkeiten, die selbst nicht Kognition sind, aber wesentlich an Akte des Denkens gebunden sind. Mit dem Nachweis darüber, dass unser Gehirn über zwei Gedächtnissysteme verfügt, eines für kognitive und eins für emotionale Informationen, wird die alte Dichotomie von Verstand und Gefühl aufgehoben und der Nachweis erbracht, dass beide Teile nur produktiv werden können, wenn man sie als zusammengehörig begreift. So schreibt beispielsweise Goleman: „Die Emotionen besitzen demnach eine Intelligenz, die in praktischen Fragen von Gewicht sind. Im Wechselspiel von Gefühl und Rationalität lenkt das emotionale Vermögen mit der rationalen Seele Hand in Hand arbeitend unsere momentanen Entscheidungen. Umgekehrt spielt das denkende Gehirn eine leitende Rolle bei unseren Emotionen. Dieses komplementäre Verhältnis von limbischem System und Neokortex, Mandelkern und Präfontallappen bedeutet, dass all diese Instanzen vollberechtigt am Gefühlsleben mitwirken."[501]
Diese Erkenntnis mit ihrer Tendenz zur Überwindung der Dichotomie von Verstand und Gefühl ist für das Konzept der *Ästhetischen Forschung* insofern wesentlich, als es einen wissenschaftlichen Nachweis erbringt, der es ermöglicht, andere Schwerpunkte zu setzen als solche, die sich an vorwiegend kognitiv verfassten Weltsichten ausrichten. Mit diesen Erkenntnissen erklärt sich die Möglichkeit zur je individuellen Fragestellung, die persönliche Freiheit zur Wahl des Forschungs*gebietes* und zur Wahl der Mittel.
Im Blick auf die allgemein erhobene Forderung, neue Denkstile zu entwickeln, bezieht Kämpf-Jansen auch Gert Selles Begriff der Ästhetischen Intelligenz mit der Forderung ein, „über Formen der ästhetischen Handlungsfähig-

---
[499] Helga Kämpf-Jansen: Ästhetische Forschung. Köln 2001, S. 145.
[500] Daniel Goleman: Emotionale Intelligenz. München 1996.
[501] Ebd., S. 48.

keit nachzudenken, die weder auf ‚Denken' als letztendliches Produktionsmittel, theoretischer Erkenntnis, noch auf ‚Verhalten' als instrumentales Ziel einer pädagogischen Konditionierung, noch auf das Spiel mit der eingeschränkten Sinnlichkeit reduzierbar sind, sondern die zwischen Wahrnehmung, Gewahrwerden, emotionaler Reaktion (auch Leidenschaft), reflektierender Haltung, gelebtem Alltag und Neugier auf das Unbekannte (auch Transzendente) in einem eingreifend-verändernden Sinne vermitteln"[502].

Es ist problematisch, eine Orientierung an allgemeindidaktischen Tendenzen auszumachen oder gar eindeutige Bezüge zu einem übergeordneten didaktischen Modell festzustellen. Neben den vielen offensichtlichen Bezügen zu Aspekten der Ästhetikdiskussion, philosophischen Implikationen und aktuellen künstlerischen Entwicklungen stellt die Autorin selbst keinen expliziten Bezug zu neueren Modellen der aktuellen Didaktikdiskussion her. Daher kann dieser nur indirekt ausgemacht werden und ist vor allem in einer Verwandtschaft zum Leitbild einer konstruktivistischen Pädagogik festzustellen. Besonders die Forderung nach radikaler Differenzierung und Individualisierung des Unterrichts, wie sie Kersten Reich als methodischen Grundsatz im Kontext der von ihm ausformulierten systemisch-konstruktivistischen Didaktik benennt, lässt eine Verwandtschaft zu diesem didaktischen Ansatz annehmen. Kennzeichnend für die *Ästhetische Forschung* sind die übergreifende Offenheit hinsichtlich thematischer, inhaltlicher Akzentuierung sowie die absolut freie Wahl der zur Bearbeitung heranzuziehenden Methoden. Dies deckt sich mit der Forderung nach einer offenen Herangehensweise an die Wirklichkeit, die mit einem hohen Anteil an Schülerselbsttätigkeit und Schülermitbestimmung einhergeht, wie Kersten Reich es in der systemisch-konstruktivistischen Didaktik formuliert und fordert.
Kämpf-Jansens Modell steht in der Tradition jener Prinzipien, aus denen bereits vor Jahren die Forderungen nach innerer Differenzierung und binnendifferenziertem Unterricht abgeleitet wurden. Jeder Schülerin und jedem Schüler wird die anthropologisch begründete Freiheit zugestanden, entsprechend dem eigenen Interesse, dem individuellen Lerntyp und Lernniveau Schwerpunkte zu setzen und so einen hohen Grad an Selbsttätigkeit und Selbstbestimmung zu verwirklichen. Aus der sich auf diese Weise entwickelnden Identifikation mit der Forschung resultiert eine intensive Auseinandersetzung mit den inhaltlich-thematischen Aspekten, was zu einer persönlich bedeutsamen Wirklichkeitsaneignung führt.
Eine weitere Verwandtschaft besteht in der Skepsis gegenüber apodiktischen Wahrheitsansprüchen und objektiv vermittelbaren Wirklichkeiten. Stattdessen wird einer je individuell bestimmten Sicht der Dinge Raum gegeben, die in eigenverantworteter Weise und selbst gesetztem Ziel ausgearbeitet wird.

---

[502] Gert Selle: Das ästhetische Projekt. Unna 1994, S. 206.

Die dieses Konzept außerdem auszeichnende Ausweitung der Orte, an denen *Ästhetische Forschung* stattfinden kann, geht konform mit der in der aktuellen Diskussion um die Schulentwicklung gestellten Forderung nach einer institutionellen Öffnung der Schule in weit gefasstem Rahmen.[503]

3.7 Philosophische Implikationen

Ästhetische Forschung und Erkenntnis – Das Andere der Vernunft
Da sich auch die Kunstdidaktik als eine Wissenschaft formuliert, benötigt sie wie andere Disziplinen die Leitkategorie eines Erkenntnisbegriffs. Dazu stehen heute in der aktuellen Fachdiskussion mehrere Termini wie *sinnliche Erkenntnis, ästhetische Erkenntnis* und *ästhetisches Denken* zur Disposition. Außerdem finden die Begriffe *ästhetische Rationalität, ästhetische Intelligenz* sowie *ästhetische Erfahrung* Verwendung, welche weniger den Erkenntnisbegriff substituieren, als vielmehr komplexere Gefüge benennen, in denen sich der Erkenntnisbegriff entfaltet. Die Zahl der philosophischen Abhandlungen über den Erkenntnisbegriff ist unübersehbar und sie können an dieser Stelle nicht umfassend vorgestellt werden. Dennoch spielt die spezifische Verwendung des Erkenntnisbegriffs für das Verständnis des kunstdidaktischen Ansatzes der *Ästhetischen Forschung* eine wesentliche Rolle.
In der *Ästhetischen Forschung* kommen sehr heterogene Anteile zusammen, die hinsichtlich des Erkenntnisgewinns und vor allem unter der Grundannahme der Vereinbarkeit von künstlerischem Handeln und wissenschaftlichem Denken miteinander verknüpft werden. Wie Gunter Otto, der bei der Frage nach einer Erkenntnisform, die nicht allein vom *logos* bestimmt ist und sich in seinen Auseinandersetzungen vor allem auf Martin Seels Begriff der *ästhetischen Rationalität* bezieht, wendet sich Kämpf-Jansen einer vom klassisch-rationalen Erkenntnisbegriff zu unterscheidenden Vorstellung zu. Zur Artikulation ihres Erkenntnisbegriffs grenzt sich Kämpf-Jansen deutlich vom kantischen Erkenntnisbegriff ab, der vom Zeitalter der Aufklärung bis ins 20. Jahrhundert bestimmend geblieben ist. Sah Kant im Ideal des „transzendentalen Subjekts" Erkenntnis nur nach vorheriger Distanznahme des Subjekts vom zu erforschenden Gegenstand ermöglicht, stellt Kämpf-Jansen mit Bezug auf Baumgarten[504], Husserl[505] und im Blick auf aktuelle pädagogische Studien im Zusammenhang mit neurowissenschaftlichen Forschungen vor allem das Gebot der Zurückweisung alles Subjektiven radikal in Frage. Dazu schreibt die Autorin: „Die größten Reibungsflächen zum kantischen Erkenntnisbegriff bestehen in der geforderten Ausschaltung der Subjektivität im Erkenntnisakt. Das Postulat der Vernunft verbannt alles Außer-Vernünftige. Verbannen heißt im Zeitalter

---

[503] Vgl. Kapitel 2.3.3.1 „Didaktik der Gegenwart" in dieser Arbeit.
[504] Alexander G. Baumgarten: Aesthetica. Frankfurt/O. 1751/ Hildesheim 1963.
[505] Edmund Husserl: Phänomenologie der Lebenswelt. Stuttgart 1986.

der Psychoanalyse auch verdrängen."[506] Unter Bezugnahme auf den Glauben an das „Andere der Vernunft"[507] wehrt sie sich entschieden gegen die geforderte Ausschaltung der Subjektivität im Erkenntnisakt und integriert in ihren Erkenntnisbegriff auch alle nicht ausdrücklich auf *logos* bezogenen Suchbewegungen wie vorrationale, subjektive Sichtweisen und diffuse Formen des Denkens als die Vernunft ergänzende individuelle Erkenntnisformen.

War im kantischen Erkenntnisbegriff, wie Kant ihn in seiner *Kritik der reinen Vernunft* formulierte, Erkenntnis nur außerhalb von Erfahrung, also auch außerhalb von Wahrnehmung nur auf der Ebene der reinen Vernunft möglich, ist sie im Bereich der ästhetischen Urteilsbildung allerdings nicht von Wahrnehmung abzukoppeln. Dazu entwickelt Kant nicht mehrere Erkenntnisbegriffe parallel, sondern entwirft im Kontext seiner verschiedenen Fragestellungen und Zielsetzungen ein für den Nachvollzug kompliziertes Gefüge der Erkenntnistätigkeit. Hat für Kant die Wahrnehmung nur dienende, dem Akt des Denkens zugrunde liegende Funktion, die niemals schon Erkenntnis ist, kontrastiert Kämpf-Jansen diese Auffassung mit Positionen aus der Psychologie und der Sozialpsychologie, wo sich der Begriff der „sinnlichen Erkenntnis" etabliert hat. Dabei bezieht sie sich hauptsächlich auf Klaus Holzkamp. Dessen Grundgedanke ist, dass im Akt der Wahrnehmung eine solche Vielfalt psychologischer und physiologischer, vorbewusster und bewusster Prozesse ablaufen, dass diese einem Erkenntnisakt gleichzusetzen seien. Da ein wahrzunehmender Gegenstand stets über seine Perspektiven im Wahrnehmungsakt hinaus um das Wissen *über* den Gegenstand ergänzt wird, stellt er eine Basis für Abstraktionen dar. Diese Grundlage der Abstraktion kann wiederum als Ausgangspunkt der Begriffsbildung und im Wahrnehmungsprozess mit einem Erkenntnisprozess verbunden angesehen werden.[508] Die individuellen Bedeutungen entstehen so gesehen immer reflexiv auf den Wahrnehmenden, in der Interaktion von Subjekt und Objekt, wobei natürlich die Erfahrungen und Empfindungen, welche an den Gegenstand herangetragen werden, stets von den persönlichen Bedeutungszuweisungen und Gegenwartsbedeutungen abhängig sind.

Kämpf-Jansen kontrastiert hier zwei unterschiedliche Denkstile und stellt das philosophische Begriffssystem dem psychologischen Begriffssystem von Erkenntnis gegenüber. Sie stellt sich mit der rhetorischen Frage: „Wieso auch sollten die Sinne tatsächlich dumm sein, leer und bar jeden Wissens?" eindeutig auf die Seite des psychologischen Standpunktes.[509]

---
[506] Helga Kämpf-Jansen: Ästhetische Forschung. Köln 2001, S. 137.
[507] Hartmut Böhme, Gernot Böhme: Das Andere der Vernunft. Frankfurt/M. 1985.
[508] Klaus Holzkamp: Sinnliche Erkenntnis – historischer Ursprung und gesellschaftliche Funktion der Wahrnehmung. Frankfurt/M. 1973.
[509] Helga Kämpf-Jansen: Ästhetische Forschung. Köln 2001, S. 141; vgl. Karl-Joseph Pazzini: „Sind die Sinne dumm? – oder: Warum nur aßen Adam und Eva vom Baum der Erkenntnis?" In: Wolfgang Zacharias: Sinnenreich. Vom Sinn einer Bildung der Sinne als kulturell-ästhetisches Projekt. Hagen/Essen 1994, S. 48 f.

An anderer Stelle vergleicht Kämpf-Jansen *Ästhetische Forschung* mit dem medizinischen Begriff der „komplexen Infekte"[510]. Ähnlich wie im Genesungsverlauf einer Krankheit gibt es für Kämpf-Jansen auch in der *Ästhetischen Forschung* eine persönlich begründete innere Notwendigkeit, „die Auseinandersetzungen mit der Lebenswirklichkeit symbolisch zu verarbeiten und zwar komplex, sozusagen vernetzt, um den Prozess der Bearbeitung wirksam bzw. effizient zu machen"[511]. Dabei meint *effizient* nicht nur eine quantitativ sichtbare Fülle von ästhetischen, sprachlichen oder anderen Äußerungen, sondern vor allem eine Vielfältigkeit in den Methoden der Bearbeitung, bei der auf viele unterschiedliche Weisen die „Spuren der Bearbeitung in das Bewusstsein geraten", um anschließend neue Dimensionen der Erfahrung und Stufen der Erkenntnis möglich zu machen, welche wiederum einen wesentlichen Beitrag zur Ausbildung von Persönlichkeitsstrukturen leisten sollen.

Ästhetisches Denken
Das *ästhetische Denken* spielt im Konzept der *Ästhetischen Forschung* eine wesentliche Rolle. Deshalb muss dieser Ausdruck hier näher erläutert werden. Der Begriff des *ästhetischen Denkens* wird in der Postmoderne-Diskussion vornehmlich im ursprünglichen, weiten Sinn von „aisthesis" verstanden. Die im Jahr 1993 von Wolfgang Welsch verfasste gleichnamige Textsammlung ist von der Leitidee getragen, „dass ästhetisches Denken heute in besonderer Weise zum Begreifen der Wirklichkeit fähig ist"[512]. Welsch bezeichnet eine Reihe von zeitgenössischen Denkern als „ästhetische Denker" und beabsichtigt so nachzuweisen, dass in der aktuellen Debatte für diese Denkform eine auffällige Prominenz bestehe. Welsch vertritt die Ansicht: „Das Denken, das heute dominiert, ist ein ästhetisches Denken."[513] Wolfgang Welsch stellt das *ästhetische Denken* als ein in besonderer Weise mit der Wahrnehmung verbundenes Denken heraus, wobei Wahrnehmung dabei durchaus wörtlich als „Wahr-nehmung" zu verstehen ist. Der Begriff „ästhetisch" orientiert sich im hier eröffneten Kontext an seinem etymologischen Ursprung, dem griechischen Wort „aisthesis". Für *ästhetisches Denken* sind gerade Wahrnehmungen ausschlaggebend, die sich nicht als bloße Sinneswahrnehmungen mit der Oberfläche des Wahrgenommenen auseinander setzen, sondern Wahrnehmen ist hier im fundamentalen und weitreichenden Sinn von *Gewahrwerden* zu verstehen. *Ästhetisches Denken* bezeichnet das Erfassen von Sachverhalten, das zugleich mit Wahrheitsansprüchen verbunden ist. In der Unterscheidung von *Sinneswahrnehmung*

---

[510] Vgl. Iris Kollhoff-Kahl: Komplexe Infekte statt dekorative Affekte. In: Textil, Wissenschaft, Forschung, Heft 3/2000.
[511] Helga Kämpf-Jansen: Ästhetische Forschung. Köln 2001, S. 238.
[512] Wolfgang Welsch: Ästhetisches Denken. Stuttgart 1993.
[513] Ebd., S. 41.

und *Sinnwahrnehmung* hat das *ästhetische Denken* den Charakter von Einsicht. In diesem Sinne wird dann Wahrnehmung nicht gegen das Denken oder Imagination gegen Reflexion ausgespielt, sondern beide gehen eine sich ergänzende Verbindung ein. Welsch verweist auf den Zusammenhang von Wahrnehmen und Denken als eine schon in der Vorsokratik angenommene lebendige Verbindung. Welsch bezieht sich auf Aristoteles, der beispielsweise überall dort, „wo es um das Erfassen irreduzibler Erstverhalte geht – und zwar durchaus auch jenseits der Sinne, etwa in ethischen oder politischen Fragen – von *aisthesis*" spricht.[514] Der Mensch besitzt die *aisthesis* für Prädikate wie gut und schlecht, gerecht und ungerecht, wobei die weitere Entfaltung dieser *aisthesis* auf die Auslegung durch den *logos* bedarf. Für Welsch bedeutet das Votum für ein *ästhetisches Denken* daher „keineswegs ein simples Plädoyer für Empfindungen, Gefühl, Affekt und dergleichen – jedenfalls so lange nicht, wie man das Phänomen noch traditionell im Schema einer Gegenüberstellung zu Reflexion, Gedanke, Begriff denkt. Es kommt darauf an, die inneren Wahrnehmungspotenzen des Denkens zu mobilisieren und die Reflexionsanstöße der Wahrnehmung zu entfalten. Dann wäre ästhetisches Denken keine contradictio in adjecto, sondern Ausdruck und Beleg einer unabweisbaren Komplexion"[515].
Ästhetisches Denken überwindet den traditionellen Dualismus von Empfindung, Gefühl und Affektion einerseits und Denken und Reflexion andererseits, indem es beide Bereiche des menschlichen Erkenntnisvermögens in einen Erkenntnisprozess zusammenführt. Damit steht es wiederum in einer Tradition, die sich bis in die Vorsokratik verfolgen lässt und der es um die Einheit von sinnlicher Wahrnehmung und rationalem Denken geht.
Auf die Frage, warum das *ästhetische Denken* heute dominant ist, bringt Welsch den Fiktionscharakter alles Wirklichen ins Spiel. Einzig *ästhetisches Denken* vermöge der ästhetischen Konstitution unserer Wirklichkeit angemessen gerecht zu werden. Begriffliches Denken reiche heute nicht mehr aus, da heutige Wirklichkeit wesentlich über Wahrnehmungsprozesse, vor allem über Prozesse medialer Wahrnehmung, konstituiert sei. Eine solche Wirklichkeit zu erfassen, sei – auch in kritischer Hinsicht – nur ein Denken imstande, das von Grund auf Wahrnehmungen zum Ausgangspunkt und Vollzugsmedium hat. Für Wolfgang Welsch ist die Konjunktur des *ästhetischen Denkens* nicht der Effekt einer Mode, sondern die Begleiterscheinung eines aktuellen Wirklichkeitswandels.
Welsch bezieht in seine Überlegungen auch den Begriff der *Anästhetik* mit ein. Mit der Wahrnehmungsflut gehe zeitgleich ein Wahrnehmungsverlust, eine Anästhetik einher, die nach Welsch in einer reizüberfluteten Welt durchaus auch selbsterhaltende Funktion haben kann. Welsch formuliert die These, dass nur ein gut entwickeltes ästhetisches Denken dieser

---

[514] Ebd., S. 54.
[515] Ebd., S. 54, 55.

Anästhetisierung Rechnung tragen kann. Entwickelte Ästhetik mache auf die Grenzen des Gefälligen und Wahrnehmbaren aufmerksam und sei wachsam gegenüber den Grenzen der unmittelbaren Wahrnehmung. Gegen systematische Anästhetik helfe nur gezielte Ästhetik. *Ästhetisches Denken* und ästhetische Erfahrung können Wirklichkeitskompetenzen für eine Welt gewinnen helfen, die sowohl durch Ästhetisierung als auch durch Anästhetisierung geprägt ist. Denn nur ein solches Denken bemerkt die Anästhetisierung und vermag auf sie sensibel zu reagieren.

In diesen Kontext bringt Welsch die Kunsterfahrung als eine für das *ästhetische Denken* besonders förderliche Erfahrung ein. Die Kunsterfahrung ist unmittelbar mit der von ihm als unabänderlich existierenden Eigenschaft der heutigen Wirklichkeit, der „radikalen Pluralität" verbunden. Kunsterfahrung könne als Modell *ästhetischen Denkens* fungieren, da man sich in keiner Sphäre die radikale Pluralität so nachdrücklich klar machen kann wie in der Kunst. Mit dieser Pluralität sei ein durch Kunsterfahrung inspiriertes Denken von Grund auf vertraut, denn die Kunst ist eine exemplarische Sphäre, in der die Koexistenz des Heterogenen und radikal Verschiedenen gilt. Für ihn ist ein von Kunsterfahrung inspiriertes ästhetisches Denken heute in besonderer Weise wirklichkeitskompetent. Welsch konstatiert: „So genommen stellt Kunsterfahrung eine exemplarische und mustergültige Einübung in Pluralität dar."[516]

Welsch weist der Kunst die Funktion zu, neue Modelle und Wahrnehmungsformen für Verknüpfungen des Differenten und für Übergänge der Heterogenität entwickeln zu können. Dies ist für eine durch Pluralität ausgezeichnete Gesellschaft, in der Wege gefunden werden müssen, hochgradig plurale Lebensformen zu verbinden, von besonderer Bedeutung. Kunsterfahrung vermag insofern auch Handlungskompetenz auszubilden. Denn wer mit der Verfassung und den Geboten der Pluralität vertraut ist, weiß sich in einer Situation radikaler Pluralität besser zu bewegen. Für Welsch sind *ästhetisches Denken* und Kunsterfahrung die probaten Orientierungsmittel der Gegenwart.

So schreibt er abschließend: „Wer durch die Schule der Kunst gegangen ist und in seinem Denken der Wahrnehmung Raum gibt, der weiß nicht nur abstrakt um die Spezifität und Begrenztheit aller Konzepte – auch seines eigenen – sondern rechnet mit ihr und handelt demgemäß. Er urteilt und verurteilt nicht mehr mit dem Pathos der Absolutheit und der Einbildung der Endgültigkeit, sondern erkennt auch dem anderen mögliche Wahrheit grundsätzlich zu – noch gegen die eigene Entscheidung. Er ist nicht nur prinzipiell davon überzeugt, dass die Lage aus anderer Perspektive sich mit gleichem Recht ganz anders darstellen kann sondern dieses Bewusstsein geht in seine konkrete Entscheidung und Praxis ein – und bewirkt nicht etwa deren Stillstellung, sondern versieht sie mit einem Schuss Vorläufigkeit und

---

[516] Ebd., S. 70.

einem Gran Leichtigkeit. Seine Handlungswelt wird im einzelnen spezifischer und im ganzen durchlässiger sein. Er achtet den Unterliegenden, vermutet einen Rechtskern im Unrecht scheinenden, rechnet wirklich mit Andersheit. Er lockert die Sperren eingefahrener Wirklichkeitsauffassungen zugunsten der Potentialität des Wirklichen und entdeckt Alternativen und Öffnungen ins Unbekannte."[517]
Ästhetisches Denken hat somit auch einen pädagogischen Impetus: Es übt ein in Pluralität, in die Fülle von Sichtweisen und möglichen Behauptungen, die alle prinzipiell als legitim anzuerkennen sind. *Ästhetisches Denken* schult des Weiteren die Skepsis gegenüber allen Positionen, die behaupten, sie repräsentierten *die* Wirklichkeit, die Welt, wie sie an sich sei. Und *ästhetisches Denken* ist immer ein am Einzelnen, an Beispielen ausgerichtetes Denken, das auf die jeweiligen Unterschiede und spezifische Differenzen zwischen den Phänomenen achtet. *Ästhetisches Denken* offenbart sich so primär als eine intellektuelle Haltung, die über Beispiele vermittelt wird und in eine Pluralität der Sichtweisen von Welt einübt. Die ästhetische Wirklichkeitsauffassung ist für Welsch (und andere Postmodernisten) unmittelbar mit der Diagnose der radikalen Pluralität verbunden, jener Pluralität, die in der Postmoderne-Diskussion als Grundmerkmal heutiger Gesellschaft herausgestellt und als Chance begriffen wird. In dieser Haltung steht das Denken dem Wahrnehmen nicht mehr feindlich gegenüber, sondern ein erweitertes Wahrnehmen wird für das Denken selbst essenziell und ihm innerlich. Die Kompetenz der Sinne steht somit im Dienste des ästhetischen Wirklichkeitsparadigmas. Das ästhetische Denken schult die Aufmerksamkeit und die Bereitschaft zur Erfahrung des Neuen und Anderen. Die Ästhetisierung des Denkens enthält somit auch ein kritisches Moment, das sich besonders auf durch Wissenschaft und Reflexion bestimmte, auf Kultur fixierte Begriffe bezieht.
Auch Josef Früchtl, Professor für Philosophie mit Schwerpunkt Ästhetik und Kulturtheorie am Philosophischen Seminar der Universität Münster, sieht solch eine intellektuelle Haltung als positive Chance zur Einübung von Differenzierungsbewusstsein: „Es ist dies die Eigenschaft der Aufmerksamkeit. Was immer man liest, sieht oder hört, hört, sieht oder liest man es aufmerksamer, so ist einem ein intellektueller Gewinn gewiss: die Erfahrung eines Neuen. So kann man immer wieder mit Staunen die Erfahrung machen: Dies alles ist möglich! All diese Verhaltens- und Ausdrucksweisen sind Menschen möglich. Es lässt einen in ihrer Be- und Verurteilung behutsamer, weniger (selbst) sicher, mit einem Wort: ‚ästhetischer' werden."[518]
Wolfgang Welsch gehört mit seiner Position eindeutig zu den Denkern, für die Ästhetik an Differenz geknüpft ist und von denen Pluralität als Chance

---

[517] Ebd., S. 76.
[518] Josef Früchtl: Ästhetisches Denken und wissenschaftliche Ausbildung. In: Uni Kunst Kultur, Westfälische Wilhelms Universität Münster, SS 98.

interpretiert wird, sich für das Eigenrecht des Verschiedenen einzusetzen. Demgegenüber vertreten beispielsweise Peter und Brigitte Berger zusammen mit Hansfried Kellner eine andere Position. Mit ihrem Grundbild von der „Pluralität der Lebenswelten" heben sie besonders deren Instabilität hervor, wodurch sich bei vielen Menschen eine „permanente Identitätskrise"[519] erklären lasse. Durch die Wahrnehmung der Pluralität bereits zu Beginn der sozialen Erfahrung trete ein psychologischer Effekt ein, welcher darin besteht, dass einzelne Welten als labil und unverlässlich erlebt werden. Diese Autoren vertreten eine stärker auf das Individuum bezogene Position und stellen die Erfahrung der Pluralität als Negativdiagnose vor. Auf die durchaus sehr verschiedenen Positionen im Kontext des Pluralitätsbegriffs als einen wesentlichen, die Postmoderndiskussion bestimmenden Gedanken kann an dieser Stelle allerdings nur verwiesen werden. Sie sind hier nicht näher auszuführen.[520]

3.8 Resümee

Mit dem Konzept der *Ästhetischen Forschung* ist ein hochgradig innovatives Modell kunstdidaktischen Denkens in die fachdidaktische Theoriebildung und Diskussion eingegangen. Dieser Ansatz weist sich vornehmlich durch eine hohe Komplexität aus, der sehr viele aktuelle Tendenzen in seine Theorie einbezieht und so die konsequente Verknüpfung kunstpädagogischer Fragestellungen mit Erkenntnissen aus angrenzenden Bezugswissenschaften herstellt. Damit folgt das Konzept einer umfassenden aktuellen Strömung, die auch in anderen Gebieten und Wissenschaften mit dem Begriff *Grenzüberschreitungen* beschrieben wird.[521] Erkenntnisse aus der Neurophysiologie, Kognitionspsychologie und Theorien aus der aktuellen Ästhetikdiskussion verbinden sich hier zu einem schlüssigen Grundgerüst kunstdidaktischer Theoriebildung. Mit der Berücksichtigung der multiplen Intelligenzen und einem daraus erwachsenden veränderten Erkenntnisbegriff, der die alte Dichotomie von Kognition und Emotion aufhebt, transformiert Helga Kämpf-Jansen Einsichten aus anderen Disziplinen in die Kunstdidaktik und stellt damit zeitgemäße Verbindungen zu Bezugswissenschaften her, die in einer aktuellen Pädagogik berücksichtigt werden müssen.

Mit der eindrücklich geforderten Orientierung am genuinen Bezugsfeld Kunst, insbesondere der zeitgenössischen Kunst, finden im Zusammenhang der ästhetisch praktischen und künstlerischen Tätigkeit stets Tendenzen aktueller künstlerischer Entwicklung explizite Berücksichtigung. Dabei stellt ins-

---

[519] Peter und Brigitte Berger; Hansfried Kellner: Das Unbehagen in der Modernität. Frankfurt a.M. 1987.
[520] Vgl. u.a. Christian Beck: Ästhetisierung des Denkens. Zur Postmoderne-Rezeption der Pädagogik. Amerikanische, deutsche, französische Aspekte. Bad Heilbrunn 1993, S. 76 ff.
[521] Vgl. Wolfram Hogrebe (Hrsg.): Grenzen und Grenzüberschreitungen. XIX. Deutscher Kongress für Philosophie. 23.-27. September 2002 in Bonn. Sektionsbeiträge. Bonn 2002.

besondere die Verbindung von Methoden der Alltagskultur mit aktuellen Verfahren zeitgenössischer Kunst vielfältige Möglichkeiten für individuelle Anknüpfungspunkte her, die ein selbst gesteuertes und individuelles Lernen gewährleisten. Dadurch können jeweils aktuelle Interessen und Bedürfnisse Lernender berücksichtigt werden. Der weit gefasste Rahmen der stets inhaltlich und thematisch orientierten Fragestellungen vermag den jeweils spezifischen Interessenfeldern unterschiedlicher Zielgruppen Rechnung zu tragen. Der irritierende und unorthodoxe Umgang mit den Alltagsdingen, welche zu Kunstobjekten werden, weist darüber hinaus durchaus vielfältige Analogien zu Dingen, Praktiken und ästhetischem Verhalten auch bei Kindern und Jugendlichen auf, was Anknüpfungsmöglichkeiten gewährleistet, obwohl ansonsten das elementare Bezugfeld der Kunstpädagogik, nämlich die ästhetischen Ausdrucksbedürfnisse von Kindern und Jugendlichen, nur marginal einbezogen wird.

Mit dem Bezug auf Wolfgang Welschs Begriff vom *ästhetischen Denken* gesteht Kämpf-Jansen der Kunst eine extrem bildungswirksame Funktion zu, wobei nicht nur Fachkompetenz ausgebildet werden soll, sondern die Schülerinnen, Schüler und Studierenden darüber hinaus wesentliche personale Kompetenzen erlangen, welche zur fundamentalen Orientierung in einer pluralen Welt beitragen helfen. Die Kunsterfahrung und -begegnung nimmt in diesem Konzept einen zentralen Stellenwert im Gefüge zeitgemäßer Bildung ein. Neben dem Einüben in Pluralität trägt sie zum Aushalten von Differenzerfahrungen bei und hilft notwendige Perspektivenwechsel anzuregen – Kompetenzen, die in einer immer unübersichtlicher werdenden Realität fundamentale Bedeutung gewinnen.

Allerdings stellt sich das Konzept in vorliegender Form tendenziell als ein vornehmlich mit Studierenden und Erwachsenen durchführbares Modell dar. Nach dieser Untersuchung ist anzunehmen, dass hinsichtlich der Übertragung auf die Notwendigkeiten und Möglichkeiten allgemeinbildender Schulen des Primar- und Sekundarbereichs noch wesentliche Modifizierungen nötig sind. Für die stets individuelle Ausarbeitung persönlich bedeutsamer Themen, die unter Einbezug möglichst hoher Selbsttätigkeit zwar grundsätzlich auch im Primarbereich steigende Bedeutung erfährt, wird eine hohe Methodenkompetenz bei den Schülern vorausgesetzt. Dies betrifft sowohl die Verbindung von alltagsästhetischen, künstlerischen und wissenschaftlichen Methoden als auch die Ausarbeitung eines Aspekts innerhalb eines Arbeitsbereichs. Bildnerisch-künstlerische Techniken kommen nur in Verbindung mit thematisch-inhaltlichen Fragestellungen zur Anwendung, müssen dann also je nach Bedarf eingeführt bzw. konsequenterweise selbst erarbeitet werden. Dass dieses Prinzip, selbst bei – heute leider immer noch selten vorzufindender – optimaler Werkstattsituation mit Schülerinnen und Schülern, die sich die meisten basalen Methodenkompetenzen erst noch erarbeiten müssen, auf vielfältige Probleme stößt, kann leider nicht gänzlich geleugnet werden. Damit entstehen unweigerlich Konflikte mit den bis jetzt noch meist

Kunstpädagogik als „Ästhetische Forschung"

vorzufindenden räumlichen und zeitlichen Organisationsformen des Schulalltags. Die Erfahrung zeigt, dass hier erst allmählich rigide Organisationsformen aufgebrochen werden, die eine Öffnung ermöglichen. Das vorliegende Konzept setzt schulische Bedingungen voraus, die sich heute erst allmählich durchzusetzen beginnen. Es ist zu vermuten, dass dieses Modell in den überwiegend noch gültigen Praxisformen an der Nahtstelle, nämlich der Übertragung in die alltägliche Unterrichtspraxis, scheitern wird. Dass dies allerdings per se nicht als Argument gegen die *Ästhetische Forschung* gemeint ist, versteht sich von selbst, muss aber im Kontext der Realisierbarkeit berücksichtigt werden.

Ähnliche Unwägbarkeiten treten hinsichtlich des grundsätzlich sinnvollen und kunstdidaktisch spätestens seit Gunter Otto eingeführten Prinzips von Produktion und Reflexion auf, einem didaktischen Prinzip, das auch vorliegendem Modell selbstredend inhärent ist. Da allerdings die Reflexion, insbesondere unter dem Blickwinkel individueller Interpretationen, eine sehr anspruchsvolle Aufgabe ist, ist sie unweigerlich auf entsprechende didaktische Aufbereitung und manipulationsfreie Anleitung seitens der Lehrenden angewiesen. Vor allem hinsichtlich einer Kunstpädagogik im Primarbereich stellt sich die Frage, ob Kämpf-Jansens Konzept nicht an einem Punkt ansetzt, wo notwendige Kompetenzen schon grundgelegt sein müssen. Wird hier nicht zu viel vorausgesetzt, was allemal erst grundlegend eingeführt werden müsste? Obwohl eine Verwandtschaft zur systemisch-konstruktivistischen Didaktik nicht explizit genannt wird, wurden die Bezüge an anderer Stelle nachgewiesen. Dieses Konzept ist im hochgradig offenen Ansatz, was sowohl die Inhalte wie die zum Erschließen und Ausarbeiten notwendigen Methoden betrifft, sehr subjektorientiert ausgerichtet und entspricht in vielerlei Hinsicht den Forderungen, die auch die Prinzipien des offenen und binnendifferenzierten Unterrichts begründen. Unterricht im Sinne der *Ästhetischen Forschung* findet nicht frontal und nicht nur im Klassenzimmer statt. Dennoch bleibt ein wesentlicher Aspekt ungewiss, nämlich wie die Lernenden auf das für eine demokratische Gesellschaft notwendige Gleichgewicht zwischen Individuation und Integration vorbereitet werden. Die im vorliegenden Modell alle künstlerisch-praktische Arbeit stets begleitende Selbstreflexion fokussiert primär das sich selbst organisierende Individuum, das – nach Lenzen „aufgrund der ihm innewohnenden Regeln zu einer grenzenlosen Expansion tendiert"[522]. Eine Tatsache, die nach einer Definition von Grenzen verlangt, wenn nicht ein „(un-)pädagogischer Sozialdarwinismus Platz greifen soll"[523]. Als eine wichtige Auslassung im Konzept der *Ästhetischen Forschung* sei die Frage nach der Definition dieser Grenzen

---

[522] Dieter Lenzen: Die erziehungswissenschaftliche Aktualität des Ästhetischen. In: Gert Selle: Anstösse zum Ästhetischen Projekt. Unna 1994, S. 26.
[523] Ebd., S. 26.

gestellt. Wie kann dem damit verbundenen Beziehungsaspekt und einer kommunikativ orientierten Perspektive Rechnung getragen werden? Unter Berücksichtigung der Tatsache, dass junge Menschen im hier angeregten Selbstbildungs- und Selbstorganisationsprozess zu einem eigenem Bewusstsein kommen und dazu angehalten werden, von außen importierten Handlungserwartungen kritisch gegenüberzustehen, stellt sich hier dennoch die Frage – wie ebenfalls Lenzen einwirft –, ob der ethische „Bedarf" hinsichtlich der Begrenzung von Selbstorganisationsprozessen auf dem Weg über eine ästhetische Definition erfüllt werden kann. „Ästhetisch würde der Selbstorganisationsprozess erst dann, wenn man auf dem Gedanken besteht, dass nämlich der Ästhetik eine ethische Komponente immer schon innewohnt (vgl. Welsch, 1990)."[524] Ich möchte diesem wichtigen Gedanken hinzufügen, dass diese Komponente heute mehr denn je einer Bewusstmachung bedarf. Es ist zu fragen, welche Möglichkeiten es gibt, die Wahrnehmungsfähigkeit der Heranwachsenden „sich selbst so ausbilden zu helfen, dass die Handelnden ihren Expansionsprozess von sich aus begrenzen. Sie müssten also in der Lage sein, die Folgen grenzenloser Selbstorganisationsprozesse für die jeweils anderen imaginativ zu antizipieren, den möglichen Leidensgehalt dieser Expansion für die anderen zu empfinden, ihn allererst aufzuspüren und sich darin mit dem anderen insoweit zu identifizieren, dass sie dieses mögliche Leid an sich selbst mit erleiden und es deshalb nicht zulassen wollen"[525]. Hierin ist in mehrfacher Hinsicht ein umfassendes Toleranzgebot enthalten, das Toleranz gegenüber dem anderen Blickwinkel, der anderen Perspektive, wie auch anderen persönlichen Bedürfnissen einschließt. Lenzen formuliert den hier einzufügenden Standpunkt so: „Das, was wir also benötigen, (...), ist ein Genre, welches zur Wahrnehmungs-, Mitleidens- und Selbstbegrenzungsfähigkeit so Anlass gibt, dass die Grenzen von Selbstorganisationsprozessen weniger mit Hilfe der Polizei als dadurch eingehalten werden, dass die Menschen sich als Exemplare einer Gattung begreifen, die zumindest hinsichtlich der Leidens- und Schmerzfähigkeit einander ähnlich sind."[526] Lenzen betont, dass in den Selbstorganisationsprozess eine ethische Spur eingebracht werden muss, um vor der uns innewohnenden Tendenz zur Grausamkeit zu warnen, die droht, wenn wir nach Autonomie streben. So gibt er zu bedenken: „Erst wenn ich wieder in den Stand versetzt werde, wahrzunehmen, dass mein unreflektierter und damit unbegrenzter Selbstorganisationsprozess soziale Grausamkeit auslöst, die ich nicht wahrnehme, Organismen verletzt, die nicht reden können, und Sachen beschädigt und verbraucht, die nicht wiederherstellbar sind, besteht eine Chance, wenn nicht zur Abwendung der Destruktion, so doch wenigstens dazu, dass am Ende der Zerstörungspro-

---

[524] Ebd., S. 27.
[525] Ebd., S. 27.
[526] Ebd.

zesse niemand behaupten kann, er habe von alledem nichts gefühlt."[527] Zum Abschluss gebracht: *ästhetisches Denken* muss angeleitet und *eingeübt* werden, um auch die ethische Komponente bewusst zu machen, die stets auf einer gemeinsamen Akzeptanz unserer virtuell geteilten Regeln und Gesetze beruht. Diese Grenzen zu definieren müsste nicht nur aus Gründen der Organisation mitgedacht werden, welche die Individualisierung oft zwangsweise beschränken, sondern müsste intentional in die didaktischen Überlegungen mit einbezogen werden. Es liegt diesem Gedanken die Frage zugrunde, wie die Schule im Allgemeinen und der Kunstunterricht im Besonderen gerade im Hinblick auf unübersehbare Pluralität sowohl einer heute notwendigen Individualisierungstendenz als auch einem ebenso notwendigen, die Gemeinschaft berücksichtigenden Integrationsbedarf gerecht werden kann.

---

[527] Ebd., S. 28.

4. Kunstpädagogik als „künstlerische Feldforschung"

4.1 Einleitung

Mit *künstlerischer Feldforschung* wird eine künstlerische und bedingt kunstdidaktische Methode bezeichnet, die mit dem Namen der Künstlerin Lili Fischer verbunden ist. Die Documenta-Künstlerin ist seit 1994 Professorin für Performance an der Kunstakademie in Münster und dort u.a. für die Organisation, Strukturierung und Ausbildung der Studierenden im „Künstlerischen Lehramt für die Primarstufe" zuständig. Die Künstlerin und Hochschullehrerin Lili Fischer findet in vorliegender Untersuchung vor allem deshalb Beachtung, weil sich ihre Akademieklasse von vielen anderen Kunsthochschulklassen dadurch unterscheidet, dass sie neben den „freien" Künstlern auch den Studierenden der Kunstpädagogik offen steht – unter ihnen auch denen, die das Lehramt für die Primarstufe studieren. Hier findet eine Integration der Lehramtsstudenten in die Kunstakademie statt, die besonders für Studierende der Primarstufe eine Besonderheit darstellt. Obwohl Lili Fischer kein dezidiert kunstdidaktisches Modell entwickelt hat, im Mittelpunkt ihrer didaktischen Bemühungen vielmehr ihre eigene *künstlerische Feldforschungsmethode* steht, soll diese kunstdidaktische Variante hier näher untersucht werden, um zu prüfen, welche Möglichkeiten, Chancen und Grenzen in dieser Methode liegen.[528] Dies erklärt sich vor dem Hintergrund, dass für die Studierenden in diesem Studiengang die kunstdidaktische Ausbildung direkt an die künstlerische Ausbildung angebunden ist.

Es muss leider festgestellt werden, dass diese ganzheitliche, anthropologisch und handlungsorientiert angelegte Konzeption bisher kaum Beachtung in der fachdidaktischen Diskussion fand, wie sie beispielsweise in den Fachzeitschriften Kunst und Unterricht und in den BDK Mitteilungen ausgetragen wird. Dies liegt vermutlich daran, dass Lili Fischers Schriften Primäre Ideen I und II aus den Jahren 1996 und 2000 eher als Protokolle ihrer didaktischen Arbeit im Rahmen ihrer Hochschullehre erzählerisch protokollierend verfasst sind, als dass sie auf die aktuelle Theoriediskussion eingehen würden. Dennoch gibt es im grundschulpädagogischen Kontext einige wenige Veröffentlichungen, die aus Lili Fischers Künstlerischer Feldforschungsmethode abgeleitet sind.[529]

---

[528] Vgl. Lili Fischer: Primäre Ideen. Regensburg 1996. Diess.: Primäre Ideen II. Regensburg 2000. Als eine Art Protokoll fasst die Künstlerin hier in lebendig erzählerischem Sprachstil ihre Aufzeichnungen über ihre pädagogische Arbeit mit den Studierenden der Kunstakademie in Münster zusammen. Die Dokumentationen der dort beschriebenen Projekte entstanden durch von der Künstlerin auf Tonband gesprochene Erinnerungsprotokolle. Hierbei nimmt sie jedoch keinerlei Bezug zur aktuellen kunstdidaktischen Theoriediskussion auf.

[529] Vgl. Andreas Brenne: Zeichenwerkstatt mit Hand und Fuß. Eine Werkstatt zum Thema „Körperwahrnehmung". In: Die Grundschulzeitschrift: Kunstwerkstatt, Heft 118, Oktober 1998, S. 18 ff. Ders.: Zeichenwerkstatt. Die künstlerische Feldforschung als Methode einer kulturanthropologischen Standortbestimmung. In: Constanze Kirchner und Georg Peez (Hrsg.): Werkstatt: Kunst. Anregungen

Kunstpädagogik als „künstlerische Feldforschung"

Für die *künstlerische Feldforschung* überträgt Lili Fischer seit den 70er Jahren recherchierende Handlungsformen aus dem wissenschaftlichen Kontext der Ethnologie und Ethnografie auf ihre künstlerische Arbeit und transformiert sie zu Medien künstlerischer Auseinandersetzung und künstlerischen Ausdrucks. Ihren Studierenden erläutert Lili Fischer selbst die Methode der *künstlerischen Feldforschung* folgendermaßen: „Im Mittelpunkt steht ein bestimmtes Feld, ein Gegenstand, an dem verschiedene ästhetische Dimensionen ‚abgeleitet' werden, - ohne krampfhaften Zwang nach irgendeinem gewollten künstlerischen Ergebnis (...) einfach so: aus forschendem Interesse an Dinge, an Wirklichkeit künstlerisch heranzugehen. Diese Dimensionen fallen bei jedem Feld, jedem Gegenstand, jedem Thema anders aus, z.b. heißen sie: Form, Farbe, Volumen, Bewegung, Geschmack, Gefühl, Bedeutung, Geschichte usw. Für diejenigen, die später in die Grundschule gehen, ist das auch interessant: Gerade im Primarstufenbereich werdet Ihr später mit allen möglichen Dimensionen zu tun haben: mit Sprache, mit Zahlen, mit Bewegung, mit Ton, mit Musik, mit Rhythmus ... – alles Elemente und Medien der Bildenden Kunst."[530]

Auf der Basis ihrer eigenen künstlerischen Arbeit erfindet Lili Fischer lebendige Aktionen, die die Annäherung an Themen, Inhalte und Felder initiieren. Als wichtigster Impuls kann die Suche nach den grenzerweiternden Elementen künstlerischer Arbeit gelten. Die Studierenden ergänzen ihre Arbeit an den selbst gestellten Themen durch kulturgeschichtliche, völkerkundliche und kunsthistorische Studien, die am Ende der Projekte in eigenen Aktionen oder Ausstellungen der Öffentlichkeit präsentiert werden.

In Lili Fischers Arbeit lassen sich Elemente aus verschiedenen Bereichen der Kunst wieder finden. Durch die Verbindung von Zeichnung, Performance, Installation und Künstlerbuch gestaltet Lili Fischer ihre Kunst sehr vieldimensional. Vieldeutigkeit in Zusammenstellung, Ableitung und Assoziationsmöglichkeit zeichnet alle ihre künstlerischen Unternehmungen aus. Ihr breit angelegtes Konzept sieht die Kunst gleichermaßen als Prozess wie als Produkt zahlreicher Interaktionen auf sehr unterschiedlichen Handlungsebenen wie auch als Konsequenz eines akribisch genauen Forschens, das sich bewusst auf zahlreiche Details einlässt, um die Fülle des möglichen Ganzen zu erfassen und zu demonstrieren. Sowohl kulturelle als auch natürliche Dimensionen der Welt wie historische Quellentexte können dabei zum Forschungsgegenstand werden.

---

zu ästhetischen Erfahrungs- und Lernprozessen im Werkstattunterricht. Hannover 2001, S. 100-111.
[530] Lili Fischer: Primäre Ideen. Regensburg 1999, S. 14.

4.2 Zentrale Begriffe

Künstlerische Feldforschung
Der Begriff *Feldforschung* oder *Feldstudie* bezeichnet ursprünglich ein Verfahren der empirischen Sozialforschung, das Untersuchungen unter Bedingungen natürlicher Lebenssituationen (Betrieb, Schule etc.) vornimmt. Dieses Verfahren findet auch in der Völkerkunde Anwendung. Bei Lili Fischers *Künstlerischer Feldforschung* handelt es sich nicht um eine Feldforschungsmethode im streng wissenschaftlichen Sinn, da sie auf Analysen und Dateninterpretationen in mathematischem Sinn verzichtet. Mit Künstlerischer Feldforschung beschreibt Lili Fischer vielmehr eine Methode der künstlerischen Arbeit, die durch eine Kombination aus empirischen und künstlerischen Untersuchungsverfahren gekennzeichnet ist. Im Sinn einer grenzüberschreitenden anthropologischen Forschung werden sowohl kulturelle als auch natürliche Dimensionen von Welt zum Forschungsgegenstand erhoben. In der künstlerischen Arbeit erkundet Lili Fischer jeweils Teile der belebten und unbelebten Welt, bestimmte *Felder*. Hier werden Spuren gesucht, gesichert und künstlerisch verarbeitet. Verweist der Begriff ursprünglich auf eine traditionelle Arbeitsmethode der Völkerkunde und der Sozialwissenschaften, die eine geduldige, genaue, auf Empirie zielende Bestandsaufnahme vor Ort bedeutet, geht es zwar auch bei Lili Fischer um Genauigkeit, jedoch um eine ästhetische, in der sich die Inhalte präsentieren. „Ich gehe vor Ort", beschreibt die Künstlerin selbst ihr Vorgehen, „untersuche Bereiche wie Halligen (kleine unbedeichte Inseln in der Nordsee), Massage, Heilpflanzen, Haushalte nach künstlerischen Dimensionen, trage diese Ergebnisse sowohl in das Museum wie auch wieder vor Ort – zu den Feldbewohnern selbst – immer mit der Idee, die Grenzerweiterung der Kunst und damit die neue künstlerische Ausleuchtung alltäglicher Bereiche voranzutreiben."[531] Das *Feld* ist ihr Modell, ein bewusst ausgegrenzter Lebensausschnitt, der auf seine Bedingungen und Strukturen ästhetisch durchforscht und bearbeitet wird. Es ist anzunehmen, dass Lili Fischers Ethnologiestudium ein wesentliches Fundament für diese Arbeitsweise gelegt hat.
Fischers Vorgehen erinnert an den Begriff der Spurensicherung. Auch die Künstler der Spurensicherung verwendeten Methoden, die Wege der Aneignung und der künstlerischen Verarbeitung dessen vorgezeigt haben, was *Feldforschungen* an Materialsammlungen hervorbringen.[532]
Die Ergebnisse ihrer grenzüberschreitenden anthropologischen Forschung stellt die Künstlerin jeweils in Sammlungen vor, welche aus einer Kombination von Fundstücken, einem „Feld" entnommen, aus persönlicher Notation

---
[531] Lili Fischer: Feldforschung – geräuchert. In: Kunstforum, Bd. 93, 1988, S. 164.
[532] Vgl. Günter Metken: Spurensicherung, Kunst als Anthropologie und Selbsterforschung. Köln 1977. Ders.: Spurensicherung: Eine Revision. Amsterdam 1996.

künstlerischer Art wie Zeichnungen oder Skulpturen bestehen und meist durch Installationen und Performances ergänzt werden. Im Prozess der *Künstlerischen Feldforschung* selbst lassen sich drei Handlungsebenen ausmachen:

- Die Erforschung des bearbeiteten Feldes
- Rezeption und Produktion auf der Grundlage des erforschten Materials
- Präsentation: Ergebnisse dieser Denk- und Handlungsprozesse werden auf einer Präsentationsebene einem Publikum nahe gebracht

Aktion, Performance und Installation
Neben der *künstlerischen Feldforschung* als einer spezifisch künstlerischen Methode ist Lili Fischers Kunst durch die Einordnung in die Bereiche Aktionskunst, Performance und Installation gekennzeichnet. Wesentlich für ihre künstlerische Arbeit im Bereich der Performance ist ihre gestische, theatralische und bewegungsorientierte Weise, mit dem Publikum in Kontakt zu treten, es gewissermaßen in ihre Aktionen bewusst mit einzubeziehen. Es kann angenommen werden, dass auch die Arbeit an der Akademie mit den Studierenden durch diese individuelle Art geprägt ist.

Ihre künstlerische Arbeit ist in den Bereich der Aktionskunst einzuordnen, einem Sammelbegriff, der eine Reihe von Ausdrucksformen bezeichnet, die einen prozesshaften Charakter tragen. Hier steht nicht das Endprodukt in der Folge künstlerischen Tuns, sondern die künstlerische Handlung selbst im Vordergrund, die neben bildnerischen mit prozesshaften, musikalischen und theatralischen Mitteln vollzogen wird. Die Aktionskunst kann in ihrer Tendenz zur Öffnung und Entgrenzung der Bildenden Kunst als Folge eines Strebens, Kunst und Leben als Prozess zu verbinden, bezeichnet werden. In der Regel ergänzt Lili Fischer ihre Aktionen und Performances durch raumbezogene Installationen, in denen künstlerische Objekte gewissermaßen als Werkspuren für eine kurze Dauer auch nach der Performance betrachtet werden können.[533]

4.3 Inhalt und Methode: künstlerische Arbeit als künstlerische Feldforschung
Die inhaltliche Komponente der *künstlerischen Feldforschung* Lili Fischers leitet sich ausschließlich aus ihrer eigenen künstlerischen Arbeit bzw. ihrem künstlerischen Ansatz ab. In ihrer grenzüberschreitenden anthropo-

---

[533] Aufgrund der inhaltlich bedeutsamen Verwendung der Begriffe *Aktionskunst* und *Performance* für die explizit Performance-orientierte Konzeption von Marie-Luise Lange werden diese Begriffe an gegebener Stelle differenzierter erläutert: Vgl. Kapitel III.6 „Prozessorientierte Kunstpädagogik – Ansätze in der kunstpädagogischen Theorie und Praxis auf der Grundlage der Performance-Art" in dieser Arbeit.

logischen Forschung hat sich Lili Fischer unter präziser Beobachtung alltäglicher Gegenstände, Pflanzen und vielfältiger menschlicher Verhaltensformen mit ihrer künstlerischen Arbeit, insbesondere in ihren Performances, nacheinander drei großen Themenbereichen zugewandt: Mit Aktionen wie „Besentänze", „Nähaerobic" und „Küchenlatein" war zunächst die Frauenwelt Gegenstand ihrer kulturgeschichtlichen Untersuchungen. Danach widmete sie sich Männerdomänen in der Politik, die sie in Aktionen wie der „Gardinenpredigt" thematisierte, besprach und betanzte. In „Pflanzenkonferenzen" initiierte sie die „Wahl des Friedenskrautes", wobei „moralische Sauberkeit" und Umweltpolitik zu Gegenständen ihrer künstlerischen Auseinandersetzungen wurden.

Mit den „Scheusalgesängen" und „Hausgeistern" fand dann auch die „Geisterwelt" Eingang in ihre Performances: „Sie ist guten und bösen Geistern auf der Spur, indem sie die abgegriffenen Dinge sammelt und durch neue Nachbarschaften verzaubert."[534] Lili Fischer bezieht sowohl soziologische, anthropologische als auch ökologische Aspekte in ihr Werk mit ein.

Nicht nur Performances, sondern auch Raum-Installationen, Objekte, Zeichnungen und Künstler-Bücher gehören zum Bestandteil ihrer künstlerischen Arbeit. Auch das Wort – gesprochen, geschrieben und gehört – macht einen unverzichtbaren Teil von Lili Fischers Aktionen aus. Entscheidend ist dabei die dialogische Art, mit der sie das Publikum anspricht und zum Mittun animiert.

Im Rückgriff auf alte Kenntnisse und vor allem damit verbundene Rituale entwirft Fischer neue künstlerische Vorgehensweisen im Umgang mit der Natur und der Menschen miteinander, in die sie auch die Studierenden einführt. Auch soziale Fragen sind als Teil ihrer umfassenden künstlerischen Methoden zu verstehen. „Sie entwickelt ihre Strategien der Feldforschung gleichermaßen systematisch wie assoziativ nicht mit dem Ziel bloßer Zivilisationskritik, sondern im Sinne der Moderne mit utopischem Anspruch."[535] Die Herangehensweise an ein *Feld* gestaltet sich vieldimensional und reicht von spielerischen, experimentellen Methoden über kognitive, systematische bis hin zu bildgestalterischen Ausdruckszusammenhängen. Als Quellen ihrer künstlerischen Methode sind neben den Errungenschaften der Spurensicherer ihr Ethnologiestudium sowie ihr Lehrer Franz Erhard Walter zu benennen, dessen *Werksatz 1* Anfang der 70er Jahre den Weg zum Publikum als den notwendigen Mitakteur des künstlerischen Prozesses wies.

---

[534] Reinhard Ermen: Lili Fischer, Künstlerisches Zubehör für Daheim. In Kunstforum, Bd. 101, S. 89.
[535] Lothar Romain: Von der Feldforschung zum Drehbuch. Zur Arbeit von Lili Fischer. In: Geisterbeschwörung. Katalog zur Ausstellung im Heidelberger Kunstverein 1988.

4.4 Ziele und pädagogische Implikationen

Didaktische Arbeit: Künstlerische Feldforschung als Projektstudien
Da von Lili Fischer selbst keine Schriften vorliegen, in denen sie sich spezifisch didaktisch äußert oder zum virulenten bildungstheoretischen Gegenwartsdiskurs Stellung bezieht, sind definitive Aussagen in diesem Bereich schwierig. Diese Tatsache begründet das deshalb hier gewählte Vorgehen, Lili Fischers Ziele und die pädagogischen Implikationen dieser Konzeption zusammengefasst darzustellen.

Ihr kunstpädagogisches und künstlerisches Ziel ist die Suche nach grenzerweiternden und prozesshaften künstlerischen Mitteln, die Lili Fischer ihren Studierenden so erklärt: „Was uns als Klasse verbindet, ist die Suche nach den grenzerweiternden Elementen künstlerischer Arbeit. Während man früher mit Grundkursen in klassischen bildnerischen Techniken, wie Linolschnitt, Siebdruck, Kupferstich, Holzschnitt usw., den angehenden Künstler oder Lehrer für die Zukunft ausrüsten konnte, sind diese Elemente aus heutiger Sicht begrenzt, reichen angesichts der Vielfalt neuer Medien nicht aus, geschweige denn für den Sprung ins nächste Jahrtausend. Also weg von der Wand, in den Raum hinein und in die Zeit – mit dem ganzen Körper!"[536] In ihrer didaktischen Arbeit mit Lehramtsstudierenden trennt Lili Fischer nicht zwischen der Hochschullehre und der späteren Arbeit der Studenten im Kunstunterricht. Sie geht vielmehr davon aus, dass die im künstlerischen Umgang mit den Themen, Medien und Materialien gemachten Erfahrungen bei den Studierenden ein prinzipielles künstlerisches Verständnis aufbauen, welches die Grundlage für den eigenen Kunstunterricht darstellt. Sie formuliert keine dezidierte Lehr-Lernziel-Strategie, der zu erfahrende Stoff wird nicht in theoretisch begründete Unterrichtsmodelle und didaktische Theorien eingebettet. Dagegen erfindet sie Aktionen und Aufgaben, in denen die Studierenden ästhetische und sinnliche Wirkungen erproben, spüren und erfahren. Als pädagogische Ziele der Unterrichtsarbeit Lili Fischers können die spielerische und zugleich analytische Entwicklung von künstlerischen *Umgangsformen* bis hin zu persönlichkeitsbildenden Elementen genannt werden. Die subjektive Komponente herauszufinden und zu fördern, „was bei jedem persönlich verborgen liegt, was jeder schon so in sich hat", ist für ihre pädagogische Arbeit ebenso wegweisend wie fachliches Wissen, Erkenntnis, Beherrschung von Techniken und Fertigkeiten. Konkrete Natur- und Ortserkundungen als aktiv-lustvolle Entdeckungsreisen finden ebenso Verwendung wie kulturgeschichtliche, kunst- und naturwissenschaftliche Aspekte. Ausgehend von einem bestimmten Thema entwickelt sie mit den Studierenden Projektstudien, die sich durch eine Vielfalt an Erfahrungsmöglichkeiten auszeichnen. Es entstehen kommunikative Situationen, die sowohl visuell und sprachlich als auch haptisch, körperlich, gestisch, akustisch und olfaktorisch erfahren werden können. Zur Entfaltung ihrer kunstdidaktischen

---
[536] Lili Fischer: Primäre Ideen II. Regensburg 2000, S. 87.

Kunstpädagogik als „künstlerische Feldforschung"

Vorstellungen, die sie nach eigenen Angaben absichtsvoll nirgendwo explizit theoretisch ausformuliert, erfindet sie impulsgebende Aktionen, Spiele und Aufgaben, durch welche die Studierenden ästhetische Wirkungen selber spüren und erfahren können. Ihr liegt daran, Lust und Neugier auf bisher Ungewusstes zu wecken, die Studenten zur selbständigen Themenfindung zu befähigen, die ähnlich ihrer eigenen Arbeit fundiert kulturgeschichtlich, kunsthistorisch und völkerkundlich angereichert wieder in ästhetisch künstlerischen Aktionen münden.

4.5 Resümee

Die Schlussfolgerungen hinsichtlich einer didaktischen konzeptionellen Einordnung Lili Fischers sind aufgrund der sehr schwierigen Quellensituation gewagt, liegen doch kaum Texte der Künstlerin und Hochschullehrerin vor, die eine didaktische Konzeption andeuten oder explizit ausformulieren. Wohl deshalb muss auch leider festgestellt werden, dass diese ganzheitliche, anthropologisch und handlungsorientiert angelegte Konzeption bisher kaum Beachtung in der fachdidaktischen Diskussion fand. Abgesehen von Fischers beiden Veröffentlichungen *Primäre Ideen I und II* gibt es kein Textmaterial, in dem sie sich in den Diskurs der fachdidaktischen Theoriebildung einklinkt. Auch diese Schriften dokumentieren nur in tagebuchähnlicher Aufzeichnung ihre didaktische Arbeit im Rahmen ihrer Hochschullehre. Sie erzählt von ihrer Unterrichtsarbeit, „von den ersten Impulsen, die sie gibt, über die Phasen des Sammelns und Explorierens, des Erwerbs von Verfahren und Techniken, des Improvisierens erster Einfälle, des Experimentierens mit verschiedenen Entwürfen, des Verwerfens, der Neuanfänge, der Stabilisierung und schließlich des Präzisierens und Übens bis zum Auftritt in der Öffentlichkeit, der jedes Projekt zumindest für die Gruppe abschließt."[537] In Ihrer Ausbildungstätigkeit für das Primarstufenlehramt versteht sich Lili Fischer in erster Linie als Künstler-Lehrerin, die ausgehend von ihrer eigenen *Künstlerischen Feldforschung* den Studierenden ein Modell an die Hand zu geben beabsichtigt, welches auf die Arbeit im Kunstunterricht – auch der Grundschule – vorbereiten soll. Manfred Schneckenburger, Leiter der Kunstakademie Münster beschreibt ihre Vorgehensweise: „Sie macht, was sie als Künstlerin immer macht: Performance, ‚Feldforschung'. Sie haucht dabei im Curriculum ergrauten Begriffen wie ‚Erlebnisunterricht' einen frischen, ebenso kapriziösen wie lernintensiven Esprit ein. Sie praktiziert Modelle für den Umgang mit ihren Studentinnen und Studenten, die gleichzeitig Modelle für den Umgang mit Kindern sind. Sie bleibt dabei (…) eine Künstlerin, die ihr Entzücken an Kunst, Natur, Kulturgeschichte, Mitmenschen fugenlos in ein vitales kunstpädagogisches Konzept einbringt."[538] Über vielfältige Zugangsweisen, die von eigenen sinnlichen Erfahrungen und Ein-

---

[537] Gundel Mattenklott in: Lili Fischer: Primäre Ideen II. Regensburg 2000, S. 7.
[538] Manfred Schneckenburger in Lili Fischer: Primäre Ideen II, Regensburg 2000, S. 150, 151.

Kunstpädagogik als „künstlerische Feldforschung"

drücken über spielerische Experimente bis hin zum intellektuellen Erschließen eines Themas reichen, steht in erster Linie die eigene künstlerische Arbeit der Studierenden im Schonraum der Akademiesituation im Mittelpunkt. Es kann angenommen werden, dass Fischer von der prinzipiellen Möglichkeit (und Fähigkeit der Studierenden) ausgeht, eigene Erfahrungen aus der künstlerischen Auseinandersetzung mit einem Thema auf die pädagogische kunstdidaktische Situation übertragen zu können.

Vor allem hinsichtlich der derzeit virulenten kunstdidaktischen Situation, die sich im Kontext dieser Untersuchung als gegeben bestätigte, muss abschließend gefragt werden, inwieweit die hier vorgefundenen Inhalte, Methoden und Ziele dem heutigen Stand der schulpädagogischen und fachdidaktischen Diskussion entsprechen? Dabei kann festgestellt werden: Die Vorbereitung auf die Vermittlung ästhetischer Praxis im Unterricht geschieht sowohl durch subjektiven Zugang, durch die Aneignung soliden Fachwissens als auch durch eine intensive künstlerisch praktische Auseinandersetzung mit verschiedenen Elementen der Bildenden Kunst, welche wiederum ein breites Spektrum an Fertigkeiten voraussetzt. Im Projekt- und Werkstattgedanken, dem projektartigen Herangehen an ein Thema unter künstlerischer Perspektive und der Integration von Performances, Raum-Installationen, Objekten, Zeichnungen und Künstler-Büchern entspricht dieses Konzept bedeutenden neueren Forderungen der Schulpädagogik.

Ebenso arbeitet und argumentiert Lili Fischer in künstlerischer respektive fachwissenschaftlicher Hinsicht vor dem Hintergrund des erweiterten Kunstbegriffs auf der Höhe der Zeit. Die Suche nach grenzerweiternden Elementen der künstlerischen Arbeit korreliert mit aktuellen Tendenzen der Gegenwartskunst. Klassische künstlerische Techniken finden Ergänzung durch eine Vielfalt an neuen Zugriffsweisen und Methoden. Dazu zählen insbesondere ihre Aufforderung, die dritte und vierte Dimension, den Raum und die Zeit, wie den eigenen Körper in die Kunst einzubeziehen.

Als zumindest aus den verfügbaren Quellen zu erschließendes Defizit sei demgegenüber jedoch Folgendes genannt: Es bleibt eine wesentliche Unklarheit darüber bestehen, *wie* die Transformation der eigenen künstlerischen Arbeit der Studierenden in pädagogisch reflektierte Situationen gewährleistet wird. Wie werden Studierende der Kunstpädagogik zu bewusstem Reflektieren über wesentliche Legitimationsfragen der kunstpädagogischen Arbeit im Bereich der Grund- und Sekundarschulpädagogik angeleitet? Dies ist in der hier untersuchten Konzeption dann als Defizit zu vermerken, wenn angenommen wird, dass in der pädagogischen, insbesondere in der grundschulpädagogischen Arbeit, dezidiert theoretische Reflexion über didaktische Situationen stattfinden muss, die an eine jeweils konkrete Zielgruppe gebunden und aus einem bestimmten Bildungsbegriff abzuleiten ist. Lässt sich die Reflexions- und Legitimationsfähigkeit von Studierenden aus der eigenen künstleri-

Kunstpädagogik als „künstlerische Feldforschung"

schen Praxis „ungebrochen" in die pädagogische Situationen überführen? Der Kompetenzerwerb der Studierenden liegt – geht man von den vorliegenden Dokumenten aus – vorwiegend im künstlerischen Bereich. Eine Diskussion der aktuellen, bildungstheoretisch relevanten Kontexte und pädagogisch-kunstdidaktischen Notwendigkeiten fehlt dieser Konzeption ganz. Dazu gehört auch die Berücksichtigung der bildnerischen Voraussetzungen wie die Reflexion der typischen bzw. vielfältigen Gegebenheiten, unter denen Kinder und Jugendliche heute aufwachsen.

Welchen Stellenwert haben hier außerdem *andere* Werke der historischen wie der zeitgenössischen Kunst im Unterricht? Wie wird der Umgang mit Kunstwerken didaktisch begründet und bewertet? Wie wird darüber hinaus der Einfluss durch die Neuen Medien eingeschätzt? Wird berücksichtigt, dass diese heute einen wesentlichen Einfluss auf das Leben, den Alltag und die Wirklichkeitserfassung bzw. -konstruktion der Kinder und Jugendlichen haben? In Lili Fischers lebendiger, facettenreicher, da künstlerisch fundiert und handlungsorientiert ausgerichteten Konzeption bleibt insgesamt ungeklärt: Welchen Stellenwert haben die „klassischen Fragen" der Fachdidaktik, wenn die im Zentrum der Ausbildung stehende eigene künstlerische Tätigkeit nicht auf pädagogische Situationen bezogen wird? Wie ist die Transformation eigener künstlerischer Tätigkeit auf pädagogisch didaktische Situationen gewährleistet, wenn nicht *auch* die Fragen nach Voraussetzungen, Begründung, Legitimation und Zielen etc. in den Fokus der pädagogischen und/oder einer fachdidaktischen Theorie gerückt werden?

5. „KunstPädagogik" und Ästhetische Operationen

5.1 Einleitung

Diese Konzeption formuliert Pierangelo Maset. Maset, auch als „Protagonist einer differenztheoretischen Position der Kunstpädagogik"[539] bezeichnet, legte 1995 seine Grundlagenstudie *Ästhetische Bildung der Differenz*[540] vor, in der er auf vielfältige philosophische Theoriefiguren und neurobiologische Erkenntnisse zurückgreift. Die *Ästhetische Bildung der Differenz* präsentiert sich als ein Versuch, ein bildungstheoretisch fundiertes Konzept für Vermittlungsprozesse im Bereich der Kunst vorzulegen und darüber hinaus das Ästhetische als essenzielles Moment aller Bildungsprozesse nachzuweisen. Zentral für Masets Konzept der *Ästhetischen Bildung der Differenz* sind die „Diskursvernetzung" als „transversale Methodenorientierung", die Integration aktueller Tendenzen aus philosophischen Debatten zur Subjekttheorie und die Skepsis gegenüber dem alleinigen Glauben an das „Cogito" des Descartes. Transversale Methodenorientierung bedeutet bei Maset eine Erarbeitung als „quer durch die Diskurse hindurch" verlaufende Auseinandersetzung.[541] Dazu nimmt er Anleihen am Begriff der *transversalen Vernunft*, wie ihn Wolfgang Welsch herausgearbeitet hat, der damit den Totalitätsanspruch universalistisch verfasster Rationalitätskonzeptionen zu relativieren beabsichtigte.[542] Maset definiert die *Ästhetische Bildung der Differenz* als ein „Werkzeug zur Entfaltung der Potentiale differierender Subjekte"[543] und als die Befähigung zur Einbringung, zur Ausübung und Wahrnehmung des unendlich Differenten aller Erkenntnisprozesse einschließlich der Erfahrung unserer selbst. Um den Begriff der Differenz zu definieren, grenzt er ihn vom *Fremden* und *Anderen* ab: „Das Andere ist das, von dem ich

---

[539] Vgl. Marie-Luise Lange: Grenzüberschreitungen. Wege zur Performance. Königstein 2002, S. 300.

[540] Pierangelo Maset: Ästhetische Bildung der Differenz. Kunst und Pädagogik im technischen Zeitalter. Stuttgart 1995.

[541] Ebd., S. 42.

[542] *Transversale Vernunft* definiert Welsch – um einem verkürzten Vernunftbegriff vorzugreifen – folgendermaßen: „Vernunft ist nicht ein begreifendes Vermögen auf höherer oder integraler Ebene gegenüber Verstand. Sie ist auf Totalität zwar bezogen, aber allein im Modus von Verbindungen und Übergängen. Daher – als sich allererst in Verbindungen und Übergängen sich vollziehende Vernunft – wird sie hier als *transversale Vernunft* bezeichnet. Diese ist grundlegend unterschieden von allen prinzipialistischen, hierarchischen oder formalen Vernunftkonzeptionen, die allesamt ein Ganzes zu begreifen oder strukturieren suchen und darin Vernunft oder Verstand assimilieren. Transversale Vernunft ist beschränkter und offener zugleich. Sie geht von einer Rationalitätskonfiguration zu einer anderen über, artikuliert Unterscheidungen, knüpft Verbindungen und betreibt Auseinandersetzungen und Veränderungen." Wolfgang Welsch: Unsere postmoderne Moderne. Weinheim 1991, S. 296.

[543] Pierangelo Maset: Ästhetische Bildung der Differenz. Kunst und Pädagogik im technischen Zeitalter. Stuttgart 1995, S. 122.

konkret wissen kann, dessen Seinshorizont ich wahrnehme, aber nicht durchdringe, es ist gegenüber, in oder neben mir, wohingegen mir das Fremde nur als allgemeines Phänomen der Fremdheit bekannt sein kann, nicht aber als Fremdes an sich, da es das – dies beweist seine Etymologie, nämlich die im 8. Jahrhundert belegte altdeutsche Bedeutung von *fram* = *entfernt, fort von* – Losgelöste ist."[544] Die Differenz konstituiere das, was „sowohl an der Fremdheit als fremd als auch an der Andersartigkeit als andersartig wahrgenommen werden kann und was diese erst hervorbringt. Sie bringt Fremdes und Anderes hervor, und das *Ästhetische* konstituiert sich aus der *Mannigfaltigkeit des Differenten*"[545]. Die Differenzerfahrung ist für Maset ein Modus der Wahrnehmung und Erkenntnis. Kunst, im weitesten Sinne Ästhetisches, ist ein bevorzugter Gegenstand, an dem Differenzerfahrung eingeübt werden kann. Die *Ästhetische Bildung der Differenz* zielt auf Wahrnehmung des unendlich Differenten aller Erkenntnisprozesse einschließlich der Erfahrung unserer selbst.

In seiner Bestimmung vom sog. *dividuellen Subjekt* legt Maset ein Subjektverständnis zugrunde, das bewusstseinsphilosophische Setzungen von Subjekt und Identität problematisiert und in den Kontext einer umfangreichen philosophischen Debatte der Subjekttheorie eingebettet ist.[546] Bei Maset tritt an die Stelle der Einheit und der Identität die Vorstellung eines *dividuellen* Subjekts. Maset sieht das Subjekt nicht als Einheit, sondern als eins, das zu permanenter Teilung herausgefordert ist, da man „im Grunde nur dann zu einem sich seiner selbst bewussten Subjekt werden (kann), wenn die innere Gespaltenheit bejaht wird"[547].

---

[544] Ebd.
[545] Ebd.
[546] Hier bemüht Maset Niklas Luhmann, der eine Ortlosigkeit des Individuums diagnostiziert: „Die Einzelperson kann nicht mehr einem und nur einem gesellschaftlichen Teilsystem angehören. Sie kann sich beruflich/professionell im Wirtschaftssystem, im Rechtssystem, in der Politik, im Erziehungssystem usw. engagieren, und in gewisser Weise folgt der soziale Status den beruflich vorgezeichneten Erfolgsbahnen, aber sie kann nicht in einem der Funktionssysteme alleine leben. Da die Gesellschaft aber nichts anderes ist als die Gesamtheit ihrer internen Systeme/Umwelt-Verhältnisse und nicht selbst in sich selbst als Ganzes nochmals vorkommen kann, bietet sie dem Einzelnen keinen Ort mehr, wo er als ‚gesellschaftliches Wesen' existieren kann. Er kann nur außerhalb der Gesellschaft leben, nur als System eigener Art in der Umwelt der Gesellschaft sich reproduzieren, wobei für ihn die Gesellschaft eine dazu notwendige Umwelt ist. Das Individuum kann nicht mehr durch Inklusion, sondern nur noch durch Exklusion definiert werden. Das ist der strukturelle Grund für die neuartige (post-naturrechtliche) Dramatik von ‚Individuum und Gesellschaft'. Und in der Semantik kommt dies dadurch zum Ausdruck, dass das Individuum nicht mehr als *bekannt*, sondern als *unbekannt* (als spontan, inkonstant, black box usw.) eingeschätzt wird." Niklas Luhmann: Gesellschaftsstruktur und Semantik – Studien zur Wissenssoziologie der modernen Gesellschaft. Bd. 3, Frankfurt/M. 1993, S. 158 f.
[547] Pierangelo Maset: Ästhetische Bildung der Differenz. Stuttgart 1995, S. 56.

Seine Auffassung vom *Individuum*, als ein heute immer mehr zum *Dividuum* werdendes, begründet Maset mit der wachsenden gesellschaftlichen Ausdifferenzierung, in der das Dividuum sich in den einzelnen Teilsystemen unterschiedlich konstituiert. Während klassische Bildungstheorien (Kant, Schiller, Humboldt, Schleiermacher) stets dazu beitragen wollten, Entfremdung wieder aufzuheben und den fragmentierten Menschen zur Einheit zurückzuführen, versucht Maset mit der Vorstellung vom *dividuellen Subjekt* eine „Vergegenwärtigung" zu unternehmen, „die dem Gegebenen, in dem das Andere eingeschlossen ist, Potentiale abringt und diesen Bildungsakt keineswegs auf die Zukunft verschiebt"[548]. Hinsichtlich Masets Denkfigur vom *dividuellen Subjekt* äußert Wolfgang Legler allerdings den Verdacht, dass dieser Begriff, den Maset an die Stelle des Individuums setzt, „obwohl er mit sehr interessanten und wichtigen Überlegungen zu einer zeitgemäßen Subjekttheorie begründet wird - in seinem Kern einem ins Prinzipielle überhöhten Differenzbegriff geschuldet ist"[549].

Während sich die *Ästhetische Bildung der Differenz* als umfassende theoretische Grundlagenstudie präsentiert, die Kunstunterricht als ein Schulfach versteht, „in dem grundlegende Andersheit des Subjekts nachhaltig eingebracht werden kann"[550], und seine Legitimationszusammenhänge aus vielfältigen theoretischen Diskursen herleitet, entwickelt Maset in seiner jüngeren Schrift *Praxis Kunst Pädagogik – ästhetische Operationen in der Kunstvermittlung* ein spezifisches kunstpädagogisches Konzept, das Kunstvermittlung mittels – noch näher zu bestimmender – *ästhetischer Operationen* betreibt.[551] Kennzeichnend für Masets kunstpädagogisches Konzept in *Praxis Kunst Pädagogik* ist die Artikulation einer Kunstpädagogik, die sich selbst als eine Form der angewandten Kunstpraxis versteht.
Im Rückbezug auf die von Aristoteles vorgenommene Unterscheidung zwischen *Poiesis* als *Herstellung eines Werkes* und *Praxis* als ein *selbstzweckhaftes Tun* votiert Maset für eine Abkehr vom traditionellen Verhältnis zwischen Subjekt und Gegenstand zugunsten einer Vermittlungspraxis, die Kunstpädagogik als eine Praxis von Kunst denkt und die klassische Gegenüberstellung von Subjekt und Gegenstand in der kunstpädagogischen Arbeit radikal in Frage stellt.

Maset orientiert sich in seinem Konzept maßgeblich an der Gegenwartskunst, insbesondere der sog. Kontext-Kunst.[552] Methodisch akzentuiert sich

---

[548] Ebd., S. 63.
[549] Wolfgang Legler: Kunsterziehung nach dem Ende der Kunst? In: BDK Mitteilungen, Heft 4/1998, S. 6.
[550] Ebd., S. 14.
[551] Pierangelo Maset: Praxis Kunst Pädagogik. Ästhetische Operationen in der Kunstvermittlung. Lüneburg 2001.
[552] „Kontext-Kunst thematisiert die sozialen, formalen und ideologischen Bedingungen, unter denen Kunst produziert wird, aber auch die ökonomischen, ideologischen und

KunstPädagogik für ihn in Form von *ästhetischen Operationen*. Seine Schrift *Praxis Kunst Pädagogik* richtet sich an alle an fachdidaktischer Diskussion interessierten Leser, insbesondere solche, die offen auf der Suche nach innovativen Konzepten auch eine theoretisch-philosophische Auseinandersetzung nicht scheuen. Zur eigentlichen Zielgruppe gehören in der Lehrerausbildung Tätige und im fachdidaktischen Gebiet forschende Leser.
An Praxisbeispielen, sog. *short cuts* – auch von andern Autoren –, skizziert Maset Praxisbeispiele bzw. kurze Prozessabläufe *ästhetischer Operationen*. Maset folgt hier einer Theoriebildung zu einer Kunstpädagogik, die ihr Selbstverständnis, ihre Methoden und Ziele aus der Kunst heraus formuliert. Um sein Konzept allgemein gegen etablierte Modelle der Kunstdidaktik abzugrenzen, verwendet er für seine Konzeption die Bezeichnung *KunstPädagogik*. Masets Ausgangspunkt ist sein Unbehagen über eine Kunstpädagogik, die sich im *Gewirr einer Didaktik* verloren habe, sich allzu leichtfertig von bewegenden Fragestellungen entfernt und sich auf die Operationalisierung bestimmter Aspekte und Verfahren der Kunst beschränkt habe. Maset geht in seinem Konzept von einem bis heute unversöhnlich gebliebenen Verhältnis zwischen freier, autonomer Kunst einerseits und staatsverpflichteter Pädagogik andererseits aus. Seit der *Ästhetischen Erziehung* sei das Schulfach Kunst durch eine Loslösung von der Kunst und eine „Kunstvergessenheit" gekennzeichnet. Besonders durch die Ableitung kunstpädagogischer Arbeit aus der Erziehungswissenschaft, wie dies in der *Ästhetischen Erziehung* gewesen ist, sei diese Diskrepanz hervorgerufen worden, denn „diese die Kunst wesentlich als Instrument zur Durchsetzung pädagogischer Ziele verstehende Didaktik kennt keine Visionen, und das Kunsthafte der Kunst ist ihr unverträglich. Sie reagiert enttäuscht, statt zu agieren, was nämlich hieße, Didaktik im Sinne von Lehrkunst zu verstehen"[553]. Die Bildungsrichtung aktueller und von ihm angeklagter Kunstdidaktik sei eine andere als die der Kunst. Maset dagegen bestimmt den Kunstunterricht als eine im Wesentlichen experimentelle Situation, die an der Kunst selbst festhalten müsse. Dabei dürfe die Kunstdidaktik jedoch nicht dem Trend zur Ersetzung der Kunstpädagogik durch kulturelle Bildung oder Medienpädagogik nachgeben, da die Kunst keineswegs im Kulturbegriff aufgehe und Kunst nicht mit Kultur gleichzusetzen sei, dem Kulturbegriff sogar manchmal antithetisch entgegenstehe. Nur eine künstlerische Mentalität könne die Fortsetzung der Kunstpädagogik sichern. Maset definiert Kunstpäda-

---

sozialen Kontexte, innerhalb derer Kunst institutionalisiert wird. Die Bedingungen, unter denen ein Werk entsteht, werden Ausgangspunkt des Werkes oder das Werk selbst. Die KünstlerInnen gehen über die Rahmenbedingungen der Kunstproduktion und -rezeption hinaus und beziehen sich auf Kontexte außerhalb des ‚Betriebssystems Kunst'. Kunstinterne Fragen und kunstexterne Kontexte werden miteinander verschränkt." Peter Weibel (Hrsg.): Kontext Kunst. Kunst der 90er Jahre. Köln 1994, S. XIV.
[553] Ebd., S. 8.

gogik als eine angewandte Form der Kunstpraxis, die sich an der Autonomie der ästhetischen Praxis und an kunsttheoretischen Ansätzen orientieren muss. Da es darüber hinaus die Aufgabe der Kunstpädagogik sei, *differenzielles Vermögen zu entfalten*, sei zeitgenössische Kunstpädagogik *differenztheoretisch* konstituiert.

2. Zentrale Begriffe

Ästhetische Operation
In Bezug auf den italienischen Kunstkritiker Achille Bonito Oliva führt Pierangelo Maset für kunstdidaktische Strategien den Begriff der *ästhetischen Operation* ein. In seinem Band *Eingebildete Dialoge* geht Oliva von Handlungsstrategien oder *operativen Schemata* aus, die künstlerischer Arbeit zugrunde liegen und schlägt dafür den Begriff *Operation* vor, wie er ihn selbst u.a. für die „Operation Duchamp, Operation Warhol, Operation Maradona" etc. verwendet.[554] Mit dem Aufführen der Künstlernamen soll deutlich werden, worum es in der entsprechenden *Operation* geht, nämlich um eine bestimmte künstlerische Arbeitsweise, die sich an der eines anderen Künstlers orientiert oder aus der Auseinandersetzung mit einem Künstler entwickelt. Der Begriff *Operation* wird traditionell sowohl in medizinischen wie militärischen Kontexten verwendet. Auch in der Mathematik werden Lösungsverfahren und Denkvorgänge mit *Operation* beschrieben. In seinem entwicklungspsychologischen Modell verwendet ebenfalls Jean Piaget den Ausdruck *Operation* im Sinne von gedanklichen Konstruktionsleistungen zur Erklärung der Ausdifferenzierung von kognitiv intellektuellen Denkstrukturen bei Kindern.

Maset dagegen orientiert sich ganz an einem Operationsbegriff, wie er heute insbesondere im radikalen Konstruktivismus und in der konstruktivistischen Erkenntnistheorie eine zentrale Rolle spielt. Auch hier wird *Operation* zur Beschreibung von kognitiven Handlungen verwendet. Während der *deutende* Beobachter *Handlungen* wahrnimmt, sind dies für den *konstruierenden* Beobachter *Operationen,* die sich von *Handlungen* vor allem durch die Wahl der Perspektive unterscheiden. Der Beobachter selbst entscheidet darüber, ob er eine (interpretierte) Handlung oder eine Operation beobachtet. Für Niklas Luhmann definiert sich eine Beobachtung als *Operation des Unterscheidens* und *Bezeichnens*.[555] Hier beschreibt *Operation* die Reproduktion ereignishafter Elemente innerhalb eines Systems, die lediglich als Differenzen wahrgenommen werden können.

---

[554] Vgl. Achille Bonito Oliva: Eingebildete Dialoge. Berlin 1992.
[555] Vgl. Niklas Luhmann: Die Wissenschaft der Gesellschaft. Frankfurt/M. 1992, S. 37 ff.

„KunstPädagogik" und Ästhetische Operationen

Maset selbst will den von ihm verwendeten Operationsbegriff sehr offen, in allen seinen bekannten Wortbedeutungen verstanden wissen, wobei die Begriffsbestimmungen von Operation als *chirurgischer Eingriff, Arbeitsvorgang, Verrichtung, zielgerichtete Bewegung, Prozedur, Lösungsverfahren* und *Unternehmung* in jeweils gleicher Wertigkeit Geltung bekommen sollen. Eine *ästhetische Operation* kann sowohl Eingriff, Prozedur, Lösungsverfahren und Unternehmung sein. Gleichsam richten sich *ästhetische Operationen* gegen eine technisch verstandene Operationalisierung und orientieren sich an Verfahren, die in der Kunst oder in angewandten ästhetischen Disziplinen bzw. Alltagspraxen erprobt worden sind.

Maset wirft der herkömmlichen Kunstdidaktik – leider ist nicht erkennbar, welches Verständnis von Kunstdidaktik er seiner Kritik zugrunde legt – *Kunstverlustigkeit* vor, die darin bestehe, dass Kunst im Sinne eines technischen Vorgangs vermittelt würde, ohne dabei die notwendige Kunsthaftigkeit des Vermittlungsvorgangs selbst zu entfalten. Damit kritisiert er eine angebliche Verkürzung von Kunst, die in der technischen Operationalisierung zu einem *Instrument für bestimmte Zwecke zugerichtet* und zum Gegenstand verkürzt würde. In der auf abfragbare Fakten beschränkten Zuwendung zur Kunst könne sich nicht die Offenheit ereignen, die durch Kunst erfahrbar und für die menschliche Existenz unabdingbar sei. Maset beanstandet, damit den Lernenden den Verlust des Kunsthaften zuzumuten, während man gleichzeitig vorgibt, Kunst zu vermitteln. Maset kritisiert die herkömmliche Kunstdidaktik, sie wolle stets Prozesse regeln und über diese verfügen. Da man aber weder über die Kunst noch über das Offene verfügen könne, müsse Kunstvermittlung ermöglichen, *ins Offene zu gelangen* und/oder dies wenigstens anbahnen.[556]

An Beispielen aus der Kunstgeschichte will Maset nachweisen, dass *ästhetische Operationen* immer an bereits vorhandene Kunstwerke anschließen, was er exemplarisch an zwei Arbeiten von Allan McCollum *Plaster Surrogates* und Andrea Frasers Video *May I help you?* erläutert. Beide Kunstwerke charakterisiert er als *ästhetische Operationen*, da sie sich direkt oder indirekt auf Malewitschs *Schwarzes Quadrat* beziehen. Wie der amerikanische Künstler Allan McCollum durch Malewitsch, wurde Andrea Fraser wiederum von McCollum angeregt. Die Arbeiten beider Künstler existieren nicht losgelöst, sondern sind jeweils aus der Reflexion von Kunst entstanden. Die Praxis wird aus der Reflexion abgeleitet, was diese zur Bedingung von Praxis werden lässt. Maset: „Kunst vermittelt sich mittels Kunst."[557]

---

[556] Maset schreibt: „Die herkömmliche Kunstdidaktik versucht hingegen an jeder Stelle ihrer Grundlegung Subjekte aufzubieten, die die Prozesse regeln und über sie verfügen sollen. *Man kann aber weder über die Kunst verfügen noch über das Offene.* Kunstvermittlung sollte ermöglichen, ins Offene zu gelangen. Ästhetische Operationen sind Handlungen und Verfahren, die das Offene bahnen." Pierangelo Maset: Praxis Kunst Pädagogik. Lüneburg 2001, S. 25.

[557] Ebd., S. 24.

„KunstPädagogik" und Ästhetische Operationen

Abb. 23: **Allan McCollum: Plaster Surrogates**, Detail, 1982/89. Email auf Gips, Newhouse Gallery, New York, USA 1985.

Maset erläutert McCollums *Plaster Surrogates* als eine durch Malewitschs *Schwarzes Quadrat* angeregte ästhetische Operation: „Dieses Werk, das einen Endpunkt der Malerei markiert, indem es die Fläche des Dargestellten quadratisch schwarz schließt, wird für McCollum zum Motiv für seine spezielle ästhetische Operation. Er vervielfältigt Malewitschs Motiv, trägt es auf unterschiedlich große Gipsformen auf und verhängt mit diesen ‚Bildern' ganze Galerien. McCollums Arbeit multipliziert den Endpunkt, einen Endpunkt, der nun für einen *neuen Anfang* ins Werk gesetzt wird, indem er eine neue künstlerische Möglichkeit schafft. Dabei arbeitet diese Operation mit dem Verhältnis von Identität und Differenz, denn die einzelnen ‚Surrogate' variieren in Größe, Rahmenfarbe und Oberflächentextur."[558]
Eine andere Künstlerin, Andrea Fraser, greift wiederum McCollums Arbeit für ein daran anschließendes Video auf. So lässt Andrea Fraser in ihrem Video *May I help you?* eine von einer Schauspielerin dargestellte weibliche Figur auftreten, die in einer Galerie vor den Objekten McCollums unterschiedliche Typen von Betrachterinnen mimt. Indem Fraser der Schauspielerin publizierte Texte von Kunstkritikern in den Mund legt, thematisiert und ironisiert sie deren unterschiedliche Rezeptionsformen. Auch diese Arbeit, von Maset ebenfalls als Beispiel für eine *ästhetische Operation* angeführt, kommentiert Maset aus einer ganz bestimmten Perspektive: „Diese Operation Frasers vermag es, das Funktionieren von Kunst an einem der Kunst vorbehaltenen Ort *mit künstlerischen Mitteln zu kontextualisieren.*"[559] Maset definiert eine *ästhetische Operation* als an bereits vorhandene Operationen anschließend, als künstlerische Aktionen, die nicht losgelöst existieren, sondern ihre Praxis aus der Reflexion gewinnen. In diesem Sinn kann eine *ästhetische Operation* auch als „das operative Schema bezeichnet werden, das eine künstlerische/ästhetische Arbeitsweise bestimmt"[560].

---

[558] Pierangelo Maset: Auf dem Weg zur Bildpragmatik. *Kunstvermittlung durch* Ästhetische Operationen. In: Peter Weibel (Hrsg.): Vom Tafelbild zum globalen Datenraum. Neue Möglichkeiten der Bildproduktion und bildgebender Verfahren. Ostfildern-Ruit 2001, S. 80.
[559] Ebd.
[560] Ebd.

„KunstPädagogik" und Ästhetische Operationen

Praxis
Maset beklagt eine Uneindeutigkeit bezüglich der Verwendung des Praxis-Begriffs in üblichen kunstdidaktischen Kontexten. Obwohl der Begriff *Praxis* gerade in diesem Zusammenhang und in diesem Fach sehr viel Verwendung findet, sei keineswegs klar, was Praxis gegenwärtig bedeute. Maset versucht den Praxis-Begriff zu konturieren, indem er die *KunstPädagogik* selbst als eine *Praxisform von Kunst* veranschlagt.
Im Rekurs auf Platon geht Maset von einem bis heute unversöhnlichen Verhältnis von der autonomen freien Kunst auf der einen Seite und der staatsverpflichteten Pädagogik, insbesondere der Kunstpädagogik, auf der anderen Seite aus.[561] Zur historischen Spaltung zwischen Kunst und Pädagogik verweist er auf Schriften von Platon und Aristoteles, in denen die Unterscheidung von *Praxis* und *Poiesis* ideengeschichtlich verankert ist. Eine Lösung dieses gespannten Verhältnisses sieht Maset darin, dass sich erst heute in der Kunst eine Entwicklung abzeichnet, in der sich die Kunst vom Poiesis-Paradigma entfernt und sich unterschiedlichen Praxis-Formen zugewandt hat.
Wie Hubert Sowa, der ebenfalls zwischen *Machen* und *Tun* unterscheidet, nimmt Maset Bezug auf die von Aristoteles vorgenommene Unterscheidung zwischen Poiesis und Praxis.[562] Demnach ist die *Poiesis* als Herstellung eines Werkes zu verstehen, wohingegen die *Praxis* das selbstzweckhafte Tun meint.[563] Die Gegenüberstellung von Poiesis und Praxis ist mit der Unterscheidung von zwei verschiedenen Paradigmen zu erklären. Das *Werk*paradigma steht dem *Ereignis*paradigma, oder anders ausgedrückt, das *Bild*paradigma dem *Handlungs*paradigma gegenüber. Für den Kunstunterricht muss die prinzipielle Frage entschieden werden, ob *Produkte von finalen Herstellungsvorgängen* oder aber das Handeln als *Prozessuales Tun* selbst im Mittelpunkt stehen sollen. Die *Herstellung* habe das Ziel außerhalb ihrer selbst, nämlich im Fertigsein eines Produkts, die Praxis, das *Tätigsein,* hingegen in sich selbst. Bei ihr ist die Vollzugsbewegung selbst das Ziel. Da die moderne Kunst seit den klassischen Avantgarden sich ebenso vom Poiesis-Paradigma entfernt hat, um sich dem Praxis-Paradigma zuzuwenden, kann heute auch Kunst gedacht werden, in der „materielle Gegen-stände nicht mehr vorkommen"[564]. Maset votiert für einen Kunstunterricht, der sich einem Praxis-Paradigma in diesem Sinne verpflichtet sieht und

---

[561] Vgl. Platon: Der Staat. 1973.
[562] Aristoteles: Nikomanische Ethik, 1094 a 1-21, 1140 a 1-23.
[563] Vgl. Kapitel III.6 „Prozessorientierte Kunstpädagogik – Ansätze in der kunstpädagogischen Theorie und Praxis auf der Grundlage der Performance Art" in dieser Arbeit.
[564] Pierangelo Maset: Praxis Kunst Pädagogik. Lüneburg 2001, S. 29.

plädiert deswegen für einen Paradigmenwechsel, der auch in anderen neueren kunstdidaktischen Konzeptionen in ähnlicher Weise angedacht wird.[565] Dennoch muss kritisch gefragt werden, ob und wie dieser Akzentwechsel der Bildungsaufgabe des Faches Kunst gerecht werden kann oder ob im Einzelfall nicht auch bewusst und gezielt produktorientierter Kunstunterricht sinnvoll und notwendig ist. Außerdem wird nicht klar, wie unter dieser veränderten Sichtweise Qualitätskriterien für Kunst zu entwickeln sind. Besonders hinsichtlich prozessorientierter Verfahren, wie sie in der aktuellen Kunst zu finden sind, ist eine Öffnung hinsichtlich des von Maset postulierten Praxis-Paradigmas sicherlich als innovatives kunstdidaktisches Element zu unterstützen. Ob daraus allerdings ein allgemeines Paradigma für die Fachentwicklung generell abgeleitet werden kann, bedarf der weiteren Überprüfung.

5.3 Inhalte

Verweist Maset in der *Ästhetischen Bildung der Differenz* zwar auf die generelle Auseinandersetzung mit Gegenwartskunst,[566] orientiert sich sein Konzept in *Praxis Kunst Pädagogik* vor allem an einer Kunstpraxis wie sie Peter Weibel als Kontext-Kunst-Modell beschrieben hat.[567] In der *Fortschreibung des Kunstdiskurses mit kunstdidaktischen Mitteln* versucht Maset eine Differenz zwischen Kunst und Kunstpädagogik aufzubrechen und entwickelt eine Perspektive, in der sich bildungs- und kunsttheoretische Fragestellungen verschränken sollen.

Bezug zur Kontextkunst
Als Kontextkunst wird eine Richtung der zeitgenössischen Kunst bezeichnet, die sich den Kontext, in dem Kunst „stattfindet", zum Objekt ihrer künstlerischen Auseinandersetzung macht. Seit Anfang der 90er Jahre wird der Kunstbetrieb häufig mit einem *Betriebssystem* verglichen. Mit diesem – eigentlich aus der Computerwelt entlehnten – Terminus, der 1994 auch Titel eines Bandes des *Kunstforums*[568] *war*, wird die Tatsache thematisiert, das sich auch im Kunstsystem Elemente befinden, die untereinander direkt oder indirekt in Beziehung stehen und dabei Netzstrukturen ausbilden. So

---

[565] Vgl. Kapitel: III.6 „Prozessorientierte Kunstdidaktik – Ansätze in der kunstpädagogischen Theorie und Praxis auf der Grundlage der Performance Art" in dieser Arbeit.

[566] Die Notwendigkeit zur Auseinandersetzung mit Gegenwartskunst begründet Maset mit ihrer historischen Bedingtheit und dem jeweils daran gebundenen „mobilen" Kunstbegriff: „Die Legitimation des Faches steht und fällt mit den sich verändernden Wahrnehmungsweisen und -techniken. Das Schaffen von Zugängen zur Gegenwartskunst, die theoretisch und material mit Wahrnehmung experimentiert, ist deshalb eine vordringliche curriculare Aufgabe." P. Maset in: Ästhetische Bildung der Differenz. Stuttgart 1995, S. 20.

[567] Peter Weibel (Hrsg.): Kontext Kunst. Köln 1994.

[568] Vgl. Kunstforum International: Betriebssystem Kunst. Bd. 125, 1994.

steht beispielsweise der Künstler in direktem Kontakt zu seiner Galerie, die wiederum an potenzielle Käufer vermittelt, Museen präsentieren in Ausstellungen Arbeiten von Künstlern, die in dieser Form wiederum vom Besucher rezipiert und/oder von Fachleuten kritisiert werden. Dieses komplexe Beziehungsgeflecht stellt den Kontext für Kunst her, welcher Kriterienfindung ermöglicht, aber auch bestehenden Abhängigkeiten unterworfen ist, wodurch wiederum Machtverhältnisse deutlich werden können. Aufgrund der tatsächlich vielfältigen Verflechtungen ist davon auszugehen, dass ohne eine gewisse Kenntnis dieser Facetten, Funktionsweisen und Spezifika dieses Systems, die den Entstehungsrahmen für zeitgenössische Kunst bilden, das Phänomen der Kunst heute nicht mehr hinreichend zu verstehen und dieses System deshalb auch zu hinterfragen ist.[569]

Die Kontextkunst versteht sich als Diskurs- und erkenntnistheoretische Analyse von Kunst selbst, analysiert kritisch den Referenzrahmen der Kunst und dient dazu, mit Hilfe der Institution Kunst, die sich als Teil der gesellschaftlichen Machtdiskurse begreift, andere soziale Institutionen analytisch zu kritisieren, so dass „institutionelle Kritik der Kunst zur künstlerischen Kritik an sozialen Institutionen"[570] wird.

Die Kontextkünstlerinnen und -künstler zeigen explizit Bedingungen auf, unter denen Kunst entsteht und untersuchen den Anteil der ideologischen, fiktiven bzw. symbolischen Faktoren bei der Konstruktion des sozialen Systems. Dabei thematisieren und kritisieren sie Kunst als einen immanenten Teil der Gesellschaft und hinterfragen Mechanismen (der Macht), die auch im *Betriebssystem Kunst* verankert sind. Weibel wendet sich gegen einen autonomen Begriff von Kunst, denn „offensichtlich ist Kunst nicht der Ort der Freiheit, des Wahren und des Absoluten, sondern Kunst ist eine Praktik, die mit einer ganzen Reihe von Institutionen, politischen Notwendigkeiten, sozialen Situationen, gesellschaftlichen Regeln, ökonomischen Mechanismen, ideologischen Funktionen verbunden ist, ohne die sie nicht existiert. Kunst ist daher nicht die Gefangene, sondern paradoxerweise der Wärter"[571]. Kontextuelle Kunst versucht, Strukturen eines Herrschaftsdis-

---

[569] So analysiert beispielsweise Michael Lingner, Kunsttheoretiker an der HBK Hamburg, den Kunstkontext unter systemtheoretischer Perspektive: „Das Kunstsystem steht nicht mehr von vornherein konträr zu seiner Umwelt. Vielmehr teilt es das Schicksal der modernen Gesellschaft, die ebenfalls durch eine zunehmende Ausdifferenzierung und Verselbständigung aller ihrer Teilbereiche gekennzeichnet ist. (...) Auf dem inzwischen erreichten Stand an Autonomie und Ausdifferenziertheit lässt sich die Kunst heute nach der systemtheoretischen Analyse des Soziologen Niklas Luhmann als ein ‚autopoietischer Funktionszusammenhang' beschreiben." Michael Lingner: Die Krise der Ausstellung. In: Kunstforum International. Bd. 125, 1994.

[570] Ebd.

[571] Vgl. Pierangelo Maset: Philosophische Hypotheken der ästhetischen Erziehung. In: Jan Maschelein u.a.(Hrsg.): Erziehungsphilosophie im Umbruch. Weinheim 2000. Hinsichtlich des Autonomiegedankens der Kunst führt Maset hier aus: „Nach Michael Lingner haben sich die drei großen Autonomieentwicklungen – die Loslösung

kurses zu unterbrechen, indem sie eben die Bedingungen geschichtlicher Produktion und Rezeption von Kunst artikuliert.[572]
Wie ehemals die *kritische Theorie* der Frankfurter Schule mit der Unterscheidung zwischen *traditioneller* und *kritischer Theorie* den „Objektivismus der Wissenschaft" in Frage stellte, macht die Kontextkunst die gesellschaftliche Bedingtheit von Kunst zum Thema. Dabei wird die Gesellschaft als ein System vorausgesetzt, das sich durch seine einzelnen Momente gleichzeitig produziert wie reproduziert und die Gesellschaft auch die Kunst als solche bedingt und die Künstler als Beteiligte des *Betriebssystems Kunst* in direkter Abhängigkeit zu diesem System gesehen werden. Die Kontextkunst richtet sich dabei sozusagen als Metatheorie gegen die vermeintliche Freiheit und Unabhängigkeit der Kunst, will Widersprüche aufdecken und Ideologien entlarven. Dabei übernehmen die Kontext-Künstler im Bereich der Kunst, was aus konstruktivistischer Sichtweise als *teilnehmende Beobachtung* bezeichnet werden könnte. Die Überlegung

---

der Kunst von der gesellschaftlichen Bindung, die Ausbildung einer individuellen Künstlerpersönlichkeit und die moderne Zweckfreiheit des Werkes – überlebt und wir befinden uns heute in der Situation, in der es weder darum gehen kann, dem Künstler noch dem Werk weitere Autonomiestadien zu verschaffen. Vielmehr bestehe die zeitgenössische Form ästhetischer Autonomie darin, dem Rezipienten Möglichkeiten von Autonomie zu eröffnen. (...) Diese Entwicklung muss auch eine Auswirkung auf die institutionelle ästhetische Erziehung haben und zwar in dem Sinn, dass die eingespielte Form des Kunstunterrichts, bei der sich ein Subjekt mit einem ästhetischen Gegenstand auseinanderzusetzen hat, zumindest um Formen *ergänzt* wird, bei denen es um ästhetisch-praktische Eingriffe und Einarbeitungen in gesellschaftliche Felder geht und somit auch um die allgemeine Mitteilbarkeit und die Kritik und Kultivierung des Geschmacks.
Angesichts der Verstehenssperrigkeit der Kunst – mit der Kunst beweisen wir uns, dass wir nicht alles verstehen können – kann von der institutionellen ästhetischen Erziehung keine allgemeine *Sicherheit* hinsichtlich ihrer Vermittlungstätigkeit verlangt werden. Die Kunst ist nicht eindeutig vermittelbar. Genau dieses irritierende Verhältnis ist es, das heute zur kardinalen Aufgabe von Vermittlung geworden ist. Diese Aufgabe kann im günstigen Fall selbst *kunsthaften Charakter* annehmen, und das heißt auch, dass sie sich den Unsicherheiten der Kunst und den Unwägbarkeiten des Geschmacks aussetzen muss. In dieser Aufgabe ist ein Tilgungsplan für überlieferte Hypotheken eingearbeitet." (Vgl. auch: Michael Lingner: Gegenwartskunst nach der Postmoderne. In: Kulturamt der Stadt Jena (Hrsg.): Kunst – Raum – Perspektiven. Jena 1997)
[572] Der Kunstkritiker Thomas Wulffen erklärt den Zusammenhang zwischen Kontextkunst und Betriebssystem Kunst: „Im ‚Betriebssystem Kunst' geht es sowohl um Konstruktion als auch Analyse der das System kennzeichnenden Prozesse und Strukturen. Wie diese Prozesse und Strukturen aussehen und sich formen, ist Thema des Betriebssystems Kunst. Zwischen Analyse und Konstruktion vollzieht sich ein andauernder Vermittlungsvorgang, der wesentlich mitbestimmt wird von selbstreferentiellen Prozessen. Kunstformen des Betriebssystems Kunst thematisieren das Betriebssystem Kunst selber." Thomas Wulffen: Betriebssystem Kunst – eine Retrospektive. In: *Kunstforum International,* Bd. 125, 1994.

"KunstPädagogik" und Ästhetische Operationen

auszuführen, was es allerdings zu bedeuten hat, dass auch die Kontextkünstler selbst nur wieder Beteiligte eines „anderen Kunstsystems" sind, würde den Rahmen dieser Arbeit sprengen.
Dass die Diskussion um das *Betriebssystems Kunst* auch gegenwärtig noch geführt wird, zeigt sich daran, dass Kunsthochschulen dieses Thema im Rahmen von Symposien und Vortagsreihen auch heute noch thematisieren. So führte beispielsweise die HBK Braunschweig vom 14.-22.07.2004 die Vortragsreihe *VorStellungen 2004* zum Thema *Betriebssystem Kunst* durch, in der Veränderungen und neueste Tendenzen innerhalb und außerhalb des Kunstsystems zur Diskussion gestellt wurden.

Schwerpunkte kunstpädagogischer Arbeit
Als Schwerpunkte kunstpädagogischer Arbeit formuliert Maset folgende Aspekte:
- Theoretische und praktische Aneignung fachspezifischer, d.h. kunstorientierter Grundlagen
- Vermittlung kunstdidaktischer, kunsttheoretischer und bildungstheoretischer Positionen
- Praxis und Theorie der Neuen Medien
- Kunstpädagogische Praxis in *Kontexten*, die neue Lehr- und Lernformen in der ästhetisch-praktischen Auseinandersetzung generiert
- Importe aus nicht-künstlerischen Feldern und Praxen in das Kunstfeld, Exporte aus dem Kunstfeld in nicht-künstlerische Felder und Praxen
- Repräsentationskritik
- Experimente mit *Crossover* und *Real Life Activities* in allen *Basic Genres*[573]

Mit diesen Perspektiven verfasst Maset ein sehr umfassendes Anspruchsprofil, wobei er sowohl künstlerische, fachpraktische wie fachdidaktische bzw. bildungstheoretische Qualifikationen einfordert.
Zur Veranschaulichung seiner kunstpädagogischen Arbeit sei im Folgenden der Blick auf ein Praxisbeispiel aus Praxis Kunst Pädagogik gerichtet. Maset dokumentiert hier beispielsweise eine ästhetische Operation unter dem Titel „Operation HardEdge"[574]. In absichtsvoll kritischer Distanz zu Gunter Ottos

---

[573] Pierangelo Maset: Praxis Kunst Pädagogik. Lüneburg 2001, S. 133.
[574] *Hard Edge* gilt allgemein als eine Richtung der Malerei, die etwa gleichzeitig mit der Farbfeldmalerei eine Malerei aus der reinen Farbqualität erstrebte, dabei aber streng geometrische Strukturen suchte. Ihre Vorraussetzungen sind, neben denen der Farbfeldmalerei, der Konstruktivismus und die De-Stijl-Bewegung. Als direkter Vorläufer kann Josef Albers angegeben werden. Hauptvertreter in den USA sind Frank Stella, Al Held und Ad Reinhard. Vgl. Pierangelo Maset: Praxis Kunst Pädagogik. Lüneburg 2001, S. 90 ff.

"KunstPädagogik" und Ästhetische Operationen

Ansatz vom Auslegen[575] geht es in der „Operation HardEdge" unter Berücksichtigung eines veränderten Werkbegriffs in der Gegenwartskunst um die damit verbundene Frage nach einer Bildpragmatik, die den Gebrauch von Bildern theoretisch und praktisch untersucht und anwendet. Nachdem Maset einen Paradigmenwechsel der Bildpragmatik feststellt, der sich einerseits aus einem veränderten Werkbegriff in der Gegenwartskunst und andererseits bezüglich der veränderten Frage der Autorschaft aufgrund neuer Technologien ergibt, geht es in dieser Operation um die zentrale Frage, wie der Umgang mit Bildern aus der Perspektive des Nichtumgangs, welcher bisher aufgrund von Musealisierung und dem Verbot, Bilder zu berühren oder weiterzubehandeln, geprägt war, neu konstelliert werden kann. Mit dieser ästhetischen Operation soll eine „handlungsentlastete und interesselose Rezeption" durch „handlungs- bzw. partizipationsorientierte Arrangements" ersetzt werden.[576] Die „Operation HardEdge" dient dabei als Ausgangsaktion, um weitere Handlungen anzuregen, die dann ihrerseits allerdings vom Lehrenden nicht geplant wurden. Maset schildert folgende studentische Aktivitäten: Studierende gestalteten zunächst einen monochromen Bildträger als HardEdge-Tafeln zur weiteren Anwendung im öffentlichen Raum. In Linz begann nach anschließenden Gruppenarbeitsprozessen zur Planung, die um die Frage kreisten, was mit den Farbtafeln unternommen werden könnte – Was-wo-tun? –, „eine Gruppe ihre Aktivitäten in der Wohnung einer Studentin. Bilder wurden auf eine Matratze und auf Schränken aufgebaut, man nutzte aber auch die Umgebung der Wohnung, den Eingangsflur und den Hinterhof für schnell vergängliche Installationen. Im Anschluss hieran entspann sich ein Gang durch die Stadt, mit spontanen Installationen an Baustellen, Straßenbahnhaltestellen, einer Polizeistation und in der Linzer Straßenbahn, wo die Farbtafeln auch als ‚Fahrkarten' Verwendung fanden, was als direkte Umwertung eines symbolischen Gegenstandes in einen realen interpretiert werden kann"[577]. In allen Gruppen ergaben sich jeweils unterschiedliche weiterführende Handlungen, Gespräche und Interaktionen, die über die eigentliche Thematik von Hard Edge hinausgingen. In Hamburg wurden die Bildträger letztendlich in die Elbe eingesetzt, um „jede fixierende Ausstellungssituation" zu vermeiden.

---

[575] Gunter und Maria Otto: Auslegen. Ästhetische Praxis als Praxis des Auslegens in Bildern und des Auslegens von Bildern. Velber 1987.
[576] Pierangelo Maset: Praxis Kunst Pädagogik. Lüneburg 2001, S. 91, 92.
[577] Pierangelo Maset: Auf dem Weg zur Bildpragmatik. Kunstvermittlung durch Ästhetische Operationen. In: Peter Weibel (Hrsg.): Vom Tafelbild zum globalen Datenraum. Neue Möglichkeiten der Bildproduktion und bildgebender Verfahren. Ostfildern-Ruit 2001, S. 82.

„KunstPädagogik" und Ästhetische Operationen

Abb. 24: **Studentenarbeiten: Operation HardEdge,** Lüneburg, Linz, Kassel, Hamburg, Wintersemester 2000/2001. (Pierangelo Maset, Eva Sturm)

Maset legt in dieser Aktion den didaktischen Schwerpunkt auf eine induktive Art der Kunstbegegnung mit emphatischer Orientierung an der Gegenwartskunst. Die „Operation HardEdge" sollte von „operativen Schemata" ausgehen, einer Stilrichtung, die sich mit monochrom geometrischen Formen in den 60er Jahren als Reaktion auf den Abstrakten Expressionismus entwickelt hatte, um dann allerdings keine interpretative Annäherung anzubahnen, sondern der Frage nachzugehen, „wie der Umgang mit Bildern anders als aus der Perspektive des Nichtumgangs heraus konstelliert" werden könnte. Dabei setzt Maset für die traditionelle Kunstvermittlung einen Modus von Kunstbegegnung voraus, der durch – wie er es ausdrückt – „interesselose Rezeption" gekennzeichnet sei. Maset bestimmt die kunstgeschichtliche Position von *Hard Edge* als primär auf die Gegenüberstellung von Betrachter und Werk ausgerichtet, dessen „Arrangement in Richtung auf mittels von Farbtafeln ausgelösten Handlungen und transienten [sic., A.F.] Installationen im öffentlichen Raum grundlegend verändert"[578] werden sollten. Angesichts der Tatsache, dass zeitgenössische Kunst heute relevante Tendenzen aufweist, wobei sich die Rolle des Betrachters verändert, insbesondere das Rezeptionsverhalten sich vom *Betrachter zum Benutzer* wandelt, integriert Maset wesentliche Momente zeitgenössischer Kunstentwicklung in seine Theorie. Masets Ausrichtung an der Gegenwartskunst ist also durchaus zeitgemäß, in ihrem ausschließlichen Bezug auf Kontextkunst insofern aber einseitig, wenn darüber hinaus nicht auch andere Perspektiven eröffnet werden.

Was ist genau seine Intention? Es wird nicht klar, welchen Lernbegriff Maset hier zugrunde legt, wenn er interpretative Absichten durch handlungsorientierte austauscht, diese ihrerseits aber nicht inhaltlich angebunden sind, weil er genau diese Anbindung, Interpretation negiert.[579] In welcher

---

[578] Pierangelo Maset: Praxis Kunst Pädagogik. Lüneburg 2001, S. 93.
[579] *Interpretation* wird üblicherweise als Auslegung, Deutung, Erklärung übersetzt. Dies setzt normalerweise voraus, dass ein Werk (Text, Kunstwerk etc.) eine letztlich rekonstruierbare Sinneinheit enthält, die vom Betrachter bzw. Leser zu entschlüsseln ist. Neuere philosophische, insbesondere dekonstruktivistische Tendenzen stellen diese Herangehensweise an Werke, Texte, letztlich die Welt zunehmend in Frage. Vgl. Kapitel 3.5.7 „Philosophische Implikationen" in dieser Arbeit.

Weise wird er der von ihm funktionalisierten Stilrichtung gerecht? Obwohl Maset für sich beansprucht, ein innovatives Konzept vorzulegen, darf bezweifelt werden, dass dieser Entwurf hinsichtlich der berücksichtigten Inhalte dem aktuellen und zukünftigen Bildungsauftrag des Faches Kunst sowie seinen *vielfältigen* Unterrichtsgegenständen gerecht werden kann, wenn die Fokussierung auf lediglich *einen* Aspekt eine derartige Engführung mit sich bringt. Deduktive Wissensvermittlung, zu der auch die Vermittlung und Einführung in kunst- und kulturgeschichtliche Zusammenhänge wie spezielle künstlerische Verfahren und bildnerische Techniken gehört, findet in Masets Konzept keinerlei Berücksichtigung.[580] Werden deduktive Vermittlungsverfahren zuweilen zwar mit dem Hinweis auf die Gefahr einer „Nachahmungsdidaktik" kritisiert, sind sie – als Wissensvermittlung – heute dennoch in klassischen schulischen Lehrwerken immer noch von wesentlicher Bedeutung. Dieser Gedanke mündet letztlich in die Frage nach einem zugrunde gelegten Bildungsverständnis und anthropologischen Leitbild, welches Maset nicht klar darlegt.

Die teilnehmenden Studierenden der „Operation HardEdge" haben in vielfältigen experimentell-offenen Situationen unterschiedliche Erfahrungen gemacht und sich in verschiedenen Gefügen erlebt. Sie haben einen monochromen Bildträger hergestellt und diesen in kunstfremde Kontexte eingebracht. Dennoch bleiben viele kunstdidaktisch relevante Fragen offen: Wieweit haben sich die Studierenden mit den kunsttheoretischen Aspekten von *Hard Edge* beschäftigt? Welche Reflexionen hinsichtlich des Begriffs der Bildpragmatik haben stattgefunden? Wie sieht insgesamt die bildungstheoretische Begründung für diese Aktionen aus, von der Maset *nichts* berichtet? Und vor allem: Haben die *Studierenden* ihre eigenen Aktionen didaktisch reflektiert, hinterfragt und kunstdidaktisch positioniert? Die Auslassung dieser Antworten erscheint insofern besonders defizitär, als Maset eine Reihe von klassischen, die Didaktik bestimmenden Größen negiert, deren Existenz heute aber immer noch das aktuelle Bildungswesen bestimmen.

---

[580] Als Befürworter des induktiven Weges der Kunstbegegnung sei auf Selle (1990) und Buschkühle (2002) verwiesen. Dabei wird durch kunstanaloge oder kunstnahe Prozesse die künstlerische Auseinandersetzung angeregt. Beim deduktiven Vorgehen von Reinhard Pfennig bis zu Regel (1986), Otto/Otto (1987) und Kirschenmann/Schulz (1999) wird ein Kunstwerk in das Zentrum des Unterrichts gestellt, das die Schüler zur Auseinandersetzung mit dem Kunstwerk/der Kunst anregt.

5.4 Ziele und Intentionen

Als wesentliches Ziel seiner *KunstPädagogik* nennt Maset die *Entfaltung differenzieller Potenziale*. Um Fremdes und Vertrautes als solches wahrzunehmen, als Differenz zum Selbst zu erfahren, bedarf es des Anderen, an dem das Eigene gemessen werden kann und zum Anderen in Beziehung gesetzt werden kann. Für Maset sind Wahrnehmung und Differenz unmittelbar miteinander verbunden: „Ich nehme wahr, indem ich unterscheide, und unterscheide, indem ich wahrnehme. Wahrnehmung und Differenz sind untrennbar miteinander verschränkt. (...) Nur durch die inneren Differenzen sind wir in der Lage, im Wahrnehmungsprozess von den Phänomenen affiziert zu werden; die Öffnung zum ‚absolut Anderen' ist gleichzeitig eine Begegnung mit der eigenen Differenz."[581]

Dabei spricht sich Maset, wie ehemals Gert Selle, gegen eine Didaktisierung der Kunst aus, wie sie in einer von ihm kritisierten – aber nicht definierten – Kunstpädagogik praktiziert würde. Zudem lehnt Maset Zielformulierungen im Sinne von Lernzielen ab, da die Ziele, die im Kontext *ästhetischer Operationen* erreicht werden können, „nicht von vornherein festgesteckt werden"[582] könnten.

Maset geht davon aus, dass der Ansatz der *ästhetischen Operation* sowohl dafür geeignet ist, grundlegende fachliche Kompetenzen zu vermitteln als auch eine intensive Auseinandersetzung mit aktuellen Positionen in Ästhetik und Pädagogik anzuregen. Ziel ist es, *operative Schemata* zu schaffen, die in der Kunst oder in ästhetischen Alltagspraxen eingehüllt sind und für die kunstpädagogische Arbeit gewendet werden können. Für Maset selbst ist es Ziel, „dem traditionellen Arrangement von Betrachter und ästhetischem Gegenstand, das lange die wesentliche Dimension der kunstpädagogischen Auseinandersetzung darstellte, andere, sprich: handlungs- bzw. partizipationsorientierte Arrangements hinzu zu fügen, die sich ebenso kritisch wie hedonistisch mit den Bedingungen und Rahmungen von Inhalten und Methoden befassen. Die Identität einer spezifischen künstlerischen Arbeit wird dabei mit der Differenz einer kunstpädagogischen Beobachtung bzw. Anwendung konfrontiert, die wiederum dazu führen kann, dass die kunstpädagogische Arbeit ihre Dimension entfaltet"[583].

Maset geht es bei der Vermittlung von Kunst nicht darum, lediglich künstlerische Gehalte und Fakten zu *vermitteln*. Vielmehr soll das Kunsthafte selbst – für Maset die Ereignishaftigkeit und Unkontrollierbarkeit – im Vermittlungsprozess hervorgebracht werden. Vermitteln bedeutet für Maset nicht, „einen Inhalt für alle Zeiten identifizierbar festzuschreiben, sondern

---

[581] Pierangelo Maset: Ästhetische Bildung der Differenz. Stuttgart 1995, S. 25, 26.
[582] Pierangelo Maset zitiert in: Birgit Kriegner, Susanne Büttner: Was bringen uns „Ästhetische Operationen"? Ein Interview mit Pierangelo Maset. In BDK Mitteilungen 1/2003, S. 4 ff.
[583] Pierangelo Maset: Praxis Kunst Pädagogik. Lüneburg 2001, S. 92.

eine Position zwischen dem Betrachtenden und dem ästhetischen Objekt, Konzept oder Ereignis herzustellen"[584]. Dazu distanziert sich Maset von einem traditionellen Verständnis von Vermittlung als Weitergabe von Wissen, das von einer Gegenüberstellung von Objekt und Betrachter ausgeht: „Wir sollten davon abgehen, das Verständnis und die Vermittlung von Kunst als etwas zu beschreiben, das sich wie die Annäherung an einen festen Stoff verhält, und wir gewinnen viel, wenn wir uns klar machen, wie dieser Stoff mit uns funktioniert bzw. welche Gefüge wir mit ihm bilden können. Eben dieses Bilden von Gefügen ist die Vermittlungsarbeit, die möglich ist. Ihr Ergebnis ist nicht das ,wirkliche' Verstehen, sondern die Erzeugung möglicher Verstehensweisen in einer Wirklichkeit."[585] Maset nimmt den Vermittlungsprozess als eine besondere Form der Kommunikation an, die die Veränderungen berücksichtigen müsse, die „entstehen, wenn ein Subjekt etwas aufnimmt und dieses Etwas weitergibt."[586] Stets „eingefärbt von den Perzeptionen der Beteiligten"[587] bekomme jede Mitteilung in ihrer Aufnahme und Weitergabe eine bestimmte „Einfärbung", was die bestehende Logik institutioneller Vermittlung der Kunstpädagogik in Frage stellt, da ein Vermittlungsprozess zwangsläufig differenziell sei.

Die Hamburger *HardEdge*-Aktion kommentiert Maset bezüglich seiner veränderten Sichtweise zum Verhältnis von Betrachter und Bild: „Im Wasser treibende Farbflächen, schwimmende Bilder legen nahe, dass das, was in der traditionellen Kunstvermittlung durch die starre Gegenüberstellung von Betrachter und Objekt fixiert worden ist, heute durch bildpragmatische Vorgehensweisen in Bewegung gebracht werden muss. Eine so arbeitende Kunstvermittlung ist in ihren besten Momenten nicht nur Vermittlung, sondern auch Kunst."[588]

Diese Aktion führt vor Augen, dass sich hier nicht mehr eindeutig zwischen einer pädagogischen oder einer künstlerischen Aktion unterscheiden lässt, Bildungsprozesse sich sozusagen nebenher und unkontrolliert ereignen. Masets Forderung, kunstdidaktische Prozesse bildungstheoretisch anzubinden, stellt sich hier sozusagen selbst in Frage.

Maset plädiert für einen Übergang der *Vermittlung der Kunst* zur *Vermittlungskunst, die selbst kunsthafte Züge annehmen* kann, und ignoriert dabei allerdings die latente Gefahr, die Schüler selbst aus dem Blickfeld zu verlieren. Wird in der *Vermittlungskunst* der Vermittler selbst zum Protagonisten, avanciert diese Perspektive angesichts der pädagogischen Verantwortung zu

---

[584] Ebd. S. 13.
[585] Ebd.
[586] Ebd.
[587] Pierangelo Maset: Auf dem Weg zur Bildpragmatik. *Kunstvermittlung durch* Ästhetische Operationen. In: Peter Weibel (Hrsg.): Vom Tafelbild zum globalen Datenraum. Neue Möglichkeiten der Bildproduktion und bildgebender Verfahren. Ostfildern-Ruit 2001, S. 78.
[588] Ebd. S. 84.

einem fragwürdigen Unterfangen. Masets Konzeption, der durchgängig die Auseinandersetzung mit den Bedingungen und Zielsetzungen des schulischen Lernens fehlt, erliegt somit dem gefährlichen Risiko, den „Verführungen der Kunst" nachzugeben und die „Pädagogik zu vernachlässigen"[589].

5.5 Methoden der Vermittlung

Methodisch artikuliert sich die kunstpädagogische Aktion bei Maset in Form der *ästhetischen Operation,* einer Aktionsform, die sich – wie oben gezeigt wurde – stets auf Künstler und/oder Kunstwerke bezieht und diese zur weiteren künstlerischen Bearbeitung in experimentell, selbstorganisierter, handlungsorientierter und mehrperspektivischer Form heranzieht. Im Kontext einer Öffnung gegenüber philosophischer, kunst- und ästhetiktheoretischer Forschung treten stärker *prozessuale* Momente gegenüber festgefügten Werk-, Objekt- oder Produktbezügen hervor. Kennzeichnend für das Konzept der Kunstvermittlung mittels *ästhetischer Operationen* ist eine handlungsorientierte, partizipationsorientierte, experimentell offene und an zeitgenössischer Kunst orientierte Vorgehensweise aller Beteiligten. Eine Reduzierung auf *eine* Technik oder Methode soll in der Praxis bewusst vermieden werden. Dagegen sei stets mehrperspektivisch zu arbeiten, was auch in Verbindung von traditionellen und aktuellen Verfahren der Zeichenproduktion möglich sei. Moderne Computertechnologie biete sogar interessante Möglichkeiten, Transformationen ästhetischer Zeichen von einem Medium in das andere vorzunehmen. Das Endprodukt sei in vielen Fällen weniger wichtig als die Prozesse, die ein ästhetisches Objekt durchläuft. Die sehr skizzenhaften Protokolle der von Maset dokumentierten Praxisbeispiele sind von knapper Darstellungsform und zeugen vom experimentellen Charakter der Projekte. Als kennzeichnend für das methodische Vorgehen kann vor allem das Prinzip der Selbstorganisation seitens der Beteiligten angenommen werden, wobei die Unvorhersehbarkeit von Lernsituationen für Maset sich aus der Komplexität der Subjekte begründet.

Die von Maset favorisierte methodische Offenheit berücksichtigt ein breites Spektrum von Methoden, setzt dabei gleichzeitig seitens der Beteiligten die notwendige Methodenkompetenz im Bereich künstlerischer Techniken und Arbeitsformen voraus, die im Allgemeinen im Kunstunterricht erst entwickelt werden muss. Aufgrund der Hegemonie des experimentellen Charakters *ästhetischer Operationen* stellt Maset die Notwendigkeit von Planungsentscheidungen seitens des Lehrenden in Frage.

---

[589] Vgl. Carl-Peter Buschkühle: Faire Diskussion. Leserbrief in BDK Mitteilungen, Heft 3/2002.

5.6 Bezüge zu Pädagogik und Bildungstheorie

Masets philosophische Orientierung lässt einen bestimmten Bezug zu allgemeinpädagogischen und didaktischen Modellen vermuten, den er derweil aber nicht konkret ausformuliert. Stattdessen verfasst er in Bezug auf seine *KunstPädagogik* folgende „6 Basics":

- Pädagogische Kompetenz, künstlerische Praxis und geschichtliche Verantwortung sind die wichtigsten Leitvorstellungen kunstpädagogischen Handelns.
- *KunstPädagogik* ist ein spezifisches Handlungsfeld der Pädagogik und bedarf deshalb bildungstheoretischer Begründung.
- *KunstPädagogik* ist eine Form der angewandten Kunstpraxis. Sie orientiert sich an der ästhetischen Praxis und am Kunstdiskurs.
- *KunstPädagogik* hat die Aufgabe differenzielle Vermögen zu entfalten. Zeitgenössische *KunstPädagogik* ist differenztheoretisch konstituiert.
- *KunstPädagogik* beinhaltet heute u.a. auch: *Neue Technologien, Cultural Studies, Bildpragmatik* und *Public Art*.
- Ziel ist es, künstlerische, wissenschaftliche und pädagogische Arbeit integral zu begreifen und zu praktizieren.[590]

Mit diesen sechs Setzungen sind wesentliche Aspekte bestimmt, die Masets Konzeption kennzeichnen sollen. Mit seiner Feststellung, *KunstPädagogik* sei ein spezifisches Handlungsfeld der Pädagogik und deshalb bildungstheoretisch zu begründen, verpflichtet er sich einer an der Bildungstheorie orientierten Fachdidaktik. Dies wird näher spezifiziert, indem er der Kunstpädagogik die Aufgabe zuweist, sie habe *differenzielle Vermögen* zu entfalten, allerdings bleibt dem Leser eine *konkrete* bildungstheoretische Positionsbestimmung oder Einordnung sowohl im theoretischen Kontext wie auch in den Praxisbeispielen vorenthalten. Maset unterlässt damit eigentümlicherweise das, was er selbst fordert, nämlich *KunstPädagogik* bildungstheoretisch zu begründen. Es bleibt zudem unklar, *wie* genau seine Beispiele die Aufgabe lösen könnten, *differenzielles Vermögen zu entfalten*. Weder im theoretischen Kontext noch im Verlauf der Praxisbeispiele erläutert Maset die skizzierten Prozesse als spezifisch pädagogische Handlungsfelder.

Dass *KunstPädagogik* sich an ästhetischer *Praxis* und am Kunst-Diskurs orientiert und sich somit als eine Form der angewandten Kunstpraxis artikuliert, zeichnet dieses Konzept wesentlich aus. Hier stellen sich zwei Fragen: Erstens, wie kann der Gefahr vorgebeugt werden, die aus der Engfüh-

---

[590] Pierangelo Maset: Praxis Kunst Pädagogik. Lüneburg 2001, S. 34.

rung durch die wesentliche Orientierung am Vorgehen zeitgenössischer Kunst, insbesondere der Kontextkunst, resultiert und andere Kunstrichtungen vernachlässigt? Masets Methodenorientierung an der Gegenwartskunst veranlasst C.P. Buschkühle zu der Einschätzung, „darauf eine pädagogische Perspektive aufzubauen kann fruchtbar sein, sofern sie sich als spezifisches *Teilmoment* (Hervorhebung A.F.) kunstdidaktischer Möglichkeiten versteht. Ein Paradigma für die Fachentwicklung insgesamt kann daraus (...) jedoch nicht abgeleitet werden"[591].

Zweitens verbindet sich mit der Setzung einer *Kunstpädagogik als Kunst* die wesentliche Gefahr, die Schüler selbst aus dem Blickwinkel zu verlieren, den Versuchungen der Kunst nachzugeben und so die Pädagogik zu vernachlässigen. In Masets Konzept fehlt eine grundsätzliche Berücksichtigung und hinreichende Auseinandersetzung mit dem Subjekt kunstpädagogischer Bemühungen, dem Schüler, sowie den Bedingungen und Möglichkeiten des Lernens generell.

Zuletzt bleibt die essenzielle Frage nach der Ausbildung Studierender hinsichtlich einer Reflexions- und Legitimationsfähigkeit in kunst*didaktischer* Hinsicht. In den Prozessskizzen der *ästhetischen Operationen* schildert Maset nur das künstlerische bzw. experimentelle Handeln von Studierenden. Wie diese allerdings darüber hinaus ihre eigenen künstlerischen Aktionen didaktisch legitimieren, reflektieren und schulpädagogisch im Blick auf Kinder und Jugendliche anbinden, bleibt unklar.

5.7 Philosophische Implikationen

Masets Orientierung an postmodern-philosophischen Entwürfen ist offenkundig und an mehreren Aspekten nachzuweisen. Die erste Spur ergibt sich aus einem Hinweis von Maset selbst, indem er sich als aus der *„Schule des Differenzdenkens"* kommend charakterisiert und erklärt *„mein zentrales Thema ist die Differenz"*[592].

Meint der Begriff *Differenz* im alltäglichen Sprachgebrauch soviel wie Unterschied, Meinungsverschiedenheit, Unstimmigkeit etc., deutet seine Verwendung bei Maset dagegen auf eine neuzeitliche philosophische Richtung hin, die sich insbesondere mit dem Namen Jacques Derrida verbindet. Das Denken Jacques Derridas gehört in den Zusammenhang einer Strömung, die in der Literatur als „Philosophie der Differenz" ausgewiesen wird.[593]

Die nicht ganz unproblematische Bezeichnung der „Philosophie der Differenz" leitet sich her aus der Kritik des identifizierenden Denkens, wie sie bereits Adorno[594] und Heidegger in seiner Schrift *Identität und Differenz*[595]

---

[591] Carl-Peter Buschkühle: Faire Diskussion. In BDK Mitteilungen 3/2002, S. 41.
[592] Pierangelo Maset zitiert in: Birgit Kriegner, Susanne Büttner: Was bringen uns „Ästhetische Operationen"? Ein Interview mit Pierangelo Maset. In: BDK Mitteilungen, Heft 1/2003, S. 4 ff.
[593] Vgl. Heinz Kimmerle: Jacques Derrida. Zur Einführung. Hamburg 2000.
[594] Th. W. Adorno: Negative Dialektik. Frankfurt/M. 1982.

andachten. Heidegger machte deutlich, dass die europäische Philosophie seit Platon überwiegend auf das Eine, Identische gerichtet ist und das Viele, Verschiedene von diesem aus zu erfassen sucht. Heinz Kimmerle, Autor einer Derrida-Monografie, macht Folgendes deutlich: „Die Begrifflichkeit der Philosophie erweist sich als so tiefgehend geprägt vom Denken der Identität, dass die Differenz damit nicht zu fassen ist. Deshalb ist auch die Kennzeichnung *Philosophie* der Differenz problematisch"[596]. Adorno charakterisiert das begriffliche Denken als von sich aus identifizierend, so dass das Besondere, Nicht-Identische durch das Raster dieses Denkens hindurchfalle. Da wir nach Adorno allerdings nicht über ein anderes Denken als das begriffliche verfügen, bleibt nur der Weg, durch den „Begriff über den Begriff hinauszugelangen"[597]. Dieses „Hinausgelangen über die Philosophie" charakterisiert Kimmerle als eine Philosophie, die den „Bruch mit der Tradition definitiv vollzogen hat"[598].

Derrida führte in einer 1968 gehaltenen Rede über die *différance*[599] einen komplizierten Neologismus vor, dessen bewusst „falsche" Schreibweise (*différance* statt *différence*) zwar keinen hör- aber einen lesbaren Unterschied macht (weshalb Derrida während seines mündlich gehaltenen Vortrags immer wieder darauf hinweisen musste) die These von der Vorrangigkeit der Schrift gegenüber der Sprache demonstrieren sollte und in die Tradition der Diskussion über die von ihm mit entwickelte poststrukturale Zeichentheorie[600] eingebettet verstanden werden kann.

In einem Interview 1984 mit Florian Rötzer erklärt Derrida, was er beabsichtigt bzw. hinter sich zu lassen sucht: „Der Gedanke des Fragments von Novalis bis zu seinen modernen Formen ist noch eine Sehnsucht nach Tota-

---

[595] Martin Heidegger: Identität und Differenz. Pfullingen 1957.
[596] Heinz Kimmerle: Jacques Derrida. Zur Einführung. Hamburg 2000, S. 18
[597] Th. W. Adorno: Negative Dialektik. Frankfurt/M. 1982, S 27.
[598] Heinz Kimmerle: Jacques Derrida. Zur Einführung. Hamburg 2000, S. 18.
[599] Jacques Derrida: Die différance. In: Peter Engelmann (Hrsg.): Postmoderne und Dekonstruktion. Texte französischer Philosophen der Gegenwart. Stuttgart 1990.
[600] Die Kernthese der *poststrukturalen Zeichentheorie* besagt, dass die Bedeutungen von Zeichen nicht aus einer Identität zwischen Signifikat und Signifikant entstehen, sondern allein aufgrund der Differenz zu allen anderen Zeichen. Da man stets neue Signifikanten benötigt, um den Sinn eines Zeichens anzugeben, ist der Verstehende der Bedeutung immer nur auf der „Spur", ohne diese „Flucht des Sinns" jemals anhalten zu können. Für poststrukturalistische Philosophen ist die Bedeutung eines Wortes nicht identisch mit dem was es bezeichnet. Damit problematisiert diese Philosophie eine historische Sprachtheorie, die meint, dass Sprache auf objektive Verhältnisse weist. In der poststrukturalistischen Sicht ergeben sich der Sinn und die Bedeutung dagegen durch den Bezug auf den Kontext. Das Verhältnis von Strukturalismus und Poststrukturalismus bildet ein ähnliches Verhältnis ab wie das der Moderne und Postmoderne: Strukturalismus bezieht die Strukturen der Sprache in die Analyse selbst mit ein. Poststrukturalismus bezieht diese Strukturen ebenfalls mit ein, stellt sie aber gleichzeitig wieder in Frage. Vgl. http://www.uni-essen.de/literaturwissenschaft-aktiv/Vorlesungen/methoden/derr, 27.08.2004.

lität. Was ich Differenz nenne, Dissemination, Teilbarkeit, ist nicht wesentlich fragmentarisch. Es ist eine Auflösung der Beziehung zum Anderen, zum Heterogenen, ohne Hoffnung und ohne Wunsch nach Totalisierung."[601]
Derrida verwendet *différance* als einen Kunstbegriff in Abweichung zu *différence* (Differenz). In der *différance*, für Derrida die Wurzel der Verschiedenheit, sieht er das Unentscheidbare, das „Weder-noch". *Différance* sei eine Spur, eine Verweisung auf einen anderen Gegen-stand, eine Bewegung, die jeden Code oder die Sprache historisch als Gewebe von Differenzen konstituiert. *Différance* ist eine Spielbewegung mit der Möglichkeit, Begrifflichkeiten, Begriffsprozesse und Begriffssysteme zu verschieben. „Was sich *différance* schreibt, wäre also jene Spielbewegung, welche diese Differenzen, diese Effekte der Differenz, durch das ‚produziert', was nicht einfach Tätigkeit ist. Die *différance*, die diese Differenzen hervorbringt, geht ihnen nicht etwa in einer einfachen und an sich unmodifizierten, indifferenten Gegenwart voraus. Die *différance* ist der nicht-volle, nichteinfache Ursprung der Differenzen."[602]
Heinz Kimmerle schreibt dazu: „Die différance ist deshalb strenggenommen weder ein Wort noch ein Begriff, sondern eine vorläufige grafische Spur, die ihre Wirkungen zeitigen muss. Es handelt sich also um eine strategische Unternehmung. Das bedeutet auch, dass sie eines Tages geändert werden kann oder aufgehoben wird. Sie dient dazu herauszufinden, ‚wer' und wo ‚wir' sind, in der ‚Epoche' jenseits fester unveränderlicher (idealer) Bedeutungen."[603]
Derridas Begriff der *différance*, nicht ohne weiteres ins Deutsche zu übersetzen, besitzt eine räumliche und eine zeitliche Komponente und bezeichnet die Differenzen erzeugende Tätigkeit und zugleich die Verzögerung der Präsenz, die durch das Hervortreten der Differenzen bewirkt wird. Die räumliche Komponente in *différance* verweist auf die Differenzierung im Sinne einer Abgrenzung von einem anderen Sinn, die zeitliche Komponente auf den Aufschub der Bedeutungserfüllung. Für Derrida ist die Differenz das Gegenteil des Logozentrismus, welcher die Existenz feststehender gesicherter Bedeutungen postuliert. Die Differenz impliziert dagegen eine permanente Aufschiebung der Bedeutung, insofern als die Bedeutung durch den Unterschied anderen Bedeutungen gegenüber bestimmt ist und durch diesen Unterschied hervorgebracht wird, also flüchtig und labil ist. Eine dezidierte Definition dieses Begriffes ist problematisch, ist doch – folgt man Derridas Argumentation – die Bedeutung der *différance*, ebenso wie die Bedeutung jedes anderen Wortes, von der Differenz abhängig und wird

---

[601] Jacques Derrida in einem Interview mit Florian Rötzer. Zitiert in: Katharina Mai: Derrida, Jacques. In: Bernd Lutz (Hrsg.): Die großen Philosophen des 20. Jahrhunderts. München 1999.
[602] Jaques Derrida: Die différance. In: Peter Engelmann (Hrsg.): Postmoderne und Dekonstruktion. Texte französischer Philosophen der Gegenwart. Stuttgart 1990, S. 89.
[603] Heinz Kimmerle: Jacques Derrida. Zur Einführung. Hamburg 2000, S. 79.

unendlich aufgeschoben. Es existiert keine feste Präsenz, die die Bedeutung sicherstellen oder bestätigen könnte. Wäre das der Fall, würde der Theorie, die den Begriff hervorgebracht hat, jede Grundlage genommen.[604] Das Denken der Differenz kann, so Kimmerle „nur selbst different, differierend sein und nicht stets wieder dasselbe"[605].
Derrida geht es um die grundsätzliche *Dekonstruktion*[606] des Denkens in Oppositionen, die als strukturelle Grundlage das abendländische Begriffssystem bestimmen, indem er gewohnte Grenzziehungen wie z.b. die zwischen Subjekt und Objekt, Geist und Körper etc. als kulturell gesetzt enthüllt. Darin verborgen ist eine fundamentale Kulturkritik, weil solche binären Oppositionen das Denken und die Wahrnehmung nicht nur als Vorstellung einer unüberbrückbaren Differenz zwischen beiden Einheiten prägen, sondern weil zumeist einer der beiden Begriffe eine höhere Geltung erlangt als der andere.
Der Name Jacques Derrida ist unmittelbar verbunden mit der Philosophie des *Dekonstruktivismus*, einem philosophischen Vorgehen, das nach etwas sucht, was in der Totalität nicht mehr gedacht werden kann bzw. aus ihr ausgeschlossen wurde. Derrida geht es in seinem Verständnis von *Dekonstruktion* um das Nicht-Gedachte, das Verdrängte, das Unterdrückte. *Dekonstruktion* wird in der Philosophie als Arbeitsprozess bezeichnet, durch den etwas aufgeteilt und in seine Bestandteile aufgelöst wird. Dies bedeutet, dass die *Dekonstruktion* der Metaphysik nicht die Abschaffung der Metaphysik ist, sondern das Gegenteil, nämlich die Aufdeckung derselben. *Dekonstruktion* kann gegensätzliche Strukturen aufzeigen und deutlich machen, dass die Ungleichheit von Begriffspaaren im Gegenstand der Opposition gegeben ist, also im Zwischenraum der Begriffe: einer der beiden Begriffe wird durch die Abhängigkeit des anderen kontrolliert. Daraus folgt, dass durch die *Dekonstruktion* der Opposition die Hierarchie zwischen den Begriffen ins Wanken gebracht werden kann.

---

[604] Vgl. Jeremy Hawthorn: Grundbegriffe moderner Literaturtheorie. Tübingen, Basel 1994.
[605] Heinz Kimmerle: Jacques Derrida. Zur Einführung. Hamburg 2000, S. 17.
[606] *Dekonstruktion* wird üblicherweise als Sammelbezeichnung für eine ganze Reihe von Strömungen in Philosophie, Architektur und Literatur verwendet. Der hier verwendete Begriff der *Dekonstruktion* ist zu unterscheiden von dem des *Dekonstruktivismus,* der in der Architektur als Stilbezeichnung eine Richtung der Architektur seit den 1990er Jahren bezeichnet, die mit dynamischen Schrägen und Raumdurchdringung arbeitet. Ab 1986 zeugen allerdings mehrere Veröffentlichungen von der Zusammenarbeit Jacques Derridas, dem Protagonisten des *philosophischen Dekonstruktivismus* als einer neuzeitlichen philosophischen Denkrichtung mit den beiden Architekten Bernard Tschumi und Peter Eisenmann, so dass der *Dekonstruktivismus* auch zu einem Architekturstil geworden ist. Vgl. Andreas Papadakis (Hrsg.): Dekonstruktivismus, eine Anthologie. Stuttgart 1989.

Dekonstruktion ist somit eine Praxis der Textlektüre, wobei der Textbegriff als sehr allgemein und weit gefasst verstanden werden muss.[607] Die *Dekonstruktion* „greift ‚in einer doppelten Geste' die den metaphysischen Gegensatzpaaren inhärente Hierarchie an. In einem ersten, nur vorläufigen Schritt wird die bisher unterdrückt gebliebene Seite des Gegensatzpaares hervorgehoben, explizit bedacht. Dadurch wird, ähnlich wie bei Foucault, die Etablierung eines Begriffes mit dem durch seine Konstruktion Ausgeschlossenen zusammengedacht"[608].

Dekonstruktion ist in diesem Sinne keine praxisorientierte Theorie, sondern ein Denkmodell, das es möglich macht, Zuschreibungen in ihrem symbolischen Bestand aufzuzeigen, ohne neue Zuschreibungen anbieten zu müssen. Es geht der *Dekonstruktion* um das Offenlegen des gesellschaftlich-kulturellen Gewordenseins von Zuschreibungen, Dingen und Begriffen. Die *Dekonstruktion* grenzt sich dazu ganz bewusst ab von hermeneutischen Theorien und der daraus hervorgehenden Praxis der Interpretation. Derrida versteht sich vielmehr als „Anti-Hermeneut" und plädiert für ein „Lesen von Texten, das diesen möglichst wenig Gewalt antut. Möglichst wenig Gewalt in dem Sinne einer Zurichtung und Reduktion auf die eigenen Begriffe, die man für die Lektüre mitbringt und an den Text heranträgt. Aber auch möglichst wenig Gewalt im Sinne einer Ausrichtung der Lektüre auf ein Ziel"[609]. Während das Ziel unserer traditionell hermeneutischen Kultur darin besteht, in jedem Text einen letzten, zugrunde liegenden Sinn zu vermuten und diesen formulieren zu wollen, meint Derrida anders als die herkömmliche hermeneutische Praxis, dass jeder Text in einem Kontext

---

[607] Zum Textbegriff sagt Derrida: „Das was ich also Text nenne, ist alles, ist praktisch alles. Es ist alles, das heißt, es gibt einen Text, sobald es eine Spur gibt, eine differentielle Verweisung von einer Spur auf die andere. (...) Die Rede ist ein Text, die Geste ist ein Text, die Realität ist ein Text in diesem neuen Sinne. Es handelt sich also nicht darum, einen Graphozentrismus gegen einen Logozentrismus oder gegen einen Phonozentrismus wiederherzustellen, und auch keinen Textzentrismus. Der Text ist kein Zentrum. Der Text ist diese Offenheit ohne Grenzen der differentiellen Verweisung." Zitat von Jaques Derrida in: Peter Engelmann: Postmoderne und Dekonstruktion. Stuttgart 1990, S. 21. Auch die Schriften Roland Barthes führen vor, wie die *Welt als Text* gelesen werden kann. Die poststrukturalistische Herangehensweise an Texte ignoriert dabei die Existenz einer außersprachlichen Wirklichkeit, auf die im Text Bezug genommen wird. Daraus folgt die Weigerung, den Sinn von Texten als buchstäblichen festzustellen, Texte als geschlossene Werke zu betrachten und Definitionen zu geben. Vielmehr sind Selbst- und Fremdbild ebenso codiert wie Texte und damit nie genau fassbar. Die Grenze zwischen Literaturwissenschaft als Theorie und der Literatur als ihrem Objekt wird dabei nicht einfach nur überschritten, sondern grundsätzlich negiert.

[608] Katharina Mai: Derrida, Jaques. In: Bernd Lutz (Hrsg.): Die großen Philosophen des 20. Jahrhunderts. München 1999.

[609] Peter Engelmann: Einführung. Postmoderne und Dekonstruktion. Zwei Stichwörter zur zeitgenössischen Philosophie. In: Ders. (Hrsg.): Postmoderne und Dekonstruktion. Texte französischer Philosophen der Gegenwart. Stuttgart 1990, S. 31.

steht, er also vielfältigen Einflüssen ausgesetzt ist, die ihn zu einem vielschichtigen Gebilde machen. Derrida erklärt: „Ich glaube, dass die Dekonstruktion, die Dekonstruktionen, immer eine große Aufmerksamkeit für den Kontext voraussetzen, für alle Kontexte, für die geschichtlichen, wissenschaftlichen, soziologischen usw."[610]
Derrida setzt an die Stelle des transzendentalen Signifikats, der Inhaltsseite des sprachlichen Zeichens, die sich nicht als Begriff bestimmen lassende *différance*. Entgegen einer klassisch hermeneutischen Sinnauslegung plädiert Derrida für eine „Lektüre" der Welt, die das Ausgegrenzte wieder ans Licht bringt. So kann man auch auf allen Gebieten, auf die der verallgemeinerte Textbegriff übertragbar ist, dekonstruktiv werden. Der Unterschied zwischen hermeneutischer und dekonstruktivistischer *Text*befragung ist der, dass die hermeneutische von einem quasi dialogischen Verhältnis zwischen Text und Interpret ausgehend auf ein zunehmend besseres Verständnis der im Text enthaltenen Botschaft zielt, wodurch eine letztlich rekonstruierbare Sinneinheit als gegeben unterstellt wird. Dekonstruktivistisch gesehen geht es um das Gegenteil, den Nachweis nämlich, dass und wie ein Text seine Bedeutung selbst hinterfragt, durchkreuzt und gerade mit solchen Paradoxien Sinn schafft. Aus dekonstruktivistischer Perspektive ist der Sinn nicht die letzte Schicht eines Textes.

Dennoch will Derrida die *Dekonstruktion* nicht als eine *Methode* in gewohnter Weise verstanden wissen. Peter Engelmann umschreibt sie dagegen vielmehr als „ein bewegliches, sich jeweiligen Kontexten anpassendes Lesen (Handeln), das auf diese Art eine Alternative zum totalisierenden Zugriff allgemeingültiger Methoden entwickeln will. Was von der Dekonstruktion immer wieder gefordert wird, steht also im Widerspruch zu dem, was sie sein will und was sie letztlich nur ist, wenn sie sich der Zu- und Einordnung, die von ihr gefordert wird, verweigert"[611].

Derrida negiert eine Auffassung von Verständigung im Sinn einer Suche nach Übereinstimmung, vielmehr erscheint Verständigung bei Derrida als Bemühen, sich die Unterschiede zu erarbeiten und vor Augen zu führen. Verständigung ist in diesem Sinne keine Einigung, sondern der Versuch, mit der Fremdheit oder den Widersprüchen umzugehen, ohne sie dem eigenen Denken anzuverwandeln. Derrida artikuliert dies als Appell, „Achtung für den anderen zu haben, das hieße, die Achtung ‚seines Rechtes auf Differenz in seinem Verhältnis zu den anderen, aber auch in seinem Verhältnis zu sich'"[612]. So mündet Derridas Kritik der Zeichentheorie in ein Problem

---

[610] Derrida zitiert in Peter Engelmann: Einführung. Postmoderne und Dekonstruktion. Zwei Stichwörter zur zeitgenössischen Philosophie. In: Ders. (Hrsg.): Postmoderne und Dekonstruktion. Texte französischer Philosophen der Gegenwart. Stuttgart 1990, S. 24, 25.
[611] Ebd., S. 27.
[612] Ebd., S. 28.

von Identität schlechthin. Identität erscheint nur in Bezugnahme auf das Ausgegrenzte möglich.
Maset tritt insofern ein dekonstruktivistisches Erbe an, als er – ganz im Sinne Derridas – einen als Einheit verstandenen Subjektbegriff durch die Vorstellung vom *dividuellen* Subjekt ersetzt. Sein Modell von der *Ästhetischen Bildung der Differenz* zielt auf Wahrnehmung des unendlich Differenten aller Erkenntnisprozesse einschließlich der Erfahrung unserer selbst. Masets Figur vom *dividuellen* Subjekt ist – wie nur ansatzweise zu zeigen war – in eine umfangreiche philosophische Debatte um die Begriffe Differenz, Identität und Subjekt eingebettet. In seiner Bestimmung vom *dividuellen Subjekt* legt Maset ein Subjektverständnis zugrunde, dass das Subjekt nicht als Einheit sieht, sondern als eines, das zu permanenter Teilung herausgefordert ist.

Wie Derrida das Denken in Oppositionen aufzuheben beabsichtigt, plädiert auch Maset in seinem Konzept für eine *Kunstpädagogik als Kunst* und für ein Aufheben der *starren Gegenüberstellung* von Objekt und Betrachter. Damit setzt er in der fachdidaktischen Disziplin fort, was postmoderne Philosophie fordert: Es geht ihm dabei um das Aufgeben des die neuzeitliche Wissenschaft auszeichnenden Anspruchs auf Objektivität und der damit verbundenen Auffassung, dass der Mensch zu Erkenntnis gelangen könne, die eine unabhängige von ihm existierende Wirklichkeit beschreibt. Maset kritisiert eine Kunstdidaktik, die an einem Typus von Rationalität (wie z.B. bei Gunter Otto, von dem er sich mehrfach distanziert) orientiert ist, welcher zwar von der in sich differenzierten Situation des Diskurses ausgehe, dessen Ziel aber das Erreichen eines universellen Konsenses ist und die dem traditionellen Vernunftbegriff verpflichtet ist. Wie Derrida negiert Maset jenen Weltbezug, der zu einem allgemeinen Anspruch auf Wahrheit und zu deren allgemeiner Gültigkeit geführt hat. Stattdessen votiert Maset für die Akzeptanz von Dissens, ein Aushalten von Differenzerfahrungen, wie sie sich zudem aus einer radikal pluralistischen Gesellschaft ergeben. Folgte für Lyotard aus der *Auflösung der Einheit* ein Wissen, das immer nur partikulare Legitimationen, Begründungen und Rechtfertigungen bietet und dass diese nur aus der sprachlichen Praxis und ihrer kommunikativen Interaktion kommen können, votiert Maset dafür, auch in kunstdidaktischen Zusammenhängen diese Konsens-Suche radikal in Frage zu stellen. So geht es ihm weniger darum, Kunst rational erfassbar, sondern vielmehr darum, sie als eine experimentelle Situation erfahrbar zu machen und die damit verbundene Offenheit zu akzeptieren. Für ihn ist die Kunst aufgrund ihrer *Verstehenssperrigkeit* nicht eindeutig vermittelbar und ein Lebensbereich, in dem sich die Menschen beweisen, dass sie „nicht alles verstehen können"[613]. So gewinnen auch das Mythische und der Mythos wieder an Bedeutung. Der Kunst kommt als Medium der Mitteilung des in die Vorsprachlichkeit verschobenen Fundamentalen neue Bedeutung zu. Heinz Kimmerle charakterisiert Derridas Philosophie als durch ein „deutliches ästhetisches Engagement" ausgezeichnet. Derrida interpretiere Kunstwerke wie Texte und breche so mit der Richtung auf einen bestimmten und eindeutig fassbaren Sinn. Maset folgt dieser Denkrichtung, Kunstwerke wie Texte zu lesen, „die auf ihre Weise etwas ausdrücken, was der philosophische Diskurs in traditionell-philosophischen Texten nicht zu artikulieren vermag. Wie Wahrheit in der Kunst anzutreffen ist, indem sie sich abschließender Vergegenwärtigung entzieht, ist im Denken Derridas nicht ein Interpretationsobjekt neben anderen, sondern die Initiierung eines Geschehens, das dann auch anderswo im Umgang mit diskursiv-philosophischen Texten weitergeht"[614].

Maset orientiert sich an der für die Postmoderne signifikanten Wende von einem streng logisch vorgehenden zu einem sich an der Sprache und ihren strukturellen Möglichkeiten orientierenden Denken. Wie das postmoderne, dekonstruktivistische Denken negiert Maset das Theorem von einer Eindeutigkeit des Verhältnisses von Bewusstsein und Gegenstand und geht grundsätzlich davon aus, dass, wie in der Sprache, in der es aus dieser Sicht keine eindeutige Zuordnung von Zeichen und Bezeichnetem gibt, Doppel- und Mehrfachkodierungen unumgehbar sind.

So wie der französische Literatur- und Kulturtheoretiker Roland Barthes autorkritisch vom „Tod des Autors" spricht, votiert Maset mit seiner Orientierung an der Kontextkunst zudem für das Zurücktreten vom Leitbild der Künstlerpersönlichkeit und der Zurücknahme subjektiver Signaturen und stellt traditionelle Vorstellungen vom Künstler als privilegiertem Individuum in Frage. Stattdessen diagnostiziert Maset ein neues Autonomiestadium in der Kunst, das nun dem *Rezipienten* neue Möglichkeiten von Autonomie eröffnet.

5.8 Resümee

Im Rückbezug auf postmoderne und differenztheoretische Ansätze der Philosophie sowie auf wesentliche Orientierungen an der Kontextkunst als einer Richtung des neueren Kunstdiskurses entwickelt Pierangelo Maset ein radikal innovatives Konzept zeitgenössischer Kunstdidaktik. Seine Theoriebildung bezieht ihr Selbstverständnis, ihre Ziele und Methoden ausschließlich aus der zeitgenössischen Kunst und den neuesten Tendenzen aktueller Philosophie. Masets Konzept von einer *KunstPädagogik* als Praxisform der Kunst ist wie der Gedanke von einer *Erziehung als Kunst* allerdings nicht neu. Bis

---

[613] Vgl. Pierangelo Maset: Philosophische Hypotheken der ästhetischen Erziehung. In: Jan Maschelein, Jörg Ruhloff, Alfred Schäfer (Hrsg.): Erziehungsphilosophie im Umbruch. Weinheim 2000.
[614] Heinz Kimmerle: Jacques Derrida. Zur Einführung. Hamburg 2000, S. 20, 21.

zum ausgehenden 18. Jahrhundert ist fast ausschließlich von Erziehungskunst wie auch von Kriegskunst und anderen letztlich den Handwerken nahestehenden Künsten die Rede. Kunst war hier im Sinne von „techné" gemeint. So gilt das künstlerische Moment der Pädagogik im historischen Prozess bereits über einen langen Zeitraum.

Riskant wird es m.E. aber dann, wenn der Erziehungsprozess selbst als ästhetischer Prozess dem Gestaltungs- und Formungsvorgang eines Kunstwerks analog gedacht wird. Mit dem Bezug auf einen Kunstbegriff, dem die Attitüde des Schöpferischen innewohnt, schleicht sich unweigerlich der Gedanke des *Machens eines anderen Menschen durch einen Menschen* ein. Deshalb muss dem kritischen Gedanken Dieter Lenzens zur *Kunstpädagogik als Kunst* zugestimmt werden, wenn dieser bemerkt: „Wenn Unterricht und Erziehung als ästhetische Prozesse gedacht würden, dann würde der Pädagoge zum Schöpfer. Der zu Erziehende wäre ein Rohmaterial wie ein Stein oder ein Videoband, das zwar nicht alle Möglichkeiten offenlässt, sich aber gegen die Gestaltungsvorstellungen des (pädagogischen) Machers nicht zur Wehr setzen kann."[615] Lenzen entwickelt aus diesem Gedanken die entscheidende Frage, wie es sich aus dieser Perspektive mit dem Recht des Einzelnen auf *Bildung als Selbstbildung* verhält und welchen Stellenwert hier der Emanzipationsgedanke hat, der dieser Setzung des *Menschen als Kunstwerk* diametral entgegensteht. Auch aus dem – etwas variierten, aber ebenso denkbaren – Bild vom Menschen als *Kunstwerk seiner selbst*, einer autonom autopoietisch gedachten Einheit, entfaltet sich ein Problem: Kann es sich eine Gesellschaft, eine Kultur leisten, die Selbstorganisationsprozesse ihrer Individuen unbegrenzt zu lassen, oder bedarf dieser Selbsterschaffungsprozess normativer Fixierungen? Diese Frage darf im Bewusstsein der Verantwortung für den Einzelnen wie für eine Gesellschaft im Kontext schulischer Bildung und Ausbildung nicht vernachlässigt werden und muss hinsichtlich der Legitimation einer kunstdidaktischen Konzeption, wie sie bei Maset vorliegt, berücksichtigt werden.

Maset plädiert für einen Übergang von der *Vermittlung der Kunst* zur *Vermittlungskunst, die selbst kunsthafte Züge annehmen* kann. Dies leitet sich aus seiner Abkehr von der Subjekt-Objekt-Gegenüberstellung sowie seinem generellen Zweifel an objektiver Vermittelbarkeit in Lehr-Lernprozessen her. Hierbei ignoriert er allerdings die latente Gefahr der Beliebigkeit (sofern er diesen Begriff gelten lassen würde), dabei den Verlockungen der Kunst zu erliegen und gleichzeitig die Schüler selbst aus dem Blickfeld zu verlieren. Wird doch in der *Vermittlungskunst* der Vermittler selbst zum Protagonisten, avanciert dieses Modell angesichts pädagogischer Verantwortung für die Subjekte kunstpädagogischer Intentionen zu einem fragwürdigen Unterfangen. Masets Konzeption erliegt somit dem

---

[615] Dieter Lenzen: Die erziehungswissenschaftliche Aktualität des Ästhetischen. In: Gert Selle u.a. (Hrsg.): Anstösse zum Ästhetischen Projekt. Unna 1994.

von Carl-Peter Buschkühle diagnostizierten gefährlichen Risiko, den „Verführungen der Kunst" nachzugeben und die „Pädagogik zu vernachlässigen"[616]. Wie die Beispiele der *ästhetischen Operationen* zeigten, legt Maset seinen Schwerpunkt stets auf eine induktive Art der Kunstbegegnung mit ausschließlicher Orientierung an der Gegenwartskunst. Diese Orientierung ist sehr zeitgemäß, wird dann aber einseitig, wenn darüber hinaus nicht auch andere Perspektiven eröffnet werden. Welche Rolle spielen beispielsweise die Neuen Medien? Seine explizite Kunstorientierung beinhaltet viele innovative Momente, birgt jedoch die Gefahr einer Engführung durch den Bezug auf nur *eine* Richtung des aktuellen Kunstdiskurses. So ist der – zwar zynisch formulierten – Kritik Joachim Kettels Recht zu geben, wenn dieser pointiert anmerkt, dass sich Masets Konzept durch eine „Arroganz gegenüber der entwickelten Vielfalt historischer und aktueller künstlerischer Strategien, die es jetzt offenbar der nachfolgenden Schüler- und Studierenden-Generation vorzuenthalten gilt"[617], auszeichnet.

Masets Vorliebe für eine induktive Art der Kunstbegegnung geht einher mit einer Orientierung an experimentellen, selbstorganisierten, handlungsorientierten und mehrperspektivischen Methoden. Dabei nimmt Maset nicht nur von Lernzielformulierungen Abstand, sondern auch von methodischen Vorgaben im Unterrichtsprozess. Zu starke methodische Reglementierungen zurückzunehmen, kann zwar in manchen Fällen durchaus sinnvoll sein, setzt bei den Lernenden jedoch nicht nur die Fähigkeit voraus, mit frustralen Erfahrungen produktiv umgehen zu können, sondern vor allem auch einen Lernprozess selbstverantwortet durchorganisieren zu können. Diese methodische Unverbindlichkeit bzw. Offenheit muss im Hinblick auf die daraus erwachsende Gefahr der Beliebigkeit in der von Maset postulierten Ausschließlichkeit für *schul*pädagogische Kontexte nachdrücklich in Frage gestellt werden.

Obwohl generell über die Anbindung einer künstlerisch-ästhetischen Praxis an die Kunst-Rezeption in der fachdidaktischen Diskussion weitgehend Konsens besteht und auch experimentelle, freie Umgangsformen mit Kunstwerken manchmal durchaus sinnvoll sein können, da sie jeweils spezifische – und nur auf diesem Weg zu erhaltende – Einblicke in ein Kunstwerk geben können, bleibt im Unklaren, worin im Einzelnen der Bildungswert der *ästhetischen Operationen* liegt, ob und wie die „Operierenden" sich mit inhaltlichen, geistigen oder kulturellen Aspekten auseinander setzen. Es kann vermutet werden, dass Interpretationen in klassischer, weil hermeneutischer Manier im Sinne eines Erkenntnisgewinns für Maset nicht beabsichtigt sind, da es ihm weniger

---

[616] Vgl. Carl-Peter Buschkühle: Faire Diskussion. Leserbrief in BDK-Mitteilungen, Heft 3/2002.

[617] Vgl. Jean Christoph Ammann: „Die zeitgenössische Kunst ist wieder um 360 Grad offen!" Zitiert in: Joachim Kettel: Künstlerische Bildung und die Schule der Zukunft. Bericht über ein Symposium in Heidelberg und Schloss Rotenfels. BDK Mitteilungen, Heft 1/2002.

um eine Suche nach Konsens als um die *Bildung von Differenz* geht. Hinsichtlich der Offenheit und der vielfältigen selbstorganisatorisch-experimentellen Möglichkeiten kann allerdings auch diesbezüglich die Gefahr des Willkürlichen nicht ausgeschlossen werden.
Außerdem muss diagnostiziert werden: Was Maset in seinem Modell schlüssig verlangt, nämlich vor allem die bildungstheoretische Anbindung kunstdidaktischer Theorie, lösen seine Praxisbeispiele nicht ein.
Maset wendet sich gegen eine Engführung auf einen als Substanz verstandenen Werkbegriff ebenso wie gegen ein Verständnis von Kunstpädagogik als *Selbstfindungs-* und *Selbsterfahrungsunternehmen* und setzt stattdessen seine Forderung nach der *Ästhetischen Bildung der Differenz* dagegen. Dennoch bleibt sein Anspruch nach bildungstheoretischer Begründung im konkreten Einzelfall ebenso unerfüllt wie die tatsächliche Lösung der anspruchsvollen Aufgabe, *differenzielle Vermögen* auszubilden. Stattdessen vermitteln seine Beispiele zuweilen den Eindruck von Animationen, die in mehr oder weniger unreflektierte experimentelle Handlungen münden. Trotz seiner *theoretischen* Ausführungen hinsichtlich der Schwerpunkte der kunstpädagogischen Arbeit sind seine Praxisbeispiele zudem durch eine fehlende didaktische Reflexion – insbesondere auch seitens der Studierenden – gekennzeichnet, so dass Joachim Kettel mutmaßt, dass die „Ausklammerung der beteiligten Subjekte zugunsten einer unreflektierten Übernahme eines fremden Kunstansatzes"[618] in Verantwortung vor den Auszubildenden stutzig machen muss.
In seiner Kritik an der aktuellen Kunstdidaktik geht Maset von der unhinterfragten Annahme aus, dass gegenwärtiger Kunstunterricht sich in der traditionellen Gegenüberstellung von Subjekt und Gegenstand stets *nur* in der Vermittlung von Verfahrenstechniken erschöpfe. Er übersieht, dass gerade zum gegenwärtigen Zeitpunkt vielfältige Ansätze diskutiert werden, in denen Differenzerfahrungen zu machen und diese aushalten zu können ebenso wesentliche Ziele sind wie traditionelle Vermittlung. So diagnostiziert z.B. Constanze Kirchner in ihrer Untersuchung *Kinder und Kunst der Gegenwart*, dass zunehmend pädagogisch wie fachlich „die Differenz zum Anderen als bildungsförderndes Potential in das Zentrum didaktischer Überlegungen"[619] rückt.
Abschließend muss festgestellt werden, dass Masets Konzept, so wie er es in seiner jüngsten Veröffentlichung *Praxis Kunst Pädagogik* vorstellt, vor allem durch eine wesentliche Diskrepanz zwischen theoretischem Anspruch und dessen Einlösung in praktischer Umsetzung gekennzeichnet ist. Maset entwirft in der an *transversaler Vermittlungspraxis* orientierten *Ästhetischen Bildung der Differenz* einen innovativen, der Pluralität zeitgenössischer Gegebenheiten angemessenen Begründungszusammenhang für eine zeitgemäße

---

[618] Joachim Kettel: Künstlerische Bildung und die Schule der Zukunft. Bericht über ein Symposium in Heidelberg und Schloss Rotenfels. BDK Mitteilungen, Heft 1/2002.
[619] Vgl. Constanze Kirchner: Kinder und Kunst der Gegenwart. Zur Erfahrung mit zeitgenössischer Kunst in der Grundschule. Seelze 1999.

„KunstPädagogik" und Ästhetische Operationen

Kunstpädagogik, der allerdings dort problematisch wird, wo es zur Nagelprobe kommt, dann nämlich, wenn sich die Theorie zur Praxis wendet. Angemessene Transversalität in der *Ästhetischen Erziehung* besteht nicht nur im Durchdringen und Anwenden heterogener *Theorie*bereiche, sondern auch in deren angemessenem Bezug auf die *Praxis*. Hier vor allem lässt sein Ansatz manche pragmatische, aber entscheidende Frage offen. Wie artikuliert sich ästhetische Vermittlungs*praxis* angesichts konkreter Zielgruppen und in Anbetracht existenter Umfeldbedingungen schulischer Alltagsrealität?
Die durchgängige Ausblendung der Bedingungsanalyse in schulpädagogischen Zusammenhängen mit *Schülern* als Subjekten der kunstdidaktischen Intentionen zeugt in Masets Konzept – ganz entgegen eigener Aussagen – von einer die Gesellschaft ignorierenden Einstellung. Diese Analyse ist aber unumgänglich, um das unzweifelhaft gegenwartsrelevante Thema der Differenz letztlich praktisch zu wenden. Maset protokolliert zudem ausschließlich Aktionen mit Studierenden. Diese Aktionen auf schulpädagogische Situationen zu übertragen, erscheint aufgrund der fehlenden Auseinandersetzung mit den schulpädagogischen Bedingungen und Möglichkeiten – wozu gewiss auch die Berücksichtigung der vielen unterschiedlichen anthropogenen *Voraussetzungen* von Schülern als spezifisches Kennzeichen einer postmodernen Gesellschaft gehört – unmöglich. Wie verträgt sich diese Tatsache mit seiner Behauptung, „Es geht aber grundsätzlich um die Produktion von Differenz und damit um eine gesellschaftlich höchst brisante Frage."[620]?
Maset geht soweit, dass er – ähnlich wie ehemals Gert Selle – die Didaktisierung von Kunst in der institutionellen *Ästhetischen Erziehung* generell in Frage stellt, da von ihr *keine allgemeine Sicherheit hinsichtlich ihrer Vermittlungstätigkeit* verlangt werden könne. Dies erklärt wahrscheinlich die Leerstelle in seinem Konzept, welche sich durch das Fehlen von Legitimationen kunstpädagogischer Prozesse im konkreten Fall auszeichnet.
Schlussendlich: Insbesondere die – hier leider nur fragmentarisch mögliche – Analyse der philosophischen Implikationen in Masets Modell lassen vermuten, dass dieses Konzept sich paradigmatisch derartig von anderen Konzeptionen unterscheidet und sich so weit von für die Pädagogik zentralen Kategorien entfernt, dass möglicherweise sogar die hier angewendete, an hermeneutisch-textanalytischer Methode orientierte Untersuchungsperspektive diesem Ansatz nicht wirklich gerecht werden konnte. Die für diese Untersuchung gewählte Methode, da an etablierte Diskurse und für die (Kunst-) Pädagogik zentrale Kategorien angebunden, setzt Kategorien voraus, die beispielsweise der philosophische Dekonstruktivismus radikal in Frage stellt. Da aber diese philosophischen Modifikationen, die vor ihrer Integration in die Pädagogik erst auf anderen Feldern ausgetragen werden, sich noch in *statu nascendi*

---

[620] Pierangelo Maset in: Birgit Kriegner, Susanne Büttner: Was bringen uns „Ästhetische Operationen"? Ein Interview mit Pierangelo Maset. In BDK Mitteilungen, Heft 1/2003, S. 4 ff.

befinden, war diese methodische Unschärfe leider unumgänglich. Dennoch ist die Kunstdidaktik, als an *Schul*pädagogik gebunden, eine Disziplin, deren erste Perspektive die Subjekte, die Schüler, sein müssen. Arbeitet Maset mit so radikal veränderten Paradigmen, muss diese Anbindung an die *Schüler* dennoch stets pädagogisch verantwortet bleiben.
Obwohl Maset der Verdienst zukommt, in der kunstpädagogischen Diskussion Fragen um die Subjekttheorie „zum erstem Mal sorgfältig erörtert und der Fachdiskussion Perspektiven eröffnet zu haben, wie Differenzerfahrungen in Bildungsprozessen produktiv gemacht werden können"[621], führt das von Maset entwickelte kunstpädagogische Konzept dennoch die Problematik vor, die poststrukturalistische Theorie, die sich durch hohe Komplexität und Sperrigkeit auszeichnet, für pädagogische Arbeit nutzbar zu machen. Kann Dekonstruktion auf philosophischer Ebene ein hilfreiches Verfahren sein, um scheinbar naturhaft gegebene Dichotomien in Frage zu stellen, so ist poststrukturalistisches Denken doch immer ein Denken von Ambiguität, das Vereindeutigungen problematisiert, basale Denkmodelle der Moderne in Frage stellt und schließlich für die Pädagogik zentrale Kategorien ad absurdum führt. Dekonstruktion kann den Blick öffnen für eine Veränderbarkeit dessen, was sich als vermeintlich unveränderbar darstellt, läuft allerdings leicht Gefahr, die reale Ebene des Seins und der existierenden Gegebenheiten außer Acht zu lassen und allzu theoretisch auf symbolischer Ebene zu operieren – für die Schulpädagogik, hier insbesondere die Kunstpädagogik als zwar theoretisch anzubindende, aber auf die Praxis gerichtete Disziplin ein großes Risiko. Maset stellt aus kunstdidaktischer Perspektive traditionelle pädagogische Paradigmen in Frage, deren Existenz die Pädagogik selbst begründen. Derartige Diskurse, mit solch fundamental weitreichenden Folgen sind unerlässlich an allgemeinpädagogische Diskussionen anzubinden.

---

[621] Wolfgang Legler: Kunsterziehung nach dem Ende der Kunst? In: BDK Mitteilungen, Heft 4/1998, S. 6.

6. Prozessorientierte Kunstpädagogik
Ansätze in der kunstpädagogischen Theorie und Praxis auf der Grundlage der Performance Art

6.1 Einleitung

Eine spezifische Artikulation innerhalb der neuen Ansätze in der Kunstpädagogik formuliert Marie-Luise Lange, die nach ihrer Habilitation zum Thema *Performance* heute Professorin für Theorie künstlerischer Gestaltung und Kunstpsychologie an der TU Dresden ist. Lange nimmt in ihrer Konzeption ausdrücklichen Bezug auf die künstlerische Praxis der Performance-Art, wie sie in der Gegenwartskunst von renommierten Künstlerinnen und Künstlern vertreten und praktiziert wird.[622] Damit wählt sie unter dem breiten Feld der zeitgenössischen Kunst den Bereich der Aktionskunst aus, um insbesondere prozesshafte Aspekte für die Arbeit im kunstpädagogischen Bereich fruchtbar zu machen. Dieses neue und theoretisch fundierte Konzept kunstpädagogischer Bildungsarbeit, das unter dem Titel „Grenzüberschreitungen – Wege zur Performance"[623] vorliegt, offenbart

---

[622] Trotz einer allgemeinen Auffassung, der Zenit der Performance-Kunst sei bereits überschritten, fanden in den letzten Jahren mehrere Tagungen und Symposien zum Thema Performance statt, die als Indiz gelten können, dass diese Kunstform nach wie vor den aktuellen Kunstdiskurs mitbestimmt. Dies waren unter anderen: Symposion in Zusammenarbeit mit dem Institut Mathildenhöhe Darmstadt: *Life is art enough*. Performance und erweiterte Kunstformen. 10.-12. November 1994. Dazu ist ein Tagungsband erschienen: Anita Beckers (Hrsg.): Life is art enough. Performance und erweiterte Kunstformen. Eine Annäherung. Köln 1998. Symposium an der Fachhochschule Potsdam anlässlich der Jahrestagung *Ständige Konferenz Spiel und Theater an deutschen Hochschulen: Performance und Lehre – Ästhetische Praxis und Bildung an Hochschulen*. Motto: *DerGartenDieRuineDasWasser*. Dazu ist ein Tagungsband erschienen: Hanne Seitz (Hrsg.): Schreiben auf Wasser. Performative Verfahren in Kunst, Wissenschaft und Bildung. Kulturpolitische Gesellschaft Bonn 1999. Erster Kunstpädagogischer Tag in Sachsen, 5. November 1999, unter dem Thema: *Prozesshafte Kunst im Unterrichtsprozess*. Ausgerichtet vom Landesverband des BDK Sachsen und dem Institut für Kunstpädagogik der Universität Leipzig. Dazu erschienenes Tagungsmaterial in der Reihe Texte, Band 5 der Gelben Reihe des Instituts für Kunstpädagogik der Universität Leipzig, herausgegeben von Frank Schulz und Bettina Uhlig: Prozesshafte Kunst im Unterrichtsprozess. März 2000.

[623] Marie-Luise Lange: Grenzüberschreitungen. Wege zur Performance. Königstein/Taunus 2002. Siehe auch:
Diess.: KörperHandlungsSpielräume in der Performance Art. In: Heidi Richter, Adelheid Sievert: Eine Tulpe ist eine Tulpe ist eine Tulpe. Königstein 1998.
Diess.: Die Spur führt immer zu uns zurück. In: Angela Ziesche, Stefanie Marr (Hrsg.): Rahmen aufs Spiel setzen. FrauenKunstPädagogik. Königstein 2000.
Diess.: Zum Spagat zwischen Aufgabe und offener ästhetischer Selbstbildung im Prozess kunstpädagogischer Arbeit. In: Manfred Blohm: Leerstellen. Köln 2000.
Diess.: Schneisen im Heuhaufen. Formen von Performance-Art. In: Hanne Seitz (Hrsg.): Schreiben auf Wasser. Performative Verfahren in Kunst, Wissenschaft und Bildung. Bonn 1999.

sich als vieldimensional begründet, da Marie-Luise Lange ihre Konzeption unter Bezug auf eine Fülle an theoretischen Aspekten artikuliert. Indem sie sowohl zeitgenössische Aktionskunstformen, gesellschaftliche Phänomene – vor allem aktuelle Jugendästhetiken jugendlicher Lebenswelten – sowie Moderne- und Postmodernetheorien einbezieht, stellt sie dieses Modell kunstdidaktischer Konzeptionsbildung in einen umfangreichen interdisziplinären Zusammenhang. Zur Begründung ihres Ansatzes finden Aussagen aus Ästhetik, Anthropologie, Soziologie, Philosophie, Jugendkultur, Wahrnehmungspsychologie, Pädagogik, Kunst- und Spieltheorie Berücksichtigung. Eine anschauliche Dokumentation eigener praktischer Performanceprojekte im aktionskunst-orientierten kunstdidaktischen Feld mit unterschiedlichen Altersgruppen stellt zudem einen ausführlichen Praxisbezug her. Ein Exkurs zu anderen aktuellen kunstpädagogischen Konzepten bindet den vorgelegten Entwurf in den Kontext zeitgenössischer Konzeptionsdiskussion ein.[624] Sowohl in der Kunst als auch in der ästhetischen Praxis mit Kindern, Jugendlichen und Studierenden zeigt sie Formen auf, „wie performativ Handelnde im Rückbezug auf die eigenen Interessen, Wünsche und auf biografisch Angelegtes bei gleichzeitigem Einlassen auf das Nicht-Vorhersagbare und den Zufall individuelle ästhetische Handlungsszenarien schaffen. Diese Szenarien werden zu phantasievollen Möglichkeitsfeldern eigenen Vorstellens und Handelns und damit zu imaginären Selbstentwürfen"[625].

Dieses kunstpädagogische Konzept im Sinne einer prozessorientierten ästhetischen Bildung artikuliert in seinem vornehmlichen Bezug auf die Performance-Kunst besonders den Paradigmenwechsel vom Werkparadigma zum Ereignisparadigma, vom Bild-Paradigma zum Handlungsparadigma, wie ihn insbesondere Hubert Sowa[626] ausgearbeitet hat und auf den sich ansatzweise auch Pierangelo Maset[627] bezieht. Neben Marie-Luise Lange, die als Protagonistin dieses kunstpädagogischen Konzepts bezeichnet werden kann, haben sich aber

---

Vgl. auch Modellversuch: „Zeitgenössische Kunst in die Schule" Berlin, als Teil eines bundesweiten Modellversuchs der BLK (Bund-Länder-Kommission) zum Thema „Kulturelle Bildung im Medienzeitalter" (KuBiM), welches vom Institut für kulturelle Bildung und Kulturforschung in Bonn betreut wird (Expertise dazu von J. Pazzini).

[624] Vgl. Marie-Luise Lange: Grenzüberschreitungen. Wege zur Performance. Königstein 2002, S. 291-308.

[625] Marie-Luise Lange: Grenzüberschreitungen. Wege zur Performance. Königstein 2002, S. 14.

[626] Hubert Sowa: Performance – Szene – Lernsituation. Kunstpädagogik und Praxisparadigma. In: Bettina Uhlig, Frank Schulz (Hrsg.): Prozesshafte Kunst im Unterrichtsprozess. Tagungsmaterial des ersten Kunstpädagogischen Tages in Sachsen. Gelbe Reihe des Instituts für Kunstpädagogik der Universität Leipzig. Texte Bd. 5, Leipzig 2000.

[627] Vgl. den Ansatz von Pierangelo Maset in Kapitel III.5 „KunstPädagogik und Ästhetische Operationen" in dieser Arbeit.

auch Hubert Sowa und Gunter Otto[628] für eine gegenwarts- und didaktikrelevante Bedeutung der Performance und daraus abgeleitete performative Handlungsstrategien für die Kunstpädagogik ausgesprochen.

Marie-Luise Langes Konzept *Wege zur Performance* soll zweierlei Perspektiven für die Erweiterung ästhetischer Bildungsarbeit eröffnen. Zunächst geht es um die „Erweiterung des Kunstunterrichts" im Besonderen, die neben Verknüpfungen zu den Fächern Deutsch, Musik und Sport auch Verbindungen zu Religion, Philosophie, Geschichte, Politik etc. denkbar macht. Lange vertritt die Ansicht, dass Performances als Bestandteile des Kunstunterrichts in besonderer Weise geeignet sind, persönlichkeitsorientierende, experimentelle, sinnstiftende wie irritierende Situationen zu schaffen. Ein weiteres wesentliches Ziel dieser Erweiterung liegt allerdings in der Erprobung und Entwicklung von Weltentwürfen. „Indem die jugendlichen AkteurInnen assoziative Vorstellungsbilder ihrer Innenwelten mit den Bedingungen und Materialien der Außenwelt verknüpfen, erproben sie interdisziplinäre Formen des Weltent- und -verwerfens. Ziel dieser prozessästhetischen Aktivitäten ist die virulente Verlebendigung der sinnlich-körperlichen und intermedial-ästhetischen Vorstellungs- und Ausdruckskräfte der AkteurInnen sowie die Ausbildung von aleatorischen wie rationalen, auf jeden Fall jedoch praktisch-suchenden Handlungsmodellen."[629]

Marie-Luise Lange argumentiert in erster Linie aus der Perspektive eines „postmodernen" Gesellschaftsbildes, das sich durch permanente Wandlungen, plurale Lebensformen und Identitätskonzepte auszeichnet. Lange nimmt ausdrücklich Bezug auf eine Sichtweise, die die heutige Gesellschaft als „Ort der Zersplitterung, Disparatheit und Differenz" beschreibt und die gegenwärtige Situation als eine Zeit des Wandels und der permanenten Fortbewegung charakterisiert. Auf der Suche nach neuer Verortung ist das Leben vieler Menschen – nicht nur das Leben der Künstlerinnen und Künstler der Gegenwart – momentan gekennzeichnet als ein nomadisches Unterwegssein, zunehmend aus traditionellen Bindungen entlassen, das einer „Irrfahrt zum Selbst" gleicht. Sie betont Veränderungen, die einen festen Bezugspunkt scheinbar unmöglich machen. Auch den menschlichen Körper sieht Lange weder als Garantie für Authentizität noch als vereinheitlichendes Rückzugsgebiet, sondern er ist mit seinen möglichen Identitäten als uneinheitlich und in Bewegung zu denken.

Daraus ergibt sich die zentrale Frage nach dem Individuum: „Denn wer ist dieses Ich, das sich als multipel und veränderbar entdeckt?"[630] Lange

---

[628] Gunter Otto: Ästhetik als Performance – Unterricht als Performance? In: Hanne Seitz (Hrsg.): Schreiben auf Wasser. Performative Verfahren in Kunst, Wissenschaft und Bildung. Bonn 1999.
[629] Marie-Luise Lange: Grenzüberschreitungen. Wege zur Performance. Königstein/Taunus 2002, S. 311.
[630] Ebd., S. 9.

Prozessorientierte Kunstpädagogik

folgert, dass der Bildungsbereich dem Wissen um die Widersprüchlichkeit und Polarität gerecht werden müsse. Außerdem geht sie davon aus, dass die erziehungswissenschaftliche Diskussion mittlerweile davon gekennzeichnet sei, dass weder der rationalistische, vernunftzentrierte, klassische Bildungsbegriff noch der erziehungsphilosophische, auf das kritisch-dialektische Denken setzende Bildungsbegriff diesem Strukturwandel gesellschaftlicher Entwicklung gerecht werden konnte.

Ihre Ausgangsthese besagt, dass „Grenzüberschreitungsprozesse nicht nur das Feld der modernen Kunst und der Medien bestimmen, sondern ebenso in den Oszillationsprozessen zwischen Ästhetik, Kunst, Wissenschaft, Philosophie, Ökonomie, Pädagogik, Jugendkulturen und dem Alltag zu finden sind. Bildungsprozesse im Allgemeinen und ästhetische Bildungsprozesse im Besonderen haben die Aufgabe, Heranwachsenden ästhetische Zugangsweisen in die Gegensätzlichkeit und Vieldeutigkeit der Wirklichkeit zu eröffnen und sie zum Deuten von fremden und zum Gestalten von eigenen ästhetischen Zeichensystemen zu befähigen"[631]. Mit Blick auf die künstlerischen Prozesse der Performance-Art fokussiert Lange deren künstlerische Potenziale für die kunstpädagogische Praxis bzw. Performancearbeit. Im Ästhetischen mit seinem „Sinn für Zwischenräume" sieht Lange eine „einmalige Potenz, den Sinn und die Balance für das Hin und Her des Lebendigen zwischen gegensätzlichen Tendenzen offen zu halten. Ästhetik steht in diesem Sinn außerdem auch für die Möglichkeiten, verdrängte Augenblicke des Leiblichen und Sinnlichen wieder zuzulassen sowie individuelle Wünsche und Interessen bei gleichzeitiger Sensibilisierung für die Belange des Anderen zu aktivieren"[632]. Im Hinblick auf die pädagogischen Möglichkeiten bewertet Marie-Luise Lange das Wissen um die widersprüchliche Polarität, die das Leben heute bestimmt, als die wichtigste Prämisse hinsichtlich der Begleitung von Heranwachsenden. In Anbetracht der wesentlichen Bedeutung des Faches Kunst betont sie die darin liegende einmalige Möglichkeit, den Gleichgewichtssinn für das „Hin und Her des Lebendigen" zwischen gegensätzlichen Tendenzen offen halten zu können. Besonders der Gegenwartskunst misst Marie-Luise Lange innerhalb des Kanons der künstlerischen Ausdrucksformen eine große Bedeutung zu, denn „Gegenwartskunst spiegelt die Risse und Gegensätzlichkeiten, die Brüche und Paradoxien unserer Welt und unserer Lebensformen wider. Die Auseinandersetzung mit ihr und eine experimentelle, ästhetische Praxis können Ereignistableaus bilden, auf welchen sich der Einzelne sinnliche und kognitive Erfahrungs- und Versuchsräume für die Entdeckung seines Selbst und seiner Möglichkeiten schafft. Prozessorientierte Verfahren wie Aktionskunst und Performance-Art eröffnen dabei mit ihrem Rückgriff auf die Ganzheitlichkeit menschlichen Tuns, in dem es um Körper und Geist,

---

[631] Ebd., S. 15.
[632] Ebd., S. 10.

um Zeit und Raum, um Spontaneität und überlegtes Handeln geht, verschiedenartige Felder für die Suche nach Selbstidentifikation"[633]. Damit schließt sich Lange einem Verständnis von Performance an, wie es u. a. Ulrike Hanke formuliert hat, die vor allem auf die in der Performance liegende utopische Potenz verweist: „Als Störung des Idyllischen verweist Performance auf Utopisches. Performances (...) lösen bedeutungsschwangere Signifikanten aus alten Bedeutungszusammenhängen und lassen durch Verdichtung bestehender Bilder neue Signifikanz entstehen. Performance ist der Prozess des Herauslösens und der Veränderung (...) kurz: Performance bringt die Dinge nicht in Ordnung, sondern in Fluss."[634]

6.2 Zentrale Begriffe

Performance
Das Wort *Performance* (engl. Auftritt) als Bezeichnung für die Aktion eines bildenden Künstlers kam in den frühen 70er Jahren aus den USA nach Europa und bezeichnet eine Form der zeitgenössischen Kunst, die eine Handlung in den Mittelpunkt ihrer Aussage stellt. Als eine dem Theater verwandte Kunstform verläuft sie – im Gegensatz zum Happening – nach einem kalkulierten, teilweise auch einsichtigen Konzept ab, das die Handlungsfolge nachvollziehbar macht. Die Performance ist als Form der Aktionskunst, deren früheste Formen *Happening* (engl., überraschendes Ereignis, bei dem das Publikum einbezogen wird) und *Fluxus* (lat., fließen, bei dem das Handeln des Künstlers im Vordergrund steht) waren, der Versuch einer Grenzerweiterung im Bereich der Bildenden Kunst. Eine Besonderheit der Performance besteht darin, dass Künstler in Gruppen oder einzeln vor allem durch Betonung ihrer Körpersprache in Aktion treten. Besonders Künstler*innen* nutzen die Performance heute als künstlerisches Medium, so dass noch in keiner anderen Kunstart Frauen so stark vertreten sind, wie in der Performance.
Für Marie-Luise Lange bedeutet der Begriff Performance „sowohl Aufführung, Darstellung, Spiel, Vortrag, Vorstellung als auch Leistung, Pflicht, Ausübung, Vertragserfüllung"[635]. Lange verpflichtet sich einem Kunstbegriff, der Grenzauflösungen, -erweiterungen, und -überschreitungen als ein wesentliches Merkmal der Entwicklung zeitgenössischer Kunst feststellt, und betont das Verschwinden von „Grenzen zwischen den tradierten Arten

---

[633] Marie-Luise Lange: KörperHandlungsSpielRäume in der Performance-Art. In: Heidi Richter, Adelheid Sievert-Staudte (Hrsg.): Eine Tulpe ist eine Tulpe ist eine Tulpe. Frauen, Kunst und Neue Medien. Königstein 1998.
[634] Ulrike Hanke: Von Wildwüchsen, Maulwürfen und Gärtnern. Performance und Lehre. In: Hanne Seitz (Hrsg.): Schreiben auf Wasser. Performative Verfahren in Kunst, Wissenschaft und Bildung. Bonn 1999, S. 95.
[635] Marie-Luise Lange: KörperHandlungsSpielRäume in der Performance-Art. In: Heidi Richter, Adelheid Sievert-Staudte (Hrsg.): Eine Tulpe ist eine Tulpe ist eine Tulpe. Königstein 1998, S. 162.

und Gattungen der bildenden Kunst, zwischen der bildenden und den anderen Künsten, zwischen angewandter und freier Kunst und schließlich zwischen Kunst und Leben"[636].

Aktionskunst
Der Sammelbegriff *Aktionskunst* bezeichnet neben der Performance eine ganze Reihe von Ausdrucksformen vor allem seit den 60er Jahren des 20. Jahrhunderts, die prozesshaften Charakter tragen. Kennzeichnend für die Aktionskunst ist, dass unter dem Werk nicht ein Endprodukt in der Folge künstlerischen Tuns zu verstehen ist, „sondern die künstlerische Handlung selbst. Diese Handlungen werden vornehmlich mit bildnerischen, aber auch mit musikalischen und theatralischen Mitteln vollzogen. Diese Öffnung und Entgrenzung der bildenden Kunst ist letztlich auch eine Folge des Strebens, Kunst und Leben und dabei vor allem das Leben als Prozess, zu verbinden"[637].
Die Aktionskunst wird in der Literatur auch als der Versuch des „Ausstiegs aus dem Bild"[638] gedeutet und als Kunstform beschrieben, die gekennzeichnet ist durch die „Betonung von Prozess und Verlauf gegenüber der herkömmlichen Orientierung auf Produkt und Resultat; die Verlagerung des stillen Erlebens von Artefakten auf die aktive Ebene des Daseins und körperlichen Mitmachens; die Durchdringung bildnerischer, theatralischer und musikalischer Wirkungen in Handlungen, die sinnbildlich auf Realitätsmuster verweisen und oft als kollektive Befreiungsakte erlebt werden."[639]. Die Selbstausstellung Timm Ulrichs als „erstes lebendes Kunstwerk" zielte neben dem Überraschungseffekt darauf, das eigene Leben und sich selbst als zu gestaltendes Subjekt zu begreifen. In diesem Sinne wird der Selbstfindungsprozess zum höchsten „Kunstwerk" erklärt.
Die Geschichte der Handlung als Ausdrucksform für eine Idee, sei diese religiös, sozial oder künstlerisch, ist so alt wie die menschliche Kultur und lässt sich weit zurückverfolgen. So schreibt Elisabeth Jappe: „Riten und Rituale hat es schon gegeben, längst ehe Menschen erste dauerhafte visuelle Spuren ihrer kulturellen Tätigkeit hinterließen."[640] So wie der Performance-Künstler auch zuweilen als der *moderne Schamane*[641] bezeichnet wird, lassen sich in vielen Formen der Performance Parallelen zu alten Riten, Ritualen und symbolischen Handlungen der Menschen aufzeigen: Diese

---

[636] Günter Regel, Frank Schulz, Johannes Kirschenmann, Harald Kunde: Moderne Kunst. Stuttgart 1994, S. 168.
[637] Johannes Kirschenmann, Frank Schulz: Praktiken der modernen Kunst. Stuttgart 1996, S. 102.
[638] Günther Regel, Frank Schulz, Johannes Kirschenmann, Harald Kunde: Moderne Kunst. Stuttgart 1994, S. 168.
[639] Ebd., S. 169.
[640] Elisabeth Jappe: Performance, Ritual, Prozess. Handbuch der Aktionskunst in Europa. München 1993, S. 9.
[641] Ebd.

Handlungen haben keinen direkten praktischen Sinn, sie sind vielmehr Hinweise auf umfassendere Bedeutungen. Dabei sind die Riten in ihrer Form festgelegt und größeren Gruppen in ihrer Bedeutung bekannt. Die *symbolische Handlung* kann als Vorform der Performance gesehen werden. Sie wird von einer Person ausgeführt, um eine ganz bestimmte Idee publik zu machen. So lebte beispielsweise Diogenes in einem Fass, um seine Ablehnung der verweichlichten, verwöhnten Athener Gesellschaft kundzutun. Die Handlung des Performance-Künstlers spielt sich auf dem Grat zwischen individuellem Erleben und allgemein erkennbarer, archetypischer Erfahrung ab. Für den Zuschauer liegt die Verbindlichkeit im Gleichgewicht zwischen beiden Elementen.

Seit den frühen 50er Jahren hatten sich zunächst in Amerika und später in Europa die Prozesskünste, Action-painting, Happening, Fluxus, Aktionskunst, Body- und Performance-Art entwickelt. Mit der Aktionskunst wurde der Körper der Künstler und Künstlerinnen selbst zum Bestandteil des Kunstwerkes, das in der Performance-Art jetzt nicht mehr in einem „Bild", sondern als Prozess live präsentiert wurde. Anders als im Theater spielen die Beteiligten jedoch keine vorgegebene Rolle, sondern agieren im „Echt-Zeit-Raum"[642].

Pablo Picasso und Georges Braque führten den Bruch mit der Tradition und der Einheitlichkeit der Bildmittel ein, indem sie Alltagsfragmente in ihre Collagen integrierten. Marcel Duchamp präsentierte kurz darauf in seinen Ready-mades Alltagsgegenstände als Kunstobjekte. Auch bei den Futuristen, Dadaisten und Surrealisten wurde die Aktion zum wesentlichen Element ihrer Kunstformen und entwickelte sich zu einem wichtigen Bestandteil ihrer künstlerischen Sprache (Luigi Russolo, Cabaret Voltaire etc.). Insgesamt kann die Kunst des 20. Jahrhunderts als der beständige Versuch interpretiert werden, aus historisch entstandenen Gattungsgrenzen auszubrechen, so dass das *Prinzip Aktion* als eine neue Kunstform entdeckt wird, deren ästhetische Grenzüberschreitungen bald allerorts zum Programm wurden. Dass sich viele Künstler von nun an auch in mehreren Sparten wie Musik, Literatur und Theater betätigen, kann als Indiz gelten, die Grenzen einzelner Ausdrucksmedien auflösen zu wollen. Nachdem ästhetische Mittel aus den Bereichen der Bildenden Kunst, der Musik, des Tanzes, der Literatur und des Theaters auch unter Einbeziehung von visuellen und auditiven Kommunikationsmitteln intermediale Synthesen eingingen, gaben die Künste nicht nur untereinander ihre Abgrenzung auf, sondern öffneten sich zudem der Einbeziehung von Alltag und Technik.

---

[642] Bekannt sind Yves Kleins Anthropomorphien, John Cages Klangperfomances, Happenings in den USA mit Beteiligung des Publikums, Fluxus in Europa zur Demonstration einer Idee, z. B. Fluxus-Konzerte: Das Zersägen von Instrumenten als symbolische Zerstörung erstarrter Kulturrituale. Amerika: Vito Acconci und Chris Burden. Europa: Wiener Aktionismus mit seinen ekelerregenden Materialschlachten. Jochen Gerz, Ulrike Rosenbach, Marina Abramovic und Ulay etc. Vgl. auch: Daniel Charles: *Zeitspielräume*. Performance, Musik, Ästhetik. Berlin 1989, S. 80.

In den 80er Jahren wird der Begriff der *Expanded Performance* eingeführt. Ausgangspunkt hierfür war der erweiterte Kunstbegriff und die Idee der sozialen Plastik von Joseph Beuys. Wurde die *geschlossene Performance* von meist einem Künstler und vor begrenztem Publikum durchgeführt, werden in der *Expanded Performance* Räume geöffnet, Entfernungen überwunden, Zeitgrenzen verwischt und die Einzelaktion in eine Gruppenaktion umgewandelt. Diese Form kann, muss aber kein geladenes Publikum haben. Meist besteht das Publikum eher aus zufällig anwesenden Personen. Die *Expanded Performance* kann soweit gehen, dass sich die Künstler über eine längere Zeit ganz mit ihrer Aktion identifizieren.

Seit der Entstehung dieser künstlerischen Ausdrucksform entwickelten sich vielfältige Richtungen, die heute eine eindeutige Definition der Performance-Art erschweren. Marie-Luise Lange betont für den kunstdidaktischen Bereich insbesondere die „körperliche Direktmitteilung" und das Arbeiten mit „lebenden Bildern". Durch die vielfältigen modernen Möglichkeiten der elektronischen Medien ist die Ausdrucksskala der Performance-Art heute sehr vielschichtig und wird besonders von vielen zeitgenössischen Künstler*innen* als individuelle künstlerische Ausdrucksform bevorzugt eingesetzt. Mittlerweile ist *Performance* zu einem übergreifenden Begriff für alle Formen der Kunst geworden, in denen der Schwerpunkt auf der Handlung liegt.

Grenzüberschreitung

Marie-Luise Lange verwendet den Begriff *Grenzüberschreitung*, der, obwohl heute in vielerlei Kontexten verwendet, nicht eindeutig definiert ist, zur Beschreibung eines Phänomens im Leben der „reflexiven Moderne"[643] und bezieht sich auf *Grenzüberschreitungen* in mehreren Zusammenhängen. Ihre Arbeit basiert auf der These, dass „Grenzüberschreitungsprozesse nicht nur das Feld der modernen Kunst und der Medien bestimmen, sondern ebenso in den Oszillationsprozessen zwischen Ästhetik, Kunst, Wissenschaft, Philosophie, Ökonomie, Pädagogik, Jugendkulturen und dem Alltag zu finden sind"[644]. Auf die gegenwartsrelevante Bedeutung dieses Begriffs weist auch die Tatsache hin, dass *Grenzen und Grenzüberschreitungen*[645] im Jahr 2002 das Thema des XIX. Deutschen Kongress für Philosophie in Bonn

---

[643] Mit dem Ausdruck *reflexive Moderne* bezieht sich Marie-Luise Lange auf Ulrich Beck, der mit diesem Begriff nicht die Reflexion von Modernisierung beschreibt, sondern eine oft ungewollte Selbsthinterfragung und Selbstveränderung, welche die Bedingungen industriegesellschaftlicher Modernisierung im Sinne von Enttraditionalisierung, Globalisierung und Individualisierung unterminiert. Vgl. Ulrich Beck, Wilhelm Vossenkuhl, Ulf Erdmann Ziegler: eigenes Leben. Ausflüge in die unbekannte Gesellschaft, in der wir leben. München 1995, S. 15.

[644] Marie-Luise Lange: Grenzüberschreitungen. Wege zur Performance. Königstein/Taunus 2002, S. 15.

[645] Wolfram Hogrebe (Hrsg.): Grenzen und Grenzüberschreitungen. XIX. Kongress für Philosophie. 23.-27. September 2002 in Bonn. Bonn 2002.

Prozessorientierte Kunstpädagogik

war. In der Schulpädagogik entsprechen diesem Begriff am ehesten die aktuellen Tendenzen zum interdisziplinären, fächerübergreifenden Arbeiten, die auch den Projektgedanken in sich mit aufgenommen haben, sowie der Gedanke zur Öffnung der Schule.

In der Kunst ist das Überschreiten von Grenzen ein Merkmal seit jeher. Ein kurzer Blick in die Kunstgeschichte zeigt, dass das ganze 20. Jahrhundert durch das Phänomen, Grenzen zu überschreiten und aus festgesetzten Normen auszubrechen, gekennzeichnet war, ein Phänomen, das am ehesten mit dem *erweiterten Kunstbegriff* zu bezeichnen ist. Im Bereich der Kunst weist Lange *Grenzüberschreitung*, gebunden an den erweiterten Kunstbegriff, als ein wesentliches Kennzeichen insbesondere der Aktionskunst nach, so dass die Arbeit im Aktionskunstbereich zu einer Art des ungewöhnlichen Lernens avanciert. Diese Art des Lernens „referiert bewusst grenzüberschreitend auf die Einbeziehung des Wilden, Expressiven, Prozesshaften, Erotischen, Tabuisierten, Verborgenen und Überraschenden ins Ästhetische"[646]. Dass und in welcher Art gerade der Performance grenzüberschreitende Elemente anhaften, erläutert Ulrike Hanke: „Ein wesentlicher Zug aber ist eine im Prozess stattfindende Verkehrung der Verhältnisse, angesichts derer Performance stattfindet, eine Verkehrung des für alle Beteiligten Gewohnten. Die Herausforderung der Performance besteht im Überschreiten von Grenzen, die von der ‚Wohnlichkeit' von Räumen gesetzt werden, und in der Schaffung neuer Spielräume für ungewohnte Positionen."[647]

Auch im Bereich des sozialen Lebens beschreibt Lange Phänomene, die mit *Grenzüberschreitung* zu bezeichnen sind. So haben Globalisierungsprozesse zu weit verzweigten Kommunikations-, Verkehrs- und Arbeitsmöglichkeiten geführt und Menschen über Grenzen hinweg ökonomisch, medial und politisch miteinander verbunden.

Außerdem bezieht Lange sich auf essenzielle Aspekte der zeitgenössischen Postmodernediskussion, die Denkformen entwirft, welche den vielfältigen Transformationsprozessen der Gegenwartsgesellschaft gerecht werden sollen. Da das Ästhetische neben der Kunst heute zunehmend auch wesentliche Bereiche der Lebenswelt durchdringt, werden *ästhetisches* und *rhizomatisches Denken*[648] als Denkformen beschrieben, die kein Zentrum besit-

---

[646] Marie-Luise Lange: Grenzüberschreitungen. Wege zur Performance. Königstein/Taunus 2002, S. 19-20.

[647] Ulrike Hanke: Von Wildwüchsen, Maulwürfen und Gärtnern. Performance und Lehre. In: Hanne Seitz (Hrsg.): Schreiben auf Wasser. Performative Verfahren in Kunst, Wissenschaft und Bildung. Bonn 1999, S. 98.

[648] Der von Wolfgang Welsch im Rahmen der Postmoderne-Diskussion eingeführte Begriff des *ästhetischen Denkens* wurde im Kapitel „Ästhetische Forschung" in dieser Arbeit erläutert. Das von Gilles Deleuze und Felix Guattari verwendete Bild vom Rhizom soll die Dezentrierung und Dehierarchisierung des Denkens in der Gegenwart beschreiben. *Rhizomatisches Denken* stellt Verbindungen zwischen Vielheiten her und bildet damit eine Grundvoraussetzung, um Pluralität überhaupt denken und annehmen zu können.

zen, sondern netzwerkartig verlaufen und assoziativ unterschiedliche Gebiete miteinander verknüpfen. Folgt man den Darstellungen Wolfgang Welschs, kann man der Durchdringung gegenwärtiger Verhältnisse nur noch mit einem wahrnehmungsfähigen, reflexiven Denken gerecht werden, das mit *transversaler Vernunft*[649] gekoppelt ist. Lange schließt sich Wolfgang Welsch an, wenn sie moderne Kunst als in ihrem Kern heterogen und inkommensurabel verfasst bezeichnet, die „somit modellhaft ein medialisiertes Vorbild für Denken in pluralen Bahnen"[650] darstellt.

Aus philosophischer Sicht geht es Lange „um die Reflexion auf die Übergänge zwischen dem ‚Undarstellbaren' einer ästhetischen oder ‚vernünftigen Idee' und dem, was Lyotard, bezogen auf die Sprache, als den ‚eine Darstellung mit sich führenden Satz' bezeichnet"[651].

Eng verbunden mit dem Phänomen der *Grenzüberschreitung* ist das der Pluralität, einem Schlüsselbegriff des ausgehenden 20. und beginnenden 21. Jahrhunderts. Im Makrobereich des Gesellschaftlichen beschreibt sie Pluralität als das *Nebeneinanderexistieren* von verschiedenen geistes- und naturwissenschaftlichen Theorien, religiösen Anschauungen, künstlerischen Ideen, politischen Konzepten und Lebensmodellen, im Mikrokosmos einzelner Individuen die Vielfalt möglicher Sinnsetzungs- und Lebenskonzepte. Lange betont, dass „insofern Schule der Zukunft ihre SchülerInnen auf ein selbstbestimmtes Leben in einer technisch-medial besetzten Welt vorbereiten will," sie „auf die Entwicklung transversaler, gleichberechtigter Verknüpfungen von pluralen Wissens-, Sinnlichkeits- und Erlebnisbereichen und damit auf fachliche wie individuell-menschlich ablaufende Grenzüberschreitungsprozesse, wie sie paradigmatisch im Ästhetischen ablaufen"[652], setzen müsse.

Lange bezieht sich auf einen erweiterten Kunstbegriff, auf den auch die Erweiterung des ehemals klassischen Kunst- und Ästhetikbegriffs in der ästhetischen Bildung rekurriere, so dass es heute darum gehen müsse, „Grenzüberschreitungen zwischen künstlerischen Gattungen, Lebensalltag, wissenschaftlichem Denken und medialen Prozessen, wie sie für zeitgenös-

---

Deleuze und Guattari beschreiben Rhizom so: „Im Unterschied zu den Bäumen und ihren Wurzeln verbindet das Rhizom einen beliebigen Punkt mit einem anderen; jede seiner Linien verweist nicht zwangsläufig auf gleichartige Linien, sondern bringt sehr verschiedene Zeichensysteme ins Spiel und sogar nicht signifikante Zustände." Vgl. Gilles Deleuze, Félix Guattari: Rhizom. Berlin 1977.

[649] Zum Begriff *transversale Vernunft* vgl. Wolfgang Welsch: Transversale Vernunft. In: Ders.: Unsere postmoderne Moderne. Berlin 1997⁵, S. 295 ff.

[650] Marie-Luise Lange: Grenzüberschreitungen. Wege zur Performance. Königstein/Taunus 2002, S. 262.

[651] Ebd., S. 377.

[652] Ebd., S. 291.

sische Kunst relevant sind, für Heranwachsende im Rezeptiven verstehbar und in der eigenen ästhetischen Praxis produzierbar zu machen"[653].

6.3 Inhalte

Bezug zur Performance-Art
Unter besonderer Berücksichtigung der Vielfalt zeitgenössischer Performancekunst bezeichnet Lange die Performance-Art als eine der wichtigsten zeitgenössischen Kunstformen, als eine „intermediäre Live-Kunstform, in welcher der ästhetisch Handelnde in einer unmittelbar erfahrbaren Zeit und einem ebensolchen Raum auftritt"[654]. Als Ziel des Handlungsaktes wird dabei nicht die Produktion eines Kunstobjektes angesehen, sondern die „Herstellung eines ephemeren ästhetischen Ereignisses". In Verknüpfung von Körpersprache, Handlungsstrategien, Raum- und Zeit-Parametern, Geräuschen, materiellen und elektronischen Medien mit assoziativen, medial überlagerten Atmosphären entstehen „lebende Bilder".
Anhand ausgewählter Beispiele aus der Performance-Art des 20. Jahrhunderts stellt Lange wesentliche Ereignisse der Bildenden Kunst vor, die für die Entwicklung von körperorientierten, grenzüberschreitenden Phänomenen bedeutsam sind. In der Körper- und Handlungssemiotik, der Ikonographie und ästhetischen Organisations- und Wirkungsstruktur der Aktionskunst sieht Lange Modelle für die konstruktive und dekonstruktive Verfasstheit von Subjekten und deren performative Handlungskonzepte.
Als Paradigma kann eine Ästhetik des Präsentischen und Intermedialen angenommen werden, in der ein simultanes Neben- und Ineinander von Ereignissen sowie die Verknüpfung von Disparatem existiert. Performance-Art wird modellbildend für das „Performative", als einem neuen kulturwissenschaftlichen Schlüsselbegriff, aufgefasst. Für alle an performativen Prozessen Beteiligten bildet sich eine Bedeutungsgenese durch das Inbeziehungsetzen der verschiedenen performativen Elemente. Dieser Umgang mit dem Mehrdimensionalen, so Lange, „führt das sich-Selbst-Suchende und sich-Selbst-Versuchende moderne Individuum in Sichtweisen von Welt ein, deren Beziehungs- und Bedeutungsmuster fließend und veränderbar sind"[655]. Performances zielen nicht auf Verstehbarkeit, sondern schaffen Spielräume.[656]
Marie-Luise Lange arbeitet unter Berücksichtigung der Gemeinsamkeiten aller Formen der Performance-Art besonders die unterschiedlichen Erschei-

---

[653] Ebd., S. 379.
[654] Ebd., S. 12.
[655] Ebd., S. 14.
[656] Vgl. Ulrike Hanke: Von Wildwüchsen, Maulwürfen und Gärtnern. Performance und Lehre. In: Hanne Seitz (Hrsg.): Schreiben auf Wasser. Performative Verfahren in Kunst, Wissenschaft und Bildung. Bonn 1999, S. 96.

nungsformen und Performancestrukturen heraus.[657] Als wesentliche Gemeinsamkeiten aller Performanceformen benennt sie folgende drei Faktoren:

1. Der ästhetische Prozess entfaltet sich durch das künstlerische Handeln der Akteure inner- halb eines sog. *Echt-Zeit-Raumes* (Daniel Charles). Dabei werden Dauer und Ort der Aufführung neben der Art, wie sich die gestische Aktionspräsenz entwickelt, zu wahrnehmungsbestimmenden Faktoren.
2. Die zweite Gemeinsamkeit aller Performances ist die *Intermedialität* und *Interdisziplinarität*. Neben den Grundbedingungen aus Körper, Handlung, Raum und Zeit können Medien wie Sprache, Geräusche und Musik, Licht, Naturmaterialien, Alltagsgegenstände, eigens gefertigte Objekte und installierte Räume sowie elektronische Medien eine Rolle spielen.
3. Drittes gemeinsames Merkmal ist der *unmittelbare Bezug zum Publikum*, wobei in Unterscheidung zum Happening die äußere, räumliche Distanz zwischen Künstler und Publikum gewahrt bleibt.

6.4 Ziele und Intentionen

In ihrer Hinwendung zur Performance-Art als einer zeitgenössischen Kunstform, die im Echt-Zeit-Raum agiert, betont Lange insbesondere die Öffnung der Kunst in die Zeit, „in der Vergangenheit und Gegenwart als medial durchsetzte und vernetzte Faktoren begriffen werden,"[658] sowie die Öffnung in den Alltag und die Öffnung der Grenzen zwischen den verschiedenen Kunst-, Lebens- und Wissensbereichen. Für den kunstdidaktischen Kontext will sie Performance-Art als „Balanceakt zwischen körperlich-biografischer Vergegenwärtigung und selbstreferentiellem Spiel mit ästhetischen Mitteln"[659] verstanden wissen. Der kunstdidaktische Schwerpunkt liegt dabei auf der Thematisierung inhaltlicher, biografisch verankerter Kontexte, so dass Performance-Art eingesetzt wird, um Heranwachsende in ihrer altersspezifischen Sinnsuche zu unterstützen. Damit bekennt sich Lange weniger zu fachlich ausgerichteten Intentionen, sondern stellt vielmehr anthropologisch-personale Ziele ins Zentrum kunstdidaktischer Überlegungen, die über die Auseinandersetzung mit performativen Handlungsstrategien erreicht werden sollen. Vor dem Hintergrund der Annahme, dass in Performance-Kunst viele verschiedene Identitätsmuster verkörpert werden und diese Kunstform damit auf eine Möglichkeit verweist, wechselnde Identitätsformen zu thematisieren, sei sie besonders geeignet, Heranwachsende mit pluralistischen Existenz- und Lebensformen zu konfrontieren.

---

[657] Vgl. Marie-Luise Lange: Schneisen im Heuhaufen – Formen von Performance-Art. In: Hanne Seitz (Hrsg.): Schreiben auf Wasser. Bonn 1999.
[658] Marie-Luise Lange: Die Spur führt immer zu uns zurück. In: Angela Ziesche, Stefanie Marr (Hrsg.): Rahmen aufs Spiel setzen. Königstein/Taunus 2000, S. 144.
[659] Ebd., S. 155.

Prozessorientierte Kunstpädagogik

Hinsichtlich gezielt kunstpädagogischer Intentionen geht Lange davon aus, dass die Kunstpädagogen das existierende kulturelle Erfahrungsfeld junger Menschen als ein „funkelndes Kaleidoskop aus tradierten und modernen, aus banalen und faszinierenden, aus trivialen und spannenden Bruchstücken"[660] und als „heterogenes Gebilde, widersprüchlich und zersplittert" betrachten müssen. Dieses Erfahrungsfeld müsse als Ausgangspunkt des kunstdidaktischen Bemühens im Sinne einer Entwicklung des komplexen ästhetischen Denkens und Verhaltens angenommen werden. Außerdem betrachtet sie in bewusster Gegenposition gegenüber „überalterter didaktischer Rezeptkultur"[661] das Feld von Kunst und ästhetischer Bildung als „netzwerkartige Gelenkstelle", an der alle Gebiete individueller ästhetischer und wissenschaftlicher Interessen von Schülern und Studenten anschließen, um dort in Gestalt des Ästhetischen und Künstlerischen ihre differenzierten Bezüglichkeiten und Vielschichtigkeiten zu entfalten.

Ein wesentliches kunstdidaktisches Ziel liegt in der Heranführung an die Performance-Art sowie vor allem in der Anleitung, eigene performative Handlungsstrategien zu entwickeln. Mit der Möglichkeit, sich selbst im Bereich der Performance-Art zu erproben, würden den Heranwachsenden ästhetische Wege einer aktiven Selbstorganisation eröffnet, die nicht starr auf „eine" Wirklichkeit oder „eine" Lösung referieren, sondern Freiheitsspielräume und Seinsmodelle in mehrere Richtungen austesten und entwickeln. Während sich die jugendlichen Akteurinnen mit einer selbstbezüglichen Aufmerksamkeit dem Performanceprozess widmen, entwerfen sie immer wieder unmittelbar und aktiv ihr „Selbst". Das Handeln in performativen Prozessen soll der „Utopie der Veränderung" einen Ort geben, indem es das Subjekt aus den Gebundenheiten einer signifikanten Ordnung befreit und ihm Spielraum gibt zur Veränderung seiner Position in dieser. Lange formuliert als Ziel der kunstdidaktisch gewendeten Performancearbeit, dass jede Teilnehmerin und jeder Teilnehmer eigene „Kraft- und Imaginationsfelder" entwickeln soll, aus denen individuelle ästhetische Aktionsideen erwachsen. Dieser Prozess dient vor allem der erweiterten Wahrnehmung und ästhetischen Artikulation von Ich- und Selbstzusammenhängen. In ihnen erproben die Heranwachsenden Bewegungs- und Ausdrucksmöglichkeiten des eigenen Körpers und individuelle Handlungsaffinitäten, durch welche sich inhaltliche Intentionen und experimentelle Handlungskonstellationen artikulieren lassen.

Lange stellt die Arbeit mit Performance-Art insbesondere in den Dienst der Sinn-Suche der Heranwachsenden. Im Rahmen der Künste stellt Perfor-

---

[660] Vgl. Jens Thiele: Suchbewegungen zwischen Schule und Kultur. In: BDK Mitteilungen, Heft 1/1992.

[661] Marie-Luise Lange: Zum Spagat zwischen Aufgabe und offener ästhetischer Selbstbildung im Prozess kunstpädagogischer Arbeit. In: Manfred Blohm (Hrsg.): Leerstellen. Perspektiven für ästhetisches Lernen in Schule und Hochschule. Köln 2000, S. 201.

mance-Art eine besonders komplexe Form dar, Sinn für sich zu entdecken. Da der Sinn, „den performative Prozesse entfalten, nicht feststehend, sondern frei und flottierend"[662] ist, trägt diese Art der künstlerischen Betätigung für Marie-Luise Lange einen wesentlichen Aspekt im Kontext zeitgemäßer ästhetischer Bildung dar. Lange unterstreicht das paradoxe und zugleich identitätsstiftende Moment von an Performance-Art orientierten Lernsituationen, in denen die Heranwachsenden das performative Tun als vergegenwärtigendes Spüren ihres „Selbst" erleben, das ihre Sehnsucht nach einem Leben in Sinn und ihre Suche nach Selbstbestätigung verkörpert, während es andererseits immer wieder zum Modell für das Gewahrwerden von Differenzen wird, das Anlass zu neuen Experimenten und Fragen gibt.

Da Performance-Art immer an den individuellen Hintergrund des Akteurs gebunden ist, bedeutet dies auf ästhetische Bildungsprozesse angewandt, „dass all die lebendigen Erfahrungen und das biografisch Gewachsene, das Kindheit und Jugend ausmachen, in die ästhetische Praxis des performativen Handelns einbezogen werden, ja sogar ohne dies nicht denkbar sind"[663]. Mit zunehmendem Alter erhöht sich dabei die Bereitschaft und Fähigkeit, Performance-Arbeit zu einem komplexen „Sprach-, Handlungs- und Kommunikationslabor" auszubauen, in dem biografisch-körperliche Vergegenwärtigungen des Selbst neben distanzierter wirkenden Handlungsexperimenten thematisiert werden kann. So rückt als kunstdidaktisches Ziel die Förderung eines differenzierten ästhetischen Möglichkeitsdenkens in den Fokus, welches mit ästhetischen, wissenschaftlichen und sozialen Handlungskompetenzen verbunden ist und die Heranwachsenden befähigt, mit vielen Zeichensystemen umzugehen. Heterogen und gegenläufig eingesetzte Handlungs- und Aktionselemente sollen eine Störung von ästhetischen und semantischen Beziehungen bewirken und damit die Artikulation festgelegter Bedeutungen verhindern.

Lange vertritt die Auffassung, dass sich ein Kunstbegriff, der das sinnlich-kommunikative Spiel mit ästhetischen Mitteln unter Einbeziehung des Fragmentarischen, Unfertigen, Disparaten und Heterogenen als eine eigene Sphäre der Erfahrung und Auseinandersetzung des schaffenden Subjekts betrachtet, besonders gut mit einem neuen, zeitgemäßen Bildungsbegriff verbindet.[664] Dabei geht Marie-Luise Lange von einem in gewisser Weise paradoxen, weil sehr offenen Bildungsbegriff aus, der das Individuum nicht auf eine einzige Identitätskonstruktion festlegen will, sondern die Lernen-

---

[662] Marie-Luise Lange: Die Spur führt immer zu uns zurück. In: Angela Ziesche, Stefanie Marr (Hrsg.): Rahmen aufs Spiel setzen. Königstein/Taunus 2000, S. 155.
[663] Ebd.
[664] Lange bezieht sich auf einen sehr offenen Bildungsbegriff, wie ihn z.B. Yvonne Ehrenspeck und Dirk Rustemeyer umreißen. Dazu vgl. Yvonne Ehrenspeck, Dirk Rustemeyer: Bestimmt unbestimmt. In: Arno Combe, Werner Helsper: (Hrsg.): Pädagogische Professionalität. Frankfurt/M. 1999³. Vgl. auch „Bezüge zu Pädagogik und Bildungstheorie" in diesem Kapitel.

den „unter Einbeziehung der verdrängten Momente des Leiblichen und des nicht linear logisch Gedachten sowie unter stetiger Intervention durch das Differente und Fremde im eigenen und im Verhalten anderer, offen und diskursfähig für die Konfrontation mit den heterogenen Kultur- und Lebenssituationen sowie sensibel für die sich wandelnden eigenen Identitätskonstrukte machen"[665] will. Das „Unscharfe und Unbestimmte" dieser bildungstheoretischen Position lässt dabei „Raum für die zunehmende Selbstorganisation und Selbstbildung des Subjekts"[666].

Im Rückbezug auf die Existenz pluralistischer Lebenskonzepte und Existenzformen soll Bildung in diesem Sinn Möglichkeitsfelder für persönliches und gesellschaftliches Handeln erschließen. Das Schulfach Kunst mit seiner ästhetischen Praxis sei das einzige Fach, das den Freiraum bietet, eigene Ideen auszuprobieren, und damit *sich selbst erproben zu können*. Im Entdecken der eigenen Vorlieben und Fähigkeiten im ästhetischen Bereich erfahren Heranwachsende sowohl das Spezifikum der eigenen Persönlichkeit als auch die Differenz zu den Anderen. Toleranz gegenüber vielgestaltiger Differenz kann hier geübt werden. Durch die Konfrontation und Auseinandersetzung zwischen eigenen und fremden Sinnbildungsansätzen im Rahmen eigener Performances kommt es zu Vorgängen, welche Lange ins Zentrum pädagogischer Prozesse stellt, nämlich „zur Entwicklung von offenen wie überzeugenden, da reflektierten, eigenen Haltungen und Sichtweisen gegenüber den Menschen wie gegenüber den Lebensdingen dieser Welt"[667]. Als Ziel kann die Sensibilisierung des Wahrnehmungs- und Urteilsvermögens für Mehrdeutiges und Differentes angenommen werden. So leiste Performance-Art einen wesentlichen Beitrag dahingehend, dass das Fach Kunst zu einem Ort wird, in dem im sozialen Rahmen des kommunikativen Austauschs in der Gruppe Differenzwahrnehmung sowohl gegenüber dem eigenen Selbst wie dem Anderen und den Dingen der Welt eingeübt werden kann. Lange vertritt die Überzeugung, dass, „indem in diesen ästhetischen Prozessen vormalige Grenzen des Körperlichen, Sinnlichen und Rationalen sowie Trennungen zwischen jugendästhetischem Alltag und kunstnaher Praxis auf eine für die Jugendlichen lustvolle wie anstrengende Art erweitert, verschoben oder überschritten werden", nicht nur ein Anspruch von Performance-Art, sondern ein „wesentliches Ziel zeitgenössischer ästhetischer Bildung erfüllt"[668] würden.

Darüber hinaus ist Marie-Luise Lange der Auffassung, dass performatives Handeln und die Rezeption performativer Prozesse auch über die Perfor-

---

[665] Marie-Luise Lange: Zum Spagat zwischen Aufgabe und offener ästhetischer Selbstbildung im Prozess kunstpädagogischer Arbeit. In: Manfred Blohm (Hrsg.): Leerstellen. Perspektiven für ästhetisches Lernen in Schule und Hochschule. Köln 2000, S. 201.
[666] Ebd.
[667] Marie-Luise Lange: Grenzüberschreitungen. Wege zur Performance. Königstein/Taunus. 2002, S. 478.
[668] Ebd., S. 479.

mance-Art hinaus in jeglichen Wahrnehmungs- und Lernprozess hineinreichen. Performances, in denen Handlungsstränge parallel laufen und Medien und Materialien simultan eingesetzt werden, eröffnen in Rezipienten synästhetische oder sinnlich heterogene Wahrnehmungsperspektiven. Menschliche Erfahrung wird hier über die sprachliche Vermittlung hinaus durch körperliche, bildhafte, akustische, kinetische, olfaktorische, räumliche und zeitliche Phänomene ergänzt. Lange votiert für das Erlernen eigener Strategien performativer Verfahren wie auch für die bewusste Reflexion von performativen Situationen in Kunst, Realität und Medien als eine der „vordringlichsten Aufgaben gegenwärtiger prozessorientierter ästhetischer Bildung"[669]. Dementsprechend wäre es wünschenswert, „wenn die Beschäftigung mit Performance-Art dazu führen würde, Schulen und Klassenzimmer zu öffnen, um die sitzenden Körper zu bewegen, sich im lust- und handlungsbetonten, performativen Tun neue Sichtweisen auf die eigene Person, auf Welt und Kunst anzueignen"[670]. Langes pädagogischer Anspruch ist sehr umfassend. Für sie besteht das kunstpädagogische Ziel darin, unter den Heranwachsenden ein differenziertes ästhetisches Möglichkeitsdenken zu fördern, das gepaart ist mit ästhetischen, wissenschaftlichen und sozialen Handlungskompetenzen.

6.5 Methoden der Vermittlung

Performance als handlungsoffene, prozesshafte Lernsituation
Wesentlich für die methodische Umsetzung der an Performance-Art orientierten kunstdidaktischen Konzeption ist die explizite Einbeziehung des Faktors Zeit. Infolge des Flüchtigkeitscharakters der Aktionskunst „muss der Faktor *Zeit* als Gestaltungsmittel im Rahmen kunstpädagogischen Tuns in seiner Beteiligung an physischen und psychischen Transformationsprozessen experimentell erkundet und reflektiert werden"[671]. Darüber hinaus sind kunstdidaktische Aktivitäten in diesem Sinn durch das Verlassen von traditionellen Räumen, Materialien und Zeitstrukturen gekennzeichnet und in die Entwicklung eines Verständnisses für ästhetische Grenzüberschreitungsprozesse eingebettet, wobei ästhetische Arbeit in diesem Kontext ihrerseits an künstlerischen Grenzüberschreitungsprozessen zu orientieren ist, die „per se nach projektartigen, spielerischen, flexiblen Vermittlungsformen, welche sich jeweils klientel-, situations- und themenbezogen verän-

---

[669] Ebd., S. 312.
[670] Marie-Luise Lange: Das UND und das QUER. In: Bettina Uhlig, Frank Schulz: Prozesshafte Kunst im Unterrichtsprozess. Tagungsmaterial zum 1. Kunstpädagogischen Tag in Sachsen. Texte. Bd. 5 der Gelben Reihe des Instituts für Kunstpädagogik der Universität Leipzig. Leipzig 2000, S. 5-23.
[671] Marie-Luise Lange: Grenzüberschreitungen. Wege zur Performance. Königstein/Taunus 2002, S. 382.

dern"[672], verlangt und die bestenfalls in vom Stundentakt losgelösten Projektsituationen eingeführt werden kann. Für die Annäherung von Laien an die Performance-Art als prozesshafte, expressive, ästhetische Praxis setzt Lange vor allem auf spielerische, experimentelle Arbeitsformen, die über die Arbeit in Gruppen und über einführende Spiel-, Lockerungs- und Fantasieübungen gestaltet sind. Diese gemeinsamen Übungen sind kommunikative Handlungen, „welche für die Beobachtung des jenseits der sprachlichen Kommunikation liegenden physiognomischen Herausgetretenseins sensibilisieren"[673]. Weil diese Verläufe sich als handlungsoffen und mehrschichtig ausweisen, sind sie pädagogisch allerdings schwer plan- und überprüfbar.

Da die Heranwachsenden in performativen experimentellen Lernsituationen oft die anderen, versteckten Seiten ihres Selbst wie die anderer Personen erleben, wird die Erfahrung personaler Heterogenität zum ästhetischen Differenzerlebnis, durch welches die Beteiligten die Anerkennung der Pluralität von ästhetischen, sozialen und kognitiven Phänomenen sowie anderen Sinnzusammenhängen einüben können. Kunstpädagogisch gewendet bedeutet dies, „wir müssen den ästhetischen und in ihm den künstlerischen Prozess pädagogisch so führen, dass die vielfältigen Dimensionen ästhetischen und außerästhetischen Wissens, die sinnlichen und biografischen Erfahrungen, die Emotionen und Imaginationen der Lernenden sich in ästhetischen Handlungen und Produkten bündeln. Diese Prozesse müssen, wenn sie dem Künstlerischen ähnlich sein sollen, auf spielerischen und experimentellen Abläufen aufbauen oder zumindest weitgehend solche Elemente enthalten"[674]. Fragen und produktive Unruhe werden dabei durchaus als Chancen aufgegriffen, verhärtete Strukturen individueller Wahrnehmung und sozialer Kommunikation aufzubrechen und zu verändern.

Obwohl aktuelle Performance-Kunst heute stärker auf „mediale Effekte und ironische Narrationen als auf das subjektive ‚Sich-aufs-Spiel-setzen' fixiert" sei, schildert Lange Performance-Kurse mit Laien und Schülern als häufig durch sehr emotional besetzte *Irritations- und Erregungsvorgänge* gekennzeichnet. Deshalb sei nicht nur für Kurse mit Grundschülern und jüngeren Jugendlichen die Entwicklung eines sozial warmen, offenen und vertrauenserweckenden Klimas in der Gruppe eine notwendige Voraussetzung für die weitere Arbeit. Darüber hinaus müssen die Körper- und Sinneswahrnehmungen sowie die Bewegungs- und Handlungsfähigkeit trainiert und sensibilisiert werden.

---

[672] Ebd., S. 310.
[673] Ebd., S. 394.
[674] Marie-Luise Lange: Zum Spagat zwischen Aufgabe und offener Selbstbildung im Prozess kunstpädagogischer Arbeit. In: Manfred Blohm (Hrsg.): Leerstellen. Perspektiven für ästhetisches Lernen in Schule und Hochschule. Köln 2000, S. 201.

Um überzeugende Performances zu initiieren, müssten die Spielleiter an die biografisch geprägten, inneren Lebensspuren der Teilnehmenden anknüpfen. Zudem bedarf die Leitung von Spiel-, Aktions- und Performanceprojekten einer künstlerisch und psychologisch kompetenten, einfühlsamen, methodisch geschulten Persönlichkeit, die selbst Performanceerfahrungen besitzen sollte. Hinsichtlich des in dieser Konzeption liegenden hohen Anspruchs ist sich Marie-Luise Lange allerdings der Kluft bewusst, die zuweilen zwischen zielbezogenen kunstpädagogischen Überlegungen und der oft vorzufindenden Realität der sozialen Praxis auseinanderklafft, da der Selbstbezug der Jugendlichen und Kinder häufig durch äußere Faktoren wie Leistungsanforderungen der Schule, häusliche Konflikte und die ungewisse Suche nach eigener Wertorientierung gestört und unterbrochen sei. Deshalb müsse vor der Initiation psychischer und physischer Grenzerweiterungsprozesse eine angemessene *Entblockung* stattfinden, welche den Schülern ermögliche, „das ‚Ich mit dem Selbst in Kontakt'" zu bringen, und die Jugendlichen auf die Wahrnehmung eigener leiblicher und geistiger Regungen verweist.

Vom Poiesis- zum Praxis-Paradigma
Verbunden mit Marie-Luise Langes Hinwendung zum *Echt-Zeit-Raum* ist ihre Betonung des *Prozesses* im Kunstunterricht, dem sie größeres Gewicht beimisst als einem Werk bzw. einem Ergebnis, wie es traditionellerweise aus einer künstlerisch praktischen Arbeit im Kunstunterricht hervorging. Diese Verschiebung, die derzeit in mehreren aktuellen kunstdidaktischen Konzepten zu beobachten ist,[675] wird in der Fachdidaktik als Paradigmenwechsel vom *Poiesis-* zum *Praxis*paradigma beschrieben und ausführlich von Hubert Sowa erläutert.[676]

---

[675] Vgl. auch den Ansatz von Pierangelo Maset *KunstPädagogik* in Kapitel 3.5 in dieser Arbeit.

[676] Neben Marie-Luise Lange und Hubert Sowa hat sich auch Gunter Otto in einem späten Aufsatz für einen Paradigmenwechsel hin zu einer performativen und nicht-poietischen Auffassung von Lernprozessen ausgesprochen. (Vgl. Gunter Otto: Ästhetik als Performance – Unterricht als Performance? In: Hanne Seitz (Hrsg.): Schreiben auf Wasser. Performative Verfahren in Kunst, Wissenschaft und Bildung. Bonn, Essen 1999, S. 197-202). Otto erläutert hier als Ziel performativer Prozesse, „den Körper, alle Sinne, die Bewegung, die Gestik, die Mimik am Erkenntnishandeln zu beteiligen" und kennzeichnet so performative Prozesse als Kern des Lernens überhaupt. Dennoch weist er darauf hin, dass der *Poiesis*begriff traditionell in der Mitte fast aller Prozesse der ästhetischen Bildung stehe, da gerade die vorrangige Beschäftigung mit Werken (Bilder und Texte) paradigmatisch für das Fach Kunst sei. Entsprechend finde auch in der Regel eine programmatische Bindung der Schüleraufmerksamkeit an das Paradigma der Poiesis statt. Obwohl schon in Gunter Ottos Schrift *Kunst als Prozess im Unterricht* (Gunter Otto: Kunst als Prozess im Unterricht. Braunschweig 1964) die Rede vom *Prozess* war, blieb seine Hauptintention allerdings die präzise und rationale Planung und kriterienorientierte Beurteilung von produktorientierten Gestaltungsprozessen. Sein Ansatz war vor allem als regulative Kontrolle

In ihrer Hinwendung zum *Praxis*paradigma betont Lange vor allem die Bedeutung der Unmittelbarkeit performativer Prozesse, indem sie auf das direkte *Dabeisein* aller Beteiligten hinweist: „Indem künstlerische Performance wirkliche Energien und wirkliche Handlungen, wirkliche Körperbewegungen und wirkliche Zeitabläufe erfahrbar macht, zielt sie in ihrer Darbietung wie in ihrer Wirkung auf Unmittelbarkeit."[677] Lange unterstreicht vor allem die Entstehung eines *auratischen Erlebnisraumes* durch die Anwesenheit der Beteiligten, der unterschiedliche Möglichkeiten für Transformation und Selbstentfaltung sowohl der Akteure wie des Publikums in sich berge. Durch die besondere Raum- und Objektkonstellation wie durch die beim Wahrnehmen vergehende Zeit entsteht eine leibsinnliche Berührung der Anwesenden. Zur Veranschaulichung dieses Phänomens bemüht Marie-Luise Lange hier den Begriff der *Atmosphäre*, wie er von Gernot Böhme beschrieben wurde.[678]

Da sich insbesondere Hubert Sowa mit der Differenz zwischen dem *Poiesis*- und dem *Praxis*paradigma auseinander gesetzt hat, wird sein Verständnis im Folgenden näher betrachtet.

Hubert Sowa
Mit Bezug auf den Paradigmenbegriff von Kuhn weist Hubert Sowa nach, dass die gegenwärtige Kunstpädagogik – unter dem Einfluss konkurrierender Kunstansätze der fortgeschrittenen Moderne – momentan von zwei

---

des sich prozessual organisierenden und fortbestimmenden Lehrerhandelns und der didaktischen Entscheidung im Unterricht gedacht. Gleichwohl hatte Gunter Otto – so Hubert Sowa – hier durchaus noch „kein Verständnis von einer wirklich konsequenten Transformation kunstpädagogischer Prozesse durch die Paradigmen der *Praxis* und der *Performanz*". (Hubert Sowa: Performance – Szene – Lernsituation. Kunstpädagogik und Praxisparadigma. In: Bettina Uhlig, Frank Schulz [Hrsg.]: Prozesshafte Kunst im Unterrichtsprozess. Tagungsmaterial des ersten Kunstpädagogischen Tages in Leipzig. Gelbe Reihe, Texte 5. Leipzig, März 2000, S. 33.) Auch wenn Gunter Otto den performativen Aspekt von Lernsituationen in einem seiner letzten Aufsätze thematisiert, bleibt er dennoch in weiten Zügen dem traditionellen Werkparadigma verpflichtet.

[677] Marie-Luise Lange: Grenzüberschreitungen. Wege zur Performance. Königstein/Taunus 2002, S. 309.

[678] Gernot Böhme beschreibt Atmosphären als „Räume, insofern sie durch die Anwesenheit von Dingen, von Menschen oder Umweltkonstellationen, d.h. durch deren Ekstasen ‚tingiert' sind. Sie sind selbst Sphären der Anwesenheit von etwas, ihre Wirklichkeit im Raum. (...) Die Atmosphären sind so konzipiert weder als etwas Objektives, nämlich Eigenschaften, die die Dinge haben, und doch sind sie etwas Dinghaftes, zum Ding Gehöriges, insofern nämlich die Dinge durch ihre Eigenschaften – als Ekstasen gedacht – die Sphären ihrer Anwesenheit artikulieren. Noch sind Atmosphären etwas Subjektives, etwa Bestimmungen eines Seelenzustandes. Und doch sind sie subjekthaft, gehören zu den Subjekten, insofern sie in leiblicher Anwesenheit durch Menschen gespürt werden und dieses Spüren zugleich ein leibliches Sichbefinden der Subjekte im Raum ist." Vgl. Gernot Böhme: Atmosphären. Frankfurt/M. 1995.

Prozessorientierte Kunstpädagogik

miteinander konkurrierenden und eigentlich inkompatiblen Paradigmen geleitet sei und das Werk- oder *Poiesis*paradigma dem sog. Ereignis- oder *Praxis*paradigma gegenüberstehe.[679] In etwas vertrauterer Terminologie sei zwischen dem *Bild*- und dem *Handlungs*paradigma zu unterscheiden.
Sowa leitet seine Argumentation aus der Unterscheidung zwischen dem *Poiesis*- und dem *Praxis*begriff ab, wie sie bei Aristoteles in der *Nikomanischen Ethik* zu finden ist. Demnach meint *Poiesis* die *Herstellung*, die das Ziel, auf das sie sich hinbewegt, außerhalb ihrer selbst hat, im Fertigsein eines Produkts und seiner anschließenden Benutzung. Auf den Kunstunterricht bezogen verbindet sich hiermit das traditionellerweise aus der Arbeit hervorgehende Unterrichtsergebnis in Form eines Gemäldes, einer Grafk, einer Plastik o.ä.
Die *Praxis* dagegen kennzeichnet einen *Handlungsvollzug*, ein Tätigsein, das sein Ziel in sich selbst hat. Hier ist die Vollzugsbewegung selbst das Ziel. Sowa führt aus, dass unser alltägliches Leben in weiten Strecken als ein Vollzug von *Praxis* verstanden werden kann, das nicht instrumental geleitet, sondern selbstzweckhaft ist und das innere Ziel des *glückenden Lebens* verfolgt. Diese Prozesse sind durch ihren Charakter der Offenheit und des Spiels sowie durch Fraglichkeit und Vergeblichkeit gekennzeichnet. Aus dem Verständnis vom aristotelischen *Praxis*begriff abgeleitet, der als Prozess des Tätigseins das Ziel in sich selbst trägt, kennzeichnet Sowa auch performative Akte als „Handlungen, die etwas in einer Situation ‚vorführen', ‚bewirken' und ‚leisten', Handlungen, deren essentielle Wirklichkeit in ihrem hier und jetzt wirksamen *Vollzug* liegt. (...) Handlungen, die insofern ‚unübersetzbar' in ein anderes Medium sind und auch nicht als Text oder Bild fixierbar sind, weil es gerade ihr *wirklicher* situativer Akt-Charakter ist, der ihr Wesen ausmacht. Performative Akte sind unlösbar mit der Person verbunden, die sie aktuell ausführt. Sie sind zugleich unlösbar mit der Situation verbunden, in der sie ausgeführt werden. Sie sind keine mimetischen ‚Darstellungen' im Sinne der Schauspielerei, sondern sie sind die Weise, wie eine Person sich handelnd zeigt, handelnd zum Erscheinen kommt und ins situative und kommunikative Feld *hineinwirkt*"[680].
Für eine zeitgemäße Fachdidaktik stellt Hubert Sowa – wie Marie-Luise Lange – die Forderung auf, wenigstens Teile des Kunstunterrichts am Paradigma der Prozesskunst[681] auszurichten und einer *poietischen* Konnotation des

---

[679] Vgl. Hubert Sowa: Performance – Szene – Lernsituation. Kunstpädagogik und Praxisparadigma. In: Bettina Uhlig, Frank Schulz (Hrsg.): Prozesshafte Kunst im Unterrichtsprozess. Tagungsmaterial des ersten Kunstpädagogischen Tages in Leipzig. Gelbe Reihe, Texte 5. Leipzig, März 2000, S. 25-40.

[680] Ebd., S. 29.

[681] Unter der Annahme, dass in der neueren Kunsttheorie heute nicht nur innerhalb der Aktionskunst dem „Prozess" vor dem „Werk" der Vorrang eingeräumt wird, beschreibt Sowa unter exemplarischer Berücksichtigung einzelner Künstler die Entwicklung der Kunst vom Poiesis- zum Praxisparadigma. Dazu führt Sowa vier Künstler auf, an

Bildungsbegriffs eine zweite, *praktische* Konnotation an die Seite zu stellen, die prozessual und spielerisch ist. Obwohl performative, am *Praxis*paradigma orientierte Prozesse im aktuellen kunstpädagogischen Handlungsfeld zwar immer häufiger zu finden seien, würden sie aber um ihrer selbst willen noch zu wenig geschätzt. Hier fordert Sowa eine Umwertung und die *konsequent praktische Lernsituation* ein. Diese Modifikation leitet er vornehmlich aus der Existenz der *Prozess*kunst – namentlich aus den avancierten Formen der Performance bzw. der *Expanded Performance* ab, die das Leitbild eines zeitlichen und räumlichen Handlungs- und Ereigniszusammenhangs vorführten. Mit diesem Anspruch entsteht zugleich das Leitbild eines „nichthierarchischen Lern- und Erfahrungszusammenhangs, in dem es nur *Präsenz* gibt – und insofern auch – wenn man so will – ‚gegenwärtiges Glück'"[682]. Diese Veränderung schließe allerdings sowohl die Frage nach den ontologischen, ästhetischen, pädagogischen, politischen und spirituellen Implikationen eines radikalen Verständnisses von Prozessualität ein, wie die Suche nach der impliziten Ethik performativer Verfahren und Erfahrungen, als

---

deren Werken er diese Entwicklung nachweist: Reiner Ruthenbeck, Franz Erhard Walther, Josef Beuys und Boris Nieslony. Ist Reiner Ruthenbecks Arbeit „Aufhängung III" noch durch ganz normale Vollzüge des Her- und Fertigstellens gekennzeichnet, zeigt sich bereits bei den zeitgleich entstandenen Arbeiten Franz Erhard Walthers eine Wandlung. Walther verfügt mit seiner programmatischen Unterscheidung von „Werkform" und „Handlungsform" über ein begriffliches und konzeptuelles Instrumentarium, um poietische und praktische Vollzüge in und am „Werkobjekt" genau zu trennen (vgl.: Franz Erhard Walther: OBJEKTE benutzen. Köln, New York 1968). Noch extremer am Praxisparadigma orientierte Ansätze weist Sowa allerdings bei Joseph Beuys nach. Besonders in dessen *100-Tage-Büro* auf der documenta 5 im Jahr 1972 konnte man beobachten, wie sich der Fokus der künstlerischen Aufmerksamkeit buchstäblich weg vom Herstellungs- zum Praxisparadigma verschoben hat. „Indem die ‚Werkform' sich hier transformierte in ein end- und zielloses offenes Gespräch des Künstlers mit jedem beliebigen Besucher, in welchem auch die Trennung zwischen ‚Akteur' und ‚Zuschauern' unscharf wurde, zeigte sich ganz klar, dass es hier um ein ganz anderes Paradigma ging, nämlich das des künstlerischen Handelns anstatt des konventionellen Paradigmas des künstlerischen Herstellens." (Hubert Sowa: Performance – Szene – Lernsituation. Kunstpädagogik und Praxisparadigma. In: Bettina Uhlig, Frank Schulz (Hrsg.): Prozesshafte Kunst im Unterrichtsprozess. Tagungsmaterial des ersten Kunstpädagogischen Tages in Leipzig. Gelbe Reihe, Texte 5. Leipzig, März 2000, S. 31) Dennoch räumt Sowa auch dieser Arbeit noch einen Rest an Zweckhaftigkeit ein, die in den Diskussionstätigkeit unter dem Aspekt der Verbreitung der politischen Ideen von „direkter Demokratie" liege, welche im weitesten Sinne als Belehrung oder politische Arbeit verstanden werden könnte. Dagegen zeige sich die interaktiv orientierte Gruppen-Performance der Gruppe *Black market international* um Boris Nieslony als ein „offenes System der Begegnung", die als neueres Konzept der *Expanded Performance* sich noch extremer auf die Seite des Praxisparadigmas stellt, und „im Feld der ‚reinen' und radikalen Handlungskunst, die zugleich Modell ist für ein nicht mehr instrumentales, sondern spielerisches menschliches, d.h. geistiges und körperliches Miteinander" (ebd. S. 32) agiert.

[682] Ebd., S. 35.

auch den Klärungsbedarf hinsichtlich ihres Bildungswertes. Diesbezüglich interpretiert Sowa das *Praxis*paradigma in Bezug auf seine *offene Erfahrungsge-staltung* und *wirkliche Handlungserfahrung*. Eine Lernsituation in diesem Sinn sei als offenes und enthierarchisiertes Handlungsfeld zu verstehen, das durch ständige performative Eingriffe so modelliert und inszeniert wird, dass sich bei allen Beteiligten eine gesteigerte Offenheit und Aufmerksamkeit bzw. Achtsamkeit einstellen kann. In diesen Lernsituationen wird von den *lernenden* Beteiligten weniger eine theoretische, dominant objektbezogene Abstandnahme oder eine nach außen gewendete Arbeitshaltung gefordert als eher ein „intensives ‚In-sein' in der sich ständig (um-) modellierenden und performierenden Situation, mehr noch ein *Innewerden* und *Gewahr-Werden* – eine Art *Selbstperformanz* in Korrespondenz zu anderen Personen und Sachen"[683].

Dementsprechend zeichnet sich diesem Verständnis nach ein veränderter Lernbegriff ab: „‚Lernen' wäre in dieser Sicht ein Spezialfall des Handelns/Duldens, primär getragen von einem Ethos des Wahrnehmens, Sich-Einlassens, Akzeptierens, Reflektierens und Reagierens, nicht von einem Ethos des Leistens, Arbeitens, Vollbringens und Wollens. ‚Lernen' wäre darüber hinaus *interaktiv* und *intersubjektiv* strukturiert, andererseits wesentlich vermittelt über den *Umgang* mit Dingen und Mitmenschen, über eine möglichst weit gestreute und ständig experimentierende Aufmerksamkeit für situative Felder und über eine tiefgreifende Achtsamkeit für alle Typen von Übergängen und Zusammenhängen bzw. für das *Werden* im allgemeinen".[684] Auch ‚Lehren' ist demgemäß als ein Verfahren der inszenierenden Situations- und Wahrnehmungsmodellierung zu verstehen, als ein Verfahren, situative Aufmerksamkeitsstrukturen zu verschieben und zu lenken oder als ein Verfahren „des permanenten ‚Zum-Kippen-Bringens' von gemeinschaftlichen und individuellen situativen Verständnishorizonten"[685]. In diesem praktisch-prozessualen Verständnis von Lehren und Lernen nehmen Bilder und Werke nur noch die Stellung von Katalysatoren in Lernsituationen ein. Rein performative Verfahren ohne *konventionell didaktische Klammern* können nach Sowa dabei u. U. erheblich *mächtigere Energien* einer Kultur des Fragens und Antwortens, des Spielens und Zuhörens auslösen als produktorientierte.

Sowa geht außerdem davon aus, dass offene Lern- und Handlungssituationen einen authentischen Zugang zum praktischen Welterleben vermitteln, weshalb er die radikal *praktische* kunstpädagogische Vermittlung in diesem Sinne als notwendigen Gegenpol zu jeder künstlerischen Bild- und Werkpädagogik wertet – ohne allerdings diese gänzlich aus ihrem berechtigten Feld zu verstoßen.

---

[683] Ebd.
[684] Ebd.
[685] Ebd.

Prozessorientierte Kunstpädagogik

Bei seiner Frage nach der Ethik performativer Handlungszusammenhänge stellt Hubert Sowa als wesentlichen Aspekt heraus, dass in performativen Situationen die Idee des *Handelns* mit der Idee des *glückenden Lebens* konvergiert: „Dies ist meines Erachtens der Kern einer performativen Ethik und Ästhetik: Dass es um eine Steigerung des Lebens in seiner ganzen Ausdrucks- und Wahrnehmungs- und Genussfähigkeit geht, um jene sich selbst genügende ‚Selbstdarstellung der Lebendigkeit' im rätselhaften Zusammenspiel von (Selbst-)Bewegung, Genuss und Glück, ohne Rücksicht auf künftige Zwecke."[686]

6.6 Bezüge zu Pädagogik und Bildungstheorie

Bildung im Spannungsfeld von Bestimmt- und Unbestimmtheit
Einem konstruktivistischen Verständnis von *Wirklichkeitsaneignung* verbunden vertritt auch Marie-Luise Lange die Ansicht, dass es eine *Wirklichkeit an sich* nicht geben kann, dass sich diese dem Menschen dagegen immer nur als *Wirklichkeit unter einer Beobachtung* darstellt und so gewissermaßen stets als eine *Modifikation* neben anderen existiert.[687]
Entsprechend ihrer damit verbundenen Überzeugung von der Notwendigkeit, einen Bildungsbegriff formulieren müssen, der sich von Bildungsmodellen absetzt, die aus einer abendländischen Einheitsvorstellung von Welt abgeleitet sind und auf homogenen Weltsichten aufbauen, vertritt Lange einen Bildungsbegriff, der der Vielfalt und Pluralität der heutigen Gesellschaft gerecht werden will und „der Kommunikationszusammenhänge konzipiert, in denen disparate Deutungen und Erfahrungen gleichrangig beobachtet und diskutiert werden"[688] können. Schule habe sich infolgedessen weniger als Ort zu begreifen, in dem „statische Wissensgebäude vermittelt werden, sondern komplexe Fragestellungen (…) diskutiert werden, auf die es keine monokausalen Antworten gibt"[689]. Lange verpflichtet sich somit einem Begriff von Bildung, dessen Gegenstand sich „nicht als feste unveränderliche Materie, sondern als aktualisier-, erweiter- und wandelbaren Stoff betrachtet"[690]. Bildung in diesem Sinne avanciert zu einem „Ort der Differenzen" und einem „Erlebnisraum des Disparaten"[691]. Marie-Luise Lange appelliert an das Bildungsverständnis der Schule, welches auf die mittlerweile historisch gewachsene Absage an auf Vereinheitlichung und

---

[686] Ebd.
[687] Vgl. Marie-Luise Lange: Grenzüberschreitungen. Wege zur Performance. Königstein/Taunus 2002, S. 258.
[688] Ebd., S. 288.
[689] Ebd.
[690] Ebd., S. 289.
[691] Yvonne Ehrenspeck, Dirk Rustemeyer: Bestimmt unbestimmt. In: Arno Combe, Werner Helsper (Hrsg.): Pädagogische Professionalität. Untersuchungen zum Typus pädagogischen Handelns. Frankfurt/M. 1999³, S. 380.

Universalität ausgerichteten Weltaneignungsaktivitäten reagieren müsse. Die Komplexität zeitgenössischen Seins verlange vielmehr nach einem Bildungsbegriff, „der Differenzen als einen Kommunikationszusammenhang konzipiert" und „in dem disparate Erfahrungen in lebensgeschichtliche Identität integriert werden"[692].
Insbesondere der ästhetischen Bildung als einem Moment im allgemeinen Bildungskanon sei ein zunehmend höherer Stellenwert beizumessen. Als sinnlich-praktische und geistige Auseinandersetzungsform des Individuums kommt es der ästhetischen Bildung zu, „dem Individuum Handlungsspielräume zu eröffnen, in denen es Reflexivität, Selbstorganisation und verschiedene Identitätspotentiale experimentierend erfahren kann. Denn in der ästhetischen Idee arbeitet die Differenz ohne Unterlaß"[693]. Mit dem genuinen Hang des Ästhetischen zum *Chaotischen* und *Prozessualen* sei sie allerdings wenig berechenbar und lernzielumgreifend absteckbar. Mit dieser Vorstellung schließt sich Lange einer Auffassung von zeitgemäßer Bildung an, wie sie heute von mehreren Vertretern im aktuellen pädagogischen Diskurs um einen zeitgenössischen Bildungsbegriff vertreten wird. Ohne Anspruch auf eine repräsentative Auswahl seien hier exemplarisch Yvonne Ehrenspeck, Dirk Rustemeyer[694] und Winfried Marotzki genannt, deren zeitgenössische Bildungsauffassung sich vor allem im Kontext der Frage nach einer „Dialektik von Bestimmtheit und Unbestimmtheit"[695] artikuliert. Yvonne Ehrenspeck und Dirk Rustemeyer distanzieren sich von einem Bildungsbegriff, dessen pädagogische Berufungen üblicherweise „die Elemente vernünftiger Selbstbestimmung, die Freiheit des Denkens und die Befähigung zur qualitativen Auseinandersetzung des Subjekts mit gesellschaftlich objektivierter Inhaltlichkeit"[696] betonen. Bildung in diesem Sinne verweise vorzugsweise im Kontakt mit besonderen, „klassischen" Inhalten auf eine substanzielle, prinzipiell auf Universalität hin geöffnete und kognitive, mit praktischen und ästhetischen Dimensionen verknüpfte Individualität. Vor dem Hintergrund der Postmodernediskussion artikuliere sich der Bildungsbegriff heute vielmehr als ein Begriff, der durch „prozessuale Offenheit" gekennzeichnet ist. So konstatieren Ehrenspeck und Ruste-

---

[692] Marie-Luise Lange: Grenzüberschreitungen. Wege zur Performance. Königstein/Taunus 2002, S. 257-258.
[693] Ebd., S. 258.
[694] Vgl. Yvonne Ehrenspeck, Dirk Rustemeyer: Bestimmt unbestimmt. In: Arno Combe, Werner Helsper (Hrsg.): Pädagogische Professionalität. Untersuchungen zum Typus pädagogischen Handelns. Frankfurt 1996³, S. 368-390.
[695] Winfried Marotzki: Bildung als Herstellung von Bestimmtheit und Ermöglichung von Unbestimmtheit. In: Otto Hansmann, Winfried Marotzki (Hrsg.): Diskurs Bildungstheorie I: Systematische Markierungen. Rekonstruktion der Bildungstheorie unter Bedingungen der gegenwärtigen Gesellschaft. Weinheim 1988, S. 311-333, hier S. 325.
[696] Yvonne Ehrenspeck, Dirk Rustemeyer: Bestimmt unbestimmt. In: Arno Combe, Werner Helsper (Hrsg.): Pädagogische Professionalität. Untersuchungen zum Typus pädagogischen Handelns. Frankfurt 1996³, S. 368-390, hier S. 371.

meyer: „Unterhält ‚Bildung' über ihre Temporalität als Differenz von Vergangenheit, Gegenwart und Zukunft einen privilegierten Bezug zum Utopischen, der, anders als politische Systementwürfe, anthropologisch verankert ist, so kann Pädagogik als Reflexion dieser Struktur zugleich auf die bildungsspezifische Differenz von Reflexion und Vollzug verweisen. Ihre Form der Reflexion soll nämlich die Praxis koinzidieren, ohne doch in ihr aufzugehen: Die Theorie der Erziehung muss nicht nur Theorie sein, sondern Erziehung, um ihren utopischen Gehalt einzulösen, bleibt jedoch davon dispensiert, sich theoretisch und praktisch auf einen bestimmten Entwurf von Zukunft festlegen zu müssen, sondern wird verpflichtet, jede Utopie zugleich in ihrer Unmöglichkeit zu reflektieren. Damit konstituiere sie sich als das Transitive schlechthin: Bildung heißt überschreiten."[697]
In diesem Sinne würde Bildung zur *Leerstelle* und entziehe sich vielmehr der Organisation, die – so Ehrenspeck und Rustemeyer – „kaum mehr wäre als die Pervertierung ihres Begriffs, der sich per se gegen eindeutige Bestimmungen sträubt"[698]. Bildung situiere sich in der Pluralität ihrer eigenlogischen Praxisformen als *Ort der Differenz*, der auf nicht-affirmative Weise nach einem „nicht-hierarchischen Ordnungszusammenhang von Ökonomie und Ethik, Pädagogik und Politik, Kunst und Religion"[699] fragt. Für Ehrenspeck und Rustemeyer verlangen Differenzierung und Reflexivität der gesellschaftlichen Moderne demnach „einen Bildungsbegriff, der solche Differenzen als einen Kommunikationszusammenhang konzipiert, in dem disparate Deutungen und Erfahrungen in lebensgeschichtliche Identitäten integriert werden"[700]. Auch die bildungstheoretischen Überlegungen Winfried Marotzkis sind durch den Gedanken gekennzeichnet, dass Bildung nicht länger als Überführung von *Unbestimmtheit* in *Bestimmtheit* – im Sinne einer Positivierung faktischen Wissens – gedacht werden könne.[701] Die erziehungswissenschaftliche Diskussion des Bildungsbegriffs habe vielmehr eine Korrekturleistung zu erbringen, die die Bildungsdefinition aus dem dominanten

---

[697] Ebd., S. 377.
[698] Ebd., S. 378.
[699] Dietrich Benner: Zum Verhältnis von Bildung, neuzeitlicher Wissenschaft und Politik. In: Otto Hansmann, Winfried Marotzki (Hrsg.): Diskurs Bildungstheorie I: Systematische Markierungen. Rekonstruktionen der Bildungstheorie unter Bedingungen der gegenwärtigen Gesellschaft. Weinheim 1988, S. 161-182, hier: S. 163. In diesem Aufsatz entwickelt Benner „die thematische Grundstruktur einer nicht-affirmativen Theorie der Bildung, welche sich dem Prinzip individueller, teleologisch unbestimmter Bildsamkeit und der Idee einer nicht-hierarchischen Ordnung der menschlichen Gesamtpraxis verpflichtet weiß." (Ebd. S. 182).
[700] Yvonne Ehrenspeck, Dirk Rustemeyer: Bestimmt unbestimmt. In: Arno Combe, Werner Helsper (Hrsg.): Pädagogische Professionalität. Untersuchungen zum Typus pädagogischen Handelns. Frankfurt 1996³, S. 379.
[701] Vgl. Winfried Marotzki: Bildung, Identität und Individualität. In: Dietrich Benner, Dieter Lenzen (Hrsg.): Erziehung, Bildung, Normativität. Versuch einer deutsch-deutschen Annäherung. Weinheim, München 1991, S. 79-94.

Paradigma eines naturwissenschaftlich aufgebauten kognitiven Wissens herauslöst und das Verhältnis von kognitiven und nicht-kognitiven, von diskursiven und nicht-diskursiven und das von reflexiven und nicht-reflexiven Gehalten ins Zentrum rückt. Werde Bildung im herkömmlichen Sinn vornehmlich über „Wissensbestände und die dazugehörigen diskursiven Denkformen definiert"[702], kommt es für Marotzki angesichts der gesellschaftlichen Situation heute vielmehr darauf an, „dass die Herstellung von Bestimmtheit Unbestimmtheitsbereiche ermöglichen und damit auch eröffnen muss"[703]. Indem für Heranwachsende *Unbestimmtheitsbereiche* – im Sinn von begrifflich nicht Fixierbarem – geschaffen würden, eröffneten sich ihnen Orte zur innovativen, experimentellen und kreativen Erfahrungsverarbeitung. Auch für Marotzki deutet die steigende Komplexität moderner Gesellschaften auf die Notwendigkeit, ein Lernen zu ermöglichen, das sich „in einen Bildungsprozess eingebettet weiß, der auf der Befähigung zur tentativen Wirklichkeitsauslegung beruht"[704]. Insbesondere in Zeiten starker gesellschaftlicher Umstrukturierung seien Bildungsprozesse zu initiieren, die Suchbewegungen und neue Orientierungen, auch biografischer Art, aufbauen können. In Anbetracht der aktuellen Situation verfehle ein Verständnis von Bildung, das den ausschließlichen Schwerpunkt auf die Herstellung von Bestimmtheit im Sinne von überwiegend kognitiven Wissensbeständen lege, den Auftrag, Heranwachsende in die Lage zu versetzen, neue gesellschaftliche Komplexitätsniveaus auf innovative Weise zu verarbeiten. In diesem Zusammenhang möchte Marotzki die dialektische Figur der *Herstellung von Bestimmtheit* bei gleichzeitiger *Ermöglichung von Unbestimmtheit* als Matrix eines zeitgemäßen Bildungsbegriffs neu diskutiert wissen.[705]

Für die Pädagogik stellt sich also die Frage, wie solch eine Dialektik von Bestimmtheit und Unbestimmtheit entfaltet werden kann. Bildung als einseitige Herstellung von Bestimmtheit würde dieses innovative Bildungsverständnis insofern unterlaufen, als dass sie Suchbewegungen – wie sie auch nach Mitscherlich[706] für Bildung konstitutiv seien – unmöglich mache.

---

[702] Winfried Marotzki: Bildung als Herstellung von Bestimmtheit und Ermöglichung von Unbestimmtheit. In: Otto Hansmann, Winfried Marotzki (Hrsg.): Diskurs Bildungstheorie I: Systematische Markierungen. Rekonstruktion der Bildungstheorie unter Bedingungen der gegenwärtigen Gesellschaft. Weinheim 1988, S. 311-333, hier: S. 311.

[703] Winfried Marotzki: Bildung, Identität und Individualität. In: Dietrich Benner, Dieter Lenzen (Hrsg.): Erziehung, Bildung, Normativität. Versuch einer deutsch-deutschen Annäherung. Weinheim, München 1991, S. 86

[704] Ebd., S. 89.

[705] Vgl. Winfried Marotzki: Bildung als Herstellung von Bestimmtheit und Ermöglichung von Unbestimmtheit. In: Otto Hansmann, Winfried Marotzki (Hrsg.): Diskurs Bildungstheorie I: Systematische Markierungen. Rekonstruktion der Bildungstheorie unter Bedingungen der gegenwärtigen Gesellschaft. Weinheim 1988, S. 311-333. Hier: S. 325.

[706] In seinem Aufsatz „Bildung als Herstellung von Bestimmtheit und Ermöglichung von Unbestimmtheit" setzt sich Marotzki auch mit Mitscherlichs „These von der

Marotzki vertritt im Gegenteil die Überzeugung, „wird Bildung als Positivierung von Bestimmtheit, also als Positivierung faktischen Wissens, angelegt und somit Zonen der Unbestimmtheit eliminiert, wird Bildung ausgehöhlt, letzten Endes verunmöglicht"[707].
Obwohl Marotzki realistisch einräumt, dass es für Bildungsprozesse grundsätzlich *auch* darauf ankommt, „generalisierende Orientierungen zu sichern"[708], müsse ein Bildungsverständnis im hier entwickelten Sinn aber die *Möglichkeit* genauso wichtig nehmen wie die *Faktizität* und Vieldeutigkeit neben Eindeutigkeit akzeptieren. Für Heranwachsende erfordere der Aufbau von Kategorien zur Erfahrungsverarbeitung einen versuchend erprobenden Umgang mit möglichen Kategorien. So kommt es für Marotzki hauptsächlich darauf an, dass „der hier vorgeschlagene Bildungsbegriff als genannte dialektische Reflexionsfigur in der Realisierung über Lernprozesse wesentlich *Differenzerfahrung* (Hervorhebung v. Marotzki) bewirkt". Denn, „ist Bildung von vorneherein so ausgelegt, dass im Zentrum das Umgehen mit Differenzerfahrungen steht, dann ist es den einzelnen leichter gemacht, gewohnte Routinen aufzugeben und andere zu etablieren"[709]. Marotzki folgert: „Je stärker Bildung die Herstellung von Bestimmtheit betont, je mehr also Unbestimmtheit in die Latenz abgedrängt wird, desto schwieriger wird es, eingefahrene Routinen aufzugeben."[710] Hier begründet Marotzki die Notwendigkeit von Differenzerfahrungen im Kontext seines Bildungsverständnisses auch aus psychoanalytischer Perspektive. Wenn Bildung von vornherein so ausgelegt ist, mit Differenzerfahrungen umgehen zu müssen, würde zudem dem Aufbau von Angstpotenzialen vorgebeugt: „Ein Bildungsverständnis, das im genannten Sinne Bestimmtheit favorisiert und Unbestimmtheit abdrängt, baut rigide Strukturen des status quo und damit Angstpotentiale auf. Angst resultiert oft daraus, dass etwas

---

Stärkung kritischer Ich-Leistung" auseinander und kommt zu dem Schluss, dass sich nach Mitscherlichs dynamischer Definition von Bildung, Bildung und Erziehungspraxis an der dialektischen Grundfigur von Anpassung und Widerstand zu orientieren habe. Er zitiert Mitscherlichs Bildungsdefinition: „Die dynamische Definition von Bildung sagt uns, dass sie Suchbewegungen und zunehmend koordiniertes Suchen ist. Wo sie in eine der Befragung unzugängliches selbstgewisses ‚Wissen' umschlägt, hebt sie sich selbst auf. Alles dogmatisch Gewisse ist das Ende der Bildung." Alexander Mitscherlich (1963): Auf dem Weg zur vaterlosen Gesellschaft. In: Gesammelte Schriften. Bd. III. Frankfurt/M. 1983. Zitiert in Winfried Marotzki S. 312.

[707] Winfried Marotzki: Bildung als Herstellung von Bestimmtheit und Ermöglichung von Unbestimmtheit. In: Otto Hansmann, Winfried Marotzki (Hrsg.): Diskurs Bildungstheorie I: Systematische Markierungen. Rekonstruktion der Bildungstheorie unter Bedingungen der gegenwärtigen Gesellschaft. Weinheim 1988, S. 325.

[708] Ebd., S. 328.

[709] Ebd., S. 329-330.

[710] Winfried Marotzki: Bildung, Identität und Individualität. In: Dietrich Benner, Dieter Lenzen (Hrsg.): Erziehung, Bildung, Normativität. Weinheim, München 1991, S. 89.

abgewehrt werden muss. In diesem Falle müssen Bestimmtheitsstrukturen aufrechterhalten und Unbestimmtheitsbereiche abgewehrt werden. Insofern Abwehrstrukturen über längere Zeit rigide aufrechterhalten werden müssen, schlagen sie nicht selten in starre Züge des Charakters um."[711] Unter bildungstheoretischer Perspektive könnte diese Betrachtungsweise vorläufig wie folgt zusammengefasst werden: Flexibilität wird nicht durch Maximierung von *Bestimmtheiten* erreicht. *Menschliche Entwicklung* und *Starrheit der Strukturen* von Lern- und Bildungsprozessen schließen einander aus. *Bestimmtheits-* und *Unbestimmtheitsbereiche* müssen ein dialektisches Verhältnis eingehen, damit Strukturen an Flexibilität entstehen, die dann einen gewünschten offenen, experimentellen und suchenden Charakter aufweisen. Bildung in diesem Sinn lebt vom *Spiel mit den Unbestimmtheiten* und eröffnet so den Zugang zu Heterodoxien, Vieldeutigkeiten und Polymorphien. Bildung im Modus der Bestimmtheit – so Marotzki – sei deswegen tendenziell gefährdete Bildung als Ausdruck identitätstheoretischen Denkens. Nur „Bildung im Sinne von Unbestimmtheit ist sich erfüllende Bildung als Ausdruck differenztheoretischen Denkens."[712]

Für Marie-Luise Lange stellt die an der Performance-Art orientierte Variante ästhetischer Bildung ein Äquivalent zu diesem oben dargelegten Bildungsverständnis dar, da *der Charakter des begrifflich nicht Fixierbaren und bestimmt Unbestimmten* bildungs- und ästhetiktheoretische Diskurse miteinander verbindet.[713] Außerdem sei Performance als eine Kunstform, die durch Grenzüberschreitungen gekennzeichnet ist, besonders geeignet, Elemente einer Bildung zu erreichen, die Spielräume für das Entstehen neuer Signifikanz ermöglichen bzw. gewährleisten. „Performances zielen nicht auf Verstehen (…) Performances bieten dem identifikatorischen Blick und der vorgestanzten Sicht keine Befriedigung (…) Performances wecken Unlustgefühle, verstören und befremden. Sie (…) bringen Handlungskonfigurationen hervor, in denen der Akzent auf Entfremdung, Verfremdung und Befremdung liegt, auf der Begegnung mit einem radikal Neuen."[714] Somit zielten Performances direkt auf Bildung im oben ausgeführten Ver-

---

[711] Winfried Marotzki: Bildung als Herstellung von Bestimmtheit und Ermöglichung von Unbestimmtheit. In: Otto Hansmann, Winfried Marotzki (Hrsg.): *Diskurs* Bildungstheorie I: Systematische Markierungen. Rekonstruktion der Bildungstheorie unter Bedingungen der gegenwärtigen Gesellschaft. Weinheim 1988, S. 330.
[712] Winfried Marotzki: Bildung, Identität und Individualität. In: Dietrich Benner, Dieter Lenzen (Hrsg.): Erziehung, Bildung, Normativität. Weinheim, München 1991, S. 88.
[713] Vgl. Yvonne Ehrenspeck, Dirk Rustemeyer: Bestimmt unbestimmt. In: Arno Combe, Werner Helsper (Hrsg.): Pädagogische Professionalität. Untersuchungen zum Typus pädagogischen Handelns. Frankfurt 1996³, S. 384.
[714] Ulrike Hanke: Von Wildwüchsen, Maulwürfen und Gärtnern. Performance und Lehre. In: Hanne Seitz (Hrsg.): *Schreiben auf Wasser*. Performative Verfahren in Kunst, Wissenschaft und Bildung. Bonn 1999, S. 94-101, hier. S. 96.

ständnis. Indem performative Elemente, eingetragen in den pädagogischen Prozess, zu Elementen subjektiver künstlerischer Verausgabungen werden, avancieren sie zu Momenten „eines gesellschaftlichen Sinngebungsprozesses"[715]. Bildung in diesem Sinn stellt sich – so Ulrike Hanke – als ein „hochgradig äquivokes Zeichen"[716] dar, das, sofern künstlerisch-performative Elemente als Handlungen zu seinem Bestandteil gehören, zum Zeichen für einen kontinuierlichen Bildungs*prozess* wird. Dieses Verständnis von Bildung trifft sich mit dem von Marotzki, denn „,Bildung' steht dann zum Beispiel nicht nur für die Akkumulation von Wissen *über* Performances als Bestandteil der Akkumulation von Wissen *über* Formen pädagogisch verwendbarer künstlerischer Medien. Kurz: Die Teilhabe an künstlerisch-performativer Praxis zeitigt andere Folgen als die Aneignung von Wissen über diese"[717].

Tendenzen aktueller Jugendentwicklung
Hinsichtlich der verschiedenen Tendenzen aktueller Jugendentwicklung bezieht Marie-Luise Lange sich auf umfassende Ergebnisse zeitgemäßer Jugendforschung, wie sie beispielsweise von Wilfried Ferchhoff und Georg Neubauer vorgelegt wurden.[718] Lange ist überzeugt, dass sowohl gewachsene Kenntnisse und Kompetenzen im Umgang mit kulturell sehr unterschiedlich codierten Umweltphänomenen und digitalen Techniken als auch veränderte primäre Sinnes- und Körpererfahrungen als Voraussetzungen heutiger Jugendlicher angenommen werden können. Aufgrund umfangreicher Medienkenntnisse verfügten Jugendliche gegenwärtig über eine Vielzahl an Informationen, Bild- und Handlungsvorstellungen, die den Rahmen der Fertigkeiten, mit denen die Schule normalerweise arbeitet, übersteigt. Lange geht davon aus, dass Kinder und Jugendliche heute selbstverständlich mit den Phänomenen kultureller Grenzüberschreitungen zwischen verschiedenen künstlerischen Gattungen, Medien, Jugendästhetiken und Alltagsprozessen aufwachsen und fragt danach, wo und wie sich „Phänomene des Performativen und des Ästhetischen, wie Prozeßhaftigkeit, Heterogenität, Fragmentarität, Vielschichtigkeit, Mimesis, Körperorientierung, Intermedialität, Inszeniertheit und Spiele, im gesellschaftlichen Alltag und im Besonderen in der kindlichen und jugendlichen Lebenswelt ansiedeln"[719]. Dabei bezieht sie sich insbesondere auf sozialwissenschaftliche Aussagen Pierre Bourdieus, Ulrich Becks und Gerhard Schulzes und beschreibt Aspekte der Pluralisierung und

---

[715] Ebd.
[716] Ebd.
[717] Ebd.
[718] Vgl. u.a. Wilfried Ferchhoff, Georg Neubauer: Patchwork-Jugend. Eine Einführung in postmoderne Sichtweisen. Opladen 1997; Wilfried Ferchhoff: Jugendkulturen im 20. Jahrhundert. Von den sozialmilieuspezifischen Jugendsubkulturen zu den individualitätsbezogenen Jugendkulturen. Frankfurt, New York 1990.
[719] Marie-Luise Lange: Grenzüberschreitungen. Wege zur Performance. Königstein/Taunus 2002, S. 16.

Mediatisierung sowie der zunehmenden Ästhetisierung und Inszeniertheit des alltäglichen Lebens.
In der Beschreibung jugendlicher Lebenswelten stützt Lange sich auf lebensweltanalytische Ansätze, wie sie von der modernen Jugendforschung vertreten werden. Ziel der Lebensweltdarstellungen waren nicht Generalisierungsmodelle, sondern die Darstellung der Differenziertheit, Widersprüchlichkeit und Facettenhaftigkeit jugendlicher Lebenswelten und deren Wirkung unter anderem auf die Entwicklung bestimmter Lebensstile.

6.7 Philosophische Implikationen

Kunstdidaktik im Kontext komplexer Postmodernediskussion
Marie-Luise Langes Konzept einer an Performance-Art orientierten Kunstdidaktik artikuliert sich vor dem Hintergrund und im Kontext umfangreicher aktueller Postmodernediskussion. Lange stellt ihr Konzept besonders hinsichtlich der pädagogischen Aspekte vor allem in den Kontext aktuell diagnostizierter Pluralität und entwickelt das performanceorientierte Modell kunstdidaktischer Theorie und Praxis auf der Höhe aktueller philosophischer Diskurse, indem sie sowohl neuere Gegenwartsdiagnosen der Postmoderne wie auch die Neubewertung des *Anderen der Vernunft*, von Wolfgang Welsch als ästhetisches Denken bzw. transversale Vernunft und von Delleuze/Guattari als rhizomatisches Denken charakterisiert, berücksichtigt.[720]
Lange artikuliert ihr Modell hinsichtlich der Überzeugung von der Freigabe der Meta-Erzählungen, wie es Wolfgang Welsch beschreibt: „Die Grundthese des Postmodernen Wissens ist die von der Verabschiedung der Meta-Erzählungen, gerade auch der Meta-Erzählungen der Neuzeit – Mathesis universalis – und ihrer Nachfolgeformen. Die Grundoption gilt dem Übergang zur Pluralität, zur Anerkennung und Beförderung der heterogenen Sprachspiele in ihrer Autonomie und Irreduzibilität. Die Verteidigung der unterschiedlichen Lebenswelten, Sinnwelten und Anspruchswelten macht die emphatische Inspiration dieses philosophischen Postmodernismus aus. Er tritt allen Totalisierungen philosophischer, ökonomischer, technologischer Art vehement entgegen und hält – über ein grundsätzliches Finitätsbewußtsein – zur Wahrnehmung und Praxis der Pluralität an."[721]
Marie-Luise Lange wendet sich in der Tradition dieses *neuen* Denkens nicht nur gegen *einlineare Sichtweisen* von einer möglichen Einheit dieser Welt, sondern verwendet den Pluralitätsbegriff auch als Schlüsselbegriff im Makro- wie im Mikrobereich menschlichen Daseins. Ihr Konzept konturiert

---

[720] Auf die ausführliche Erläuterung und Darstellung der Termini, die im Kontext der Postmodernediskussion berücksichtigt wurden und werden, kann an dieser Stelle verzichtet werden, da sie jeweils an anderen Stellen dieser Untersuchung bereits ausgeführt wurden.
[721] Wolfgang Welsch zitiert in Marie-Luise Lange: Grenzüberschreitungen. Königstein/Taunus 2002, S. 255.

sich vor der Existenz des Nebeneinanderexistierens von verschiedensten geistes- und naturwissenschaftlichen Theorien, religiösen Anschauungen, künstlerischen Ideen, politischen Konzepten sowie vor der Vielfalt möglicher Sinnsetzungs- und Lebenskonzepte des individuellen Lebens. Im essenziellen Rückgriff auf die theoretische Figur der *reflexiven Moderne* des Soziologen Ulrich Beck[722] vertritt Lange die Überzeugung, dass durch die Aufweichung ehemals kulturell bedingter und geprägter Sozialbindungen heute das Individuum zu einer erstrangigen *Sorge um sich selbst* verpflichtet ist. Eine individuelle Sinngebung erfolgt heute nicht mehr von außen, sondern wird zu einer privaten Angelegenheit, so dass die einzelnen zu „Akteuren, Konstrukteuren, Jongleuren, Inszenatoren ihrer Biografie, ihrer Identität, aber auch ihrer sozialen Bindungen und Netzwerke"[723] werden. Die eigene Person wird im Prozess der Biografie kontinuierlich als eine „Identität in Übergängen"[724] empfunden, die in der hochdifferenzierten, unentrinnbar global vernetzten Gesellschaft den Möglichkeiten *und* dem Zwang, ein eigenes Leben zu führen, ausgesetzt ist. Beck erläutert diese Sozialform des eigenen Lebens als „Leerstelle"[725], die sich heute erst durch die sich immer weiter ausdifferenzierende Gesellschaft öffnet. Beck charakterisiert das *eigene Leben* als durchaus den Ambivalenzen der Gegenwartsgesellschaft verhaftet, da die modernen Vorgaben die *Selbstorganisation* des Lebenslaufs und die Selbstthematisierung der Biografie geradezu erzwingen. Die qualitative Differenz zwischen traditioneller und moderner Biografie liegt für Beck nicht in der Tatsache, dass in früheren ständischen und agrarischen Gesellschaften die Lebensgestaltung auf ein Minimum eingeschränkt war, gerade hinsichtlich einer modernen Bürokratie- und Institutionenfülle sei modernes Leben in bürokratische Regeln und Vorgaben eingebunden. Das Entscheidende sei vielmehr die Tatsache, dass die „modernen Vorgaben die *Selbstorganisation* des Lebenslaufes und die *Selbstthematisierung* der Biografie geradezu erzwingen"[726]. Gesellschaftliche Strukturen können nicht mehr nur reproduziert werden, sondern müssen in Familien, Betrieben und Politik neu ausgehandelt werden. So schließt sich Marie-Luise Lange der Überzeugung an, dass „der früher in Gleisen verlaufende Lebenslauf" heute zur Wahl- und Bastelbiografie (Ulrich Beck) wird, „die zunehmend im Rahmen eigener Entscheidungen verläuft

---

[722] Vgl. Ulrich Beck, Anthony Giddens, Scott Lash: Reflexive Modernisierung. Eine Kontroverse. Frankfurt 1996. Und: Ulrich Beck, Wilhelm Vossenkuhl, Ulf Erdmann Ziegler: eigenes Leben. Ausflüge in die unbekannte Gesellschaft, in der wir leben. München 1995.

[723] Ulrich Beck: eigenes Leben. Skizzen zu einer biografischen Gesellschaftsanalyse. In: Ulrich Beck, Wilhelm Vossenkuhl, Ulf Erdmann Ziegler: eigenes Leben. Ausflüge in die unbekannte Gesellschaft, in der wir leben. München 1995, S. 9-15, hier S. 11.

[724] Marie-Luise Lange: Grenzüberschreitungen. Königstein/Taunus 2002, S. 267.

[725] Ulrich Beck: eigenes Leben, München 1995, S. 10.

[726] Ebd., S. 11.

und dennoch mit allen Risiken des sozialen Abgleitens verbunden ist"[727].
Ulrich Beck selbst hat seine Theorie der *reflexiven Moderne* ausführlich dargelegt[728] und charakterisiert diese folgendermaßen: „Die paradoxe Struktur des eigenen und globalen Lebens kann (theoretisch) entfaltet werden in einer Gedankenfigur, die Modernisierung (im Sinne von Enttraditionalisierung, Individualisierung usw.) auf die Industriegesellschaft selbst anwendet. Das nenne ich ‚reflexive Modernisierung'. Gemeint ist damit zunächst nicht unbedingt Reflexion von Modernisierung, sondern ‚Reflexivität' im Sinne von ungewollter, oft auch ungesehener Selbstinfragestellung, Selbstveränderung. Modernisierung untergräbt – und verändert! – die Voraussetzungen und Rahmenbedingungen industriegesellschaftlicher Modernisierung; eben im Sinne z.b. von Enttraditionalisierung, Globalisierung und Individualisierung. ‚Reflexive Modernisierung' besagt: es beginnt ein Konflikt *in* der Moderne um die Rationalitätsgrundlagen, das Selbstverständnis der Industriezivilisation, und zwar *in* den Zentren industrieller Modernisierung und nicht nur in den Rand- und Überlappungszonen mit der Privatheit und in den sozialen Bewegungen. Strukturen können nicht mehr nur reproduziert, sie müssen ausgehandelt, entschieden, gerechtfertigt, ja vielleicht sogar neu erfunden werden – in Betrieben und Organisationen ebenso wie in Familien und in der Politik."[729]

Ausgehend von der Frage, wie sich ein Leben in Pluralität und Dissens leben lässt, zeigt Marie-Luise Lange unter Rückbezug auf J.-F. Lyotard, Wolfgang Welsch und Dietmar Kamper die Strukturen ästhetischen Denkens und Wahrnehmens als geeignete Modelle für „dehierarchisiertes Denken der Gegenwart"[730] auf. Ein Exkurs in erkenntnis- und wahrnehmungsphilosophische Einsichten soll die Theorie von der Entwicklung der Ästhetik der Performance als Theorie des Prozeßhaften, Heterogenen und Offenen stützen. Handeln und Erleben performativer Prozesse soll für Heranwachsende *personale Heterogenität* und ein *ästhetisches Differenzerlebnis* ermöglichen, aus denen sich potenzielle Gestaltungsmöglichkeiten der eigenen Identität und Biografie entwickeln lassen können. Da moderne Kunst in ihrem Kern „heterogen und inkommensurabel verfasst" ist, stelle sie somit „modellhaft ein medialisiertes Vorbild für Denken in pluralen Bahnen dar"[731]. Insofern könnten Kunst und Medienkunst ein dieser Wirklichkeit angemessenes Denken schulen, das die „Fähigkeit zur Anerkennung von Differenz und

---

[727] Marie-Luise Lange: Grenzüberschreitungen. Königstein/Taunus 2002, S. 256.
[728] Ulrich Beck: Das Zeitalter der Nebenfolgen und die Politisierung der Moderne. In: Ulrich Beck, Anthony Giddens, Scott Lash: Reflexive Modernisierung. Frankfurt 1996, S. 19-112.
[729] Ulrich Beck: eigenes Leben. Skizzen zu einer biografischen Gesellschaftsanalyse. In: Ulrich Beck, Wilhelm Vossenkuhl, Ulf Erdmann Ziegler: eigenes Leben. Ausflüge in die unbekannte Gesellschaft, in der wir leben. München 1995, S. 9-15, hier S. 15.
[730] Marie-Luise Lange: Grenzüberschreitungen. Königstein/Taunus 2002, S. 16.
[731] Ebd., S. 262.

Dissens für wichtiger hält als die eines Konsens, der auf eine nicht mehr einlösbare Einheit und auf das Schöne und Harmonische referiert"[732].

6.8 Resümee

Marie-Luise Lange entwirft ihr Konzept nicht nur vor dem Hintergrund zeitgenössischer Strömungen in der Kunst, sondern besonders hinsichtlich soziologischer Aspekte, vor allem in Bezug auf aktuell diagnostizierte Pluralität. Neben ihrer sehr umfangreichen Darstellung der kunstgeschichtlichen Entwicklung der Performance-Art bis hin zu aktuellen Formen dieser Kunstform entwickelt Marie-Luise Lange eine sehr differenzierte Analyse wesentlicher, für die zeitgenössische Pädagogik wegweisender Elemente aus Soziologie und Philosophie. Ausführliche Untersuchungen zeitgenössischer Jugendwelten mit ihren spezifischen Ästhetiken und Ausdrucksweisen stellen die Grundlage für eine auch über die Perspektive der Kunstdidaktik hinausreichende Konzeption vor. Die Einbeziehung von postmodernen Denkansätzen stellt diese Konzeption in einen übergeordneten Zusammenhang. Indem Marie-Luise Lange den Faktor Zeit explizit mit einbezieht, wird sie mit ihrem kunstdidaktischen Konzept der Prozessorientierung aktueller Kunst gerecht.

Körperliche Nähe von Akteuren und Publikum erinnern an die archaischen und rituellen Wurzeln der Performance und des Spiels. Mit Langes Hinwendung zum Echt-Zeit-Raum und der Einbeziehung des Körpers[733] bzw. der Aktivierung von Körpergefühl- und Körpergedächtnis der Agierenden greift sie eine in der ästhetischen Bildung bisher vernachlässigte Spur auf. „In der Interdisziplinarität und Komplexität von Performancearbeit und in der Zentrierung auf die Ausdruckskraft des ‚sich bewegend-handelnden Körpers' liegt eine wichtige, wenngleich bisher unterschätze Tendenz ästhetischer Bildungsprozesse."[734]

Wesentliches Ziel von Langes Konzeption ist es, Schüler zur Selbstbildung anzuleiten, sie zu befähigen, eigene Weltentwürfe zu entwickeln, diese eventuell auch wieder zu verwerfen und das Moment der Differenz als ein unzweifelhaft wesentliches Kennzeichen aktueller Gegenwart zu erfahren. Die Gegenwartskunst, insbesondere die Aktionskunst und Performance-Art, werden so in den Dienst der Orientierungshilfe zur individuellen Entwicklung innerhalb der gegenwärtigen Situation von Heranwachsenden gestellt.

Marie-Luise Langes Lernbegriff ist aus dem kognitionstheoretischen bzw. erkenntnistheoretischen Konstruktivismus abgeleitet. In diesem Verständnis wird Erkennen „gleichbedeutend mit Leben, es besteht nicht mehr dar-

---

[732] Ebd.
[733] Vgl. Karl-Heinrich Bette: Körperspuren. Zur Semantik und Paradoxie moderner Körperlichkeit. Berlin, New York 1989.
[734] Marie-Luise Lange: Grenzüberschreitungen. Königstein 2002, S. 310.

in, eine Außenwelt zu erfassen. Erkennen heißt in einem Beschreibungszusammenhang zu leben, nicht Gegenstände zu beschreiben, sich in operationalem Konsens mit anderen zu bewegen, nicht eine vom Erkennen unabhängige Wahrheit zu erwerben. (...) Erkennen hat es nicht mit Objekten zu tun, denn Erkennen ist effektives Handeln; und indem wir erkennen, wie wir erkennen, bringen wir uns selbst hervor"[735]. Aus dieser Ansicht folgt die Konsequenz, dass der Prozess der Konstruktion von Wirklichkeit zugleich ein Prozess der Selbsterschaffung oder, wie Maturana es genannt hat, der Autopoiese, der Selbstorganisation wird. Das Individuum als sich selbstorganisierenden Organismus denkend, liegt die Aufgabe der Erziehung dann darin zuzulassen, „Autopoiese durch die Teilhabe an der Fülle der Wirklichkeit vollziehen zu können und so den Raum der Individualisierungsmöglichkeiten zu erweitern"[736].

Wie notwendig ist die Begrenzung des Selbstbestimmungspostulats?
Abgesehen von vielen aus der Praxis entwickelten Fragen hinsichtlich dieser Bildungsvorstellung stellt sich vor allem die Frage nach einer notwendigen Begrenzung dieses Selbstbestimmungspostulats. Es ist Dieter Lenzen, der die an diese Gedankenfigur anschließende, letztlich ethisch begründete Frage nach einer notwendigen Grenze für Selbsterschaffungsprozesse stellt. Es sei zu überlegen, „welches Autonomiemaß denn dem autopoietischen System zur Verfügung steht"[737]. Diese Überlegung gründet sich bei ihm aus der sozialisationstheoretischen Skepsis vor einem nicht prognostizierbaren Verlauf der Selbstorganisationsprozesse. Für Lenzen stellt sich die Frage, „ob und wie wir autopoietische Prozesse ohne Zwang zulassen wollen (...) und ob das Zulassen denn keine Grenze erfahren müsse, ob es keine Haltelinie für ein ja immerhin mögliches Expansionsstreben einzelner autopoietischer Systeme gebe, das etwa zu Lasten anderer gehe"[738]. Lenzen äußert zunächst Bedenken, das Maximum der möglichen Differenzierung und die darauf hinauslaufende Komplexitätssteigerung zum grenzenlosen Ziel menschlicher Selbstorganisation zu erheben, denn „Komplexitätssteigerung setzt Freiheit voraus", die bei grenzenlosem Individualismus zu einer totalen Zerstörung der Gesellschaft führen könne und somit der Freiheit selbst den Boden entziehen würde.

---

[735] Maturana zitiert in Dieter Lenzen: Reflexive Erziehungswissenschaft am Ausgang des postmodernen Jahrzehnts. In: Dietrich Benner, Dieter Lenzen, Hans-Uwe Otto (Hrsg.): Erziehungswissenschaft zwischen Modernisierung und Modernitätskrise. 29. Beiheft der Zeitschrift für Pädagogik. Weinheim, Basel 1992, S. 75-92, hier S. 81.
[736] Dieter Lenzen: Reflexive Erziehungswissenschaft am Ausgang des postmodernen Jahrzehnts. In: Dietrich Benner, Dieter Lenzen, Hans-Uwe Otto (Hrsg.): Erziehungswissenschaft zwischen Modernisierung und Modernitätskrise. 29. Beiheft der Zeitschrift für Pädagogik. Weinheim, Basel 1992, S. 75-92, S. 83.
[737] Ebd., S. 82.
[738] Ebd., S. 83.

Im Rückgriff auf Richard Rorty fordert Lenzen zwar eine Begrenzung des Selbstschaffungsprozesses, die jedoch nur denkbar ist, wenn „die Gestalt der Sozialität selbst nicht determiniert, sondern in der Hand ihrer Mitglieder ist"[739]. Im Sinne ernst gemeinter Demokratie gehe es um das Problem: „Wie kann man verhindern, dass es eine Grausamkeit gibt, die ich nicht wahrnehme?"[740] Lenzen sieht hier die Lösung in der Kunst im weitesten Sinn: „Die Antwort heißt: Es ist die Aufgabe der Romane und der Kunst im Allgemeinen, uns vor der uns innewohnenden Tendenz zur Grausamkeit zu warnen, die droht, wenn wir nach Autonomie streben. Auf sie kann man nicht theoretisch aufmerksam machen wie auf eine soziale Ungerechtigkeit, von ihr ist zu erzählen."[741] Sind heute die Wirklichkeitsformen plural, habe die Demokratie Vorrang vor der Objektivität.[742]

Lenzen sieht die Antwort auf die Frage nach der Notwendigkeit zur Begrenzung im Begriff des *Erhabenen* und verweist hier unter Rückgriff auf Lyotard auf eine *Ästhetik des Erhabenen*. Lenzen bemüht den von Lyotard verwendeten Begriff des *Erhabenen* als etwas, das sich als Undarstellbares nur umschreiben lässt und zitiert Lyotard: „Die moderne Ästhetik ist eine Ästhetik des Erhabenen (…). Sie vermag das Nicht-Darstellbare nur als abwesenden Inhalt anzuführen, während die Form dank ihrer Erkennbarkeit dem Leser oder Betrachter weiterhin Trost gewährt und Anlass von Lust ist. (…) Das Postmoderne wäre dasjenige, das im Modernen in der Darstellung auf ein Nichtdarstellbares anspielt; das sich dem Trost der guten Form verweigert, dem Konsensus eines Geschmacks, der ermöglicht, die Sehnsucht nach dem Unmöglichen zu teilen; das sich auf die Suche nach neuen Darstellungen begibt, jedoch nicht, um sich an deren Genuss zu verzehren, sondern um das Gefühl dafür zu schärfen, dass es ein Undarstellbares gibt."[743] Insofern sei eine *Ästhetik des Erhabenen* das Pendant zu einer Kultur, die durch Pluralität gekennzeichnet ist. Das Erhabene im postmodernen Sinn ziele nicht auf das Schöne, welches auf Harmonie und Ganzheit des Differenten rekurriert, sondern auf die Anerkennung des Differenten, das Verbot von Übergriffen und den Widerstand gegen strukturelle Vereinheitlichung. Lenzen kommt zu dem Schluss: „Es ist möglich, ja es kommt vielmehr darauf an, das Erhabene so zu konstituieren, dass die Darstellung der Grausamkeit gegen das Vergessen in ihm ist. Die Notwendigkeit

---

[739] Ebd., S. 85.
[740] Ebd.
[741] Ebd., S. 86.
[742] Ebd., S. 87.
[743] Jean François Lyotard: Beantwortung der Frage: Was ist postmodern? In: *Tumult* 4 (1982), S. 131-142, hier S. 140. Zitiert in Dieter Lenzen: Reflexive Erziehungswissenschaft am Ausgang des postmodernen Jahrzehnts. In: Dietrich Benner, Dieter Lenzen, Hans-Uwe Otto (Hrsg.): Erziehungswissenschaft zwischen Modernisierung und Modernitätskrise. 29. Beiheft der Zeitschrift für Pädagogik. Weinheim, Basel 1992, S. 75-92, hier S. 89.

einer Hierarchisierung ergibt sich dann nicht, und es läge mit dem Erhabenen ein bestimmtes Unbestimmtes vor, welches eine Antwort wäre, wenn wir gefragt werden: Sind Selbstorganisationsprozesse beliebig? Wir könnten dann sagen, sie sind plural, aber nicht beliebig."[744]
Für die Pädagogik ergibt sich nach Lenzen aus dieser Perspektive die Aufgabe einer *erzieherischen Methexis*.[745] Dabei versteht Lenzen den Begriff der Methexis sozusagen als Diskussionsgrundlage, deren Kerngedanke durch die Formel *Zulassen statt Machen* bzw. *Teilhaben statt Fremdgestalten* gekennzeichnet werden könnte. „Unsere Aufgabe wäre es dann nämlich, die Hindernisse dafür wegzuschaffen, die Teilhabe an einer Freiheit in Frage stellen, welche es den jungen Menschen allererst erlaubt, ihre Selbstorganisation nach dem Bild des Erhabenen zu vollziehen, jenes Bild, das wir nicht ausfüllen können, das jeder für sich zu gestalten versuchen wird."[746]
Dieter Lenzen beantwortet hier also die ursprünglich gestellte Frage nach der Notwendigkeit einer Begrenzung für Selbstorganisationsprozesse zwar letztlich negativ, verweist dabei aber auf die Kunst. Im Lichte des Erhabenen sei die „Selbsterschaffung also keine Selbstbespiegelung, sondern Erschaffung am anderen"[747]. Eigentlich gäbe es im Erziehungs- und Bil-

---

[744] Dieter Lenzen: Reflexive Erziehungswissenschaft am Ausgang des postmodernen Jahrzehnts. In: Dietrich Benner, Dieter Lenzen, Hans-Uwe Otto (Hrsg.): Erziehungswissenschaft zwischen Modernisierung und Modernitätskrise. 29. Beiheft der Zeitschrift für Pädagogik. Weinheim, Basel 1992, S. 90.

[745] Der Begriff *Methexis* ist ein Zentralbegriff der platonischen Philosophie und heißt dort soviel wie „Teilhabe". Der Begriff wird von Dieter Lenzen wiederholt herangezogen, um zu prüfen, ob dieser Begriff geeignet sei, pädagogisch reformuliert zu werden. So erwägt Lenzen: „Für ein Pendant der wissenden Poiesis und des poietischen Wissens schlage ich deshalb die Prüfung des Begriffs Methexis vor, der noch sehr unpräzise ist und zunächst nicht mehr beschreibt als eine Absicht, nämlich hinter der ‚Gestaltung' des Kindes zurückzubleiben (...) Während ihr Gegenstück, Mimesis (Nachahmung) bedeutet, das Nachgeahmte selbst nicht zu sein, weist Methexis im Sinne von Teilhabe auf die Beziehung eines realen Dings zu seiner Idee: Das Ding, der Tisch (nicht sein Bild) hat teil an der Idee des Tisches. Analog dazu wäre zu überlegen, ob der Methexis-Begriff pädagogisch reformuliert werden könnte: Teilhabe des Menschen an der Idee des Menschen, dieses aber gerade nicht dadurch, dass der Mensch im Sinne von ‚Erzieher' den Zögling zum Abbild der Idee macht, sondern dadurch, dass er es wie jeder Mensch immer schon ist. (...) es könnte nach dieser Methexis-Vorstellung also nicht darum gehen, ihn erst, bildend, seiner Bestimmung zuzuführen, nicht einmal seiner Selbstbestimmung. (...) Mit anderen Worten: Es kann zunächst nur um eine Denkrichtung gehen, die markieren soll, dass wir pädagogisch weniger einen neuen Modus des Handelns als des Zulassens benötigen." Dieter Lenzen: Handlung und Reflexion. Vom pädagogischen Theoriedefizit zur Reflexiven Erziehungswissenschaft. Weinheim, Basel 1996, S. 130.

[746] Dieter Lenzen: Reflexive Erziehungswissenschaft am Ausgang des postmodernen Jahrzehnts. In: Dietrich Benner, Dieter Lenzen, Hans-Uwe Otto (Hrsg.): Erziehungswissenschaft zwischen Modernisierung und Modernitätskrise. 29. Beiheft der Zeitschrift für Pädagogik. Weinheim, Basel 1992, S. 75-92, hier S. 90.

[747] Ebd., S. 86.

dungsprozess keine Gewährleistung, damit Erhabenheit als Widerstand gegen das Vergessen gewährleistet sei, sei *nichts zu machen*, sondern vieles zu unterlassen: „Es ist deshalb Wert darauf zu legen, dass es um eine Form des Ermöglichens, des Zulassens geht."[748]

Kunst gleich Leben?
Marie-Luise Lange wendet sich mit der Aktionskunst und Performance Kunstformen zu, in deren Zentrum die menschliche Handlung steht und der Körper des Künstlers – wie der Schülerinnen und Schüler – zum integralen Bestandteil des (Kunst-) Werks oder der pädagogisch geführten performativen Handlung wird. Raum, Zeit und Aktion gelten als wesentliche Faktoren, deren direkte Einbeziehung diese Kunstformen als eine Kunst konstituieren, so dass die *Grenzen zwischen Kunst und Leben* hier tendenziell fließend werden. Auch der Buchtitel *Life is art enough*, Titel und Motto eines von Anita Beckers herausgegebenen Tagungsbandes zu einem gleichlautenden Symposion über Performance und erweiterte Kunstformen, deutet auf diese Tendenz hin.[749] Aufgrund ihrer charakteristischen Konstituenten zeigt sich die Performance als eine aktuelle Kunstform, in der sich die *scheinbare* Verbindung von Kunst und Leben objektiviert, was als Indiz gelten könnte, dass die – in der Kunstgeschichte zu verfolgende – Arbeit an der Integration zwischen Kunst und Leben gleichsam auch heute noch aktuell ist. Heinrich Klotz ist dem Gedanken an diese Verbindung kritisch nachgegangen.[750] Er benennt die Problematik, die sich aus dem programmatischen Anspruch, das Entweder-Oder zwischen Kunst und Leben, zwischen Fiktion und Funktion aufzugeben, ergibt und verweist auf die Gefahr, dass sich die Kunst in diesem Bemühen selbst verlieren könnte. Folgt man seinen Ausführungen, erscheint die Möglichkeit fraglich, Kunst in die Wirklichkeit *entgrenzen* zu können, verschwand doch die Kunst überall dort, „wo die Identität zwischen Kunst und Leben (...) tatsächlich hergestellt wurde"[751]. Auch wenn der Blick in die Kunstgeschichte zeigt, dass in den meisten Fällen die Spannung zwischen künstlerischer Praxis und dem programmatischen Anspruch nach der Verbindung von Kunst und Leben *nicht* aufgehoben wurde, die Kunst also ihre Identität behalten hat, könnte diese Schwelle in der Kunst*didaktik* fließend sein. Gegenwärtig bleibt noch unklar, ob die Kunstdidaktik, indem sie selbst für die Kunst den Anspruch nach Entgrenzung formuliert, sich nicht selbst suspendiert.
Wie das performanceorientierte kunstdidaktische Modell strebt auch die im weiteren Verlauf der vorliegenden Arbeit analysierte Konzeption der *künstlerischen Bildung* tendenziell eine Verbindung von Kunst und Leben an. Die

---

[748] Dieter Lenzen: Handlung und Reflexion. Vom pädagogischen Theoriedefizit zur Reflexiven Erziehungswissenschaft. Weinheim, Basel 1996, S. 207.
[749] Anita Beckers (Hrsg.): Life is art enough. Performance und erweiterte Kunstformen: Eine Annäherung. Köln 1998.
[750] Vgl. Heinrich Klotz: Kunst im 20. Jahrhundert. München 1999, S. 27-31 und S. 189-191.
[751] Ebd., S. 191.

Probleme, die sich mit dieser gedanklichen Figur verbinden, sind dort wie hier ähnlich geartet, werden aber aufgrund der umfassenden Bedeutung dieses Aspekts für die *künstlerische Bildung* im Kontext der Analyse jenes Modells an entsprechender Stelle differenzierter ausgearbeitet. Deshalb sei hier auf das folgende Kapitel verwiesen.

Probleme mit dem „grenzüberschreitenden" Charakter der herangezogenen Texte
Abschließend sei noch ein methodisches Problem erwähnt, das sich bei der Erarbeitung und Darstellung der performanceorientierten Konzeption zeigte: Die wissenschaftliche Recherche zeigte sich nicht nur aufgrund der Fülle des vorliegenden Materials problematisch. Schwierig war vielmehr die Bewandtnis, dass sich zahlreiche Texte in diesem Zusammenhang als bewusst unwissenschaftlich präsentieren, als Texte, die selbst performativen Charakter tragen und nicht auf eindeutiges Verstehen ausgerichtet sind. Dies trifft insbesondere auf Texte zu, die, als Verschriftlichung eines ehemals gesprochenen Redevortrags – durch begleitende performative Elemente ergänzt –, als Vortrag wie auch als Text selbst kunsthaften Charakter aufweisen und sich so dem Verstehen ganz bewusst entziehen wollen. So erläutert Ulrike Hanke: „Performative Texte zielen nicht auf Selbstverständlichkeit oder Verstehen durch den Leser. Sie befremden durch eine Teilhabe an Ausleseprozessen, die für den identifizierenden Blick den Eindruck der Verschwommenheit, der Unschärfe, des Hypertrophen; des Fragmentarischen, des Aphoristischen, des Ruinenhaften, des Wildwuchses, des Überwuchernden, des Verschlungenen hinterlassen – kurz: den Eindruck eines Verkehrs *per forma formans* mit Texten, deren Sachgehalte nicht objektiv rekonstruiert, sondern subjektiv durchgearbeitet werden. Deshalb sind performative Texte keine wissenschaftlichen Texte."[752]
So zeigt sich also auch diese Konzeption, wie schon die von Pierangelo Maset, durch ihre in mehrerer Hinsicht ganz bewusst grenzüberschreitenden Tendenzen als durch das vorliegende Untersuchungsraster nicht vollständig zu erfassen. Auch hier liegen Elemente vor, die mit den Mitteln klassisch hermeneutisch textanalytischer Betrachtung nur bedingt zu fassen sind, was wiederum aber auch als typisches Kennzeichen – wie schon zu sehen war – nicht nur dieser aktuellen kunstdidaktischen Konzeption bezeichnet werden kann.
Wie sich dieses kunstdidaktische Modell allerdings in die Praxis umsetzten lässt, ist bisher noch ungewiss. Das diesem Konzept inhärente Postulat der Selbstbildung verlangt ein Höchstmaß an Individualisierung, welches vor den realistischen schulpädagogischen Gegebenheiten immer noch großer Klassen und oft mangelhafter Raumausstattung ein nicht unwesentliches organisatorisches Problem darstellen dürfte.

---

[752] Ulrike Hanke: Von Wildwüchsen, Maulwürfen und Gärtnern. In: Hanne Seitz (Hrsg.): Schreiben auf Wasser. Performative Verfahren in Kunst, Wissenschaft und Bildung. Bonn 1999, S. 99.

7. Kunstpädagogik als „Künstlerische Bildung"

7.1 Einleitung

Die *Künstlerische Bildung* ist die jüngste der hier untersuchten Konzeptionen, ihr Hauptvertreter Carl-Peter Buschkühle, seit 2000 Professor für Kunstpädagogik an der Pädagogischen Hochschule in Heidelberg. Erste öffentlich wirksame Artikulation erfuhr dieses Modell im Kontext eines Symposiums im Oktober 2001 an der Pädagogischen Hochschule in Heidelberg unter dem Motto *Künstlerische Bildung und die Schule der Zukunft*. Die Texte zum Heidelberger Symposium liegen als Sammelband *Perspektiven künstlerischer Bildung*[753] vor.

Die Tatsache, dass dort neben Hochschullehrerinnen und Hochschullehrern aus der Kunstdidaktik auch eine Reihe von Wissenschaftlern aus allgemeiner Pädagogik, Philosophie und Kulturpädagogik referierten, bestätigte meine – dieser Arbeit zugrunde liegende – Vermutung, dass sich zeitgemäße Kunstdidaktik vor dem Hintergrund einer interdisziplinären Debatte artikuliert.

Umfassend formuliert meint *Künstlerische Bildung* die Theorie und Praxis künstlerischer Denk- und Handlungsweisen im Bildungsgeschehen und zielt darauf ab, in kunstdidaktischen Prozessen künstlerische Formen des Denkens auszubilden. *Künstlerische Bildung* versteht sich als eine in künstlerischen Arbeitsformen betriebene Didaktik, die sich in Bildungsperspektiven und Methoden ganz bewusst *aus der Kunst* heraus begründet und in Theorie und Praxis Formen und Inhalte einer „Kunstdidaktik als Kunst"[754] entwickelt. Dieser Ansatz grenzt sich ausdrücklich gegenüber traditionellen Formen des Kunstunterrichts ab und versucht Veränderungen künstlerischer Bildungspraxis herbeizuführen. Dabei bilden der *erweiterte Kunstbegriff*, der Bezug zu Joseph Beuys sowie kulturelle und gesellschaftliche Kontexte die Basis für dieses Konzept. Buschkühle beschreibt *Künstlerische Bildung* als Kunstdidaktik, die ethisch orientiert ist, „ohne normative Setzungen vorzugeben. Sie bezieht ihre Ethik, d.h. ihre Bildungsverantwortung und -zielsetzung aus der Analyse der Eigenschaften und der Aktivierung der Bildungschancen künstlerischer Rezeptions- und Produktionsprozesse"[755].

Künstlerische Bildung beinhaltet zwei Perspektiven. Erstens ist sie als eine Bezeichnung für umfassende Erneuerungsbestrebungen in der künstlerischen Lehre in der Schule zu verstehen, zweitens behauptet sie sich mit Blick auf die Kunst „als Prinzip von Bildung, von Lehren und Lernen überhaupt"[756]. So fordert Günther Regel neben einem unverzichtbaren Fachunterricht als „Laboratorium" zur Entwicklung künstlerischer Wahrneh-

---

[753] Carl-Peter Buschkühle (Hrsg.): Perspektiven künstlerischer Bildung. Texte zum Symposium Künstlerische Bildung und die Schule der Zukunft. Köln 2003.
[754] Carl-Peter Buschkühle (Hrsg.): Perspektiven künstlerischer Bildung. Texte zum Symposium *Künstlerische Bildung und die Schule der Zukunft*. Köln 2003, S. 37.
[755] Ebd.
[756] Ebd., S. 25.

mungs- und Gestaltungsprozesse eine *Künstlerische Bildung*, die alle Fächer durchdringend und fächerübergreifend zum Bildungsprinzip wird. Hiermit greift er eine alte Forderung von Joseph Beuys auf und erhebt Kunst zu einem umfassenden Lernprinzip. Spezifikum *Künstlerischer Bildung* ist die zentrale Rolle der Gestaltung in der Auseinandersetzung mit Themen, Inhalten und Phänomenen in einem *Werkprozess*, in welchem die Beteiligten ihre Wahrnehmung, Erfahrung und ihr erworbenes Kontextwissen in eine eigene Aussage transformieren. Anhand eines von Buschkühle mehrfach dokumentierten *künstlerischen Projekts* zum Thema *Fantastische Fahrzeuge auf Reisen* will er nachweisen, „dass sich künstlerische Bildung nicht nur den Herausforderungen einer Subjektbildung in einer ästhetisierten Medien- und Konsumgesellschaft stellt, sondern dass sie Eigenschaften aufweist, die künstlerisches Lernen geradezu zu einem Lernprinzip in der Schule machen, wobei das Fach Kunst Leitfunktionen übernimmt und andere Fächer im Prozess der gestalterischen Auseinandersetzung mit einer Thematik integriert"[757].

Carl-Peter Buschkühle

Der Begriff *Künstlerische Bildung* ist programmatisch gemeint. Kunstpädagogik im Sinne *Künstlerischer Bildung* begreift sich als eine „spezifische Kunst und verfolgt die Absicht, kunstpädagogische Prozesse als künstlerische Prozesse zu gestalten, welche künstlerische Weisen des Denkens und Handelns schulen"[758]. Buschkühle konstatiert: „Überspitzt könnte man sagen, die Kunstpädagogik hat bisher die Kunst verfehlt, indem sie als ‚musisches' Fach das Emotionale, als ‚Kunstunterricht' das Rationale, als ‚Visuelle Kommunikation' das Gesellschaftspolitische und, zur Zeit als ‚Ästhetisches Projekt' das Therapeutische der Kunst in der Form des subjektiv Erfahrungshaften überbetont bzw. überbetont hat."[759]

Obwohl sich auch Gert Selle und Gunter Otto dem Künstlerischen verpflichtet sahen, wirft Buschkühle beiden „bemerkenswerte Defizite im Umgang mit Kunst" vor. Sowohl Gert Selles *ästhetisches Projekt* als auch Gunter Ottos am Verstehensprozess ausgerichteter Begriff der *ästhetischen Rationalität* würden der Kunst nicht genügend gerecht. Gert Selle beschneide die Kunst in seinen Entwürfen zugunsten subjektiver Selbstbildungsprozesse vor allem im Hinblick auf ihre intellektuellen Dimensionen, Gunter Otto betone zu sehr die Verstehensprozesse. Obwohl Otto die Vielfältigkeit ästhetischer Rationalität hervorhob, reduziere er die Arbeit mit Kunst im

---

[757] Vgl. Carl-Peter Buschkühle: Bildung eines Generalisten – Kreative Existenz und künstlerische Bildung. In: Institut für Weiterbildung der Pädagogischen Hochschule Heidelberg (Hrsg.): Zur künstlerischen Bildung. Informationsschrift Nr. 64, Sommersemester 2003.
[758] Carl-Peter Buschkühle (Hrsg.): Perspektiven künstlerischer Bildung. Köln 2003, S. 33.
[759] Carl-Peter Buschkühle: Wärmezeit. Zur Kunst als Kunstpädagogik bei Joseph Beuys. Frankfurt 1997, S. 412.

Kunstpädagogik als „Künstlerische Bildung"

Auslegungsprozess[760] in didaktische Teilelemente, welche den künstlerischen Denkprozess ruinierten. Buschkühle kritisiert, Gunter Otto missbrauche die Kunst für didaktische Zwecke, statt „die didaktischen Perspektiven und Methoden aus der Kunst selbst herzuleiten"[761]. Um das Künstlerische genauer zu definieren und *Künstlerische Bildung* von *Ästhetischer Erziehung* und *Bildung* abzugrenzen, setzt Buschkühle das *Künstlerische* gegen das *Ästhetische* ab, indem er das *Ästhetische* als vordergründiger bestimmt. „Ästhetisches Denken geht aus von der Wahrnehmung und konstruiert von daher seine Bedeutung. So gesehen ist es konstruktiv. Künstlerisches Denken hingegen ist dekonstruktiv. Es geht ebenfalls – häufig – aus von der Wahrnehmung. Aber es geht ihm nicht primär um Erfahrungen oder Erkenntnisse, sondern es ist ausgerichtet auf Gestaltung. Es greift mithin den Gegenstand der Wahrnehmung auf und an, um ihn zu verändern, um ihn in neue Formen und Kontexte zu fügen, um ihm neue Bedeutungen abzugewinnen."[762] Dabei geht es Buschkühle nicht um Klärungen, sondern vielmehr um „Verunklärungen" und „Entfremdungen". Diese Fremdheit mobilisiere im Lernenden alle zur Verfügung stehenden Kräfte: Empfindung, Kognition und Imagination, die das Subjekt zu geistiger Beweglichkeit zwingen. Den entscheidenden Unterschied zwischen künstlerischem Denken und ästhetischer Erkenntnis oder Erfahrung sieht Buschkühle in der Notwendigkeit – bei der Rezeption wie bei der Produktion –, eine eigene Position formulieren zu müssen. Sonach sieht er auch die zentrale Bildungsaufgabe *Künstlerischer Bildung* in der *Positionierungsfähigkeit des Individuums*. Der Lernende sei gezwungen, auf der Grundlage eigener Wahrnehmung, Reflexion und Imagination, neue Gestaltungen und Aussagen hervorzubringen. Dabei übt das Individuum notwendigerweise zentrale Fähigkeiten, die zur selbständigen Positionierung im Umgang mit Neuem und Fremden nötig sind, wie die „Fähigkeit zu differenzierten Wahrnehmungsleistungen, zu selbstständigen Bedeutungserzeugungen und zu visionärem, imaginativem Denken"[763]. Für Buschkühle ist die Kunst Ort spielerischer, experimenteller Auseinandersetzung mit dem Fremden. Die künstlerische Auseinandersetzung unterscheide sich von ästhetischer Erkenntnis oder Erfahrung durch die Notwendigkeit, eine eigene Position zu beziehen. In pädagogischer Hinsicht bestimmt Buschkühle dieses Vermögen als über die eigentliche künstlerische Arbeit hinausgehend

---

[760] Vgl. Gunter und Maria Otto: Auslegen. Ästhetische Erziehung als Praxis des Auslegens in Bildern und des Auslegens von Bildern. Seelze 1987.
[761] Carl-Peter Buschkühle: Wärmezeit. Zur Kunst als Kunstpädagogik bei Joseph Beuys. Frankfurt 1997, S. 34.
[762] Ebd., S. 35.
[763] Ebd., S. 36.

bedeutsam und als wesentlich für die Praxis der „Lebenskunst"[764] und der selbstbestimmten Lebensführung. Buschkühle berücksichtigt die sich fortwährend wandelnde Gesellschaft in einer heterogen widersprüchlichen Kultur ebenso wie die daraus erwachsende Notwendigkeit, inmitten der Vielfalt von Ästhetisierungen in Medien- und Alltagswelt Orientierung erlangen zu können. Vor dem Hintergrund eines erweiterten Kunstbegriffs und der These von Joseph Beuys *„Jeder Mensch ist ein Künstler"* formuliert Buschkühle als Ziel einer *Künstlerischen Bildung* des Subjekts „die Bildung und Erziehung zum Künstler: zu einem Subjekt, welches aufgrund seiner geistigen Beweglichkeit in der Lage ist, sich selbst und sein Leben selbstbestimmt und selbstverantwortlich zu gestalten"[765].

Künstlerische Bildung begreift die Kunstpädagogik selbst als eine spezifische Kunst und „verfolgt die Absicht, kunstpädagogische Prozesse als künstlerische Prozesse zu gestalten, welche künstlerische Weisen des Denkens und Handelns schulen"[766]. *Künstlerische Bildung* geht nach Buschkühle insofern weit über die *ästhetische Bildung* als eine Auseinandersetzung mit allen relevanten ästhetischen Ausdrucksformen unserer Kultur hinaus, als sie vor allem auf das Subjekt zielt.

Günther Regel
In seiner Schrift Ästhetische Erziehung und/oder künstlerische Bildung betont auch Günther Regel, Kunstdidaktiker aus Leipzig, die anstehende Notwendigkeit, den Kunstunterricht zu reformieren.[767] Er fokussiert seine Überlegungen hinsichtlich der Vermittlung von gestalterischer, künstlerischer und ästhetischer Kompetenz und grenzt sich zudem sowohl von Gunter Ottos Begriff der Ästhetischen Rationalität ab als auch vom Konzept der Ästhetischen Erziehung, wobei auch er insbesondere das Fehlen eines spezifisch künstlerischen Aspekts kritisiert.

Nach Regel vollzieht sich die Künstlerische Bildung im schulischen Rahmen auf drei Ebenen: erstens im Kunstunterricht als Zentrum Künstlerischer Bildung, zweitens im außerunterrichtlichen Leben der Schule, wo sich das Künstlerische quasi als „Lebensanschauung und Lebensart ausbil-

---

[764] Vgl. Wilhelm Schmid: Philosophie der Lebenskunst – Eine Grundlegung. Frankfurt/M. 1998; Wilhelm Schmid: Schönes Leben? Einführung in die Lebenskunst. Frankfurt/M. 2000. Der Begriff der *Lebenskunst* geht in diesem Zusammenhang auf den Berliner Philosophen Wilhelm Schmid zurück. Schmid entwirft ein philosophisches Konzept, das zu einer selbstbestimmten und selbstverantwortlichen Gestaltung des Lebens in komplexen Gesellschaften beitragen soll. Vgl. Kapitel „Philosophische Implikationen" dieser Arbeit.
[765] Carl-Peter Buschkühle (Hrsg.): Perspektiven künstlerischer Bildung. Köln 2003, S. 36.
[766] Ebd., S. 34.
[767] Günther Regel: Ästhetische Erziehung und/oder künstlerische Bildung. Eine Streitschrift. BDK Materialien Nr. 4, Hannover 1999.

den und bewähren"⁷⁶⁸ könnte; und drittens muss sich das Künstlerische als Integration des im erweiterten Sinne verstandenen Künstlerischen durch alle Fächer hindurchziehen, eine Forderung, die direkt auf einen Ausspruch von Beuys zurückgeht. Auch Regel favorisiert den Begriff *Künstlerische Bildung* und definiert dieses Modell als „das Fähigwerden einer Person, insbesondere eines Heranwachsenden, in einem pädagogisch begleiteten Selbstbildungsprozess nachhaltig den ästhetischen, gestalterischen und künstlerischen Anforderungen gerecht zu werden, die aus der sich entwickelnden Kunst und aus der Lebenspraxis unter den jeweils gegebenen und zur Veränderung anstehenden Verhältnissen erwachsen"⁷⁶⁹. *Ästhetische Erziehung* ist für Regel ein fachgeschichtlich gewordenes, inzwischen aber überholtes Paradigma der bundesdeutschen Kunstpädagogik, das das Ästhetische quasi als Synonym für das Künstlerische verwendete, da meist statt von künstlerischer Praxis und von künstlerischem Denken von ästhetischer Praxis und von ästhetischem Denken die Rede war und Kunstwerke so zu ästhetischen Objekten „entwertet" wurden. Stattdessen verweist er auf die Notwendigkeit des spezifisch Künstlerischen für die Legitimation des Schulfaches und zeigt den Irrtum auf, mit der Eliminierung des Begriffs *Kunst* aus der Bezeichnung des Faches die Hoffnung zu verbinden, eine bessere Legitimation für das Fach vorweisen zu können. Dadurch werde eigentlich das Gegenteil erreicht. Regel votiert – auch im Sinne einer Stärkung, Anerkennung und Berechtigung des Schulfaches – für die Rückbesinnung auf den angestammten Fachgegenstand, die Kunst, und vertritt diesbezüglich eine von Buschkühles Forderung, die *Künstlerische Bildung* zum *alles umfassenden Bildungsprinzip* zu erheben, geringfügig zu unterscheidende Position.

Von allen Vertretern der *Künstlerischen Bildung* ist es vor allem Regel, der sich wiederholt mit dem Wesen des Künstlerischen gegenüber dem des Ästhetischen auseinander setzt und eine komplizierte Beziehung zwischen diesen beiden Abstrakta konstatiert. Regel kennzeichnet dieses Verhältnis folgendermaßen: „Einerseits ist das Ästhetische weiter, umfassender als das Künstlerische, denn es bezieht sich auch auf das Schöne und Hässliche (...) andererseits ist das *Künstlerische* auch seinerseits umfassender als das Ästhetische."⁷⁷⁰ Dies begründet er mit einem Begriff des Künstlerischen als „eine vom künstlerischen Subjekt im Lichte bestimmter sozialer und kultureller Bedürfnisse und Werthaltungen authentisch gestaltete und zugleich für exemplarisch gehaltene Wirklichkeitserkenntnis und Welterfahrung, Ausdruck eines ganz bestimmten Verhältnisses zur Welt. Und es ist in der

---

[768] Günther Regel: Die Zweite Moderne, die Schule und die Kunst – Konsequenzen für die künstlerische Bildung. In: Carl-Peter Buschkühle (Hrsg.): Perspektiven künstlerischer Bildung. Köln 2003, S. 134.

[769] Günther Regel: Ästhetische Erziehung und/oder künstlerische Bildung? BDK Materialien, Heft 4/1999, S. 7.

[770] Ebd., S. 4.

Form komplexer Zeichengebilde ein spezifisches Medium der Kommunikation und sozialen Interaktion"[771]. Daraus zieht er den Schluss: „Das Künstlerische ist ‚mehr' als das Ästhetische. Kunst kann folglich nicht – wovon Gunter Otto bei seinem (wissenschafts-) ‚methodischen Ansatz' ausdrücklich ausgeht – nur eine Erscheinungsform des Ästhetischen (Otto 1974, S. 82) sein. In der den Sinnen zugänglichen Erscheinung von Kunst tritt vielmehr zutage, was das Wesen der Kunst in der Gesamtheit ihrer Eigenschaften und Beziehungen, einschließlich der ästhetischen, ausmacht."[772] Aus seiner Auffassung, dass Otto mit der Differenzierung des Ästhetischen zwischen ästhetischen Objekten im engeren Sinn (Kunstwerke) und ästhetischen Objekten im weiteren Sinn (Bildsorten ohne Kunstanspruch) der tatsächlichen Beziehung zwischen dem Ästhetischen und dem Künstlerischen nicht gerecht wird, entwickelt Regel die Sichtweise, dass die Kunsterfahrung, die die ästhetische Erfahrung in sich einschließt, multivalent sei. Sie betrifft deshalb den ganzen Menschen mit allen seinen Sinnen, seinen Gefühlen und seinem Verstand, seiner Einbildungskraft und seinem Willen. Auch Regel verweist auf Martin Seels philosophisches Konzept der *ästhetischen Rationalität*, das sich seiner Ansicht nach jedoch von Ottos Begriff – obwohl dieser sich mehrfach ausdrücklich auf Seel bezieht – stark unterscheidet.[773] Regel mahnt insbesondere den Kontrast zu Martin Seel an, dessen Charakteristika von *ästhetischer Rationalität* gerade keine Funktionsbeschreibungen von Kunst liefern. Nach Regel überstrapaziert Gunter Otto den Begriff der *ästhetischen Rationalität*, indem er ihn zu weit fasst und so Missverständnisse heraufbeschwört: „Wer also – wie Gunter Otto es tut – ‚ästhetische Rationalität' als das Insgesamt der an der künstlerischen Tätigkeit involvierten Bewusstseinsprozesse auffasst, der überfrachtet diesen Begriff in wissenschaftlich nicht nachvollziehbarer Weise."[774]

Im Kontext der Profilierung *Künstlerischer Bildung* muss es nach Regel den Kunstpädagogen ausdrücklich um Kunst, Kunstprozesse und Kunstwerke in deren sozialen und kulturellen Kontexten gehen, und nicht um die Erörterung und Erläuterung von philosophisch-ästhetischen Fragestellungen am Beispiel der Kunst. Regels Orientierung am erweiterten Kunstbegriff wird besonders in seinen jüngeren Äußerungen sichtbar, in denen er das Künstlerische als integralen Bestandteil des Lebens, der ganzen Lebensart und Lebensweise definiert und das Künstlerische quasi in eine Einstellung und Haltung überführt. Künstlerische Tätigkeit im erweiterten Sinne ist für Regel überall da „möglich und angebracht, wo es darum geht, seine eigene

---

[771] Ebd.
[772] Ebd.
[773] Vgl. Martin Seel: Die Kunst der Entzweiung. Zum Begriff der ästhetischen Rationalität. Frankfurt 1997.
[774] Günther Regel: Ästhetische Erziehung und/oder künstlerische Bildung? BDK Materialien Nr.4, Hannover 1999, S. 6.

innere Beteiligung zum Ausdruck zu bringen und dem inhaltlich bestimmten Vorhaben eine dementsprechend gestaltete Form zu geben"[775].
Dennoch nimmt Regel im Vergleich zu Carl-Peter Buschkühle und Joachim Kettel vor allem in seinen Bestimmungsversuchen des Künstlerischen eine eher gemäßigte Position ein. Für ihn sind im Rahmen *Künstlerischer Bildung* neben der Orientierung am erweiterten Kunstbegriff spezifische *Fach*kompetenzen in Theorie und Praxis als Gestaltungsprobleme sowie kunstwissenschaftliche Aspekte zentrale Bereiche des Kunstunterrichts. Obwohl alle Definitions- und Bestimmungsversuche der *Kunst als Kunst* nur Annäherungen sein können, bestimmt Regel das Künstlerische im weitesten Sinne als „das Vermögen eines Menschen, eines Subjekts, seine eigene Persönlichkeit und die Ganzheit seiner Beziehungen zur Welt und zur Zeit zum Ausdruck zu bringen"[776]. Auch für Regel spielt das Erleben als ein im Bewusstsein ablaufender psychischer Prozess eine große Rolle. Mit dem Erleben bezieht sich das Ich auf sich selbst und auf die Gegenstände seiner Welt und macht dieses Erleben für den weiteren Kunstprozess verfügbar. Dennoch betont Regel, dass, wenn aus dem Erleben Kunst werden soll, es allerdings nicht „beim bloßen Ausdruck, bei den Entäußerungen psychischer Zustände und Vorgänge"[777] bleiben darf, die Äußerung vielmehr als Gestaltungsprozess bearbeitet werden muss.

Regels jüngere Positionen sind nicht immer ganz eindeutig: Einerseits vertritt Regel die markante Meinung, der Kunstunterricht sei gleichsam als „Laboratorium" dringend notwendig als ein Fach, in dem exemplarisch das Künstlerische erfahren werden könne und *gestalterische, künstlerische* und *ästhetische* Kompetenzen erarbeitet und entwickelt werden müssen. Obwohl diese Kompetenzen dann auch außerhalb des Kunstunterrichts zur Anwendung kommen, ist der Kunstunterricht dennoch der Kern *Künstlerischer Bildung*, in dem Grundlagen gelegt werden und in dem es zu „einer nachhaltigen und einigermaßen systematischen Erarbeitung und Vermittlung von grundlegendem fachspezifischen Wissen und Können, also von gestalterischen und künstlerischen Fähigkeiten hinsichtlich des Produzierens, Rezipierens und Reflektierens kommt"[778]. Mit dieser Aussage vertritt Regel eine Position, die nicht nur die Eigenschaft des Kunstunterrichts als ein vorrangig künstlerisches Fach thematisiert, sondern auch die kunst*wissenschaftliche* Betrachtungsweise der Kunst als solche fokussiert und einfordert. Aus diesem Blickwinkel fordert Regel die Ergänzung der Vermittlung der *Kunst als Kunst* in kunstanalogen Prozessen durch Arbeitsformen,

---

[775] Günther Regel: Thesen zum Konzept Künstlerische Bildung. In: *Kunst und Unterricht*, Heft 280/2004, S. 42 f.

[776] Günther Regel: Die Zweite Moderne, die Schule und die Kunst – Konsequenzen für die künstlerische Bildung. In: Carl-Peter Buschkühle (Hrsg.): Perspektiven künstlerischer Bildung. Köln 2003, S. 121-139, hier S. 137.

[777] Ebd., S. 137.

[778] Ebd.

die das Verstehen und Begreifen der Kunst als historisches, soziales und kulturelles Phänomen unterstützen. So offenbart sich Regel als einer Sichtweise verbunden, die jene – in neueren Konzepten selten zu findende – Möglichkeit und vor allem Notwendigkeit sachlich vermittelbaren Wissens annimmt, in dem sich das Subjekt einem zu erarbeitenden Objekt gegenübersieht, objektive Erkenntnis möglich ist, dieses *Objekt* zumindest nicht gänzlich der subjektiven konstruktivistischen Zugangsweise opfert. Mit dieser Einstellung tritt Regel eindeutig für fachlich zu *vermittelnde* Belange des Unterrichtsfachs ein.

Neben diesen im weitesten Sinne als erkenntnistheoretische Aspekte zu bezeichnenden Merkmalen nimmt Regel vor allem in seiner Forderung nach einem explizit als solchen ausgewiesenen *Fach*unterricht eine etwas andere Position ein als Buschkühle, der die Integration des Faches Kunst in einen übergeordneten Fachbereich nicht als Problem, sondern als Chance bewertet. Konform geht Regel derzeit schließlich aber doch mit Buschkühle, wenn er eine *Künstlerische Bildung* als *prozesshaft offenes* Konzept einfordert, die sich durch alle Fächer hindurchzieht, den Kunstunterricht aus dem erweiterten Kunstbegriff ableitet und für die Integration der im Kunstunterricht erlangten Kompetenzen als andere Fächer durchdringende und fächerübergreifende votiert. Auch Regel bezieht sich auf Beuys, wenn er „Kunst und künstlerische Tätigkeit als eine ganz eigene Art produktiver Lebens- und Welterfahrung, Weltaneignung und Wirklichkeitsveränderung"[779] begreift.

Joachim Kettel
In weitreichender Orientierung an Erkenntnissen der Hirnforschung und Neurobiologie sowie den Paradigmen des radikalen Konstruktivismus, wonach das Individuum als lebendes System nach den Prinzipien der Autopoiesis handelt und lebt, knüpft Joachim Kettel mit seinem Modell der *Künstlerischen Bildung* organisatorisch und in inhaltlicher Hinsicht eng an dem von Gert Selle beschriebenen *ästhetischen Projekt* an, verschiebt es jedoch von „rein wahrnehmungsorientierten, kontemplativen oder allein sinnenorientierten Übungen und den sich hieran anschließenden Strategien und ästhetischen Auslegungspraxen der Spurensicherung auf die Ebene schulischer Vermittlung unter gewöhnlichen Rahmenbedingungen hin zum *künstlerischen Projekt*". Exemplarisch erläutert er dies an Unterrichtsbeispielen mit Oberstufenschülern wie beispielsweise dem „Ortstermin".[780] Trotz auffallender Ähnlichkeit zu bekannten, seinerzeit von Selle beschriebenen Projekten betont Kettel, dass dieses Unterrichtsvorhaben es „nicht bei

---

[779] Ebd., S. 122.
[780] Dokumentiert in: Joachim Kettel: Ortstermin – Ortsondierungen mit allen Sinnen. Ein Projekt der Künstlerischen Bildung. In: Institut für Weiterbildung, Pädagogische Hochschule Heidelberg (Hrsg.): Zur künstlerischen Bildung. Informationsschrift Nr. 64, Sommersemester 2003.

tentativen ästhetischen Annäherungen oder der ‚ästhetischen Arbeit' (Selle 1994) belässt, sondern alle denkbaren künstlerischen Strategien und Gestaltungsverfahren, traditionelle und zeitgenössische, einschließt, insofern sie von den Subjekten – jeweils individuell induktiv erfunden – aus der Material- und Gestaltungslogik adäquat entwickelt werden"[781]. Kettel vertritt die These, dass gerade „weitgehend selbstorganisierte ästhetisch-künstlerische Sondierungs- und Gestaltungsprozesse mit veränderten zeitlich-räumlichen, organisatorischen und inhaltlichen Rahmenbedingungen prädestiniert sind, die beteiligten Schülerinnen und Schüler durch einen hohen Grad intrinsischer Motivation und starker Lebensweltorientierung zu besonderen individuellen künstlerischen Leistungen führen können"[782].

Mit großer Überzeugung kennzeichnet Kettel die Ziele *Künstlerischer Bildung* vor allem im Prozess der intensiven Selbstverwirklichung durch Selbstaussetzung in einer grundsätzlich experimentell-offenen Lernsituation, die die einzelnen Subjekte selbst organisieren und strukturieren, um hierdurch zu eigenen künstlerischen Strategien und Methoden im künstlerischen Prozess sowie zu individuellen künstlerischen Aussagen und Formfindungen zu kommen. Wie Buschkühle votiert er für induktive Arbeitsweisen, die methodischen Strategien der Gegenwartskunst ähnlich seien und Lernen und Wissen als Momente *Künstlerischer Bildung* in einem selbstgesteuerten, experimentellen handlungs- und subjektorientierten Entwicklungsprozess sehen, welche „deduktive und unilineare Strukturbildungen weit hinter sich lassen"[783]. Damit spricht er sich gegen eine Unterrichtspraxis aus, die Techniken und Verfahren deduktiv einführt. Auch Kettel grenzt sich radikal gegen alle bekannten kunstdidaktischen Konzepte ab – obwohl eine Ähnlichkeit zu Gert Selle augenfällig ist – und dokumentiert seine Beispiele für *Künstlerische Bildung*, in denen „weder Stilrichtungen der Kunstgeschichte beteiligungslos reproduziert oder lediglich Teilmomente jüngster Kunstdiskurse in kunstpädagogische Vermittlungsprozesse übertragen" werden, noch „dem letzten Schrei einer spekulativen Kunstmarkt-, Akademie- oder Kunsttheoretikerkunst nachgelaufen"[784] werde. Stattdessen zeige sich die „virulente Erfindungs- und Empfindungsfähigkeit unpretentiöser eigensinniger und ungeschliffener Bilderwelten im Kontext der eigenen und fremden Lebensgeschichten als eine Kunst der (Selbst-) Bildung, die sich in ihren Erfahrungen, Symbolisierungen, Strategien, Medien und Materialien als Spielfeld und Laboratorium des stagnierenden Entwicklungswillen der schulischen Kunstpädagogik begreift"[785].

---

[781] Ebd., S. 30.
[782] Ebd., S. 31
[783] Ebd., S. 47.
[784] Ebd., S. 48.
[785] Ebd.

7.2 Zentrale Begriffe

Das Künstlerische
Da alle Vertreter *Künstlerischer Bildung* sich dezidiert auf *das Künstlerische* als einen wesentlichen Bezugspunkt der Kunstpädagogik berufen, müsste ermittelt werden, wodurch sich das *Künstlerische* im eigentlichen Sinn auszeichnet. Schon ein kurzer Exkurs in die Kunstgeschichte oder gar in die Entwicklung der Positionen der Ästhetik zeigt, wie vielfältig sich jeweils die Funktionen der Kunst und das entsprechend davon abzuleitende *Künstlerische* präsentieren. Es ist dies nicht der Ort für eine umfassend differenzierte Darstellung dieser Thematik, haben sich doch eine unübersehbar große Zahl einflussreicher Theoretiker und Philosophen mit dem Wesen der Kunst auseinander gesetzt und dies in umfangreichen und repräsentativen Kunsttheorien ausgeführt. Dennoch soll durch die Darstellung einiger kurzer philosophischer Kerngedanken der Blick dahingehend geweitet werden vorzuführen, dass der Begriff des *Künstlerischen*, auf den die Vertreter *Künstlerischer Bildung* sich beziehen, nur *eine* spezifische Sichtweise dessen darstellt, was allgemein als das *Künstlerische* – so es denn überhaupt allgemein bestimmbar wäre – bezeichnet werden könnte.[786]

Vor allem Günther Regel befasst sich wiederholt mit dem – im eigentlichen Sinne philosophischen – Versuch zur Bestimmung des Künstlerischen, besonders in seiner Abgrenzung gegenüber dem Ästhetischen. So definiert Regel das Künstlerische als das „Vermögen eines Menschen, eines Subjekts, seine eigene Persönlichkeit und die Ganzheit seiner Beziehungen zur Welt und zur Zeit zum Ausdruck zu bringen. Das Erleben spielt dabei eine entscheidende Rolle insofern, als es die im Bewusstsein ablaufenden psychischen Prozesse, mit denen sich das Ich auf sich selbst und auf die Gegenwart seiner Welt bezieht, unmittelbar und unreflektiert vergegenwärtigt und für den weiteren Kunstprozess verfügbar macht. Wenn aus dem Erleben Form werden soll, dann darf es allerdings beim bloßen Ausdruck, bei der Entäußerung psychischer Zustände und Vorgänge nicht bleiben. Die Äußerung muss vielmehr in einem bestimmten ‚Material' eine gestaltete Form gewinnen, und muss gefunden oder erfunden, jedenfalls geschaffen werden. Und das ist in jedem Falle ein Gestaltungsproblem"[787]. Bestandteile des Künstlerischen sind bei Regel also sowohl die Bewältigung des Gestaltungsproblems wie die Einbeziehung der individuellen Perspektive und des subjektiven Erlebens als Komponenten, in denen sich die persönliche Beziehung zur Welt und zur Zeit spiegelt.

---

[786] Einen überschaubaren, prägnanten Überblick über diese Thematik gibt Michael Hauskeller in: Was ist Kunst? Positionen der Ästhetik von Platon bis Danto. München 1999.

[787] Günther Regel: Die zweite Moderne, die Schule und die Kunst – Konsequenzen für die künstlerische Bildung. In: Carl-Peter Buschkühle (Hrsg.): Perspektiven künstlerischer Bildung. Köln 2003, S. 121 ff.

Kunstpädagogik als „Künstlerische Bildung"

Die folgende kurze Darstellung einiger wichtiger Positionen der Ästhetik geschieht wohlwissend um das Risiko, welches sich mit der extremen, im Kontext dieser Arbeit aber gebotenen Verkürzung verbindet.

Platon und *Aristoteles* verstehen die künstlerische Tätigkeit als Darstellung bzw. Nachahmung, wobei Platon der Kunst nur wenig Wert zumisst, da sie den Betrachter zu sehr von der Wahrheit ablenke. Um zur Wahrheit zu kommen, müsse man vielmehr *alle* Erscheinungen hinter sich lassen und dürfe nicht, wie es der nachahmende Künstler tut, die Erscheinung durch eine Art Spiegelung noch verdoppeln. Wenn die Kunst überhaupt eine Berechtigung haben soll, muss sie sich in den Dienst des Guten stellen lassen. Das heißt sie muss, wenn sie schon nicht die Wahrheit der Ideen darzustellen vermag, wenigstens eine erzieherische, seelenbildnerische Funktion übernehmen. Nur einer Kunst, die die Menschen lehrt, ihre Leidenschaften zu kontrollieren, tugendhaft zu leben und der Wahrheit nachzustreben, kommt ein gewisser Wert zu.

Für *Aristoteles* erhält der Begriff der Kunst – ermöglicht durch die Preisgabe des platonischen Wahrheitsideals – eine positivere Bedeutung. Für ihn existieren die Ideen, das heißt die Formen der Wirklichkeit, nunmehr alleine *in* der Wirklichkeit, haben also keinerlei transzendentale Realität. Die Aufgabe des Dichters ist es nicht, „mitzuteilen, was wirklich geschehen ist, sondern vielmehr, was geschehen könnte"[788]. Deshalb kann der Maler auch Dinge abbilden, die es so in der Realität gar nicht gibt – sofern er durch diese Unrichtigkeit die von ihm erstrebte Wirkung leichter erzielt. Für Aristoteles ist bezüglich des Wertes eines Kunstwerks nicht nur dessen innerer Wahrheitsgehalt von Bedeutung, sondern auch seine Wirkung auf den Betrachter. Mit dieser These stellt er sich gegen Platon, für den die Kunst gerade *weil* sie Gefühle erregt, verderblich ist. So weist Aristoteles denn auch der Tragödie die Aufgabe zu, beim Zuschauer Mitleid und Furcht zu erregen, wodurch die Kunst zum Ablassventil wird und als eine Art Training im rechten Umgang mit den Affekten fungiert. In jedem Fall beruht die Wirkung der Kunst darauf, dass sie die Wirklichkeit nachahmt und dadurch den Schein der Nähe erzeugt. Nur weil sie Nähe suggeriert, kann sie Affekte erregen, und nur weil sie die Scheinbarkeit dieser Nähe nicht verbirgt, sondern als lustvolles Spiel inszeniert, kann sie zugleich eine reinigende Wirkung entfalten.

Im *Mittelalter* steht die Kunst ganz im Dienste der Religion und der Darstellung der Herrlichkeit Gottes. Die sichtbare Schönheit galt als ein Bild des Unsichtbaren. Es war nicht die Aufgabe der Kunst, sinnliche Schönheit ins Licht zu setzen, sondern das Wirken des Unsichtbaren im Sichtbaren hervorzuheben und so die Spuren Gottes in der Welt nachzuzeichnen. Das zu lösende Problem bestand darin, etwas ins Bild zu setzen, was sich sei-

---

[788] Aristoteles: Poetik, griechisch/deutsch, übersetzt und herausgegeben von Manfred Fuhrmann. Stuttgart 1982.

nem Wesen nach nicht ins Bild setzen lässt, woraus sich die mittelalterliche Vorliebe für Symbole und Allegorien erklärt. Die Kunst soll – was zunächst unmöglich scheint – das Unsichtbare sichtbar machen, denn was immer sie sichtbar macht, ist dann – als Sichtbares – schon nicht mehr das Unsichtbare. Um diese Aufgabe zu bewältigen, muss es ihr gelingen – und darin träte das Künstlerische zu Tage –, sichtbare Wirklichkeit nachzuahmen und zugleich deutlich zu machen, dass ihr wahrer Gegenstand ein im Nachgeahmten nur angedeuteter und von ihm wesenhaft verschiedener ist. Die sichtbare Schönheit lässt die Schönheit Gottes nur erahnen, in der Fülle der schönen Dinge erblickte man die Spur des Göttlichen. Unter Kunst verstand man allerdings vornehmlich die Herstellung und Gestaltung von Gebrauchsgegen-ständen, so dass dem Künstler eher die Rolle eines Handwerkers zukam.

Die Zeit der *Renaissance* zeichnet sich vor allem durch das wachsende Selbstbewusstsein des Künstlers aus. Nach den Worten Leonardos ist der Künstler ein Erfinder und Dolmetscher zwischen Natur und Mensch. Die Kunst wird zur frei angewandten Erkenntnis, die das gesetzmäßige Wesen der Natur rein und unverstellt zur Darstellung bringt. So geht das Quasi-Göttliche, das im Mittelalter allenfalls dem Kunst*werk* zugesprochen wurde, auf den Künstler über. Die Kunst wird ihrem Selbstverständnis nach zur angewandten Wissenschaft. Etwas als schön wahrzunehmen heißt, die sich in der Erscheinung offenbarenden Strukturgesetze zu erkennen. Ob ein Ding schön ist oder nicht, hängt nicht von der persönlichen Vorliebe des Betrachters ab, sondern von der objektiven Beschaffenheit der Dinge. Das Schöne nicht zu sehen, beweist nicht so sehr einen Mangel an Geschmack, sondern vielmehr einen Mangel an Erkenntnisfähigkeit. Welterkenntnis und Schöpfermacht vereinigen sich in der künstlerisch bildenden Tätigkeit, die so zur höchsten Tätigkeit des Menschen wird.

Die im 17. Jahrhundert herrschende *klassizistische Ästhetik* radikalisierte das Verständnis von Kunst als regelgeleitetes Tun. Als schön galt das Vernünftige, und als vernünftig alles, was sich begrifflich konstruieren und rekonstruieren ließ. Anders verhielt es sich in England, wo sich zeitgleich eine Ästhetik des Gefühls entwickelt hatte, die sich gegen die klassizistische Rationalisierung der Kunst zur Wehr setzte. Hier galt als schön nur das, was als schön *empfunden* wurde, das Schöne folglich mit dem subjektiv Bestimmbaren und Angenehmen identisch wurde. Dass diese zwei konträren Positionen beide das Wesen des Ästhetischen verfehlten, war die Einsicht Immanuel Kants. Für *Kant* war das *Gute* begrifflich zu fassen: das *Angenehme* gefällt den Sinnen in der Empfindung, die Schönheit entsteht aus dem freien Spiel der Erkenntniskräfte. Was für die Beurteilung des Schönen der Geschmack ist, ist für seine Hervorbringung allerdings das Genie. Nach Kant lässt sich der geniale Künstler in seiner Arbeit nicht durch den Verstand leiten und vermag daher selber gar nicht anzugeben, welche Regeln in ihr wirksam werden. Es gibt kein Rezept für sein Tun, weil er ihm keine Begriffe zugrunde legt, sondern vielmehr das, was Kant *ästhetische Ideen* nennt. Das Künstlerische offenbart sich hier in der ästhetischen Idee, als einer Anschauung, die sich niemals in adäquater Weise einem Begriff zuordnen lässt und daher nur dargestellt, nicht aber diskursiv fixiert werden kann. Jede ästhetische Idee erwächst aus der Einbildungskraft, die ein unübersehbares und in seinen Grenzen unbestimmtes Feld verwandter Vorstellungen öffnet und sich seine eigenen Regeln schafft. Niemand, nicht einmal der Künstler selbst, kann sagen, wie und aus welchen Gründen sich solche Ideen in seinem Kopf hervor- und zusammenfinden. Deshalb ist das Vermögen ästhetischer Ideen für Kant das eigentliche Kennzeichen des Genies.

Schillers Idee von der ästhetischen Erziehung des Menschen steht ganz im Zeichen der Französischen Revolution. Für Schiller lag die Bestimmung des Menschen nicht in der einseitigen Ausbildung seiner rationalen Fähigkeiten, sondern in der Harmonisierung und damit Freisetzung von Gefühl und Verstand, dessen Ziel letztendlich eine geglückte Beziehung zwischen Staat und Individuum war. Für Schiller darf die Aufklärung nicht nur den Kopf, sondern muss auch das Herz ergreifen, da der Verstand selten etwas einsieht, was in der Empfindung keinen Widerhall findet. Durch die schöne Kunst könne es gelingen, die Wahrheit der Vernunft in den Gefühlen der Menschen zu verankern.

Im frühen 20. Jahrhundert, 1902, schuf der Italiener *Benedetto Croce* mit seiner *Theorie der Ästhetik als Wissenschaft vom Ausdruck und Allgemeine Linguistik* eine geeignete philosophische Grundlage zum Verständnis moderner Kunst, indem er zwei Arten von Erkenntnis unterscheidet: Die anerkannte logische Erkenntnis geht vom Verstand aus, die Fantasie dagegen ist eine Erkenntnisform, durch die wir einzelne Dinge intuitiv erfassen. Während der Verstand Begriffe hervorbringt, vermittelt uns die Fantasie Vorstellungsbilder oder kurz Intuitionen. In beiden Fällen erkennen wir, aber auf jeweils andere Weise.

Adornos Ästhetische Theorie steht ganz im Zeichen von Auschwitz und hebt den utopischen Charakter der Kunst hervor: Sie soll die Mangelhaftigkeit der bestehenden Welt offenbar machen und so auf die Möglichkeiten einer besseren Welt hindeuten, ohne diese allerdings selber herbeiführen zu können. Solange das Leben anders ist, als es sein sollte, muss es Kunst geben, um das Bewusstsein der Negativität solchen Lebens wach zu halten. Da in jedem genuinen Kunstwerk etwas erscheint, was es nicht gibt, ist für ihn alle Kunst Utopie, die auf die Vorläufigkeit einer empirischen Realität verweist, in der kein Glück von Dauer ist. Um das Leiden an der Wirklichkeit und die Sehnsucht nach ihrer Veränderung nicht zu schwächen, darf die Kunst allerdings nicht den geringsten Anschein von Versöhnung erwecken. Sie hat zu zeigen, was ist, aber auf eine Weise, dass dessen Falschheit erkennbar wird und damit zugleich das zeigt, was sein könnte, aber noch nicht ist. Kunst muss grausam sein, muss Chaos in die Ordnung bringen, um so zu zeigen, wie chaotisch die scheinbare Ordnung in Wahrheit ist.

Sobald Kunst allerdings genossen würde, sei es schon um sie geschehen. Wahre Kunst dagegen hat immer und zu jeder Zeit unverständlich zu sein. Was sich dem Verstehen restlos fügt, ist dagegen keine Kunst, weil diese immer fremd zur Welt ist. Weil Kunst rätselhaft ist, bedarf sie der Interpretation. Die Anschauung allein zeigt niemals, was ein Kunstwerk ist. Deshalb ist für Adorno ohne Wissen und kritische Reflexion eine genuin ästhetische Erfahrung nicht möglich. Adornos ästhetische Theorie steht ganz unter dem Motto, dass die Kunst die Erkenntnis um das von ihr Ausgeschlossene komplettiert.[789]

Für den amerikanischen Philosophen *Nelson Goodman* ist die Kunst unmittelbar an der *Schöpfung* von Welt beteiligt, denn diese werde erschaffen durch die Art, wie wir uns ihr zuwenden, sie anschauen, definieren und beschreiben. Als verschiedene Weisen der Erzeugung von gleichermaßen wirklichen Welten stehen zahllose Möglichkeiten der Beschreibung nebeneinander, und die Kunst ist ein besonders vielseitiges Mittel dieser Welterzeugung. Jedes Kunstwerk ist ein komplexes Symbol, das sich auf etwas bezieht. Die Sinnesorgane dienen uns weniger dazu, eine gegebene Welt aufzunehmen, als vielmehr dazu, sie für uns herzustellen. Die Kunst bildet Gegenstände nicht einfach nur ab, sondern charakterisiert sie als etwas. Sie stellt bislang unbemerkte Beziehungen heraus, wirft einen frischen Blick auf die Welt und entwirft sie so aufs Neue. Die Symbolsysteme und -leistungen der Kunst müssen identifiziert, gelesen und mühsam interpretiert werden. Der Zweck der Kunst ist die Erkenntnis um ihrer selbst willen, und zwar nicht im Sinne einer Festlegung von Überzeugungen, sondern im Sinne eines zunehmenden Verstehens, das niemals abgeschlossen sein wird. In der Sichtweise Goodmans bahnt sich die neuzeitliche Perspektive an, dass Kunst und Wissenschaft als verschiedene Weisen der Welterzeugung nicht mehr eindeutig voneinander abzugrenzen sind.

Für *Lyotard* ist die eigentliche Aufgabe der Kunst, das Unbegreifliche fühlbar zu machen. Die *Blöße* des Ereignisses kann aber in der Kunst nur erfahren werden, wenn und solange wir uns des reflektierenden Denkens enthalten. Denkend wird das Kunst-Ereignis sogleich institutionalisiert und in eine Tradition eingegliedert. Damit wird jedoch das Unbestimmbare, Nichtfassbare des Werkes nicht überwunden, sondern lediglich verdrängt. Lyotard weist der Kunst die Bestimmung zu, vom Unausdrückbaren zu künden, wobei Kunstwerke Versuche sind, das Nichtdarstellbare darzustellen.

Für den amerikanischen Philosophen *Arthur C. Danto* wird das Ding erst durch die Möglichkeit seiner Interpretation zur Kunst. Lässt etwas keine Interpretation zu oder bedarf es ihrer nicht, kann es sich nicht um Kunst handeln. Da sich der Kontext, in dem ein Werk entstanden ist, nicht von ihm trennen lässt, ohne ihm seine künstlerische Identität zu rauben, setzt

---

[789] Vgl. Gretel Adorno, Rolf Tiedemann (Hrsg.): Theodor W. Adorno. Ästhetische Theorie. Frankfurt 1973.

ein angemessenes Verständnis seiner Bedeutung ein Vertrautsein mit diesem Kontext voraus. Danto weist dem Kunstwerk die Kraft eines Textes zu, den zu lesen man in der Lage sein muss. Ob ein Gegenstand ein Kunstwerk ist oder nicht, hängt weniger von seiner materiellen Beschaffenheit ab als vielmehr von seiner Aussagefähigkeit. Auf diese Weise geht Kunst, so wie Hegel es vorausgesehen hat, in Philosophie über, lässt sich aber gleichwohl nicht durch diese ersetzen. Die begriffliche Interpretation ist zwar notwendig, um ein Kunstwerk überhaupt als solches verstehen zu können, sie kann aber nicht an seine Stelle treten, weil das Werk die Struktur einer Metapher hat. Wie sprachliche Metaphern, sind Kunstwerke intensional, was bedeutet, dass sie sich nicht durch Termini gleichen Bedeutungsumfangs ersetzen lassen. Um das Werk zu verstehen, muss man vielmehr die Metapher verstehen, auf der es beruht.

Obwohl die Vertreter *Künstlerischer Bildung* sich hinsichtlich der Definition des Künstlerischen zu keiner dezidiert ausgewiesenen Position bekennen, sind Ähnlichkeiten insbesondere zu der Position von Goodman, Danto und Lyotard festzustellen. In Goodmans Auffassung, die die Kunst als wesentlich an der Erschaffung von Welt beteiligt interpretiert, wird eine klar konstruktivistische Sichtweise deutlich, der sich auch Buschkühle und Kettel verpflichtet sehen. Die Berücksichtigung des Erlebens als einer wichtigen Komponente des Künstlerischen findet sich am ehesten in Lyotards Ansatz wieder, der die Aufgabe der Kunst darin sieht, das Unbegreifliche sichtbar zu machen, das er in der Kunsterfahrung wiederum nur durch die Enthaltung des reflektierenden Denkens gewährleistet sieht. In der künstlerischen Auseinandersetzung geht es nach Buschkühle nicht um Klärungen, sondern zunächst um Entfremdung als ein Vermögen, das alle zur Verfügung stehenden Kräfte, sprich Empfindung, Kognition *und* Imagination, mobilisiert, um letztlich zu geistiger Beweglichkeit und eigener Positionierungsfähigkeit zu gelangen. Ob Buschkühles Orientierung an Beuys, der mit seinen politischen und ökologischen Intentionen seiner Kunst auch utopischen Charakter verliehen hat, im utopischen Fokus Adornos aufgeht, kann hier nur angedacht, nicht aber weiter verifiziert werden.

Erweiterter Kunstbegriff: „Jeder Mensch ist ein Künstler"
Künstlerische Bildung geht von einem erweiterten Kunstbegriff aus, der sich an der bekannten These von Joseph Beuys „Jeder Mensch ist ein Künstler" orientiert. Buschkühle entwickelt daran anschließend eine entsprechend „erweiterte" Kunstpädagogik, die sich in Analogie zur *sozialen Plastik* als plastische Bildung versteht. Kunst im Sinne des erweiterten Kunstbegriffs, so wie ihn Buschkühle von Beuys übernimmt, ist anthropologisch fixiert. Für Beuys ist Kreativität ein Volksvermögen. Der erweiterte Kunstbegriff ist nicht nur als Theorie zu verstehen, sondern eine Grundform des Seins, die zur *sozialen Plastik* führt, einer neuen Kategorie der Kunst, die insofern über das *Ready-made* von Marcel Duchamp hinausgeht,

als sie weniger museale, sondern vielmehr anthropologische Zusammenhänge thematisiert. Indem Joseph Beuys seinen Plastikbegriff auf die Gestaltung der Gesellschaft anwendet, vollzieht er einen Sprung vom Ästhetischen zum Ethischen. Aus der Perspektive des erweiterten Kunstbegriffs stammt alles menschliche Wissen aus der Kunst. Sogar der Wissenschaftsbegriff hat sich aus dem Kreativen, als einem wesentlichen menschlichen Vermögen, entwickelt. In seinem universellen Verständnis von Plastik, das auch den menschlichen Gedanken einschließt, wird nahezu alles, auch das menschliche Denken, zum Kunstwerk. *Künstlerische Bildung* zielt entsprechend dem Gedanken von der *sozialen Plastik* auf das Werk eines freien, sich selbst bestimmenden schöpferischen Menschen und auf eine sinnvoll gestaltete soziale Ordnung der Gesellschaft, in der der Einzelne im Sinne des Allgemeinwohls die Gesellschaft mitgestaltet.

Lebenskunst
Wesentliches Ziel *Künstlerischer Bildung* ist die Befähigung des Menschen, sein Leben künstlerisch zu gestalten. Dies rückt den Begriff der *Lebenskunst*, als einen Begriff, der sowohl in populäreren wie in philosophischen Zusammenhängen gebraucht wird und derzeit in verschiedenen Kontexten – so auch in der pädagogischen Debatte – eine Renaissance erlebt, in die Nähe dieses Konzepts. In esoterischen oder alltagspsychologischen Ratgebern ist mit dem Begriff *Lebenskunst* meist eine pragmatische Lebenshilfe gemeint. Doch auch in wissenschaftlichen Diskursen wird dieser, in der Antike sehr geläufige Begriff rehabilitiert und für die heutige Zeit aktualisiert. Die *Philosophie der Lebenskunst*[790] unternimmt die Beschreibung dessen, was eine künstlerische Lebensführung – für Buschkühle eine spezifische Herausforderung an das Individuum in einer komplexen Gesellschaft – bedeuten könnte. Der Philosoph Wilhelm Schmid, Protagonist dieses philosophischen Konzepts, legt in seiner Habilitationsschrift ausführlich dar, was aus philosophischer Sicht unter *Lebenskunst* zu verstehen ist und definiert den Begriff in allgemeiner Form als die fortwährende Gestaltung des Lebens und des Selbst.[791] Im Vergleich zur Lebens*kompetenz* oder Lebens*bewältigung* begründet sich die Lebens*kunst* aus der expliziten Verbindung des Lebens mit der Kunst. Wird *Lebenskunst* als Doppelbegriff im Spannungsfeld von Leben und Kunst als *Kunst des Lebens* oder eine *Kunst zu leben* aufgefasst, so muss konsequenterweise zwischen dem Leben und der Kunst als Handwerk eine direkte Beziehung bestehen. Schmid formuliert diesen Zusammenhang, indem er das eigene Leben als Ausgangsmaterial der Kunst betrachtet: „Wie jede Kunst bedarf auch die Lebenskunst eines Materials, und sei es eines immateriellen, um ihm in

---
[790] Wilhelm Schmid: Philosophie der Lebenskunst. Frankfurt/M. 1998.
[791] Vgl. Auch Kapitel 3.7.7 „Philosophische Implikationen und Hintergründe" in dieser Arbeit.

irgendeiner Weise Form zu verleihen und sei es auf informelle Weise. Ihr Material ist kein Marmorblock, keine Leinwand, kein Notenblatt, und doch handelt es sich um jene Art von Material, das im Grunde von allen Künstlern bearbeitet wird, ohne das dies von allen so betont würde wie im Falle des Happenings und der Performance: *Das Leben*."[792] Zur *Lebenskunst* gehört nicht nur die Gestaltung, sondern ein reflektierter Umgang mit dem eigenen Leben und der eigenen Arbeit an diesem Leben

7.3 Inhalte

Kunstpädagogik im Horizont des Erweiterten Kunstbegriffs
In direkter Orientierung am erweiterten, anthropologischen Kunstbegriff von Joseph Beuys entwickelt Buschkühle eine Kunstpädagogik, die sich als Artikulation der Kunsterziehung von der Kunst her versteht. Vorspuren zu diesem Denken finden sich bei Günther Regel, der schon 1992 die Notwendigkeit kunstpädagogischen Bemühens erwägt, „Beuys' Einsichten und Ansichten über das Leben, die Wirklichkeit und die Kunst aufzuarbeiten, kritisch zu hinterfragen und für die künstlerisch-ästhetische Erziehung zu bearbeiten"[793]. Regel fragt: „Ist also Beuys gleichsam das Nadelöhr, durch das die vielgestaltige, vielfaserige zeitgenössische künstlerisch-ästhetische Erziehung – die seit geraumer Zeit große, übergreifende Konzeptionen meidet – hindurch muss, um eine neue, den heutigen existenziellen Herausforderungen der Menschheit angemessene Qualität zu gewinnen?" Dabei geht es Regel allerdings keineswegs nur um Beuys als Thema oder Unterrichtsgegenstand, sondern vielmehr um „das Erproben und Konzipieren eines grundlegenden Ansatzes von künstlerisch-ästhetischer Erziehung im Lichte von Beuys"[794]. Die Rezeption der Beuysschen Werke dürfe keinesfalls auf eine bloße Formanalyse und Interpretation des wahrnehmbaren Gebildes verkürzt werden. Regel fordert für die Kunstpädagogik ein Denken, „an dem das Rationale und das Emotionale, das Sinnliche wie das Geistige und das Spirituelle, das Bewusste und das Unbewusste (das Nichtmehr und das Noch-nicht-Bewusste) ihren unauflöslichen Anteil haben"[795]. Obwohl Beuys selbst immer wieder das Rationale als Bestandteil der künstlerisch-ästhetischen Tätigkeit betonte, spielten Erkenntnisse in der Kunst nicht nur auf direktem Wege eine große Rolle, sondern ebenso als „vertiefte Erkenntnisse über das Erleben" (Beuys zitiert n. Ulbricht 1981, S. 39). Regel bemüht Beuys' Kritik an der „Verkürzung der Aufklärung auf das Rationale – eine heute weitverbreitete Annahme, die auf die irrtümliche

---

[792] Ebd., S. 71.
[793] Günther Regel: Joseph Beuys als aktuelle und fortdauernde Herausforderung der Kunstpädagogik. In: *Kunst und Unterricht*, Heft 159/1992, S. 33-41, hier S. 33.
[794] Günther Regel: Joseph Beuys als aktuelle und fortdauernde Herausforderung der Kunstpädagogik. In: *Kunst und Unterricht*, Heft 159/1992. S. 33.
[795] Ebd.

Verabsolutierung des rationalen Anteils an der Erkenntnis durch den Rationalismus zurückgeht"[796]. Für Beuys ist die Kunst nicht nur ein der Wissenschaft gleichwertiges, sondern in mancher Beziehung sogar überlegenes Instrument der Welterkenntnis und der Lebensbewältigung. Beuys selbst stellt das exakt naturwissenschaftliche Denken in Frage und entwickelt seinen Kunstentwurf als einen sozialen Kampf gegen den naturwissenschaftlichen Szientismus.

Insbesondere Carl-Peter Buschkühle nimmt mit seiner Konzeption der *Künstlerischen Bildung* unmittelbaren Bezug auf die Kunsttheorie von Joseph Beuys. In seiner Schrift *Wärmezeit – zur Kunst als Kunstpädagogik bei Joseph Beuys*[797] untersucht er die kunstpädagogischen Aspekte der Kunst Beuys' und entwickelt daraus erstmals sein Modell von *Künstlerischer Bildung*. Verwendet Beuys den *Wärmebegriff* als Ausdruck für „geistige oder evolutionäre Wärme"[798], so bezieht sich Buschkühle also auf einen zentralen Begriff spezifisch Beuysscher Ikonographie. Beuys gebrauchet *Wärme* als einen anthropologischen, metaphysischen wie ontologischen Begriff, der sowohl rationale Reflexion als auch mythische Spekulation umfasst, und entwickelt um den *Wärmebegriff* ein antiwissenschaftliches Gegenbild zu einer Wirklichkeits- und Wahrheitsauffassung, wie sie aus empirisch-positivistischer Wissenschaftlichkeit erwächst. Buschkühle seinerseits versteht den *Wärmezeitbegriff* als einen Terminus, „der das gesamte Seinsverständnis von Beuys beinhaltet: das Sein als fortwährende geistige Bewegung und Verwandlung, als permanenter schöpferischer (autopoietischer) Prozess, nicht einfach als ‚natürliche' Entwicklung."[799] In diesem Sinne bekommt Kunsterfahrung therapeutischen Wert für ein „materialistisch" verengtes Bewusstsein, welches spirituelle und emotionale Dimensionen vernachlässigt und einer Erstarrung des Wahrheits- und Erkenntnisbegriffs durch Reduzierung auf rationale Reflexion das Wort redet.

Beuys' pädagogisches Konzept – Pädagogik als Kunst
Wie es seinerzeit Joseph Beuys in verschiedenen Äußerungen über Kunstpädagogik gefordert hatte, entwickelt Buschkühle für die Artikulation der *Künstlerischen Bildung* die Kunsterziehung aus der Kunst und dem erweiterten Kunstbegriff und bindet sein Modell von *Künstlerischer Bildung* in diesen erweiterten Kunstbegriff ein. Dazu formuliert er einen entsprechend erweiterten Begriff von Kunsterziehung, den er in seinen bildenden und

---
[796] Ebd.
[797] Carl-Peter Buschkühle: Wärmezeit. Zur Kunst als Kunstpädagogik bei Joseph Beuys. Frankfurt 1997.
[798] Joseph Beuys zitiert in Armin Zweite: Die plastische Theorie von Joseph Beuys und das Reservoir seiner Themen. In: Armin Zweite: Natur – Materie – Form. München, Paris, London 1991, S. 16.
[799] Vgl. Carl-Peter Buschkühle: Wärmezeit. Zur Kunst als Kunstpädagogik bei Joseph Beuys. Frankfurt 1997, S. 48.

Kunstpädagogik als „Künstlerische Bildung"

erzieherischen Dimensionen zunächst auf das Schulfach und später auf die pädagogische Funktion von Schule überhaupt anwendet. Aus dem Postulat von Beuys: „Die radikalste und wahrscheinlich einzig richtige Konsequenz wäre, das Künstlerische ins Bewusstsein zu bringen und klarzumachen, dass der Mensch ohne dieses nicht leben kann (...) das Künstlerische müsste in alle Fächer hineinwirken"[800], entwickelt Buschkühle den entsprechend erweiterten Begriff einer „Pädagogik als Kunst"[801] und löst so die Beuysschen Forderung nach einer „Bildung als plastische Formung"[802] ein. Um diesen erweiterten Begriff von Bildung durch Kunst als Kunst hervorzuheben, verwendet Buschkühle den Ausdruck der *Künstlerischen Bildung* als einen Begriff, der die Dimension des erweiterten Kunstbegriffs in ihren bildenden Funktionen zu realisieren sucht. Im Anschluss an das Beuyssche anthropologische Kunstverständnis, Kunst als plastische Bildung zu denken und dementsprechend *Ästhetische Erziehung* nicht nur als ein Schulfach zu begreifen, postuliert auch Buschkühle die *Künstlerische Bildung* als ein Erziehungsprinzip, dessen tragende Zielbestimmung die Ausbildung der Kreativität des *uomo universale* oder – wie er an anderer Stelle formuliert – des *Generalisten* ist.[803] In der Konfrontation mit zeitgenössischer Kunst könnten Schüler für wesentliche Probleme der Gegenwart sensibilisiert werden. So postuliert Regel die Überzeugung: „Wer zur gegenwärtigen Kunst kein Verhältnis hat, der lebt im Grunde nicht in seiner Zeit."[804]

7.4 Ziele und Intentionen

Da sich diesem Konzept mehrere Vertreter zuordnen lassen, sind auch die Ziele im Einzelnen jeweils differenzierter zu betrachten. Allen Vertretern gemeinsam ist die anthropologische Intention. Dazu gehört die Persönlichkeitsbildung, die Schulung der Positionsfähigkeit des Einzelnen, der geistigen Beweglichkeit als Beitrag zur Orientierungshilfe in vielschichtigen Gesellschaftssystemen und die Mobilisierung der Initiative des Individuums. *Künstlerische Bildung* verfolgt die Ausbildung vielfältiger geistiger Fähigkeiten, stellt Sinnlichkeit und Imagination als zentrale Elemente neben die Ausbildung von Rationalität als Grundelemente, die auf die *Ganzheitlich-*

---

[800] Joseph Beuys zitiert in Carl-Peter Buschkühle: *Wärmezeit. Zur Kunst als Kunstpädagogik bei Joseph Beuys.* Frankfurt 1997, S. 284.

[801] Carl-Peter Buschkühle: *Wärmezeit. Zur Kunst als Kunstpädagogik bei Joseph Beuys.* Frankfurt 1997, S. 284.

[802] Joseph Beuys in einem Gespräch mit Siegfried Neuhausen. Zitiert in Buschkühle: *Wärmezeit. Zur Kunst als Kunstpädagogik bei Joseph Beuys.* Frankfurt 1997, S. 287.

[803] Vgl. Carl-Peter Buschkühle: Bildung eines Generalisten. Kreative Existenz und künstlerische Bildung. In: Institut für Weiterbildung, Pädagogische Hochschule Heidelberg (Hrsg.): Zur künstlerischen Bildung. Informationsschrift Nr. 64, Sommersemester 2003.

[804] Günther Regel: Zur Problematik der Fachkompetenz und der langfristigen Bildungsstandards für den Kunstunterricht und die künstlerische Bildung überhaupt. Unveröffentlichtes Manuskript des Vortrags auf dem Symposium „Mapping Blind Spaces – Neue Wege zwischen Kunst und Bildung", Karlsruhe und Schloss Rotenfels. Oktober 2003, S. 7.

keit der geistigen Fähigkeiten des Individuums abheben. Fantasie und Vorstellungskraft zum Erschließen zukünftiger Möglichkeiten nehmen neben der Ausbildung der Positionierungsfähigkeit eine zentrale Rolle ein. Während für Buschkühle die Ausbildung des *uomo universale* oder des *Generalisten* im Zentrum steht, betont Kettel die Selbstreferentialität, die Subjektivität und Selbstorganisation des Individuums. Sein bedingungslos subjektbezogenes Verständnis von *Künstlerischer Bildung* rekurriert auf die Ergebnisse von Neurobiologie, Kognitionsforschung, Systemtheorie und die Paradigmen des Konstruktivismus.

Entsprechend der Gewichtung der Kreativität im Beuysschen kunstpädagogischen Modell spricht sich Buschkühle für eine differenzierte Kreativitätsausbildung aus, „die Sinnlichkeit, Wollen, Fühlen und Denken in plastischen Beziehungen zueinander setzt; eine universale Geistesgegenwart, die die polaren Dimensionen der Existenz: Vergangenheit und Zukunft, Geist und Materie, sowie die Äußerungsformen von Mythos und Logos miteinander in Verbindung bringt und so einen existentialen Ökologiebegriff ausbildet; dies alles soll schließlich als schöpferischer plastischer Prozess geschehen: als spielerischer, d.h. freier selbstbestimmter, erfahrungsorientierter Prozess, der die Erziehung zum freien selbstbestimmten Individuum als ‚uomo universale' zum Ziel hat"[805]. Buschkühle leitet seine Zielformulierungen immer wieder aus den Begrifflichkeiten der Beuysschen Kunsttheorie her. Für ihn bezieht sich die Universalität der *Künstlerischen Bildung* auf die geistige Beweglichkeit des Einzelnen, auf die „Eröffnung eines universalen Kreises von Inhalten sowie auf die Herstellung von Zusammenhängen zwischen ihnen in bezug auf die menschliche Existenz, und sie bezieht sich vor allem auf die Bewegung, die universale Beweglichkeit der differenzierten geistigen Vermögen im Erkennen und Erzeugen dieser Inhalte und Zusammenhänge. Insofern ist der ‚uomo universale' eine andere Bestimmung der wärmeplastischen Beweglichkeit der Kreativität, die Beuys etwa durch die Lektionen seiner Werke freisetzen will, eine andere Bestimmung der menschlichen Potenz als ‚Kreator', als ‚Künstler'"[806].

Ziel der *Künstlerischen Bildung* ist der Mensch als Künstler, der zu schöpferischem und selbstbestimmtem Handeln in der Lage ist. Neben der Ausbildung und allseitigen Aktivierung des kreativen Vermögens ist dazu vor allem „die Schulung einer ‚Geistesgegenwart', eines ‚sozialen Rundblicks' für gesellschaftliche Problemlagen erforderlich"[807]. Auf diese Weise könnte die *Künstlerische Bildung* ein Selbstbewusstsein schaffen, welches die verständige und produktive Beweglichkeit des Menschen im Horizont seiner Existenzbedingungen bezeichnet und als eine solche plastische Beweglich-

---

[805] Carl-Peter Buschkühle: Wärmezeit. Zur Kunst als Kunstpädagogik bei Joseph Beuys. Frankfurt/M 1997, S. 364.
[806] Ebd., S. 287.
[807] Ebd., S. 363.

keit exemplarisch an Werken der Kunst zu üben ist.[808] Mit Kreativität eng verbunden ist das Ziel des *visionären Denkens*, das hervorragend im Feld der Kunst geübt werden könne, wobei der Kunstunterricht quasi als Laboratorium fungiert, eigene Bedeutungsfindungen und -zuweisungen zu erproben. Für Buschkühle ist die Kunst der Ort, an dem „spielerisch solche Begegnungen mit anderen Perspektiven, Vorstellungen und Realitäten stattfinden können. Die Gestaltung eigener Werke übt dabei die Fähigkeit zu eigenen Bedeutungserzeugungen, die auf differenzierten Wahrnehmungsleistungen sowie kontextuellem und visionärem Denken basieren."[809]. Künstlerische Bildungsprozesse sollen die Vielfalt geistiger Fähigkeiten mobilisieren und Kontexte im Horizont der Imaginationsarbeit erschließen. In diesem Sinne vergleicht Buschkühle künstlerische Gestaltung als spielerische und experimentelle Form mit den Formen der *Erzählung*, die Lyotard als grundlegende Weise der Bedeutungszuweisung und Bedeutungsfindung ansah.[810]

Indem die künstlerische Arbeit auch die Verantwortlichkeit des Einzelnen sowie die Fähigkeit zu demokratischer Kommunikation schult und *das Fremde* thematisiert, verbirgt sich hinter dieser Perspektive ein im weitesten Sinne gesellschaftlich relevantes Bildungsziel: Toleranz. Dies macht – auch wenn es nur tendenziell auszuweisen ist, da Buschkühle es in dieser Form konkret nicht benennt – einen wesentlichen Unterschied zum Modell Kettels aus.

In der gegenwärtig als multikulturell und komplex bezeichneten Gesellschaft ist es wichtiger und gleichzeitig schwieriger denn je, einen eigenen Standpunkt zu bestimmen. Mit der zentralen Zielformulierung, Schüler mittels *Künstlerischer Bildung* zu eigener Positionsfähigkeit zu befähigen, geistige Beweglichkeit und Orientierungsfähigkeit zu schulen und damit durch die Ausbildung elementarer Fähigkeiten grundlegende Bildung für eine selbstbestimmte und verantwortliche Lebensführung in den komplexen Verhältnissen der Gegenwart zu leisten, rückt Buschkühle ein wesentlich individuell und gesellschaftlich begründetes Bildungsziel ins Zentrum seines Konzepts: die Ausbildung eines *kohärenten Selbst*, eines dynamischen Subjektkonzepts, das als gedankliche Figur aus dem Subjektkonzept, wie sie die *Philosophie der Lebenskunst* ausweist, abgeleitet ist.[811] Das *kohärente Selbst* ist nicht einfach gegeben, sondern muss ausgebildet werden. Das *kohärente Selbst* ist in der Lage, Widersprüche in der Arbeit an der Veränderung des Selbst konstruktiv zu verwenden, die Selbstentfremdung als Anteil für die Gestaltung des Lebens als Kunstwerk produktiv zu machen.

---

[808] Vgl. ebd. S. 363.
[809] Carl-Peter Buschkühle: Bildung eines Generalisten. Kreative Existenz und künstlerische Bildung. In: Institut für Weiterbildung der Pädagogischen Hochschule Heidelberg (Hrsg.): Zur künstlerischen Bildung. Informationsschrift Nr. 64, Sommersemester 2003, S 17.
[810] Vgl. Jean François Lyotard: Beantwortung der Frage: Was ist postmodern? In: Peter Engelmann (Hrsg.): Postmoderne und Dekonstruktion. Stuttgart 1990, S. 33-48.
[811] Vgl. Kapitel 3.7.7 „Philosophische Implikationen", in dieser Arbeit.

Buschkühle weist der Kunst exemplarisch die Funktion zu, das Individuum anzuhalten, subjektive persönliche Beziehungen zu einer Sache aufbauen zu müssen. In der „Subjektivität des Künstlerischen" als einer *anderen* Form der Aussageproduktion grenzt er sich gegenüber Lernzielen ab, die auf der Grundlage einer Subjekt-Objekt-Gegenüberstellung Wissen *vermitteln*. Für ihn liegt in der Kunst die Chance, nicht durch distanzierte Analysen Objektivität in der Erkenntnis zu gewinnen, sondern originelle Synthesen zu bewerkstelligen, in denen der künstlerisch Tätige eine eigene, seine subjektive Position zum Gegenstand der Auseinandersetzung formuliert. Dabei ist für Buschkühle die subjektive Aussage keinesfalls eine Einschränkung, sondern eine Ausweitung der Bezüge, „denn die Kunst vollzieht hier exemplarisch die Grundbedingungen menschlichen Erwerbs und menschlicher Anwendung von Wissen: Den Erwerb und die Anwendung in Bezug auf die eigene Auffassung der Wirklichkeit"[812]. Buschkühle löst mit dieser Erweiterung des Erkenntnisbegriffs eine Forderung von Beuys ein, der sich seinerzeit mit seiner Kunst als „Antiwissenschaft" gegen die vermeintlich rational reduzierte Wissenschaftlichkeit – auch der Schule – wandte.

Auch Günther Regel folgt – wie Buschkühle – der Forderung Beuys', die Kunst solle das ganze schulische Leben durchdringen. Erziehungs- und Bildungsarbeit wird im Sinne des kreativen, „erweiterten Kunstprozesses" betrieben. Entsprechend der Beuysschen Forderung, Bildung als plastische Formung zu sehen, folgt *Künstlerische Bildung* weniger dezidierten *Fach*zielen, sondern versteht sich vielmehr als übergeordnetes Erziehungsprinzip. In der Forderung nach *künstlerischen, gestalterischen* und *ästhetischen* sowie *kunsttheoretischen und kunsthistorischen* Kompetenzen bietet Regel eine – wenn auch bis heute minimal ausformulierte – so doch ansatzweise vorhandene Pragmatik, im Sinne einer Zielforderung, die andeutet, wie dieses Konzept im schulischen Kontext operationalisiert werden könnte.[813] Als *künstlerische* oder *kunstanaloge* Kompetenz bezeichnet Regel das „Vermögen eines Subjekts, sich selbst und sein Verhältnis zur Welt und zur Zeit in einer gestalteten Form zum Ausdruck zu bringen"[814]. Innerhalb der *künstlerischen* Kompetenz unterscheidet Regel zwischen dem produktiven Hervorbringen eines Werkes und dem rezeptiven Aufnehmen, wobei das

---

[812] Carl-Peter Buschkühle: Bildung eines Generalisten. Kreative Existenz und künstlerische Bildung. In: Institut für Weiterbildung der Pädagogischen Hochschule Heidelberg (Hrsg.): Zur künstlerischen Bildung. Informationsschrift Nr. 64, Sommersemester 2003, S. 9.

[813] Nach derzeitigem Informationsstand findet sich diese Systematik nur in einem unveröffentlichten Manuskript Günther Regels: „Zur Problematik der Fachkompetenz und der langfristigen Bildungsstandards für den Kunstunterricht und die künstlerische Bildung überhaupt." Vortrag auf dem Internationalen Symposium „MAPPING BLIND SPACES – Neue Wege zwischen Kunst und Bildung". 08.-10. Oktober 2003, ZKM Karlsruhe und Akademie Schloss Rotenfels.

[814] Ebd., S. 10.

künstlerische Erleben der zentrale Dreh- und Angelpunkt in jedem originären Kunstprozess ist, in dem sowohl Rationales als auch Emotionales, Spirituelles und Magisches mitschwingen. Die *gestalterische Kompetenz* charakterisiert das Vermögen eines künstlerischen Subjekts, einen dem inhaltlichen Anliegen entsprechenden Gestaltungsprozess durchführen zu können, wozu die Sprache der Farben und Formen sowie die dazu nötige Sensibilität erlernt werden müssen. Die *ästhetische Kompetenz* ist einerseits das Vermögen eines Subjekts, beim bildhaft-anschaulichen Wahrnehmen gewonnene konkrete Vorstellungen als Denkelemente zu benutzen, diese andererseits als sinnlich-anschaulich Wahrgenommenes und Erkanntes zu bewerten. Ergänzend bezieht Regel auch die *kunsttheoretische und kunsthistorische* Kompetenz als Theorien von Künstlern bzw. Wissenschaftlern in seinen Kompetenzkatalog mit ein, womit er Kompetenzen einschließt, deren Vermittlung ein Gegenüber von Subjekt und Objekt im traditionellen Sinne voraussetzt.

7.5 Methoden der Vermittlung
Hinsichtlich des methodischen Vorgehens grenzt sich *Künstlerische Bildung* gegenüber herkömmlichen traditionellen Formen des Kunstunterrichts ab, indem sie sich gegen die Vorstellung eines linear verlaufenden Unterrichtsprozesses verwehrt, stattdessen bevorzugt projektartiges, werk- und schülerorientiertes Vorgehen anstrebt, das Räume für Selbsterfahrungsmöglichkeiten, Reflexivität, Gespräche und persönliche Formen des Ausdrucks bereithält. Lernprozesse sind hier nicht auf sachlichen Erkenntnisgewinn ausgerichtet, sondern als Entwurf zu verstehen, existenziell bedeutsame Zusammenhänge herzustellen, in die nicht nur kognitive, sondern alle geistigen Vermögen integriert sind. Gestaltungen werden in den Rahmen interdisziplinärer Untersuchungen eingearbeitet. Buschkühle charakterisiert die Methode *Künstlerischer Bildung* durch drei Faktoren: das künstlerische Projekt, den spielerischen Prozess und die Konstruktion kleiner Erzählungen.

Künstlerisches Projekt, Interdisziplinarität, spielerischer Prozess
Bevorzugte Arbeitsform ist das Arbeiten in Projekten, von Buschkühle als *künstlerisches Projekt* ausgeführt, das bei Schülerinnen und Schülern künstlerische Denk- und Handlungsweisen initiieren soll. „Künstlerische Bildung als plastische Formung, als produktive Zusammenhänge herstellend und Abstraktionen durch Erfahrungslernen unterlaufend, soll den Charakter des Projekts haben, eines künstlerischen, d.h. ‚spielerischen', ‚erzählerischen', Projektes."[815] Ziel ist es, den Schülern dabei die individuelle Entdeckung eigener Wege und die Gestaltung einer persönlichen Aussage im Kunstwerk zu ermöglichen. Künstlerische Projekte sind als sich sukzessive entwickeln-

---

[815] Carl-Peter Buschkühle: Wärmezeit. Zur Kunst als Kunstpädagogik bei Joseph Beuys. Frankfurt/M, 1997, S. 312.

de Erkenntnis- und Gestaltungsarbeit stets themenorientiert anzulegen. Dabei geht es nicht um die Erarbeitung eines vorgegebenen bildnerischen Problems, ebenso wenig um sachlich *richtige* Erkenntnis, sondern um komplexe Erfahrungsprozesse, individuelle Zugangsweisen, die genügend Möglichkeiten für die eigene Positionierung zu einem inhaltlich-thematischen Problem eröffnen. Die themenorientierte Zugangsweise legt als angemessene Arbeitsform eine immanent interdisziplinäre Verfahrensweise nahe, in der Schülerinnen und Schüler inhaltliche Kontexte in reflexiv wie produktiv gestaltender Form erschließen. Buschkühle beschreibt das *künstlerische Projekt* als eine spezifische Projektform, über die das Künstlerische entsprechend der Beuysschen Auffassung von Kunst als plastischer Formung auch in andere Fächer hineinwirkt und Kunst quasi als „generalistische Weise des Denkens und Handelns"[816] begriffen wird. Buschkühle grenzt das *künstlerische Projekt* als eine entfaltete Form menschlicher Kreativität und produktiver, experimenteller Selbstbestimmung – worin die spielerische Komponente liegt – ausdrücklich gegen gängige Vermittlungsschemata und Unterrichtstechnologien ab, welche sich durch Operationalisierung von Lernschritten auszeichnen. Pragmatisch ausgerichtete „Effektivitätsrationalität" entspräche nicht der kontingenten Struktur von Erfahrungsprozessen oder gar der künstlerischen Form von Erkenntnis und Gestaltung. „Statt dem üblichen Schema zu verfallen, im Kunstunterricht Bildanalysen zu betreiben und daraus Praxisaufgaben abzuleiten, oder umgekehrt aus der Praxis heraus erweiternde und vertiefende werkimmanente und hermeneutische Bildbetrachtungen zu üben, soll im spielerischen künstlerischen Projekt ein *Erzählzusammenhang* (Hervorhebung A.F.) konstruiert werden, der durchaus offen ist für vielfältige Untersuchungen, Verzweigungen, Vernetzungen, Gestaltungen, Experimente."[817] Im künstlerischen Projekt geht es nicht um isoliertes bildnerisches Geschehen, sondern um eine Vielfalt von konstruierenden und transformierenden Bezügen in einer freien Assoziationskette möglicher Zusammenhänge, Widersprüche, Gestaltungen und Vertiefungen. Dabei stellen ästhetische Fragen zwar einen Bestandteil dieses komplexen Prozesses dar, stehen aber nicht im Vordergrund. Eventuell auftretende Schwierigkeiten, Konflikte und Widersprüche seien keineswegs tragisch, sondern – nach Beuys – segensreich, da erst in chaotischen Verhältnissen Gewohnheiten aufgeschreckt und geistige Trägheit überwunden werden könnte.

Für Buschkühle gehen Bildwerk und begriffliche Erkundung ein oszillierendes Verhältnis ein, welches einen gleichsam philosophischen Parallelprozess von Bild und Sprache entfaltet. Dabei werden alle geistigen Ver-

---

[816] Carl-Peter Buschkühle: Bildung eines Generalisten. Kreative Existenz und künstlerische Bildung. In: Institut für Weiterbildung der Pädagogische Hochschule Heidelberg (Hrsg.): Zur künstlerischen Bildung. Informationsschrift Nr. 64, Sommersemester 2003. S. 9-10.

[817] Carl-Peter Buschkühle: Wärmezeit. Zur Kunst als Kunstpädagogik bei Joseph Beuys. Frankfurt/M. 1997, S. 346.

mögen beansprucht, der Körper, die Sinne, das Gefühl, das Denken, Rationalität und Imagination. Das *künstlerische Projekt* zeichnet sich durch eine prinzipielle Methodenvielfalt aus, ein Wechselspiel von verschiedenen sog. *Erzähl*medien: Gespräch, Schreiben, Lesen, Malen, Zeichnen, Objekte und Skulpturen machen, Aktionen und Inszenierungen durchführen. Nur die Vielfalt der methodischen Zugriffe biete die Gewähr, dass der Einzelne individuelle Einsichten gewinnt, reflektiert und Themen in bildhafte Darstellung verwandelt. Kennzeichnend für die Arbeit im *künstlerischen Projekt* ist außerdem die interdisziplinäre Herangehensweise an ein Thema, bei der je nach Schwerpunkt die Kooperation mit anderen Fächern sinnvoll ist. Das *künstlerische Projekt*, prinzipiell offen und unabschließbar, verfolgt keinen sachlichen Erkenntnisgewinn, sondern „meint den Versuch des Entwurfs existentiell bedeutsamer Zusammenhänge und Gestaltungen, wozu wesentlich die Interdisziplinarität und Reflexivität der Untersuchungen und Gespräche sowie die persönliche Formung eines Ausdrucks im Bildwerk beitragen"[818]. Buschkühle stellt künstlerische Projekte vornehmlich in den Dienst der Erprobung und Übung kreativer Kräfte und universaler Geistesgegenwart für größere Zusammenhänge

Induktives Vorgehen und offener Unterricht als Elemente einer plastischen Bildung
Kennzeichnend für das Modell des künstlerischen Projekts ist die induktive Vorgehensweise, die *nicht* von der Betrachtung eines Kunstwerkes oder einer definierten formalen Aufgabenstellung ausgeht. Die Schüler bearbeiten nicht eine vom Lehrer definierte Arbeit, sondern sollen in der Auseinandersetzung mit einem Thema eigene Wege des Ausdrucks und der Gestaltung verfolgen. Die Themenstellung bietet zwar einerseits hinreichend Orientierung und stellt Anforderungen, ist aber andererseits offen genug, um persönliche Vorgehensweisen und eigenständige gedankliche Entwicklung zu ermöglichen. Anstelle einer „Nachahmungsdidaktik", die die Kreativität des Einzelnen beschränke, setzt Buschkühle auf eine induktive Arbeitsweise als eine am Werkprozess orientierte Didaktik, die in der Entwicklung eigener Aussageformen die Selbstständigkeit des Schülers fördert. Die Erarbeitung verlangt unterschiedliche Aktivitäten von der Wahrnehmung über die Recherche benötigter Informationen bis hin zur eigentlichen Werkgestaltung, welche sich gleichwohl nicht zwangsläufig auf ein Medium beschränkt. Jeder Schüler hat die Möglichkeit, sich sein eigenes adäquates Medium frei zu wählen, eine Wahlfreiheit, die Buschkühle in den Dienst der Schulung von Selbstbestimmung und Selbstorganisation bei der Auseinandersetzung mit einem Thema stellt. In einem Verhältnis wechselseitiger Inspiration finden sowohl traditionelle wie auch neue Medien Berücksichtigung.

---

[818] Ebd., S. 355.

Die Hinwendung zu Formen des *offenen Unterrichts* begründet Buschkühle ganz in der Tradition der Beuysschen Forderung nach einer Revolutionierung des Bildungswesens im Sinne der Demokratisierung des Unterrichts, seiner Inhalte und Strukturen. Er bringt wesentliche Elemente einer kritischen Schulreform mit den Grundsätzen der von Joseph Beuys gegründeten FIU (Freie Internationale Hochschule für Kreativität und interdisziplinäre Forschung) in Verbindung und stellt die *Künstlerische Bildung* als Element sozialer Plastik in diesen Kontext. Zudem deckt Buschkühle Verwandtschaften mit wesentlichen Aspekten der Reformpädagogik auf. Eine dort geforderte *Pädagogik vom Kinde aus* enthalte eine Fülle von Ansätzen, die im Kern mit den Ideen der FIU verwandt seien. In seiner Abwendung von einer Schule als „Lernanstalt" identifiziert Buschkühle das künstlerische Projekt als „Element einer plastischen Bildung"[819], welches Handlungsorientierung, Schülerzentriertheit und Erfahrungsbezogenheit gewährleistet und so zu einer Demokratisierung des Unterrichts beiträgt.

Angesichts der Tatsache, dass Buschkühle Kunstpädagogik explizit von der Kunst her definiert, eine veränderte kunstpädagogische Praxis selbst zur Kunst erhebt, ist die Forderung einleuchtend, dass der Kunstpädagoge, um künstlerische Unterrichtsprozesse initiieren und begleiten zu können, im besten Fall selbst ausgebildeter Künstler sein müsste, eine Forderung, die Kersten Reich im Zusammenhang konstruktivistischer Pädagogik allerdings relativiert.[820]

Die Konstruktion „kleiner Erzählungen"
Wie einzelne Vertreter anderer neuerer kunstdidaktischer Konzeptionen[821] beziehen auch Buschkühle und Kettel die begrifflich-verbale Auseinandersetzung mit inhaltlichen Zusammenhängen in den Kontext eines *künstlerischen Projekts* mit ein.[822] Dies geschieht durch das schriftliche Verfassen

---

[819] Ebd., S. 303
[820] Vgl. Kersten Reich: Muss ein Kunstdidaktiker Künstler sein? Konstruktivistische Überlegungen zur Kunstdidaktik. In: C.P. Buschkühle (Hrsg.): Perspektiven künstlerischer Bildung. Köln 2003, S. 73-92.
[821] Vgl. auch Kapitel 3.3 *Ästhetische Forschung*, in dieser Arbeit.
[822] Umfangreiche Schüler-Schreibarbeiten, die im Kontext eines künstlerischen Projekts entstanden sind, finden sich beispielsweise in einer Dokumentation von Joachim Kettel zum Thema *Ortstermin – Ortssondierungen mit allen Sinnen,* einem künstlerischen Projekt, das Kettel mit Oberstufenschülern durchführte. In diesen Schreibarbeiten schildern Schüler ihre Wahrnehmungen, die sie im Kontext ihrer Suche nach einem für sie bedeutsamen Ort in der Schulumgebung machen. Dabei recherchieren sie seine Atmosphären, seine sinnlichen Dimensionen sowie ihre Reaktionen und Assoziationen, die sie alle in einer Schreibarbeit festhalten. Außerdem sollte zusätzlich während des Projektes der Forschungs- und Gestaltungsverlauf in einem Projekttagebuch schriftlich fixiert werden. Einige der in diesem Kontext entstandenen Schüler-Schreibarbeiten sind abgedruckt in: Institut für Weiterbildung der Pädagogischen Hochschule Heidelberg (Hrsg.): Zur künstlerischen Bildung. Informationsschrift Nr. 64, Sommersemester 2003, S. 30-50.

kurzer Texte, sog. *kleiner Erzählungen*, deren wesentliches Ziel darin liegt, eigene Bedeutungszusammenhänge herzustellen und diese auszuformulieren. So wird das Schreiben zu einem immanenten Teil des *künstlerischen Projektes*, die Erzählfähigkeit zu einer bedeutsamen Kategorie, da die Erzählung „über den genuinen Kunstbereich hinaus in die Lebenspraxis, die Lebenskunst verweist"[823]. Während Helga Kämpf-Jansen die Methode des Schreibens als eine Form zeitgenössischer Kunst identifiziert und diese als solche für die *Ästhetische Forschung* daraus ableitet, bezieht sich Buschkühle explizit auf den französischen Philosophen Jean François Lyotard, der die *Erzählung* als existenzielle Form von Bedeutungsfindung und Sinnproduktion charakterisiert. Ebenso bemüht er den amerikanischen Philosophen Richard Rorty, der, ähnlich wie Lyotard, in der literarischen Erzählung die postmoderne Form individueller Orientierung sieht, „die die Philosophie als Medium von Selbstbestimmung sowie ethisch-politischer Motivation abgelöst habe"[824].

Der Begriff der *kleinen Erzählungen* stammt ursprünglich aus Jean-François Lyotards Untersuchungen zur Struktur des *postmodernen Wissens*[825], in denen er die *kleine* von der *großen Erzählung* unterscheidet. Seit dem Ende der großen philosophischen Systementwürfe, Religionen und Ideologien,[826] die – von Lyotard als große Erzählungen bezeichnet – in komplexen westlichen Gesellschaften keine allgemeinverbindlichen Ansprüche mehr erheben können, sind es nun die *kleinen Erzählungen* des Einzelnen, die dessen Welt- und Selbstbild prägen und sein Handeln motivieren. Nachdem die *großen Erzählungen* ihre allgemeine Gültigkeit verloren haben, erkennt Lyotard die *kleine Erzählung* als eine begrenzt gültige Form der Sinn- oder Wahrheitskonstruktion an.

Im künstlerischen Projekt meint die *kleine Erzählung* die „Konstruktion von Sinnzusammenhängen im Horizont des wie auch immer gestellten

---

[823] Carl-Peter Buschkühle: Bildung eines Generalisten. Kreative Existenz und künstlerische Bildung. In: Institut für Weiterbildung der Pädagogischen Hochschule Heidelberg (Hrsg.): Zur künstlerischen Bildung. Informationsschrift Nr. 64, Sommersemester 2003, S. 16.

[824] Ebd.

[825] Vgl. Jean-François Lyotard: Das postmoderne Wissen. Ein Bericht. Graz, Wien 1986, S. 96 ff.

[826] Die *großen Erzählungen* sind „jene Welterklärungen, die aus einem Prinzip das ganze erklären: Religionen oder Ideologien wie der Sozialismus oder der Kapitalismus. Als Erklärungsmodell, welches Sinnfindung ermöglicht und Handlungsperspektiven eröffnet, sind diese Erzählungen bedeutsam. Als je absolute Geltung beanspruchende Weltanschauungen werden sie jedoch zum Mythos, zur urheberlosen Erzählung, die gleichsam übermenschliche Kraft und Gleichgültigkeit besitzt und dazu verführt, neben ihr nichts mehr gelten zu lassen und das Fremde, was Geltung beansprucht, zu zerstören." Jean-François Lyotard, zitiert in Carl-Peter Buschkühle: Bildung eines Generalisten. Kreative Existenz und künstlerische Bildung. In: Institut für Weiterbildung der Pädagogischen Hochschule Heidelberg (Hrsg.): Zur künstlerischen Bildung. Informationsschrift Nr. 64, Sommersemester 2003, S. 4-5.

Themas oder Problems. Die *kleine* Erzählung ist die vorzügliche Form der imaginativen Erfindung. Konstruktion bedeutet hierbei nicht das technisch mechanische Zusammenfügen von passenden Einzelteilen zu einem funktionierenden Ganzen; Konstruktion meint hier die Anstrengung, aus disparaten, mitunter widersprüchlichen Gesichtspunkten Erkenntnisse, Einsichten, Erfahrungen zu gewinnen, welches einen vielfältigen, bisweilen konflikthaften Prozess bezeichnet, der sich der Vorläufigkeit und prinzipiellen Offenheit seiner Methode und Ergebnisse bewusst ist"[827]. Für Buschkühle rekurriert die literarische bzw. künstlerische Erzählung dabei auf den sensiblen Blick fürs Detail, die aufmerksame Betrachtung des Konkreten, die von da aus ihre Haltungen, Wertvorstellungen und Urteile ausbildet. Dies fordere die permanente Bereitschaft zur Begegnung mit Fremdem, sich immer wieder neu zu bestimmen und zu verändern.[828]

Mit dem Konstruktionsbegriff bekennt sich Buschkühle zur Orientierung an konstruktivistischer Einsicht in die vielfältige Bedingtheit menschlicher Wahrnehmung, Erkenntnis und Bedeutungszuweisung, die immer auch biografische und lebensgeschichtliche Prägungen als wesentliche individuelle Voraussetzungen in Wahrnehmungs- und Entscheidungsprozessen berücksichtigt.[829] Vor konstruktivistischem Hintergrund plädiert Buschkühle dafür, die in der Kunstpädagogik gängigen Begriffe *Produktion* und *Reflexion* durch *Transformation* und *Konstruktion* zu ersetzen.[830]

Auch in künstlerischen Projekten aus der Grundschule, deren Dokumentationsstand im Augenblick allerdings noch als unzureichend bezeichnet werden muss, stellt das Schreiben eine wesentliche, die gestalterische Arbeit ergänzende Kategorie dar. Ein anschauliches Beispiel dafür bietet Mario Urlaß in seinem Aufsatz über *Ansätze einer naturbezogenen künstlerischen Bildung in der Grundschule*, einem Projekt über *Künstlerische und pädagogische Gartenarbeit*.[831] Hier geht es zunächst darum, Kindern Zu-

---

[827] Carl-Peter Buschkühle: Wärmezeit. Zur Kunst als Kunstpädagogik bei Joseph Beuys. Frankfurt/M. 1997, S. 347.

[828] Auch Michel Foucault äußert sich über die Technik des Schreibens als einer Methode, einer Technik, durch die ein Subjekt sich selbst transformiert: „Ich schreibe gerade deswegen, weil ich noch nicht weiß, was über eine Sache zu denken ist, die mein Interesse auf sich zieht. Also mache ich es, das Buch transformiert mich, modifiziert das, was ich denke." Foucault, zitiert nach Wilhelm Schmid: Auf der Suche nach einer neuen Lebenskunst. Die Frage nach dem Grund und die Neubegründung der Ethik bei Foucault. Frankfurt/M. 2000, S. 315.

[829] Zum Konstruktivismus, der den Begriff der *Entdeckung* der Wirklichkeit durch den der *Erfindung* ersetzt vgl. Paul Watzlawick (Hrsg.): Die erfundene Wirklichkeit. Wie wissen wir, was wir zu wissen glauben? Beiträge zum Konstruktivismus. München 1984.

[830] Vgl. Carl-Peter Buschkühle: Wärmezeit. Zur Kunst als Kunstpädagogik bei Joseph Beuys. Frankfurt/M. 1997, S. 347-348.

[831] Mario Urlaß: Ansätze naturbezogener künstlerischer Bildung in der Grundschule. Künstlerische und pädagogische Gartenarbeit. In: Institut für Weiterbildung der Pädagogischen

Kunstpädagogik als „Künstlerische Bildung"

gänge zu zeitgenössischer Kunst zu eröffnen, die sich dem Dialog zwischen Kunst und Natur widmet, ihnen des Weiteren nicht nur ästhetische Naturerfahrungen zu ermöglichen, „Verstehen zu ermöglichen, das Ausdrucksempfinden zu entwickeln, Herstellungsverfahren und Gestaltungsprinzipien zu erweitern, sondern auch (dar)um einen fachspezifischen Beitrag zur Persönlichkeitsbildung zu leisten"[832]. Urlaß zeigt hier exemplarisch, wie „einerseits Gegenwartskunst als Anlass für individuelle künstlerisch-praktische Auseinandersetzungen von Grundschülern begriffen werden kann, anderseits als Gegenstand produktiver Rezeption am Ende mehrperspektivischer, auf Projektform basierender Naturzugänge"[833] in einen sinnvollen kunstpädagogischen Kontext gestellt wird. Auch hier bekommen die Schüler im Anschluss an ihre Gestaltungsarbeit den Auftrag, sich in schriftlichen Statements über ihre Werke zu äußern. Dieser Schreibauftrag verfolgte das Ziel, sich der gemachten Erfahrung noch stärker bewusst zu werden und eine Sprache für die sensiblen Naturzugriffe und Veränderungen zu finden. Dieses Vorgehen kann im weitesten Sinne mit der Konstruktion der *kleinen Erzählung* im oben erläuterten Verständnis verglichen werden. Mario Urlaß bezeichnet die Gestaltungsarbeiten der Kinder als „persönlich hergestellte Verbindungen mit den Dingen der Natur" und interpretiert die Schülerarbeiten als „kleine, aufgespürte und weitererzählte Geschichten, die auf behutsamem, veränderndem Tun beruhen"[834]. Mit der ergänzenden Schreibarbeit geht es auch Urlaß darum, individuelle Positionierung zu fördern und eigene, subjektive Zugänge zu ermöglichen. Abschließend sei hier noch kurz vermerkt, dass das Schreiben in Ergänzung zur bildhaften Gestaltung zwar nicht neu ist – ergänzte doch bereits 1515 Albrecht Dürer seine Darstellung vom Rhinozeros durch einen anschaulich erläuternden Text –, es im Kontext *Künstlerischer Bildung* aber bewusst didaktisch eingesetzt wird, um Schülern aller Altersstufen über die Gestaltungsaufgabe hinaus die Möglichkeit zur persönlichen Stellungnahme, zur zusätzlichen Sensibilisierung und Reflexion zu geben, eine m. E. durchaus sinnvolle Erweiterung methodischer Varianten.

7.6 Bezüge zu Pädagogik und Bildungstheorie

Statt einer Orientierung an allgemein- oder schulpädagogischen Konzepten lässt sich bei Buschkühle eine primäre Orientierung an der Kunstpädagogik von Joseph Beuys feststellen. Diese fand seinerzeit konkreten Niederschlag in der von Beuys geplanten und gegründeten Freien Internationalen Hochschule für Kreativität und interdisziplinäre Forschung, einem Konzept aus

---

Hochschule Heidelberg (Hrsg.): Zur künstlerischen Bildung. Informationsschrift Nr. 64, Sommersemester 2003, S. 51-61.
[832] Ebd., S. 51.
[833] Ebd., S. 52.
[834] Ebd., S. 55.

Kunstpädagogik als „Künstlerische Bildung"

dem Buschkühle heute seine spezifisch pädagogischen Forderungen für die Künstlerische Bildung ableitet.[835] Die von Beuys als Alternative zum gängigen Universitätsbetrieb geplante Hochschule war von ihm als Institution gedacht, um die Integration unterschiedlicher Disziplinen in Forschung und Lehre unter dem Aspekt des erweiterten Kunstbegriffs durchzusetzen. Hatte Beuys seinerzeit die FIU als Gegenentwurf zur derzeitigen, von ihm kritisch beurteilten Hochschulausbildung entworfen, leitet Buschkühle heute aus der Beuysschen Idee Elemente für sein Konzept Künstlerischer Bildung in allgemeinbildenden Schulformen ab. Hinsichtlich der Hinwendung der FIU zu anderen, kunstfremden Disziplinen,[836] fordert Buschkühle wie Beuys immanent interdisziplinäre Arbeit: „Bei der Erarbeitung einer eigenen Aussage zu einem Thema werden Fragen relevant, bei denen die Recherche den genuinen Bereich der Kunst verlassen kann oder gar muss, (...) z.B. bei Fragen nach wissenschaftlichen Zusammenhängen bei der Auseinandersetzung mit Gentechnik, Klonung, Individualität."[837]
Es muss allerdings betont werden, dass das Beuyssche Denken und Handeln hinsichtlich des pädagogischen Konzepts der FIU – auf dem vom Rudolf Steiner inspirierten anthropologischen Kunstbegriff basierend – stets als Arbeit an der Verwirklichung der *sozialen Plastik* zu interpretieren und bei allen politischen Komponenten als Teil seiner Kunst aufzufassen ist. Beuys sah die *Freie Internationale Hochschule* als Erfüllung seines künstlerischen, in der sozialen Plastik kulminierenden Konzepts, zu dem er vielfältige Grundlagenarbeit geleistet hatte. Mit der Gründung der FIU beginnt der erweiterte Kunstbegriff in seinem Sinne als politisches Instrument zu wirken. Dass die FIU zwar an der Grenze zwischen Kunst und Leben anzusiedeln ist, sich dabei dennoch als Kunstwerk ausweist, zeigt die Tatsache, dass Beuys 1977 mit dieser Institution auf der documenta 6 in Kassel vertreten war. Heiner Stachelhaus unterstreicht in seiner Beuys-Biografie: „Man muss dies alles – die Lehre, die Philosophie, die Politik, das Agieren, das Künden und das Missionieren – in einem unauflöslichen Zusammen-

---

[835] Beuys plante seine „Freie Internationale Hochschule für Kreativität und interdisziplinäre Forschung" als Alternative zum überkommenen Hochschulsystem zunächst aus Raumnot. Am 27.4.1973 kommt es zur Gründung eines Vereins zur Förderung dieser Einrichtung. In der Folgezeit gelingt es Beuys und dem Förderverein nicht, die Stadt Düsseldorf zur Mitfinanzierung der Freien Hochschule in den alten Messehallen in Düsseldorf zu bewegen. Dennoch gründet Beuys zusammen mit Heinrich Böll im Februar 1974 eine „Freie Internationale Hochschule für Kreativität und interdisziplinäre Forschung". Vgl. Heiner Stachelhaus: Joseph Beuys. Düsseldorf 1991².

[836] Der Lehrplan der FIU sah neben den spezifischen Kunstfächern auch sog. „intermediäre Disziplinen" vor, wozu z.B. Erkenntnislehre, soziales Verhalten, Solidarität, Kritik der Kritik, Kritik der Kunst, Wörtlichkeitslehre, Sinneslehre, Bildlichkeit, Bühne und Darstellung zählten. Ebenso waren Institute für Ökologie und Evolutionswissenschaft vorgesehen.

[837] Carl-Peter Buschkühle (Hrsg.): Perspektiven künstlerischer Bildung. Köln 2003, S. 42.

Kunstpädagogik als „Künstlerische Bildung"

hang mit dem Kunst und Leben, Leben und Kunst in eins setzenden ‚erweiterten Kunstbegriff' von Joseph Beuys sehen."[838] Einige wenige ausgewiesene Bezüge zur Schulpädagogik finden sich bei Buschkühle in seiner Einordnung des künstlerischen Projekts in den Kontext reformpädagogischer Bewegungen, aus denen u.a. das Konzept des *offenen Unterrichts* hervorgeht.[839] Hier zeigt er Parallelen auf zwischen wesentlichen Elementen einer kritischen Schulreform, wie sie heute angesichts steigender Schwierigkeiten und der sich abzeichnenden Grenzen des staatlichen Bildungswesens entwickelt werden, und den Ansätzen der FIU sowie der *Künstlerischen Bildung*. Bezug nimmt er u.a. auf die Reformpädagogik, die Erlebnispädagogik und den Projektgedanken John Deweys als Ansätze, die die „Herausbildung der Persönlichkeit durch Freigabe des Selbst und durch eigenes schöpferisches Tun" als gemeinsames Ziel haben.[840] Buschkühle gliedert die *Künstlerische Bildung* gewissermaßen in eine gegenwärtig zu beobachtende allgemeine Reformbewegung ein, die auf einer kritischen Haltung gegenüber dem gegenwärtigen Schulsystem gegründet ist und heutige Schule als *lebensfern, handlungsarm, entsinnlicht* und *bürokratisch durchorganisiert* kritisiert. Mit seinem konkreten Bekenntnis zum *offenen Unterricht* verpflichtet sich Buschkühle einem Prinzip, das durch Schülerzentriertheit, Erfahrungsbezogenheit und Handlungsorientierung gekennzeichnet ist. Die Öffnung des Unterrichts reagiert zum einen auf aktuelle Umstände, denen herkömmliche Strategien nicht mehr gewachsen sind, zum anderen ist sie einer Demokratisierung – durchaus im Sinne Beuys – verpflichtet. Auch diesem Gedanken ist der Bezug zur Beuysschen Theorie immanent, wenn Buschkühle konstatiert: „Die hier genannten Elemente des offenen Unterrichts sind als Elemente einer plastischen Bildung zu erkennen."[841] Buschkühle gliedert den offenen Unterricht in einen als plastische Bildung verstandenen Kunstunterricht ein, der Kunstdidaktik selbst als Kunst versteht. Mutiert damit dieser schulpädagogische Entwurf zu einem Element der Kunst? Übersieht Buschkühle dabei, dass das Konzept des offenen Unterrichts ein im Kontext schulpädagogischer Reformbestrebungen entwickeltes Modell ist, welches einerseits auf aktuelle Erkenntnisse der Neurobiologie rekurriert, anderseits aus gesellschaftlichen Pluralisierungstendenzen erwächst, von daher aber von *Kunst* zu unterscheiden ist?

---

[838] Heiner Stachelhaus: Joseph Beuys. "Jeder Mensch ist ein Künstler." Düsseldorf 1991², S. 154.

[839] Vgl. Carl-Peter Buschkühle: Wärmezeit. Zur Kunst als Kunstpädagogik bei Joseph Beuys. Frankfurt/M. 1997, S. 301 ff.

[840] Ebd.

[841] Carl-Peter Buschkühle: Wärmezeit. Zur Kunst als Kunstpädagogik bei Joseph Beuys. Frankfurt/M. 1997, S. 303.

Bezeichnend für das Konzept der *Künstlerischen Bildung* ist zudem die Tatsache, dass das *künstlerische Projekt* als eine spezifische Projektform angesehen wird, über die das Künstlerische auch in andere Fächer hineinwirken soll, wie es Buschkühle und Regel ausdrücklich fordern. Nach Regel vollzieht sich die *Künstlerische Bildung* über den eigentlichen Kunstunterricht hinaus ebenso im außerunterrichtlichen Leben der Schule, wie es sich auch durch andere Fächer ziehen soll. Dabei geht diese dritte Form als Integration des im erweiterten Sinne verstandenen Künstlerischen in andere Fächer noch über die interdisziplinäre Projektarbeit im allgemein bekannten Sinn hinaus: Vielmehr begründet Regel diese Integration mit der radikalen Erweiterung des Kunstbegriffs und der Kompetenzausdehnung von Künstlerinnen und Künstlern auf Bereiche der Naturwissenschaften. Dies führt er außerdem auf die – hier nicht zu prüfende – Tatsache zurück, dass „sich in den wissenschaftlichen Disziplinen mehr und mehr die Erkenntnis durchsetzt, dass das Vermögen der verstandesmäßigen, begrifflichen Erkenntnis bisweilen begrenzt ist und dass die poetische, die bildhaft-anschauliche Einsicht diesem dann durchaus überlegen sein kann"[842]. Hier wird deutlich, dass die Integration des Künstlerischen in andere Fächer über die Kooperation verschiedener Unterrichtsfächer – wie sie aus dem Projektunterricht schon lange bekannt ist – hinausgeht, wenn *Künstlerische Bildung* vielmehr aus den – als solche diagnostizierten – Defiziten rationalistischen Weltzugriffs heraus erklärt wird.

Kettels Bezug zur Subjektiven Didaktik *und zur* Systemisch-konstruktivistischen Didaktik

Kettel begründet seine vorgestellten Elemente einer „Kunstpädagogik der ästhetisch-künstlerischen Selbstreferenz" als aus neueren Überlegungen und Ergebnissen der Kognitionsforschung, der Neurobiologie und Systemtheorie hervorgegangen, die auf den wissenschaftstheoretisch aktuellen Standpunkt zur „Bildung von Subjektivität und Identität"[843] rekurrieren. Mit seinem Bezug zu dem ehedem in der Systemtheorie entwickelten Begriff der Selbstreferenz, den auch Edmund Kösel und Kersten Reich als zentrale Dimension in ihren allgemeinen Didaktikmodellen verwenden, kann ein genuiner Bezug zu diesen neueren Modellen *subjektiver* didaktischer Theoriebildung herausgestellt werden, wie sie im Kapitel *Didaktik der Gegenwart* beschrieben wurden. Unter der Perspektive der „Selbstorganisation" des Individuums widmet sich Joachim Kettel eingehend diesem Aspekt neuzeitlicher Theorienbildung.[844]

---

[842] Günther Regel: Die Zweite Moderne, die Schule und die Kunst – Konsequenzen für die künstlerische Bildung. In: Carl-Peter Buschkühle (Hrsg.): Perspektiven künstlerischer Bildung. Köln 2003.
[843] Joachim Kettel: SelbstFREMDheit. Elemente einer anderen Kunstpädagogik. Oberhausen 2001, S. 55.
[844] Vgl. ebd., S. 55-70.

Kettel überträgt den Entwurf dieses neuen wissenschaftstheoretischen Standpunktes auf „ästhetisch-künstlerische (Selbst-)Vermittlungsprozesse", um dessen „mögliche Relevanz und Notwendigkeit – im Hinblick auf den ästhetisch-künstlerischen Selbstbildungsprozess des Subjekts und dessen Identitätskonfiguration"[845] zu ermitteln und zu evaluieren. Der von Kettel verwendete Ansatz eines selbstreferentiellen Subjekts impliziert eine veränderte (Selbst-) Auffassung des Subjekts als ein sich selbst organisierendes, dynamisches und autopoietisches System. Diese Überzeugungen haben wichtige Auswirkungen auf den Lehr-Lernprozess, da die Lehrer-Schüler-Interaktion in diesem Verständnis nicht mit dem Bild eines Reiz-Reaktions-Modells gleichzusetzen ist, sondern an die Stelle des passiv reagierenden Individuums das Modell eines seine Umwelt aktiv kognitiv strukturierenden Subjekts tritt. „Der Praxisbezug dieses Ansatzes geht davon aus, dass der Lehrer nicht länger Anwender wissenschaftlicher Erkenntnisse bleibt, sondern ein Partner im Prozess des Austausches von wissenschaftlichen und naiven Theorien wird."[846] Im pädagogischen Prozess muss der Lehrende davon ausgehen, dass alle seine Beobachtungen nur jeweils *seine* Beobachtungen sind und keinesfalls mit dem Selbstverständnis des beobachteten Systems übereinstimmen müssen. Eine unmittelbare und unvermittelte Beobachtung des Schülers ist nach Kettel ebenso wenig möglich, wie Kösel und Reich dies in ihren didaktischen Konzepten erwägen. Dies erfordert die mehrfach erläuterte Beobachtung zweiter Ordnung, wonach Lehr- und Lernprozesse mit „interpretativer *Offenheit* und *Anschlussrelevanz*"[847] zu versehen sind. „Dies setzt die Beschreibung des Ich in Bezug auf *Temporalität*, also als einen auf die eigene Vergangenheit orientierten *Prozess der Selbstbeschreibung* ins Werk und impliziert hierdurch den lebensgeschichtlichen Bezug des Subjekts."[848] Diese Überlegungen führen letztlich zu der Konsequenz, sich – wie dies Kösel und Reich aus der allgemeinen Perspektive tun – von einer Pädagogik zu verabschieden, die sich einem zielorientierten Lernprozess verpflichtet sieht. Unterricht, der die Schüler auf einen verbindlichen Kanon und damit auf eine Normierung festlegt, werde der radikalen Pluralität der komplexen Gegenwartsgesellschaft nicht gerecht, so dass eine neue Bestimmung des Lernbegriffs notwendig wird.

Kettel geht mit Kösel konform, dass ein auf die Förderung der Subjektivität ausgerichteter Unterricht, der an die individuelle Lebensgeschichte anknüpft, auf der Basis selbstreferentieller Kommunikation die Identitätskonfiguration der Schüler in hohem Maße fördern kann. Die wesentlichen Berührungspunkte zwischen dem Konzept *Künstlerischer Bildung* im Sinne Joachim Kettels und den Modellen der *Subjektiven Didaktik* Edmund Kö-

---

[845] Ebd., S. 55.
[846] Ebd., S. 59.
[847] Ebd., S. 60.
[848] Ebd.

sels wie der *Systemisch-konstruktivistischen Didaktik* Kersten Reichs liegen in der gemeinsamen Akzeptanz der aus dem radikalen Konstruktivismus und der Systemtheorie hervorgehenden Paradigmen, vor allem dem Begriff des Individuums als dynamisches autopoietisches System, der Absage an ein mechanisches Weltbild, der objektiven Wissenschaft sowie den vielfältigen Konsequenzen, die für die pädagogische Praxis daraus abzuleiten sind.

7.7 Philosophische Implikationen und Hintergründe

Philosophie der Lebenskunst
Für das Verständnis der *Künstlerischen Bildung* lohnt sich ein Blick in die *Philosophie der Lebenskunst,* ein philosophischer Denkansatz, dessen Tradition in die Antike und Renaissance zurückreicht. Die Reaktivierung dieses Denkens für die Gegenwart geht auf den französischen Philosophen Michel Foucault zurück. Im Rückbezug auf Foucault hat jüngst der Berliner Philosoph Wilhelm Schmid die deutsche Diskussion zur *Lebenskunst* der modernen Gesellschaft wiederbelebt und weitergetrieben.[849] Danach ist die *Philosophie der Lebenskunst* ein *Nachdenken über die Grundlagen und möglichen Formen eines bewusst geführten Lebens,* wobei Schmid das *bewusst geführte Leben* selbst als die *Lebenskunst* bestimmt, deren Grundgedanken in der *Sorge um sich* und der daran anschließenden Frage *Wie kann ich mein Leben führen?* zusammengefasst sind.[850] Die *Philosophie der Lebenskunst* beabsichtigt, Anregungen für eine theoretisch reflektierte Lebensführung zu geben, die ihr Ziel in einem gelingenden Leben findet. Die bewusste Reflexion von Erfahrungen soll zu theoretischen Einsichten in grundlegende Zusammenhänge des Lebens und seine mögliche künftige Entwicklung führen.

Dem Begriff *Lebenskunst* wird in der Geschichte der Philosophie seit der Antike unterschiedliches Gewicht beigemessen. Bezüglich der Detailliertheit seiner Ausarbeitung und der Konzentration auf diesen Begriff erreichte die antike Philosophie der Lebenskunst ihren Höhepunkt in der Stoa.[851] Für die stoische Lebenskunst kam es darauf an, den okkupierenden Geschäften zu entfliehen, sich um sich zu sorgen, sozusagen Selbstaneignung zu betrei-

---

[849] Vgl. Wilhelm Schmid: Philosophie der Lebenskunst. Frankfurt/M. 1998. In stark gekürzter Form: Ders.: Schönes Leben? Einführung in die Lebenskunst. Frankfurt/M. 2000.
[850] Vgl. ebd., S. 49 ff.
[851] Stoa (die; griech.): *Philosophie:* um 300 v. Chr. von *Zenon d. J.* aus Kition gegründete philosophische Schulrichtung, benannt nach dem Lehrort, der *Stoa poikile* in Athen. Neben der älteren Stoa (...) unterscheidet man eine mittlere (...) und eine jüngere Stoa (...). Das Hauptinteresse galt der praktischen Lebensführung (Ethik), wobei sich allmählich der Rigorismus der alten Stoa milderte und neben dem Ideal des Weisen die Gestalt des sich um Tugend Mühenden wichtig wurde. Vgl. Bertelsmann Lexikon Institut (Hrsg.): Das Neue Taschenlexikon in 20 Bänden, Bd. 15, Gütersloh 1992, S. 205.

ben, was Seneca in seinem Leitmotiv: *Eigne dich dir an* deutlich macht. Nur ein gestärktes Selbst sei in der Lage, widrige Gegebenheiten hinzunehmen, Entbehrungen mit Gelassenheit zu tragen und notfalls dem Schicksal zu trotzen.

Im Rückgriff auf verschiedene philosophische Richtungen, wie die antike Philosophie, aber auch die kritische Frage nach dem Selbstverständnis der Philosophie im Umfeld der Studentenbewegung von 1968, aktualisiert Wilhelm Schmid diesen Begriff im Kontext neuzeitlicher Philosophie und thematisiert die Frage nach der *Lebenskunst* als eine originäre Frage menschlichen Daseins. Schmid weist nach, dass sich ein philosophisches Verständnis von *Lebenskunst* deutlich von einem populären Verständnis dieses Begriffes unterscheidet, „nicht um die Theorie gegen die Praxis auszuspielen, sondern um Theorie und Abstraktion als Grundbestandteile einer reflektierten *Lebenskunst* zu begreifen. Dieses *milesische und pythagoreische* Element sorgt nicht nur für die Applikation des Denkens auf die konkrete alltägliche Existenz, sondern bewirkt die Eingliederung der Existenz in einen Horizont, der sehr viel umfassender als der des Alltags ist. Gegenüber der populären Lebenskunst, die in der spontanen Bewältigung der Lebensprobleme und im unmittelbaren Lebensgenuss ihren Sinn hat, bringt die philosophische *Lebenskunst* eine weitere Dimension ins Spiel: Die Kenntnis übergreifender Zusammenhänge, ihrer Herkunft, ihrer ‚Gründe' und ihrer möglichen künftigen Entwicklung, um die Lebensführung dazu in Bezug zu setzen"[852].

Setzt die reflektierte *Lebenskunst* an bei der *Sorge des Selbst* um sich, kann diese Sorge zunächst ängstlicher Natur sein, unter philosophischer Anleitung jedoch zu einer klugen, vorausschauenden Sorge werden, die das Selbst ebenso auf Andere und die Gesellschaft bezieht. Dazu bringt Schmid die Begriffe *Wahl, Klugheit* und *Selbstmächtigkeit* ins Spiel. Unverzichtbar für eine reflektierte Lebenskunst ist das aristotelische Element der Wahl, wobei die Kenntnis der Wahlmöglichkeiten den Raum der Freiheit für die individuelle Lebensgestaltung markiert. Das Subjekt der *klugen Wahl* ist das sensible, aufmerksame Selbst, das sich nicht in sich selbst zurückzieht, sondern die Vernetzung mit anderen sucht, um ein umfassendes Feld von Möglichkeiten zu gewinnen. Die asketische Arbeit an der Ausbildung der Klugheit hat zum Ziel, das Selbst von Abhängigkeiten zu befreien, aber auch seiner neu gewonnenen Freiheit Formen zu geben.

Während die antike philosophische und insbesondere stoische *Lebenskunst* oft von einer sehr präzisen, Alternativen ausschließenden Festlegung ihrer Inhalte und Methoden geprägt ist, heben sich neu hinzukommende *moderne Elemente* deutlich davon ab. Unter neuzeitlichen Bedingungen, da sich sukzessive alle als fest geglaubten Orientierungspunkte auflösen, bedeutet *Lebenskunst* mehr denn je, einen experimentellen Weg einzuschlagen, ohne

---

[852] Wilhelm Schmid: Philosophie der Lebenskunst. Frankfurt/M. 1998, S. 50.

wirklich wissen zu können, wohin er führt. „Normative Vorstellungen eines wahren Selbst, einer ‚abgeschlossenen Person' oder einer Identität des Subjekts können nicht mehr aufrechterhalten werden und bedingen Versuche mit sich selbst, Versuche auch mit dem Leben, das in keiner Weise mehr definitiv festgelegt werden kann und dessen Möglichkeiten nur durch Ausprobieren auszuloten sind."[853] Die Skepsis gegenüber einem allgemeinen *Wissen* stellt heute die umstandslose Ableitung der richtigen Lebensführung aus der Gewissheit des Wissens in Frage. Durch die Relativierung wissenschaftlichen Wissens gibt es keine dauerhafte Gewissheit mehr. Daraus resultierende Skepsis verbietet einen allzu großen Optimismus und ein dogmatisches Festhalten an einmal gewonnenem Wissen. Die Skepsis richtet sich ebenso gegen die Gegenwart, in der die reflektierte *Lebenskunst* sich zwar ansiedelt, hält sich jedoch zugleich auf Distanz zu den Grundzügen der Aktualität, um sich für ihr mögliches Anderssein zu öffnen – denn das, was ist, erschöpft nicht die Möglichkeiten, wie es sein könnte. In der erneuten, reflektierten *Lebenskunst* wird nach dem „wahren Leben" gefragt, womit kein fragwürdiger, ausschließlicher Anspruch auf Wahrheit gemeint ist, sondern ein kritisches Korrektiv gegen das Leben, wie es gelebt wird. Dieses kritische Element kommt z.B. da zum Einsatz, wo mit der Unbestimmtheit der Mystifizierung oder der Bestimmtheit einer Wissenschaftlichkeit das Leben schlechthin definiert wird, um unkritisch dieser Definition gemäß zu leben. Die *Lebenskunst* bleibt gegenüber herrschenden Formen des individuellen und gesellschaftlichen Lebens kritikfähig und nimmt im Unterschied zur Tradition die Dinge nicht nur als gegeben hin, sondern fasst auch ihre mögliche Veränderung ins Auge.

Im Blick auf die Individuen versucht eine so verstandene Philosophie die Fähigkeit des Einzelnen zu unterstützen, eigenständige Urteilskraft zu gewinnen, eine in Klugheit begründete Wahl zu treffen und entsprechend zu handeln. Das Subjekt wird durch philosophische Reflexion in die Lage versetzt, seinen eigenen Lebensvollzug besser zu verstehen und gegebenenfalls in ihn einzugreifen, da ihm die gesamte Bandbreite der Möglichkeiten des Verstehens und Vorgehens zur Verfügung steht.

Das Leben als Kunstwerk
Mit dem Kompositum *Lebenskunst* unterstellt Wilhelm Schmid nicht ein Identischwerden der beiden Ausgangsbegriffe Kunst und Leben, sondern meint eine Anwendung von Kunst *auf* das Leben, indem diesem Gestalt und Form gegeben wird. Schmid definiert *Lebenskunst* als die *fortwährende Gestaltung des Lebens und des Selbst,* wobei das Leben als Material und die Kunst als Gestaltungsprozess erscheinen. Dies leuchtet ein angesichts des Anspruchs, dem Leben Gestalt zu geben, soll es sich nicht im Disparaten und Diffusen verlieren. In diesem Sinne wird für die Herstellung des

---

[853] Ebd., S. 53.

Lebens als Kunstwerk ein erweiterter Werkbegriff übernommen und die Formel von Beuys *Jeder Mensch ist ein Künstler* insofern konsequent weitergeführt, als jeder Mensch das eigene Leben zum Kunstwerk machen kann. Schmid unterscheidet zwischen der Selbstgestaltung, die sich dem Subjekt widmet, und der Lebensgestaltung, die die Vernetzung mit anderen einbezieht.

Wesentlich im Verständnis der *Lebenskunst* nach Wilhelm Schmid ist die Grundannahme, die in der lateinischen Formel *fabricando fabricamur* zum Ausdruck kommt: Etwas gestaltend gestalten wir uns selbst. Dabei wird das Subjekt der Lebenskunst für sich selbst zum Objekt. Entgegen der verbreiteten Auffassung, Kunst habe vor allem mit der Gestaltung äußerer Objekte zu tun, „richtet sich die Tätigkeit hier auf das Subjekt selbst, aus der *Objektkunst* wird eine *Subjektkunst*"[854]. Da allerdings jede Kunst eine Technik ist, mit der ein Subjekt, während es an einer äußeren Form arbeitet, ebenso an sich selbst arbeitet, gibt es keine strikte Trennung zwischen Objekt- und Subjektkunst. Die Arbeit am Objekt hat stets Rückwirkungen auf das Subjekt selbst, so dass *Lebenskunst* in ein bewusst gestaltetes Selbst- und Weltverhältnis mündet. Kunst wird zu einer Technik, mit der ein Subjekt an sich selbst arbeitet, während es an einer äußeren Form arbeitet. Die Herstellung von etwas ist zugleich die Herstellung von uns selbst; durch die Formung des Materials formt das Individuum sich selbst. Das Subjekt der Lebenskunst verfährt bei der Gestaltung des Lebens zum Kunstwerk in Analogie zum *Künstlersubjekt,* das Autonomie für sich beansprucht und diese in einer Serie von Wahlakten exerziert. Doch erst mit der Ausbildung von Fantasie und Vorstellungskraft sowie der Einübung kreativer Tätigkeiten werden die gestalterischen Fähigkeiten freigesetzt, die sich nicht nur darin erschöpfen, vorgefundene Formen des Lebens zu übernehmen, sondern eigene Ideen zu entwickeln.

Hermeneutik der Existenz
Im Kontext rezeptionsästhetischer Aspekte führt Schmid den Begriff der *Hermeneutik der Existenz* ein. Für die Gestaltung des Lebens zum Kunstwerk ist die Aufnahme der Künste in das eigene Leben von großer Bedeutung. Es sind die Künste, die einen Fundus an Sensibilität und Alterität für die Gesellschaft erarbeiten, die Wahrnehmung intensivieren und Möglichkeiten des Andersseins produzieren. Phänomene und Widersprüche des Lebens finden sich in der Kunst wieder, die eine Differenz einführt, durch die *das Andere* Eingang finden kann. In der Konfrontation mit den vielen Kunstwerken immanenten Phänomenen und Widersprüchen des Lebens werden Lebensmöglichkeiten durchgespielt. In der Rezeption von Kunstwerken und der jeweils individuellen Aufnahme der Werke setzt ein Reflexionsprozess ein, der konkrete Anregungen vermittelt, um eigene Wege

---
[854] Ebd., S. 73.

und Möglichkeiten zu durchdenken. In der *Hermeneutik der Existenz* entschlüsselt der Rezipient das Werk, indem er es im Blick auf eigene Fragen interpretiert, es ins eigene Leben transformiert und sich in der Arbeit der Deutung einübt. Die Arbeit des Rezipienten löst das Werk von der Gebundenheit an seinen Produzenten und lässt es wie ein imaginiertes Bild selbstständig existieren. Die *Hermeneutik der Existenz* der Lebenskunst besteht darin, mit Hilfe von Interpretationen denjenigen Zusammenhang herzustellen, der in der Lage ist, dem eigenen Leben Sinn zu geben und Zusammenhänge zu durchschauen.

In jedem Fall kann die *Lebenskunst*, die sich im Umfeld der Künste bewegt, von den Künsten eigenwillige Sichtweisen und Verfahrensweisen übernehmen, um diese zur Realisierung des Lebens als Kunstwerk zu gebrauchen. Obwohl nicht alles am Selbst und im eigenen Leben beliebig zu gestalten ist, vieles vielmehr in irgendeiner Weise hinzunehmen ist, stellt sich dennoch immer wieder die Frage, welche Haltung dazu einzunehmen ist. Jede Möglichkeit der Wahl fordert zur Stellungnahme auf. Ziel ist, dem jeweiligen Individuum die Kompetenz zu vermitteln, seine eigene Feststellung treffen zu können, worauf es sein Leben zu gründen wagt. Klugheitserziehung und vorausschauende Sorge macht der Gleichgültigkeit gegenüber dem eigenen Leben ein Ende, so dass Lebenskunst letztlich zur Übernahme der Selbstsorge, zu Selbstbestimmung und Autonomie führt.

Das Selbstkonzept in der Philosophie der Lebenskunst
Wie in allen kunstdidaktischen Konzeptionen, die als „subjektorientiert" auszumachen sind, stellt sich auch bei der Untersuchung der *Künstlerischen Bildung*, welche die „Subjektivität des Künstlerischen"[855] fokussiert, die prinzipielle Frage, welcher Definition von Subjekt dieses Konzept folgt. Dies ist auch hier schwer zu ermitteln, da diese Begriffe von Grund auf uneindeutig sind, die Diskussion über ihre Definition sich durch häufig nicht mehr nachvollziehbare Komplexität auszeichnet. Das verwundert wenig, bedenkt man, dass die reflexive Rückwendung des Menschen auf sich selbst seit jeher mit dem Projekt der Philosophie verbunden ist. Subjekt-Konzepte zu erarbeiten wurde im Laufe der Geschichte zu einem Spezifikum neuzeitlicher und abendländischer Kultur. Ein Blick in Formen und Aspekte neuzeitlicher Psychologie mag diese Komplexität veranschaulichen, wenn auch nicht gerade zur Klärung beitragen.[856] Da sich Carl-Peter Busch-

---

[855] Carl-Peter Buschkühle: Bildung eines Generalisten. Kreative Existenz und künstlerische Bildung. In: Institut für Weiterbildung, Pädagogische Hochschule Heidelberg (Hrsg.): Zur künstlerischen Bildung. Informationsschrift Nr. 64, Sommersemester 2003, S. 9.
[856] Eine umfangreiche Untersuchung zum Begriff „Subjektivität" dokumentiert Joachim Kettel im Rahmen seiner Schrift: „SelbstFREMDheit, Elemente einer anderen Kunstpädagogik". Oberhausen 2001. Geht es in seiner Arbeit um neue Formen und Prozesse selbstreferentieller Lehr- und Lernsituation im Bereich künstlerischer Bildung und Erziehung, so

kühle in weiten Teilen seiner Ausführungen zur *Künstlerischen Bildung* auf die *Philosophie der Lebenskunst* bezieht, wird im Folgenden untersucht, welches Selbstkonzept diese Philosophie zugrunde legt, um auf diesem Weg zu ermitteln, welchem Selbst- oder Subjektkonzept sich die *Künstlerische Bildung* tendenziell verpflichtet sieht.

Das Subjekt der Lebenskunst ist „selbst ein Konzept und schließt auf seine Weise an die Geschichte des Selbst"[857] an. Schmid kennzeichnet das *Selbst* hier als ein *selbstreflexives Selbst*, das in der Lage ist, „sich aus Gebundenheiten zu lösen und über Gegebenheiten hinwegzusetzen, um sich gleichermaßen von Außen zu betrachten, sich auf sich selbst zurückzuwenden und mit einem bewussten Akt neue Strukturen und Bindungen zu begründen"[858]. Mit dieser Definition grenzt er das Bild vom *Selbst* ausdrücklich gegen das traditionelle Bild eines „unreflektierten Selbst" ab, welches sich als in bestehende überkommene Strukturen fest eingefügt betrachtet. Erst die gedankliche Trennung von *Ich* und *Sich* verleiht dem Selbst diesen reflexiven Charakter, den Schmid als *epistemisches Selbstbewusstsein*, ein kognitives Selbstverhältnis, bezeichnet. Das Selbstbewusstsein ist hier das, was „mich mir selbst repräsentiert", eine Selbstbeziehung, die nur entstehen kann, wenn die beiden Bezugspunkte *Ich* und *Sich* nicht identisch sind, „sondern jene Beziehung zueinander gründen, die dem reflexiven Selbst zugrunde liegt"[859].

Die Fähigkeit zur kritischen Distanz zu sich als Entwicklung des Selbstbewusstseins des Subjekts spielte in der politischen Geschichte der Moderne eine zentrale Rolle, führte sie doch zur „Umwertung des Subjekts vom Untertan zum souveränen Subjekt der Menschenwürde"[860]. Sich seiner eigenen Würde bewusst zu werden, trug entschieden zu dieser Umwertung der Moderne bei, zu einem Selbst mit kritischem Selbstbewusstsein. Nur so ist eine Person in der Lage, Distanz zu sich einzunehmen, eine Rolle zu spielen, ein Gesicht (griech. *prósopon*) zu zeigen oder eine Maske (lat. persona) zu tragen. Dieses, für die reflektierte Lebenskunst unverzichtbare *epistemische Selbstbewusstsein* ergänzt Schmid durch eine weitere Form der Beziehung zu sich selbst, der *ethisch-asketischen Selbstgestaltung*, die zu verstehen ist „als Arbeit des Selbst an sich und bewusste Einwirkung auf sich, um sich zu formen und zu transformieren"[861]. Das *epistemische Selbstbewusstsein* als die Erkenntnis seiner selbst – aufgrund derer der Mensch bereits nicht mehr derselbe bleibt – wird hier als Bedingung für die bewusste

---

stellt das einführende Kapitel „Subjektivität" philosophische Positionen jüngerer Vergangenheit und Gegenwart zur Subjekt-Debatte vor.

[857] Wilhelm Schmid: Das Subjekt der Lebenskunst und seine Beziehung zu Anderen. In: Wilhelm Schmid: Philosophie der Lebenskunst. Frankfurt/M. 1998, S. 239 ff.
[858] Ebd., S. 239.
[859] Ebd., S. 240.
[860] Ebd., S. 242.
[861] Ebd., S. 239.

Einwirkung auf sich selbst vorausgesetzt und durch die *ethisch-asketische* Selbstgestaltung ergänzt.[862]
Dem Verständnis des Selbst in einer reflektierten Lebenskunst liegt ein spezifisches Subjektkonzept zugrunde: das eines *Subjekts der Sorge um sich,* eines Subjekts, das den Blick auf sich selbst reflektieren kann. Schmid weist der *Sorge um sich* mehrere, aus der antiken Geschichte des Begriffs hergeleitete Aspekte zu, deren Wiederaufnahme in ein Konzept der reflektierten Lebenskunst von Interesse sind. Neben dem selbstrezeptiven, dem selbstreflexiven, dem hermeneutischen und dem politischen Aspekt ist für die *Künstlerische Bildung* vor allem der selbstproduktive Aspekt bedeutungsvoll, in welchem sich der Übergang zur Selbstgestaltung vollzieht.[863]
Trotz einleuchtender Logik dieses Modells sieht sich Schmid veranlasst, nachdrücklich dafür zu plädieren, die Notwendigkeit dieser *klugen* Selbstsorge vor dem Hintergrund aktueller Gegebenheiten erneut zu erkennen und erneut wahrnehmen zu müssen, wurde doch die Selbstsorge in der genussorientierten Gegenwart durch griffige Formeln wie *Sorge dich nicht – lebe!* verdrängt.[864]
Schmid lenkt einen kritischen Blick auf die „Versorgungsmentalität" in einem säkularen Vorsorgestaat, dessen Motto mittlerweile die „Entsorgung" geworden ist, eine Sehnsucht nämlich, entgegen dem Bild von der Sorge um sich, jede Sorge loszuwerden. Schmid verteidigt dagegen den Weitblick, diese *Entsorgungsmentalität* aufzugeben, um „die kluge Sorge des Selbst um sich, um Andere und um die Gesellschaft wieder wahrzunehmen"[865].
Die Verbindung zur *Künstlerischen Bildung* begründet sich in der aus der reflektierten Lebenskunst abgeleiteten Grundannahme von einer Selbstsorge, in der das Selbstbewusstsein und die Selbstgestaltung eng miteinander verbunden sind. *Künstlerische Bildung* sieht ihren Auftrag darin, Bewusst-

---

[862] Dies kann aus mehreren Gründen nicht der Ort sein, das Verhältnis zwischen Selbstbewusstsein und Subjektauffassung der Moderne zu berücksichtigen. Schmid beschreibt die Verbindung von *epistemischer* und *ethisch-asketischer* Form der Selbstbeziehung als eine in der Geschichte der Philosophie zwischen Sokratik und Moralistik tief verankerte, um deren Verbindung sich auch Kant bemühte. Vgl. W. Schmid: Das Subjekt der Lebenskunst und seine Beziehung zu Anderen. In: Wilhelm Schmid: Philosophie der Lebenskunst. Frankfurt/M. 1998, S. 241 ff.
[863] Um einem sich in diesem Kontext evtl. einschleichenden Egoismus-Verdacht vorzubeugen, sei insbesondere auf den *politischen* Aspekt der *Sorge um sich* verwiesen. Schmid formuliert: „Seit Sokrates ist die Sorge um sich auch eine Sorge um die Gesellschaft, in deren Rahmen das Selbst sich nur entfalten kann und zu deren guter Verfassung das Selbst eben durch seine Sorge um sich am meisten beizutragen vermag, nicht zuletzt aufgrund der Mäßigung der Machtausübung, deren Grundlage die Selbstsorge ist, denn durch die Sorge um sich erlangt das Selbst Selbstmächtigkeit und wird fähig zur Mäßigung Anderer und seiner Selbst." Wilhelm Schmid: Philosophie der Lebenskunst. Frankfurt/M. 1998, S. 248.
[864] Mit dieser Formel nimmt Schmid Bezug auf einen gleichlautenden Titel Dale Carnegies, einen mittlerweile in 17 Sprachen übersetzten Bestseller populärer Ratgeberliteratur.
[865] Wilhelm Schmid: Philosophie der Lebenskunst. Frankfurt/M. 1998, S. 249.

seinsprozesse in Gang zu setzen, die zum aufgeklärten Eigeninteresse und zur aktiven, vom Selbst initiierten klugen Sorge um sich und Selbstgestaltung des Individuums führen.

Das kohärente Selbst
Im Rahmen seiner Frage nach der Beschaffenheit des *Subjekts* der *Lebenskunst* unterscheidet Wilhelm Schmid das *moderne Subjekt der Identität* von einem *postmodernen Subjekt der Multiplizität*. Während ersteres auch bei innerer und äußerer Veränderung alles daran setzt, seine Identität zu wahren, den Vorstellungen von personaler Identität folgend mit sich stets identisch zu sein, entwirft sich das *postmoderne Subjekt der Multiplizität* aus der endlosen Erfahrung des Scheiterns und Versagens, der Forderung nach Identität gerecht werden zu müssen. Das Subjekt der Identität läuft angesichts der Realität des Vielfältigen und Widersprüchlichen in der offenen, komplexen Gesellschaft Gefahr, sich willkürlich auf bestimmte Überzeugungen oder vertraute Traditionen einzugrenzen. Die Flucht vor dem Anspruch der Identität mündet so in den Traum der Multiplizität oder aber in dessen pathologische Ausformung des Phänomens der *multiplen Persönlichkeit*. Am Ende der Skala der Multiplizität eröffnet sich nun allerdings auch ein Problem, nämlich das der „völligen Unberechenbarkeit und Unzuverlässigkeit des Subjekts, aus der erneut eine beliebige Disponibilität (Verfügbarkeit) resultiert, da es keinen Punkt der Resistenz mehr besitzt"[866].
Als Antwort auf dieses doppelte Problem der Identität, jeweils am Ende einer Skala angelangt zu sein, entwirft Schmid eine „andersmoderne" Konzeption des Subjekts: das *kohärente Selbst,* eine Konzeption „bei der nicht krampfhaft an der modernen Forderung nach Identität festgehalten wird, zugleich jedoch auf die postmoderne Gefahr der Beliebigkeit zu antworten ist"[867]. Mit der Konzeption vom *kohärenten Selbst* optiert die *Philosophie der Lebenskunst* für ein Subjekt, das seine Sorge darauf richtet, „das Konglomerat dieses multiplen Selbst zu organisieren und einen Zusammenhang weit unterhalb der strengen Einheit, aber weit oberhalb der bloßen Beliebigkeit herzustellen"[868]. Mit Kohärenz bezeichnet Schmid ein „Gefüge, das die vielen Aspekte des Ichs in einem vielfarbigen Selbst in einen wechselseitigen Zusammenhang bringt"[869], auch wenn sie widersprüchlich und immer in Bewegung sind. Die Kohärenz ist in dieser Konstruktion nicht einfach schon gegeben, sondern wird in der Lebenskunst bewusst und reflektiert hergestellt, um das Selbst zum Werk zu machen. Als dynamisches Selbstkonzept besteht es nicht nur in der Arbeit an der Veränderung des Selbst, sondern kann als Selbstsorge in Form existenzieller Lebens- und

---
[866] Ebd., S. 251.
[867] Ebd.
[868] Ebd., S. 251-252.
[869] Ebd., S. 252.

Selbstgestaltung verstanden werden, die in fortwährender, reflexiver Auseinandersetzung mit Neuem auf die wachsende Komplexität der Gegenwartsgesellschaft reagiert, dabei aber gleichzeitig eine gefestigte Persönlichkeit ausbildet. Schmid bezeichnet die Herstellung der Kohärenz als „Kunst der Disposition, eine Organisation der Wechselwirkung der verschiedenen Elemente, um sie ins Verhältnis zueinander zu setzen und es nicht nur bei einem Sammelsurium von Selbst zu belassen", als „Gesellschaftsbau der Gedanken, Gefühle und Verhaltensweisen, kurz: der vielen verschiedenen Stimmen innerhalb des Selbst (...)"[870]. Das *kohärente Selbst* greift auf Erfahrungen, Träume, Fantasien und Vorstellungen zurück und schließt Widersprüche nicht etwa als Nebensächlichkeiten oder als zu eliminierende Störfaktoren aus. Vielmehr gilt für das Selbst in diesem Sinne: „Ich bin meine Widersprüche."[871] Die Kohärenz ist ein Gefüge vieler verschiedener Aspekte, als alle das Selbst ausmachende Dimensionen, stets um die Integration des Anderen und Fremden bemüht, das ständig an der Strukturierung des Selbst arbeitet. Schenkt man den Ausführungen Schmids Glauben, führt das Konzept der Kohärenz zu einem sehr viel größeren Reichtum des Selbst, als es dem bedachten Subjekt der Identität möglich ist.

Die Kohärenz gewährleistet die Möglichkeit, dass sich auch Dinge miteinander vereinbaren lassen, die eigentlich widersprüchlich sind, sich eigentlich ausschließen. „Das Konzept der Kohärenz sorgt sich dagegen um die Integration des Anderen in jenem Sinne, auch der Kontingenz, und ermöglicht den ständigen Prozess der Veränderung, ohne dabei doch ‚sich selbst' zu verlieren, denn die Kohärenz ist Ausdruck der Selbstsorge. Diese Kohärenz besitzt eine relative Stabilität, aber sie ist nicht ‚transzendental', nicht zeitlos und nicht unveränderlich. Sie ist es, die macht, dass wir nicht dieselben bleiben, aber uns als uns selbst empfinden, und dafür sorgt, dass auch die Brüche und Unsicherheiten noch ein Bezugsfeld haben und weder ins Leere laufen noch zur Auslöschung führen müssen. Das Subjekt besteht nun auch aus den Ruinen seines bisherigen Lebens, den abgebrochenen Linien und Beziehungen, den Fragmenten, die nicht mehr um der Herrschaft eines glanzvollen Ichs willen hinausgeworfen werden müssen."[872]

Mit der Figur der Kohärenz erklärt sich die Forderung der *Philosophie der Lebenskunst* nach einer ständigen Konfrontation und Begegnung des Selbst mit der „Gestalt des Anderen". In der Selbstentfremdung, einem Zustand, der aus der Begegnung des Selbst mit dem Anderen erwächst, in der das Selbst sich und den anderen als fremd erfährt, wird das Selbst vervielfältigt und zu einem Selbstbewusstsein geführt, welches sich nicht ängstlich um

---

[870] Ebd., S. 253.
[871] Ebd.
[872] Wilhelm Schmid: Der Versuch, die Identität des Subjekts nicht zu denken. In: Annette Barkhaus, Matthias Mayer, Neil Roughley, Donatus Thürnau (Hrsg.): Identität, Leiblichkeit, Normativität. Neue Horizonte anthropologischen Denkens. Frankfurt/M. 1996, S. 370-379, hier S. 372.

die eigene Identität sorgt, sondern sich der ständigen Gestaltung des Selbst, der Gestaltung des Lebens als Kunstwerk annimmt. Schmid erläutert die Bedeutung der Selbstentfremdung für die „Gestaltung des Lebens als Kunstwerk" so: „Von der Begegnung mit dem Anderen seiner selbst und dem Anderen als äußerer Gestalt kehrt das Selbst nicht einfach in sich selbst zurück, sondern erfährt sich selbst als fremd. Die Selbstentfremdung ist nicht etwa ein Zustand, der aufzuheben wäre, sondern einer, der in der Lebenskunst geradezu zu suchen ist, um das Selbst zu vervielfältigen und sein Selbstbewusstsein auf die vielfältige Erfahrung des Andersseins zu gründen, ein Selbstbewusstsein, das nicht mehr nötig hat, allzu ängstlich die eigene Identität zu hüten."[873]

Dieses Modell der *Kohärenz* als Integration des Fremden in das eigene Bewusstsein erinnert an das – allerdings entwicklungspsychologisch orientierte – Modell des Schweizer Psychologen Jean Piaget, der mit seiner Äquilibrationstheorie und den Begriffen Akkommodation und Assimilation die Anpassung des kognitiven Schemas eines Individuums an die Umwelt beschreibt bzw. erklärt. Piaget, Psychologe – nicht wie Schmid Philosoph, entwirft dieses Modell zur Erklärung der Intelligenzentwicklung, der Entwicklung des Denkens, dem Aufbau kognitiver Schemata bei Kindern und Jugendlichen. Mittels *Assimilation* oder *Akkommodation*, als begriffliche Bestandteile seines psychologischen Erklärungsmodells, vollzieht das Individuum die Anpassung an die Umwelt oder die Umbildung und Erweiterung seiner geistigen Strukturen. Piaget *erklärt* und fordert nicht die Integration des Neuen und Fremden in die eigenen geistigen Strukturen ein, wie Schmid dies tut, sondern erläutert, wie sich das Individuum an Neues anpasst, um so seine kognitiven Schemata zu erweitern. Für Piaget stehen die Interaktionsprozesse im Dienste der *Anpassung* des Individuums an seine Umwelt, sind also im engeren Sinne dem *modernen Subjekt der Identität* verpflichtet und mit anderen Worten im Dienst einer *geschlossenen Identität* zu sehen. Schmid dagegen geht mit dem Bekenntnis: „Ich bin meine Widersprüche" vor dem Hintergrund einer immer komplexer werdenden Gegenwartsgesellschaft davon aus, dass nicht auflösbare Widersprüche als konstruktive Bestandteile des Bewusstseins in das Selbst mit aufgenommen werden können, das Selbst nicht mehr tendenziell irritieren, sondern ihm sogar zu mehr individuellem Reichtum verhelfen. Ob diese Widersprüche im psychologischen Sinn dann allerdings als integrierte Bestandteile des Selbst immer noch als *Widersprüche* empfunden werden (mit anderen Worten: wie lange ist das Fremde fremd?) und im Einzelnen tatsächlich endgültig als solche erhalten bleiben bzw. ob oder wie weit sie dann nicht doch im Sinne Piagets „akkommodiert" werden, bleibt nach diesen Ausführungen

---

[873] Wilhelm Schmid: Das Subjekt der Lebenskunst und seine Beziehung zu Anderen. In: Ders.: Philosophie der Lebenskunst. Frankfurt/M. 1998, S. 242.

abschließend fraglich und kann hier nicht näher untersucht werden. Dies müsste als Gegenstand einer empirischen Studie, welche das Konzept der *Philosophie der Lebenskunst* hinsichtlich einer gewissen *Anwendungspragmatik* zum Gegenstand hätte, genauer untersucht werden.

Im Blick auf eine Kunstdidaktik, insbesondere für den Primar- und frühen Sekundarbereich, stellt sich außerdem – besonders hinsichtlich dieses Entwicklungsmodells Piagets – die basale Frage, ob das Konzept der *Künstlerischen Bildung* unter der Grundannahme und immanenten Forderung nach ständiger Selbstentfremdung in diesem Alter überhaupt Sinn macht und Kinder aus entwicklungspsychologischer Perspektive gesehen in der Lage sind, sich in von Buschkühle gedachter Weise auf ein reflexives Verhältnis zu sich und zur Welt einzulassen. Geht man weiterhin davon aus, dass Kinder, wie dies von Piaget mit dem Assimilationsbegriff erklärt wird, Teile der Umwelt und Objektwelt ihren geistigen Strukturen anpassen, würde das Prinzip der Kohärenz mit der Forderung nach Selbstentfremdung und ständiger Konfrontation mit Neuem eventuell gar nicht greifen. Andersherum könnte allerdings im Sinne entwicklungs*anregender* Akkommodationen argumentiert werden, dass diese gerade durch die *selbstfremden* Elemente *Künstlerischer Bildung* ausgelöst werden könnten und somit Kinder schon früh die Chance erhielten, mit der faktischen Pluralität der komplexen Gegenwartsgesellschaft, welcher sich in der Kunst besonders gut nachspüren lässt, in Berührung zu kommen. In Anbetracht der moralischen Komponente, die mit der valenten Überforderung in der Konfrontation mit dem *multiplen Selbst* einherginge – so sie denn festzustellen wäre –, stellt sich hier ein Problem, das überdies nach veränderten Paradigmen in entwicklungspsychologischer Theorie des Schulalters fragt. Abschließend sei erwähnt, dass aufgrund dieser wesentlichen Grundgedanken eine Transformation dieses Modells in schulpädagogische Kontexte noch aussteht bzw. ein solches Konzept, besonders hinsichtlich des Kohärenzbegriffs, als Modell für die *Künstlerische Bildung in der Grundschule* erst noch entworfen und ausgearbeitet werden muss.

Bedeutung der Philosophie der Lebenskunst *im Konzept der* Künstlerischen Bildung
Für Buschkühle ist die *Philosophie der Lebenskunst* als ein Konzept zeitgenössischer Lebensführung von zentraler Bedeutung, da es mit seinem Kohärenzbegriff auf die Komplexität der westlichen Gegenwartsgesellschaften reagiert, zugleich aber die Persönlichkeit bewahren kann. Er übernimmt die *Selbstsorge* als ein Programm existenzieller Lebens- und Selbstgestaltung, einer „Selbstbildung als Dynamik von Körper, Seele und Geist,

Selbstgestaltung in reflexiver Auseinandersetzung mit Neuem"[874], welches dem historischen Umstand Rechnung trägt, dass traditionelle Bindungen oder Vorprägungen der Biografie nicht mehr unhinterfragt gelten, dagegen die „plurale Gesellschaft dem Einzelnen Möglichkeiten, aber damit auch die Verantwortung für die eigene Lebensführung gibt"[875]. Buschkühle folgt dem Grundmotiv der *Philosophie der Lebenskunst* als einem Konzept, das sich der *Sorge um sich* annimmt und verpflichtet sich dem Entwurf des *kohärenten Selbst*, welches für ihn die Risiken für die Persönlichkeitsentwicklung aufhebt, die aus dem Widerspruch zwischen dem Modell des modernen *identischen Subjekts* und seinem Gegenstück, dem postmodernen *multiplen Selbst* der Mediengesellschaft erwachsen.

Als dynamisches Selbstkonzept ist das *kohärente Selbst* mit einem Kern aus gewachsenen Erfahrungen zwar bis zu einem gewissen Grad selbst gefestigt, aber dennoch beweglich, offener und flexibler für die Begegnung mit Neuem und Fremdem. Das Konzept des *kohärenten Selbst* ist auf permanente Bewegung, auf permanentes Lernen und fortwährende Selbstbildung des Individuums angelegt. Für Buschkühle ist dabei das reflexive Verhältnis zur eigenen Person wie zur Wirklichkeit, zur Gegenwart, Vergangenheit und Zukunft bedeutsam.

Kritisch gegenüber der Verknüpfung von Kunst und Leben: Heinrich Klotz
Die Forderung der Verbindung von Kunst und Leben ist nicht neu und taucht in der Geschichte der modernen Kunst immer wieder auf.[876] Zitate belegen die aus der Geschichte der Kunst gewonnene These von der Entgrenzungspragmatik als zentralem Fortschrittsdogma der Avantgarde. Die Kunst solle ihren Illusionscharakter aufgeben und an der Gestaltung des Lebens in der Weise teilhaben, dass sie nicht länger eine nur von außen einwirkende Position innehabe, sondern selbst Leben wird. Das Kunstwerk als ein von der Lebenspraxis Abgehobenes soll selbst in die Lebenspraxis überführt werden. In der Aktionskunst, dem Happening, Fluxus und der Performance, also in Kunstformen, in deren Zentrum die menschliche Handlung steht, wird der Körper des Künstlers zum integralen Bestandteil des Kunstwerks und Raum, Zeit und Aktion zu wesentlichen Konstituenten, so dass die Grenzen zwischen Kunst und Leben hier fließend werden. *Life is art enough* lautet der Titel eines von Anita Beckers herausgegebenen

---

[874] Carl-Peter Buschkühle: Bildung eines Generalisten – Kreative Existenz und künstlerische Bildung. In: Institut für Weiterbildung der Pädagogischen Hochschule Heidelberg (Hrsg.): Zur künstlerischen Bildung. Informationsschrift Nr. 64, Sommersemester 2003, S. 6.
[875] Ebd., S. 7.
[876] Vgl. Wilhelm Schmid: Das Leben als Kunstwerk. Versuch über Kunst und Lebenskunst. Ihre Geschichte von der Antike bis zur Performance Art. In: *Kunstforum International*, Bd. 142/1998, S. 72-79. Und: Paolo Bianchi: Real Life. In: *Kunstforum International*, Bd. 143/1999, S. 39-44.

Tagungsbandes zu einem gleichlautenden Symposion über Performance und erweiterte Kunstformen.[877]

Abb. 25: **Hanna Frenzel: Chronos, 1992.** Fotos der Performance im E-Werk, Hallen für Kunst, Freiburg, 9. Juni 2000.

Für ihre Performance *Chronos* stellt sich beispielsweise die Berliner Künstlerin Hanna Frenzel selbst für eine gewisse Zeit in einen schmalen Plexiglaszylinder, in den von oben langsam Salz hineinrieselt. Da sich in der Röhre Dämpfe bilden und die Aktion zudem erst endet, wenn der Künstlerin das „Salz bis zum Hals" steht, setzt sie sich bewusst den dabei entstehenden konkreten Grenzerfahrungen aus, die aus den körperlichen und psychischen Belastungen hervorgehen.

Die Absicht zur Verbindung von Kunst und Leben belegt Heinrich Klotz, Professor für Kunstgeschichte und Gründer des ZKM in Karlsruhe, durch Zitate wie dem von Theo van Doesburg und Cornelius van Eesteren: „Wir müssen begreifen, dass Kunst und Leben keine voneinander getrennten Gebiete sind. Und deshalb muss der Begriff ‚Kunst' als Illusion, die mit dem realen Leben nichts zu tun hat, verschwinden. Das Wort ‚Kunst' sagt uns nichts mehr. Wir fordern statt dessen, dass unsere Umwelt nach schöpferischen Gesetzen aufgebaut werde, die sich von einem feststehenden Prinzip ableiten. Diese Gesetze, die auch diejenigen der Wirtschaft, der Mathematik, der Technik, der Hygiene usw. einschließen, führen zu einer neuen plastischen Einheit. (...) Unsere Zeit ist ein Feind jeglicher subjektiven Spekulationen hinsichtlich Kunst, Wissenschaft, Technik usw. Der neue

---

[877] Vgl. Anita Beckers (Hrsg.): Life is art enough. Performance und erweiterte Kunstformen: Eine Annäherung. Köln 1998.

Geist, der schon fast das gesamte moderne Leben regiert, wendet sich gegen Schnörkel und übertriebene Kochkunst."[878] Besonders die russische Avantgarde machte die Entgrenzungsprogrammatik schon früh zur Grundlage ihrer theoretischen Auseinandersetzungen. So artikulierte die 1919 in St. Petersburg gegründete Schule frühzeitig die Gleichsetzung von Kunst und Wissenschaft. Malewitsch erklärte sein Institut zu einer naturwissenschaftlich medizinischen Forschungseinrichtung, in der er seinen Studenten die „klinische Chirurgie der Malerei" beibringen wollte. Auch die Dada-Bewegung, einige Bauhauskünstler und das Actionpainting wurden zu Wegweisern der Aktionskunst. So beschreibt Heinrich Klotz Lucio Fontanas Schnitt in die Leinwand, Yves Kleins Malerei mit in blaue Farbe getauchten Frauenkörpern oder Jackson Pollocks expressive Aktion des Farbtropfens als künstlerische Aktionen, die von der Leinwand ins Leben übergreifen und darauf abzielten, jenseits des künstlerischen Mediums das Werk von Schein und Fiktion frei zu machen, es im Leben aufgehen zu lassen.[879] Klotz charakterisiert das Bemühen um die Verbindung von Kunst und Leben als wesentliches Antriebsmoment. In nahezu allen Bereichen der Gattungen der Künste verfolgte die Avantgarde das Ziel, Illusion und Fiktion zu überwinden, Kunst in Leben zu überführen. Dass dieses Bemühen der Kunst selbst allerdings eher abträglich war, erklärt er folgendermaßen: „Am äußersten Punkt seiner Autonomisierung wurde das Kunstwerk zugleich zu seinem Gegenteil: zu Leben. Kunst gleich Leben – Leben gleich Kunst! Das aus dem Action Paiting Jackson Pollocks hervorgegangene Happening sollte einerseits die Kunst von ihrer Künstlichkeit befreien, wie anderseits auch das Leben mit der Kunst zur Deckung bringen."[880] Die historische Avantgarde-Bewegung findet ihr konzentriertes Ziel darin, das von der Lebenspraxis abgehobene Kunstwerk in die Lebenspraxis zu überführen, womit eine problematische Forderung einherging: das, was der „zweckrationalen Ordnung der bürgerlichen Gesellschaft am meisten widerstreitet, soll zum Ordnungsprinzip des Daseins gemacht werden"[881]. Hier offenbart sich folgende Schwierigkeit: Mit seinem Austritt aus der ästhetischen Isoliertheit gibt das Kunstwerk einen wesentlichen Teil seiner Identität, seine ästhetische Fiktion auf, hört quasi auf, Fiktion zu sein und opfert seinen signifikanten Unterscheidungsmodus gegenüber dem Leben, nämlich Kunst und nicht Leben zu sein.

Nach Klotz fordert allerdings die Postmoderne diese Grenzen der Kunst erneut ein und das *Fiktive* zurück. So beschreibt er die aus diesem Impuls erwachsene Richtung, dass nämlich genau jener Gipfel der Autonomisie-

---

[878] Theo van Doesburg, Cornelius Eesteren: Auf dem Weg zum kollektiven Bauen. Kommentar zu Manifest V. In: De Stijl VI, Rotterdam 1923. Zitiert in: Heinrich Klotz: Kunst im 20. Jahrhundert. München 1999, S. 29.
[879] Heinrich Klotz: Kunst im 20. Jahrhundert. München 1999, S. 12.
[880] Ebd., S. 13.
[881] Ebd., S. 28.

rung der Kunst letztlich das Gegenteil erreicht habe und die Kunst wieder ins Museum zurückführte. „Das Happening fand einerseits seine Fortsetzung in der Revolte von 1967/68, ergoss sich ins Leben und wurde andererseits zur Video-Konserve, zum Dokument seiner selbst."[882] Daher seien letztlich alle Entgrenzungsversuche fehlgeschlagen: So sehr die Kunst ins Leben vorstieß, so sehr wurde sie von den Institutionen wieder eingefangen. Im heroischen Anspruch und der Progressivität der Avantgarde, Kunst und Leben zu vereinen, war ihr Ende bereits angelegt. Klotz betont die Rückkehr der Kunst vom Leben in die Institutionen der Kunst als aus der desillusionierenden Einsicht geboren, dass wir auch in Zukunft das *Fiktive* als eine vom Leben *verschiedene* Kunst brauchen. Er bestimmt die ästhetische Differenz der Kunst gegenüber dem Leben als die entscheidende Voraussetzung dafür, Fiktionen zu imaginieren.

Die Geschichte der Kunst des 20. Jahrhunderts hat die Problematik des programmatischen Anspruchs, das Entweder-Oder zwischen Kunst und Leben, zwischen Fiktion und Funktion aufzugeben, vorgeführt und darauf verwiesen, dass sich die Kunst in diesem Bemühen selbst verlieren würde. Sonach erscheint letztlich jede Möglichkeit fraglich, Kunst in die Wirklichkeit entgrenzen zu können, ein Problem, das gegenwärtig auch im Rahmen der Medienkünste richtungsweisend ist: Kann die vieldiskutierte *virtual reality* Realität werden, wo doch die Kunst überall dort verschwand, wo die Identität zwischen Kunst und Leben tatsächlich hergestellt wurde?

Dennoch spielt heute insbesondere die Performance als eine Kunstform, in der sich Kunst und Leben verbinden, in der zeitgenössischen Kunst immer noch eine große Rolle. Dies könnte als Indiz gedeutet werden, dass die Arbeit an der Integration zwischen Kunst und Leben auch heute noch aktuell ist.

Diese Entgrenzungsthematik zeigt sich im Konzept der *Künstlerischen Bildung* jedoch an mindestens zwei Stellen problematisch: Die Verbindung zur *Philosophie der Lebenskunst* als einem Konzept, das ebenfalls *tendenziell* die Trennung von Kunst und Leben aufzuheben beabsichtigt, ist vergleichbar mit den oben beschriebenen Intentionen der historischen Avantgarde-Bewegungen. Dass diese Aufhebung letztlich scheitern muss, kann, wie von Klotz beschrieben, als aus der Geschichte der Kunst unmittelbar gewonnene Erkenntnis gelten.

Darüber hinaus artikuliert sich die *Künstlerische Bildung* als eine Kunstdidaktik, die vom erweiterten Kunstbegriff ausgehend, interdisziplinär angelegt ist und „über das Künstlerische auch in andere Fächer hineinwirkt"[883]. In diesem – letztlich bildungspolitischen – Kontext stellt sich folgende Frage: Suspendiert sich der Kunstunterricht – und damit die Kunst in bildungstheoretischen Kontexten – selbst, wenn sie einen derartigen, über sich selbst

---

[882] Ebd.
[883] Carl-Peter Buschkühle: Perspektiven künstlerischer Bildung. Köln 2003, S. 42.

Kunstpädagogik als „Künstlerische Bildung"

hinausweisenden Anspruch erhebt? Geht sie damit das evidente Risiko ein, ihre gerade so vehement verteidigte spezifische Identität aufzugeben? Auch wenn der Blick in die Kunstgeschichte zeigt, dass in den meisten Fällen die Spannung zwischen künstlerischer Praxis und programmatischem Anspruch nach Verbindung von Kunst und Leben *nicht* aufgehoben wurde, die Kunst also ihre Identität behielt, könnte diese Schwelle in der Kuns*tdidaktik* fließend sein. Gegenwärtig bleibt noch unklar, ob die Kunstdidaktik, indem sie selbst für die Kunst den Anspruch nach Entgrenzung formuliert, sich nicht selbst suspendiert. Auch wenn dies nur einige Vertreter dieser fachdidaktischen Disziplin fordern, es für die Praxis zudem aufgrund mangelnder Realisierbarkeit hinsichtlich der dazu nötigen Ausbildungsmodalitäten möglicherweise ein Wunsch bleiben wird, könnte diese theoretische Tendenz aber von Bildungspolitikern, die dem ästhetischen Fachbereich nicht wohlgesonnen sind, schnell missverstanden und missbraucht werden. Bis jetzt bleibt abzuwarten, wie bereits begonnene Entwicklungen verlaufen, die den Kunstunterricht in einen Fächerverbund integrieren und die von Buschkühle eingeforderte interdisziplinäre Projektarbeit institutionalisieren, wie es in der laufenden Bildungsplanrevision in Baden-Württemberg begonnen wurde.
Auf die spezifische Identität des Kunstunterrichts verweist zuletzt ein weiterer Gedanke von Heinrich Klotz: „Andy Warhols Ausruf ‚All ist pretty!' und die Behauptung von Joseph Beuys: ‚Jeder Mensch ist ein Künstler' ändern nichts daran, dass die Welt nicht aus Kunstwerken besteht, und dass es noch immer nicht allen Menschen gelungen ist, zu Künstlern zu werden. Auch die Medienkünste unterliegen, sofern sie gelingen sollen, derselben Aufgabe, die schwierige Balance zwischen ästhetischer Autonomie und Leben aufrecht zu erhalten."[884]

7.8 Resümee

Mit dem Konzept der *Künstlerischen Bildung* geht ein innovatives, besonders auch im Rahmen der Bildungsplanrevision in Baden-Württemberg viel diskutiertes Modell in die aktuelle fachdidaktische Diskussion ein, das sich durch eine hohe Komplexität, philosophisch orientierte Bezüge und Darstellungsweise auszeichnet. Neben der Orientierung an aktuellen Erkenntnissen aus Neurophysiologie und den Paradigmen des radikalen Konstruktivismus ist für diesen fachdidaktischen Ansatz vornehmlich der Bezug zum Gegenstandsfeld Kunst, zur Kunsttheorie Joseph Beuys' sowie das enge Verhältnis zur *Philosophie der Lebenskunst* kennzeichnend. Dabei formulieren die Vertreter *Künstlerischer Bildung* eine Kunstdidaktik, die sich selbst als Kunst versteht, in kunstdidaktischen Prozessen künstlerische Formen des Denkens auszubilden beabsichtigt und ihren Gegenstand explizit aus der Kunst als ihrem genuinen Bezugsfeld herleitet. Sie betonen ihre

---
[884] Heinrich Klotz: Kunst im 20. Jahrhundert. München 1999, S. 191.

Abwendung von und Differenz zu den etablierten Konzepten der *Ästhetischen Erziehung* und *Bildung*, da *Künstlerische Bildung* ihre Bildungsperspektiven nicht aus dem weiten Feld des Ästhetischen, sondern explizit aus der Kunst bezieht. Ein erweiterter Kunstbegriff und seine kulturellen und gesellschaftlichen Kontexte bilden die Basis dieses Modells, wobei der Rückbezug auf den genuinen Fachgegenstand der Kunst, wie Günther Regel einleuchtend begründete, als der Fachdidaktik zuträglich eingeschätzt werden kann.
In Anlehnung an die These „Jeder Mensch ist ein Künstler" vertritt Carl-Peter Buschkühle einen erweiterten, anthropologischen Kunstbegriff, den er aus der Beuysschen Kunsttheorie übernimmt. Zeitgenössische Kunstpädagogik als *Künstlerische Bildung* ist für Buschkühle plastische Bildung im Sinne der Selbst- und Weltbildung der Individuen. Hinsichtlich der ausgeprägten Orientierung an der Leitfigur Joseph Beuys für das Konzept der *Künstlerischen Bildung* muss bedacht werden, dass Beuys zwar unzweifelhaft nicht nur als Künstler, sondern auch als mit einem großen Charisma ausgestatteter Redner und politisch engagierter Mitmensch eine wichtige und authentische Persönlichkeit war, die aber im geschichtlichen Kontext als zeitgebundene und inzwischen historisch gewordene Gestalt einzuordnen ist. Sicherlich war Beuys ein – weil stark an ökologischen Problemen orientiert – auch sehr politisch denkender Künstler. Seiner Ansicht nach war die sozioökologische Krise eine Erkenntniskrise, Kunst eine Therapie, deren Wirksamkeit er allerdings an diskutierbare und nicht ohne weiteres nachvollziehbare Voraussetzungen knüpfte, so dass Armin Zweite kritisch bemerkt: „Zwar basiert die Lernfähigkeit des Individuums nicht nur auf seiner Einsicht, sondern auch auf seiner Leidenserfahrung, ganz nach dem Motto, dass man aus Schaden klug werde. Was aber für den Einzelnen zutreffen mag, gilt ganz offenbar nicht für die Gattung. Die Menschheit scheint vielmehr a priori lernbehindert, weil sie eben kein Subjekt hat. Angesichts solcher Überlegungen muss man sich daher fragen, ob die Beuys'sche Utopie ‚Jeder Mensch ein Künstler' nicht spätestens bei der Übertragung des realisierten Einzelfalles auf größere Gruppen von Bürgern bzw. auf die Gesamtgesellschaft scheitert."[885] Es ist Armin Zweite zuzustimmen, dass die Ungewissheit bleibt, ob letztlich alle politischen Fragen wirklich ästhetische sind, und dass auf die seit Kant virulente Frage, „wie sich richtige Welterkenntnis in Anleitung zum richtigen Leben ausmünzen lasse"[886], letztlich auch Beuys keine bündige Antwort hatte.
Zudem kann vermutet werden, dass die ehemals mit der Erweiterung des Kunstbegriffs durch die Aktionen Joseph Beuys' ausgelösten Provokationen sich angesichts der heute zu beobachtenden augenfälligen Erweiterung durch die kaum abschätzbaren außerordentlichen Möglichkeiten in den

---

[885] Armin Zweite im Vorwort zu: Joseph Beuys. Natur – Materie – Form. München, Paris, London 1991, S. 8.
[886] Ebd.

Neuen Medien relativieren. Es kann angenommen werden, dass das, was noch vor wenigen Jahren spektakulär und revolutionär schien, heute im künstlerischen Handeln wie – naturgemäß mit zeitlicher Verzögerung – im kunstpädagogischen Bewusstsein längst Allgemeingültigkeit erlangt hat. Umso drastischer die Unterlassung, die Neuen Medien als spezifische Gestaltungs- und Formensprache der Gegenwart nicht gesondert in den kunstdidaktischen Fokus zu rücken. Im Konzept der *Künstlerischen Bildung* werden die Neuen Medien als aktuelle Darstellungs- und Gestaltungsformen zwar integrativ eingesetzt, nicht aber explizit thematisiert, die Kompetenz zu ihrem Gebrauch und zu kritischer Reflexion aber gleichermaßen vorausgesetzt.

Künstlerische Bildung definiert sich als aus dem spezifisch Künstlerischen hergeleitet. Dennoch ist bis zuletzt nicht definitiv klar, wodurch sich dieses Künstlerische, besonders hinsichtlich seiner Wendung für den kunstpädagogischen Bereich, auszeichnet. Der geistige Bereich umfasst für Buschkühle sowohl Wissenschaft wie Kunst, wobei er besonders in der Kunst mythische und religiöse Interpretationen als auch eigene lebensweltliche Erfahrungen, Vorstellungen und Kenntnisse verbunden sieht. Kunst unterscheidet sich – im Sinne Buschkühles – von der Wissenschaft dadurch, dass sie nicht an der Objektivität der Erkenntnisse ausgerichtete, betont distanzierte Analysen betreibt, sondern originelle Synthesen bewerkstelligt und dem künstlerisch tätigen Subjekt in der ästhetischen Gestaltungsarbeit die Möglichkeit gibt, seine subjektive Position zum Gegenstand der Auseinandersetzung zu formulieren. Der künstlerisch Tätige setzt sich so in eine persönliche Beziehung zu einem Thema seines Interesses und formuliert auf kritische und selbstkritische Weise seine eigene Position ihm gegenüber. Dies ist eine Haltung, die – auch vor dem Hintergrund neurophysiologischer Erkenntnisse – einen allgemeinen Konsens und berechtigte Innovation im Wechsel der Perspektive darstellt. Auch hinsichtlich der Diskussion um sog. multiple Intelligenzen müssen Emotionen und individuelle subjektive Beteiligung des Lernenden als wesentliche Konstituenten des Lernprozesses berücksichtigt werden. Insofern stellt das Modell der *Künstlerischen Bildung* ein innovatives zeitgemäßes Konzept kunstdidaktischer Theoriebildung dar.

So sehr Buschkühle seinen Ausgangspunkt von der Kunst her nimmt, insbesondere vom erweiterten Kunstbegriff Joseph Beuys', wie er ihn außerdem aus philosophischen Implikationen herleitet, so sehr bleiben allerdings die Lernvoraussetzungen der spezifischen Zielgruppe der Kinder und Jugendlichen unberücksichtigt, deren Interessen und Bedürfnisse nicht thematisiert werden. Obwohl sich das Konzept zwar dem anthropologischen Anspruch verpflichtet sieht, Schülerinnen und Schüler dazu zu befähigen, sich zukünftig in einer pluralistischen und multikulturellen, durch Differenzen gekennzeichneten Welt zu bewegen, bleiben ihre spezifischen Ausgangsbedingungen, wie sie beispielsweise explizit Marie-Luise Lange und mit Bezug auf Parallelen zwischen kindlichen Ausdrucksformen und den Gestaltungsweisen aktueller Kunst ansatzweise auch Helga Kämpf-Jansen formulieren, ausgeblendet. Das bildnerische Verhalten und die ästhetischen Gestaltungsbedürfnisse von Kindern und Jugendlichen sowie deren – für didaktische Überlegungen wesentlich zu bestimmenden – Grenzen hinsichtlich der anspruchsvollen Aufgabe, eine eigene künstlerische oder gar kritische Aussage zu formulieren, wird nicht mitgedacht. Wie in allen offenen, weil stark subjektorientierten neueren Modellen besteht auch hier die latente Gefahr des Scheiterns an der unhinterfragten Annahme gegebener Voraussetzungen. Die prinzipiell positiv zu bewertende Methodenvielfalt, die Freiheit der Wahl und die Hinwendung zum projektartigen Arbeiten setzt die – je nach Alter und Entwicklungsstand allerdings erst auszubildende – Fähigkeit der Lernenden voraus, sich Methoden und Gestaltungsprinzipien eigenständig zu erarbeiten und diese ebenso eigenständig in einem inhaltlichen Kontext sachgemäß einzusetzen. Die Methodenpluralität und das induktive Vorgehen setzen außerdem eine hohe Frustrationstoleranz der Lernenden voraus, insbesondere bei jüngeren Schülern oder solchen die auf eine dezidierte Anleitung in vielerlei Hinsichten angewiesen sind. Deshalb liegt die Vermutung nahe, dass es sich bei diesem fachdidaktischen Modell in der hier vorliegenden Form der Ausarbeitung um ein Konzept handelt, das zwar für Studierende der Kunstpädagogik und ältere Schüler sinnvoll einsetzbar ist, seine Grenzen aber dort offenbart, wo sich die Theorie zur Praxis wendet. So muss denn auch die Grundschulspezifik bzw. die Übertragbarkeit dieses Konzepts auf die Grundschulpädagogik als noch zu modifizieren beurteilt werden, wenn man von den wenigen Praxisbeispielen absieht (Mario Urlass, Petra Stolting[887]), die sich zudem auch anderen fachdidaktischen Konzepten zuordnen lassen könnten.[888]

Kunstpädagogik als Kunst?
Wie in Pierangelo Masets Entwurf von einer *KunstPädagogik* als Kunst liegt auch bei Buschkühle und Kettel ein Konzept vor, das den Erziehungs- und Unterrichtsprozess selbst als Kunst begreift. Die wesentlichen Gedanken bezüglich der kritischen Bewertung einer *Kunstpädagogik als Kunst* wurden schon im Kontext der Analyse von Pierangelo Masets *ästhetischen Operationen* ausgeführt und sollen hier nicht wiederholt werden. Dennoch

---

[887] Mario Urlaß: Ansätze naturbezogener künstlerischer Bildung in der Grundschule; Petra Stolting: „Europa" – ein künstlerisches Projekt in einer Grundschule. Beide in: Institut für Weiterbildung der Pädagogischen Hochschule Heidelberg (Hrsg.): Zur künstlerischen Bildung. Informationsschrift Nr. 64. Sommersemester 2003.

[888] So bezieht sich Mario Urlaß beispielsweise auf Lili Fischer und ihre Methode der *künstlerischen Feldforschung*. Vgl. das Kapitel 3.4 „Künstlerische Feldforschung" in dieser Arbeit.

Kunstpädagogik als „Künstlerische Bildung"

ist vor dem Hintergrund des kritischen, am Emanzipationsbegriff orientierten Gedankens – welchen eine Kunstdidaktik als Kunst herausfordert – zu bedenken, dass auch das Konzept der *Künstlerischen Bildung* der Gefahr unterliegt, die Dieter Lenzen erwägt: „Wenn Unterricht und Erziehung als ästhetische Prozesse gedacht würden, dann würde der Pädagoge zum Schöpfer. Der zu Erziehende wäre ein Rohmaterial wie ein Stein oder ein Videoband, das zwar nicht alle Möglichkeiten offen lässt, sich aber gegen die Gestaltungsvorstellungen des (pädagogischen) Machers nicht zur Wehr setzen kann."[889] Die Kunst und das Künstlerische stehen im Zentrum dieses Modells. So bleibt die Frage, ob die Vertreter dieser Konzeption nicht das gleiche Risiko eingehen, welches Buschkühle Maset vorwirft, nämlich in der *Überbewertung der Kunst* die Pädagogik, in diesem Fall die Bedürfnisse, Interessen und Ausgangslagen von Kindern und Jugendlichen, zu vernachlässigen.

Künstlerische Bildung als übergreifendes Prinzip
In seiner doppelt ausgerichteten Perspektive von *Künstlerischer Bildung*, einerseits als Bezeichnung für Erneuerungsbestrebungen der schulischen Kunstpädagogik wie andererseits im Sinn einer „Kunst als Prinzip von Bildung, von Lehren und Lernen überhaupt"[890], erhebt dieses Konzept einen hohen Anspruch, der nicht nur bei Bildungspolitikern, sondern zu Recht bei Fachdidaktikern anderer Fachgebiete regen Widerspruch auszulösen in der Lage wäre. Auch wenn die Kunst aufgrund aktueller Entwicklungen im Feld umfassender Ästhetisierung als wesentliche und vielleicht besonders zeitrepräsentative Disziplin betrachtet werden kann und muss, ist sie doch wieder nur *eine* Disziplin, deren Daseinsberechtigung gerade in Zeiten der *Grenzüberschreitungen*[891] nicht die Rechte anderer Disziplinen beschneiden sollte, sondern anderen Formen des Weltverstehens gleiche Rechte im Kanon zeitgemäßer Allgemeinbildung einräumen muss. Auch Musik, Sport und Literatur – nur exemplarisch genannt – können einen je spezifischen Beitrag im Kanon allgemeiner, nicht nur rational ausgerichteter Bildung leisten. Der ehrgeizige Anspruch *Künstlerischer Bildung* könnte dann contraproduktiv werden, wenn sich die Kunstdidaktik unter dieser Perspektive im allgemeinen Bildungsdiskurs absolut und überheblich präsentiert.
Hinsichtlich der Integration des Faches Kunst in Fächerverbünde sieht Buschkühle die Chance, *Künstlerische Bildung* über Fächergrenzen hinaus in andere Fächer einbringen zu können. Dabei übersieht Buschkühle, dass diese Chance wahrzunehmen eine fachlich und didaktisch entsprechende

---

[889] Dieter Lenzen: Die erziehungswissenschaftliche Aktualität des Ästhetischen. In: Gert Selle u.a. (Hrsg.): Anstöße zum Ästhetischen Projekt. Unna 1994, S. 25.
[890] Carl-Peter Buschkühle (Hrsg.): Perspektiven künstlerischer Bildung. Köln 2003, S. 25.
[891] Vgl. Wolfram Hogrebe (Hrsg.): Grenzen und Grenzüberschreitungen. Sektionsbeiträge. XIX. Deutscher Kongress für Philosophie. 23.-27. September 2002 in Bonn. Bonn 2002.

Ausbildung der Lehrenden voraussetzt. Um dem Künstlerischen in erweiterten Zusammenhängen neue Bedeutung zukommen lassen zu können und künstlerische Projekte mit für Schüler inhaltlich bedeutsamen Themen zu realisieren, müssten Lehrende weitaus besser oder zumindest anders ausgebildet sein, als sie es gegenwärtig sind. Zudem verlangt die Forderung, das Fach Kunst müsse ein Grundbildungsfach sein, nicht nur entsprechende und umfassende Ausbildungsmodalitäten in den Hochschulen, sondern setzt vielmehr genau diese Anerkennung seiner Grundbildungsfunktionen im Kanon allgemeiner schulischer Grundbildung überhaupt erst voraus, eine Anerkennung, die über das derzeitige Maß – kämpft doch der Kunstunterricht auf breiter Front um seinen Fortbestand – weit hinausgeht. Momentan kann man trotz sachlicher Argumentation nur hoffen, dass durch diese aktuellen, von Buschkühle (vielleicht vorschnell) als Chance bewerteten Umwandlungen im Bildungssystem der Kunstunterricht nicht sukzessive aus dem Fächerkanon der allgemeinbildenden Schule eliminiert wird.

Diese Problematik verschärft sich erst recht vor dem Hintergrund, dass heute immer noch ein Großteil des Kunstunterrichts fachfremd unterrichtet wird und viele Lehrende sich ein Minimum an Fachwissen und Kompetenzen für den Fachunterricht autodidaktisch aneignen müssen. Wie sollen *sie* dem darüber weit hinausgehenden hohen Anspruch gerecht werden, das Künstlerische gewissermaßen gar zum Unterrichtsprinzip zu erheben? Ob unter den aktuell gegebenen – vor allem auch bildungspolitischen – Voraussetzungen diese Perspektive *Künstlerischer Bildung* realistisch ist?

IV. Zusammenfassung

Mit der Vielfältigkeit, Heterogenität und Kontroversität im Feld der aktuellen kunstdidaktischen Konzeptionen kann Orientierungslosigkeit einhergehen, eine eindeutige fachdidaktische Verortung scheint unmöglich. Die uneinheitliche Verwendung und Gewichtung verschiedener Be-griffe wie Kunsterfahrung, Kompensation, Medienkompetenz, Persönlichkeitsentwicklung etc. rekurrieren auf die Vielzahl der in den Konzepten verborgenen Intentionen. Umso zwingender drängt sich – gerade in Zeiten pluraler Legitimationsmöglichkeiten – die immer wieder neu zu beantwortende Frage nach Begründungszusammenhängen für kunstpädagogisches Handeln auf.

Die Untersuchung hat die Ausgangshypothese, die aktuellen Tendenzen der Kunstpädagogik seien vielfältig und amorph, bestätigt. Die derzeitige Situation fachdidaktischen Argumentierens ist durch – historisch gewachsene – Pluralität und Heterogenität nebeneinander bestehender didaktischer Konzepte bestimmt. Bei allen Modellen sind Gruppierungen von theoretischen Überlegungen um jeweils einige Kerngedanken, -begriffe oder -thesen festzustellen, um die herum sich die inhaltlichen Ansprüche und kunstpädagogischen Legitimationen ansiedeln. In allen Konzeptionen lassen sich zudem unterschiedliche – hinsichtlich des Erkenntnisparadigmas teilweise widersprüchliche – philosophische Implikationen nachweisen. Außerdem ist der jeweils verschieden gewichtete Bezug zu den Medien, vor allem zu den Neuen Medien, und zu unterschiedlichen Spielarten zeitgenössischer Kunst festzustellen. Dies sind allerdings nicht mehr nur Werke traditioneller Gattungen, sondern auch solche, bei denen verstärkt Körper und Handlung, Raum und Zeit sowie Mittel aus anderen Bereichen wie Akustik, Kinetik, visuelle Medien und Licht usw. ins kunstpädagogische Blickfeld geraten.

Alle aktuellen Konzepte versuchen in unterschiedlicher Gewichtung bestimmter Aspekte den Anforderungen der heutigen komplexen Gegenwartsgesellschaft gerecht zu werden. Voraussetzung für eine gelungene Umsetzung dieser Konzepte ist allerdings die Berücksichtigung schulpraktischer Gegebenheiten, die Wahl von Themen, die sich auf die konkrete Lebenswelt der Kinder und Jugendlichen beziehen, sowie eine Methodenwahl, die interdisziplinäres, selbstbestimmtes und erfahrungsoffenes Arbeiten erlaubt – Aspekte, die selten konkret thematisiert werden.

Trotz aller Kontroversität im Feld der Begründungen, Intentionen und Inhalte verbindet alle kunstpädagogischen Konzeptionen der Gegenwart tendenziell die Übereinkunft, Kindern und Jugendlichen einen ganzheitlichen Zugang zur Welt zu eröffnen. Neben dem rational orientierten Weltzugang wird der anschauliche, emotional geprägte bildhafte Zugriff auf die Wirklichkeit ausgebildet. Trotz unterschiedlicher Gewichtung der Kenntnisse über historische und aktuelle Kunst sowie über die ästhetischen Phänomene

Zusammenfassung

unserer Umwelt sollen Sensibilität, Kreativität und Fantasietätigkeit ebenso entfaltet werden wie das kritische, emanzipierte Zurechtfinden und Verhalten in einer von Bildern bestimmten Welt. Die Mehrzahl der untersuchten Konzepte zielt auf eine Persönlichkeitsbildung, die das Entwickeln von differenzierter Wahrnehmungsfähigkeit, ästhetischer Sensibilität, Bildkompetenz und das Vermögen zum kritischen Urteil einschließt.

Die Untersuchung hat gezeigt, dass insbesondere für die Reflexion des wechselseitigen Bezugs zwischen fachdidaktischer Theorie und alltäglicher Unterrichtspraxis stets neu reflektiert werden muss, welche Positionen man sich selbst zu Eigen macht und wie das konkrete eigene kunstpädagogische Handeln in der gegenwärtigen Theoriebildung zu verorten ist. Die Pluralität der kunstpädagogischen Ansätze bietet zwar zahlreiche Legitimationsmöglichkeiten und vielfältige Möglichkeiten, den eigenen Unterricht zu gestalten, konkrete Leitlinien existieren jedoch nicht.

Die Untersuchung hat außerdem erneut gezeigt, dass fachdidaktische Theorie durch die Notwendigkeit der Berücksichtigung gesellschaftlicher Gefüge als einem fundamentalen Bezugsfeld für die Pädagogik ausgezeichnet ist. Im Fall der Kunstdidaktik, als einer explizit mit Bildern und ästhetischen Phänomenen umgehenden pädagogischen Disziplin, muss hier den Neuen Medien besondere Aufmerksamkeit zukommen. Die Neuen Medien können als wesentliche Determinanten, die diesen Wandel begleiten, ihn teilweise sogar begründen, angenommen werden. Die explosionsartige Entwicklung der Bildkommunikation auf der Basis der neuen Informations- und Kommunikationstechniken sowie ihr relevanter Einsatz und ihre bedeutsame Verwendung im Bereich zeitgenössischer Kunst erfordern eine besondere Berücksichtigung, der die untersuchten Konzepte unterschiedlich differenziert nachkommen.

Eine wesentliche, allerdings bis heute noch ungeklärte, Frage offenbart sich im Umfeld des bereits anfangs diagnostizierten Paradigmenwechsels, der sich insbesondere vor erkenntnistheoretischem Hintergrund zeigt. In der Polarität der bisher unbeantworteten Frage, ob Lernen tendenziell über Selbstbildung oder über Wissensvermittlung erfolgt, steht die Kunstdidaktik, wie andere Fachdidaktiken auch, an der Schwelle einer Neudefinition des Begriffs vom Lernen. Eine Vielzahl der hier untersuchten Konzeptionen beruft sich auf jüngere philosophische Gedankengebäude, aktuelle neurophysiologische Erkenntnisse und daraus abgeleitete lerntheoretische Grundannahmen. Es kann zum Abschluss dieser Untersuchung festgestellt werden, dass der dahinter verborgene Konflikt, der sich in der alten Frage nach der Steuerung von Lernprozessen bzw. der Steuerung der Entwicklung durch exo- oder endogene Faktoren offenbart, bis heute nicht gelöst ist. Da dieses Phänomen aber nicht nur ein für die Kunstdidaktik relevantes

Zusammenfassung

Problem darstellt, kann diese Frage nur im intensiven Dialog und in der Diskussion aller am Bildungsprozess beteiligten Disziplinen beantwortet werden.

Diese Untersuchung hat gezeigt, dass die Analyse aktueller konkurrierender kunstdidaktischer Modelle – gerade aufgrund der diese Disziplin auszeichnenden Heterogenität – notwendiger Bestandteil fachdidaktischer Theoriebildung ist. Sie hat darüber hinaus darauf verwiesen, dass die Kenntnis dieser pluralen Legitimationsmöglichkeiten eine notwendige Basis für eine verantwortliche kunstdidaktische Praxis darstellt. Diese Erkenntnis sieht sich allerdings sowohl der Fachdidaktik, einer theoretischen pädagogischen Teildisziplin, verpflichtet als vor allem auch den Subjekten ihrer Intentionen, den Kindern und Jugendlichen, denen letztlich jeder am Bildungsprozess beteiligte Erwachsene verbunden ist.

Abbildungsverzeichnis

		Seite
Abb. 1	Thomas Hirschhorn: Monument für George Bataille, 2002. Innenraum:Bücher-Topografie und Infotafeln, Documenta 11, Kassel, Friedrich-Wöhler-Siedlung, (heute abgebaut). Quelle: art Kunstmagazin, Heft 8, 2002, S. 27.	33
Abb. 2	Thomas Gerwin: Klangweltkarte, 1997. Interaktive Installation, ZKM Karlsruhe. Quelle: ZKM Zentrum für Kunst und Medientechnologie Karlsruhe/Prestel Museumsführer, München, New York 1998, S. 27.	34
Abb. 3	Marina Abramovic/Ulay: Nightsea Crossing – Durch das Nachtmeer, 1981-1987. Sydney (insgesamt 90 Tage). Quelle: Elisabeth Jappe: Performance Ritual Prozess. Handbuch der Aktionskunst in Europa. München, New York 1993, S. 101.	35
Abb. 4	Lili Fischer: Milchmädchenrechnung, 2001. Performance und Installation, Freiburg, E-Werk, Hallen für Kunst, Oktober 2001.Quelle: Archiv Annette Franke.	36
Abb. 5	Tania Bruguera: Untiteld, 2002. Rauminstallation Documenta 11, Kassel. Quelle: art Kunstmagazin, Heft 8, 2002, S. 19.	38
Abb. 6	Walter De Maria: Lightning Field, 1977. 400 Stahlstäbe, Quemado, New Mexiko, USA. Quelle: Michael Klant: Grundkurs Kunst 4, Aktion, Kinetik, Neue Medien, Braunschweig 2004, S. 97.	38
Abb. 7	Shirin Neshat: Tooba, 2002. Doppelprojektion auf zwei gegenüber-liegenden Leinwänden, Documenta 11, Kassel. Quelle: art Kunstmagazin, Heft 8, 2002, S. 16, 17.	41
Abb. 8	Eijaa-Liisa Ahtila: The House, 2002. DVD-Projektion auf drei Leinwänden, Documenta 11, Kassel. Quelle: Documenta und Museum Fridericianum Veranstaltungs-GmbH: Documenta 11, Plattform 5, Ausstellung, Kurzführer, S. 12,13.	42
Abb. 9	Masaki Fujihata: Beyond Pages, 1995. Interaktives Environment, ZKM Karlsruhe. Quelle: ZKM Zentrum für Kunst und Medientechnologie Karlsruhe/Prestel Museumsführer, S. 36.	43
Abb. 10	Luc Courchesne: Portrait no.1, 1990. Interaktive Installation, ZKM Karlsruhe. Quelle: Michael Klant: Grundkurs Kunst 4, Aktion, Kinetik, Neue Medien, Braunschweig 2004, S. 146.	43
Abb. 11	Jeffrey Shaw: The Legible City, 1988-91. Interaktive Installation, ZKM Karlsruhe. Quelle: ZKM Zentrum für Kunst und Medientechnologie Karlsruhe/Prestel Museumsführer, S. 39.	44

Abbildungsverzeichnis

Seite

Abb. 12 Danica Dakić: Autoportrait, 1999. Videoinstallation, Ton, Besitz der Künstlerin. Quelle: Armin Zweite, Doris Krystof, Reinhard Spieler (Hrsg.): Ich ist etwas Anderes, Kunst am Ende des 20. Jahrhunderts. Katalog zur Ausstellung, Köln 2000, S. 295. 49

Abb. 13 Cindy Sherman: Ohne Titel, 1984. Farbfotografie, Fotosammlung Kunsthaus Zürich. Quelle: Armin Zweite, Doris Krystof, Reinhard Spieler (Hrsg.): Ich ist etwas Anderes, Kunst am Ende des 20. Jahrhunderts. Katalog zur Ausstellung, Köln 2000, S. 220. 52

Abb. 14 Cindy Sherman: Ohne Titel, 1984. Farbfotografie, Courtesy Monika Sprüth Galerie Köln. Quelle: Armin Zweite, Doris Krystof, Reinhard Spieler (Hrsg.): Ich ist etwas Anderes, Kunst am Ende des 20. Jahrhunderts. Katalog zur Ausstellung, Köln 2000, S. 220. 52

Abb. 15 Stelarc: Virtual Body. Quelle: Armin Zweite, Doris Krystof, Reinhard Spieler (Hrsg.): Ich ist etwas Anderes, Kunst am Ende des 20. Jahrhunderts. Katalog zur Ausstellung, Köln 2000, S. 323. 53

Abb. 16 Kirsten Geisler: Virtual Beauty. Quelle: Armin Zweite, Doris Krystof, Reinhard Spieler (Hrsg.): Ich ist etwas Anderes, Kunst am Ende des 20. Jahrhunderts. Katalog zur Ausstellung, Köln 2000, S. 323. 53

Abb. 17 Frieda Kahlo: Die gebrochene Säule, 1944. Öl auf Leinwand, Mexiko City, Museo Frieda Kahlo. Quelle: Kunst und Unterricht, Heft 191, 1995, S. 34. 131

Abb. 18 Rhythmische Beidhandzeichnungen, zweifarbig nach Musik, 4. Klasse (Regressives Entladen und ganzheitliches Erleben). Quelle: Barbara Wichelhaus: Kompensatorischer Kunstunterricht. In: Lernchancen im Kunstunterricht. Sammelband Kunst und Unterricht 2000, S. 22. 138

Abb. 19 Inez van Lamsweerde: Thank you, Tighmaster Kim, 1993. Quelle: Pitti Immagine, Schirmer/Mosel: Inez van Lamsweerde & Vinnoodh Matadin Photographs, ohne Seitenangaben, Paris 2001. 207

Abb. 20 Sigrid Sigurdsson: Vor der Stille, Zustand 1990, Teil einerInstallation von 1988 bis 1994. Hagen, Karl-Ernst-Osthaus-Museum. Quelle: Margot Michaelis: Plastik – Objekt – Installation. Leipzig 2002, S. 4. 208

Abb. 21 Nikolaus Lang: Farbfeld – Sand und Ocker, 1987. Bunter Ton und Sand auf Papier, Flinders Ranges, Maslin beach and Sand Quarry. Quelle: Johannes Kirschenmann, Frank Schulz: Praktiken der modernen Kunst, Stuttgart 1996, S. 81. 211

Abbildungsverzeichnis

Seite

Abb. 22 Rebecca Horn: Raum der Liebenden, 1992. Teil der Installation „El rio de la luna (Der Fluss des Mondes)" Hotel Peninsular, Barcelona, Zimmer 412, Neun Violinen, Metallkonstruktion, Elektromotoren. Quelle: Margot Michaelis: Plastik – Objekt – Installation, Leipzig 2002, S. 47.   212

Abb. 23 Allan McCollum: Plaster Surrogates, Detail, 1982/89. Email auf Gips, Newhouse Gallery, New York, USA 1985. Quelle: Burkhard Riemschneider, Uta Grosenick (Hrsg.): Art at the Turn of the Millenium, Köln 1999, S. 338.   246

Abb. 24 Studentenarbeiten: Operation HardEdge, Wintersemester 2000/2001. Lüneburg, Linz, Kassel, Hamburg (Pierangelo Maset, Eva Sturm). Quelle: Pierangelo Maset: Auf dem Weg zur Bildpragmatik. Kunstvermittlung durch Ästhetische Operationen, in: Peter Weibel (Hrsg.): Vom Tafelbild zum globalen Datenraum, Ostfildern-Ruit 2001.   253

Abb. 25 Hanna Frenzel: Chronos, 1992. Fotos der Performance im E-Werk, Hallen für Kunst, Freiburg, 9. Juni 2000. Quelle: Michael Klant: Grundkurs Kunst 4, Aktion Kinetik Neue Medien, Braunschweig 2004, S. 54, 55.   355

Literaturverzeichnis

Adorno, Theodor W.: Ästhetische Theorie. Frankfurt 1973.
Aissen-Crewett, Meike: Grundriß der ästhetisch-aisthetischen Erziehung. Potsdam 1998.
Aissen-Crewett, Meike (Hrsg.): Multiple Intelligenzen. Chance und Herausforderung für die Pädagogik. Potsdamer Studien zur Grundschulforschung Nr.23. Potsdam 1998.
Aissen-Crewett, Meike: Ästhetische Intelligenz. In: Dies. (Hrsg.): Multiple Intelligenzen. Potsdam 1998.
Aissen-Crewett, Meike: Ästhetische Rationalität. Zauberwort der Ästhetischen Erziehung. In: BDK Mitteilungen, Heft 1/1999.
Bachmeier, Ben: Technologisierung der Lebenswelten von Kindern. Kommunikationstheoretische und pädagogische Skizzen. In: Die Grundschulzeitschrift. Sammelband Ästhetische Erziehung II.
Balint, Michael: Regression. Therapeutische Aspekte und die Theorie der Grundstörung. München 1987 (1968).
Baumeister, Willi: Das Unbekannte in der Kunst. Köln 1966^2.
Baumgart, Franzjörg: Erziehungs- und Bildungstheorien. Bad Heilbrunn 1997.
Baumgarten, Alexander G.: Aesthetica. Frankfurt/O. 1751, Hildesheim 1963.
BDK, Bund Deutscher Kunsterzieher: Kind und Kunst. Eine Ausstellung zur Geschichte des Zeichen- und Kunstunterrichts. Band 1 und 2. Berlin 1977.
Beck, Christian: Ästhetisierung des Denkens. Zur Postmoderne-Rezeption der Pädagogik. Bad Heilbrunn 1993.
Beck, Ulrich; Vossenkuhl, Wilhelm; Erdmann Ziegler, Ulf: Eigenes Leben. Ausflüge in die unbekannte Gesellschaft, in der wir leben. München 1995.
Becker, Anita (Hrsg.): Life is art enough. Performance und erweiterte Kunstformen: eine Annäherung. Köln 1998.
Behr, Manfred: Das Fach Kunst in der Bildungsreformdebatte. Mängeldiagnose – Positionsbestimmung – Perspektiven. In: BDK Mitteilungen, Heft 4/1993.
Bering, Kuniber; Bering, Cornelia (Hrsg.): Konzeptionen der Kunstdidaktik. Dokumente eines komplexen Gefüges. Oberhausen 1999.
Bering Kunibert: Kunst und Kunstvermittlung als dynamisches System. Interpretation und Vermittlung. Münster 1993.
Bette, Karl-Heinrich: Körperspuren. Zur Semantik und Paradoxie moderner Körperlichkeit. Berlin, New York 1989.
Bianchi, Paolo: Real Life. In: Kunstforum International, Bd. 143/1999.
Bildungskommission NRW: Zukunft der Bildung – Schule der Zukunft. Denkschrift der Kommission „Zukunft der Bildung – Schule der Zukunft" beim Ministerpräsidenten des Landes Nordrhein-Westfalen. Neuwied, Kriftel, Berlin 1995.

Bodemann-Ritter, Clara: Joseph Beuys. Jeder Mensch ein Künstler. Gespräche auf der documenta 5/1972. Frankfurt/M., Berlin 1992.
Böhme, Gernot: Atmosphären. Essays zur neuen Ästhetik. Frankfurt/M. 1995.
Böhme, Gernot; Böhme, Hartmut: Das Andere der Vernunft. Frankfurt/M. 1985.
Böhmer, Heidrun: 1989-1999. 10 Jahre Regebogen-Grundschule. In: Geschichten und Geschichte eines Neukölner Schulhauses. Hrsg.: Förderverein der Regenbogen-Grundschule. Berlin 1999.
Bofinger, Jürgen: Schüler – Freizeit – Medien. Eine empirische Studie zum Freizeit- und Medienverhalten 10- bis 17-jähriger Schülerinnen und Schüler. München 2001.
Bolz, Norbert: Das Ende der Gutenberg-Galaxis. Die neuen Kommunikationsverhältnisse. München 1993.
Bolz, Norbert: Wer hat Angst vor den Neuen Medien? In: Unicum, Heft 12/94.
Bourdieu, Pierre: Elemente zu einer soziologischen Theorie der Kunstwahrnehmung. In: Gerhards, Jürgen (Hrsg.): Soziologie der Kunst. Produzenten, Vermittler und Rezipienten. Opladen 1997.
Blohm, Manfred (Hrsg.): Leerstellen. Perspektiven für ästhetisches Lernen in Schule und Hochschule. Köln 2000.
Brandstetter, Gabriele: Tanz-Lektüren. Körperbilder und Raumfiguren der Avantgarde. Frankfurt/M. 1995.
Brenne, Andreas: Zeichenwerkstatt mit Hand und Fuß. Eine Werkstatt zum Thema „Körperwahrnehmung". In: Die Grundschulzeitschrift, Heft 118/1998.
Brenne, Andreas: Die „Künstlerische Feldforschung" als Weg zur integrativen ästhetischen Erziehung. Unveröffentlichtes Manuskript.
Brodbeck, Karl-Heinz: Das Gehirn ist kein Computer. Neuere Erkenntnisse der Neurowissenschaft. In: praxis-perspektiven, Band 2. Jahrbuch des Vereins für betriebswirtschaftlichen Wissenstransfer am Fachbereich Betriebs-wirtschaft Würzburg-Schweinfurt-Aschaffen-burg. Würzburg 1997.
Brodbeck, Karl-Heinz: Entscheidung zur Kreativität. Darmstadt 1999^2.
Bründel, Heidrun, Hurrelmann, Klaus (Hrsg.): Einführung in die Kindheitsforschung. Weinheim, Basel 1996.
Bürger, Peter: Das Verschwinden des Subjekts. Eine Geschichte der Subjektivität von Montaigne bis Barthes. Frankfurt /M. 1998.
Bund-Länder-Kommission für Bildungsplanung und Forschungsförderung: Musisch –kulturelle Bildung – Ergänzungsplan zum Bildungsgesamt-plan. Stuttgart 1977.
Bundesvereinigung Kulturelle Jugendbildung (Hrsg.): Kulturelle Bildung und Lebenskunst. Ergebnisse und Konsequenzen aus dem Modellprojekt „Lernziel Lebenskunst". Remscheid 2001.
Burow, Olaf-Axel: Die Individualisierungsfalle. Kreativität gibt es nur im Plural. Stuttgart 1999.

Buschkühle, Carl-Peter: Erziehung zur Spielfähigkeit. In: *Kunst und Unterricht*, Heft 161/1992.
Buschkühle, Carl-Peter: Wärmezeit. Zur Kunst als Kunstpädagogik bei Joseph Beuys. Frankfurt/M. 1997.
Buschkühle, Carl-Peter (Hrsg.): Perspektiven künstlerischer Bildung. Köln 2003.
Buschkühle, Carl-Peter: Konturen künstlerischer Bildung – zur Einleitung. In: Buschkühle, Carl-Peter (Hrsg.): Perspektiven künstlerischer Bildung. Köln 2003.
Buschkühle, Carl-Peter: Bildung eines Generalisten – Kreative Existenz und künstlerische Bildung. In: Zur Künstlerischen Bildung. Informationsschrift Nr. 64, Institut für Weiterbildung der Pädagogischen Hochschule Heidelberg. Sommersemester 2003.
Buschkühle, Carl-Peter: Kartographierung blinder Flecken. Symposium zur künstlerischen Bildung in Karlsruhe und Rotenfels. In: BDK Mitteilungen, Heft 1/2004.
Capra; Fritjof: Das Neue Denken. Bern, München, Wien 1987.
Capra; Fritjof: Wendezeit, Bausteine für ein neues Weltbild. Bern, München, Wien 1987[6].
Charles, Daniel: Zeitspielräume. Performance Musik Ästhetik. Berlin 1989.
Combe, Arno; Helsper, Werner (Hrsg.): Pädagogische Professionalität. Untersuchungen zum Typus pädagogischen Handelns. Frankfurt 1999.
Criegern, Axel von: Vom Text zum Bild. Wege ästhetischer Bildung. Weinheim 1996.
Dalin, Per: Schule auf dem Weg in das 21. Jahrhundert. Neuwied, Kriftel, Berlin 1997.
Damasio, Antonio: Decartes' error. Emotion, reason and the human brain. Putnam, New York 1994.
Danner, Helmut: Methoden geisteswissenschaftlicher Pädagogik. München, Basel 1998.
Derrida, Jacques: Die différance. In: Engelmann, Peter (Hrsg.): Postmoderne und Dekonstruktion. Texte französischer Philosophen der Gegenwart. Stuttgart 1990.
Deutscher Bildungsrat: Empfehlungen der Bildungskommission. Zur Förderung praxisnaher Curriculum-Entwicklung. Verabschiedet auf der 35. Sitzung der Bildungskommission am 15./16. November 1973 in Saarbrücken.
Deutsches PISA-Konsortium (Hrsg.): PISA 2000. Basiskompetenzen für Schülerinnen und Schüler im internationalen Vergleich. Opladen 2001.
Diels, Hermann: Die Fragmente der Vorsokratiker. Hamburg 1957.
Dreher, Eva: Entwicklungspsychologie des Kindes. In: Einsiedler, Wolfgang u.a. (Hrsg.): Handbuch Grundschulpädagogik und Grundschuldidaktik. Bad Heilbrunn 2001.

Dreher, E. & Dreher, M: „Zu Risiken und Nebenwirkungen..." – ein entwicklungspsychologischer Beitrag zur Identifikation von Gefährdungs- und Schutzfaktoren im Kindes und Jugendalter. In: Bundesverband der Ärzte für Kinderheilkunde und Jugendmedizin (Hrsg.): Was wirkt? Beiträge zum internationalen Kongress, Essen, 27. u. 28.9.1996. Wien 1996.

Duderstadt, Mathias (Hrsg.): Kunst in der Grundschule. Fachliche und fächerintegrierende ästhetische Erziehung. Arbeitskreis Grundschule. Frankfurt 1996.

Duncker, Ludwig; Popp, Walter (Hrsg.): Über Fachgrenzen hinaus, Bd. 1-3. Chancen und Schwierigkeiten des fächerübergreifenden Lehrens und Lernens. Heinsberg 1998.

Ehmer, Herrmann: Visuelle Kommunikation. Beiträge zur Kritik der Bewusstseinsindustrie. Köln 1971.

Ehrenspeck, Yvonne; Rustemeyer, Dirk: Bestimmt unbestimmt. In: Combe, Arno; Helsper, Werner (Hrsg.): Pädagogische Professionalität. Frankfurt/M. 1999.

Ehrenspeck, Yvonne: Strukturalismus und Poststrukturalismus in der Erziehungswissenschaft. Thematische, theoretische und methodische Implikationen einer Rezeption. In: Fritsche, Bettina u.a. (Hrsg.): Dekonstruktive Pädagogik. Opladen 2001.

Eid, Klaus; Langer, Michael; Ruprecht, Hakon: Grundlagen des Kunstunterrichts. Eine Einführung in die kunstdidaktische Theorie und Praxis. Paderborn 1996^4.

Engelmann, Peter: Postmoderne und Dekonstruktion. Texte französischer Philosophen der Gegenwart. Stuttgart 1990.

Ewing, William A.: Meisterfotografien der menschlichen Gestalt. Leipzig 1998.

Fatke, Reinhard (Hrsg.): Ausdrucksformen des Kinderlebens. Wünsche, Freundschaft, Lügen, Humor, Staunen. Bad Heilbrunn 1994.

Fäcke, Christian: Quand il y a des différances... Dekonstruktionen – eine Möglichkeit zur kritischen Weiterentwicklung von Differenz? In: Fritzsche, Bettina u.a.: Dekonstruktive Pädagogik. Opladen 2001.

Feierabend, Sabine; Klingler, Walter: Jugendliche und Multimedia. Forschungsberichte Medienpädagogischer Forschungsverbund. Baden-Baden 1997.

Ferchhoff, Wilfried; Neubauer, Georg: Jugend und Postmoderne. Analysen und Reflexionen über die Suche nach neuen Lebensorientierungen. Weinheim, München 1989.

Ferchhoff, Wilfried: Jugendkulturen im 20. Jahrhundert. Von den sozialmilieuspezifischen Jugendsubkulturen zu den individualitätsbezogenen Jugendkulturen. Frankfurt, Bern, New York 1990.

Ferchhoff, Wilfried; Neubauer, Georg: Patchwork-Jugend. Eine Einführung in postmoderne Sichtweisen. Opladen 1997.

Fischer, Lili: Feldforschung geräuchert. In: Kunstforum International, Bd. 93/1988.
Fischer, Lili: Primäre Ideen. Hand- und Fußarbeiten aus der Kunstakademie Münster. Regensburg 1996.
Fischer, Lili: Primäre Ideen II. Fortgeschrittene Hand- und Fußarbeiten aus der Kunstakademie Münster, Regensburg 2000.
Flusser, Vilém: Ins Universum der technischen Bilder. Göttingen 1989^2.
Flusser, Vilém: Ästhetische Erziehung. In: Zacharias, Wolfgang: Schöne Aussichten? Ästhetische Bildung in einer technisch-medialen Welt. Essen 1991.
Flusser, Vilém: Gesten. Versuch einer Phänomenologie. Düsseldorf 1991.
Flusser, Vilém: Medienkultur. (Hrsg.: Stefan Bollmann) Frankfurt 1999^2.
Flusser, Vilém: Digitaler Schein. In: Ders.: Medienkultur. (Hrsg.: Stefan Bollmann) Frankfurt 1999^2.
Foerster, Heinz von: Das Konstruieren einer Wirklichkeit. In: Watzlawick, Paul: Die erfundene Wirklichkeit. Wie wissen wir, was wir zu wissen glauben? Beiträge zum Konstruktivismus. München 1999.
Forum Info 2000 (Hrsg.): Bildung und Medienkompetenz im Informationszeitalter. Arbeitsbericht der AG 4 (in Verbindung mit dem Bundesministerium für Bildung, Wissenschaft und Technologie). Bonn Februar 1998.
Freiberg, Henning: Ästhetische Bildung in einer von neuen Technologien und neuen Medien geprägten Zeit. In: *Kunst und Unterricht*, Heft 139/1990.
Freiberg, Henning: Medien – Kunst – Pädagogik. Anstöße zum Umgang mit neuen Medien im Fach Kunst. http://www.kunstunterricht.de/material/fachd1.htm.
Freiberg, Henning: Thesen zur Bilderziehung im Fach Kunst. Plädoyer für ein neues Fachverständnis in der Bild-Mediengesellschaft. In: Kirschen-mann, Johannes; Peez, Georg (Hrsg.): Chancen und Grenzen der Neuen Medien im Kunstunterricht. Hannover 1998.
Freiberg, Henning: Was hat die Arbeit am Bildschirm mit bildender Kunst zu tun? In: BDK Mitteilungen, Heft 2/1999.
Freiberg, Henning: Kunstpropädeutik und Wissenschaftspropädeutik – Erziehung zur Bildkompetenz und zur Befähigung in Schlüsselqualifikationen: Das Fach Kunst in der gymnasialen Oberstufe. In: *Kunst und Unterricht*, Heft 230, 231/1999.
Freiberg, Henning: Anstösse zum Umgang mit Neuen Medien im Fach Kunst. Referat auf der Fachtagung inter@ktiv, 18.10.1998. http://www.lag-neue-medien.de/LAG-Homepage-Gloner-statements-start-freiberg150299htm.
Fritsche, Bettina; Hartmann, Jutta; Schmidt, Andrea; Tervooren Anja (Hrsg.): Dekonstruktive Pädagogik. Erziehungswissenschaftliche Debatten unter poststrukturalistischen Perspektiven. Opladen 2001.

Fuchs, Max: Kulturelle Bildung und Ästhetische Erziehung. Serie: Perspektiven der Pädagogik 7. Köln 1986.
Gardner, Howard: Kreative Intelligenz. Was wir mit Mozart, Freud, Woolf und Gandhi gemeinsam haben. Frankfurt 1999.
Garlichs, Ariane: Alltag im offenen Unterricht. Arbeitskreis Grundschule. Frankfurt/M. 1990.
Glaser, Peter und padeluun: Spiegelungen im Glanz des Neuen. In: Zacharias, Wolfgang (Hrsg.): Interaktiv – Im Labyrinth der Möglichkeiten. Die Multimedia-Herausforderung. Remscheid 1997.
Glaserfeld, Ernst von: Einführung in den radikalen Konstruktivismus. In: Watzlawik, Paul: (Hrsg.): Die erfundene Wirklichkeit. Wie wissen wir, was wir zu wissen glauben? Beiträge zum Konstruktivismus. München 1999.
Göhlich, Michael: Konstruktivismus und SinnesWandel in der Pädagogik. In: Mollenhauer, Klaus; Wulf, Christoph (Hrsg.): Aisthesis/Ästhetik. Zwischen Wahrnehmung und Bewusstsein. Weinheim 1996.
Goleman, Daniel: Emotionale Intelligenz. München, Wien 1996.
Grünewald, Dietrich (Hrsg.): Kunstdidaktischer Exkurs. Texte zur Ästhetischen Erziehung von 1984-1995. Sammelband *Theorie* der Zeitschrift *Kunst und Unterricht*. Velber 1996.
Gudjons, Herbert u. Winkel, Rainer (Hrsg.): Didaktische Theorien. Hamburg 1997^9.
Haase, Otto: Musisches Leben. Hannover 1951.
Hansmann, Otto; Marotzki, Winfried (Hrsg.): Diskurs Bildungstheorie I: Systematische Markierungen. Rekonstruktion der Bildungstheorie unter Bedingungen der gegenwärtigen Gesellschaft. Weinheim 1988.
Hartwig, Helmut: Über die Kunst, ihren Begriff und was sie mit der Pädagogik zusammen kann und was nicht. BDK Mitteilungen, Heft 1/96.
Hauser, Arnold: Sozialgeschichte der Kunst und Literatur. München 1990.
Hauskeller, Michael: Was ist Kunst? Positionen der Ästhetik von Platon bis Danto. München 1999.
Helsper, Werner: Antinomien des Lehrerhandelns in modernisierten pädagogischen Kulturen. In: Combe, Arno; Helsper, Werner (Hrsg.): Pädagogische Professionalität. Frankfurt/M. 1996.
Helpser, Werner (Hrsg.): Pädagogische Professionalität. Frankfurt/M. 1996.
Hentig, Hartmut von: Das Leben mit der Aisthesis(1969). In: Otto, Gunter (Hrsg.): Texte. Braunschweig 1975.
Hentig, Hartmut von: Ergötzen, Belehren, Befreien. Schriften zur ästhetischen Erziehung. München 1985.
Hentig, Hartmut von: Die Schule neu denken. München/Wien 1993.
Hentig, Hartmut von: Bildung. Ein Essay. Darmstadt 1996.
Hentig, Hartmut von: Kreativität. Hohe Erwartungen an einen schwachen Begriff. Weinheim, Basel 2000.

Literaturverzeichnis

Heymann, Hans W. (Hrsg.): Allgemeinbildung und Fachunterricht. Hamburg 1997.
Hirner, René (Hrsg.): Vom Holzschnitt zum Internet. Die Kunst und die Geschichte der Bildmedien von 1450 bis heute. Katalog zur Ausstellung im Kunstmuseum Heidenheim, 23.11.1997 - 01.02.1998.
Hoffmann, Dietrich (Hrsg.): Rekonstruktion und Revision des Bildungsbegriffs. Vorschläge zu seiner Modernisierung. Weinheim, Basel 1999.
Holzkamp, Klaus: Sinnliche Erkenntnis – historischer Ursprung und gesellschaftliche Funktion der Wahrnehmung. Frankfurt/M. 1973.
Husserl, Edmund: Phänomenologie der Lebenswelt. Stuttgart 1986.
Institut für Grundschulpädagogik der Universität Potsdam: Grundlegung von Bildung in der Grundschule von heute. Potsdam 05.-07.06.1997. Konferenzbeiträge. Potsdamer Studien zur Grundschulforschung, Heft 20. Potsdam 1997.
Iser, Wolfgang: Der implizite Leser. München 1979^2.
Jappe, Elisabeth: Performance, Ritual, Prozeß. Handbuch der Aktionskunst in Europa. München 1993.
Kagerer, Hildburg: Das Fremde hört nicht auf. Schule, ein Ort der gesellschaftlichen Weichenstellung. In: Neue Sammlung, Heft 4/1991.
Kagerer, Hildburg: „KIDS- Kreativität in die Schule". In: Pädagogik, Heft 4/1995.
Kagerer, Hildburg: „Leben zündet sich nur an Leben an" Schule im gesellschaftlichen Verbund. In: Lernkultur im Wandel: Tagungsband der Schweizerischen Gesellschaft für Lehrerinnen- und Lehrerbildung und der Schweizerischen Gesellschaft für Bildungsforschung. Hrsg.: Erwin Beck, St. Gallen: UVK, Fachverlag für Wissen und Studium 1997.
Kahl, Reinhard: Akrobaten in der Schularena. Wirtschaft und Schule werden Partner. Ein Automobilkonzern hilft einer Berliner Hauptschule auf die Beine. In: DIE ZEIT, Nr. 45, 4. November 1999.
Kamper, Dietmar: Zur Geschichte der Einbildungskraft. Reinbek 1990.
Kamper, Dietmar; Wulf Christoph (Hrsg.): Die Wiederkehr des Körpers. Frankfurt/M. 1982.
Kämpf-Jansen, Helga: Ästhetische Forschung. Aspekte eines innovativen Konzepts ästhetischer Bildung. In: Blohm, Manfred: Leerstellen. Köln 2000.
Kämpf-Jansen, Helga: Ästhetische Forschung. Wege durch Alltag, Kunst und Wissenschaft. Zu einem innovativen Konzept ästhetischer Bildung. Köln 2001.
Kant, Imanuel: Grundlegung zur Metaphysik der Sitten, Bd. 6. Darmstadt 1968.
Kapp, Ernst: Grundlinien einer Philosophie der Technik – Zur Entstehungsgeschichte der Kultur aus neuen Gesichtspunkten. Düsseldorf 1978 (Braunschweig 1877).
Kasper, Hildegard: Offene Lernsituationen. In: Grundschule, Heft 2/1992.
Kerbs, Diethard: Zum Begriff der Ästhetischen Erziehung (1970/1972) In: Otto, Gunter (Hrsg.): Texte zur Ästhetischen Erziehung. Braunschweig 1975.

Keck, Rudolf W.; Köhnlein, Walter; Sandfuchs, Uwe (Hrsg.): Fachdidaktik zwischen Allgemeiner Didaktik und Fachwissenschaft. Bestandsaufnahme und Analyse. Bad Heilbrunn 1999.
Kemp, Wolfgang (Hrsg.): Der Betrachter ist im Bild. Kunstwissenschaft und Rezeptionsästhetik. Berlin 1992.
Kerbs, Diethard: Zum Begriff der Ästhetischen Erziehung.(1970/1972). In: Otto, Gunter (Hrsg.): Texte. Braunschweig 1975.
Kettel, Joachim: SelbstFREMDheit. Elemente einer anderen Kunstpädagogik. Oberhausen 2001.
Kettel, Joachim: Künstlerische Bildung und die Schule der Zukunft. Bericht über ein Symposium in Heidelberg und Schloss Rotenfels. In: BDK Mitteilungen, Heft 1/2002.
Kettel, Joachim: Ortstermin – Ortssondierungen mit allen Sinnen. Ein Projekt der künstlerischen Bildung. In: Zur künstlerischen Bildung. Informationsschrift Nr. 64, Institut für Weiterbildung der PH Heidelberg, Sommersemester 2003.
Kirchner, Constanze: Wege zum Dialog mit Kunstwerken in der Grundschule. In: *Kunst und Unterricht*, Heft 204/1996.
Kirchner, Constanze: Kinder und Kunst der Gegenwart. Zur Erfahrung mit zeitgenössischer Kunst in der Grundschule. Seelze 1999.
Kirschenmann, Johannes;Peez, Georg (Hrsg.): Chancen und Grenzen der Neuen Medien im Kunstunterricht. Hannover 1998.
Kirschenmamm, Johannes, Schulz, Frank: Praktiken der modernen Kunst. Stuttgart 1996.
Klafki, Wolfgang: Hermeneutische Verfahren in der Erziehungswissenschaft. In: Klafki, Wolfgang u.a.: Funk-Kolleg Erziehungswissenschaft, Bd. 3. Frankfurt 1975^9.
Klafki, Wolfgang: Zum Verhältnis von Allgemeiner Didaktik und Fachdidaktik – Fünf Thesen. In: Meyer, M; Plöger, W. (Hrsg.): Allgemeine Didaktik, Fachdidaktik und Fachunterricht. Weinheim, Basel 1994.
Klafki, Wolfgang: Neue Studien zur Bildungstheorie. Zeitgemäße Allgemeinbildung und kritisch – konstruktive Didaktik. Weinheim 1996^5.
Klafki, Wolfgang: Hermeneutische Verfahren in der Erziehungswissenschaft. In Rittelmeyer, Christian; Parmentier, Michael (Hrsg.): Einführung in die pädagogische Hermeneutik. Darmstadt 2001.
Klant, Michael: Grundkurs Kunst 4. Aktion, Kinetik, Neue Medien. Braunschweig 2004.
Kleinschmidt-Bräutigam, Mascha: Offener Unterricht – neue Lernwege. In: Unterstufe 37 (11) 1990.
Klettke, Herbert: Spiele und Aktionen. Ravensburg 1970.
Kloock, Daniela; Spahr, Angela: Medientheorien. Eine Einführung. München 2000^2.
Klotz, Heinrich (Hrsg.): Die Zweite Moderne. Eine Diagnose der Kunst der Gegenwart. München 1996.

Klotz, Heinrich: Zweite Moderne. In: Ders. (Hrsg.): Die Zweite Moderne. Eine Diagnose der Kunst der Gegenwart. München 1996.
Klotz, Heinrich: Kunst im 20. Jahrhundert. Moderne Postmoderne Zweite Moderne. München 1999[2].
Kösel, Edmund: Modellierung von Lernwelten. Ein Handbuch zur Subjektiven Didaktik. Elztal-Dallau 1993.
Kösel, Edmund: Die Modellierung von Lernwelten. Band I. Die Theorie der Subjektiven Didaktik. Wissenschaftliche Grundlagen. 4. Auflage. Bahlingen a.K. 2002.
Kolb, Gustav: Bildhaftes Gestalten als Aufgabe der Volkserziehung. Stuttgart 1926 und 1927 (Erster und zweiter Teil).
Koller, Hans-Christoph: Bildung und Dezentrierung des Subjekts. In: Fritzsche, Bettina u.a. (Hrsg.): Dekonstruktive Pädagogik. Opladen 2001.
Kollhoff-Kahl, Iris: Komplexe Infekte statt dekorative Affekte. In: Textil, Wissenschaft, Forschung, Heft 3/2000.
Krüger, Heinz-Hermann: Einführung in Theorien und Methoden der Erziehungswissenschaft. Opladen 2002[3].
Lange, Marie-Luise: Spiel- und Aktionsszenen mit Grundschulkindern. „Erspielen" körperorientierter, grenzüberschreitender ästhetischer Handlungsräume. In: *Kunst und Unterricht*, Heft 225/1998.
Lange, Marie-Luise: KörperHandlungsSpielRäume in der Performance-Art. In: Richter, Heidi; Sievert-Staudte, Adelheid: Eine Tulpe ist eine Tulpe. Königstein 2000.
Lange, Marie-Luise: Zum Spagat zwischen Aufgabe und offener ästhetischer Selbstbildung im Prozess kunstpädagogischer Arbeit. In: Blohm, Manfred: Leerstellen. Perspektiven für ästhetisches Lernen in Schule und Hochschule. Köln 2000.
Lange, Marie-Luise: Die Spur führt immer zu uns zurück. In: Ziesche, Angela; Marr, Stefanie (Hrsg.): Rahmen aufs Spiel setzen. FrauenKunstPädagogik. Königstein 2000.
Lange, Marie-Luise: Grenzüberschreitungen, Wege zur Performance. Körper – Handlung – Intermedialität im Kontext ästhetischer Bildung. Königstein 2002.
LeDoux, J.E. u. Fellous, J.M.: Emotion and computational neuroscience. In: Arbib, M. (Hrsg.): The Handbook of Brain Theory and Neural Networks. MIT Press, Cambridge MA 1995.
Lenzen, Dieter (Hrsg.): Kunst und Pädagogik. Erziehungswissenschaft auf dem Weg zur Ästhetik. Darmstadt 1990.
Lenzen, Dieter: Von der Erziehungswissenschaft zur Erziehungsästhetik? In: Ders. (Hrsg.): Kunst und Pädagogik. Erziehungswissenschaft auf dem Weg zur Ästhetik. Darmstadt 1990.
Lenzen, Dieter: Pädagogik als Kunst? Zum Begriff „Pädagogische Méthexis" im Hinblick auf Goethe. In: *Kunst und Unterricht*, Heft 159/1992.

Lenzen, Dieter: Die Krise der Ausstellung im System der Kunst. In: Kunstforum International, Bd. 125/1994.
Lenzen, Dieter: Lösen die Begriffe Selbstorganisation, Autopoiesis und Emergenz den Bildungsbegriff ab? In: Hoffmann, Dietrich (Hrsg.): Rekonstruktion und Revision des Bildungsbegriffs. Weinheim, Basel 1999.
Liesmann, Konrad; Zenaty, Gerhard: Vom Denken. Einführung in die Philosophie. Wien 1997.
Liesmann, Konrad P.: Philosophie der modernen Kunst. Eine Einführung. Wien 1999.
Lingner, Michael: Gegenwartskunst nach der Postmoderne. In: Kulturamt der Stadt Jena (Hrsg.): Kunst – Raum – Perspektiven. Jena 1997.
Luhmann, Niklas: Die Welt der Kunst. In: Zacharias, Wolfgang: Schöne Aussichten. Ästhetische Bildung in einer technisch-medialen Welt. Essen 1991.
Luhmann, Niklas: Beobachtungen der Moderne. Opladen 1992.
Lyotard, Jean-François: Das postmoderne Wissen. Ein Bericht. Bremen 1982, Neuausgabe Graz, Wien 1986.
Lyotard, Jean-François: Beantwortung der Frage: Was ist postmodern? In: Engelmann, Peter (Hrsg.): Postmoderne und Dekonstruktion. Stuttgart 1990.
Lyotard, Jean-François: Randbemerkungen zu den Erzählungen. In: Engelmann, Peter (Hrsg.): Postmoderne und Dekonstruktion. Stuttgart 1990.
Mader, Johann: Von der Romantik zur Postmoderne. Einführung in die Philosophie II. Wien 1996^2.
Mader, Johann: Moderne und Postmoderne. In: Ders.: Von der Romantik zur Postmoderne. Einführung in die Philosophie. Wien 1996^2.
Mai, Katharina: Derrida, Jacques. In: Bernd Lutz (Hrsg.): Die großen Philosophen des 20. Jahrhunderts. München 1999.
Marotzki, Winfried: Bildung als Herstellung von Bestimmtheit und Ermöglichung von Unbestimmtheit. Psychoanalytisch-lerntheoretisch geleitete Untersuchungen zum Bildungsbegriff im Kontext hochkomplexer Gesellschaften. In: Hansmann/Marotzki (Hrsg.): Diskurs Bildungstheorie I: Systematische Markierungen. Rekonstruktion der Bildungstheorie unter Bedingungen der gegenwärtigen Gesellschaft. Weinheim 1988.
Marotzki, Winfried: Entwurf einer strukturalen Bildungstheorie. Biographietheoretische Auslegung von Bildungsprozessen in hochkomplexen Gesellschaften. Weinheim 1990.
Maset, Pierangelo: Vorüberlegungen zu einer transversalen Kunstdidaktik. In *Kunst und Unterricht*, Heft 159/1992.
Maset, Pierangelo: Aspekte einer Pädagogik der Differenz. In: *Kunst und Unterricht*, Heft 176/1993.
Maset, Pierangelo: Ästhetische Bildung der Differenz. Kunst und Pädagogik im technischen Zeitalter. Stuttgart 1995.

Maset, Pierangelo: Von der Kompensation zur Suspendierung. Zur Kritik des kompensatorischen Kunstunterrichts. In: *Kunst und Unterricht*, Heft 191/1995.

Maset, Pierangelo: Ästhetische Bildung nach der „Erziehung nach Auschwitz." In BDK Mitteilungen, Heft 2/99.

Maset, Pierangelo: Ästhetische Operationen in der kunstpädagogischen Praxis. In: Wischnack, Brigitte (Hrsg.): Tatort Kunsterziehung. Weimar 2000.

Maset, Pierangelo: Philosophische Hypotheken der ästhetischen Erziehung. In: Masscheleien, Jan; Ruhloff, Jörg; Schäfer, Alfred (Hrsg.): Erziehungsphilosophie im Umbruch. Beiträge zur Neufassung des Erziehungsbegriffs. Weinheim 2000.

Maset, Pierangelo: Praxis Kunst Pädagogik. Ästhetische Operationen in der Kunstvermittlung. Lüneburg 2001.

Maset, Pierangelo: Auf dem Weg zur Bildpragmatik. Kunstvermittlung durch Ästhetische Operationen. In: Peter Weibel (Hrsg.): Vom Tafelbild zum globalen Datenraum. Ostfildern-Ruit 2001.

Maset, Pierangelo: Kunstvermittlung mit „Ästhetischen Operationen". In: BDK Mitteilungen, Heft 2/2004.

Masschelein, Jan; Ruhloff, Jörg; Schäfer, Alfred (Hrsg.): Erziehungsphilosophie im Umbruch. Beiträge zur Neufassung des Erziehungsbegriffs. Weinheim 2000.

Mathies, Klaus; Polzin, Manfred; Schmitt, Rudolf (Hrsg.): Ästhetische Erziehung in der Grundschule. Integration der Fächer Kunst/Musik/Sport. Frankfurt/M. 1987.

Mattenklott, Gundel: Grundschule der Künste. Hohengehren 1998.

Maturana, Humberto: Erkennen. Die Organisation und Verkörperung von Wirklichkeit. Braunschweig 1985^2.

Mayring, Philipp: Qualitative Inhaltsanalyse. Grundlagen und Techniken. Weinheim 2000.

McLuhan, Marshall: Die magischen Kanäle. „Understanding media". Düsseldorf, Wien 1968 und 1992.

Menze, Clemens: Bildung. In: Speck, Josef; Wehle, Gerhard: Handbuch Pädagogischer Grundbegriffe. München 1970.

Metken, Günter: Spurensicherung, Kunst als Anthropologie und Selbsterfahrung. Fiktive Wissenschaften in der heutigen Kunst. Köln 1977.

Metken, Günter: Spurensicherung – Eine Revision. Texte 1977-1995. Amsterdam 1996.

Meyer-Drawe, Käte: Ästhetische Rationalität. In: *Kunst und Unterricht*, Heft 176/1993.

Meyer, Meinert A. und Plöger, Wilfried (Hrsg.): Allgemeine Didaktik, Fachdidaktik und Fachunterricht. Weinheim, Basel 1994.

Meyers, Hans: Die Welt der kindlichen Bildnereien. Witten 1957.

Möller, Heino R.: Kunstunterricht und visuelle Kommunikation. Zur Konzeption eines neuen Unterrichtsfaches. Sieben Arbeitsthesen. In: Ästhetik und Kommunikation, Heft 1/1970.
Möller, Heino R.: Gegen den Kunstunterricht. Ravensburg 1971.
Mohr, Anja: Kindgerechte Malsoftware? PAINTBRUSH, DABBLER und FINE ARTIST im Vergleich. In: Kirschenmann, Johannes; Peez, Georg (Hrsg.): Chancen und Grenzen der Neuen Medien im Kunstunterricht. Hannover 1998.
Mollenhauer, Klaus: Die vergessene Dimension des Ästhetischen in der Erziehungs- und Bildungstheorie. In: Lenzen, Dieter (Hrsg.): Kunst und Pädagogik. Darmstadt 1990.
Mollenhauer, Klaus: Grundfragen ästhetischer Bildung. Theoretische und empirische Befunde zur ästhetischen Erfahrung von Kindern. Weinheim, München 1996.
Mollet, Li: Vom Umgang der Pädagogik mit der Kunst. Band 16 der Reihe: Erziehung – Schule – Gesellschaft. Herausgegeben von Winfried Böhm u.a. Würzburg 1997.
Müller-Funk, Wolfgang: Überlegungen zu einer historischen Anthropologie der Medien. In: Karl-Josef Pazzini (Hrsg.): Medien im Prozess der Bildung. Wien 2000.
Oevermann, U.; Allert, T. u.a.: Die Methodologie einer „objektiven Hermeneutik" und ihre allgemeine forschungslogische Bedeutung in den Sozialwissenschaften. In: Soeffner, H.-G. (Hrsg.): Interpretative Verfahren in den Sozial- und Textwissenschaften. Stuttgart 1979.
Oliva, Achille Bonito: Im Labyrinth der Kunst. Berlin 1982.
Oliva, Achille Bonito: Die italienische Trans-Avantgarde. In: Wolfgang Welsch (Hrsg.): Wege aus der Moderne. Schlüsseltexte der Postmodern-Diskussion. Weinheim 1988.
Ott, Richard: Urbild der Seele. Bergen II/Obb. 1949.
Otto, Gunter: Didaktik der ästhetischen Erziehung. Braunschweig 1974.
Otto, Gunter (Hrsg.): Texte zur Ästhetischen Erziehung. Braunschweig 1975.
Otto, Gunter; Otto, Maria: Auslegen. Ästhetische Erziehung als Praxis des Auslegens in Bildern und des Auslegens von Bildern. Bd I und II. Seelze 1987.
Otto, Gunter: Ästhetische Rationalität. Von der sinnlichen Erkenntnis zum Symbolverstehen. In: Zacharias, Wolfgang: Schöne Aussichten? Ästhetische Bildung in einer technisch-medialen Welt. Essen 1991.
Otto, Gunter: Therapie als Problem der (Kunst-) Pädagogik. Eine Problemskizze. In: Wichelhaus, Barbara (Hrsg.): Kunsttheorie, Kunstpsychologie, Kunsttherapie. Berlin 1993.
Otto, Gunter: Theorie für pädagogische Praxis. Antwort auf Gert Selle. In: *Kunst und Unterricht*, Heft 193/1995.
Otto, Gunter: Lehren und Lernen zwischen Didaktik und Ästhetik, Bd. 1-3. Seelze 1998.

Literaturverzeichnis

Otto, Gunter: Ästhetik als Performance – Unterricht als Performance? In: Hanne Seitz (Hrsg.): Schreiben auf Wasser. Performative Verfahren in Kunst, Wissenschaft und Bildung. Bonn 1999.
Otto, Gunter: Kunst an der Grenze zur Pädagogik. In: BDK Mitteilungen, Heft 3/1999.
Papadakis, Andreas (Hrsg.): Dekonstruktivismus, eine Anthologie. Stuttgart 1989.
Pazzini, Karl-Joseph: Sind die Sinne dumm? – oder: Warum nur aßen Adam und Eva vom Baum der Erkenntnis? In: Wolfgang Zacharias: Sinnenreich. Vom Sinn einer Bildung der Sinne als kulturellästhetisches Projekt. Hagen/Essen 1994.
Pazzini, Karl-Joseph: Kulturelle Bildung im Medienzeitalter. Heft 77 der Bund-Länder-Kommission für Bildungsplanung und Forschungsförderung (BLK). Bonn 1999.
Peez, Georg: Qualitative empirische Forschung in der Kunstpädagogik. Hannover 2000.
Peters, Maria: Blick – Wort – Berührung. Differenzen als ästhetisches Potential in der Rezeption plastischer Werke von Arp – Maillol – F.E. Walther. München 1996.
Peters, Maria: Künstlerische Strategien und kunstpädagogische Perspektiven. In: Ziesche, Angela; Marr, Stefanie: Rahmen aufs Spiel setzen. FrauenKunstPädagogik. Königstein 2000.
Peters, Maria: Audio-visuelle VerFührungen zur Kunst und Sprache. In: Richter, H.; Sievert-Staudte, A.: Eine Tulpe ist eine Tulpe ist eine Tulpe. Frauen, Kunst und neue Medien. Königstein 1998.
Peters, Maria: Im experimentellen Zeichnen gehen die Namen der Dinge fremd. In: *Kunst und Unterricht*, Heft 223, 224/1998.
Peters, Maria: Zwischen Percept und Performance. In: BDK Mitteilungen, Heft 4/1999.
Peters, Maria; Steinkopf, Sabine: „Die Karten zwischen Theorie und Praxis neu mischen". 'Über-Setzungen' im Feld der Kunst, Kunstwissenschaft und Pädagogik. Hochschuldidaktische Skizzen. In: Blohm, Manfred: Leerstellen, Perspektiven für ästhetisches Lernen in Schule und Hochschule. Köln 2000.
Peterßen, Wilhelm H.: Lehrbuch Allgemeine Didaktik. München 1996^5.
Peterßen, Wilhelm H.: Didaktik und Curriculum/Lehrplan. In: Roth, Leo (Hrsg.): Päd. Handbuch für Studium und Praxis. München 2001.
Pfennig, Reinhard: Gegenwart der bildenden Kunst. Erziehung zum Bildnerischen Denken. (Erstveröffentlichung 1959) Oldenburg 1970^4.
Piaget, Jean: Psychologie der Intelligenz. Olten 1971 (1947).
Platon: Der Staat. Stuttgart 1973.
Plöger, Wilfried: Allgemeine Didaktik und Fachdidaktik. München 1999.
Preiss, Gerhard: Neurodidaktik – Ein notwendiger Beitrag zur Didaktik für das Jahr 2000. In: Lehren und Lernen, Heft 6/1993.

Quickert, Eberhard: Humane Schule. Bausteine für eine permanente innere Schulreform. 94 Thesen aus pädagogischer und psychologischer Sicht. Frankfurt 2000.

Ramsegger, Jörg: Welterkundung statt Sachunterricht. Vorschläge zur Modernisierung der Grundschule. In: Grundlegung von Bildung in der Grundschule von heute, 05.-07.06.1997, Konferenzbeiträge. Potsdamer Studien zur Grundschulforschung. Hrsg.: Direktorium des Instituts für Grundschulpädagogik. Potsdam 1997.

Ramsegger, Jörg: Hintergründe und Auseinandersetzungen. In: Die Grundschulzeitschrift. Sonderheft 1989.

Rapsch, Volker: über flusser. Die Festschrift zum 70. Geburtstag von Vilém Flusser. Düsseldorf 1990.

„Redbook" Zur Situation des Unterrichts im Fach Bildende Kunst an den allgemeinbildenden Schulen in der Bundesrepublik Deutschland. Hannover 1998.

Regel, Günther: Medium Bildende Kunst. Bildnerischer Prozess und Sprache der Formen und Farben. Berlin (DDR) 1986.

Regel, Günther: Joseph Beuys – aktuelle und fortdauernde Herausforderung der Kunstpädagogik. In: *Kunst und Unterricht*, Heft 159/1992.

Regel, Günther: Über die Schwierigkeit, Beuys didaktisch gerecht zu werden. In: *Kunst und Unterricht*, Heft 159/1992.

Regel, Günther: Die Zweite Moderne, die Schule und die Kunst – Konsequenzen für die künstlerische Bildung. In: Buschkühle, Carl-Peter (Hrsg.): Perspektiven künstlerischer Bildung. Köln 2003.

Regel, Günther: Thesen zum Konzept Künstlerische Bildung. In: *Kunst und Unterricht*, Heft 280/2004.

Regel, Günther: Zur Problematik der Fachkompetenz und der langfristigen Bildungsstandards für den Kunstunterricht und die künstlerische Bildung. Unveröffentlichtes Manuskript eines Vortrags auf dem Internationalen Symposium „MAPPING BLIND SPACES – Neue Wege zwischen Kunst und Bildung" (8.-10. Oktober 2003 im ZKM Karlsruhe und Akademie Schloss Rotenfels).

Regel, Günther; Schulz, Frank; Kirschenmann, Johannes; Kunde, Harald: Moderne Kunst. Zugänge zu ihrem Verständnis. Stuttgart, München, Düsseldorf, Leipzig 1994.

Reich, Kersten: Systemisch-Konstruktivistische Pädagogik. Neuwied, Kriftel, Berlin 1996.

Reich, Kersten: Systemisch-konstruktivistische Didaktik. Eine allgemeine Zielbestimmung. In: Voß, Reinhard: Die Schule neu erfinden. Systemisch-konstruktivistische Annäherungen an Schule und Pädagogik. Neuwied, Kriftel, Berlin 2002^4.

Reich, Kersten: Muss ein Kunstdidaktiker Künstler sein? Konstruktivistische Überlegungen zur Kunstdidaktik. In: Buschkühle, Carl-Peter (Hrsg.): Perspektiven künstlerischer Bildung. Köln 2003.

Richard, Birgit: Indifferenz, Interaktion und Immersion. In: Kirschenmann, Johannes; Peez, Georg (Hrsg.): Chancen und Grenzen der Neuen Medien im Kunstunterricht. Hannover 1998.
Richter, Hans-Günther: Zur Grundlegung pädagogisch-therapeutischer Arbeitsformen in der Ästhetischen Erziehung. Düsseldorf 1977.
Richter, Hans-Günther: Geschichte der Kunstdidaktik. Düsseldorf 1981.
Richter, Hans-Günther: Pädagogische Kunsttherapie. Grundlegung, Didaktik, Anregung. Düsseldorf 1984.
Richter, Hans-Günther: Vom Ästhetischen in Bildung, Förderung und Therapie. In: Kunst und Unterricht. Sammelband 2000. Lernchancen im Kunstunterricht, Erstveröffentlichung in: *Kunst und Unterricht*, Heft 158/1991.
Richter, Hans-Günther: Eine Geschichte der ästhetischen Erziehung. Niebüll 2003.
Richter-Reichenbach, Sofie: Ästhetische Bildung. Grundlagen ästhetischer Erziehung. Aachen 1998.
Richter-Reichenbach, Sofie: Pädagogische Kunsttherapie: Pädagogisierung von Therapie oder Therapeutisierung von Pädagogik? In: Wichelhaus, Barbara (Hrsg.): Kunsttheorie, Kunstpsychologie, Kunsttherapie. Berlin 1993.
Riedl, Rupert: Die Folgen des Ursachendenkens. In: Watzlawick, Paul (Hrsg.): Die erfundene Wirklichkeit. Wie wissen wir, was wir zu wissen glauben? Beiträge zum Konstruktivismus. München 1999.
Riemschneider, Burkhard; Grosenick, Uta (Hrsg.): Art at the turn of the millenium. Ausblick auf das neue Jahrtausend. Köln 1999.
Roeder, P.M.: Binnendifferenzierung im Urteil von Gesamtschullehrern. In: Zeitschrift für Pädagogik, Heft 43/1997.
Rosenfield, Israel: Das Fremde, das Vertraute und das Vergessene. Frankfurt/M. 1992.
Rötzer, Florian (Hrsg.): Digitaler Schein. Ästhetik der elektronischen Medien. Frankfurt 1991.
Rötzer, Florian: Digitale Weltentwürfe. Streifzüge durch die Netzkultur. München, Wien 1998.
Ruhrberg, Karl; Schneckenburger, Manfred; Fricke, Christian; Honnef, Klaus: Kunst des 20. Jahrhunderts. Malerei, Skulpturen und Objekte, Neue Medien, Fotografie. Herausgegeben von Ingo F. Walter. Köln 2000.
Sacks, Oliver: Der Mann, der seine Frau mit einem Hut verwechselte. Hamburg 1990.
Schäfer, Gerd E.: Sinnliche Erfahrung bei Kindern. In: Lepenies, Annette; Nunner-Winkler, Gertrud; Schäfer, Gerd E.; Walper, Sabine (Hrsg.): Kindliche Entwicklungspotentiale. Normalität, Abweichung und ihre Ursachen (Materialien zum zehnten Kinder- und Jugendbericht, Bd. 1). München 1999.
Schell, Fred; Stolzenburg, Elke; Theunert, Helga (Hrsg.): Medienkompetenz: Grundlagen und pädagogisches Handeln. Reihe Medienpä-

dagogik, Bd. 11. Herausgegeben vom Institut Jugend Film Fernsehen. München 1999.
Schiller, Friedrich: Über die ästhetische Erziehung des Menschen in einer Reihe von Briefen (1793/1795). Stuttgart 1965.
Schmid, Wilhelm: Der Versuch, die Identität des Subjekts nicht zu denken. In: Barkhaus, Annette; Mayer, Matthias; Roughley, Neil; Thürnau, Donatus (Hrsg.): Identität, Leiblichkeit, Normativität. Neue Horizonte anthropologischen Denkens. Frankfurt/M.1996.
Schmid, Wilhelm: Philosophie der Lebenskunst. Frankfurt/M. 1998.
Schmid, Wilhelm: Das Leben als Kunstwerk. Versuch über Kunst und Lebenskunst. Ihre Geschichte von der Antike bis zur Performance Art. In: Kunstforum International, Bd. 142/1998.
Schmid, Wilhelm: Schönes Leben? Einführung in die Lebenskunst. Frankfurt/M. 2000.
Schmid, Wilhelm: Schule der Lebenskunst. In: Buschkühle, Carl-Peter (Hrsg.): Perspektiven künstlerischer Bildung. Köln 2003.
Schröder, Kurt: Aufgaben der Fachdidaktik allgemein. In: Timmermann, Johannes (Hrsg.): Fachdidaktik in Forschung und Lehre. Hannover 1972.
Schütz, Helmut G.: Kunstpädagogische Theorie. München 1973.
Schütz, Helmut G.: Die Kunstpädagogik öffnen. Erste Schritte zwischen Kunst und Medien zwischen Sinnlichkeit und Unterricht. Hohengehren 1998.
Schütz, Helmut G; Schiementz, Walter: Kunstpädagogische Einsichten. Beiträge zur Didaktik der Kunst und der Ästhetischen Erziehung. Baltmannsweiler 1987.
Schulz, Wolfgang: Ästhetische Bildung. Beschreibung einer Aufgabe. Herausgegeben von Gunter Otto und Gerda Luscher-Schulz. Weinheim, Basel 1997.
Seel, Martin: Kunst der Entzweiung. Zur Begründung der ästhetischen Rationalität. Frankfurt/M. 1985.
Seitz, Hanne (Hrsg.): Schreiben auf Wasser. Performative Verfahren in Kunst, Wissenschaft und Bildung. Bonn 1999.
Seitz, Rudolf: Kunst in der Kniebeuge. Ästhetische Elementarerziehung. Beispiele, Anregungen, Überlegungen. München 1997.
Selle, Gert: Gebrauch der Sinne. Eine kunstpädagogische Praxis. Reinbek 1988.
Selle, Gert: Über das gestörte Verhältnis der Kunstpädagogik zur aktuellen Kunst. Hannover 1990.
Selle, Gert (Hrsg.): Einführung. Das Ästhetische: Sinntäuschung oder Lebensmittel? In: Ders. (Hrsg.): Experiment ästhetische Bildung. Aktuelle Beispiele für Handeln und Verstehen. Reinbek 1990.
Selle, Gert (Hrsg.): Experiment Ästhetische Bildung. Reinbek 1990.
Selle, Gert: Das Ästhetische Projekt. Plädoyer für eine kunstnahe Praxis in Weiterbildung und Schule. Unna 1992.

Selle, Gert: Betrifft Beuys. Annäherung an Gegenwartskunst. Unna 1994.
Selle, Gert: Soll man von ästhetischer Intelligenz reden? Ein ketzerischer Einwurf. In: BDK Mitteilungen, Heft 2/1994.
Selle, Gert: Anstösse zum Ästhetischen Projekt. Eine neue Aktionsform kunst- und kulturpäd. Praxis. Hagen, Loccum 1994.
Selle, Gert: Kunstpädagogik jenseits ästhetischer Rationalität? Über eine vergessene Dimen-sion der Erfahrung. In: *Kunst und Unterricht*, Heft 192/1995.
Selle, Gert: „Ohne Missbrauch von Kunst gäbe es ihren Gebrauch gar nicht". Interview von Ingo Arend mit Gert Selle. In: Kunstforum International, Bd.131/1995.
Selle, Gert: Kunstpädagogik und ihr Subjekt. Oldenburg 1998
Serexhe, Bernhard: Neue Technologien verlangen neue Curricula. In: Buschkühle, Carl-Peter (Hrsg.): Perspektiven künstlerischer Bildung. Köln 2003.
Seubold, Günter: Das Ende der Kunst und der Paradigmenwechsel in der Ästhetik. Freiburg 1997.
Shell-Studie: Jugend 2000. Opladen 2000.
Sowa, Hubert: Performance – Szene – Lernsituation, Kunstpädagogik und Praxisparadigma. In: Uhlig, B; Schulz, F.(Hrsg.): Prozesshafte Kunst im Unterrichtsprozess. Erster Kunstpädagogischer Tag in Sachsen, Tagungsmaterial, Die Gelbe Reihe des Instituts für Kunstpädagogik der Universität Leipzig, Texte 5. Leipzig, März 2000.
Speck, Josef; Wehle, Gerhard (Hrsg.): Handbuch pädagogischer Grundbegriffe. München 1970.
Spitzer, Manfred: Geist im Netz. Heidelberg, Berlin, Oxford 1996.
Spitzer, Manfred: Lernen. Gehirnforschung und die Schule des Lebens. Heidelberg, Berlin 2002.
Spitzer, Manfred: Medizin für die Pädagogik. DIE ZEIT, 39, 2003.
Stachelhaus, Joseph: Joseph Beuys – „Jeder Mensch ist ein Künstler". München 1994.
Staudte, Adelheid: „Mit allen Sinnen lernen..." In: *Kunst und Unterricht*, Heft 87/1984.
Staudte, Adelheid: Ästhetische Bildung oder Ästhetische Erziehung? In: Zacharias, Wolfgang: Schöne Aussichten? Ästhetische Bildung in einer technisch-medialen Welt. Essen 1991.
Staudte, Adelheid: Ästhetisches Lernen auf neuen Wegen. Weinheim 1993.
Staudte, Adelheid: Zwischen Kunst und Sinnlichkeit. Defizite und Perspektiven ästhetischer Erziehung in der Grundschule. In: Matthias Duderstadt (Hrsg.): Kunst in der Grundschule. Fachliche und fächerintegrierende ästhetische Erziehung. Arbeitskreis Grundschule. Frankfurt 1996.
Staudte-Sievert, Adelheid; Richter, Heidi (Hrsg.): Eine Tulpe ist eine Tulpe ist eine Tulpe. Frauen, Kunst und neue Medien. Königstein 1998.

Steffens, Andreas: Kunst der Weltbildung. In: Buschkühle, Carl-Peter (Hrsg.): Perspektiven künstlerischer Bildung. Köln 2003.
Sturm, Eva: Im Engpass der Worte. Sprechen über moderne und zeitgenössische Kunst. Berlin 1996.
Tillmann, Klaus-Jürgen (Hrsg.): Schultheorien. Hamburg 1987.
Tillmann, Klaus-Jürgen: Was ist eine gute Schule? Hamburg 1989.
Urlaß, Mario: Ansätze naturbezogener künstlerischer Bildung in der Grundschule. In: Zur künstlerischen Bildung. Informationsschrift Nr. 64, Institut für Weiterbildung der PH Heidelberg, Sommersemester 2003.
Voß, Reinhard (Hrsg.): Die Schule neu erfinden. Systemisch-konstruktivistische Annäherungen an Schule und Pädagogik. Neuwied 2002^4.
Walter-Busch, Emil: Menschen in Veränderung. Wertewandel im Zeitalter der Postmoderne. In: Berufsberatung und Berufsbildung 75, Heft 6/1990.
Walther, Franz Erhard: OBJEKTE benutzen. Köln, New York 1968.
Watzlawick, Paul: Die erfundene Wirklichkeit. Wie wissen wir, was wir zu wissen glauben? Beiträge zum Konstruktivismus. München 1999.
Weibel, Peter: Kontext Kunst. Köln 1994.
Weibel, Peter: Probleme der Moderne – Für eine zweite Moderne. In: Klotz, Heinrich: Die Zweite Moderne. Eine Diagnose der Kunst der Gegenwart. München 1996.
Weibel, Peter (Hrsg.): Vom Tafelbild zum globalen Datenraum. Neue Möglichkeiten der Bildproduktion und bildgebender Verfahren. Ostfildern-Ruit 2001.
Welsch, Wolfgang: Wege aus der Moderne. Schlüsseltexte der Postmoderne-Diskussion. Weinheim 1988.
Welsch, Wolfgang: Ästhetisches Denken. Stuttgart 1990.
Welsch, Wolfgang: Anästhetik – Fokus einer erweiterten Ästhetik. In: Zacharias, Wolfgang: Schöne Aussichten? Ästhetische Bildung in einer technisch-medialen Welt. Essen 1991.
Welsch, Wolfgang: Zur Aktualität ästhetischen Denkens. In: ders: Ästhetisches Denken. Stuttgart 1993^3.
Welsch, Wolfgang: Ästhetik und Anästhetik. In: Ders.: Ästhetisches Denken. Stuttgart 1993^3.
Welsch, Wolfgang: Die Geburt der postmodernen Philosophie aus dem Geist der modernen Kunst. In: Ders.: Ästhetisches Denken. Stuttgart 1993^3.
Welsch Wolfgang: Unsere postmoderne Moderne. Berlin 1997.
Wichelhaus, Barbara (Hrsg.): KUNSTtheorie, KUNSTpsychologie, KUNSTtherapie. Berlin 1993.
Wichelhaus, Barbara: Zur kompensatorischen Funktion ästhetischer Erziehung im Kunstunterricht. In: *Kunst und Unterricht*, Heft 191/1995.

Winkel; Rainer: Die kritisch-kommunikative Didaktik. In: Gudjons, Teske, Winkel (Hrsg.): Didaktische Theorien. Hamburg 1991[6].

Wulffen, Thomas: Betriebssystem Kunst – eine Retrospektive. In: Kunstforum International, Bd. 125/1994.

Wyss, Beat: Die Welt als T-Shirt. Zur Ästhetik und Geschichte der Medien. Köln 1997.

Zacharias, Wolfgang: Du siehst etwas, was ich nicht weiß, du weißt etwas, was ich nicht seh'. Eine Einführung. In: Ders.: Schöne Aussichten? Ästhetische Bildung in einer technisch-medialen Welt. Essen 1991.

Ziesche, Angela; Marr, Stefanie (Hrsg.): Rahmen aufs Spiel setzen. FrauenKunstPädagogik. Königstein/Taunus 2000.

ZKM: ZKM – Zentrum für Kunst und Medientechnologie Karlsruhe. Prestel Museumsführer. München, New York 1997.

Zirfas, Jörg: Identitäten und Dekonstruktionen. Pädagogische Überlegungen im Anschluss an Jaques Derrida. In: Fritzsche, Bettina u.a. (Hrsg.): Dekonstruktive Pädagogik. Opladen 2001.

Zülch, Martin: Die Welt der Bilder – ein konstitutiver Teil der Allgemeinbildung. 10 Begründungen zur Notwendigkeit des Schulfaches Kunst – mit Praxisbeiträgen. BDK Materialien, Bd. 7. Hannover 2001.

Zweite, Armin (Hrsg.): Joseph Beuys – Natur Materie Form. Katalog zur Ausstellung in der Kunstsammlung Nordrhein Westfalen, Düsseldorf, 30. November 1991 bis 9. Februar 1992. München, Paris, London 1991.